Annual Report of Overseas Humanities and Social Sciences, 2014

海外人文社会科学发展年度报告 2014

武汉大学中国高校哲学社会科学发展与评价研究中心　组编

韩　进　主编

WUHAN UNIVERSITY PRESS

武汉大学出版社

图书在版编目(CIP)数据

海外人文社会科学发展年度报告.2014/韩进主编;武汉大学中国高校哲学社会科学发展与评价研究中心组编.—武汉:武汉大学出版社,2014.11

ISBN 978-7-307-14877-2

Ⅰ.海… Ⅱ.①韩… ②武… Ⅲ.社会科学—研究报告—世界—2014 Ⅳ.C11

中国版本图书馆 CIP 数据核字(2014)第 268004 号

责任编辑:陈 帆　　责任校对:汪欣怡　　版式设计:马 佳

出版发行:**武汉大学出版社** (430072 武昌 珞珈山)

(电子邮件:cbs22@whu.edu.cn 网址:www.wdp.com.cn)

印刷:湖北民政印刷厂

开本:720×1000 1/16 印张:47 字数:673 千字 插页:2

版次:2014 年 11 月第 1 版 2014 年 11 月第 1 次印刷

ISBN 978-7-307-14877-2 定价:118.00 元

海外人文社会科学发展年度报告 2014

编 委 会

目　录

海外经济学前沿理论（2013）
——经济增长与“贫困陷阱”问题的近期研究综述

武汉大学经济与管理学院　邹　薇　方迎风

贫困一直是世界各国在经济发展进程中关注的重要问题，特别是广大发展中国家，在推进经济增长和经济结构转型的同时，如何有效地减少和消除贫困是一项严峻和迫在眉睫的任务。自从20世纪五六十年代以来，各国学者把减少贫困、提高收入水平与缩小收入差距等作为经济发展的关键问题，在理论和实证方面展开了大量研究，从贫困的识别与确定、贫困的测度与动态跟踪、贫困产生的原因与机制，到扶贫政策的优化选择以及扶贫政策效应的评估等，形成了丰富的研究成果。然而，不论是在世界范围内，还是在我国，贫困问题都依然非常严峻，并且呈现出一些新的特征和问题，如何有效地测度和评判贫困状况，如何更深入地揭示持久性、区域性贫困的形成机制，如何有效地解决贫困问题，仍然是经济发展理论的核心论题。

目前，世界上的贫困人口相对于20世纪90年代初已经大为减少，但是贫困问题依然严峻。一方面，“极端贫困”的分布主要向一些经济落后的国家和地区集中，这些国家和地区不仅贫困范围广、程度深，而且贫困下降速度十分缓慢，在遭遇外部冲击时，贫困现象甚至上升；另一方面，减少和消除贫困是发展中国家在经济发展进程中的一项长期任务。世界银行和联合国最新数据表明，许多“中等收入国家”的收入分配不均和贫困问题日益严峻，全球2/5的贫困人口（按每人每天支出低于2美元计）生活在中等收入国家。联合国开发署提出，未来全球反贫困的主战场将是中等收入国家。美国布鲁金斯研究所的一份最新研究报告表明，“新的底层10亿”主要生活在中等收入国家，预计到2015年，将有55%的贫困人口生活在中等收入国家（Gertz & Chandy，2011）。中国是世界上最大的、人口最为众多的中等收入国家，在改革开放以来的30多年间，已经在扶贫开发工作中取得了突出成就，但是可以预见，缩小收入差距和消除贫困仍是我国中长期经济发展的重要目标。

贫困尽管看上去明显，但又是严肃而不得不探讨的问题。正如Sen在《贫困与饥荒》这本书的序言中所说的“有许多关于贫困的事情是一目了然的。要认识原本意义上的贫困，并理解其原因，我们根本不需要精心设计的判断准则、精巧定义的贫困度量和寻根问底的分析方法……但是，并非所有关于贫困的事情都是如此简单明了。当我们离开极端的和原生的贫困时，对于贫困人口的识别，甚至对于贫困的判断都变得模糊不清”①。我们在取得显著的扶贫成绩时，贫困却依然始终存在于我们生活的这个世界中，对贫困的认识似乎已经在理论研究中处于定型，但是为了能更准确而有效地进行扶贫，探寻合理的贫困确定方法与研究贫困始终存在的原因还有漫长的道路等待我们去探索。

本文将围绕经济增长与应对贫困问题，对近年来各国学者所展开的理论和实证研究进行综述和评议。我们的综述主要有以下几条线索：一是关于经济增长与区域性贫困，以及所谓“贫困陷阱”的新研究，将通过世界各国和我国历年贫困的地域分布和动态变化状况，阐述现阶段贫困的地域集中性、脆弱性和持久性等特征；二是关于贫困的识别与测度问题的新研究，将探讨贫困测度由单个维度（即只考虑收入或消费水平）向多个维度的演变，并具体比较不同测度方法所得出的结论；三是探讨各国扶贫政策的制定及其效力问题。

① 阿马蒂亚·森：《贫困与饥荒——论权利与剥夺》，商务印书馆2001年版，第1页。

1 经济增长与区域性贫困

1.1 收入差距与贫困分布的特征化事实

经济增长是贫困减少的重要力量，但是否将焦点只关注在如何促进经济增长上，贫困将会因经济增长而自然地被消灭呢？答案显然是否定的，因为经济增长的利益并不完全被穷人获取，实质上穷人能从经济增长获得的利益较富人来说非常低。Fosu（2009，2011），Kalwij & Verschoor（2007），Adams（2004）等的很多研究也显示，不平等是阻碍经济增长、减少贫困的主要力量，尤其是在一些低收入国家。更为重要的是在一些国家，经济增长都非常缓慢，甚至处于停滞，致使当前世界贫困人口分布呈现出地区性集聚现象。

由图 1 可知，撒哈拉以南非洲地区的贫困人口在整个世界中的比例由 1981 年的 11. 27%上升到 2005 年的 28. 37%，南亚地区从 28. 92%上升到 43. 26%，东亚与太平洋地区则从 56. 51%下降到 22. 97%，但是，其中主要是中国贫困人口总数下降带来的。图 2

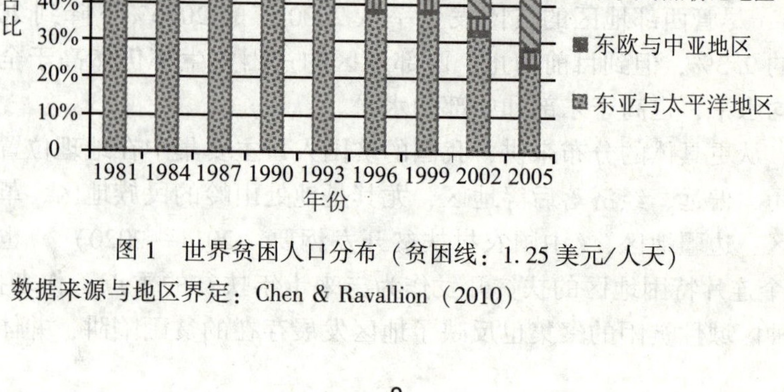

图 1　世界贫困人口分布（贫困线：1. 25 美元/人天）

数据来源与地区界定：Chen & Ravallion（2010）

刻画了不同地区贫困发生率的变化，从中可见，撒哈拉以南非洲地区和南亚地区的贫困发生率下降比较缓慢，撒哈拉以南非洲地区的贫困发生率一直处在50%以上，南亚地区则处在40%以上，东亚与太平洋地区的贫困发生率由1981年的77.7%下降到2005年的16.8%，同样的，这主要得益于中国贫困人口数的下降。

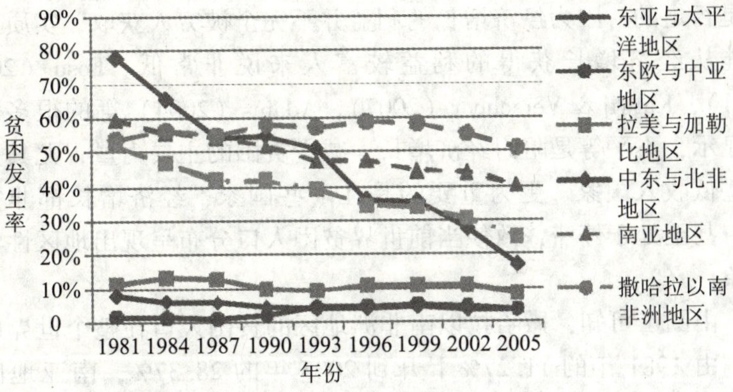

图2　世界各地区贫困发生率（贫困线：1.25美元/人天）

数据来源与地区界定：Chen & Ravallion（2010）

中国各地区之间的经济增长不平衡，大部分的贫困人口主要集中在西部和中部或农村，东部或城市的贫困人口较少。图3显示，中国东部地区贫困人口占全国的比例显著下降，但是西部的贫困人口占全国的比例从2000年的60.8%上升到2008年的66.1%，这表明贫困现象更多地向西部地区集中。就贫困发生率而言（如图4所示），尽管西部地区的贫困发生率从2000年的20.6%下降到2008年的9.3%，但到目前为止，西部地区的贫困发生率仍然高于全国平均水平，也高于东部和中部的水平。

从更具体的分布来讲，我国的贫困人口主要集中在地理位置较封闭、偏远、经济落后等地区，尤其是地处山岭的民族地区、革命老区、边疆地区，《中国农村扶贫开发纲要（2011—2020）》也将14个连片特困地区的扶贫开发作为未来十年扶贫的重点工作来抓。这种区域性贫困的聚集也反映了地区发展存在的贫困陷阱，并体现

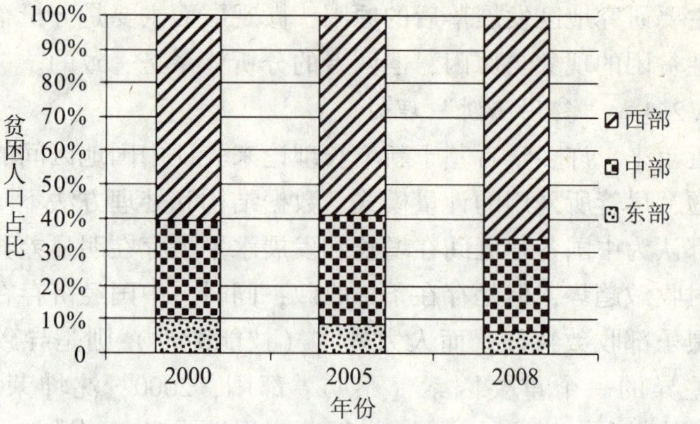

图3　中国贫困人口分布

数据来源：《中国农村扶贫开发纲要评估总报告》

注：贫困线为2008年调整的新贫困线。

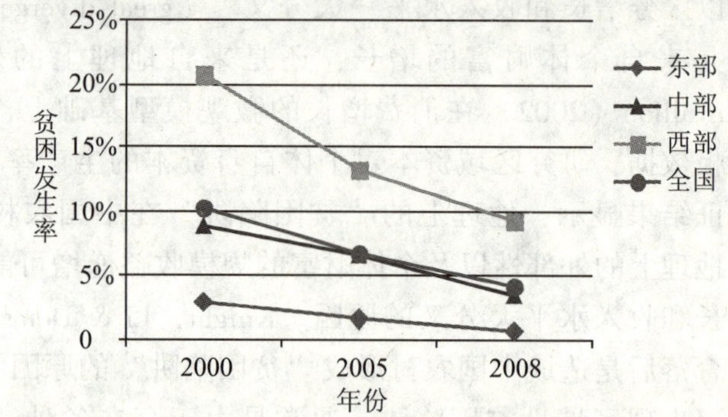

图4　中国各地区贫困发生率

数据来源：《中国农村扶贫开发纲要评估总报告》

注：贫困线为2008年调整的新贫困线。

出地区之间经济增长的差异不断扩大。因此，为了提升扶贫效率，有一大批文献从研究地区经济增长的路径来探讨贫困形成的原因。

1.2　区域性"贫困陷阱"的理论研究

"贫困陷阱"理论是一种研究区域性贫困集聚与地区发展差距的理论体系。"贫困陷阱"理论有宏观层面与微观层面之分。宏观层面主要研究地区发展落后的原因，微观层面主要是分析个体陷入持久性贫困的现象与原因，但两者的分析体系是一致的。

1.2.1 “贫困陷阱”理论

近年来，许多学者基于新增长理论来验证中国地区间的发展差异问题，尽管所采用的计量模式、数据结构和处理方法不同，但是他们都认为中国各地区间在增长和发展水平上存在明显差异，不存在绝对收敛趋势，但是存在条件收敛；同时，中国经济存在比较明显的俱乐部收敛特征，而人力资本（技能劳动）则是导致地区间发展差异的一个重要因素（蔡昉、都阳，2000；沈坤荣、马俊，2002；林毅夫、刘培林，2003；邹薇、周浩，2007；姚先国、张海峰，2008；Zou & Zhou，2007，2008；Zou & Liu，2010，等等）。然而，以上研究使用的都是省级面板数据，正如 Jalan & Ravallion（2002）指出，加总的地理数据虽然可以检验“贫困陷阱”的存在，却难以区分增长和收入水平“大分叉”（great divergence）的原因究竟是来自个体财富的增长，还是来自地理上的外部性。Jalan & Ravallion（2002）在消费增长的微观模型基础上，使用微观家户面板数据，研究区域资本对个体自身资本的生产率的影响，他们的实证结果显示，地理上的“贫困陷阱”在中国农村地区是存在的，地理上的外部性以及个体财富的规模收益递增可能是导致地区间增长和收入水平大分叉的原因。Knight，Li & Deng（2010）则强调教育落后是造成中国农村形成“贫困陷阱”的原因。

之所以出现区域性贫困陷阱，通常是由于存在各种“自我强化”（self-reinforcement）机制（Azariadis，1996，2004；Bowles，Durlauf & Hoff，2006）。其一，因历史原因或地理位置偏远，落后地区的基础设施相对贫乏，外围的现代产业部门扩散效应对这些地区影响有限，居民局限于传统的农业部门，因此地区经济发展缺乏动力。其二，因自然灾害发生的频次较高、程度较深，极大地妨碍这些地区的发展，而经济落后又反过来影响物质资本和人力资本的投资，这会进一步限制该地区下一期的经济发展。其三，由于与外界的相对隔阂，农村个体所获得信息受到很大约束，社会关系网络局限于当地，农村的许多家户还因户籍制度等限制而不愿改变当前的状态，因为农村贫困居民要谋求改变就得付出很高的成本，面临很大的风险。Hoff & Sen（2004）也指出，在一些落后地区，传统的亲缘关系系统（kin system）代替正规部门来提供一些社会服务并分担个体风险，但正是这些关系系统也阻碍着系统中成员向现代部门转移。由于社区网络外部性，少数个别成员的流动很难冲破既有的亲缘关系系统的障碍，并形成现代部门网络；再加上农村居民居住分散，系统中成员之间的协调存在不一致性，使得农村居民选择留在传统农业部门，由此陷入低水平均衡的“贫困陷阱”。

1.2.2 从“外部性”到“邻里效应”

为了解释经济增长的机制，20世纪五六十年代，Solow（1956），Swan（1956）等人提出了一套比较完善的模型，但是该模型却是在规模报酬递减的框架下，用来解释长期经济增长的机制——“技术”视为外生，但不能解释世界不同经济体之间经济发展差异不断扩大这一现象（Mankiw，Romer，Weil，1992等），因此，该理论很快就被Lucas，Romer等人的新增长理论所取代，该理论用来解释经济增长的“技术”内生化。在新增长理论等中，除了强调技术的内生化外，非常强调公共支出或私人投资的“外部性”，Romer（1986，1990）利用引入私人投资的外部性来引入规模报酬递增，他借鉴Arrow（1962）边干边学模型将单个企业的生产函数设为如下形式：

$$Y = F(A,\ K,\ L,\ \kappa) = AL^{\alpha}K^{\beta}\kappa^{\gamma} \tag{1}$$

其中，K为私人资本，L为劳动，A为技术，κ为整个经济的总资本，模型的关键是强调总资本与私人资本或劳动的互补性，或总资本κ带来的外部性引起的规模报酬递增。Barro（1990），Getachew（2008）则强调公共支出所带来的外部性，他强调了资本的生产与资本的积累都受到公共支出的影响。他将生产函数设成：$Y=AK^{\beta}g^{\gamma}$。其中，g代表政府的公共支出。Murphy，Shleifer & Vishny（1989）也是强调这种公共投资外部性的重要性。但是，不管是这里私人投资带来的外部性，还是下面人力资本积累的外部性都可能会使竞争性均衡无法达到社会最优，产生的问题一般是投资不足，不过可以通过补贴等方式使竞争性均衡与社会最优相一致。

Lucas(1988，2004)，Tamura(1991)则认为不仅物质资本可以积累，人力资本同样可以积累，他们在生产函数中引入人力资本，并考虑人力资本投资的外部性，与前面的模型不一样的是，他们认为人力资本不是外生的，而是通过投资进行积累的，因此，他们所建立的模型架构是：

$$Y=AK^{\beta}[uhL]^{\alpha}h_a^{\gamma} \tag{2}$$

$$\dot{h}=\phi h(1-u) \tag{3}$$

其中，u 是个人用于生产活动的非闲暇时间比例，h 是个人的人力资本，h_a 为经济体内平均人力资本。h_a^{γ} 表示平均人力资本的外部性。Tamura(1991)与 Lucas(1988)不一样的地方是，假设人力资本的外部性是对人力资本的积累有影响，即将(2)式中的 h_a^{γ} 放入(3)式。Lucas(2004)利用城市中这种人力资本投资的外部性来研究城乡之间的人口流动、收入分配与经济发展。

Agenor(2011a，2011b)则将人力资本与公共资本同时纳入内生增长模型框架中，并将政府的公共投资分成了不同类型，并强调公共资本的外部性对人力资本积累的影响，它的框架如下：

$$Y=K_G^{\alpha}K^{\beta}h^{\gamma} \tag{4}$$

$$\dot{h}=h^{1-m-n}K_G^{m}G_h^{n} \tag{5}$$

其中，K_G 是用于道路等基础设施建设的公共资本，G_h 是用于人力资本的公共投资，Agenor(2011a)中 G_h 是用于健康的投资(如医院、保健设施等)，他分析这类资本投资与健康以及“贫困陷阱”的关系，Agenor(2011b)中 G_h 则是教育的投资(如学校)。

Benabou(1996)在 Tamura(1991)的内生经济增长理论框架中考察了社区结构的外部性对于收入“分层化”和“极化”的影响，他的主要框架是：$h_{t+1}^{i}=\Theta\xi_t^{i}(h_t^{i})^{\alpha}(N_t^{i})^{\beta}(H_t)^{\gamma}$，即个体的人力资本积累受家庭($h_t^i$)、社区($N_t^i$)、总体经济因素($H_t$)、个体冲击($\xi_t^i$)以及其他的参数($\alpha$、$\beta$、$\gamma$)的影响。在 Benabou(1996)中，社区的因素(N_t^i)与家庭(h_t^i)的社区分布有关，总体经济因素(H_t)与家庭(h_t^i)的总体分布有关。

Galor & Tsiddon(1997)则指出，人力资本的分布通过两种路径影响经济增长的模式，一种是“局部家庭环境外部性”(local home environment externality)，即个体的人力资本水平是父母人力资本水平(类似于 Benabou(1996)中的 h_t^i)的一个增函数；另一种是“全局技术外部性”(global technological externality)，即技术进步与社会人力资本的平均水平是正相关的，即技术 λ 是 Benabou(1996)中总体经济因素(H_t)的一个增函数。如果前一种外部性是主导因素，则收入分布将会出现“极化”，通常这会出现在经济发展的早期阶段；而在经济发展的成熟阶段，全局技术外部性会占主导地位，致使收入水平出现收敛。因此，存在一个“门槛外部性”(threshold externality)，由 $\lambda(H_t)$决定，即存在某个时间点，平均人力资本超过某一阈值，技术由低水平跳跃到某个高水平，随之收入分配的不平等将会降低。关于外部性与经济增长理论模式，它从一个侧面考察了“群体效应”对于长期经济增长和收入分配的作用，也为后文建立实证模型，从群体效应的角度探讨“贫困陷阱”的根源提供了理论基础。

众多研究表明，“群体效应”(group effect)①是导致“贫困陷阱”的一个关键原因。所谓“群体效应”起初是在社会学、人类学等领域中提出的，是指个体行为会受到群体(社区)内其他个体行为的影响。例如，对个体选择产生影响的有父母的行为、社区内基础设施、社区生活环境和文化环境、同辈个体的相互作用等。导致不同社会群体差异的因素包括压力、社会变迁、群体一致性的程度等。一方面，在贫困群体(社区、邻里)中的生活会对个体的经济自立、生活习惯、认知能力等产生影响(Wilson，1987)；另一方面，社区的文化和结构会受到经济群集性和种族异质性等因素的影响(Sampson，2008；Bruhn，2009)。群体效应发生在特定的空间背景

① 在不同研究背景下，“群体效应”(group effect)又被称为“邻里效应”(neighborhood effect)、“社区效应”(community effect)、“内生的社会效应”(endogenous social effect)等，它是指个体行为会受到群体(社区)内其他个体行为的影响，如父母的行为、社区内基础设施、社区生活与文化环境、同辈个体等，因此，文中这几个名词不作区分。

下，具体又可分为：同群内生效应（peer endogenous effect）、关联效应（correlated effect）、情景外生效应（contextual exogenous effect）、社会学习效应、社会互补效应等（Manski，1993；Durlauf，2001）。

借鉴“外部性”理论，许多学者（Ioannides & Zanella，2008；Graham，2009）也将外部性理论研究框架引入邻里效应与个体行为结果的研究中来，则个体人力资本的生产函数可以写成下式：

$$\dot{h}=g(h,\ x,\ h_n,\ x_n,\ y_n) \tag{6}$$

其中，h 表示个体的人力资本，在实际研究中可以是子女的教育、健康投资，x 是个体或家户的其他特征，h_n 是社区内其他家户的平均人力资本，x_n 是社区内其他家户的平均特征，y_n 是社区内其他家户的平均收入。结合个体的效用函数 $u(c,\ E(c'))$、个体的生产函数 $Y=Af(h)$ 以及家户面临的物质约束，则可以得到邻里选择的最优结果。稍作调整也可以获得邻里效应分析的另一种框架是，$\omega_i=\text{argmax}_{\omega\in\Omega i}V(\omega_i,\ x_i,\ x_n,\ \mu_i^e(\omega_{n,-i}),\ \varepsilon_i)$。其中，$\omega_i$ 是个体自己的选择，$\omega_{n,-i}$是社区内其他人的选择，$\mu_i^e(\omega_{n,-i})$则是个体 i 所掌握的关于社区内其他人选择的一种信念，即其他人选择的概率，x_i 是个体具备的一些特征，x_n 则是社区的既定特征，ε_i 是个体随机获得的一些特征，x_n 和 $\mu_i^e(\omega_{n,-i})$则体现了邻里效应。Durlauf（2004）将 x_n 称为情境效应（或环境效应），将 $\mu_i^e(\omega_{n,-i})$称为内生效应，为了使模型完整，则假设信念是理性的。如果要利用现有的数据来对此思路进行实证分析，则一般的实证分析模型可写为：

$$y=\alpha+\beta_1h+\beta_2h_n+\beta_3x+\beta_4x_n+\varepsilon \tag{7}$$

值得注意的是，这里的 y 是结果变量，它可以是收入、就业、健康等个体行为的选择，其他的解释变量的含义与(6)式是一样的。(7)式只是一个简略模型，具体问题还需要修正，但由于内生性问题，这种邻里效应模型的识别很是麻烦，不过，最近的很多文献（Brock & Durlauf，2007；Kasy，2010 等）还是对此技术性问题进行了研究并提出了可行的办法。

近年来，经济学界越来越关注从群体效应的角度研究收入不平等和持久贫困问题。Manski（1993）研究了内生的社会效应如何对经济增长和收入分配产生影响；Drukker(1999)研究了邻里效应导致收入不平等加剧和底层群体更趋贫困的机制；Brock & Durlauf(2002)和Durlauf(2004)研究了邻里效应是如何导致不同群体分隔、区域经济差距扩大、底层群体陷入“贫困陷阱”的。他们都认为在探讨贫困的发生和持续时，必须看到个体的收入水平、经济状况显著地受到其生活过的群体特征的影响，包括居住地及邻里关系、所在学校及企业等内生的群体因素和性别、民族等外生的群体因素。Ioannides & Loury(2004)研究了邻里效应通过就业信息网络的差异进而导致群体间收入差距扩大的机制。还有的研究者则通过建立多层次模型或空间计量模型，试图将邻里效应和群体异质性特征纳入实证考察中(如Duncan & Jones，2000；Dietz，2001；Alexander，2011)。但是，目前还没有学者就群体效应对于区域性持续贫困或“贫困陷阱”的影响进行系统的实证分析。

1.3　经济增长、收入不平等与贫困的经验研究

经济增长是促进人们生活改善，脱离贫困的主要因素(Ravallion & Chen，1997；Dollar & Kraay，2002)，因此，一切促进地区经济增长的因素会在某种程度上减少贫困。促进经济增长的路径有很多，大致有制度(Acemoglu，2002，2005；Bowles，2006)、贸易(Bhagwati & Srinivasan，2002；Winters，Mculloch & McKay，2004)、金融发展(Greenwood & Boyan，1990；Honohan，2004)、公共投资(Barro & Sala-I-Martin，1992；邹薇、张芬，2006)、人力资本投资等，而中国扶贫开发早期阶段贫困的大幅度减少也归结为各项制度的变革(Ahmad & Wang，1991)。但是，随着时间的推移，经济增长这种宽泛的扶贫方式的作用力不断下降，很多学者认为收入不平等的加剧是导致经济增长扶贫作用力下降的主要原因之一(Ravallion，2005；万广华、张茵，2006；林伯强，2003等)。不平等的作用路径有一种是通过妨碍经济增长从而导致居民生活水平变差(Persson & Tebellini，1994)，另一种是贫富收入群体从经济增长中获得的收益并不相等，富裕者更有能力分享经济增长的成果。陈立中、张建华(2007)也指出中国农村人均收入水平越高，经济增长的减贫能力越强；收入不平等越严重的地区，经济增长的扶贫能

力越弱。从扶贫的角度来看，万广华 & Shorrocks(2005)，程永宏(2007)等研究指出收入差距扩大的原因主要有人力资本投资、贸易、地区公共支出差异等。研究经济增长、不平等与贫困三者关系的方式目前有两种：一是利用计量回归方法；二是将贫困变动分解成收入的变动与收入分布的变动。

1.3.1　利用计量回归分析

研究经济增长与不平等对贫困及贫困变动的影响最直接的方法是进行回归分析。在介绍具体回归分析模式之前，需要明确三者间的传导路径。经济增长与不平等对贫困及贫困变动的路径一般有两种：一种是直接路径，即直接分析经济增长与不平等对贫困变动的影响（Ravallion，2001；Loayza & Raddatz，2010；Montalvo & Ravallion，2010 等）；另一种是间接路径，即通过研究不平等对经济增长的影响进而来研究对贫困的影响(Persson & Tebellini，1994；Croix & Doepke，2003 等)。

研究中，直接传导路径的模型构造简单形式如下：

$$\ln P_{i,t} = \beta_0 + \beta_1 \ln Y_{i,t} + \beta_2 I_{i,t} + \sum_j \beta_j X_{j,i,t} + \varepsilon_{i,t} \quad (8)$$

其中，P 为贫困测度，Y 为国民收入，I 为不平等指数，$X_{j,i,t}$ 为其他变量，如价格指数等。在不同的研究中，Y 会有所变化，比如分析不同增长模式以及增长构成对贫困的影响，可以将 Y 分拆，如要研究导致个体贫困的直接因素时，可以考虑不同家户或个体的收入构成(如工资收入、经营收入或农业收入等)，这种分析可以明确扶贫的方向；在宏观上，如果研究不同产业收入对地区总体贫困的影响时，可以将 Y 分拆成第一、二、三产业的收入或各自收入对国民收入的比例。对(8)稍作变化，还可以得到(9)式，如下：

$$\Delta \ln P_{i,t} = \beta_0 + \beta_1 \Delta \ln Y_{i,t} + \beta_2 \mathrm{I}_{i,t} + \beta_3 \Delta \ln Y_{i,t} * I_{i,t} + \sum_j \beta_j X_{j,i,t} + \varepsilon_{i,t} \quad (9)$$

其中，Δ 表示差分。当然，在具体分析时，回归模型不一定是(8)与(9)式中呈现的线性形式，可以是其他非线性形式。

间接分析模式则是通过研究不平等和其他的因素对经济增长的影响，而不考虑经济增长的收益归属问题，回归的模式更为简单，具体形式如下：

$$\Delta \ln Y_{i,t} = \beta_0 + \beta_1 \mathrm{I}_{i,t} + \beta_2 Y_{i,t} + \sum_j \beta_j X_{j,i,t} + \varepsilon_{i,t} \tag{10}$$

如果研究不同的因素(如制度、贸易、金融发展、人力资本、物质资本、公共投资等)对经济增长的作用时，可以将这些因素的替代变量放入(10)式的解释变量中。用(10)式也可直接分析这些不同因素所引致的经济增长的亲贫作用，即将样本按收入大小进行分类，再分别对每类群体作类似(10)式的分析并对比即可。

1.3.2　增长——收入再分配的分解

如果用常规的收入来衡量贫困与不平等，则贫困的测度结果与不平等的测度结果都和收入分布有很大的关系。Kakwani(1980)对两者的关系进行详细的阐述与推导，也可参考 Datt & Ravallion (1992)，林伯强(2003)等。考虑连续的收入分布，则衡量收入不平等的 Gini 系数公式如下：

$$I = 1 - 2\int_0^1 L(CP)\,dCP \tag{11}$$

其中，L 表示累积的收入分布，CP 表示累积的人口分布，将收入由低到高排列，$L(CP)$表示 $100CP\%$的人口所拥有的 $100L\%$的收入。当然一个合理有效的 Lorenz 曲线需要满足以下条件：$L(0) = 0$，$L(1) = 1$，$L'(0^+) \geqslant 0$，$L''(CP) \geqslant 0$，$\forall CP \in (0, 1)$。FGT 贫困指数连续型则可表达成如下形式：

$$P_\alpha = \int_0^H \left(1 - \frac{\mu}{z} L'(CP)\right)^\alpha dCP \tag{12}$$

因此，根据式(11)和式(12)则可将贫困指数写成 $P_t = P(z_t, \mu_t, L_t)$，则在假设贫困线不随时间变化的情况下，将时间设为两个时期 0 和 1，则两期的贫困变化分解为：

$$\begin{aligned} P_1 - P_0 &= P(\mu_1, L_1) - P(\mu_0, L_0) \\ &= [\underbrace{P(\mu_1, L_0) - P(\mu_0, L_0)}] + [\underbrace{P(\mu_0, L_1) - P(\mu_0, L_0)}] + R \\ &= G + I + R \end{aligned} \tag{13}$$

其中，G 表示收入增长带来的贫困变化，I 表示收入分配带来的贫困变化，R 表示剩余。根据 Shapley 分解，则可以将(13)式中的剩余项消除，Shapley 分解式如下：

$$P_1-P_0=\frac{1}{2}[(P(\mu_1,L_0)-P(\mu_0,L_0))+(P(\mu_1,L_1)-P(\mu_0,L_1)) \quad (14)$$

$$\text{shapley} \quad \text{增长效应}$$

$$+((P(\mu_0,L_1)-P(\mu_0,L_0))+(P(\mu_1,L_1)-P(\mu_1,L_0))]$$

$$\text{shapley} \quad \text{再分配效应}$$

在进行分解时，还有一个关键问题就是收入分布或 Lorenz 曲线的估计。估计的方法有两类：一类是设定收入分布类型或 Lorenz 曲线的函数形式进行参数估计，当然其中选择什么形式的收入分布函数或 Lorenz 曲线函数需进一步分析①；另一类是非参估计。在实际分析中，如果考虑价格波动或者通货膨胀对贫困的影响，并假设贫困线调整的依据是价格的变动，则可令贫困线是随时间变化的，将贫困线代入(13)式或(14)式进行相类似的分解。

2　贫困的识别与测度

Sen(1976)指出，贫困测度必须要面对以下两个问题：(1)贫困的识别；(2)利用贫困的信息构造贫困指数，而这两个问题至今仍是各种贫困测度方法关注的焦点。

2.1　贫困识别与单维贫困测度

2.1.1　贫困标准的确定

在贫困主体的识别过程中，贫困标准的确定至关重要，一般是根据当地居民生活的最低保障水平以及经济社会发展状况来进行制定，因此各国贫困标准的设置不尽相同②。

理论上，一般从福利主义和非福利主义两种角度探讨贫困线。从福利主义的角度，个人福利低于某个特定水平被称为贫困。贫困线则通过经典消费理论中的效用最大化问题给予确定，但是，个体的偏好是主观的，它会因环境的变化而发生变化，个体偏好之间的

---

① Kakwani(1980)关于 Lorenz 曲线与收入分布函数的估计的参数估计有系统的介绍与推导。

② 具体参见：《世界各国贫困标准研究》，《中国国际扶贫中心研究报告》2010 年第 1 期。

异质性也使得将所有偏好一致地纳入同一框架中是不可能的。Ravallion(2010)认为，进行福利评价时，可利用优化问题的对偶关系将效用转化为等价的最小支出。不过，在确定最小支出时，物品组合及价格的选择依然难以全面反映所有个体的特征。因此，在实际的应用中，福利主义受非福利主义的批评。

非福利主义主要是从物质出发，以一定的物质水平来评价个体的生活状况，但由于个体的特征千差万别，利用各种物质进行贫困界定也实属是一项艰巨的任务，因此也被学者诟病。Sen(1999)从另一角度——可行能力出发，认为贫困是可行能力的剥夺，可行能力是指免除饥饿与疾病的困扰、避免营养不良及过早死亡、接受良好教育、享受生活乐趣等。解决可行性能力的贫困同时也能使个体有机会脱离收入贫困。

在实际的贫困测度中，各国使用的贫困线有绝对贫困线与相对贫困线两种。一些较高发展水平的国家倾向于使用相对贫困线，相对贫困线一般是根据这个国家居民收入或消费的平均水平的某个比例来确定。欧盟各国普遍采用人均收入低于中位数50%作为贫困线。绝对贫困线中较主流且常用的有生活必需品法、恩格尔系数法、马丁法等。生活必需品法是通过确定个体维持基本生活所必需的一些物品，通过价格计算出基本生活费用；恩格尔系数法则是通过确定个体维持生存的基本营养需求，再选择相应的食品种类与数量，计算基本的食物支出，通过恩格尔系数估算个体的基本支出；马丁法是由世界银行贫困问题专家Martin Ravallion提出的，它被认为是测度发展中国家贫困标准最有效的方法，该方法通过测算维持基本生存的营养需求，确定食物贫困线，再通过回归的方法计算出非食物贫困线，将两者相加从而得到贫困线。

中国采用2100大卡热量作为农村人口贫困营养标准来设定食物贫困线，并用回归计算方法推算出非食品贫困线，再将食品贫困线与非食品贫困线相加得到贫困线①。但中国的贫困标准被认为相对较低，且不能反映不同地区与不同家庭结构之间的差异性。童

① 来自《中国扶贫开发报告》的第二部分：中国贫困地区的特征与贫困标准。

星、林闽钢(1994)针对家庭结构及地区发展差异对中国的贫困标准线进行了研究；张建华(2010)对中国城镇居民的绝对贫困线与相对贫困线进行了核算，并测算中国城镇的贫困状况与扶贫现状。

在贫困线制定过程中，贫困的脆弱性及其所引起的贫困动态变化也给扶贫工作带来了极大的挑战。脆弱性主要指家庭或个人面临的各种导致贫困风险的可能性，脆弱性越高，变为贫困的可能性越大。个体贫困的脆弱性与以上个体所可能受到的冲击有关。脆弱性的大小则决定于以下两个方面：一是意味冲击(失业、疾病、自然灾害、经济波动等)的大小；二是个体自身应对风险的能力，比如资产的拥有量、保险的购买情况以及个体的人力资本存量等。个体的脆弱性则可以利用个体在未来处于贫困状态的概率来测度(Mcculloch & Calandrino，2003)，也有利用个体的期望效用与某个临界值进行比较来测度(Gaiha & Imai，2008)。脆弱性又与持久性贫困联系在一起。持久性贫困指那些长时期处在贫困之下的人们，而暂时性贫困则指由于意外冲击致使暂时性落入贫困人口之中。

2.1.2 单维贫困测度

在贫困的识别中，现行的主流是根据收入与支出确定贫困线，收入或支出低于贫困线的个体被视为贫困，其中，贫困发生率是贫困人口占总人口的比例，贫困的深度及严重度则可以用其收入或支出与贫困线的差距来进行确定。Sen(1976)将注意力转向贫困指数的构造，利用贫困信息对贫困进行测度，并将测度公理化。Sen 指出一个贫困指数必须要满足两个公理：单调性公理(即减少贫困者的收入会增加贫困)和转移公理(即将一个贫困者的部分收入转移给比他收入高的人会增加贫困)。在满足这两个公理的前提下，Sen 构造了一个贫困指数：

$$P=H(I+(1-I)G_p) \tag{15}$$

其中 H 为贫困发生率，I 为收入缺口率(income-gap ratio，$I=\sum_{i}^{q}$

$(z-y_i)/qz$，q 表示贫困人口数，z 为贫困线，y_i 为个体 i 的收入或支出)，G_p 为贫困群体的基尼系数。Sen 的贫困指数在其后只局限于理论的研究，因为它的解释不够直观，并且不满足子群可分解。

Foster，Geer & Thorbecke 对 Sen 贫困指数中的序数权重提出质疑，并根据 Sen 的建议，最终在 1984 年发表的《一类可分解的贫困指数》文章中提出一类可分解的指数(以下简称为 FGT 指数)，具体形式如下：

$$P_{\partial} = (1/n) \sum_{i}^{q} [(z - y_i)/z]^{\partial} \tag{16}$$

在∂ =0 时，该指数简化为贫困发生率，∂ 可看做贫困指数关于标准化缺口 $g_i=(z-y_i)/z$ 的弹性，同时，∂ 还可看做对贫困的厌恶程度。当∂ =1 时，(16)被认为测量的是贫困的深度，∂ =2 时也被认为测量的是贫困的严重度。FGT 指数在∂ ≥1 时能反映贫困的程度和贫困者之间的差异性，并且 FGT 指数都满足分解可加性和子群一致性，这样就会便于分析各因素、各群体对总贫困的贡献。当然，FGT 还满足相应的其他公理：焦点公理(即贫困测度只关注贫困个体，非贫困个体收入的增加并不会改变贫困大小)；复制不变性、尺度不变性、对称性(三个性质指出贫困测度不会受估计指标量纲、指标值排序方式等的影响)；连续性(∂ ≥1)、转移公理(即从一个贫困者转移一定的收入给一个更贫困者会降低贫困，FGT 贫困指数中∂ >1 情况下满足)、转移敏感性(即转移公理中转移方式所导致的贫困降低量关于更贫困者的收入是单调递减，∂ >2 情况下满足)等①。FGT 指数至今还是各政府衡量贫困程度的主要指标。根据此指标大小及分解的结果，政府可以进行有针对性的扶贫。

贫困指标的选择会影响贫困测度结果的变化，贫困发生率下降并不意味着贫困深度及贫困严重性的下降，反之也是如此。因为贫

① 关于 FGT 指数的理论脉络及其相关拓展也可参见 Foster，Greer & Thorbecke(2010)。其中相关公理的技术性表述可参见 Foster 等(1984)这篇文章。

困发生率对于贫困线附近的人口最为敏感，贫困深度则对所有的贫困主体收入变动具有相同的敏感度，贫困严重度的敏感度则随着贫困主体收入的上升而下降，因此它对最贫困主体的收入变动最为敏感。Watts 贫困指数①以及 FGT 中指数大于 1 的所有贫困指标与贫困严重度有类似的敏感性质②。如果利用转移支付来最有效地进行扶贫，则对贫困发生率指标，应当将转移支付用于贫困线附近的贫困人口。至于贫困深度指标，则转移支付的对象无关紧要。如果是贫困严重度指标，则应当将转移支付用于最贫困的主体。因此从不平等的角度来衡量指标的优劣，贫困发生率是最差的，而贫困严重度指标则是最好的。

因个体的生活能力、收入、偏好等相关信息是私人的，政府要正确判断哪些个体是扶助的对象存在一定的困难。在信息不对称的情况下，政府对贫困主体的识别就存在两类统计上的错误（Cornia & Stewart，1995）：第 I 类错误是将本身属于贫困的人口排除在贫

---

① Watts（1969）提出的贫困指数形式为：$P = (1/n)\sum_i^q [\ln(z/y)]$。

② 本部分论述的证明如下：

令 Δ 表示政府给予贫困个体的补贴

对于 Watts 贫困指数：令 $W_i = \ln(z/y - \Delta)$，

则 $\frac{\partial W}{\partial \Delta} = \frac{1}{y_i - \Delta}$，$\frac{\partial^2 W_i}{\partial \Delta \partial y_i} = \frac{-1}{(y_i - \Delta)^2} < 0$

因此，对于 Watts 贫困指数测度的贫困对补贴的敏感度随着收入的上升是下降的。证毕。

对于 FGT 指数，令 $I = z - y - \Delta$，$I^\partial = (z - y - \Delta)^\partial$

则 $\frac{\partial I^\partial}{\partial \Delta} = -\partial(z - y - \Delta)^{\partial - 1} < 0$；$\partial \geqslant 1$

$-\frac{\partial^2 I^\partial}{\partial \Delta \partial y} = -\partial(\partial - 1)(z - y - \Delta)^{\partial - 2} \leqslant 0$；$\partial \geqslant 1$

当 $\partial = 1$ 时，$-\frac{\partial^2 I^2}{\partial \Delta \partial y} = 0$，即贫困深度对于补贴的敏感度在不同收入下是相等的；

当 $\partial > 1$ 时，$-\frac{\partial^2 I \partial}{\partial \Delta \partial y} < 0$，贫困严重度则对于补贴的敏感度随着收入的上升是下降的。证毕。

困的主体之外，即所谓的“弃真”；第II类错误是将本身不属于贫困的人口纳入了贫困人口之中，因此又被称为“纳伪”。这两类错误又被称为F—错误和E—错误，它们如同统计检验中的两类错误一样，在贫困识别与扶贫政策选择时处在两个对立面，要降低犯第I类错误的概率就会增大犯第II类错误的概率，要减少第I类错误就必须加大检查的成本或者扩大扶贫的覆盖面，要减少第II类的错误就需要实行更严格的证明制度及降低扶贫政策的激励性，不过这会使更多贫困主体放弃参与到扶贫项目中去。因此，政府在制定扶贫政策时需要对犯这两类错误的概率进行权衡。

2.2 Sen的能力方法与多维贫困的提出

近年来，个体的脆弱性及贫困的持久性，使人们开始怀疑，将单一的收入作为评估贫困的标准是否过于片面。个体的健康、教育、财产状况以及公共品的可获得性都会影响个体的贫困程度，作为获得收入的能力，这些变量也曾被当做影响个体收入以致影响贫困的因素用于实证分析和贫困指数的分解（Shorrocks，1982，1984，1999；万广华，2008）。Sen（1999）质疑用单一收入来衡量贫困，他认为，贫困应当被视为基本能力的剥夺。但是，能力贫困与收入贫困之间的确具有很紧密的关系，低收入可能会导致营养不良、饥饿和个体无法享受教育，较差的健康及教育也会影响个体获取收入的能力。当然，个体收入与能力还受到家庭特征、地理位置等外生变量的影响，个体只能在一定的约束下享受可能的自由。

在贫困的测度中，一批学者始终坚持收入贫困标准，他们认为个体所谓的其他维度的贫困都可通过一套价格将其转化为收入贫困，因此，没有必要构建多维贫困指数。的确，在基本需要（basic needs）市场存在的前提下，这种想法是正确的，但是，现实中，这些基本需要市场很多是不完善的或不存在的，并且市场因商品的异质性和公共品需求存在的私人信息而难以找到合理的定价机制。Sen（1999）则指出，他们这是混淆了目的和手段，能力是个体获得收入的手段。收入作为一个工具性变量来反映个体被剥夺的情况，显得过于单薄，影响个体能力剥夺的因素有很多，收入与能力的关系又极易受到外在环境的影响，所以 Sen(1985，1987，1999)提出了“能力贫困”的新思路，Sen 认为贫困应当被视为“基本能力的剥夺”，或者说贫困的根源是“能力贫困”。基于“能力贫困”的研究表明，收入的差距源于人们获取收入的技能和能力的差距。“能力贫困”意味着，人们之所以贫困，是因为他们难以借助于现代教育、信息扩散、知识外溢、社会资本积累等效应来充实自身的经济能力，以致人力资源含量、知识与技能水平极低，在发掘经济机会、参与经济政策决策、增加对自身的投资、应对不确定性和风险、从创新性经济活动中获利、分享经济增长的成果等方面“无能为力”。近十年来，从 Sen 的“能力集”及“能力贫困”方法出发，利用多个维度来衡量贫困已经成为理论和实证研究的主流。Anand & Sen (1997)也认为要正确衡量个体的贫困程度，就必须从多个维度来考虑个体被剥夺的状况，类似于用人类发展指数来衡量一个国家的福利状态，也可选用多个指标来构造人类贫困指数。

构建多维贫困指数的能力方法是基于这样一种观点：生活是各种行为与状态的组合，生活质量是依据获得有价值的功能性活动的能力来评估。一个人的实际成就可用一个功能性向量表示，则他的可行能力集由其可选择的能相互替代的功能性活动向量组成。衡量一个人是否处于多维贫困之中，则是从可行能力集中选用一个基本能力集作为参考标准。Brandolini & D'Alessio(1998)基于 Sen 提出的“能力方法”理论对不平等和剥夺进行多维分析的尝试。Alkire (2008)综合地阐述了如何从能力集中选择一个合适的域来测度多维贫困。在用能力方法构造多维贫困指数时，要注意可行能力与功能性活动的区别：功能性活动是个体通过能力所能获得的结果，代表个体目前所处的状态，比如“免于疾病的困扰”，“受过良好的教育”等；一个人的可行能力则反映此人有可能实现的、各种可能的功能性组合。

Cohen(1993)指出，Sen 混淆了能力和到达功能性活动的中间活动。Cohen 诉诸的则是处于商品与效用之间的“中介性好”。他认为，能力及能力的应用只是“中介性好”的一部分，罗尔斯所关注的商品与福利主义关注的效用，一个太过于客观，一个太过于主观，都忽略了相互之间的某些东西。但是，需要强调的是，在数据可获得性情况下，多维贫困测度更加应该关注的是功能性活动，当然，Karishnakumar & Ballon(2008，2010)也尝试过用潜在变量的结构方程模型来测度基本能力，并根据估计的基本能力进行多维贫困测度。

2.3 多维贫困测度方法

多维贫困测度的必要性已被世界银行等国际机构以及相应的理论工作者所承认，但是，在我国，目前采用多维度能力方法对贫困状况进行测度的研究还不多，并且选用的维度和数据比较有限(尚卫平、姚智谋，2005；陈立中，2008；王小林 & Alkire，2009)。尚卫平、姚智谋(2005)初探多维贫困测度方法；陈立中(2008)因利用的是单一年份的省级宏观数据而难以反映个体多维贫困状况；王小林 & Alkire(2009)则仅利用中国健康营养调查(CHNS)①2006年的数据对中国多维贫困进行了测量，并赋予选用的指标以相等的权重。

多维贫困测度大体沿着两条线：一是将传统的单维贫困测度拓展到多维，如传统的交与并的方法，Bourguignon & Chakravarty(2003)的公理化方法，Lugo & Maasoumi(2009)基于信息理论的方法和 Alkire & Foster(2011)的“双界线”方法等；另一条线是摆脱传统的贫困测度思路，从新的角度进行多维贫困测度，如克服贫困线界定中随意性的 Cheli & Lemmi(1995)，Betti & Verma(1998)等的模糊集方法，只关注贫困比较的 Ramos(2006)投入产出效率方法和多元统计分析方法等。多维贫困测度的前提依然是每个维度的贫困识别，而维度的选取和各维度的加总也非常关键，各维度的加总则常用一般的固定替代弹性函数的各种简化形式。

加总方法中最简单的是“交”方法和“并”方法。交的方法认为贫困者必须是他所有的维度处于贫困；并的方法则认为，只要有一个维度处于贫困的个体就为贫困者。很明显，交的方法会低估贫困

① 中国健康与营养调查(China Health and Nutrition Survey，CHNS)数据，数据由美国北卡罗来纳大学和中国疾病预防控制中心营养与食品安全所联合采集。

的程度，而并的方法会极大地高估贫困的程度。Alkire & Foster (2011)使用的则是“双界线”(dual cut-off)方法，即首先选择每个维度的贫困线以确定个体在各个维度下的贫困状况，然后选择维度贫困的临界值，将一定数目及以上的维度处于贫困状态的个体确定为贫困者。在王小林 & Alkire(2009)的测算中，中国 2006 年有 48.8%的家户存在两个维度的贫困，19.8%的家户存在三个维度的贫困。在维度贫困临界值为 3 和各维度取等权重的条件下，中国的多维贫困指数值为 0.087①。

世界银行“人类贫困指数”则利用固定替代弹性加总函数②对长寿而健康的生活、知识、是否拥有体面的生活三个维度进行加总，其中，健康使用出生时能否活到 40 岁的概率来衡量、知识用成人文盲率衡量、体面生活水平则使用未改良水源的人口比重和体重不足儿童的比重来衡量。Bourguignon & Chakravarty(2003)也使用固定替代弹性加总函数并结合一些公理推出一类通用的多维贫困指数。多维贫困指数构建的公理中，除了将单维中介绍的相关公理多元化外，还有维度可分解性质、强焦点公理和弱焦点公理等。如果满足维度可分解，则多维贫困指数为各维度贫困的加权平均数，如(17)式所示：

$$P(X;\ z) = \sum_{j=1}^{d} w_j p(x_j;\ z_j) \tag{17}$$

其中，d 表示总维度数，w_j 为各维度的权重，z_j 为维度 j 的贫困线，x_j 为维度 j 取值向量，$p(x_j;\ z_j)$ 为第 j 维的贫困值。在子群可分解的情况下，多维贫困指数具有如下的形式：

$$P(X;\ z) = (1/n) \sum_{i=1}^{n} p(x_i;\ z) \tag{18}$$

其中，x_i 表示维度向量，z 表示贫困线向量，$p(x_i;\ z)$ 表示个体 i 的贫困状况。

如果要求多维贫困指数还进一步满足连续性、规模不变性、单

① 多维贫困指数值 MPI = 0.087 是由贫困发生率 H = 0.198 和平均剥夺份额(即所有贫困者被剥夺维度比例的平均数) A = 0.439 相乘得到，即 MPI = H×A。

② 固定替代弹性的加总函数形式如下：$f = \left(\sum_{i=1}^{n} w_i y_i^{\partial}\right)^{1/\partial}$。

调公理和转移原理，则多维贫困指数(18)转换为：

$$P(X;\ z)=(1/n)\sum_{i=1}^{n}\sum_{j=1}^{d}w_j f(x_{ij}/z_j) \tag{19}$$

其中，f：$[0,\ \infty)\to R^1$ 是一个连续、非增的凸函数，函数的凸性是因为转移原理，如果 $x_{ij}/z_j\geqslant 1$，则 $f(x_{ij}/z_j)$ 为一常数，(19)式的推导证明可参考 Vega & Urrutia (2010)，Bourguignon & Chakravarty (2003)以及 Tsui(2002)等。Tsui(2002)中 f 取的是对数，它的多维贫困指数是由单维 Watts 指数拓展得到的，陈立中(2008)则使用此指数与省级宏观数据对中国的多维贫困进行了测度。如果将 f 变成 $[(z_j-x_{ij})/z_j]^{\partial}$，则多维贫困指数是传统 FGT 贫困指数的拓展。如果考虑不同维度之间的关系(替代、互补等)，则要违背维度可分解，得到更一般的表达式：

$$P(X;\ z)=(1/n)\sum_{i=1}^{n}\left[\sum_{j=1}^{d}w_j\left[\max(1-(x_{ij}/z_j);\ 0)\right]^{\beta}\right]^{\alpha/\beta} \tag{20}$$

其中，如果 $\beta>\alpha$，则维度之间是替代的关系；如果 $\beta<\alpha$，则维度之间是互补关系。

在相同的公理下，Lugo & Maasoumi (2009)基于信息理论的方法和 Chakravarty(2006)模糊集①的公理化方法下的多维贫困测度都呈现式(19)的形式。Lugo & Maasoumi (2009)在讨论时还考虑了识别与加总两者的顺序导致的指数形式差别，如果考虑加总贫困线法(将各维度贫困线加总为单一的总贫困线)与弱焦点公理②，则多维贫困指数的形式为：

---

① 模糊集(Cerioli & Zani，1990)首次用于贫困的测度。模糊集定义如下：给定一个集合 X，x 是 X 中的元素，X 的一个模糊子集 A 可以由 $\{x,\ \mu_A(x)\}$ 来刻画，其中隶属函数(mumbership function) μ_A：$X\to[0,\ 1]$。如果 x 不属于 A，则 $\mu_A=0$；如果 x 完全属于 A，则 $\mu_A=1$；如果 x 部分属于 A，则 $0<\mu_A<1$。Cerioli & Zani (1990)使用的是完全模糊方法(Totally Fuzzy Approach，TFA)。

② 强焦点公理是要求贫困指数独立于非贫困的维度，即它不能利用非贫困的维度来改善贫困的维度，而弱焦点公理则只要求贫困指数独立于非贫困个体的维度水平。

$$P(X;\ z) = (1/n)\sum_{i=1}^{n}[(f(z_j) - f(x_{ij}))/f(z_j)]^{\alpha} \quad (21)$$

其中$f(\cdot) = (\sum_{i=1}^{q} w_j(\cdot)\beta)^{1/\beta}$，如果是强焦点公理，则(21)中$f(x_{ij})$变为$f(\min(x_{ij},\ z_j))$。模糊集方法公理化后的形式只是将(19)式中的函数f变成了隶属函数，它的表达式如下：

$$P(X;\ z) = (1/n)\sum_{j=1}^{d} w_j \sum_{i\in\{1,\ \cdots n\}\ \cap\mu_j(x_{ij})>0} \mu_j(x_{ij}) \quad (22)$$

完全模糊方法和利用贫困线进行识别的方法有同样的弱点，即要确定模糊集的上下界。Cheli & Lemmi(1995)则使用完全模糊和相对方法(Totally Fuzzy and Relative Approach，TFR)。TFR的加总方式依然是(22)式，但它的隶属函数是利用各维度的分布函数来进行构造，得出的数值反映的是个体相对剥夺的程度，即在此维度中，比个体状况要好的群体的比例。因此，个体的贫困状况与其他个体直接相关，致使这种测度方法只满足维度可分解，而不满足完全的子群可分解，且单调性与转移原则也很模糊。从公式(22)可看出，此方法还是可以进行相对的子群分解，如果选用的指标是二元指标的话，则TFR就会与TFA等同。

多维贫困测度的方法还有很多，有利用生产效率分析中的距离函数进行测度的效率方法，还有比较流行的统计分析方法，如主成分分析、多元对应分析等。统计分析在构造权重和测度可行能力这类潜在变量方面具有优势。但是，在构建多维贫困指数时，指数的解释性也很重要，像FGT贫困指数的深度、严重度以及TFR中的相对剥夺等，而很多新颖的、合理的构造方法得出的指标缺乏解释性，如效率方法，只适于进行个体之间贫困程度的相互比较，这也是在理论应用中传统方法一直受到青睐的原因。

值得注意的是，Ravallion(2011)，Lustig(2011)则指出，多维贫困测度的提出的确能更全面地反映家户的贫困，但是，是否应当将各维度的贫困加总为单一的综合指数还有待商榷，单一的多维贫困指数也并不一定能给政策制定者更多的信息，并且，在加总各维度贫困时，权重和维度的选取都会影响对贫困程度的测度。

2.4 存在的问题与进一步讨论

2.4.1 维度的选取

在多维贫困指数构造过程中，关键之一是指标选取，指标不仅要能客观反映特定国家或地区的多维贫困状况，还要是能便于相互间比较的通用指标。广为人知的人类发展指数是由人均 GDP、预期寿命和教育三个维度构成。在多维贫困的维度选择中，除最基本的收入或支出外，一般还考虑住房、教育、健康、环境等。在现代文明社会中，就业、人身安全、赋权、体面出门的能力和心理等主观福利(Alkire，2007)也是人们关心的生存权利。但是，由于个体及家庭微观数据的可获取性，无法对其中的许多维度进行测度，也就相应地不能纳入多维贫困指数中。

指标选取中存在的另一个问题是，家户调查很多是分类指标或二元指标，因为很多调查项目需要主观判断或只适宜用“是与否”来进行回答，如身体状况、房屋类型、就业与否、有无保险等。这使得在构造多维贫困指数时，不适宜利用标准化缺口来衡量各维度的贫困深度及严重度，目前可用的连续指标大体有收入与支出、教育水平及营养摄入量等。因此，将传统贫困测度拓展到多维的方法使用上受到相当大的限制。在计算指数时，可利用指标构造维度使维度连续化，或者运用多层次的计量分析也可克服这个问题。

在构造多维贫困指数时，维度间的相互关系也有很大的影响。如果维度间存在替代关系，即一个维度的贫困可由其他非贫困维度来弥补，则使用简单的加权平均会夸大贫困的程度；如果是互补关系，即一个维度的贫困也意味着另一维度的贫困，则简单的加权平均会压低贫困的程度。Calvo(2008)利用多维贫困来研究个体脆弱性时重点讨论了维度之间的关系。Bourguignon & Chakravarty(2003)选用巴西 1981 年和 1987 年两年收入和教育两维度的数据，计算发现(20)式中不同的β，α组合和不同的权重对两年的贫困地位影响很显著。但是，在多于两个维度时，将任意两维度间替代弹性设为常数，会与现实不符，而要考虑各维度间的两两关系，则公式变得复杂而不具有操作性。因此，在实际的测度中，对于维度的选择要谨慎。

2.4.2 权重的设定

在多维贫困指数构造过程中，关键之二是权重的设定，它包括维度内的权重和维度间的权重。维度内的权重是反映福利衡量中个体的地位，设定的一般原则是，越贫困的个体要赋予其越大的权重，因此，权重不会影响个体在贫困中的位置。Sen(1976)使用的是序数排列的权重；Foster 等(1984)为使贫困指数更易于计算并能够分解，使用的权重是标准贫困缺口或者其幂次方。当然，个体权重确定的合意性还得依赖理论分析的需要。

相对于个体权重，各指标权重的确定在计算多维贫困指数时则显得更为重要。在进行多维贫困指数的敏感性分析中，权重的调整会极大地影响指数的大小，即多维贫困指数关于权重并不稳健。近来研究综合指数构造的文献中，权重成为了重中之重，有 Njong & Ningaye(2008)，Foster & McGillivray(2009)，Decancq & Lugo(2008，2010)等。Decancq & Lugo(2010)区分了三类构造权重的方法：数据推动(data-driven)、规范的(Normative)方法和混合的方法。其中数据推动有频率、统计方法等。规范的方法有取等权重、专家意见、基于价格等。

现行多维贫困的测度中，常用的权重确定方法有规范的方法频率方法、统计方法等。规范的方法中常用的是取等权重(如联合国的人类贫困指数)，王小林 & Alkire(2009)对中国多维贫困的测算也是取等权重，但这种方法过于主观。频率方法的原则是，频率较高的应赋予更大的权重；假如个体缺乏已被普遍使用的物品，说明该个体的能力是严重被剥夺的。Cheli & Lemmi(1995)构造的权重采用的是频率方法。Betti & Verma(1999)认为，权重要考虑两个方面：一是反映指标在总体中的分布状况，他们使用变异系数来反映；二是剔除该指标与其他指标的高度相关所带来的多余性，他们使用相关系数来构造此权重，而指标的权重则是两方面的复合。

统计方法有主成分分析、因子分析、多元对应分析等，但它得到的权重难以解释其经济含义，其权重大小的合理性也不易界定。Njong & Ningaye(2008)对喀麦隆的多维贫困测度关于不同权重作了敏感性分析，他们选用了主成分分析、多元对应分析与 Cheli &

Lemmi 方法三种方法构造权重。他们分析的结果是，主成分分析优于多元对应分析和模糊集方法，即在使用主成分分析的权重下得到的贫困发生率要低，而多元对应分析与模糊集方法之间的关系不明朗。

在目前的研究中，合理的权重始终难以确定，数据推导的权重并不能反映权重选择中的价值观。这里面临着两个经典问题：一是所谓的“休谟的断头台”学说，即我们不可能根据任何一组关于情况实际是怎么样的陈述，来得出一个关于情况应当是怎么样的陈述，这也是哲学中一直存在的争论——“事实—价值”二分。二是“阿罗不可能定理”，即如果根据个体的偏好进行主观的判断，我们将无法统一所有个体的权重偏好；阿罗不可能定理最终结果是要求根据一个“独裁者”的偏好来进行权重选择。因此，合理有效地界定权重，并且准确地反映尽可能多的经济个体的偏好，不仅是一个理论上的挑战，而且也是实证分析中的重要问题。

3 扶贫政策效力的评估

在实行扶贫的过程中，根据扶贫效率指标的选择，有普适性政策与瞄准性政策两种政策。这两类政策导向的权衡与上文两类错误的对立相一致：一是普适性（universal）扶贫措施，它按一定的原则对所有的个体实施政策，不去区分个体的类别，如此，政府就不会犯第 I 类错误，但是政府需要很大的支出来保证这个政策的实施，同时，有限的政府开支用在如此庞大的主体上面，会削弱减贫的力度；二是瞄准性（targeting）扶贫措施，只针对贫困主体，并根据贫困主体的实际生活情况来进行相应的补贴，在政府缺乏个体及家庭相关信息的情况下，需要付出高昂的交易成本来从如此庞大的群体中识别出每个目标，因此会在减小第 II 类错误发生的概率同时，提高第 I 类错误发生的概率。在此情形下，政府要提高瞄准的精确性，就必须制定相应的自选择契约来缓解公共政策执行过程中由信息不对称所导致的政策扭曲与福利损失。

在评估扶贫政策的效率时，可借助 Beckerman（1979）提出的两种指标来评估政策的扶贫效率(Atkinson，1995)：垂直效率(Vertical Efficiency)与水平效率(Horizontal Efficiency)。垂直效率用来衡量整个扶贫资金中有多大的比例进入到贫困者手中，而水平效率则用来测度扶贫资金使贫困程度下降了多大的比例。两种效率的具体计算用图 5 进行介绍。图 5 是常见的累计分布逆函数图，收入沿着纵轴向上不断增大，图中的实线表示特定的累计人口比例所对应的收入，虚线表示经过转移支付后的累计分布。其中，总的转移支付为 A+B+C，转移前总贫困缺口为 A+D，A 表示减少的贫困缺口或完全被贫困者接收到的转移支付量，B 表示支付给穷人超额的部分，C 表示转移支付中被非贫困者接收的部分。因此，垂直效率为 A/(A+B+C)，水平效率为 A/(A+D)。

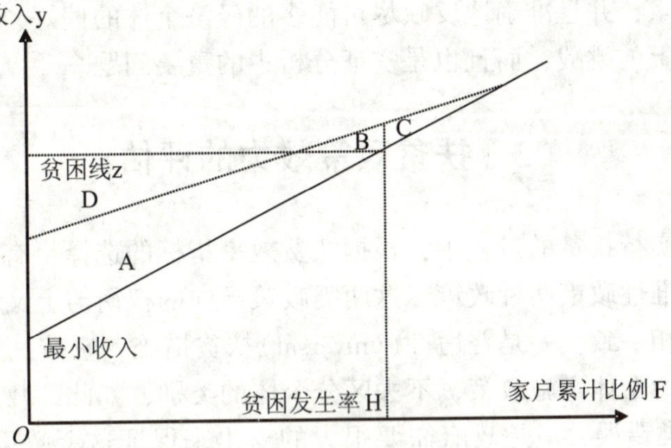

图 5 测度扶贫政策的效率

注：来源于 Atkinson(1995)

Park，Wu & Wang(2002)则综合了两类错误，定义了瞄准性缺口(targeting gaps)来评估总体瞄准的效率，并将其分为两种：瞄准性计数缺口和瞄准性收入缺口。瞄准性计数缺口(targeting count gap，TCG)则指总体中政策瞄准出现错误的比例，其中瞄准错误既包括“弃真”，也包括“纳伪”，且每个出现错误的个体的权重都为 1；瞄准性收入缺口(targeting income gap，TIG)指瞄准出现错误的个体的权重是各自收入与贫困线差距的绝对值，它们的计算公式分别为：

$$TCG_t = (1/N)\sum_{i=1}^{N}\{I_{it1}(P_{it}=0,\ y_{it}<z_t)+I_{it2}(P_{it}=1,\ y_{it}>z_t)\} \tag{23}$$

$$TIG_t = (1/N)\sum_{i=1}^{N}\{I_{it1}(z_t-y_{it})+I_{it2}(y_{it}-z_t)\} \tag{24}$$

其中，y_{it}表示个体 i 在时期 t 的收入，z_t 表示时期 t 下的贫困线，I_{it1}代表第 I 类错误的指标变量，如果这个个体的收入低于贫困线，而却没有纳入贫困主体之内，则 $I_{it1}=1$；I_{it2}代表第 II 类错误的指标变量。

3.1 普适性政策

普适性政策主要有政府的教育支出、医疗支出、基础设施建设以及统一性转移支付等，而相应的目标性政策有工作福利制(workfare)、税收及补贴、实物转移以及证明审核制度(mean-testing)等。不考虑目标性政策的实施成本，则普遍性政策减贫效率不如目标性政策，因为他不区分使用主体，漏损比较大。同时普适性政策会加剧另外一个问题的产生——不平等，因为贫困主体能力缺乏，他们从政府的公共项目获取收益的能力要比富裕的主体要小。因此公共支出的公平性和减贫效率是当前扶贫过程中研究的重点。

在讨论公共政策的减贫效应时，公共政策的收益归属(benefit incidence)分析是一种比较流行的方法。如果明确哪项政策能使贫困者获取更多的收益，则政府可以加大这些政策的支持力度。代表性的经济学家有 Bourguignon(2002)，Ravallion(1999)等，他们对非洲、东亚等一些贫穷国家的公共支出、补贴(包括教育投资、医疗、基础设施建设等)减贫效应进行了实证分析，结论显示公共投资中基础性项目的投资有利于贫困主体，比如小学教育、乡镇医疗等。中国也是一样，刘穷志(2007)指出，并不是所有类别的公共支出都落实到了贫困人口的手上，其中文教科卫近年更多惠及了穷人，社会保障则相对不足，而补贴给了富人等。邹薇、张芬(2006)考虑了人力资本对中国农村地区收入差异的影响，认为教育，尤其是初中教育的投资可以缓解农村地区的收入差异。

不过，由于收益归属分析要求的是微观数据，并要对政策货币化收益进行衡量，使此方法操作具有一定的难度。由于数据的可获取性和缺乏个体参与的信息，先前的大部分研究是根据当前参与到教育中的人数来估算收益，虽然得出的结论是小学教育是亲贫的，但这也忽略了一个问题，即小学教育之所以是亲贫的，也可能由于分析的方法是将教育投资平摊到每个参与者身上，其中贫困主体参与到小学教育中比例很高，因贫困而参与到中高等教育的比例较小。贫困主体各级教育的参与水平可能与子女在劳动市场上的工作有关，年龄较小时，很难进入劳动市场为家庭带来额外收入，当子女年龄较大时，对于贫困家庭来说，教育的机会成本较高，因此一旦出现意外情况，子女就有可能放弃教育而进入劳动市场。

不仅是教育，医疗也是一样。由于贫困，贫困主体小病可能选择不去医院，更是不敢去大医院，因此他们享受到的医疗改革收益较小。从这个角度来说，只有小学教育或者初级医疗等基础设施建设是亲贫的，有可能因为贫困主体的参与性问题而使得这些政府项目亲贫能力较小，政府的政策实施忽略了主体的参与性，才致使计量中这种“审查性”问题出现，这会给政策产生误导。

在利用公共政策进行扶贫的过程中，不平等也很重要。不平等对经济增长是有利还是有弊没有统一的结论，但被一致认为对扶贫是不利的(Ravallion，2007)。其中比较重要的一点是上文讨论的，公共政策在扶贫过程中的利益分配本身就是不平等的。在地区发展层面上，万广华和张茵(2008)利用分组数据生成的微观数据进行分析得出，内地的资源(包括教育、公共基础设施等)利用效率较低是内地高贫困的一个主要原因，而不是此前分析的资源缺乏。另外，收入分配的不平等也是导致高贫困的原因之一。这种问题也存在于公共政策的收益归属分析中，即使公共支出的项目可获取性是平等的，不同群体从公共项目中获取的收益是不一样，贫困群体可能由于能力的缺乏，从公共项目中获取的收益远远低于富裕群体，因此即使这些公共支出是亲贫的，它的效果也很差，再加上贫困群体的参与问题会扩大收入分配的差距，不平等又反过来加强贫困，这样的循环加强机制会导致“贫困陷阱”产生。

3.2 瞄准性政策

宽泛式的扶贫在早期可能效果明显，但是到了某一临界点时，开发式扶贫的效果就非常的不明显，瞄准性政策更适宜进一步针对余下的贫困主体进行扶贫。瞄准性政策是针对特定贫困对象进行帮扶，当然瞄准性政策的对象有个体，也有相关的团体及地区，确定目标的标准有收入、消费等。在使用瞄准性政策时，最令人头痛的问题是信息不对称，它使政策的实施面临巨大的成本。在信息不对称下，瞄准性政策还存在筛选成本，或自选择契约下接受者的信号成本。如果运用自选择契约以使成本由接受者来承担，则还会使部分贫困主体放弃接受扶持。在现实中可以使用的目标性政策有审查申请制、工作福利化(workfare)、激励约束下的税收或补贴、实物转移支付等。

工作福利化(以工代赈)要求一定的收入群体必须参与公共项目建设才可以获得相应的补贴。工作福利化可以缓解政府在扶贫中遇到的信息不对称问题，获得次优结果(Besley & Coate，1992，1995)。在工作福利化的讨论文献中，大多忽略掉了贫困主体的闲暇福利。贫困者想要得到一定的补贴就必须付出一定的劳动，这是将非贫困者排除到这种补贴计划之外的一种措施。并且此前的所有对劳动福利分析的文献中都只考虑如何将非贫困者排除到计划之外，而忽略了贫困者之间的差异性问题。要在非福利主义目标下，通过最小化政府支出来消除贫困，这种忽略贫困主体之间差异的工作福利契约的实施对政府来说可并不是支出最小。接受工作福利契约——通过参与政府的一些公共项目建设来获取政府补贴——会挤出私人劳动，政府就要为这种扶贫计划付出更高的代价。现有的文献在讨论信息不对称问题时，都只考虑补贴及相应的扶贫措施会向非贫困者滴漏，而没有去分析贫困之间的差别所带来的额外成本。要真正在非福利主义目标下来减贫，如何去区分贫困主体之间的差异也是相当重要的，同时还要考虑政府行为对于私人行为的影响，比如工作福利化及相应的补贴会减少贫困主体的私人劳动供给。

在瞄准性政策中讨论最多并且很值得去分析的是信息不对称下

的最优税收或者补贴问题。不同的税种、不同税收模式对于减小不平等以及贫困是相当重要的。在介绍最优税收问题之前，先声明另一个问题，就是社会的目标选择：福利主义目标与非福利主义目标。在讨论减贫的文献中，福利主义的目标是受到一致诟病的，因为它的实践意义并不大。非福利主义目标在 Sen 首次提出后，被广泛用于实际的理论分析，比如本文讨论的主题——贫困，非福利主义的目标是最小化贫困程度或最小化政府支出（Pestieau & Racionero，2009；Kanbur，Keen & Tuomala，1994；Besley & Coate，1992 等）①。在分析的过程中会发现在非福利主义目标下的税收结论更符合直观的解释，而福利主义目标下最优税收有部分结论被颠覆。

在税种的讨论中，比较多的是收入税与商品税，因为这与贫困主体的行为相关。商品税税率的选择主要涉及贫困主体所消费的商品。Pirttila & Tuomala（2004）指出，如果某一商品是贫困主体大量消费的或是贫困标准中选择的商品之一时，与该商品是互补关系的商品或者是低收入群体大量消费的商品应该实行低税率或进行补贴；如果与该商品是替代关系或者是高收入群体大量消费的商品应该实行高税率。对于那些对劳动具有促进作用的商品应该实行低税率或进行补贴（比如补充能量的食品以及生活必需品等），对劳动供给起负向作用的商品则实施高税率，比如烟、酒、奢侈品等（Besley & Kabur，1988；Kanbur，Keen & Tuomala，1994）。

在最优收入税的分析中，福利主义者考虑的是在一定的资源约束与激励约束下最大化社会福利，他们得出的主要结论是：(1)边际税率处为非负；(2)只要每个人在最优处提供劳动，最低收入者的边际税率为 0；(3)只要人口中工资有上界，最高收入者的边际税率为零（Mirrlees，1971；Tuomala，1990）。第一个结论与人们日

① 在分析最优扶贫政策模型中，福利主义与非福利主义的目标函数分别为：

$$\max W = \sum_i u_i(c_i,\ l_i) \text{ 和 } \min P = \sum_i P_i$$

其中，W 为社会总福利，P 为社会的贫困程度，P_i 各个体 i 的贫困程度。

常关于福利最差的主体应该是负的税收即补贴有点相悖，Tuomala(1990)模拟的结果也显示，在收入分布的左尾部边际税率为零并不是最优的，因为对那些不工作是最优的人来说边际税率应该为正。Kanbur，Keen & Tuomala(1994)则考虑在采用非福利主义目标——收入贫困最小化的情况下最优税收问题，结果只有最高收入者的边际税率与福利主义的结论一样，边际税率为零，因为不能扭曲最高收入者的工作积极性。但是福利主义的前两个结论将被颠覆。在贫困最小化的目标下，得出的结论是：如果对于最低收入获取者工作是最优的，则分布的左尾部边际税率应该严格为负，即对收入非常低的贫困主体应当给予边际收入补贴。

3.3 普适性政策与瞄准性政策的福利比较

在对两种政策的讨论过程中可以发现，两种政策各自有其优缺点。普适性政策因其广泛的扶助对象，使得不会出现贫困遗漏的问题，但是也由于对象的广泛性，在一定的资金约束下，扶贫的效果可能不理想，并且在不同收入群体之间存在能力差异的情况下，各群体从一些公共项目中获取的收益也是不一样的，会使收入差距加大，因此在Atkinson福利函数①下，社会福利的损失会很大。瞄准性政策可以避免资金向非贫困主体滴漏，但由于存在审查成本或信号成本，会大大降低贫困主体获取的福利，同时还会使部分贫困主体放弃接受扶持。因此两种政策孰优孰劣，还需要从其对社会福利影响的角度来进行分析。

Atkinson(1995)指出，在配置一定的总政府支出时，最低收入保证要优于普适性政策。并且，在目标性效率的测度下，其目的是缓解贫困，因此贫困证明计划肯定要优于普适性政策。但是在贫困证明下存在交易成本，这会使得接近贫困线的部分人群放弃接受补贴，因为与相应的成本比较，他们接受补贴不能获取相应的利益。利用多种不同的贫困指数，Besley(1990)核算在一定的政府支出下，贫困证明计划与普遍性政策在贫困水平相同情况下的临界成

---

① Atkinson福利函数：$W=\bar{y}(1-I)$，其中$\bar{y}$是平均收入，I是不平等程度，Atkinson福利函数考虑不平等的福利损失，反映了收入与不平等之间的权衡。

本，结果发现在贫困证明计划下要达到相同的减贫效果，临界成本的水平是相当高的。Creedy(1996)又重新对这两种扶贫计划进行了评估，采用相等贫困比较(equal-poverty comparisons)比较线性税收与最小保证对于减贫及缩小不平等的效率。在贫困(使用不同的贫困指标进行测度)减少幅度相同的情况下，使用 Atkinson(1987)提出的福利函数对两个计划的福利进行比较发现：除了在贫困发生率测度的贫困下，贫困证明计划是占优的；在其他的贫困的测度下，线性税收是占优的。

3.4 信息不对称下扶贫政策的激励效应

政府在扶贫过程中面临的最大问题是对个体信息的缺乏，而政府进行信息搜集的成本很高。因此没有足够的信息，政府的相关政策将会因为激励效应而面临巨大的失败。政府可通过增加参与成本来排除那些不需要政府进行扶助的对象来实现自我瞄准，其中食物转移支付及工作福利化等相关契约是最常用的手段。

Greedy(1996)在对贫困证明计划与普适性政策两种扶贫计划进行比较的过程中没有考虑激励效应，因此两种政策的优劣其实还有待进一步评估。考虑到激励效应，Besley & Coate(1995)讨论了在个体的能力信息是私人的情形下的，如何去设计一个最优的收入维持计划。他们指出，要将高于某个水平的收入群体排除在计划之外，则要求收入低于规定水平的收益边际税率是100%，这是工作激励的逆向性现象。虽然 Besley & Coate(1995)指出实行工作激励要优于补贴计划，但是在他们的分析中使用拟线性偏好，将贫困的原因仅归结为能力的差异等，是有缺陷的。并且在能力存在差异时，政府可实行培训计划，这会比工作福利更为有效，因为对高能力的个体来说参加培训成本是巨大的，低能力的个体参加培训而获得的能力可以缓解长期贫困。

政府在应对激励效应的过程中，也面临着道德风险与逆向效应问题。因为扶贫政策不仅对贫困有影响，同时对贫困主体的行为还会产生影响。贫困主体可能将补贴用于非必要生活部分，比如一些奢侈品的购买，这与贫困主体的“习惯形成”与“追赶效应”有关(Abel, 1990; Alonso-Carrera, Caballe & Raurich, 2005)。这种“习惯形成"会使传统的"平滑消费理论"失效，在经济出现波动时，贫困者因为当前的消费习惯而难以改变或降低消费水平，也就不能进行预防性储蓄来消除未来风险。与此同时，贫困者在信贷市场中比富裕主体受到更大的信贷约束，因而在风险来临时，更易受到冲击。信贷约束还可能影响到贫困主体子女的人力资本投资，这种循环也形成了一个贫困加强机制。

政府在进行政策性扶贫中还可能遇到的逆向激励效应是：降低部分贫困主体参加工作的积极性，或降低贫困主体对其可能遇到的风险（比如意外的医疗支付、农业风险等）进行保险的程度。这就是 Buchanan（1975）中提出的"撒玛利亚困境"，即人们预期到，在未来如果自己仍然处在贫困时，政府肯定要对其进行转移支付，因此，在本期贫困主体会过度消费而不进行投资或工作。这种困境不仅存在于政府的行为中，也存在于私人及相关企业的捐赠等慈善行为中。中国扶贫过程中出现的"等、靠、要"①现象就是这种困境的一种体现。Cavalcanti & Correa（2010）利用匹配模型分析了现金转移支付对劳动市场的影响，他们的理论分析显示，现金转移支付的规模对就业的影响是消极的，而福利项目的覆盖范围则对就业率有积极的影响。同时，在数值模拟分析中发现，如果政府的目标是降低不平等和减少贫困，则增加转移支付水平比扩大项目的覆盖范围是更为有效的。

Bruce & Waldman（1991）指出，"撒玛利亚困境"在人力资本积累的决策中也存在，当前有权利从政府中获取转移支付的人，不愿意去投资相关的人力资本活动，因为这会降低其未来也是贫穷的可能性而不能从政府中获取转移支付。政府对"撒玛利亚困境"可采取的办法是实行条件转移支付或者实物支持而不是直接进行现金转移支付，比如对特定教育和医疗进行投资、相关技能培训、特定的食品补贴和以工代赈等（Bruce & Waldman，1991；Coate，1995）。Blackorby & Donaldson（1988），Currie & Gahvari（2008）也都有论证，

① "等、靠、要"指的是贫困区或贫困县等待国家援助资金、靠上级财政拨款、要扶贫资金这种行为。

这些措施在不完全信息下可以达到次优的福利结果。

在工作福利化中，存在私人劳动与公共部门劳动的抉择问题，工作福利化要求接受转移支付的个体必须在公共部门进行劳动。私人在未参与此项目之前，在私人部门工作获取一定的收入，但是政府缺乏私人劳动及个体收入的信息，致使个体可能放弃私人部门劳动而参与到公共项目中接受政府转移支付，如此，政府的所需成本会加大(Besley & Coate，1992)。因此，在理论分析过程中，如果不区分贫困主体内部的差异，也会使相应的自选择机制失效，这也是目前分析贫困理论中信息问题的一大缺陷。可能由于目标是减贫，现有的文献也忽略了公共部门劳动中存在的道德风险问题，但是在非福利主义目标下，这个问题是应当被考虑的。

在瞄准性政策下，如最小工资保证，会使得贫困主体在一定水平左右就不愿意通过在私人部门工作获取收入，他们会降低私人劳动供给以符合收入转移的条件，最佳的选择是这种劳动供给降低到零。在同样的预算约束下，这种逆向行为会大大降低目标政策的减贫效率，因此在制定目标政策时，必须要认真考虑目标政策的效率与逆向效应之间的权衡。

参考文献

[1] Abel. A.，1990，Asset Prices under Habit Formation and Catching up with the Joneses，The American Economic Review，Vol. 80(2)：38-42.

[2] Acemoglu，D.，S. Johnson，and J. A. Robinson，2002，Reversal of Fortune：Geography and institutions in the making of the modern world income distribution，The Quarterly Journal of Economics，Vol. 117(4)：1231-1294.

[3] Acemoglu，D.，and S. Johnson，2007，Disease and development：The effect of life expectancy on economic growth，Journal of Political Economy，Vol. 115(6)：925-985.

[4] Acemoglu，D.，2005，Institutions as a fundamental cause of long-

run growth, in Handbook of economic growth, Chapter 6.
[5] Adams, R. H., 2004, Economic growth, inequality and poverty: Estimating the growth elasticity of poverty, World Development, 32 (12): 1989-2014.
[6] Agenor, P. R., 2008, Health and infrastructure in a model of endogenous growth, Journal of Macroeconomics, 30: 1407-1422.
[7] Agenor, P. R., 2011a, Public capital, health persistence and poverty traps, working paper, http://www.dur.ac.uk/resources/dbs/faculty/Agenor-Health-Poverty-traps11.pdf.
[8] Agenor, P. R., 2011b, Schooling and public capital in a model of endogenous growth, Economica, 78: 108-132.
[9] Ahmad, E., and Y. Wang, 1991, Inequaltiy and poverty in China: Institutional Change and Public Policy, 1978 to 1988, The World bank Economic Review, Vol. 5(2): 231-257.
[10] Alderman, H., Hoddinott, J., Kinsey, B., 2006, Long term consequences of early childhood malnutrition, Oxford Economic Papers, 58: 450-474.
[11] Alexandre, Michel, 2011, Endogenous categorization and group inequality, MPRA Paper No. 33239, posted 08. September 2011, Online at http://mpra.ub.uni-muenchen.de/33239/.
[12] Alkire, S., 2008, Choosing Dimensions: The Capability Approach and Multidimensional Poverty, MPRA Working paper No. 8862.
[13] Alkire, S., 2010, The Missing Dimensions of Poverty Data: Introduction to the Special Issue, Oxford Development Studies, Vol. 35: 347-359.
[14] Alkire, S. and J. E. Foster, 2011, Counting and Multidimensional Poverty Measurement, Journal of Public Economics, Vol. 95: 476-487.
[15] Alkire S., and M. Santos, 2010, Acute Multidimensional poverty: A new index for developing countries. OPHI Working paper, No. 38.
[16] Allison, R. A., and J. E. Foster, 2004, Measuring health ine-

quality using qualitative data, Journal of Health Eocnomics, 23: 505-524.

[17] Alonso-Carrera. J. , J. Caballe, and X. Raurich, 2005, Growth, habit formation and catching-up with the Joneses, European Economic Review, 49(2005): 1665-1691.

[18] Anand, S. and A. Sen, Concepts of Human Development and Poverty: A Multidimensional Perspective, In United Nations Development Programme, Poverty and human development: Human development papers 1997. New York: United Nations, 1997, pp. 1-20.

[19] Antman, F. , and D. McKenzie, 2007, Poverty traps and nonlinear income dynamics with measurement error and Individual heterogeneity, Journal of Development Studies, Vol. 43(6): 1057-1083.

[20] Arrow, K. J. 1962, The economic implications of learning by doing, The Review of Economic Studies, Vol. 29(3): 155-173.

[21] Atkinson, A. B. , 1987, On the measurement of poverty, Econometrica, Vol. 55(4): 749-764.

[22] Atkinson, A. B. , 1995, On Targeting Social Security: Theory and Western Experience with Family Benefits, in Van de Walle, D. and K. Nead, (eds), Public Spending and the Poor, John Hopkins University Press, Baltimore.

[23] Atkinson, A. B. , and F. Bourguignon, 1982, The comparison of Multidimensioned distributions of economic status, The Review of Economic Studies, Vol. 49(2): 183-201.

[24] Azariadis, C. , 1996, The economics of poverty traps, part one: complete markets, Journal of Economic Growth, 1: 449-486.

[25] Azariadis, C. , 2006, The theory of poverty traps: What have we learned?, in Bowles, Daulauf and Hoff, (eds.), Poverty Traps, Princeton University Press, 2006.

[26] Ballon, P. and J. Krishnakumar, 2010, Measuring Multidimensional poverty: A model-based index of capability deprivation,

Working paper, http: //www. ecn. ulaval. ca/.
[27] Banerjee, A. V., and E. Duflo, 2003, Inequality and growth: what can the data say? Journal of Economic Growth, 3: 267-299.
[28] Barro, R., 1990, Government spending in a single model of endogenous growth, Journal of Political Economy, Vol. 98 (5): S103-S125.
[29] Barro, R., 2000, Inequaltiy and growth in a panel of countries, Journal of Economic Growth, 5: 5-32.
[30] Barro, R., and X. Sala-I-Martin, 1992, Public finance in models of economic growth, The Review of Economic Studies, Vol. 59(4): 645-661.
[31] Bartel, A., and P. Taubman, 1979, Health and labor market success: The role of various diseases, The Review of Economics and Statistics, Vol. 61(1): 1-8.
[32] Bates, D. M., and J. C. Pinheiro, 1998, Computational methods for multilevel modeling, Madison, WI: University of Wisconsin.
[33] Beckerman. W., 1979, The impact of income maintenance programmes on poverty in Britain, Economic Journal, 89, 261-279.
[34] Belhadj, B., 2011, A new fuzzy unidimensional poverty index from an information theory perspective, Empirical Economics, Vol. 40(3): 687-704.
[35] Benabou R., 1996, Heterogeneity, stratification, and growth: Macroeconomic implications of community structure and school finance. American Economic Review, 86 (3): 584-609.
[36] Besley. T., 1990, Means Testing versus Universal Provision in Poverty Alleviation Programmes, Economica, Vol. 57 (225): 119-129.
[37] Besley T., and S. Coate, 1992, Workfare versus Welfare: Incenitve Arguments for Work Requirements in Poverty-Alleviation programs, The American Economic Review, Vol. 82(1): 249-261.
[38] Besley. T and S. Coate, 1995, The Design of Income Maintenance

Programmes, The Review of Economic Studies, Vol. 62 (2): 187-221.

[39] Besley. T and R. Kabur, 1988, Food Subsidies and Poverty Alleviation, The Economic Journal, Vol. 98(392): 701-719.

[40] Betti, G. and V. K. Verma, 1999, Measuring the degree of poverty in a dynamic and comparative context: A multidimensional approach using fuzzy theory. Proceedings, ICCS-VI, Vol. 11: 289-301, Laorhe, Pakistan, August 27-31, 1999.

[41] Bhagwati, J., and T. N. Srinivasan, 2002, Trade and poverty in the poor countries, The American Economic Review, Vol. 92(2): 180-183.

[42] Blackborby C., and D. Donaldson, 1988, Cash Versus Kind, Self-Selection, and Efficient Transfers, The American Economic Reiview, September, 78: 691-700.

[43] Brock W. and S. Durlauf, 2001, Interactions-Based Models, in Handbook of Econometrics Vol. 5, J. Heckman and E. Leamer, eds. Amsterdam: North Holland, pp. 3297-3371.

[44] Brock, W. A., and S. Durlauf, 2007, Identification of binary choice models with social interations, Journal of Econometrics, 140: 52-75.

[45] Bruce N., and M. Waldman, 1991, Transfers in Kind: Why they can be efficient and Nonpaternalistic, The American Economic Review, Vol. 81(5): 1345-1351.

[46] Bruhn. J., 2009, Group Effect: Social Cohesion and Health Outcomes, Springer Publisher.

[47] Bourguignon, F., Pereira da Silva, and N. Stern, 2002, Evaluating the Poverty impact of Economic Policies: Some Analytical Challenges, working paper.

[48] Bourguignon, F., and S. R. Chakravarty, 2003, The measurement of multidimensional poverty, Journal of Economic Inequality, Vol. 1: 25-49.

[49] Bowles, S., S. Daulauf and K. Hoff, (eds.), 2006, Poverty Traps, Princeton University Press.

[50] Bowles, S., 2006, Institutional poverty traps, In Bowels, S., S. Durlauf, and K. Hoff, (eds.), Poverty traps, Princeton University Press.

[51] Cavalcanti, T., and M. Correa, 2011, Cash transfers to the poor and the labor market, working paper.

[52] Chakravarty, S. R., 2006, An axiomatic approach to multidimensional poverty measurement via fuzzy sets, In: Lemmi, A. and G. Betti, (ed.), Fuzzy set approach to multidimensional poverty measurement, Springer, pp. 49-72.

[53] Chaudhuri, S., 2003, Assessing vulnerability to poverty: concepts, empirical methods and illustrative examples, working paper: http://info.worldbank.org/etools/docs/library/97185/Keny_0304/Ke_0304/vulnerability-assessment.pdf.

[54] Cheli, B. and A. Lemmi, 1995, A totally fuzzy and relative approach to the multidimensional analysis of poverty, Economic Notes, Vol. 24: 115-134.

[55] Chen Shaohua and M. Ravallion, 2010, The developing world is Poorer than we thought, but no less successful in the fight against poverty, The Quarterly Journal of Economics, 125 (4): 1577-1625.

[56] Creedy. J., 1996, Comparing Tax and Transfer Systems: Poverty, Inequality and Target Efficiency, Economica, Vol. 63 (250): 163-174.

[57] Coate. S., 1995, Altruism, the Samaritan's Dilemma, and Government Transfer Policy, The American Economic Review, Vol. 85(1): 41-57.

[58] Cohen, G. A., 1993, Equality of what? On welfare, goods, and capabilities, In Nussbaum, M. & A. K. Sen (eds.), The Quality of Life, Oxford: Clarendon Press, pp. 9-29.

[59] Colasanto, D., A. Kapteyn, and Jacques van der Gaag, 1984, Two subjective definitions of poverty: Results from the Wisconsin basic needs study, The Journal of Human Resources, Vol. 19(1): 127-138.

[60] Corrado L. and B. Fingleton, 2011, Multilevel modeling with spatial effects. Strathclyde discussion paper No. 11-05.

[61] Croix, D. and M. Doepke, 2003, Inequality and growth: why differential fertility matters, The American Economic Review, Vol. 93(4): 1091-1113.

[62] Cunha, J. M., and G. Giorgi, 2011, The price effects of cash versus in-kind transfers, working paper.

[63] Currie J. and Gahvari. F., 2008, Transfers in Cash and In-Kind: Theory Meets the Data, Journal of Economic Literature, Vol. 46 (2): 333-383.

[64] Datt, G., and H. Hoogeveen, 2003, El Nino or El Peso? Crisis, poverty and income distribution in the Philippines, World Development, Vol. 31(7): 1103-1124.

[65] Datt, G. and M. Ravallion, 1992, Growth and redistribution components of changes in poverty measures: A decomposition with applications to Brazil and India in the 1980s, Journal of Development Economics, Vol. 38(2): 275-295.

[66] Decancq, K. and A. M. Lugo, 2008, Setting weights in multidimensional indices of well-being, OPHI Working paper No. 18.

[67] Decancq K. and A. M. Lugo, 2010, Weights in Multidimensional Indices of Well-being, CES-Discussion Paper 10. 06.

[68] Dercon, S., and J. Hoddinott, 2004, Health, shocks, and poverty persistence, in Dercon, S. (eds.) Insurance against poverty, Oxford University Press, 124-136.

[69] Dercon, S., J. Hoddinott, and T. Woldehanna, 2005, Shocks and consumption in 15 Ethiopian Villages, 1999-2004, Journal of African Economies, Vol. 14(4): 559-585.

[70] Dessus, S., S. Herrera, and R. Hoyos, 2008, The impact of food inflation on urban poverty and its monetary cost: Some back-of-the-envelope calculations, Agricultural Economics, 39: 417-429.

[71] Dhanani, S., and I. Islam, 2002, Poverty, vulnerability and social protection in a period of crisis: The case of Indonesia, World Development, Vol. 30(7): 1121-1231.

[72] Diamond, P. A., and J. A. Mirrlees, 1971a, Optimal taxation and public production I: Production efficiency, The American Economic Review, Vol. 61(1): 8-2.

[73] Diamond, P. A., and J. A. Mirrlees, 1971b, Optimal taxation and public production II: Tax rules, The American Economic Review, Vol. 61(3): 261-278.

[74] Dietz, R., 2001, Estimation of neighborhood effects in the social sciences, URAI Working paper No. 00-03.

[75] Doorslaer, E., and A. M. Jones, 2003, Inequalities in self-reported health: validation of a new approach to measurement, Journal of Health Economics, 22: 61-87.

[76] D'Uva, T. B., E. Doorslaer, M. Lindeboom, O. O'Donnell, 2008, Does reporting heterogeneity bias the measurement of health disparities? Health Economics, 17: 351-375.

[77] Durlauf S., 2001, The Memberships Theory of Poverty: The Role of Group Affiliations in Determining Socioeconomic Outcomes, in Understanding Poverty in America, S. Danziger and R. Haveman, eds. Cambridge: Harvard University Press, 2001.

[78] Durlauf, S., 2004, Neighborhood effect, in Henderson, V. and J. F. Thisse(eds). Handbook of Regional and Urban Economics, Vol. 4: 2173-2242.

[79] Easterly, W., and S. Fischer, 2001, Inflation and the poor, Journal of Money, Credit and Banking, Vol. 33(2): 160-178.

[80] Esposito, L., 2010, Multidimensional poverty: Restricted and

unrestricted hierarchy among poverty dimensions, Journal of Applied Economics, Vol. XIII(2): 181-204.

[81] Ettner, S. L., 1996, New evidence on the relationship between income and health, Journal of Health Economics, 15: 67-85.

[82] Faik, J., 2011, A behaviouristic approach for measuring poverty: The decomposition approach-Empirical illustrations for Germany 1995-2009, SOEP working papers 383.

[83] Foster. J, J. Greer, and E. Thorbecke, 1984, A class of decomposable poverty measures, Econometrica, Vol. 52: 761-766.

[84] Foster. J, J. Greer, and E. Thorbecke, 2008, The Foster-Greer-Thorbecke Poverty Measures: 25 Years Later, Journal of economic inequality, Vol. 8: 491-524.

[85] Foster. J., M. McGillivray and S. Seth, 2009, Rank Robustness of Composite Indices, OPHI Working paper No. 26.

[86] Fosu, A. K., 2009, Inequality and the impact of growth on poverty: Comparative evidence for Sub-Saharan Africa, Journal of Development Studies, 45(5): 726-745.

[87] Fosu, A. K., 2011, Growth, inequality, and poverty reduction in developing countries: recent global evidence, BWPI Working paper 14.

[88] Gaiha, R. and K. Imai, 2008, Measuring vulnerability and poverty: Estimates for Rural India, WIDER Research Paper, No. 2008/04.

[89] Galor, Oded and Daniel Tsiddon, 1997, The Distribution of Human Capital and Economic Growth. Journal of Economic Growth, 2 (1): 93-124.

[90] Gaiha, R. and Imai, K., 2008, Measuring Vulnerability and Poverty, working paper.

[91] Gelman, A., 2005, Multilevel (hierarchical) modeling: what it can and can't do, working paper.

[92] Gertz, G. and L. Chandy, 2011, Two Trends in Global Poverty,

Brooking Institute, mimeo, May, 2011.

[93] Gertler, P. and J. Gruber, 2002, Insuring consumption against illness, The American Economic Review, Vol. 92(1): 51-69.

[94] Getachew, Y. Y., 2008, Public capital and income distribution: A marriage of Hicks & Newman-Read, UNU-Merit working paper series 2008-071.

[95] Graham, B. S., 2009, Endogenous neighborhood selection, the distribution of income and the identification of neighborhood effects, working paper.

[96] Greedwood, J., and J. Boyan, 1990, Financial development, growth, and the distribution of Income, Journal of Political Economy, 98: 1076-1107.

[97] Grilli L. and C. Rampichini, 2006, Model building issues in multilevel linear models with endogenous covariate. Working paper, Dipartimeto di Statistica, Universita di Firenze, Florence.

[98] Gornia, G. A and F. Stewart, 1995, Two errors of Targeting, n Van de Walle, D. and K. Nead (eds), Public Spending and the Poor, John Hopkins University Press, Baltimore.

[99] Harper, C., and R. Marcus, 2003, Enduring poverty and the conditions of Childhood: Lifecourse and intergenerational poverty transmissions, World Development, Vol. 31(3): 535-554.

[100] Hoddinott, J. and B. Kinsey, 2001, Child growth in the time of drought, Oxford Bulletin of Economics and Statistics, Vol. 63 (4): 409-436.

[101] Hoddinott, J. and A. Quisumbing, 2003, Methods for microeconometric risk and vulnerability assessments, Social Protection Discussion Paper Series, No. 0324.

[102] Hoff, K., and A. Sen, 2005, Homeownership, Community interactions, and Segregation, The American Economic Review, Vol. 95(4): 1167-1189.

[103] Hoff K. and A. Sen, 2006, The Kin System as a Poverty Trap,

in Poverty traps, Bowles S., S. Durlauf and K. Hoff, eds. 2006.

[104] Honohan, P., 2004, Financial development, growth and poverty: How close are the links, in Charles Goodhart (ed.), Financial Development and Economic Growth: Explaining the links, London: Palgrave.

[105] Hoyos, R., and D. Medvedev, 2011, Poverty effects of higher food prices: A global perspective, Review of development economics, 15(3): 387-402.

[106] Islam, A. and Maitra, P., 2012, Health shocks and consumption smoothing in rural households: Does microcredit have a role to play? Journal of Development Economics, Vol. 97 (2012): 232-243.

[107] Ioannides, Y. M., and L. D. Loury, 2004, Job information networks, neighborhood effects, and inequality, Journal of Economic Literature, Vol. 42(4): 1056-1093.

[108] Ioannides, Y. M., and G. Zanela, 2008, Neighborhood effects and neighborhood choice: Testing Necessary Conditions, Working paper, http://www.tufts.edu/~yioannid/.

[109] Ivanic, M., and W. Martin, 2008, Implications of higher global food prices for poverty in low-income countries, The World Bank: Policy research working paper 4594.

[110] Ivanic, M., and W. Martin, 2011a, Short and long-run impacts of food price changes on poverty, Working paper.

[111] Ivanic, M., W. Martin, and H. Zaman, 2011b, Estimating the short-run poverty impacts of the 2010-11 surge in food price, Policy research working paper 5633, World Bank.

[112] Jalan J. and M. Ravallion, 2002, Geographic Poverty Traps? A Micro Model of Consumption Growth in Rural China, Journal of Applied Econometrics, 17: 329-346.

[113] Johnson R. C., 2009, Health dynamics and the evolution of health inequality over the life course: the importance of neighbor-

hood and family background. Working paper: http://ist-socrates.berkeley.edu/~ruckerj/johnson_HlthnHood_6-09.pdf.

[114] Johnson, R. C. 2010, Long-run impacts of school desegregation and school quality on adult health, working paper.

[115] Kabur, R., and M. J. Keen, and M. Tuomala, 1994, Optimal Non-Linear Income Taxation for Alleviation of Income Poverty. European Economic Review, 38: 1613-1632.

[116] Kakwani, N., 1980, Income inequality and poverty methods of estimation and policy application, Oxford University Press.

[117] Kakwani, N., 1980, On a class of poverty measures, Econometrica, Vol. 48(2): 437-446.

[118] Kakwani, N., 1981, Note on a new measure of poverty, Econometrica, Vol. 49(2): 525-526.

[119] Kalemli-Ozcan, S., 2002, Does the mortality decline promote economic growth? Journal of Economic Growth, 7: 411-439.

[120] Kalwij, A. and A. Verschoor, 2007, Not by growth alone: The role of the distribution of income in regional diversity in poverty reduction, European Economic Review, 51: 805-829.

[121] Kanbur. R., M. Keen, and M. Tuomala, 1994, Labor supply and Targeting in Poverty Alleviation Programs. The World Bank Economic Review, Vol. 8(2): 191-211.

[122] Kapteyn, A., P. Kooreman, and R. Willemse, 1988, Some methodological issues in the implementation of subjective poverty definitions, The Journal of Human Resources, Vol. 23 (2): 222-242.

[123] Kasy, M., 2010, Identification in models of sorting with social externalities, working paper.

[124] Knight J., S. Li, Q. H. Deng, 2010, Education and the poverty trap in Rural China: Closing the trap, Oxford Development Studies, 4: 1-24.

[125] Kocherlakota, N. R., 1996, Implications of efficient risk sharing

without commitment, The Review of Economic Studies, Vol. 63 (4): 595-609.

[126] Krishnakumar, J. and P. Ballon, 2008, Estimating Basic Capabilities: A Structural Equation Model Applied to Bolivia, World Development, Vol. 36: 992-1010.

[127] Lanjouw, P. and M. Ravallion, 1999, Benefit incidence, public spending reforms, and the timing of Program Capture, The World Bank Economic Review, Vol. 13(2): 257-273.

[128] Leibenstein, H., 1957, Economic backwardness and economic growth, New York: Wiley.

[129] Lung-fei Lee, 2007, Indentification and estimation of econometric models with group interactions, contextual factors and fixed effects, Journal of Econometrics, 140: 333-374.

[130] Ligon, E. and L. Schechter, 2003, Measuring vulnerability, The Economic Journal, 113: c95-c102.

[131] Loayza, N. V., and C. Raddatz, 2010, The composition of growth matters for poverty alleviation, Journal of Development Economics, 93: 137-151.

[132] Lugo, M. A., 2007, Comparing multidimensional indices of inequality: methods and application, Research on Economic Inequality, Vol. 14: 213-236.

[133] Lugo M. A. and E. Maasoumi, 2009, Multidimensional poverty measures from an information theory perspective. OPHI working paper No. 10.

[134] Lustig N., 2011, Multidimensional indices of achievements and poverty: what do we gain and what do we lose? An introduction to JOEI Forum on multidimensional poverty. Journal of economic inequality, 9: 227-234.

[135] Lucas, R. E., 1988, On the mechanics of economic development, Journal of Monetary Economics, 22: 3-42.

[136] Lucas, R. E., 2004, Life earnings and rural-urban migration,

Journal of Political Economy, Vol. 112(1): S29-S59.

[137] Mankiw, G., D. Romer and D. Weil, 1992, A contribution to the empirics of economic growth, Quarterly Journal of Economics, 107: 407-439.

[138] Manski C., 1993, Identification of endogenous social effects: the reflection problem. Review of Economic Studies, 60: 531-542.

[139] Massoumi, E., 1986, The measurement and decomposition of multi-dimensional inequality, Econometrica, Vol. 54(4): 991-997.

[140] Matsuyama, K., 2005, Poverty traps, in L. Blume and S. Durlauf (eds.). the New Palgrave Dictionary of Economics, 2nd ed, Palgrave Macmillan, 2005.

[141] Mcculloch, N., and M. Calandrino, 2003, Vulnerablility and Chronic Poverty in Rural Sichuan, World Development, Vol. 31(3): 611-628.

[142] Mckenzie D. and H. Rapoport, 2007, Network effects and the dynamics of migration and inequality: Theory and evidence from Mexico. Journal of Development Economics, 1: 1-24.

[143] Montalvo, J. G. and M. Ravallion, 2010, The pattern of growth and poverty reduction in China, Journal of Comparative Economics, 38: 2-16.

[144] Mirrlees, J. A. 1971. An Exploration in the Theory of Optimum Income Taxation. Review of Ecnomic Studies, 38: 175-208.

[145] Murphy, K. M., A. Shleifer, and R. W. Vishny, 1989, Industrializtion and the big push, Journal of Political Economy, Vol. 97(5): 1003-1026.

[146] Nelson, P. R., 1956, A theory of the low-level equilibrium trap in underdeveloped economies, American Economic Review, 46: 894-908.

[147] Nguyen P., D. Haughton, I. Hudson and J. Boland, 2010, Multilvel Models and Small Area Estimation in the Context of Viet-

nam Living Standards Surveys, 42èmes Journées de Statistique, 2010.

[148] Njong, M. A. and P. Ningaye, 2008, Characterizing weights in the measurement of multidimensional poverty: An application of data-driven approaches to Cameroonian data, OPHI working paper No. 21.

[149] Nurkse, R., 1953, Problems of capital formation in underdeveloped countries, New York: Oxford University Press.

[150] Park. A., S. G. Wang and G. B. Wu, 2002, Regional Poverty targeting in China, Journal of Public Economics, 86: 123-153.

[151] Pestieau, P. and M. Racionero, 2009, Optimal redistribution with unobservable disability: Welfarist versus non-welfarist social objectives, European Economic Review, 53: 636-644.

[152] Pirttila. J and M. Tuomal, 2004, Poverty alleviation and tax policy. European Economic Review, 48: 1075-1090.

[153] Ramos X. and J. Silber, 2005, On the application of efficiency analysis to the study of the dimensions of Human Development. Review of Income and Wealth, 51(2): 285-310.

[154] Ravallion, M., 2001, Grwoth, Inequality and Poverty: Looking beyond averages, World Development, Vol. 29 (11): 1803-1815.

[155] Ravallion. M, 2007, Inequality is bad for poor, In Jenkins. S., and J. Micklewright (ed), Inequality and Poverty: Re-Examined. Oxford University Press, 37-61.

[156] Ravallion, M., 2011, On multidimensional indices of poverty. Journal of economic inequality, 9: 235-248.

[157] Ravallion, M., Chen Shaohua, and Sangraula, 2009, Dollar a day revisited, The World Bank Econmic Review, Vol. 23 (2): 163-184.

[158] Ravi, S., and M. Engler, 2009, Workfare in low income countires: An effective way to fight poverty? The case of NREGS in

India, Working paper.

[159] Romer, P. M., 1986, Increasing returns and long-run growth, Journal of Political Economy, 94: 1002-1037.

[160] Romer, P. M., 1990, Endogenous technological change, Journal of Political Economy, 98, 71-102.

[161] Rosenzweig, M., and K. Wolpin, 1993, Credit market contraints, consumption smoothing, and the accumulation of durable assets in low-income countries: Investments in bullocks in India, Journal of Political Economy, 101(2): 223-244.

[162] Rosenstein-Rodan, P. N., 1943, Problems of industrialization of eastern and south-eastern Europe, Economic Journal, 53: 202-211.

[163] Sachs, J. D., and A. M. Warner, 1997, Fundamental sources of long-run growth, The American Economic Review, Vol. 87 (2): 184-188.

[164] Sala-i-Martin, 2006, The world distribution of income: Falling poverty and convergence, period, The Quarterly Journal of Economics, Vol. 121(2): 351-297.

[165] Sampson, R. J., and P. Sharkey, 2008, Neighborhood selection and the social reproduction of concentrated racial inequality, Demography, 45: 1-29.

[166] Santiago, C. D., M. E. Wadsworth, and J. Stump, 2011, Socioeconomic status, neighborhood disadvantage, and poverty-related stress: Prospective effects on psychological syndromes among diverse low-income families, Journal of Economic Psychology, 32: 218-230.

[167] Schultz, T. P., 2002, Wage gains associated with height as a form of health human capital, The American Economic Review, Vol. 92(2): 349-353.

[168] Sharkey, P., and F. Elwert, 2011, The legacy of disadvantage: Multigenerational neighborhood effects on cognitive ability,

American Journal of Sociology, Vol. 116(6): 1934-1981.

[169] Sen, A. K., 1976, Poverty: An Ordinal Approach to Measurement, Econometrica, Vol. 44: 219-231.

[170] Sen, A. K., 1979, Issues in the measurement of poverty, The Scandinavian Journal of Economics, Vol. 81(2): 285-307.

[171] Sen A. K., 1985, Commodities and Capabilities. Amsterdam: North Holland.

[172] SenA. K., 1987, The Standard of Living, With contributions by J. Muellbauer, R. Kanbur, K. Hart and B. Williams, Edited by G. Hawthorn, Cambridge: Cambridge University Press.

[173] Sen, A. K., 1999, Development as freedom. Oxford: Oxford University Press.

[174] Shorrocks A. F., 1982, Inequality Decomposition by Factor Components, Econometrica, Vol. 50: 193-211.

[175] Solow, R., 1956, A contribution to the theory of economic growth, Quarterly Journal of Economics, 70: 65-94.

[176] Swan, T., 1956, Economic growth and capital accumulation, Economic Record, 32: 334-361.

[177] Tamura, R. F., 1991, Income convergence in an endogenous growth model, Journal of Political Economy, Vol. 99 (3): 522-540.

[178] Thomas, J., and T. Worrall, 1990, Income fluctuation and asymmetric information: An example of a repeated principal-agent problem, Journal of Economic Theory, 51: 367-390.

[179] Torsten, P. and G. Tabellini, 1994, Is equality harmful for growth? The American Economic Review, Vol. 84(3): 600-621.

[180] Tusi K. Y., 1995, Multidimensional generalizations of the relative and absolute inequality indices: The Atkinson-Kolm-Sen approach, Journal of Economic Theory, 67: 251-265.

[181] Tsui K. Y., 2002, Multidimensional poverty indices, Social Choice and Welfare, 19: 69-93.

[182] Tuomala, M., 1990, Optimal Income Tax and Redistribution. Oford, Eng.: Clarendon Press.

[183] Vega. M., and A. Urrutia, 2010, Characterizing how to aggregate the individuals' deprivations in a multidimensional framework, Journal of economic inequality, Published online: 25 June 2010.

[184] Townsend, P., 1962, The meaning of poverty, The British Journal of Sociology, Vol. 13(3): 210-227.

[185] Wagstaff, A., 2007, The economic consequences of health shocks: Evidence from Vietnam, Journal of Health Economics, Vol. 26(2007): 82-100.

[186] Watts, H. W., 1969, An economic definition of poverty, in D. P. Moynihan (ed.), On Understanding poverty, New York: Basic Books, 1969.

[187] WHO, 2004, Appropriate body-mass index for Asian populations and its implications for policy and intervention strategies, Lancet, Vol. 363: 157-163.

[188] Wilson, W. J, 1987, The truly disadvantaged: The inner city, the underclass, and public policy, Chicago: University of Chicago Press.

[189] Winters, A. L., N. McCulloch, and A. McKay, 2004, Trade liberalization and poverty: The evidence so Far, Journal of Economic Literature, Vol. 42(1): 72-115.

[190] Zou Wei and Zhou Hao, 2007, The Classification of Growth Clubs and Convergence: Evidence from panel data in China (1981-2004), China and World Economy (SSCI), Vol. 15 (5): 91-106.

[191] Zou Wei, Zhuang Ziyin, Zhou Hao and Song Hairong, 2008, Measuring divergence in provincial growth in China: 1981-2004, Journal of Economic Policy Reform (SSCI), Vol. 11 (3): 215-227.

[192] Zou Wei and Liu Yong, 2010, Skilled Labor, Economic Transition and Income Differences: A Dynamic Approach, Annals of Economics and Finance (SSCI), 11(2): 246-267.

经济增长、创新与企业规模动态理论最新进展

武汉大学经济与管理学院　庄子银　肖　欢

引　言

经济学家一直在探索是什么机制导致企业的规模呈现出我们所观察到的分布特征,① 早期的学者对这一问题从微观角度的分析颇多，但近期一批学者将经济增长、创新与企业规模动态理论结合起来，对这个问题给出了新的答案，可以说是微观基础与宏观加总的优美结合，因而这些研究具有重要的理论和现实意义。

首先，近年来增长理论也不断强调微观基础，强调企业的异质性特征，因为代表性企业的假定显然与微观事实相去甚远，企业规模分布极不平衡（highly skrewed），即大量小规模企业与少数大规模企业并存，且企业进入、退出也非常频繁。② 这意味着需要将增

① 目前大部分经济学家认同企业规模服从帕累托（Pareto）分布，如阿克斯特尔（Axtell）和卢特默（Luttmer）的研究：Robert L. Axtell, Zipf Distribution of U. S. Firm Sizes, Science, Vol. 293, 2001, pp. 1818-1820; Erzo G. J. Luttmer, On the Mechanics of Firm Growth, The Review of Economic Studies, Vol. 78（3）, 2011, pp. 1042-1068.

② E. Bartelsman, S. Scarpetta, F. Schivardi, Comparative analysis of firm demographics and survival: evidence from micro-level sources in OECD countries, Industrial and Corporate Change, Vol. 14（3）, 2005, pp. 365-391.

长理论与企业动态理论结合在一起研究，为经济增长领域的研究提供了新的视角。传统内生增长理论中，代表性企业规模、R&D 特征单一，而实际上不同规模企业的 R&D 投入强度、R&D 类型都有差异，急需新的理论来解释企业 R&D、创新产出以及增长之间关系的诸多经验事实。

其次，这些研究为考察微观企业之间的资源配置和全要素生产率（TFP）之间的关系提供了理论基础。目前，经济增长前沿领域关注异质性企业之间资源配置扭曲对不同国家 TFP 的影响，经济政策若将企业规模看成同质则会扭曲资源配置，让人均产出减少 30%~50%。① 而假设企业同质显然很难考察企业之间的资源配置。

最后，传统的内生经济增长理论②均假设代表性企业，很容易得到均衡增长路径，而当企业是异质的，存在进入退出，且规模发生变化的条件下，要保证加总经济中有一个稳定的企业规模分布和一条平衡增长路径就比较困难，这些学者解决了这个重要问题。

鉴于此，本文以这一领域最新理论文献为基础，根据影响企业规模的因素对文献分类回顾：（1）进入、退出与企业规模分布的经验研究；（2）外生冲击和外生技术进步驱动企业规模变化；（3）内生技术创新驱动企业规模变化；（4）其他驱动企业规模变化的理论，包括企业特定的人力资本积累、不对称信息和组织资本；（5）企业动态的理论解释。最后，本文对这些文献作简要评论，并指出这些文献对发展中国家经济增长的政策涵义。

---

① Diego Restuccia and Richard Rogerson, Policy distortions and aggregate productivity with heterogeneous establishments. Review of Economic Dynamics, Vol. 11 (4), 2008, pp. 707-720.

② 主要指罗默（Romer）、卢卡斯（Lucas）、格罗斯曼和赫尔普曼（Grossman and Helpman）、阿吉翁和霍伊特（Aghion and Howitt）等人在 20 世纪八九十年代的研究，他们认为创新带来的知识积累、知识外溢和人力资本积累等因素促进了长期经济增长。

一、进入、退出与企业规模分布：经验证据

工业化国家的企业规模分布极不平衡（highly skrewed），大量的小规模企业与少数大规模企业并存，并且这个规模分布相对稳定，并不随时间变化。Gibrate（1931）最早从企业雇佣人数这个角度研究了法国企业的规模分布，他认为对数正态分布可能符合。Hart 和 Paris（1956）也倾向于对数正态分布。Simon 和 Bonini（1956）则认为对数正态分布非常符合。Steindl（1965）分析奥地利的企业规模分布，发现 Pareto 分布比对数正态分布在描述企业的上尾分布上更好。Ijiri 和 Simon（1964，1971，1974）也都使用 Pareto 分布①分析美国大企业的规模分布。

最近比较有影响力的是 Axtell（2001）的研究，他分析了以往研究中使用过的美国企业规模数据（包括小企业），发现对数正态分布能够很好地描述企业规模分布；而使用美国全体纳税企业数据，发现 Zipf 分布②能够很好地描述企业规模：一个企业规模大于 s 的概率与 1/s 成比例。同时使用多年数据和不同企业规模的定义（雇员数和企业收入），这个结果仍然成立。Pareto 分布的指数 α 接近于1，但略高于 1。③

Gibrat（1931）给出了第一个企业动态和产业结构的正式模型，提出了比例效应法则（Law of Proportionate Effect，也称为

---

① Pareto 分布的累积分布函数为 $\Pr[S \geqslant s_i] = \left(\frac{s_0}{s_i}\right)^{\alpha}$，$s_i \geqslant s_0$，$\alpha>0$，$s_0$ 是最小企业规模。

② 当 Pareto 分布的指数 $\alpha=1$ 时，这个分布就是 Zipf 分布。

③ Axtell（2001）使用美国 1997 年的调查数据，使用企业雇员作为规模变量，得出以下概率分布的指数 $\alpha \approx 1.059$；Luttmer（2007）使用美国 2002 年的调查数据（总共包含了5 697 759个企业，来自于美国普查局 U. S. Census Bureau 的数据），得出 $\alpha \approx 1.06$；Luttmer（2010）使用美国 SBA（Small Business Administration）报告的企业规模数据，对于雇员数大于 100 的企业规模分布指数 $\alpha \approx 1.06$。

Gribrat 法则)，即对数正态分布可以用来描述企业规模分布。他认为企业规模预期增长与企业当前的规模成比例，即 $x_t - x_{t-1} = \varepsilon_t x_{t-1}$，$x_t$ 代表企业规模，ε_t 服从正态分布。由于 ε_t 随机，也可以说企业规模的增长率与企业规模独立。

这一阶段的研究认为，企业的预期增长率和企业的规模无关，企业规模分布是稳定的，近似于对数正态分布，比如 Hart 和 Prais（1956），Simon 和 Bonnini（1956），Mansfield（1962），Ijiri 和 Simon（1966，1967）等，这些研究有一个突出特点是样本选择有偏误。而 Evans（1987a，1987b），Hall（1987），Dunne，Roberts 和 Samuelson（1988，1989）等人的研究使用的数据比以往的研究更为全面，而且避免了前人研究方法上的缺陷，他们都发现企业规模和增长率之间的关系不是固定的，而是递减的，即随着企业规模增大，企业的增长率下降。而且，随着企业年龄增加，企业的退出率也会下降。这意味着如果使用更为全面的数据，企业的规模分布可能随着企业的演化而发生变化，不同于对数正态分布。

Cabral 和 Mata（2003）研究了企业规模分布的动态演化，给定的一群企业，这些企业成立之初规模分布右偏程度很高，而这个分布会逐渐向一个更为对称的分布演化，最终趋近于一个对数正态分布。而全体企业的规模分布随时间变化是非常稳定的，稍微向右倾斜。以往研究发现企业规模的对数正态分布是由于样本选择有偏误，那些可获得的企业规模数据并不是总体的随机抽样。他们在分析数据后发现企业进入退出选择机制仅能解释一小部分企业规模分布的演化，大部分应归功于存活企业的规模分布的演化。Cabral 和 Mata（2003）的模型则强调金融约束的作用，尤其是对小企业规模的影响。金融支持是企业增长的决定因素之一。金融发展对企业的平均规模和企业的规模分布偏度的影响可能是模糊的：放松金融约束会让现有企业增长更快，同时也会促进新企业的进入，这对企业规模分布的偏度有反向的影响。

但是企业的金融约束并不能直接地观察到。通常我们选用企业规模和年龄作为识别企业金融约束的代理变量，但是这些代理变量可能本身就与企业规模分布相关。Angelini 和 Generale（2008）解决这些问题，他们使用企业的调查问卷数据，直接咨询企业家一些关于企业金融需要的相关问题，这可以直接识别金融约束，进而检验他们对企业规模分布演化的影响。基于意大利企业的调查问卷数据，他们发现：（1）金融约束和企业规模的负向关系：与那些不受金融约束的企业相比，那些声称自己面临金融约束的企业，平均规模要小。（2）使用更狭窄的金融约束定义时，样本中大概只有5%的企业面临着实际的金融约束问题，而使用更广义的金融约束定义时，17%的企业（21%的年轻企业）受到影响。（3）不管使用何种金融约束的定义，未受约束企业的规模分布和全样本企业分布并没有显著差异。（4）对于年轻的企业而言，金融约束问题更频繁，但不足以改变前面的结论。另外，WEBS数据库的结果验证了前面的结论。对发达国家而言，金融约束不是决定企业规模分布的最重要因素，它只是影响企业进入、退出和成长的众多因素之一。

发展中国家金融发展程度较低，受约束企业和不受约束企业的规模分布、受约束企业和全体企业的分布之间都有显著差异。因而对于发展中国家而言，金融约束问题更为严重。

Bartelsman，Scarpetta 和 Schivardi（2005）更关注不同国家的产业结构差异，由于部门专业化和部门内特征，不同国家的企业平均规模和分散程度有差异，且国家因素对于解释跨国企业规模分布差异尤为重要。这可能是因为特定国家的制度和规制对企业规模分布有重要影响。美国成功进入后的企业增长率比欧洲要高，不同进入增长率可能反映了年轻企业的增长机会差异。相比进入障碍，增长障碍可能是解释企业动态更重要的因素。

二、外生冲击和外生技术进步驱动企业规模变化

外生冲击和外生企业技术进步会影响企业规模，引发企业进入和退出。这一研究思路主要源于伊万洛维奇（Jovanovic）和奥本海因（Hopenhayn）的研究。其主要想法是：企业在付出一个固定进入成本后，获得一个初始的生产率水平，这个生产率水平服从一个

已知分布。经济中的企业会遭受一些特定的冲击，历经有利冲击后企业规模逐渐增大，而遭受不利冲击的企业规模收缩，当它们的生产率水平所带来的收益低于生产的固定成本时，就会选择退出。①② 卢特默（Luttmer）、阿克拉齐斯（Arkolakis）等人的研究基本遵循这一思路，依靠企业外生的技术进步将其与加总经济增长联系起来，使得在异质性企业条件下，企业规模分布符合事实，且存在一条均衡的增长路径。

卢特默（Luttmer）2007 年③的理论模型假设在位企业通过干中学④改进生产率水平，而潜在进入企业通过模仿进入，整个经济的技术进步与企业的技术水平提高相联系，且企业有一定的市场势力，这些特征与传统的内生增长理论模型类似。除此之外，他还假设企业会遭受异质性的技术冲击和需求（偏好）冲击，且这个冲击是永久性的。持续经营的企业，每一期都要付出一个固定成本。当企业遭受坏的冲击导致企业只有很低的概率收回固定成本时，企业会选择退出。这种企业自然选择机制会淘汰一部分生产率水平较低的企业。进入企业可以利用已有的知识存量，相当于通过模仿来获取收益，但需要付出固定进入成本。正是这些机制，使理论模型得出的企业的规模分布与经验事实分布相吻合。如果成本参数能保证在位企业和进入企业两者之间平均生产率的增长率相差很小，那么企业规模分部的尾部指数大于 1。卢特默 2007 年在使用美国的企业数据校准模型后，发现有一半的产出增长来源于企业的进入退出选择机制。另外，在一般均衡的分析框架下，他的模型可以预测

---

① B. Jovanovic, Selection and the Evolution of Industry, Econometrica, Vol. 50 (3), 1982, pp. 649-670.

② H. A. Hopenhayn, Entry, Exit, and Firm Dynamics in Long Run Equilibrium, Econometrica, Vol. 60 (5), 1992, pp. 1127-1150.

③ 本文引用了卢特默的 4 篇文献，为避免混淆，用年份区分。

④ 注意这里干中学引起的技术进步率外生，即企业的技术水平随着年龄而递增，因而模型整体上还是可以归为外生技术进步模型。

各种进入障碍的变化对产出水平和总产出增长率的影响。①

新企业可以从成功的在位企业那里获得知识溢出的好处，即技术扩散对企业增长和经济增长有影响。卢特默 2012 年强调了这一点，改进了他之前研究②，主要有两点不同：（1）卢特默 2012 年的理论假设企业面临递减收益生产技术和完全竞争市场，不考虑异质性的产品需求对企业异质性的影响，而卢特默 2007 年的理论假设了规模报酬不变的生产技术和垄断竞争市场环境。（2）卢特默 2012 年的理论考虑的技术扩散机制更广泛，进入企业需要从在位企业那里学习，它们只需要对生产率水平最低的在位企业的技术做一个很小的改进，就可以保证企业规模分布趋近于齐普夫（Zipf）分布，而卢特默 2007 年的模型中进入企业付出固定成本以后，随机选取一个企业进行模仿，模仿的生产率水平低于在位企业。那些经历一系列有利生产率冲击的企业存活下来，而另一些企业被迫退出。新进入的企业可以改进行业中生产率最低的在位企业的生产率。由于模仿能力有限，新企业都很小，只有通过进入后的生产率改进才能提高生产率水平并扩大规模。只要进入满足一定的条件就可以保证存在一个稳定的企业规模分布和一条均衡增长路径。卢特默 2012 年的理论还强调试验（try and error）和淘汰选择推动整个经济增长。尽管企业水平的技术进步外生，但整个加总经济的增长率内生，依赖于进入成本和溢出效应的参数，另外模型还成功地解释了高进入率和高退出率。③

阿克拉齐斯认为，企业销售产品也需要付出销售成本（比如广告成本、建立销售体系的成本），付出销售成本的数额决定企业获得消费者的数量，即销售的范围。企业销售成本随着销售范围的扩大而递增，这就是内生销售成本理论的基本思路。阿克拉齐斯将

---

① E. G. J. Luttmer, Selection, Growth, and the Size Distribution of Firms, Quarterly Journal of Economics, Vol. 122 (3), 2007, pp. 1103-1144.

② 指卢特默 2007 年的研究。

③ E. G. J. Luttmer, Technology Diffusion and Growth, Journal of Economic Theory, Vol. 147, 2012, pp. 602-622.

企业内生销售成本理论①引入卢特默 2007 年模型的分析框架中，可以解决卢特默 2007 年理论模型的一个缺陷，即对不同规模的企业，该模型预测的企业规模增长率的方差相同，而很多经验事实研究发现小规模企业增长率的方差更大。当引入了内生销售成本后，小企业的市场范围选择具有很大的波动性，这导致小企业的增长率方差较大，从而符合事实。当企业付出边际成本后能使其销售给第一个消费者可获利，企业就会进入这个市场。企业规模的变化规律与卢特默 2007 年的模型一样，异质性的冲击会改变企业生产率水平进而改变企业规模。②

这类模型很好地保留了传统内生增长模型中的干中学、溢出效应和企业的市场势力，但也有不足，即企业的技术进步率外生，进入退出依赖外生技术冲击，而下文的内生技术创新驱动企业规模变化的模型则很好地解决了这一点。

三、内生技术创新驱动企业规模变化

卢特默、阿克拉齐斯等人的研究有一个共同特点就是企业规模的变化依赖于外生的技术冲击，企业自身的技术进步率也外生。而科莱特（Klette）和科特姆（Kortum）为代表的一批研究者认为企业的技术进步依赖于自身的 R&D，即技术进步内生。单个企业规模的变化影响企业的决策行为和最终的规模分布，可将这一类文献根据企业规模变化的方式，细分为三类：（1）产品种类扩张引起企业规模变化；（2）单一产品需求数量决定企业规模；（3）产品种类数和进入部门数共同决定企业规模。

（一）产品种类扩张引起企业规模变化

科莱特和科特姆的模型③中，企业通过产品创新获得增长，即

① Costas Arkolakis, Market Penetration Costs and the New Consumers Margin in International Trade, Journal of Political Economy, Vol. 118 (6), pp. 1151-1199.

② Costas Arkolakis, A unified theory of firm selection and growth, NBER working papers, No. 17553, 2011, http: //www. nber. org/papers/w17553.

③ 后文简称科莱特-科特姆模型。

企业的规模扩张就是产品种类数量的增加。他们吸收了彭罗斯(Penrose)对企业的定义，即创新的、生产多种产品、热血的商业组织被称为企业，企业可以向新市场扩张，内部知识资源决定企业的增长，企业产品创新成功的概率依赖于企业自身的知识存量，即拥有产品种类数越多的企业创新成功的概率越高。① 加总经济的增长依赖于产品质量的提高，一种产品创新的成功意味着某个企业的规模扩张，另一家企业的该种产品被淘汰，对应该企业的规模缩小。所有企业的产品种类之和固定，但每个企业的产品种类数不同。若某一企业拥有的产品种类数由1变为0，那么该企业会退出市场。创新企业遵循着一个随机的生命周期，产业均衡时仍有企业进入和退出，且存在一个稳定、不平衡的企业规模分布，但他们并未指出是何种形式的分布。值得注意的是，他们的模型可以很好地解释文中列出的十条关于企业创新和规模分布的经验规律。②

大量的证据显示工人频繁地从一家企业流向另外一家企业，而且不同企业之间持续存在较大的生产率差异，③ 因而工人在不同企业之间流动是生产率增长的重要因素之一。基于这些经验背景，楞次（Lentz）和莫滕森（Mortensen）扩展科莱特-科特姆模型，构建

① 彭罗斯认为，干中学驱动企业增长，当企业家逐渐熟悉他们所从事的任务，他们会逐渐变得更有生产率。在初期，企业家不熟悉经营，执行功能存在问题。随后这些活动变得日常化，企业家可以释放出更多的时间和精力用于企业扩张。因而，当企业家获得经验后，个人知识增加，企业面临强烈的增长动力。最终，当企业家过于重视扩张而忽视运营效率，企业增长会受限于现有的管理注意力。可参见：E. T. Penrose, The Theory of the Growth of the Firm, Oxford: Basil Blackwell; and New York: Wiley, 1959, pp. 346-421.

② J. Klette and S. Kortum, Innovating Firms and Aggregate Innovation, Journal of Political Economy, Vol. 112 (5), 2004, pp. 986-1018.

③ 巴特尔斯曼（Bartelsman）和多姆斯（Doms）发现：(1) 不同生产单元、企业或者产业的生产率分散程度较大；(2) 任何一个生产单元的生产率等级排名变化缓慢；(3) 加总生产率增长很大一部分来源于工人在不同企业之间的再配置。参见：E. J. Bartelsman and M. Doms, Understanding Productivity: Lessons From Longitudinal Microdata, Journal of Economic Literature, Vol. 38, 2000, pp. 569-594.

了一个均衡增长与企业动态模型，该模型可识别工人在企业之间流动对加总生产率的影响。在他们的模型中，企业是差异化中间产品的垄断供给者，中间产品用来生产最终消费品。在位企业和新进入企业投入 R&D，它们会引入更便宜、质量更好的中间产品。新产品不断取代老产品，这个创造性破坏过程导致劳动力在不同生产活动中再配置，这也导致企业规模的差异。生产质量更高的产品或服务仅需投入较少的劳动，企业当前劳动生产率依赖于已有创新产品的数量和质量。潜在进入企业开发一件新产品需要付出固定进入成本，该新产品的获利性服从一个已知分布。当预期的利润高于研发新产品的成本时，企业选择进入。与科莱特-科特姆模型一样，企业的产品被更高质量的产品取代，引起规模缩小。在这些条件下，模型可以得出符合事实且高度不均衡的企业规模分布，并存在一条均衡的增长路径。他们的模型不仅符合产品创新和企业规模动态演化的一些典型事实，还可以解释丹麦企业的经验事实：（1）雇佣规模与劳动生产率无关；（2）附加值与劳动力生产率正相关。①②

创新付出的成本不一样，产生的结果也不一样。不同规模的企业选择创新的类型也会有差异，大企业更多地从事渐进性创新，而小企业更多地从事激进创新。阿克西吉特（Akcigit）和科尔（Kerr）将创新的异质性引入熊彼特式的增长模型中，即不同规模企业选择的创新类型不同。与科莱特-科特姆模型一样，他们也将企业规模定义为企业所生产的产品种类数，那么企业规模的变化、企业的进入退出都与产品创新相联系。企业在做产品创新时，可以选择两种类型的研发（R&D），即深挖性研发（exploitation R&D）和探索性研发（exploration R&D）：（1）在位企业可以采取深挖性研发改进自身已有产品的生产线，巩固自己的地位，这对该企业自身规模没有影响；（2）在位企业和进入企业都可以采取探索性研

① R. Lentz and D. T. Mortensen, Productivity Growth and Worker Reallocation, International Economic Review, Vol. 46, 2005, pp. 731-751.

② R. Lentz and D. Mortensen, An Empirical Model of Growth Through Product Innovation, Econometrica, Vol. 76 (6), 2008, pp. 1317-1373.

发生产新产品，获得市场领导地位，这种新产品是企业之前所没有的，因而会改变企业的规模分布。探索性研发的结果又有两种可能：一是得到一个重要创新，其创新幅度较大，而且这类创新会产生许多与之相关的后续创新，即后续的技术簇（technology cluster），比如晶体管、绘制人类基因图谱等；另外一种可能是，得到的创新只是对现有产品的改进，没有后续的技术簇。由于创新种类的细分，阿克西吉特和科尔的模型提供了比以往研究更为丰富的微观基础，且将企业的创新与专利引用结合起来研究，更为详尽地考察了企业创新与企业规模动态变化的关系，不仅可以得出科莱特-科特姆模型的基本结论，还得出了企业规模分布与创新类型选择、创新类型与企业规模增长率之间的关系。值得注意的是，阿克西吉特和科尔还从专利引用率出发考虑知识溢出的微观基础，更符合现实，因为两种类型的 R&D 产生的溢出效果也有差异，而以往的研究仅抽象地谈模仿和原始创新之间的互动。①

（二）单一产品的需求数量决定企业规模

阿西莫格鲁（Acemoglu）和曹（Cao）扩展了基本的熊彼特内生增长模型，企业的规模扩张依赖于企业生产的中间产品数量，中间产品数量的需求又依赖于产品的价格和质量。他们的理论模型中，在位企业采取增量 R&D（“incremental” R&D）投入提高中间产品质量，进而提升生产率水平和利润；同时，潜在的进入者采取激进 R&D 创新获得一个更好的中间投入品取代在位企业，当某企业被质量更高的企业取代时就会退出市场。新进入企业和在位企业都可以模仿，当模仿抑制任何一个部门的生产率不会过于偏离平均生产率时，稳定的企业规模分布是尾部指数接近于 1 的帕累托分布。在考虑企业的异质性和企业进入退出后，模型与基本的熊彼特增长模型有两点不同：（1）补贴潜在进入者可能阻碍经济增长，因为这会抑制在位企业的生产率改进，如果在位企业的生产率改进

① U. Akcigit and W. Kerr, Growth through Heterogeneous Innovations, NBER working paper, No. 16443, 2011, http: //www. econ. psu. edu/papers/Akcigit10511_2. pdf.

的下降程度超过了新企业进入的正向影响，那么经济增长就会受到抑制；（2）新企业的进入和在位企业的生产率改进（产品质量提高）一起推动经济增长，而由于阿罗（Arrow）取代效应①，传统的熊彼特增长模型认为所有的创新都来源于新进入企业，而不能解释在位企业75%的生产率增长贡献，② 阿西莫格鲁和曹的模型正好能解释这一点。科莱特和科特姆认为企业规模由该企业生产的产品种类数决定，且他们的模型中生产率增长来源于新企业的进入，这很极端，因为有一部分新产品是在位企业生产的，而阿西莫格鲁和曹则关注在位企业在同一条生产线上的中间产品创新。从这个角度看，阿西莫格鲁和曹的模型可以认为是对科莱特-科特姆模型的一个补充，而且仅对标准的熊彼特增长模型稍作修改就可以得到一个符合现实的企业规模分布。③

（三）产品种类数和进入的部门数共同决定企业规模

经验事实表明，大部分新技术是由多部门企业开发出来的，因为它们能够将知识溢出内部化。那么，可以预料企业生产的产品种类数和进入的部门数会共同影响企业规模。不同部门在知识应用程度上有很大差异，外生的跨部门知识联系会影响加总创新和增长。蔡洁（Cai）和李楠（Li）的经验研究表明部门之间的知识溢出是异质且极不均衡的：少数技术推动了大量的后续创新。因此，如果在不同技术上合理配置 R&D 资源或者政府干预促进某些部门的创新，就可能会对经济有深远的影响。基于这些经验特征，蔡洁和李

① Kenneth J. Arrow，The economic implications of learning by doing，Review of Economic Studies，Vol. 29，1962，pp. 155-173.

② 大量文献发现在位企业是创新的主要来源，而新进入企业会投入更多的激进和原始的创新。新进入的企业贡献了所在产业 25%的 TFP 增长，而其余的生产率提高来源于持续存活的在位企业。参见：E. Bartelsman，S. Scarpetta，F. Schivardi，Comparative analysis of firm demographics and survival：evidence from micro-level sources in OECD countries，Industrial and Corporate Change，Vol. 14（3），2005，pp. 365-391.

③ D. Acemoglu and D. Cao，Innovation by Entrants and Incumbents，NBER Working Paper No. 16411，2010，http：//www. nber. org/papers/w16411.

楠把格罗斯曼和赫尔普曼①、科莱特和科特姆的模型扩展到一个多部门环境中，每个企业需要作出 R&D 决策和部门进入退出决策，而外生的跨部门知识联系影响企业决策。

假设每一个部门企业都是对称的，即产品价格都一样，每个企业在一个部门内可以生产多种产品，那么企业产品种类数的增加就对应企业规模扩大。企业在一个部门生产的产品种类数反映了它在这个部门的知识存量，它们通过 R&D 生产新知识、开发新产品，进而扩张规模。与科莱特-科特姆模型不同的是，企业生产新知识依赖于有效的 R&D 投入、企业的知识存量以及部门之间的知识联系，而有效的 R&D 取决于 R&D 投入和研发部门的平均知识水平，企业的知识存量不仅仅包括企业自身拥有的产品种类，还包括一些部分公共知识，非对称的知识投入产出矩阵反映部门知识联系。每个企业在不同部门创新的固定成本不同，其创新结果也受外界冲击的扰动，负的冲击引起企业退出，正的冲击让企业规模扩大，这些独立同分布的冲击内生地决定了在每一个部门中企业规模服从帕累托分布。

由于企业多样化生产存在障碍，② 它们会选择序贯进入不同的部门。企业在多个部门生产是一个自我选择的过程，它们会选择在那些能够最有效率使用已有技术的领域开发新产品。为了在一个部门持续创新，在位企业每一期需要付出一个固定成本维持生产，当在位企业无法支付这个固定成本时，企业停止开发新产品，卖掉蓝图，然后退出这个部门。当利用自身积累的知识资本产生的预期价值超过研究的固定成本时，在位企业选择进入这些部门，并从事研究和生产；当已有公共知识资本存量的应用价值超过了某一部门的固定进入成本时，新企业进入这个部门生产一种新产品，这就是企业的部门进入退出选择。企业一般首先进入高度应用性的部门，当

---

① Gene M. Grossman and Elhanan Helpman, Quality Ladders in the Theory of Growth, Review of Economic Studies, Vol. 58 (1), 1991, pp. 43-61.

② 在企业进入或持续经营的部门内，企业每一期需要付出一个固定成本，这些固定成本构成了企业多样化经营的障碍。

累积了足够的知识背景后，少数经历一系列有利冲击的企业可以向相关的部门扩张；随着一系列进入退出选择，最终仅剩下少数能同时在多个部门生产的企业。企业的部门进入退出，结合企业在每个部门内拥有的产品种类数差异，一起决定整个经济中企业规模分布，使之服从帕累托分布，① 而且存在一条均衡的增长路径。

这三类内生企业创新模型明显继承了以往内生增长模型的分析思路，但是将微观基础阐述得更为详尽，不仅加入了企业规模异质性，还引入了创新异质性，甚至考虑了多部门的技术扩散。这使模型能得出一些新结果，解释更多的微观事实，如部门知识溢出、在位企业的贡献等，弥补了以往理论模型的缺陷。

四、其他驱动企业规模变化的理论

除了上文的外生和内生企业技术创新模型，另外一些理论也从宏观角度对增长和企业规模作出了很好的解释，它们分别结合了人力资本、信息不对称及组织资本。整体来看，这些研究视角比较特别，为后续研究者考虑企业规模分布、创新和增长之间的关系提供了新思路。

(一) 人力资本积累与企业规模分布

与上文关注外生冲击和企业创新的文献不同，罗西汉斯堡(Rossi-Hansberg)和莱特(Wright)强调人力资本积累和配置对企业动态的影响②。他们用企业的雇佣人数来描述企业规模，企业规模扩张依赖于三个因素：(1)确定性的人口增长；(2)企业特定的(firm specific)物质资本积累；(3)企业特定的人力资本积累，人力资本积累受到一个企业特定的(firm specific)独立同分布冲击的影

① J. Cai, and N. Li. (2012). Growth Through Inter-sectoral Knowledge Linkages, Working paper, 2012, http://faculty.haas.berkeley.edu/neil_thompson/Innovation_Seminar/Papers/Firm%20innovation_Jan_Nan.pdf.

② 罗西汉斯堡和莱特研究的是处于一个地理位置的企业(establishment，在一个特定的地理位置经营，可以认为就是工厂)，这和我们一般意义上的企业不一样，通常研究的企业(firm)是拥有共同所有权或者控制权的工厂的集合。

响。对每一个企业来说，生产技术对人力资本是收益递减的，过高的人力资本导致较低的收益率，进而延缓人力资本积累；当企业达到一定规模以后，由于人力资本边际收益递减，企业的人力资本积累增长率发生反转，即增长放缓，这就导致了小企业比大企业增长快。罗西汉斯堡和莱特没有明确地分析哪些企业进入，哪些企业退出，但是其中隐含着：给定一个部门总的雇佣水平以后，企业平均规模的增大意味着某些企业退出。在这种情况下，如果人力资本积累内生，模型可以得出企业规模分布服从帕累托分布。他们的理论强调人力资本积累和配置，这意味着在那些人力资本使用密集度较低的产业中，企业增长和退出率会随着企业规模的上升而下降得更快，也就是说在人力资本密集程度较低的产业中，企业的规模分布具有较薄的尾部。模型中加总经济增长来源于单个企业的增长，因而整个经济的增长取决于外生的人口增长率、外生的技术冲击、人力资本积累和物质资本积累。①

（二）信息不对称与企业规模分布

商业想法（business ideas）具有经济价值，在企业的形成和增长过程中扮演着重要的角色。由于缺乏私人信息，商业想法的质量很难被观察到，因而会影响企业采用商业想法的决策，进而影响企业规模。查特里基（Chatterjee）和罗西汉斯堡（Rossi-Hansberg）的理论主要考虑私人信息不足问题对企业动态的影响，企业进入和增长依赖于私人信息。他们的理论认为，企业的规模取决于该企业拥有的项目数量，项目来源于新想法（ideas）。为企业工作的工人能偶然发现新想法，工人会考虑是让他的新想法在已有的企业中实施，还是创办一家新企业，也就是派生企业（spinoffs），或者是抛弃这个想法。这个决策取决于对这个想法的初始了解，以及在不同的企业中实施它可得到的利润水平：如果拥有者发现自己的想法的获利水平超出市场平均水平，他就会选择开办一家派生企业（这就是新企业进入），否则卖掉他的想法。若某个企业家购买这个新想法，则

① E. Rossi-Hansberg and M. L. J. Wright, Establishment Size Dynamics in the Aggregate Economy, American Economic Review, Vol. 97(5), 2007, pp. 1639-1666.

该企业规模扩张。他们的模型中有逆向选择效应，由于想法的质量只有自身可以观察到，市场价格仅仅反映想法的平均质量。市场上的现有企业家购买一个想法意味着他预期会获得零利润，因此，企业的项目选择与企业规模无关的，即企业规模预期的增长率与企业规模无关，增长率的方差随着企业规模的扩大而递减。他们用不同规模企业(商业想法数量 N 不同)雇佣工人所占的比例 ϕ_N 来刻画企业规模分布，模型在均衡时有一个不变的企业雇佣比例分布 ϕ_N，且当工人发现新想法的概率趋于 0 或者企业平均规模(即企业平均拥有的商业想法数量 $\bar{N}$)趋于无穷时，使用企业雇佣比例刻画的企业规模分布趋近于帕累托分布。新想法促进了企业规模扩张，进而促进了加总经济增长，因而均衡的增长率取决于工人发现新想法的概率。①

(三)组织资本与企业规模分布

卢特默 2010 年认为，可以将组织视为一系列契约或交易关系的集合，大企业通常经营很多工厂、办公场所或者商店，它们可能在地理上很分散。这些离散的单元构成了组织资本，每个单元通常被视为“蓝图”(blueprints)，创新能产生新蓝图，让组织资本增大，进而企业规模扩大。② 这样，卢特默（2011）就将企业规模分布与组织资本③联系起来，组织资本通过投资逐步累积，加总微观的组

---

① S. Chatterjee, and E. Rossi-Hansberg, Spinoffs and the Market for Ideas, International Ecomomic Review, Vol. 53(1), 2012, pp. 53-93.

② E. G. J. Luttmer, Models of Growth and Firm Heterogeneity, Annual Review of Economics, Vol. 2, 2010, pp. 547-576.

③ 另外有一部分经济学家关于组织资本有另外的定义，他们认为企业的生命周期是由工厂特定的知识（plant-specific knowledge）积累决定的，这种工厂特定的知识也就是所谓的组织资本。组织存储和积累知识会影响企业的生产技术，这种累积的知识是一种未经测算的资本，它不同于物质资本和人力资本。普雷斯科特（Prescott）和威斯彻（Visscher）认为调整组织资本存量的成本会影响企业的增长率，而且这个成本会内生增加，这可以解释一些企业增长和规模分布的事实，参见：Edward C. Prescott and Michael Visscher, Organization Capital, Journal of Political Economic, Vol. 88（3）, 1980, pp. 446-461.

织资本增长即得到宏观的经济增长。企业投入劳动力和已有蓝图来生产新蓝图。若发明出新蓝图，则企业拥有的蓝图数量增加，企业规模扩张。由于更高质量的新蓝图会出现，原有蓝图也会“过时”，即蓝图的相对质量水平下降，因而需要投入劳动力来维持蓝图的相对质量水平，企业的某一个蓝图过时对应企业规模缩小。模型还假设，经济中个体的能力有差异，服从一个分布，因而他们会有职业选择，那些发明蓝图比较有优势的个人会成为企业家，而另一些个人成为工人。生产出一个启动蓝图（set-up blueprint）的企业家可开办一家新企业，此时经济中有新企业进入。另外，蓝图的过时率与新生率相互独立，不同蓝图之间的过时率与新生率也相互独立。假设一些新企业初期进入时，有较高质量的蓝图，且增长较快，但是新企业的蓝图质量优势是暂时性的，最终这种高增长会结束，而且新企业快速增长持续的时间也有差异，这意味着会出现一些年轻的大企业，他们通常经历了较长时间的快速增长。基于这个机制，结合企业生产率随机增长或资本随机积累，模型在平衡增长路径上，存在一个稳定的企业规模分布，为尾部指数大于 1 的帕累托分布。加总模型的均衡增长率取决于均衡的新蓝图创造率和蓝图过时率。①

五、企业动态的理论解释

很多模型将企业特定随机冲击和企业进入退出选择机制结合起来解释企业规模的动态变化，这是企业动态理论最基本的建模方式，后来研究者则将企业的金融约束、创新以及人力资本等引入其中。

基本的建模方式为企业的进入退出选择选择机制。选择机制，即企业进入后，成功的企业存活下来规模扩张，不成功企业的规模缩小、衰落，甚至退出。Dunne，Roberts 和 Samuelson（1989a，

① E. G. J. Luttmer，On the Mechanics of Firm Growth，The Review of Economic Studies，Vol. 78（3），2011，pp. 1042-1068.

1989b）给出了企业进入和退出的证据，最近 Bartelsman，Scarpetta 和 Schivardi（2005）的研究显示，在大部分市场中，每年进入和退出的企业大约占 20%；20%～40%的进入企业在进入的两年后退出。这些必然会影响产业中企业规模的动态变化。

早期的理论完全使用独特的随机性冲击来解释企业规模的动态变化，如 Hart 和 Prais（1956），Simon 和 Bonini（1958）等。Lucas 和 Prescott（1971）考虑了一个竞争性均衡的经济，均衡条件时，价格、加总的产出投资是随机的，但没有企业异质性和企业进入退出。Lucas（1978）则考虑了一个更为特殊条件下的企业规模分布，模型中也没有明显的企业进入和退出。由于产业在增长后产业内的企业数量会增加，Ijiri 和 Simon（1977）改进 Gibrat 的模型基础，在其中引入了企业进入过程。Brock（1972）和 Smith（1974）首次分析了动态的进入和退出模型。但这些模型有一个共同的不足就是企业规模都相同，极限状态下没有企业的进入和退出。

由于随着企业的年龄与规模差异，企业的增长率也会不同，一些研究者开始考虑利用企业特定的不确定性来解释企业规模动态变化。Jovanovic（1982）最早考虑企业特定的随机性因素对企业动态的影响，他提出了一个不完全信息模型的选择理论，模型中有企业的进入退出。企业运营之后才能知道自己的效率，有效率的企业成长并存活下来，无效率的企业衰退进而退出，企业规模的差异不是因为资本的固定性（fixity of capital），而是因为生产效率的差异。在位企业和潜在进入者知道整个行业的均衡价格序列，企业基于这些信息作出进入、生产和退出的决策。

Hopenhayn（1992）也是强调利用企业特定的不确定性来解释企业规模动态变化，他分析了一个竞争性产业的动态随机模型。大量异质的不确定性导致资源在不同企业之间分配，有的企业规模缩小、退出，有的企业扩张，企业进入需要一个不可恢复的沉没成本投资。模型中，每个企业都面临的生产率冲击是不确定性的唯一来源，在此条件下它们决定何时退出。企业退出的同时，也会有新企业进入。稳态时，进入率和退出率相等，形成一个稳定性均衡，工作岗位的创造率和消失率也一样的。稳态时的企业规模分布由企业冲击、生产决策、企业优胜劣汰这些因素内生决定，且稳态时仍然有企业的进入和退出。

与 Jovanovic 的被动学习模型（passive learning model）不同的是 Ericson 和 Pakes（1995）强调主动学习（active learning），在他们的模型中，一个企业主动考察它所在的经济环境。在来自内部和外部的竞争压力下，企业投资以增强它的获利性。由于自身投资结果的不确定性和市场上其他企业的竞争，企业潜在和实际的获利能力会随着时间发生改变。企业成功，则规模增长；如果失败，则规模缩小或者退出。

Melitz（2003）将 Hopenhayn（1992）的动态产业模型扩展到一个垄断竞争的一般均衡框架中，企业是异质性的，该模型主要用于分析国际贸易的产业内效应，揭示国际贸易是如何吸引那些更有生产性的企业进入出口市场的（那些生产率较低的企业则继续在国内生产），同时这也迫使那些生产率较低的企业退出市场。当产业进一步暴露在贸易条件下，企业进入退出的选择效应会额外产生一些企业之间市场份额的再分配，生产率更高的企业更有利。市场份额再分配带来加总生产率提高，福利状况得到改善。模型中的企业规模分布完全由生产率差异决定。

Luttmer（2007）通过初始的进入和退出成本、企业模仿的难易程度解释企业规模的分布。在规模报酬递减或者向下倾斜的企业需求曲线时，高度不平衡的生产率分布可能导致高度不平衡的企业规模分布。如果生产率的增长随机，且只有生产率较高的企业才能存活下来，就会出现这种不平衡生产率的分布出现。经济以一个稳定的速率增长，增长来源于异质性的企业生产率改进、选择机制以及进入者的模仿，新进入企业的退出率较高，而存活了一段时间的企业退出率较低。并且如果在位企业雇佣人数平均增长率比全部雇佣增长率低一些，那么就会有一个稳定的规模分布。如果成本参数能保证在位企业与进入企业平均生产率的增长率相差很小，那么企业规模分部的尾部指数 $\zeta>1$。Luttmer（2007）在使用美国的数据校准模型后，发现有一半的产出增长来源于企业的进入退出选择机制。在一般均衡的分析框架下，模型可以预测各种进入障碍的变化对产出水平和总产出增长率的影响。但是 Luttmer（2007）的模型是有缺陷的，对于不同的规模的企业，该模型预测的企业规模增长率的方差相同，而很多经验事实研究发现小企业规模增长率的方差更大。

新企业可以从那些成功的在位企业那里获得知识溢出的好处。Luttmer（2012）的模型考虑了溢出效应，假设企业面临递减收益生产技术和永久的异质性生产率冲击，企业要保持经营每一期都需要付出一个固定成本，且新企业可以进入。而且假设了完全竞争市场，不考虑异质性的产品需求对企业异质性的影响。那些经历一系列较好生产率冲击的企业存活下来，而另外一些企业被迫退出。新进入企业可以改进那些生产率最低的在位企业的生产率。由于模仿能力有限，新企业都很小，只有通过进入后的生产率改进才能提高生产率且扩大规模。只要进入满足一定的条件就可以保证一个稳定的企业规模分布和均衡的增长。进入企业需要从在位企业那里学习，它们只需要对生产率水平最低的在位企业的技术做一个很小的改进，就可以保证有一个趋近于 Zipf 分布的企业规模分布。模型还可以解释高进入和退出率。

Luttmer（2012）强调试验（try and error）和淘汰选择推动整个经济增长。尽管企业水平的技术进步外生，但整个加总经济的增长率内生，依赖于进入成本和溢出效应的参数。Atkeson 和 Burstein（2010）描述了一个比较相近的经济，他们的经济中企业可以投入资源提高生产率水平，但是他们关注的是企业在面对国家贸易的边际成本改变时，企业经营、创新和从事国际贸易的决策。但和 Luttmer（2012）不同的是，Atkeson 和 Burstein（2010）模型中没有考虑溢出效应。

Acemoglu 和 Cao（2011）考虑的一个有质量阶梯的经济，这个经济中在位企业和进入者都可以创新。Atkeson 和 Burstein（2010）与 Acemoglu 和 Cao（2011）的模型中，减少进入成本都会降低在位者的创新率，但是 Luttmer（2012）的模型中没有这种效应。

六、简 评

企业的进入、退出和规模分布理论是微观产业组织领域的一个重要问题，近年来增长经济学家不断关注异质性企业理论，将企业的创新、进入退出、企业规模的动态变化和经济增长联系起来研究。与传统的经济增长模型相比，这些结合企业规模动态变化的经济增长模型具有以下特点：（1）与现实经济情况更为贴近，企业对外界冲击的反应、R&D 投入决策以及企业 R&D 类型不断细化，结合企业规模分布状况，使企业创新的微观基础更为现实，从微观企业增长到宏观经济增长的联系更清晰。（2）这一类文献中，驱动经济增长的机制有三个，即企业的创新、知识外溢和不同企业之间的资源再配置，而传统内生增长理论则忽视了企业之间的资源再配置效应。楞次和莫滕森还量化了增长过程中资源再配置的作用，发现进入可以解释 21%的加总生产率增长，而 53%的加总生产率增长来源于企业进入退出选择效应。①（3）其他领域的主题也不断纳入，如信息不对称和组织资本，这为经济增长和企业规模动态演化的研究提供了广阔的视角。

同时，目前的研究也有一些不足之处：（1）依靠外生冲击解释企业规模的模型都假定企业进入后获得的初始生产率水平有差异，但没有解释初始生产率水平差异的来源。（2）而依靠企业内生创新解释企业规模的模型中，企业进入后同质，他们仅关注企业的规模差异，而不关注企业在生产不同种类产品时生产率的差异，因而可以考虑将两类模型结合起来研究，优势互补。（3）目前关于企业动态演化的模型主要以发达国家的企业为研究对象，几乎没有研究发展中国家企业规模分布的文献。由于因为两类国家的制度背景和市场环境差异较大，这对企业规模分布很可能有影响。因而在发展中国家这种转型经济条件下，企业规模动态演化与经济增长

① R. Lentz and D. Mortensen, An Empirical Model of Growth Through Product Innovation, Econometrica, Vol. 76 (6), 2008, pp. 1317-1373.

之间的联系非常值得研究。

最后，这一领域的研究成果对发展中国家的经济增长具有重要的政策意义：（1）这些理论强调企业的异质性、企业的进入退出对增长的影响，发展中国家的政策制定者应该注意降低一些部门的进入退出壁垒，进而促进资源在不同企业之间合理配置，对不同规模的企业制定不同的政策，防止资源配置扭曲。谢长泰（Hsieh）和克莱罗（Klenow）发现，若中国和印度制造业企业能像美国经济那样合理配置资源，它们的全要素生产率将分别额外增加 30%～50%和 40%～60%，这说明改善资源配置对经济增长有很大的促进作用。①（2）这些理论对知识溢出的研究更为细致，发展中国家的政府制定政策时，应注重知识之间的关联，特定领域的创新会对其他领域增长带来重要的溢出效应，国家可以补贴一些重要基础领域的 R&D。另外，降低知识关联度较高的那些部门的进入门槛，有利于一些企业内部化知识收益，进而起到鼓励创新的作用。

参考文献

[1] Acemoglu D. and D. Cao.（2010），Innovation by Entrants and Incumbents，NBER Working Paper No. 16411.

[2] Akcigit U. and W. Kerr.（2010），Growth through Heterogeneous Innovations，NBER working paper No. 16443.

[3] Albuquerque，Rui，and Hugo Hopenhayn，（2004），Optimal Lending Contracts and Firm Dynamics，Review of Economic Studies，71，（2），285-315.

[4] Angelini，Paolo and Generale，Andrea，（2008），On the Evolution of Firm Size Distributions，The American Economic Review，Vol. 98，No. 1（Mar.，2008），pp. 426-438.

① Chang-Tai Hsieh and Peter J. Klenow，Misallocation and Manufacturing TFP in China and India，The Quarterly Journal of Economics，MIT Press，Vol. 124（4），2009，pp. 1403-1448.

[5] Arellano, C., Y. Bai, and J. Zhang, (2009), Firm Dynamics and Financial Development. Manuscript, University of Minnesota.

[6] Arrow, Kenneth J., (1962), The economic implications of learning by doing. Review of Economic Studies, 29: 155-173.

[7] Atkeson, A. and A. Burstein. (2010), Innovation, Firm Dynamics and International Trade, Journal of Political Economy, 118, (3), 433-484.

[8] Atkeson, A. and Kehoe. P. (2005), Modelling and Measuring Organization Capital, Journal of Political Economy, 113, 1026-1051.

[9] Axtell, Robert L., (2001), Zipf Distribution of U. S. Firm Sizes. Science, Vol. 293, 1818-1820.

[10] Bartelsman, E. J., and M. Doms (2000), Understanding Productivity: Lessons From Longitudinal Microdata, Journal of Economic Literature, 38, 569-594.

[11] Bartelsman, E., S. Scarpetta, F. Schivardi, (2005), Comparative analysis of firm demographics and survival: evidence from micro-level sources in OECD countries', Industrial and Corporate Change, 14, (3), 365-391.

[12] Bilbiie, F., Fabio Ghironi, and Marc J. Melitz, (2010), Endogenous Entry, Product Variety and Business Cycles, mimeo.

[13] BROCK, W. A., (1972), On Models of Expectations that Arise from Maximizing Behaviour of Economic Agents over Time, Journal of Economic Theory, 5, 348-376.

[14] Cabrai, Luis M. B., and Jose Mata, (2003), On the Evolution of the Firm Size Distribution: Facts and Theory. American Economic Review, 93(4): 1075-90.

[15] Cai, J. and N. Li., (2012), Growth Through Inter-sectoral Knowledge Linkages, Working paper.

[16] Campbell, Jeffrey R., (1998), Entry, Exit, Embodied Technology and Business Cycles, Review of Economic Dynamics, 1,

(2), 371-408.

[17] Chang-Tai Hsieh and Peter J. Klenow, (2009), Misallocation and Manufacturing TFP in China and India, Quarterly Journal of Economics, 124, (4), 1403-1448.

[18] Chatterjee, S. and E. Rossi-Hansberg, (2012), Spinoffs and the Market for Ideas, International Ecomomic Review, 53, (1), 53-93.

[19] Clementi, Gian Luca, and Hugo A. Hopenhayn, (2006), A Theory of Financing Constraints and Firm Dynamics. Quarterly Journal of Economics 121, (February), 229-65.

[20] Cooley, Thomas F., and Vincenzo, Quadrini., (2001), Financial Markets and Firm Dynamics. American Economic Review, 91, (5), 1286-1310.

[21] Davis, S. J., J. C. Haltiwanger, and S. Schuh, (1996), Job Creation and Destruction, Cambridg MA and London: MIT Press.

[22] Desai, Mihir A., Paul Gompers, and Josh Lerner., (2003), Institutions, Capital Constraints and Entrepreneurial Firm Dynamics: Evidence from Europe, National Bureau of Economic Research Working Paper 10165.

[23] Diego Restuccia, and Richard Rogerson, (2008), Policy Distortions and Aggregate Productivity with Heterogeneous Plants, Review of Economic Dynamics, 11, (4), 707-720.

[24] Dunne, T., Roberts, M. and Samuelson, L. (1988), Patterns of Firm Entry and Exit in U. S. Manufacturing Industries, 19, (4), 495-515.

[25] Dunne, T., Roberts, M. and Samuelson, L. (1989a), The Growth and Failure of U. S. Manufacturing Plants, 104, (4), 671-698.

[26] Dunne, T., Roberts, M. and Samuelson, L. (1989b), Plant Turnover and Gross Employment Flows in the U. S. Manufacturing Sector, Journal of Labor Economics, 7, 48-71.

[27] Dunne, T., Roberts, M., Samuelson, L., (1989), The growth and failure of US Manufacturing plants, Quarterly Journal of Economics, 104 (4), 671-698.

[28] Evans, D. S., (1987b), The Relationship Between Firm Growth, Size, and Age: Estimates for 100 Manufacturing Industries, The Journal of Industrial Economics, 35(4), 567-581.

[29] Evans, D. S., (1987a), Tests of Alternative Theories of Firm Growth, Journal of Political Economy, 95, (4), 657-674.

[30] Evans, D. and Jovanovic, B., (1989), An Estimated Model of Entrepreneurial Choice under Liquidity Constraints. Journal of Political Economy, 97, 808-827.

[31] Fallick, B. C., and A. C. Fleischman, (2001), The Importance of Employer-to-Employer Flows in the U. S. Labor Market, Federal Reserve Board Finance and Economics Discussion Paper 2001-18.

[32] Fazzari, S. M., Hubbard, R. G. and Petersen, B. C., (1988), Financing Constraints and Corporate Investment, Brookings Papers on Economic Activity, No. 1, 141-206.

[33] Foster, L., J. Haltiwanger, and C. Krizan (2001), Aggregate Productivity Growth: Lessons From Microeconomic Evidence, in New Developments in Productivity Analysis, ed. by C. R. Hulten, E. R. Dean, and M. J. Harper. Chicago: University of Chicago Press.

[34] Franco, F. and T. Philippon, (2007), Firms and Aggregate Dynamics, Review of Economics and Statistics, 89, (4), 587-600.

[35] Freeman, Christopher, (1982), The Economics of Industrial Innovation. MIT Press Cambridge, Massachusetts.

[36] Gabaix, X. and Landier, A., (2008), Why Has CEO Pay Increased so Much, Quarterly Journal of Economics, 123, 49-100.

[37] Gertler, M. and Gilichrist, S., (1994), Monetary Policy, Business Cycles, and the Behavior of Small Manufacturing Firms, Quarterly Journal of Economics, 109, 309-340.

[38] Gibrat, R., (1931), Les Inegalites Economiques. Paris: Libr. Recl. Sirey.

[39] Grossman, G. and E. Helpman. (1991). Innovation and Growth in the Global Economy. Cambridge, MA: MIT Press.

[40] Hart, P. E., and S. J. Prais, (1956), The Analysis of Business Concentration: A Statistical Approach, Journal of the Royal Statistical Society, 119, 150-191.

[41] Holmes, T. J. and Schmitz, J. A., Jr., (1995), On the Turnover of Business Firms and Business Managers, Journal of Political Economy, 103, 1005-1038.

[42] Hopenhayn, H. A. (1992), Entry, Exit, and Firm Dynamics in Long Run Equilibrium, Econometrica, 60(5), 1127-1150.

[43] Ijiri Y., and H. A. Simon, (1964), Business Firm Growth and Size, American Economic Review, 54, (2), 77-89.

[44] Ijiri Y., and H. A. Simon, (1971), Effects of Mergers and Acquisitions on Business Firm Concentration, Journal of Political Economy, 79 (2), 314-322.

[45] Ijiri Y., and H. A. Simon, (1974), Interpretations of Departures from the Pareto Curve Firm-Size Distributions, Journal of Political Economy, 82 (2), 315-331.

[46] Ijiri, Y. and H. A. Simon (1967), A Model of Business Firm Growth, Econometrica, 35 (2), 348-355.

[47] Ijiri, Yuji and Simon, Herbert A., (1977), Skew distributions and the sizes of business firms. Amsterdam: North-Holland Pub. Co.

[48] Jovanovic, B. (1982): Selection and the Evolution of Industry, Eco-nometrica, 50(3), 649-670.

[49] Klette, J., and S. Kortum (2004), Innovating Firms and Aggregate Innovation, Journal of Political Economy, 112 (5), 986-1018.

[50] Lentz, R., and D. T. Mortensen (2005), Productivity Growth

and Worker Reallocation, International Economic Review, 46, 731-751.

[51] Lentz, R., and D. Mortensen (2008), An Empirical Model of Growth Through Product Innovation. Econometrica, 76 (6), 1317-1373.

[52] Lucas, R. E., (1978), On the Size Distribution of Business Firms, The Bell Journal of Economics, 9, (2), 508-523.

[53] Lucas, R., and E. C. Prescott, (1971), Investment under Uncertainty, Econometrica, 39, 659-681.

[54] Luttmer, E. G. J., (2007), Selection, Growth, and the Size Distribution of Firms, Quarterly Journal of Economics, 122(3), 1103-1144.

[55] Luttmer, E. G. J., (2011), On the Mechanics of Firm Growth. The Review of Economic Studies, 78(3), 1042-1068.

[56] Luttmer, E. G. J., (2012). Technology Diffusion and Growth, Journal of Economic Theory, Vol. 147, 602-622.

[57] Mansfield, E., (1962), Entry, Gibrat's Law, Innovation, and the Growth of Firms, The American Economic Review, 52(5), 1023-1051.

[58] Melitz M. (2003), The impact of trade on aggregate industry productivity and intra-industry reallocations, Econometrica, 71: 1695-725.

[59] Melitz, M. J., (2003), The Impact of Trade on Intra-Industry Reallocations and Aggregate Industry Productivity, Econometrica, 71(6), 1695-1725.

[60] Penrose E. T., (1959), The Theory of the Growth of the Firm, Oxford: Basil Blackwell; and New York: Wiley.

[61] Prescott, Edward C., and Michael Visscher, (1980), Organization Capital, Journal of Political Economic, 88, (3), 446-461.

[62] Rossi-Hansberg, E., and M. L. J. Wright, (2007), Establishment

Size Dynamics in the Aggregate Economy, American Economic Review, 97(5), 1639-1666.

[63] Simon, H. A., C. P. Bonini, (1958), The Size Distribution of Business Firms, American Economic Review, 48 (4), 607-617.

[64] SMITH, V. (1974), Optimal Costly Firm Entry in General Equilibrium, Journal of Economic Theory, 9, 397-417.

[65] Stewart, J., (2002), Recent Trends in Job Stability and Job Security: Evidence from the March CPS, U.S. BLS Working Paper 356.

[66] Sutton, J., (1997), Gibrat's Legacy, Journal of Economics Literature, 35(1), 40-59.

[67] Tervio, E. M., (2008), The Difference that CEOs Make: An Assignment Model Approach, American Economic Review, 98, 642-668.

[68] Thomas, J. and Worral, T. (1994). Foreign Direct Investment and the Risk of Expropriation, Review of Economic Studies, 61, 81-108.

[69] Troske, Kenneth, (1996). The Dynamic Adjustment of Firm Entry and Exit in Manufacturing and Finance, Insurance, and Real Estate, Journal of Law and Economics, 39, (2), 705-735.

银行国际化理论发展的前沿追踪

武汉大学经济与管理学院　刁　莉

在经济全球化过程中，国家间的经济联系更加紧密。国际贸易和国际金融的发展使银行国际化成为必然趋势。一方面，由于国际化是银行未来发展的趋势，所以银行国际化相关问题值得关注。另一方面，中国商业银行总体实力增强，国际化策略实施加快，研究银行国际化具有理论和实践意义。本文的研究是为银行的国际化发展进行理论的梳理，为我国银行国际化实际的发展奠定理论基础。

一、银行国际化的意义及国际、国内背景

（一）银行国际化的意义

世界银行发展史表明，业务集中于单一市场的银行在区域或全球性金融危机中能够幸存下来的概率要低于国际化程度高的银行，其赢利成长性和稳定性也较差。虽然此次金融危机中有些国际化程度较高的大型金融机构也遭受了巨额损失，但那些全球布局均衡的国际大银行，凭借其国际化经营分散风险的优势，渡过了难关。很多国际知名的大银行通过在全球配置资源，构建了能够支撑其跨周期、可持续发展的全球运营平台，避免了危机的较大冲击，并成功地经受住了多次战争、经济和金融危机的考验。

实施国际化策略不仅可优化资源配置，还有利银行拓展新的市场，增加客户资源。市场拓展使银行可能获得更多的营业利润，增

强银行在国际市场上的竞争力，扩大海外声誉。银行国际化策略的实施使银行可以在全球范围内吸引优秀的人才，提高经营管理水平，保证银行可持续发展。对于整个行业，国际化将推动大型跨国银行的建立，使国际银行业竞争加剧，这将有利于新产品开发，提高整个行业的服务水平，提高借贷资金的可获得性。银行业的国际化发展为东道国提供了更多的资金来源、税收来源和就业机会，并通过溢出效应带动落后国家银行业的发展和金融体系的改革。另外，银行国际化可以为母国企业实施“走出去”战略提供保障，促进国际贸易发展。上述效应将推动金融全球化，促进经济全球化发展。

（二）国际背景

经济全球化使各国经济联系日益紧密。在此过程中，国家和地区间各层面的经济交往更加频繁，表现为国际贸易①和国际金融活动高速发展，跨国公司影响力不断提升。同时，各国间其他形式的人员、物资和资金流动也不断增加。在此背景下，银行国际化发展成为必然。这主要是因为银行在经济系统中有重要作用和广泛影响。首先，国际贸易发展需要国际结算支持；其次，银行业作为金融业的子系统跟随金融自由化、金融全球化过程而发展，而且银行国际化水平本身也是反映金融全球化的重要指标；再次，企业的全球布局和资源配置，需要全球性银行网络的支持；最后，金融业竞争加剧也促使银行在国际市场寻找新的盈利机会。从技术条件的角度来看，通信和网络技术的发展为银行跨国业务提供了技术支持，银行总部能够及时和全球各分支机构间传递业务数据和各种指令。正是基于这些因素，20 世纪 60 年代，银行国际化活动大规模兴起。美国的银行在这一阶段独领风骚。到 20 世纪 80 年代，金融自由化促使银行海外业务进一步增加。德国、法国和日本总体经济实力增强，这些国家的银行也开始大规模的国际化进程。20 世纪 90 年代，日本银行国际化风潮兴盛，而且转轨国家金融开放，拉美和

① 根据世界贸易组织的数据，2010 年全球贸易总额已突破 30 万亿美元，见世界贸易组织官方网站：http：//www. wto. org.

亚洲部分国家金融系统动荡和调整为银行国际化提供了新的机会。20世纪90年代中后期到21世纪初期，全球银行业掀起并购浪潮。跨国并购使银行业巨无霸不断涌现,① 行业集中度上升。②

目前，在英国《银行家》杂志的排行榜上排位靠前的银行，多数都通过国际化成为了全球性的银行，如美国银行、摩根大通、汇丰银行、花旗银行等。③ 其他实力靠前的银行也正在实施国际化的过程中。

金融危机后，全球金融业的重构将会继续，打造资产、业务和经营地域多元化的国际化银行是未来全球银行业发展的主要趋势之一。这使银行国际化相关的问题值得关注。银行业是较特殊的行业，从银行“业务国际化”的角度来看，可以被认定为服务贸易；从银行是企业组织的角度来看，国际银行可以被认定为跨国公司。因此，可以用不同的理论来研究银行国际化相关的问题。由于银行国际化过程中会涉及信息、激励和机制设计等多种合约问题，因此从合约理论的角度来分析银行国际化成为可能，具有一定的理论意义。

（三）国内背景

中国商业银行实施国际化策略具备了很多有利因素和推动力。

第一，中国经济保持了30年高速增长，使国家总体经济实力增强。2010年，中国的GDP为5.8万亿美元，首次超过日本，成为世界第二大经济体。2011年，中国GDP增长率为9.3%，总量

① 很多学术著作研究了此次并购浪潮相关的问题。如，吴韡：《银行并购与中国银行业发展》，中国财经经济出版社2003年版；斯蒂芬·I. 戴维斯著，郑先炳、李晓欣译：《银行并购经营与教训》，中国金融出版社2003年版，等等，因文献较多此次不一一罗列。

② 根据英国《银行家》杂志公布的数据，全球排名前25的银行资产占比从1998年的24%上升到2009年的约45%，盈利占比从约27%上升到约50%。

③ 最近两年受中国商业银行业绩强劲增长、排名上升的影响，一些从分支机构和业务角度来看已经全球化的银行可能在排名上被挤出了前十。

稳居世界第二。① 虽然总量背后还存在很多经济增长质量的问题，但从对整个行业影响的角度来看，总体实力的增强还是为中国商业银行国际化提供了坚强的后盾。

第二，中国银行业近年的改革和调整（包括剥离不良资产、国家注资、股权改造、银行上市、引入战略投资者等）使中国商业银行总体实力提高，尤其是 2007 年以后，五大银行的盈利水平在全球银行业中处于领先地位。2011 年工商银行和中国银行成为全球盈利最多的两大银行，② 建设银行、农业银行和交通银行的盈利水平也大幅度提高。截至 2011 年 11 月，我国银行机构总资产为 108 万亿元，是 2006 年的 2. 45 倍，工、农、中、建、交五家大型银行不良率仅为 0. 95%，比 2006 年年底的不良率下降了 8. 27 个百分点。银行业机构的资本充足率为 12. 3%，比 2007 年提高了 4. 3 个百分点。2011 年 7 月，英国《银行家》杂志公布的“全球千家大银行排名”中，中国共有 101 家银行上榜，其中工商银行列第 6 位，建设银行列第 8 位，中国银行列第 9 位，中国农业银行列第 14 位，交通银行列第 35 位③。可见中国商业银行具备了实施国际化策略的实力。而且中国的五大银行都拥有较高额度的人民币存款，工商银行的人民币存款甚至超过了 10 万亿元。在人民币开启国际化进程的背景下，这些银行势必走在前列，而实际情况也正如此。五大商业银行在人民币跨境结算方面的实践对其实施国际化策略起到了推动作用。

第三，中国国际贸易和对外直接投资保持了增长势头。与贸易相关的银行金融服务是国际贸易企业不可或缺的。中国对外贸易的发展为银行国际化提供了众多市场机遇。中国企业通过实施“走

---

① 数据来源于中华人民共和国国家统计局官方网站：http：//www. stats. gov. cn/index. htm.

② 2011 年工商银行盈利 325 亿美元，中国银行盈利 264 亿美元。

③ 此处数据来源于第四次全国金融工作会议，新华网关于银行业发展情况的专题报道：http：//www. xinhuanet. com/fortune/qgjrgzhy. htm，以及交通银行的官方网站：http：//www. bankcomm. com/BankCommSite/cn/index. html.

出去”策略在国际市场具有了一定的影响力而且未来还将不断提升。中国对外直接投资在2003年以前一直徘徊在低水平状态，2003年以前最高的年度为2001年的69亿美元。实施“走出去”策略后，对外直接投资从2004年开始直线上升，在2008年出现了跳跃式的猛增——从2007年的265.1亿美元增加到559.1亿美元。根据《2010年度中国对外直接投资公报》，2010年中国对外直接投资净额为688.1亿美元，① 首次超过日本，较2009年增长21.7%。中国13000多家境内投资者在全球178个国家（地区）设立了对外直接投资企业1.6万家，对外直接投资存量为3172.1亿美元，境外资产总额达1.5万亿美元。② 2010年对外直接投资流量位列全球第五位，存量位列全球第17位，占全球总量的比重分别为5.2%和1.6%。基本情况是存量少，但增速快，预期未来存量的比重将不断增大。中国企业“走出去”需要中国商业银行提供国际化的金融服务。同时，金融企业本身也是具体落实“走出去”策略的主体之一。2010年金融企业对外直接投资86.3亿美元，占比为12.5%，对外直接投资存量为552.5亿美元，占比为17.4%。银行业对外投资又是金融业对外投资的主体，2010年银行对外直接投资446.5%亿美元，③ 占金融业的80.8%。

第四，加入WTO后，外资银行进入中国市场，尤其是2006年完全放开后，国内银行业竞争加剧。截至2009年末，有13个国家（地区）的外国银行在中国设立了33家外商独资银行（下设分行199家）、2家合资银行（下设分行6家，附属机构1家），24个国家（地区）的71家外国银行在中国设立95家分行，46个国家和地区的194家银行在中国设立229家代表处。获准经营人民币业务

① 这里的数据仅指中国大陆地区的数据，不包括中国香港、澳门和台湾地区的数据。如未作特别说明，本文提到中国时，仅指中国大陆地区。

② 《中国对外直接投资公报》由中华人民共和国商务部、国家统计局和国家外汇管理局联合发布，关于中国对外直接投资的更详细的数据可以参考历年公报。

③ 此处包括国家开发银行的对外直接投资。

的外国银行分行为 49 家、外资法人银行为 32 家，获准从事金融衍生产品交易业务的外资银行为 54 家。外资银行金融机构资产总额 13492.29 亿元，同比增长 0.33%，占全国银行业金融机构资产总额的 1.71%，① 这一比例在 2010 年末上升到 1.84%②。目前外资银行在中国的总体实力较弱，但是在中国境内设立了法人机构的银行，如汇丰银行、花旗银行、渣打银行、星展银行已开始在中国扩大网络布局。汇丰银行、花旗银行和渣打甚至开始设立村镇银行。随着外资银行逐渐深入了解中国市场，可以预见未来外资银行带给中国商业银行的竞争压力将越来越大。为提升竞争力，中国商业银行有必要实施国际化策略。

第五，从中国商业银行国际化的现实情况来看，虽然近几年海外扩张力度有所增强，但是从国外业务盈利比重、机构分布、人员构成、国外资产比重、产品类别多样化、客户构成等指标来看，和已实现全球经营的银行仍有差距。在 2010 年年末，国有商业银行在 34 个国家和地区设有分行 59 家，附属机构 57 个。③ 而且目前中国商业银行国际化主要目标区域集中在东亚，尤其以香港为主。即使是中国商业银行中国际化程度最高的中国银行，其国外资产占全行资产的比重还不到 5%，在国外设立的各类机构数仅为全行机构数的 1%。④ 而花旗银行集团目前在全球近 100 个国家（地区）设立了超过 4500 家各类分支机构，海外资产占比近 40%，海外机构数量占比超过 50%。⑤ 可见，中国商业银行的低国际化程度与其总体实力不符合。因此，结合合约理论来分析银行国际化行为对中国商业银行的国际化发展又具有一定的现实意义。

① 上述数据主要来源于《中国金融年鉴（2010）》。

② 数据来源于中国投资咨询网关于《2011—2015 年投资分析即前景预测报告》的内容简介。

③ 数据来源于《2010 年度中国对外直接投资公报》。

④ 这里指除中国港澳台地区以外的其他国家和地区。

⑤ 数据来源于花旗银行官方网站：http：//www.citigroup.com.

二、国际与国内关于银行国际化研究的综述

（一）国外研究情况

Andrew F. Brimmer 和 Frederick R. Dahl（1975）研究了美国商业银行在 20 世纪 60—70 年代国际化的特点及其对银行监管的影响，涉及了美国的银行从 1960 年到 1974 年国外分支机构的增长、地理分布和复杂的业务情况等，并建议放松管制以扩大美国的银行在国际货币和资本市场的业务范围。

Claudia M. Buch（2003）用地理距离、共同语言、共同的法律制度来衡量国际化过程中的信息成本，并讨论了信息成本和管制对银行国际业务的影响。通过实证分析发现，一些银行倾向于向文化联系更近的国家扩张，一些银行趋向于向管制障碍更少的国家扩张。在处理信息因素时，主要采用的是宏观分析方法。

Elena Kolesnikova（2000）从制度经济学的角度分析了历史因素对俄国银行适应国际规则和俄国银行国际化的影响，认为法律制度和私有产权的缺失以及特殊的文化模式和政治制度是导致俄国银行在转轨过程中国际化发展缓慢的原因。

在一篇资料性的文献中，Tschoegl，Adrian E.（2002）对在美国的国外银行的基本情况进行了介绍，包括汇丰银行、荷兰银行、东京三菱银行、德意志银行、蒙特利尔银行、爱尔兰联合银行、澳洲银行、巴黎银行和三和银行九家。

Shoker Talal. H（1989）专门研究了阿拉伯海湾国家的银行在 20 世纪 50—80 年代的国际化问题，揭示了这些地区的银行大规模国际化的主要原因，检验了 20 世纪 70 年代石油收入的影响，分析了海湾地区金融市场的推动作用，介绍了这些银行在世界主要金融中心的分布情况。

Stefano Battilossi（2005）运用实证方法研究了第一次全球化过程中（1870—1914）银行国际化的决定因素，指出引力模型在当时并不适用，而基于殖民地的政治和经济联系是最重要的因素，且英国、德国和法国银行的国际化存在差异性。

Peter Beermann（2008）总结了银行国际化方面的基本问题，如动机、参与行特点、目标市场特点、进入策略、国际化现状、对东道国影响等，并以奥地利联合信贷银行在中欧和东欧的国际化经营为例进行了分析，比较了奥地利第一储蓄银行的不同策略。他重点关注了最优的进入模式、客户跟随策略实施的条件以及兼并对中小企业信贷的影响。

Dario Focarelli 和 Alberto Franco Pozzolo（2005）以 OECD 国家的 260 家大银行为对象探讨了影响银行对外投资的因素，其结果和前人的研究基本符合：国际化的区域选择和国家间的经济融合度相关，但东道国的制度特点和盈利机会的影响更大，而且选择不同组织形式的影响因素不同。

Clifford A. Ball 和 Adrian E. Tschoegl（1982）以在日本和加利福尼亚的国际银行为例，运用判别分析和逻辑回归方法，研究了影响银行在国外设立分支机构的因素，指出国际化经验、对东道国的了解、母国比较优势、空间距离是主要的影响因素。Adrian E. Tschoegl（1987）通过文献回顾总结并评论了关于银行零售业务国际化方面的研究，讨论了不同文献对国际化影响因素的观点。这些影响因素包括：东道国吸收能力、成本、非竞争性的东道国市场、国外银行的优势（产品差异、规模经济、管理和技术、资本成本、政府支持）、垂直一体化等。而 George Clarke 和 Robert Cull 等（2003）对银行国际化方面的文献按照不同的研究主题进行了梳理，并提供了一些数据资料来分析银行国际化发展的特点。他们讨论的问题涉及银行国际化的动力（母国和东道国经济联系、东道国的机会、东道国的监管）、银行自身特点（规模、效率和其他表现、母国监管）、国外银行的行动和对本地银行的影响（竞争、对金融稳定的影响、对中小企业的借贷）、银行进入方式和组织形式对银行行为的影响（兼并、新设、分行还是子公司、跨国借贷）。

Jaap W. B. Bos 和 James W. Kolari（2005）运用随机前沿法检验了欧洲和美国大银行对外扩张中的成本和利润效率，发现欧洲和美国的大银行的效率都随规模增加，成本有递减的规模回报，但美国大银行的平均利润效率总体上更高。

Stewart R. Miller 和 Arvind Parkhe（1998）以对外直接投资理论为基础，通过 32 个国家的数据，研究了美国银行在国外的经营模式，包括业务情况、组织形式选择。其结论表明，理论与预期的情况在发达国家得到印证，但在亚洲和拉美国家得到的支持较少。

Giovanni Ferri 和 Alberto Franco Pozzolo（2009）以 1995—2002 年部分 OECD 国家和中东欧国家双边数据研究了银行国际化和贸易哪一个先发生。其结论认为，两者相对立，若存在影响，那么贸易对银行的推动力比银行国际化对贸易的推动力更强。

Lihong Qian 和 Andrew Delios（2008）从企业层面分析了日本 21 家银行 1980—1998 年的国际化经验，发现客户追随策略以及追求规模经济的实现程度与在东道国的经营经验相关。和国际化理论预期一致的是：银行国际化扩张的动机会随着时间而变化。

另外，Barry Williams（1997）比较了国际银行业务的折中理论和内部化理论，并对其他国际银行理论进行了比较全面的介绍，提供了银行国际化和国际银行业务理论方面的几乎所有的重要文献。凡涉及银行国际化相关的研究，在介绍理论基础时的内容均可以在 Barry Williams 的文献中找到（本文在介绍银行国际化主要理论时也重点参考了 Barry Williams 的论文）。在一篇更早的文献中，Robert Z. Aliber（1984）对国际银行相关的早期文献进行了述评。其着重以国际银行的组织形式和国际银行在跨国和跨货币金融活动中的角色两方面进行述评，具体内容包括国际银行理论、国际银行扩张模式、监控和组织形式、盈利能力和资本成本的影响、国际支付流程、国际资本流动、国际银行的最后借款人等。

在一部以采访三十多起银行并购案例中主要参与人的调查报告形成的专著中，斯蒂芬·戴维斯（2003）探讨了银行并购理论在实际运用中是否能够提供有效的指导意见，并从银行高管的角度分析了影响并购成功的因素。该书虽然采用类似新闻专访的行文风格，但是其提到的尽职调查、领导能力、人才选择、文化冲突均与合约理论高度相关。

Jixin Xu（1996）以加拿大的银行国际业务为例对银行国际化的资产组合理论（风险分散动因）进行了实证检验，认为加拿大银行的国际化资产配置避免了任何单一国家的系统风险。Maria Soledad Martinez Peria 和 Ashoka Mody（2004）以拉美为例探讨了外国银行的进入和市场集中化对银行借贷利差的影响。Christian E. Weller 和 Mark Scher（2001）以 1985—1998 年 72 个国家的银行为例研究了跨国银行向欠发达国家提供贷款的影响因素。Diana Thorburn（2004）研究了 1990—2001 年墨西哥和阿根廷国外银行相关的问题，着重从政府政策、法律制度和国家间的政治经济关系解释这两国大量外资银行进入的情况。Lee，Wen-Siung（1993）以美国 1987—1991 年的数据研究了银行国际化对银行破产风险和市场价值的影响，发现这一期间国际化并未显著降低风险，但宣传国际化策略会引起银行市值增加。

（二）国内研究现状

因中国商业银行市场化经营时间较短，除中国银行外，国际化实践活动真正兴起于 20 世纪 90 年代后期。因此，这之前研究银行国际化的文献相对较少。

刘逖（1998）在介绍跨国银行相关理论的基础上，分析了花旗银行和汇丰银行国际化的发展历程及其策略，并着重从东道国的角度讨论了引入外资银行的宏观和微观效应。这一研究契合了当时中国引进外资银行的背景。

朱正罡（2004）在其专著中借助国外银行案例，运用市场营销理论讨论了国有商业银行国际化实施的模式，并指出银行产权改革、经营多元化、流程再造以及风险管理水平提升是实施国际化策略的前提。

李杰、满新程（2009）在总结银行“走出去”相关理论、回顾“走出去”历史的基础上提出了银行国际化行为动机的两种驱动模式，即外部刺激引起反应模式和内部发展驱动模式，并以此为主线研究了“走出去”组织类型、时机选择以及跨国并购的问题。他们通过案例分析指出，存在多种“走出去”的路径模式，认为应从保持经济增长、加强对外投资和金融体制改革和鼓励银行跨国并购等方面为中国商业银行“走出去”营造好的环境。

庄乾志（2001）在其专著《银行发展：市场化与国际化》中，

用一半的篇幅研究了银行国际化问题。在这部分内容中，他关注了银行国际化成因方面的理论、发展历程和外部环境，论述了组织形式的选择、规模经济和范围经济的影响，并单独分析了银行跨国兼并的问题。他认为中国商业银行国际化水平还有待提高，尤其是在加入 WTO 的背景下，中国商业银行国际化过程中应注意地域选择、组织机构调整、业务拓展和金融监管等方面的问题。庄乾志的专著成为国内研究银行国际化的经典参考文献。书中第十五章第三节论述组织形式选择时，运用了与合约理论相关的模型和思想对代理行选择进行了分析。

刘博（2010）在分析银行国际化历史和前提条件的基础上，用博弈论分析了银行国际化的模式选择；运用基于蒙特卡洛马尔科夫链的贝叶斯方式估计了银行经修正的随机前沿分布效率；分析了银行国际化的金融稳定效用。

李咏梅（2007）在分析全球银行业国际化现状和趋势的基础上比较了中国的基本情况，探讨了中国商业银行的国家竞争力以及国际化经营的推进策略，分析了银行跨国并购和跨国监管的问题。她提出应采用渐进的扩展方式，保证内外业务联动和因地制宜的落实。

王姣（2008）在评述中国商业银行国际化发展策略的基础上，论述了我国商业银行国际化的路径选择和地域布局，并讨论了股东国际化、业务国际化、管理和人才国际化等策略。

孔庆祥（2010）在概述银行国际化理论的基础上，分别从机构国际化、信贷国际化、中间业务国际化、国际化过程中的地域选择等方面论述了商业银行国际化应包含的内容，并提出了中国商业银行应采取的扩展模式和策略。这种将国际化问题细分的研究方法，未来可能会成为一种研究的模式。

江珲珲（2009）运用实证方法专门研究了中国商业银行在国际化过程中区域选择的特点、影响因素以及未来地区布局的发展。

许海峰（2009）从生命成长的视角探讨了应如何通过构建相关指标来评价中国商业银行国际化的现状。

一些专著研究了银行国际化最主要的方式——并购。吴韡

（2003）在其专著《银行并购与中国银行业发展》中指出跨国并购在近年的银行并购案例中明显增多，认为金融自由化和全球化是银行并购的外因和动力，而银行并购又促进了金融全球化发展。书中第四章专门论述了跨国并购的动因和优点，并介绍了部分案例。在论述中国银行业并购的部分简略地介绍了中国银行业海外并购的情况。张渠（2007）在一个类似主题的研究中关注了并购的绩效问题。

另一些相关的专著中也为银行国际化问题的研究提供了有益的参考：如伍海化、王讯（1998）在其专著《现代跨国银行论》中有部分章节论述了银行国际化的趋势、发展阶段、基本特征和经济效应。路妍等（2007，2008）关于跨国银行竞争力的研究中介绍了跨国银行成因理论、不同国家和地区银行竞争力以及中国银行业国际化现状。王立军（2007）比较全面地从操作层面论述了在海外经营过程中，各项具体国际银行业务应如何实施，对实际的业务操作有指导意义。

（三）银行国际化基本理论总结

总结上述的国际国内研究过程，我们把以上的归纳总结为：银行国际化方面的理论主要是银行国际化的动因或者成因理论。这些理论包括引导理论（客户跟随）、比较优势理论、三分类理论、内部化理论、折中理论等。这些理论均是前文相对成熟的经济理论，每种理论均有专门的文献，有的理论在国际经济相关的教科书中均有详细的介绍。前文提到的 Barry Williams（1997）对这些理论进行了完整的梳理和详细的介绍，为避免重复，这里仅对这些理论作总结性的简介。

引导理论是较早的解释银行国际化的理论，认为银行国际化策略的实施是因为国际贸易和国际投资发展拉动的。

银行国际化的比较优势理论，来源于斯密的绝对优势理论和李嘉图比较优势理论。Aliber（1976）提出银行国际化也是基于比较优势，只不过银行的比较优势体现在各国银行经营的相对效率，具体的指标如：存贷利差以及银行的 Q 值差异等。他认为，存贷利差小，Q 值大，则银行具有比较优势。

三分类理论是将产业组织理论和比较优势理论相结合的理论，由 Grubel（1977）提出。他认为不同的银行因为其业务特点不同而具有不同的比较优势。跨国零售银行实施国际化策略主要是发挥其垄断优势；跨国的服务银行主要是在于和其跨国经营的大的公司客户母公司间的密切关系（和引导理论相关）；跨国批发银行的比较优势在于其在国际资本市场的规模优势，如离岸金融服务。

内部化理论最早的源头是科斯的企业理论，认为企业可以通过将市场交易内部化来降低交易成本。这一思想在 20 世纪 70 年代被运用到解释跨国公司的行为。Rugman（1987）将其运用到分析银行国际化，认为国际金融市场的不完全性相对更高，银行在国际市场上将部分市场交易转化为内部交易，其获利将更多。

折中理论是 Dunning（1973，1992）在分析国际直接投资问题时提出的理论。该理论被 Gary（1981）应用到分析银行国际化动因方面。① 根据这一理论，银行实施国际化策略主要是因为银行拥有所有权优势、内部化优势和区位优势。这其实是对垄断优势理论、内部化理论和要素禀赋理论等理论的综合。

另外，企业家能力剩余理论、防御性扩张理论、国际投资理论（风险分散）、规模和范围经济（垂直和纵向一体化）、垄断竞争理论等也被运用到解释银行国际化的动因。② 企业家剩余主要思想是大银行的管理者因为经验管理能力更强所以更倾向于向外扩张；防御性扩张主要是讨论银行为了避免在竞争中被国外的银行抢夺自己的客户开展国际化活动；国际投资理论认为银行国际化可以将其资金分散到不同国家和地区从而分散风险；规模经济和范围经济主要说明银行如果参与并购能够获得这两种效应；垄断竞争和防御性扩张类似，从银行如何保持其垄断地位的角度分析大银行的国际化策

① Barry Williams. Positive theories of multinational banking: eclectic theory versus internalization theory. Journal of economic surveys, Vol. 11, No. 1 (1997), p. 80.

② Barry Williams. Positive theories of multinational banking: eclectic theory versus internalization theory. Journal of economic surveys, Vol. 11, No. 1 (1997), pp. 85-90.

略。最新的理论还有国际银行体系重构理论、金融自由化管制放松论等。①

以上可以看出，关于银行国际化动因的理论较多，但是其中最主要的还是优势理论。三分类理论实际上分析了不同类型银行具有不同的优势。垄断竞争则强调了银行如何保持其垄断优势。折中理论将所有权、内部化和区位条件带来的优势进行了综合。企业家能力剩余，主要讲企业在经营管理上的优势。规模和范围经济主要体现在成本方面的优势，或者是对这些优势的追求。内部化理论分析的是银行获得优势的一种有效方式（和合约理论相关度最高的一种理论解释）。贸易和投资引导能够得以实现，是因为在和客户的合作关系上，银行较国外的银行具有优势，比如相互更加了解，信息不对称程度相对较低，进而逆向选择和道德危机的负面影响更小。因此可以说，这些理论都可以概括为优势理论。当银行获得了某种优势时，其将可能会考虑实施国际化策略。在银行优势的来源方面，合约方面的特征可以看做一个重要的方面。

（四）对国际国内研究现状的评述

通过对现有文献的梳理可以发现具有以下几个方面的特点：

1. 银行国际化相关的基础理论主要在 20 世纪 70—80 年代中期完成，但是很多理论是从贸易理论、跨国公司理论、企业理论中借鉴而来，体系不完善，同时这也为理论创新提供了可能。

2. 银行国际化相关的研究在 20 世纪 80 年代以前以美国学者、美国的例子为主，欧洲案例也有较高比例。20 世纪 80—90 年代，关于日本银行国际化的研究开始增加。20 世纪 90 年代中后期，新兴国家的研究开始出现，并且以实证研究为主，以检验早期理论模型的合理性。这样的发展情况和银行国际化实践活动的脉络完全吻合。中国学者对这一主题的研究集中在 2001 年后，尤其最近几年是一个高峰，主要是理论的应用研究。这说明中国商业银行近年国际化脚步加快，引起了学术界的关注，从一个侧面反映关于这一主

---

① 李杰、满新程：《商业银行“走出去研究”》，经济科学出版社 2009 年版，第 19~20 页。

题的研究具有积极意义。

3. 国外目前的研究更关注的是国际银行的问题（国际银行是银行国际化的结果），偏向于国际银行业务方面的经济问题研究。侧重关注的是其实现的过程，重点是从国内银行向国际银行转变过程中的问题研究得很少。虽然两者高度相关但是侧重点不同。从相关的文献来看，纯粹研究国际化这一中间过程的文献相对较少。

4. 金融合约理论是合约理论的重要组成部分，但是只有少数关于银行国际化主题的研究，在个别问题上用到了基本的合约理论的思想（如拍卖理论）。结合银行国际化问题，系统运用合约理论的研究目前还很少见，需要新的视角和合理的理论进行补充。

三、利用合约理论发展的银行国际化理论

（一）合约理论简介

合约理论被认为是近30年经济学学科发展最快的研究领域之一。它研究信息、激励、规制和经济制度，被应用于研究企业管理、交易行为、公司金融、拍卖等相关问题，一些基本理论已经进入经济学教科书，例如逆向选择、道德风险和机制设计等。在银行国际化过程中，由于环境更加复杂，信息不完全、信息不对称的问题更加突出，银行需要了解国外市场的各方面信息，需要和各种不同的市场主体签订各种不同的合约，需要选择不同的国际化策略和组织形式，需要对内部员工提供激励以保障国际化具体措施的实施，这些都是合约理论擅长的研究领域。因此，合约可以运用到分析银行国际化中的关于信息、激励和机制设计方面的问题。

在合约理论或者其相关的领域，目前共有十位经济学家获得了诺贝尔经济学奖，他们是：Ronald Coase，Herbert Simom，William Vickrey，James Mirrless，George Akerlof，Joseph Stiglitz，Michael Spence，Roger B Myerson，Leonid Hurwicz 以及 Eric S. Maskin①。

① 帕特里克·博尔顿、马赛厄斯·德瓦特里庞著，费方域、蒋士成等译：《合同理论》，格致出版社2008年版，前言第1页。

Ronald Coase 在制度经济学方面的贡献及其追随者关于专有性资产投资方面的理论是不完全合约理论中一个重要的主题。Herbert Simom 关于组织内决策过程的研究对各种组织内部的合约问题起到了奠基作用。William Vickrey，James Mirrless，George Akerlof，Joseph Stiglitz 和 Michael Spence 这五位经济学家的主要贡献在于信息经济学和激励方面的基本理论。因此，有时合约理论又被称为信息经济学。Roger B Myerson，Leonid Hurwicz 和 Eric S. Maskin 的主要贡献在于机制设计。

合约理论研究的合约不同于法学中的合约，它是对各种合约核心问题的讨论，主要包括合约的经济性质、关键内容、作用和影响。合约理论以制度经学为基础，以博弈论为主要方法，被认为是正式的理论。合约理论的主要内容包括：隐藏信息（逆向选择）、信息甄别、信号发送、隐藏行动（道德风险）、可验证的信息披露、多维激励和多任务问题、拍卖理论、多代理人隐藏行动和串谋、重复合约、动态逆向选择、动态道德风险、不完全合约等。合约理论还在持续发展，因为不完全合约方面的理论尚不完善。

另外，由于前述十位经济学家的贡献构成了完全合约理论的基本内容，因此他们的论著构成了这方面最基础最重要的文献资料。因本文主要是将合约理论作为分析工具，而不是研究合约理论本身，故在此略去对合约理论的文献综述。关于合约理论的文献，费方域和蒋士成翻译了博尔顿和德瓦特里庞著的《合同理论》，在译者前言中介绍了各个阶段的重要文献。除前述十位经济学家的文献外，还有很多有重要影响的文献资料，可作为合约理论的一个文献综述。① 而且博尔顿和德瓦特里庞的《合同理论》本身就是基于大量有重要影响的文献而完成的，主要介绍了合约理论诸多重要模型和原理。易宪容（1998）介绍了合约经济学早期发展的情况，对

① 帕特里克·博尔顿、马赛厄斯·德瓦特里庞著，费方域、蒋士成等译：《合同理论》，格致出版社 2008 年版。

了解合约理论的文献情况也很有帮助①。另外，费方域和蒋士成还翻译了萨纳尼耶的《合同经济学》，其译者前言也可看做合约理论一个精简版的文献综述。②

（二）合约理论在银行国际化中的适用范围

现有的合约理论没有分析合约外部制度环境的影响，即外部履约保证的问题，而是通常假设一个具有完善制度的市场经济体系，而且法庭能够完美地保证合同顺利执行。③ 这其实是假设了一个涉及全部参与主体的总体合约是完全且最优的合约。但是，为了说明银行基于合约相关的因素而获得优势，本文将暂时放松这一假设，并认为不同的经济体或者国家间的制度环境和法律体系存在差异。这也符合现实的情况。

制度环境和法律体系的差异使不同经济体内的合约执行情况存在差异。在一个经济系统中，如果有更注重合约信用的社会习惯或者文化，则合约能被主动按约定执行的比例更高。这样的经济体往往还有更加高效的正式制度来保证合约的履行。因此，即使存在部分合约双方不能主动按约定执行，也可以通过法律途径保证合约履行。这样正式和非正式的外部制度因素，直接影响的是包括银行合约在内的商业合约的执行力。当然，一个商业合约不能有效履行的国家，可能很多非法合约能够被履行。但这样合约具有负的外部性，没有实现社会最优。

银行国际化是国内银行和国际银行之间的桥梁，只有通过银行国际化策略的实施才能使国内银行转变为国际银行。当国际银行国外的业务量占总业务量达到一定的比例，且分支机构在全球的分布较广，资本结构、人员结构、业务结构均实现多国分布，在全球主

---

① 易宪容：《现代合约经济学的发展轨迹》，《南方经济》1998 年第 1 期，第 23~25 页。

② 贝尔纳·萨纳尼耶著，费方域等译：《合同经济学》，上海财经大学出版社 2008 年版。

③ 帕特里克·博尔顿、马赛厄斯·德瓦特里庞著，费方域、蒋士成等译：《合同理论》，格致出版社 2008 年版，第 3 页。

要的金融中心均有较高层次的分支机构时，才最终成为全球银行。① 通常情况下，研究国际银行或者全球银行着重于国际银行实际业务方面，而银行国际化关注的是国际银行或者全球银行实现的过程。基于这样的考虑，合约理论将主要讨论国际化这一“过程”中的相关问题，而国际化策略完成后的具体经营不是讨论的重点。当然，要彻底地将“银行国际化”和“国际银行业务”(或者说“银行国际化经营”)分开是不可能的，因为两者前后相连。而且，一方面，从国内银行向国际转化有其原因。另一方面，银行国际化是否成功还需要通过后期国际经营状况来判断。所以，部分近期合约理论还涉及国内和国际银行业务经营方面的内容。

（三）银行业务的“合约”特性

当货币作为一种通用的合约工具出现在各类型合约中时，作为以货币相关的业务为主要活动的银行自然成为了合约工具的集散中心，并和绝大多数的合约行为产生了直接或间接联系。

直接联系是银行和客户间，包括银行同业间各种借贷、储蓄、兑换以及其他基于货币的合约行为，也包括银行直接参加或者代理客户参加的各种标准化合约的买卖行为。这些合约的主要形式是(t_0, t_1)，t 均表示一定数量的货币。这表明保证银行业务开展的合约多数是双方均以货币为标的的合约（存在时间差异）。在这样的合约形式下可以衍生出很多具体业务行为中的合约。

间接联系以直接联系为基础。除前文提到的银行揭示货币信息和部分市场信息从而促进合约签订外，另一情形是，如果其他交换或者生产活动中的合约均广泛使用货币，而且合约每一方又通过和银行的借贷或者储蓄等合约来管理其大部分货币，则每一份未直接涉及银行的合约的背后都有银行作为保证合约签订的条件。或者说假设存在一个交换合约为 (Q_i, t_i)，如果代理人不直接完全持有

---

① 关于国际银行和全球银行的鉴定标准，可参见马之騆：《国际银行学概论》，复旦大学出版社 2001 年版；庄乾志：《银行发展：市场化与国际化》，北京大学出版社 2001 年版；李杰、满新程：《商业银行“走出去”研究》，经济科学出版社 2009 年版等文献的相关内容。

交易所需要的 t_i，其与某银行间的（t_0，t_i）是保证（Q_i，t_i）具有预期履行能力下能够签订的前提。实际上，在经济组织间的正式合约中，多数均会提供合约双方有业务往来的银行信息，如开户银行。这就是通过揭示合约（t_0，t_i）的存在，来保证交换合约（Q_i，t_i）的顺利签订。另外，在保证 Q_i 产出实现的生产合约（Q_i，w，r）中，w 表示工人工资，r 表示从银行或者用其他方式获得的作为资本投入时需要的资金。企业执行 w 和获得 r 可能均是基于和银行的合约（$t_0{}^{\wedge}$，$t_i{}^{\wedge}$）。即使双方合约预定的货币完全由自己保存，其合约最终条款的签订仍然会受到银行合约的影响。因为通过在货币发行和货币创造中的影响，银行合约会影响货币数量和币值，进而影响货币的签约能力。显然，在现代经济系统中，一个交易者大量完全持有货币而不通过银行合约管理其货币资产，除非是进行非法经济活动或者是银行合约已经不能执行（当发生银行危机的时候），否则是不符合经济理性的。

与经济系统中大多数合约产生联系使银行业务在经济系统中显得十分重要，银行业务具有高度的合约性。这一提法可能不太符合习惯，更常见的提法是合约密集性，及银行服务是合约密集产品。

在制度经济学产生广泛影响以前，经济学家们认为生产投入的主要要素有资本、劳动、土地或者后期关注的企业家才能。当这些并不能满意地解释某些经济问题时，制度的重要性随着制度经济学的发展而逐渐被重视，并被一些经济学家认为是一种重要的要素。然而直接将制度要素引入生产函数，其困难显然高于资本、劳动等要素。制度要素中有部分是作为背景或者前提条件的宏观因素，有部分是微观的，保证生产顺利进行的各种具体的合约，这都很难计量。为解决该问题，一种方法是比较制度变迁的后果，比如虚拟变量法或者事件研究法，但其有效性有待进一步探讨。另一种方法是通过不同制度下的经济表现标准化制度的质量，并认定制度质量的几个维度，以研究制度影响经济的机理。制度质量①包括几个方面

① Andrei A. Levchenko.（2007），Institutional Quality and International Trade，Review of Economic Studies，74，791-819.

的维度，比如合约的执行力、产权有效性、法律制度的完善性、政治体制的影响等。显然这几个维度是相互影响的，并且都能从某种程度上反映制度的质量。法律制度越完善，合约的执行越能得到保证，产权越有效，市场化合约的签订更加有可能。反之，正常的合约得到完全执行的比例越高可以反映产权越有效，以及法律制度越完善。① 因此，合约的执行力可以作为分析制度质量的一种方法。在此基础上，当经济学家提出制度密集的概念时，就可以比较容易地延伸到合约密集的概念。而且表示制度密集的方法，往往就是通过合约的密集来反映的。

合约的密集主要是指完成同样的产出需要更多的合约来保证。假设有两个经济产业。产业 1 产出 Q 所需要签订的合约数为 c_1，产业 2 需要签订的合约数为 c_2。如果 $c_1 < c_2$，则产业 2 是相对合约密集的。需要说明的是，这并不表明产业 1 中单个合约的重要性更高。在一个合约数量都较多的情况下，某些单个合约在产业 1 或者产业 2 中都可能相对更重要。某一个具体的合约能否签订对总产出没有影响。这主要表明，从总体上产业 2 对合约的依赖性更强。对产业 2，如果合约无法有效执行，其受影响的程度更大。对一个需要很多合约的产业，若其能够高水平地发展起来，说明其所在的经济系统有很好的保证合约执行的制度，因此可以反映其经济系统制度的质量更高。在一个制度质量更低的系统中，交易者预期合约能够有效执行的比例较低，因此倾向于发展需要合约更少的产业。

什么样的产业需要更多的合约来保证生产顺利进行？那些需要更多的分工协作的产业需要更多的合约，因为完成同样的产出有更多的步骤、更多的交易、更多劳动部门资本部门间的合约。从前述银行业务基于货币的独特性，以及银行在整个经济系统分工中的作用可以看出，银行业务的顺利开展是高度依赖合约的——银行任意的资金流动均严格依赖于合约。银行服务是合约密集产品。因此，银行合约的执行高度依赖其所在经济系统的制度质量，并能反映制度质量。当一个银行的合约无法执行时，比如大量借贷合约无法执

① 一个非法合约占主导的经济体显然和法律制度不完善有直接关系。

行，可能引起整个经济系统的多数合约无法执行，并导致未来合约无法签订。这就是经济危机爆发的诱因，也是经济危机深化时的主要表现。在一个总体合约执行水平低的经济系统中，对银行合约的签订也更缺乏信心和保障，因此银行业发展也会受影响。这表明，不同国家间合约密集产品可能存在效率上的差异，因而有的国家在这些产品上具有比较优势。而体现这种比较优势的是合约执行力的差异，合约执行力的差异体现在合约的不完全程度的差异上。这样的差异可以对银行国际化中某些特征作出解释。

四、利用合约理论对实际发展的考察

根据已有文献，我们总结了合约理论对实际国际银行业发展的贡献。

1. 从国际银行业的角度来看，应加强银行国际化的国际监督合作，寻求更多的共同利益，保证监督协调机制的顺利实施。

2. 从中国国内制度合约来看，应该提升国内制度质量，形成更强的契约精神，与此同时，应降低政府合约对银行合约能力的影响，避免对银行过度的利益输送。

3. 从中国银行业角度来看，首先应加大国际化力度，其次是改变区域布局现状，最后是国际化动机多元化。

在中国商业银行总体实力增强的情况下，其国际化水平和总体实力严重不符。虽然中国国内市场巨大，但是这并不能由此否定国际化带给中国商业银行的积极影响，因此应该加大整个行业的国际化力度，通过在海外设立更多的分支机构，开展更多的国际业务来提升中国银行业的国际影响。在布局方面，中国的商业银行目前太过于依赖香港地区，而这其实并没有真正实现国际化，中国银行业应该进一步增加在欧洲的市场份额，同时提高对南美和非洲市场的重视程度，这才是长远发展之策。

4. 从中国银行企业角度来看，应提升合约设计能力、信息处理能力，依据客观因素决策，避免冒进，增加专有性人力资本投资，降低国际化过程中合约的不完全性。

五、研究展望

银行国际化涉及诸多方面的问题，由于特定的主题和篇幅限制，本文只讨论了其中部分问题，很多相关问题有待继续研究。随着中国商业银行国际化战略的实施，关于银行国际化方面的研究也会持续发展。银行国际化未来的研究将使银行国际化理论更加完善，同时对银行国际化实际业务的指导性更强。未来可能关注的主题有：网络银行业务对银行全球化的影响、银行国际化过程中银行组织机构的改革、银行国际化过程中配套机制的完善、人民币国际化对中国商业银行国际化的影响、银行国际化过程中的国外业务开展、银行国际化中的国际人才战略、银行国际化与金融创新、银行国际化策略实施效果评价、银行同业国际化发展问题研究、中小商业银行国际化战略研究等。这些问题的研究对于我们进一步认识银行国际化行为的规律和特点，促进中国商业银行稳健高效地推进国际化进程具有重要意义。

参考文献

[1] Adrian E. Tschoegl. FDI and Internationalization: Evidence from U. S. Subsidiaries of Foreign Banks. Journal of International Business Studies, Vol. 33, No. 4 (2002), pp. 805-815.

[2] Adrian E. Tschoegl. International Retail Banking as a Strategy: An Assessment. Journal of International Business Studies, Vol. 18, No. 2 (Summer, 1987), pp. 67-88.

[3] Alan Rugman. Multinationals and trade in services: A transaction cost approach. Review of World Economics (Weltwirtschaftliches Archiv), Springer, Vol. 123, No. 4 (December, 1987), pp. 651-667.

[4] Aliber, R. Z. Towards a theory of international banking. Economic Reviews (Federal reserve bank of San Francisco), Spring 1976,

pp. 33-63.

[5] Allen N. Berger, Asli Demirgüc-Kunt, etc. Bank Concentration and Competition: An Evolution in the Making. Journal of Money, Credit and Banking, Vol. 36, No. 3(Jun., 2004), pp. 433-451.

[6] Andreas Petrou. Multinational banks from developing versus developed countries: Competing in the same arena? Journal of International Management, Vol. 13, No. 3 (September 2007), pp. 376-397.

[7] Andreia. Levchenko. Institutional Quality and International Trade. Review of Economic Studies, (2007) 74, pp. 791-819.

[8] Andrew Baker. Nébuleuse and the Internationalization of the State in the UK? The Case of HM Treasury and the Bank of England. Review of International Political Economy, Vol. 6, No. 1 (Spring, 1999), pp. 79-100.

[9] Andrew F. Brimmer and Frederick R. Dahl. Growth of American International Banking: Implications for Public Policy. The Journal of Finance, Vol. 30, No. 2(May, 1975), pp. 341-363.

[10] Andson. E. Andgatigon. Modes of Foreign Entry: A transaction cost analysis and Propositions. Journal of International Business Studies, Vol. 17(1986), pp. 1-26.

[11] Arrow, Kenneth J. 1951. Social choice and individual values. New York: Wiley.

[12] Arvind Parkhe and Stewart R, Miller. Foreign operation of U. S. banks: Impact of environmental difference and ownership advantages on organizational form preferences. Journal of International Management, Vol. 4 (1998), pp. 59-83.

[13] Ashford Maharaj. Bank mergers and acquisitions in the United States 1990-1997: an analysis of shareholders value creation and premium paid to integrate. Walden University, Ph. D. dissertation, 2001.

[14] Aumann, Robert J. Rationality and bounded rationality. Games

and Economic Behavior, Vol. 21(1997), pp. 2-14.

[15] Axelrod, Robert. Effective choice in the Prisoner's Dilemma. Journal of Conflict Resolution, Vol. 24(1980), pp. 3-25.

[16] Barbara J. Spencer. Presidential Address: International Outsourcing and Incomplete Contracts. The Canadian Journal of Economics, Vol. 38, No. 4(Nov., 2005), pp. 1107-1135.

[17] Barron, JohnM. and NevenT. Valev. International Lending by U. S. Banks. Journal of Money, Credit, and Banking, Vol. 32 (2000), pp. 356-381.

[18] Barry Williams. Positive theories of multinational banking: eclectic theory versus internalization theory. Journal of economic surveys, Vol. 11, No. 1 (1997), pp. 71-100.

[19] Becker, Gary S. 1974. A theory of social interactions. Journal of Political Economy, Vol. 82(1974), pp. 1063-1091.

[20] Berger, A. N., R. DeYoung, H., Genay, and G. F. Udell. The Globalization of Financial Institutions: Evidence from a Cross-Border Banking Performance, Brookings-Wharton Paper on Financial Service, 2000, pp. 23-120.

[21] Bernheim, B. Douglas. Rationalizable strategic behavior. Econometrica, Vol. 52(1984), pp. 1007-1028.

[22] Brams, Steven J., and Peter C. Fishburn. Approval voting. American Political Science Review, Vol. 72(1978), pp. 831-847.

[23] Brealey. R. A. and Kaplanis, E. C. The determination of foreign banking. Journal of International Money and Finance, Vol. 15, No. 4 (1996), pp. 577-597.

[24] Buch, C. M. Why Do Banks Go Abroad? Evidence from German Data. Journal of Financial Markets, Instruments and Institutions, Vol. 9, No. 1(2000), pp. 33-67.

[25] Camerer, Colin. Individual decision making. pp. 587-70 in The handbook Of experiment-tal economics (John H. Kagel and Alvin E. Roth, eds.), Princeton: Princeton University Press, 1995.

[26] Caves, R. Economic analysis and multinational enterprise. Cambridge University Press, 1996.
[27] Cho, Kang Rae. Multinational Banks: Their Identities and Determinants. Michigan, UMI Research Press, 1985.
[28] Christian E. Weller and Mark Scher. Multinational Bank Credit in Less Industrialized Economies. Journal of International Business Studies, Vol. 32, No. 4 (4th Qtr., 2001), pp. 833-851.
[29] Claessens, S., A. Demirgü&ccidel; -Kunt, and H. Huizinga. How does Foreign Entry Affect Domestic Banking Markets? Journal of Banking and Finance, Vol. 25(2001), pp. 891-911.
[30] Clair, Robert Thomas. A model of bank behavior under uncertainty: an expansion and test of the mason model. University of Pennsylvania, Ph. D. dissertation, 1985.
[31] Claudia M. Buch. Information or Regulation: What Drives the International Activities of Commercial Banks? Journal of Money, Credit and Banking, Vol. 35, No. 6, Part 1 (Dec., 2003), pp. 851-869.
[32] Clifford A. Ball and Adrian E. Tschoegl. The Decision to Establish a Foreign Bank Branch or Subsidiary: An Application of Binary Classification Procedures. The Journal of Financial and Quantitative Analysis, Vol. 17, No. 3 (Sep., 1982), pp. 411-424.
[33] Dalia Marin and Monika Schnitzer, ying. Trade Flows: A Theory of Countertrade with Evidence. The American Economic Review, Vol. 85, No. 5 (Dec., 1995), pp. 1047-1064.
[34] Dario Focarelli and Alberto Franco Pozzolo. Where Do Banks Expand Abroad? An Empirical Analysis. The Journal of Business, Vol. 78, No. 6 (November 2005), pp. 2435-2464.
[35] Dario Focarelli, Fabio Panetta, Carmelo Salleo. Why Do Banks Merge? Journal of Money, Credit and Banking, Vol. 34, No. 4 (Nov., 2002), pp. 1047-1066.

[36] David McAdams. 2003. Isotone equilibrium in games of incomplete information. Econometrica, Vol. 71(2003), pp. 1191-1214.

[37] Davidson, William H. The Location of Foreign Direct Investment Activity: Country Characteristics and Experience Effects. Journal of International Business Studies, Vol. 11(1980), pp. 9-22.

[38] Denise Ho. Bank branch profitability and productivity: a domestic and international study using DEA. University of Toronto, Master degree dissertation, 2004.

[39] DeYoung, R. and D. E. Nolle, Foreign-owned Banks in the US: Earning Market Share or Buying It. Journal of Money Credit and Banking. Vol. 28(1996), pp. 622-636.

[40] Diana Thorburn. The political economy of foreign banks in Latin America: Mexico and Argentina, 1990-2001. Johns Hopkins University, Ph. D. dissertation, 2004.

[41] Dixit, Avinash, and Barry Nalebuff. Thinking strategically. New York: Norton, 1991.

[42] Domanski, D. Foreign banks in emerging market economies: changing players, Changing issues, BIS Quarterly Review, Vol. 12(2005), pp. 69-81.

[43] Douglas Bowman, John U. Farley, David C. Schmittlein. Cross-National Empirical Generalization in Business Services Buying Behavior. Journal of International Business Studies, Vol. 31, No. 4 (4th Qtr., 2000), pp. 667-685.

[44] Douglas Nigh, Kang Rae Cho and Suresh Krishnan. The role of location-related factors in US banking involvement abroad an empirical examination. Journal of International Business Studies, Vol. 17, No. 3(1986), pp. 59-72.

[45] 戴建中:《国际银行业务》,南京大学出版社 2003 年版。

[46] 邓瑛:《西方银行国际化经营理论的演进及发展》,《江西金融职工大学学报》2003 年第 4 期。

[47] 丁玉斌:《中国商业银行国际化问题研究》,《兰州学刊》2002

年第 4 期。
[48]丁正胜：《面对 WTO 加快银行国际化步伐》，《现代商业银行》1999 年第 9 期。
[49]董邦国、王志永：《中国商业银行国际化策略探讨》，《现代商贸工业》2010 年第 17 期。
[50]杜阁著，南开大学经济系经济学说史教研组译：《关于财富的形成和分配的考察》，商务印书馆 1997 年版。
[51]冯嗣全、欧阳令南：《基于地理信息的银行国际化选址问题研究》，《财经论丛(浙江财经学院学报)》2004 年第 1 期。
[52]冯嗣全、欧阳令南：《银行规模经济与银行国际化》，《财经论丛(浙江财经学院学报)》2003 年第 4 期。
[53]冯嗣全、欧阳令南：《银行国际化：银行机构形式的选择》，《财经科学》2003 年第 5 期。
[54]冯嗣全、欧阳令南：《银行国际化与金融发展的实证研究》，《国际金融研究》2003 年第 12 期。
[55]冯嗣全：《银行国际化的路径选择：跨国并购抑或新设投资》，《当代财经》2003 年第 12 期。
[56]弗雷德里克·S. 米什金著，钱炜青、高峰译：《货币金融学》，清华大学出版社 2009 年版。
[57]高建侠、路芸：《我国商业银行国际化的必要性与国际营销环境分析》，《西藏民族学院学报(哲学社会科学版)》2003 年第 4 期。
[58]葛兆强：《商业银行国际化：挑战与策略》，《西部金融》2008 年第 11 期。
[59]葛兆强：《商业银行国际化及其动因分析》，《农村金融研究》2008 年第 8 期。
[60]葛兆强：《我国商业银行国际化发展的策略》，《农村金融研究》2008 年第 8 期。
[61]葛兆强：《我国商业银行国际化发展的现实与挑战》，《农村金融研究》2008 年第 8 期。
[62]顾春红：《商业银行国际化策略初探》，《金融研究》1996 年第

6 期。
[63] 郭颂：《商业银行国际化研究文献综述》，《财会通讯（理财版）》2008 年第 12 期。
[64] 何少奎：《制约国有商业银行国际化经营的主要因素分析》，《职大学刊》1998 年第 3 期。
[65] 贺苗、苌花荣、袁晓军：《外资银行本土化对我国商业银行国际化的启示》，《经济问题》2009 年第 1 期。
[66] 胡云祥：《开放经济条件下银行国际化经营的策略选择》，《上海立信会计学院学报》2005 年第 4 期。
[67] 黄建平：《我国商业银行国际化经营问题》，《财会通讯》1998 年第 3 期。

欧美日量化货币宽松政策的最新动态研究

武汉大学经济与管理学院　陈　虹

量化宽松，英文缩写为 QE，即 Quantitative Easing，是指中央银行实行零利率或近似零利率政策，并通过购买国债等中长期债券，增加基础货币供给，向市场注入大量流动性资金的干预方式，以鼓励消费和借贷的措施。量化宽松政策的实质就是通过印钞票来增加流动性，借以达到刺激经济复苏或增长的目的。

欧美日等发达国家不断突破政策宽松底线。2007 年以来，美联储实施了四次量化宽松政策，资产负债表急剧扩张至目前的 3 万亿美元左右，欧洲央行资产负债表总规模在两轮长期再回购操作（LTRO）之后达到了 3.2 万亿欧元。如果欧洲央行继续针对二级国债市场进行无限量冲销式的国债购买（OMT），以及美联储继续购买债券，将导致 2013 年底欧洲央行和美联储资产负债表都各自飙升到 4 万亿美元的规模。而日本央行更是连续实施了 11 轮量化宽松政策，特别是安倍首相上台后推出了以安倍经济学为核心的货币宽松政策。

一、主要发达国家的历次量化货币宽松政策

（一）美国的量化货币宽松政策

第一次量化宽松：美联储在雷曼兄弟于 2008 年 9 月倒闭后推出了第一次量化宽松政策。紧接着 3 个月内美联储通过将储备贷给

其附属机构，然后通过直接购买抵押贷款的方式支持证券，创造超过 1 万亿美元的储备。其目的在于通过这些超额储备使得银行不必通过贷款来恢复其流动性稳定华尔街的银行体系。这是美国的银行体系在 20 世纪 30 年代经济大萧条时期，美联储没有在危机期间向银行提供超额准备金，伯南克的第一次量化政策就是吸取了教训。2008 年年底，美联储的联邦基金利率下降到零的水平，这也是其所能达到的最低水平。在此情况下，美联储如果想进一步实施宽松政策，唯一的途径就是增加储备。因此，美国第一次量化宽松政策是其在短期利率处于或接近零时增加储备的政策。

第二次量化宽松：2010 年 4 月，美联储基于失望的美国经济数据的需要推出了第二次量化宽松（QE2）。第二次量化宽松政策涉及资产购买——回购政府债券，以及出售这些资产给银行准备金账户，同时通过调控利率或者创造储备以降低短期信贷市场的利率。

第三次量化宽松：美联储于 2012 年 9 月宣布，为了刺激经济复苏和改善就业市场，进行新一轮资产购买计划。具体而言，美联储每月购买 400 亿美元抵押贷款用以支持证券，同时美联储将继续执行卖出短期国债、买入长期国债的逆向操作，并继续将到期的机构债券和机构抵押贷款支持证券的本金进行再投资。而且，美联储继续将联邦基金利率维持在 0~0.25%的超低水平，并计划至少保持到 2015 年年中。

（二）欧元区的量化货币宽松政策

欧盟量化货币宽松政策即欧洲央行无限量购债计划（OMT）和两轮长期再回购操作（LTRO），这是因为欧洲央行这些公开市场操作实际上都是货币宽松政策。欧洲央行由于资产负债表规模不断急速扩张。2012 年 2 月，欧洲央行启动了第二轮长期再融资操作（LTRO），向欧元区的 800 多家商业银行贷出了总金额为 5295 亿欧元的三年期贷款。两轮长期再融资操作（LTRO）共向欧洲银行系统注入约 1 万亿欧元的流动性。目前，欧洲央行已经放宽可接受的抵押品范围，资产负债表升至 3.02 万亿欧元，比美联储的 2.8 万亿美元超出了接近一半。

（三）日本的量化货币宽松政策

日本是发达国家中最先采用量化宽松货币政策的国家。早在2001年小泉纯一郎上台以后，日本央行推出了一个新型的货币政策工具，即在零利率基础上实行进一步的扩张性货币政策，来应对日本当时出现的通货紧缩的经济问题。具体做法是，将大量超额资金注入银行体系中，使长短期利率都处于低水平，从而刺激经济增长，扭转通货紧缩。由于实施超低利率，日本国内市场的消费增加，推动经济增长；同时，充足的流动性还可以使背负着大量不良贷款的日本银行业无需担忧资金问题，而且也有助于推动日本金融业乃至其他产业的结构重组，从而试图摆脱当时的经济困境。通过实施宽松的货币政策，虽然日本经济出现了暂时性的复苏，但是日本国民收入却并没有相应增加，最终导致日本没能成功地摆脱通货紧缩的困境，经济开始出现低迷和萎缩。

二、欧美日量化货币宽松政策的最新变化

（一）美联储最新的第四次量化货币宽松政策

第四次量化宽松：美联储于2012年12月12日宣布了第四轮量化宽松货币政策，旨在进一步支持经济复苏，进一步改善其劳工市场状况。具体做法是：美联储在卖出短期国债、买入中长期国债的措施年底到期后，每月除继续购买400亿美元抵押贷款支持证券以外，还将额外购买约450亿美元长期国债。同时，美联储将继续把到期的机构债券和机构抵押贷款支持证券的本金进行再投资。也就是说，每月采购450亿美元国债，替代扭曲操作，加上上次即第三轮量化宽松的每月400亿美元的额度，美联储每月资产采购额共达到850亿美元，并采用量化数据指标来明确超低利率期限。因此，由于美联储推出第四轮量化宽松货币政策，全球金融市场将继续保持低息和放大流动性。目前，美国的资产负债表已扩张至目前的3万亿美元左右（见表1）。

表 1　　美国 2008—2012 年资产负债表

	2008-12-24	2009-12-30	2010-12-29	2011-12-28	2012-10-25
资产					
黄金储备	11037	11037	11037	11037	11037
特别提款权账户	2200	5200	5200	5200	5200
货币	1680	2047	2164	2306	2167
证券回购协议定期拍卖信贷其他贷款	1213741	2010339	2200787	2622464	2598652
-持有的所有证券	496892	1844722	2155703	2613382	2597339
-财政部发行证券	476014	776587	1016102	1672092	1646524
-联邦机构债务证券	20878	159879	147460	103994	82746
-抵押支持证券	0	908257	992141	837295	868069
-回购协议	8000	0	0	0	0
资产总额	2258744	2251330	2423457	2928485	2842615
负债					
美联储票据、联储银行净负债	849716	889678	943749	1034520	1092845
逆回购协议	88317	70450	59246	88674	91709
存款	1241984	1209135	1318755	1731928	1590690
-存款类机构存款	819404	1025271	1025839	1569267	1433241
-美国财政部一般账户	118058	149819	88905	91418	52847
-美国财政部补充融资账户	289247	5001	199963	0	0
-外国官方存款	1190	2269	3670	378	4862
负债总额	2216227	2185138	2366856	2874686	2787866
权益					
实收资本	21071	256450	26525	26900	27374
资本公积	16846	21482	25951	26900	27374
其他资本项目		4600	4993	4126	0
权益总额	42517	282925	56602	53800	54748

数据来源：根据 2013 年美联储的官网整理

（二）欧洲央行的无限量冲销式购债计划（OMT）

2012年9月，欧洲央行行长德拉吉宣布启动无限量冲销式购债计划（OMT）。具体的内容是，在新购债框架下，只要欧元区各国政府能够达到其改革计划目标，欧洲央行就为继续推行改革的欧元区各成员国政府提供激励措施。欧洲央行要求西班牙等重债国推行债权国家要求的严格的财政缩减和改革计划；同时，央行也会帮助相关国家压低举债成本。尽管这一措施还包含许多苛刻的附加条件，但是这一购债计划还是有助于那些重债国政府有更多的时间来实施较长期的危机应对措施。该购债计划短期内为市场提供了信心，但是并没有从根本上解决危机的实质，即欧元区经济增长乏力，就业市场持续低迷。该宽松政策实质上也是通过借新债还旧债的方式继续滥发货币，虽然短期内起到了缓解重债务国家的债务危机爆发，例如意大利和西班牙等，但是欧元区的金融市场依然危机重重。

（三）日本新货币宽松政策与“安倍经济学”政策

安倍经济学（Abenomics）：2012年年底，日本第96任首相安倍晋三上台后，通过加速日元汇率贬值等政策来加速实施的一系列刺激经济政策，特别是安倍提出新的货币宽松政策路径，即创造通胀预期。安倍认为，当通胀预期会推动日本物价上涨，消费者会尽快地去购买一些本来就要购买的商品，从而带动日本的消费和投资，进而扭转日本消费与投资持续极度低迷的现状。数据显示，从安倍履新的2012年12月到2013年2月两个月的时间，日元对美元贬值幅度约8.4%。世界各国开始担忧日本此举可能引发全球货币竞相贬值并助推新一轮贸易战，导致全球的货币战争。

（四）英国和澳大利亚央行会议纪要暗示推新一轮QE

英国、澳大利亚等国央行也纷纷表示将推行货币宽松政策的跟进信号。

英国央行的QE1于2010年2月施行，当时英国央行购买了以英国国债为主的近2000亿英镑资产。其后，英国央行又推出了两轮量化放松，最近的一次英国央行决定扩大量化宽松规模500亿英镑至 3250 亿英镑。实际上，目前英国央行的资产负债表已经扩张至 3246 亿英镑，比起 QE1 推出之前的 2507 亿英镑，也扩充了将近 30%。英国经济去年末出现了衰退，加之欧元区债务危机的加深和英国的通胀压力缩小，英国央行 2012 年 9 月发布的会议纪要显示，英国央行为提振经济而推出更多量化宽松（QE）措施。货币政策会议维持了 3750 亿英镑宽松计划不变和维持基准利率在 0.5%不变的提议。未来有必要采取更多的刺激措施，包括英国 QE 规模在 2012 年 11 月达到 3750 亿英镑后，增加 500 亿英镑至 4250 亿英镑的可能性将增大。

澳大利亚央行也在去年 9 月的央行货币政策会议纪要中表示，鉴于对通胀前景的评估，如果澳大利亚经济增长前景严重恶化，未来将进一步实施降息的宽松政策以刺激经济增长。

三、欧美日新一轮量化货币宽松政策的经济学解释

（一）从西方经济学的不同学派来分析

西方经济学的主要流派主要分为凯恩斯学派、货币学派和理性预期学派。其中凯恩斯学派和货币学派赞同货币政策的观点。量化宽松的支持者包括著名经济学家如梅纳德·凯恩斯（Maynard Keynes）、欧文·费雪（Irving Fisher）和米尔顿·弗里德曼（Milton Friedman），他们都赞同运用货币政策工具帮助经济摆脱危机的想法。凯恩斯甚至提到，可以把塞满纸币的瓶子埋在土里，从而让人们忙碌地寻找、挖出并花掉它们。但是理性预期学派则持异议。例如，奥地利人熊彼特（Schumpeter）。熊彼特相信经济繁荣之后的“创造性毁灭”的重要性。

当前发达国家普遍采用凯恩斯和货币学派的理论基础，但是新兴经济体则倾向于理性预期学派的理论。

具体而言，赞同货币政策作用的学派：

1. 凯恩斯学派认为，有效储蓄之数量决定于投资数量，而在充分就业限度以内，实施低利率就是鼓励投资。因此，凯恩斯学派倾向于以低利率作为促进投资的手段。当前的量化宽松政策普遍采

用了凯恩斯的观点。

2. 货币学派的代表人物弗里德曼认为，货币政策发挥为经济运行提供了一个稳定环境的作用，弗里德曼充分肯定货币政策对稳定经济的作用。当前的货币量化政策也普遍借鉴了货币学派的观点。

质疑货币政策作用的学派：

理性预期学派的主要代表人物之一卢卡斯完全否定了货币政策的作用。他指出，当扩张性货币政策反复推行时，它不再能实现自己的目标。推动力消失了，对生产没有刺激作用，期望生产能扩大，但结果却是引发通货膨胀。许多新兴经济体国家更加倾向于理性预期学派的观点，担心发达国家的量化货币宽松政策会引发本国产生输入性通货膨胀。

（二）从货币政策的理论来分析

从经济理论角度讲，货币政策即是货币理论。货币政策是指政府或中央银行为影响经济活动所采取的措施，主要是通过控制货币供给和调控利率等措施，以达到特定或维持政策目标，例如抑制通胀、实现完全就业或经济增长。欧美日新一轮量化货币宽松政策主要是采取狭义的货币政策。货币政策分为狭义和广义货币政策两种。狭义货币政策是指中央银行为实现既定的经济目标，运用各种工具调节货币供应量和利率，进而影响宏观经济的方针和措施的总和。广义货币政策则指政府、中央银行和其他有关部门所有有关货币方面的规定和采取的影响金融变量的一切措施。

当前各国的量化宽松政策主要是采用了货币政策中的公开市场操作和汇率政策的手段。

货币政策中的公开市场操作（open market operation）即中央银行买国债、债券和金融债券及外汇的公开市场业务。当前的量化货币宽松政策主要都是采用公开市场操作以达到扩大货币供应量的目的。公开市场政策已成为许多国家中央银行最重要的货币政策工具。中央银行能通过此项政策工具影响商业银行准备金的状况，从而直接影响市场货币供应量。公开市场上中央银行买卖各种有价证券的规模可大可小，交易方法及步骤都可以根据需要安排，这样更能保证准备金比率调整的准确性，也能比较准确地调控货币供应量。欧美国家的量化宽松政策主要是采用公开市场操作手段。

货币政策中的汇率政策是指一个国家（或地区）政府为达到一定的目的，通过金融法令的颁布、政策的规定或措施的推行，把本国货币与外国货币比价确定或控制在适度的水平而采取的政策手段。汇率政策主要包括汇率政策目标和汇率政策工具。汇率政策的运用主要是保持国家的出口竞争力，实现国际收支平衡与经济增长的目标。当前日本的量化宽松政策则主要关注汇率政策工具。

（三）从金融投资学的理论来分析

从金融投资学的角度分析，欧美日的量化宽松货币政策具有资产配置再平衡效应。央行向金融机构提供大量资金后，金融机构积极将其用于贷款、债券或股票投资，有效刺激居民消费和企业生产。资金投放增加还可使人们走出悲观心理，促进消费和投资。依据时间轴效应（Time-lag Effect）的理论，央行承诺在一个较长时期内保证实施低利率和量化宽松政策能够降低当前的长期利率，从而达到提高资产价格，促进生产和消费的目的。但是，欧美日国家的央行（美联储）由于具体实施买入国债，可能将经济风险都集中在中央银行身上，同时带来逆向操作和通货膨胀的威胁。货币政策的逆向操作存在相当大的难度，未来回收流动性的时机和方式也是一个难题，并且容易引发通胀和资产价格的泡沫。

（四）从欧美日国家经济发展现状与传统经济学逻辑分析

纵观欧美日发达国家的经济发展现状，导致了各国的决策者不得不从经济学原理中寻找突破口。而依据传统经济学逻辑，量化宽松政策可以发挥一定的作用。当前，美国经济结构和产业失衡问题比较严重，特别是在20世纪90年代，IT产业泡沫破灭以后，缺乏引领美国走出危机的先导产业，这些是美国经济缺乏成长的客观原因。此外，美国企业利用美国国内低利率带来的廉价资金投资新兴市场会获得更大的收益，导致国内投资低迷、制造业衰退。国内高企的财务赤字以及高失业率都是阻碍经济稳定发展的重要原因。美国经济中表现出来的问题在欧洲国家表现得更为突出，再加上欧盟国家的“高工资、高福利”社会发展模式已难以为继，加以必须的改革又会引起社会动荡、政局不稳，这些更是阻碍了经济复苏。日本庞大的政府债务、金融体制的缺陷、银行经营机制不健全等问题，高成本导致产品需求下降，通货紧缩和高度老龄化的社会，这些都是当前日本经济面临的突出问题。鉴于欧美日当前复杂的经济问题，依照传统经济学逻辑得出的量化宽松政策为帮助其经济摆脱困境提供了部分理论依据。

四、欧美日新一轮量化货币宽松政策的差异性

欧央行为应对欧债危机的蔓延，缓解金融市场压力，促进经济复苏，于2012年9月出台二级市场直接货币交易计划（OMT）。同时，美联储也于同年12月宣布实施第四轮资产购买计划（QE4）。日本也于同年底推出了安倍的货币宽松政策。虽然欧央行OMT、美联储QE4以及日本的安倍政策同属量化宽松政策，且购债规模均不设上限，但是三者存在以下的不同点，详见表2：

表2　　欧美日新一轮量化货币宽松政策的不同点比较

不同点	欧央行 OMT	美联储 QE4	日本央行
资产购买对象	成员国剩余期限为1—3年的国债	机构抵押贷款支持证券	宣布在当前55万亿日元资产购买规模的基础上追加10万亿日元用以购买长期政府债券
操作主动性	附加条件较为严格，且需要成员国提出申请才可实施	虽然规定了每月操作量，但没有具体操作时限约束，央行可主动入市购买债券	维持极低利率以及扩大资产购入

续表

不同点	欧央行 OMT	美联储 QE4	日本央行
控制流动性规模的方式	采取全额冲销，对银行体系流动性的影响相对较小	未安排冲销措施，将直接增加银行体系流动性	大胆的货币政策、机动的财政政策、刺激民间投资为中心的经济产业成长战略是安倍经济学的三个主轴
央行资产负债表风险	对中央政府发行或担保的债务工具抵押品资质暂不设定最低信用评级门槛，其资产负债表存在恶化的风险	买的是相对安全的抵押贷款支持证券，但缺乏冲销措施将使其面临资产负债表扩大的风险	面临资产负债表扩大和债务恶化的风险
实施效果	受欧元区各国主权债市场分割且深度不足的影响，欧央行大规模购买债券有可能在一定程度上扭曲证券市场价格	从对实体经济的影响看，若美联储本轮量化宽松政策能刺激需求持续上升，则将有助于推动经济复苏和改善就业	有助于推动出口，但是对于日本的经济结构调整和社会痼疾作用有限

资料来源：财经网信息

提及三者的差异性，这里有必要特别指出的是新名词“Abenomics”，它是由日本现任首相安倍晋三的安倍（Abe）和经济学（Economics）组成的，也是日本量化货币宽松政策有别于美欧等国之处。安倍经济学的具体政策指向可以总结为：（1）无限制实施量化宽松货币政策；（2）将通胀目标设置为2%；（3）日元贬值；（4）利率降为负值；（5）大规模公共投资；（6）日本银行购入建设性国债；（7）修改日本银行法以加大政府对央行的发言权等。从其措施中不难发现，安倍拟推出的新的量化宽松政策会更具扩张性，同时也在尝试颠覆传统的经济学。

五、欧美日量化货币宽松政策的负面效应

欧美日国家的量化货币宽松政策，本质上有助于发达国家摆脱经济低迷，缓解债务危机，促进出口，提升国际竞争力。但是量化货币宽松政策是一把“双刃剑”，势必带来负面效应。

首先，引发各国间的货币战争，进而导致发达国家的货币危机。

发达国家的货币宽松政策促使其本国货币持续贬值，有利于本国的出口行业，相反导致相关经济体的货币升值。而新兴经济体和许多发展中国家为了保持自己在产品价格和人力成本等方面的国际竞争优势，不得不竞相贬值本国货币，以维持其出口优势。这种恶性竞争会对现有国际金融秩序和金融体系造成巨大冲击。同时，对于那些出口导向型新兴经济体而言，欧美日等全球主要经济体的量化宽松货币政策可能引发大量国际贸易摩擦。最大的风险是将现在发达国家的债务危机转而发展成为货币危机。货币危机可能会对发达国家自身经济产生更加严重的后果。

其次，加大了新兴经济体的金融风险。

美联储大举购买美国国债，将提高美国国债价格，降低其收益率，从而使相应持债国家的外汇资产存在非常大的贬值风险。特别是新兴经济体的外汇储备很大部分都是欧美的债券，发达经济体的资产泡沫会使这些国家外储大幅缩水。同时，新兴经济体经济的高速增长因其直接融资市场规模有限，在很大程度上依赖银行业，这种“过度银行化”特征，特别是储蓄率较高的亚洲国家在新一轮的全球流动性膨胀中，资产泡沫会加大新兴经济体国内银行不良贷款等风险。来自外汇储备风险和银行业的风险使得新兴经济体面临新的金融风险的威胁。

再次，引发全球大宗商品上涨，加大输入性通胀压力。

由于美元作为全球储备货币，全球有相当大量的大宗商品交易、资本流动、直接投资都需要使用美元，过剩的美元必然会提高以美元作为计价货币的石油、金属、粮食等大宗商品价格，增加全

球商品的生产成本和输入性通胀的压力，从而引发新一轮资源价格上涨，同时加大资产价格上升风险。由于全球流动性宽松，国际投机性热钱为了追逐汇率差以及利息差带来的收益，这些资本流入高速发展的新兴经济体可能通过推高房地产泡沫与股市泡沫以获得更高利润，加大了这些国家的资产泡沫风险，高通胀会直接影响到这些国家的社会稳定和经济持续增长。

最后，量化放松导致央行资产负债表膨胀。

巨大的资产负债实际上也会束缚发达国家的经济维持长久的复苏。当前，西方发达国家最有可能采取的摆脱当前巨额债务的方式就是采用通货膨胀。但是，这种恶性的不断依靠借贷经济和不断推高的同时会使西方经济发生严重滞胀，引发新的全球经济危机。

六、中国与新一轮欧美日量化货币宽松政策

当前中国 CPI 尚处于正常区间，通胀压力不大。欧美日量化货币宽松政策导致资金主要流向了美国股票和公司债、新兴市场以及大宗商品。例如，美国道琼斯股票指数近期屡创历史新高，全球能源与大宗商品价格也在上升，这些将会通过进口价格指数与工业品出厂价格指数（PPI）最终传递至中国的消费者物价指数（CPI）开始不断升高。输入型通胀压力的加剧，会导致国内粮食、食品市场价格的升高。随着美欧量化宽松政策的实施，出现过剩流动性会加大跨境资本流动波动，推动大宗商品价格上涨，进而加大国内通胀上升的风险。大量投机性资金进出中国，会造成资产价格的大幅波动，影响中国的金融稳定。同时，量化宽松政策会不断推高人民币的升值预期，人民币的不断升值将对出口型企业带来较大冲击，出口制造业外移和倒闭，经济可能出现大幅下滑，进而引发严重的失业问题，影响中国社会和经济的稳定。

但是，欧美日的量化货币宽松政策目前尚未对中国经济产生实质的影响。这里以美国量化宽松政策对中国的影响为例来说明。图 1 和图 2 列举了中美两国在这些年间固定资产投资同比变化率和中美总储蓄率的比较分析。从中我们不难发现，美国量化宽松政策

（从 2008 年起）促使了大量固定资产的投资，而美国的储蓄率并没有提升。相反，中国在 2008 年年底启动的 4 万亿元投资计划并没有使固定资产同比率发生太大的变化，反而增加了中国的总储蓄率。这表明美国的量化宽松政策并没有对中国的经济产生实质性的影响。

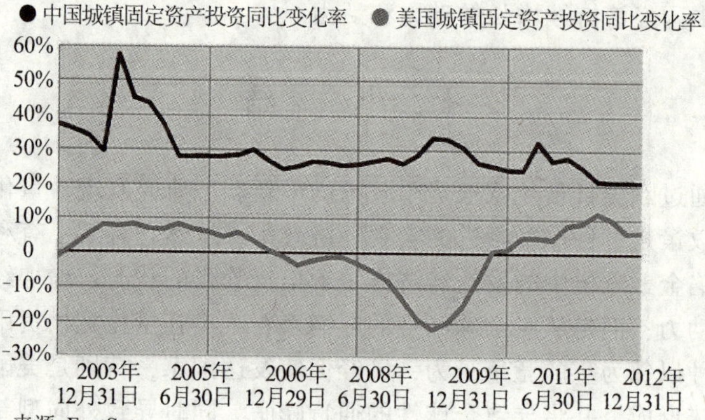

来源: FactSet

图 1　中美城镇固定资产投资同比变化率的比较

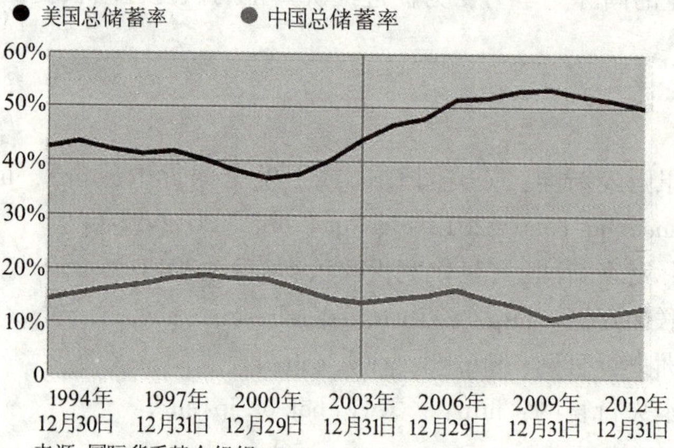

来源: 国际货币基金组织(IMF)

图 2　中美总储蓄率的比较

当前外部输入型通胀的“不可控、难调节”将使我国“稳增长、控通胀”等多重政策目标实现难度加大，中国如何应对欧美日量化货币宽松政策，本人认为中国应该加快推进人民币国际化，保持外汇储备的多元化，着力扩大内需，培育广大的国内市场，抓住机遇调整产业结构，发展高端和先进制造业，大力发展现代服务业，走出去投资和购买欧美日等国的优质资产以及自然资源等，以保持中国经济持续增长的动力和活力。

七、小　结

通过欧美日量化宽松货币政策的最新动态研究发现，量化宽松货币政策是一种非常激进的宏观经济政策，虽然它客观上有利于帮助深陷金融危机中的发达经济体缓解信贷紧张的状况，增加经济扩张的动力，但是从对全球经济的影响来看，实施量化宽松货币政策是一种以邻为壑的竞争行为，已经促使发达国家，特别是美国的资产泡沫形成，并将导致全球性的通货膨胀，同时导致外向型新型经济体经济恶化、外汇储备资产贬值等问题。欧美日摆脱其当前经济困境的解决之道和长久之计应该是研究和采取措施提升本国制造业和服务业的国际竞争力，为促进经济真正的恢复性增长提供动力。

参考文献

[1] 腾讯财经新闻：《美国 QE4 或引发全球货币战争》，http：//finance. qq. com/zt2012/cjgc/qe4. htm，2012-12-14.
[2] 维际财富新闻：《量化宽松政策影响》，2013-03-05.
[3] 美联储官网：http：//www. federalreserve. gov.
[4] 欧洲央行官网：http：//www. ecb. int.
[5] 日本央行官网：http：//www. boj. or. jp/en/.

货币国际化研究述评

武汉大学经济与管理学院　白晓燕

每当某个货币发行国维持一段时期的经济高增长并且该国货币经历数年的升值，该货币是否将成为国际货币的问题就会浮出水面。比如20世纪七八十年代的日元和马克以及目前的人民币。

随着中国经济实力的增强和参与国际经济程度的深化，人民币的国际地位与中国经济的国际地位不相匹配的矛盾日益凸显。Nakagawa（2004），Persaud和Spratt（2004）均认为人民币具有成为国际货币的潜力；Joseph和Schäfer（2004）认为在未来20年内，随着中国在世界贸易中地位的上升和资本项目实现可兑换，人民币将成为国际货币；Yeh和Plasmans（2002）则认为中国大陆和港台地区之间的货币统一是人民币走向国际化的第一步。

次贷危机和欧债危机的爆发激发了国际社会关于人民币国际化有无可能加速的热烈讨论。政策实践方面，自2009年启动人民币贸易结算试点以来，人民币跨境贸易结算额迅猛增长；以人民币计价的金融资产不断在国际金融市场上涌现，人民币已经开始朝着国际货币方向发展。如何趋利避害、部署人民币国际化战略是当前决策者关心的现实问题，也是学术界研究的热点问题。梳理总结货币国际化领域涌现出的最新文献，一方面有助于把握货币国际化理论的逻辑演绎与基本结论的传承、修正与发展，明确货币国际化理论研究的未来方向；另一方面有助于我们借鉴学术前沿的研究视角和方法，更好地对人民币国际化问题展开研究。

货币国际化是国际货币领域中一个非常重要的现象，同时它也是一个复杂的历史演进过程。20 世纪 60—80 年代，西方货币国际化理论主要停留在对货币国际化的条件、成本收益、影响因素等问题的一般性讨论上。20 世纪 90 年代以后相对规范的研究增多，讨论的焦点主要集中在以下几个问题上：（1）货币国际化程度的度量；（2）国际货币的影响因素；（3）国际货币的产生；（4）货币国际化对本国福利的影响；（5）国际货币的网络外部性和惯性，以及以此为基础对国际货币演变的历史分析、对国际货币竞争格局的前瞻性预测；（6）货币替代。本课题拟对 20 世纪 90 年代以后这一领域涌现出的文献进行系统归纳和总结，主要涉及除货币替代以外的其他五个领域。

一、货币国际化程度的度量

货币国际化的研究，要解决的首要问题是货币国际化程度如何度量。以往文献一般从国际货币的三大职能出发，选取某一职能的代理变量来衡量货币的国际化程度。

Cohen（1971）率先提出以职能定义国际货币，认为一国货币如果在该国以外发挥其职能，就成为国际货币。Kenen（1983）更进一步将国际货币职能分为价值贮藏、记账单位和支付手段，并区分了私人和官方部门国际货币的用途（见表 1）。但对于国际货币应该具备单一职能还是综合职能，学界有不同见解。Hartmann（1998）认为货币的三大职能中只要有一种超出货币发行国的范围，该货币就是国际货币。IMF 将国际货币定义为：在世界范围内发挥类似金属货币的作用，可以为各国政府和中央银行所持有、可作为外汇平准基金干预外汇市场的货币。很明显，IMF 更偏向于从全面发挥三大职能的角度定义国际货币。

值得注意的是，鉴于目前既有的国际货币和正处在国际化进程中的货币，其国际化程度有较大差异，一些学者提出了“国际本位货币”这一概念，即如果一种国际货币在国际商品计价、贸易结算和支付、国际投资以及官方储备中占据绝对优势的垄断地位，则该种货币可称为国际本位货币。以历史的眼光看，国际货币可以

表 1　　　　　国际货币的职能

功能	官方用途	私人用途
价值贮藏	国际储备	本币替代物、外汇资产
支付手段	外汇市场干预货币	国际贸易、国际金融交易货币
记账单位	锚货币	国际贸易、国际金融计价货币

资料来源：Kenen（1983）

有多种，国际本位货币只会有一种，例如当今的美元就是国际本位货币，欧元、日元、英镑等货币只是普通意义上的国际货币（姜波克、杨长江，2004）。

基于数据的可得性，外汇储备货币份额是使用频率最高的代理变量，数据来自 IMF 的 COFER（Currency Composition of Foreign Exchange Reserve）数据库，如 Eichengreen（1998），Eichengreen 和 Mathieson（2000），Chinn 和 Frankel（2008），Chen 等（2007），Lee（2010），孙海霞和谢露露（2010），庄太量和许愫珊（2011），元惠萍（2011）。但是，COFER 数据是世界范围内的年度汇总数据，无法凸显地区或国别差异，国内外学者对此做了调整和改进。一是调整 COFER 数据的频率，如韩剑（2011）使用 COFER 季度数据；二是摒弃 COFER 数据，搜集单个国家的官方外汇储备信息，构成大样本国别数据进行面板分析，如 Aristovnik 和 Cec（2010），陈晓莉和李琳（2011）等。

支付手段又称作交易媒介，一般体现在外汇交易方面。Kenen（2002，2003）分析外汇市场欧元与美元的竞争时，利用一国货币与其他货币交易量占外汇市场交易总量的比重来衡量美元和欧元的地位。之后的文献大多沿用这一做法。数据来自国际清算银行（BIS）每三年公布一次的报告（Triennial Central Bank Survey）。钟阳和丁一兵（2012）在这一数据基础上，构建了包含 35 个国家和地区 1998—2007 年的面板数据模型。

对外贸易中的计价货币结构和国际债券标价货币份额是常见的衡量记账单位职能的两个代理变量。由于缺乏世界范围内贸易结算币种构成数据，Goldberg 和 Tille（2005），Kamps（2006）自行建立包含多个国家双边贸易的数据库，不过涉及的货币种类、样本国家数量比较有限，样本期较短。Lim（2006）则用国际债券市场上以一国货币计价的债券占国际债券总量的份额衡量货币国际化程度。

以上研究大多基于国际货币的某一种职能进行实证分析。但是根据国际经验，某种货币发展成为价值储藏的有效工具、充当记账单位或支付手段，背后的驱动因素往往不同，基于单一职能的分析可能以偏概全。比如，相关研究多以外汇储备币种份额衡量货币国际化程度，但各国央行普遍奉行的外汇储备多元化投资策略削弱了这一指标的精确性；另外，某种货币在国际储备中份额的上升不一定是因为国际地位的提高，还有可能是汇率波动导致的正估值效应（Value Effect）所致。因此，有学者尝试用多种职能的代理变量来衡量货币国际化程度。如李稻葵、刘霖林（2008）选取外汇储备份额、贸易结算货币份额和国际债券份额分别代表国际货币的价值贮藏、记账单位和支付手段职能。陈晓莉、李琳（2011）同样采用这三个代理变量，不同之处在于搜集了国别数据。颜超等（2011）选用了外汇储备和国际计价货币币种结构两个指标。魏昊等（2010）在外汇储备占比、外汇交易占比、贸易结算货币占比和国际债券占比指标以外，补充了特别提款权（SDR）占比。SDR占比这一指标的缺点主要体现在三个方面：第一，这种方法对未进入 SDR 的大多数其他货币（同时也是非国际储备货币）的度量效果有限，也难以对其他货币之间的相对国际化程度进行比较；第二，每个成员国根据向 IMF 缴纳的份额分配 SDR，其使用仅限于 IMF 和成员国之间以及各成员国之间，因此，SDR 的市场化特性较差，机构干预色彩较浓；第三，由于在挑选 SDR 货币时已充分考虑了货币三大职能在国际上作用的发挥，因此，SDR 占比与其他职能占比重合。

此外，少数学者在构建货币国际化程度综合衡量指标方面做出了有益尝试。李瑶（2003）以本币境外流通范围、本币境外流量和本币储备占比为依据，构造了“货币国际度指数”来衡量货币国际化程度，计算出2000年几种主要货币的国际度指数：美元10.25，欧元2.27，日元1.17，人民币0.19；人民币国际化程度为美元国际化程度的1.85%。张光平（2006）与李瑶（2003）用类似的模型得出，2002年人民币国际化程度为美元国际化程度的2.0%。人民币国际化研究课题组（2006）按照构建货币国际度指标体系的方法，从七个方面（货币境外流通范围、货币境外流通数量、货币在国际贸易中支付数量、货币在国际贷款市场计价数量、货币在国际债券市场计价数量、货币在直接投资计价数量和货币在境外国家官方储备数量）建立了一套"货币国际化综合指数"，反映世界主要国际货币和人民币的国际化程度。魏昊等（2010）以外汇储备占比、外汇交易占比、贸易结算货币占比、SDR占比和国际债券占比等五个指标同等加权来衡量主要货币的综合国际化程度。以上综合指标的构建逻辑和指标结果大同小异。国外学者Thimann（2009）构建了一个"货币全球地位"（Global Roles of Currencies）指标。该指标分为规模指标和结构指标，前者包含经济规模和金融市场规模，其中经济规模占33%，金融市场规模占67%；后者包括金融市场管制、国家治理、货币问题和贸易壁垒，各占25%。两方面指标加权汇总，即得到以百分比表示的货币全球地位指标。

目前，很多文献都将如何准确度量货币国际化程度作为货币国际化实证研究领域的突破口，而数据的创新、变量的选取则是这一研究不断改进的方向。

二、国际货币的影响因素

早期文献，如Aliber（1966），Swoboda（1969），Kindleberger（1981），Krugman（1984），Tavlas和Ozeki（1992），Matsuyama等（1993），Portes和Rey（1998）对国际货币的影响因素进行了定性的理论分析，综合他们的观点，决定一种货币成为国际货币的因素包括四类：（1）一国在全球产出及贸易中的比重；（2）货币稳定程度，包括对内价值（物价）稳定和对外价值（汇率）稳定；

(3) 金融市场的发展程度；(4) 使用现有国际货币的惯性。

实证研究方面，Eichengreen 和 Mathieson (2000) 针对 84 个国家 1976—1996 年的分析表明：货币的国际地位由贸易对象、外债结构和汇率安排等因素决定。Chinn 和 Frankel (2008) 将货币国际化的主要影响因素归为四类：产出和贸易规模、金融市场发展程度、币值稳定性和网络外部性。之后的文献在影响因素的选取上略有不同，但一般都会包括这四个方面，如 Chen 等 (2007)，Lee (2010)，孙海霞和谢露露 (2010)，庄太量和许愫珊 (2011)，元惠萍 (2011) 等。孙海霞和谢露露 (2010) 从五个方面选取了货币国际化的决定因素：经济规模、币值稳定性、金融市场的开放度、广度与深度、发行国国外净资产头寸和强化因素，影响因素有 15 个之多。元惠萍 (2011) 则选取了 GDP 份额、出口份额、银行业国外资产份额、股市市场份额、汇率指数和网络外部性七个影响因素，但在做实证研究之前将这些影响因素与各货币官方储备份额分别做了相关性分析，在高度相关的情况下再做整体的回归分析，使得分析更加合理完善。在以外汇储备份额为因变量的模型中，这些影响因素是显著的。但是，当因变量换成其他职能的代理变量时，是否需要加入不同的影响因素？李稻葵、刘霖林 (2008) 在国际贸易计价货币份额模型中选用了不同于其他两个模型的贸易影响因素，对 42 个国家进行实证研究，发现经济总量、通胀率、真实利率水平、汇率升（贬）值及波动幅度影响最为显著。不过该文没有对外汇储备份额模型和国际债券份额模型的影响因素加以区分。颜超等 (2011) 更进一步将经济规模、贸易规模、网络外部性和惯性作为整体影响因素，针对国际货币不同职能的代理变量，分别选取了相应的影响因素，先从理论上确定了影响方向，再利用实证分析来求证。但此文并未充分吸收前人的研究成果，将经济规模与贸易规模、网络外部性与惯性进行区分，因此不够严谨。

基于前人文献和经济金融常识不难发现，某些影响因素只对某一货币职能的代理变量产生影响，如 OTC 外汇衍生品交易份额这一反映一国外汇市场发展程度的指标只对外汇交易份额产生影响。因此，当以多种职能的代理变量衡量货币国际化时，每个模型除了包含一般性影响因素外，还应该针对因变量的不同，适当选取不同的特殊影响因素，提高模型的拟合结果。

此外，货币国际化影响因素的大部分文献重点在于识别货币国际化的影响因素和影响程度，并不深究货币国际化程度和影响因素之间的作用机制，以及这种作用机制是否在不同货币之间或者货币国际化的不同阶段存在差异，而这些恰恰是制定人民币国际化方案时不容忽视的。

三、国际货币的产生：基于搜寻理论的研究

搜寻理论是用于解决和解释与搜寻活动有关的优化问题的理论范式，它原本被用来探讨经济学中的失业和最低价格问题。以价格搜寻为例，消费者知道市场上价格的分布，但不知道每一个销售者的报价；消费者可以对销售者进行价格搜寻，直到找到可以接受的价格（或者放弃搜寻）；而对价格的搜寻是有成本的，随着搜寻次数的增加，得自搜寻的边际收益下降，当搜寻活动使搜寻的边际收益等于边际成本时，搜寻活动停止。Kiyotaki 和 Wright（1989，1991，1993）率先将搜寻理论应用于货币金融领域，分析为什么会出现货币，但是他们的货币模型并未涉及国际货币的产生。

率先将搜寻理论用于分析国际货币产生的经典之作是 Matsuyama 等（1993）。Matsuyama 等（1993）首次利用随机匹配模型，研究了世界经济下两个国家、两种货币相互竞争并可能作为交易媒介而跨国流通以成为国际货币的情况。作者运用博弈论中的 Nash 均衡概念，分析不同条件下的均衡，并对各均衡结果进行了福利分析。研究发现可能存在三种均衡：（1）无国际货币，本币在本国被使用，外币在外国被使用；（2）一种国际货币，另一货币则只在发行国被使用；（3）两种国际货币。并且一国的经济规模越大，其货币越可能成为国际货币；两国的经济一体化程度越高，产生两种国际货币的可能性越大。

Matsuyama 等（1993）以 Kiyotaki 和 Wright（1989，1991，1993）框架为基础并做了三个重要改进：第一，Matsuyama 等（1993）建

模分析主要解决的是不同货币的选择问题，而不是 Kiyotaki 和 Wright（1989，1991，1993）中商品媒介或货币媒介的选择问题。因此 Matsuyama 等（1993）略去了货币的内生性问题，直接假设个体在交易中需要使用货币。第二，在 Kiyotaki 和 Wright（1989，1991，1993）中，个体的随机匹配过程是一致的，任何一对个体的匹配与其他个体的匹配是对称的；而 Matsuyama 等（1993）则将个体分为两组，分别为本国个体和外国个体，并假设属于同一组的个体之间相对于属于不同组的个体之间进行交易匹配的可能性更大，这与现实情况更吻合；第三，Matsuyama 等（1993）设定不存在中心交易市场，交易都是双方自主进行的，这也较符合国际货币产生的背景情况。

另外，Cohen（1971），McKinnon（1979），Kindleberger（1981），Krugman（1980，1984）等早期研究仅从概念上进行定性分析，Matsuyama 等（1993）首次建立了规范的模型，因此更具说服力。而且与现金预付模型不同的是，Matsuyama 等（1993）并未先验地设定某种货币是国际货币，因而真正研究了国际货币“从无到有”的产生过程。

当然，Matsuyama 等（1993）也存在不足。第一，模型未考虑政府部门的角色，因此没有讨论政策问题，无法发挥政府的能动性；第二，模型关于货币的不可分性以及商品、货币持有量的限制，使得无法进行价格和汇率确定性的讨论，这削弱了其应用价值。尽管如此，该模型还是被一致认为奠定了国际货币形成条件的微观基础。

值得注意的是，国内外对本领域的后续研究相对较少。Rey（2001）放松了持有量的限制，通过搜寻理论的讨价还价模型对 Matsuyama 等（1993）做了改进，他引入货币交换的交易成本，构建三国模型，得出了媒介货币的选择结果由各国居民的商品偏好决定，而非由其相对规模决定的结论。一国商品被需求得越多，它的出口越高，对该国货币的国际需求就越大，其外汇市场就越具有流动性，相关的交易成本就越小。具有最大开放度的国家的货币以及与其他国家货币相交换时成本最低的国家货币会成为媒介货币。对

Matsuyama 等（1993）进行改进的近期研究有 Benguria 和 Wagner（2012），该文基于搜寻理论，从国际贸易的角度研究了欧元作为国际货币的产生机制。论文最大的创新在于作者通过调查获取了微观企业数据。这种从最基础的层面、应用第一手资料进行的研究较为真实。这是目前从这一视角进行的唯一研究，也丰富了本领域的研究思路。但是，论文难免会遭受“以偏概全”的质疑，毕竟作者不可能对公司进行“完全归纳”。另外，虽然作者还讨论了使用不同国际货币对汇率传递和对真实贸易量的影响，但是论文的视角天然地决定了缺乏对宏观政策的探讨，所以仍未解决 Matsuyama 等（1993）缺乏政策含义的缺陷。相比之下，Zhang（2012）在 Wright（2012）的基础上提出了基于搜索匹配的、开放经济条件下的多国货币存在的货币国际化理论，并进行了福利分析。论文的主要改进是放宽了一国经济主体（最初）使用本国（特定）货币来购买某国商品的假设，并确定了每种货币的价值。另外，还讨论了政府政策（比如鼓励使用本国货币对均衡产生的影响），这也是对 Matsuyama 等（1993）的重大改进。论文证实了 Eichengreen（2011）“具有历史优势的国际货币将保持其国际地位”的观点，即“谁先抓住历史，谁就将抓住未来”。最后，论文进行了福利分析——如果美元失去其国际地位，则美国每年将损失占 GDP 中 1.3%~2.1%的福利成本。应该说，这篇文献较充分地对 Matsuyama 等（1993）进行了改善，大大增加了研究的启示价值。

其他研究，如 Dowd 和 Greenaway（1993），庞晓波和黄卫挺（2008），虽然对 Kiyotaki 和 Wright（1989，1991，1993）又做了各种改进，但是其研究主题是商品媒介与货币媒介的选择而非不同货币媒介的选择；再如 Craig 和 Waller（2004）等研究的则是货币替代问题，而非国际货币的产生问题。不过这些研究对“国际货币的产生”这一主题依然具有良好的借鉴意义。如庞晓波、黄卫挺（2008）在门格尔思想的基础上指出：“经济中的所有个体不可能同时预见到所有物品的成本属性，他们必须通过不断实践与学习过程得到经济中的信息。一般地说，由于经济中个体的认知能力有限，经济中的信息沟通和信息结构是不完全的，或者说具有巨大的信息成本，个体对于物品成本属性与网络属性的认知是渐进的。”因此，庞晓波、黄卫挺（2008）建立学习过程模型，从微观上反映经济主体搜寻、使用某种优势商品作为货币的路径。这一路径较好地反映了主体的主观能动性，是主体不断改进的过程，可以尝试将其应用于对优势货币的搜寻。

从以上综述可见，搜寻理论对国际货币的分析具有较好的参考价值，但是近年来对国际货币如何产生这一本源问题的研究进展缓慢。

四、货币国际化对本国福利的影响

国内外学者研究货币国际化影响主要从以下几个角度展开：

（一）货币国际化对本国社会福利的影响

部分学者认为货币国际化通过征收铸币税影响本国的社会福利。Bergsten（1975），Frankel（1991），Blinder（1996），Eijffnger（2003）等认为，国际货币发行国无需为在其他国家流通的本国货币支付利息，并可以以较低的利率进行债券融资，这相当于从其他国家收取铸税增加本国福利。但是，Aliber（1964），Cohen（1971），Bergsten（1975），Portes 和 Rey（1998），Papaioannou 和 Portes（2008）等认为，货币国际化带来的铸币税收益非常有限，尤其是 Cohen（1971）的研究发现英镑国际化基本上没有为英国带来铸币税收益，而 Papaioannou 和 Portes（2008）则认为，美元的铸币税大约只占美国 GDP 的 0.2%。部分学者如 Trejos 和 Wright（1995，1996），Prakash 和 Kannan（2006）等通过货币搜寻模型以及动态一般随机均衡方法分别对美国和欧盟的实际经济数据进行了分析，认为货币国际化为一国带来的最大好处就在于货币购买力的提升，从而会增加本国社会的福利。另外，Bergsten（1975），Giovannini 和 Mayer（1991），Tavalas（1998），Portes 和 Rey（1998），Kanan（2009）等认为，货币国际化可以降低该国国际贸易中的交易成本和汇兑成本，并增加货币发行国金融部门的佣金收益。

（二）货币国际化对本国货币政策实施的影响

Aliber（1964），Bergsten（1975），Frankel（1991），Tavalas（1998）等认为，由于货币国际化后本币需求量难以确定，且运用利率手段调控市场很难达到效果，因此中央银行货币调控能力减弱。Triffin（1961）提出了著名的“特里芬”难题，认为美国政府对美元币值的控制力有限，不可能保证美元币值的稳定，以维持各国对于美元的信心。但也有学者持相反观点，如Papaioannou和Portes（2008）分析了美元国际化后的美国货币政策效果，认为无论是从货币需求量估计角度还是运用利率政策方面，现有数据并不支持货币国际化会使得货币政策变得更困难。许祥云和李一丁（2010）认为，美联储以及学者在此方面基本上没有做过研究也是一个反证。

（三）货币国际化对本国金融市场的影响

Griton和Roper（1981），Frankel（1991），Tavalas（1998），尹亚红和何泽荣（2007），张红梅等（2007）认为，资本市场开放度的提高和金融管制的放松，为金融风险、通货膨胀或通货紧缩的输入和输出提供了更为直接的渠道，从而有可能增加本国金融体系的不稳定性；同时，一国货币国际化所带来的大量货币转移会使本国汇率大幅度波动，造成本国金融市场动荡风险。

（四）货币国际化对本国宏观经济的影响

由于很少有文献研究货币国际化直接对宏观经济（如产出、消费、汇率以及贸易条件）的影响；而且，以往的文献大部分采用定性分析和经验分析，通过理论模型推导的文献非常少，使传统研究缺乏一定的理论基础。基于此，王晓燕等（2012）通过新开放经济宏观经济学理论模型（NOEM）从理论上推导出货币国际化对宏观经济（产出、消费、汇率和贸易条件）的影响，并利用美元的经验数据，通过结构VAR模型的脉冲响应函数对这种影响进行了实证检验。研究表明，货币国际化具有以下影响：短期内刺激本国消费，长期内抑制本国消费；短期内产出减少，长期内产出增加；短期内改善贸易条件，长期内使贸易条件恶化；无论短期还是长期，都将改善本国居民福利水平。这篇论文的理论模型具备坚实的微观基础，因此在该框架模型下得到的各种宏观经济学结论，较传统的宏观经济学更有说服力。

五、国际货币的网络外部性和惯性

（一）国际货币的网络外部性

经济学上，外部性被用来描述一项经济活动给当事人以外的其他人带来了某种影响。网络外部性这一概念最早是由 Katz 等（1985）提出，他们在针对电信业的研究中发现选择电话网络时，新用户更愿意选择原来用户多的网络。因此，他们将网络外部性定义为："当消费同样产品的其他使用者的人数增加时，某一使用者消费该产品所获得的效用增量。"影响网络外部性大小的因素主要包括网络的规模和网络内部物质的流动速度。网络规模越大，外部经济性就越明显，并且在网络规模超过一定数值时，外部性就会急速增大。同时，网络外部性与网络内物质流动的速度同样存在正相关的关系，流速越大，外部越经济。网络外部性被用于描述产品的进入策略研究、定价策略研究和发展策略研究。

国际货币的网络外部性指当一种货币因某种缘由（其自身优势）被广泛使用后，由于使用主体较多而使其使用收益更大（便利）、使用成本更低（摩擦因素小）导致使用人群更多的现象。其实质是国际货币的扩散过程，可视为国际货币产生过程中时间维度的"依赖产生"过程，这类似于羊群效应——国际货币的使用主体不断增多以使国际货币自我强化的过程。从这个过程可以看出国际货币是一个"自然垄断"的过程，而不是人为强加的结果。

本领域的经典之作是 Flandrear 和 Jobst（2009）。作者首先建立了"货币国际化系统方程组"，在影响货币需求的方程中加入外国因素（表示外部性），采用两阶段 Probit-OLS 最小二乘法进行回归，发现表示流动性的利率与持有货币的效用之间是不断互相强化的，以此说明网络外部性。这篇论文有以下几个突破：第一，对国际关键货币的产生原因进行了研究，即未先验地假设关键货币；第二，对先进计量方法的运用，如 Logit 和 Probit 方法；第三，数据的更新，应用的数据全面，考虑的情况多样；第四，对货币外部性不仅仅以滞后的内生变量进行估计。从另一方面看，本文作者首先回归分析了决定某种货币需求的因素，然后加入外部的行为，回归分析了外部行为不断对主导货币的强化作用（即网络外部性），最后说明经济个体对其选择货币的惯性，这真正体现了网络外部性的含义（主体之间的行为相互影响）。

然而，本文也存在若干缺陷：第一，作者只是在文中提到“本文与搜寻理论的研究结论一致”，并未具体应用搜寻理论进行分析，因此比较模糊；第二，作者在论证网络外部性时，多次提到Nash均衡，但是其研究为什么及怎么样利用Nash均衡却缺乏适当的交代；第三，论文以计量检验为主，缺乏严谨的理论分析；第四，如作者所言，进一步还可借鉴David（1985），Leibowitz（1990）研究惯性作用的利弊问题。

其他研究，如Dowd和Greenaway（1993）运用货币的网络性特征建立货币竞争模型，并将货币的网络效应价值加入货币的价值函数中；庞晓波、黄卫挺（2008）在Dowd和Greenaway（1993）研究的基础上，通过刻画交易行为和个体货币财富的跨期分配，将价值性替代与交易职能替代一并纳入模型框架内，试图对货币替代过程中的典型化事实进行解释；丁剑平（2012）在庞晓波、黄卫挺的基础上进行了改进：扩展到三国模型，并且设定不同的人口范围，考虑了三种货币的互相渗透；曹勇（2012）更关注网络外部性对微观个体贸易计价、结算货币选择行为所产生的影响等。

特别需要说明的是，上述对网络外部性的研究实际上是关于“既存的”网络外部性的影响，是分析已经国际化的货币所具有的这种特质如何吸引更多使用者。学者普遍忽视了对网络外部性产生的研究。而对于人民币等将要或正在国际化的新兴市场货币而言，网络外部性是国际货币产生过程中的重要一环。

（二）国际货币的惯性

“惯性”一词源于物理学，指物体具有的保持原来运动状态的属性。国际货币的惯性指当一种货币成为国际货币后，由于对其使用形成了“依赖”，因此使用者不会轻易改变对其的使用。具体表现在对国际货币使用的放弃将产生某种成本，或者说即使国际货币受到某种不利冲击，也能一定程度上保持其关键地位。大多数学者认为，惯性可以说是国际货币的属性和“防护衣”，可以抵挡各种负面影响。它是历史给予某种货币的“奖励”，一旦受到历史青睐，其他货币要改变和创造既有历史就不容易。

Tavlas（1990）从交易成本角度（获取信息以及由不确定和计算产生的费用）证明了国际货币使用上的历史继承性或惯性。Ogawa 和 Sasaki（1998）建立了宏观经济增长的“拉齐姆模型”作为效用函数，通过私人部门及公共部门的约束条件，最优化求得一国对国际货币的持有份额；然后回归分析对国际货币的持有具有惯性。应该说，这篇经典论文以主流研究范式从微观层面较规范地分析了惯性问题，框架较完整，行文简洁，思路清晰，是后续研究的基础，对惯性问题的建模具有启发性的意义。然而，这篇论文也存在一系列缺陷，建模的缺陷体现在：设定风险回避系数不变、效用函数的不变，以及对均衡路径的动态分析不足等；内容的缺陷体现在：没有说明为什么美元“先验地”是关键货币，没有说明惯性背后的原因；计量方法的缺陷体现在：对惯性经受的冲击仅局限于图形和简单的计量分析，未能较好地体现“冲击”的含义。换言之，作者致力于解释国际货币具有惯性这个现象而未深究为什么国际货币具有惯性，使得论文的研究不完整，而且其研究模型也存在改进的空间。Greespan（2001）认为由于作为金融工具的货币的吸引力会随着它的流动性的增加而增长，国际货币有形成自然垄断的趋势。这一点也得到部分实证研究的支持。

王慧、刘宏业（2012）利用建立在 Farrell 和 Saloner（1986）基础上的货币竞争模型分析了由于货币的网络外部性和转换成本的存在所造成的国际货币的惯性。该模型较为简单：在建立了贴现效用函数之后，比较转换关键货币的成本与收益，进而解释世界上到底需要多少种国际货币，为什么在每个时期只能有一种货币可以成为真正意义上的国际货币，为什么一种货币想要取代已有的国际货币的过程都十分漫长等问题。模型克服了 Ogawa 和 Sasaki（1998）先验地假设关键货币的不足，也加入了货币转换成本等因素，因而一定程度上推进了本领域的研究。但是由于这一研究不是建立在严格的宏观经济增长模型基础上的，而且缺乏计量实证，所以说服力不强。

对惯性问题研究的另一思路以钟阳和丁一兵（2012）、李美洲（2012）、李海峰和王林（2011）为代表。上述研究克服了从一国或几国货币相关指标的世界总量角度对货币国际化问题进行研究，而较少针对市场国进行分国别（地区）的进行分析的缺陷，也针对货币发行国与市场国之间的双边互动指标以及市场国自身的经济指标进行了研究，但是其仅仅将国际货币持有量、使用量等指标的滞后值进行回归以说明惯性问题，这是大部分对惯性问题的研究所采用的方法，但是指标之间的因果关系有待检验，其经济学意义也需要进一步说明。

本领域的研究中存在的另外一个问题是“网络外部性”与“惯性”这两个概念区分不清。网络外部性是货币的扩散过程，是一种优势货币走向国际货币的一个过渡阶段，是对国际货币使用的依赖的产生阶段；而惯性则是国际货币的属性，是国际货币表现出的一种结果，是对国际货币使用的依赖的稳固阶段。部分学者研究了网络外部性后，断然得出货币存在惯性的结论；或者认为网络外部性是国际货币对外部冲击抵抗的原因（曹勇，2012）；或者将得出的国际货币存在惯性的结论作为网络外部性的证据（钟阳，2012）。

最后，需要说明的是，已有研究的相当部分认为由于国际货币具有惯性，因而当前的货币体系不易改变，其他的货币难以超越国际货币而成为新的国际货币，即历史不可复制。

六、国际货币交替更迭的国际经验

经济史学家研究国际通货的兴衰起伏，特别是英镑在 19 世纪兴起为国际货币及在 20 世纪被美元所取代的历史（Eichengreen，2006；Flandreau 和 Jobst，2009）引起了部分学者的浓厚兴趣。

Brinley（1975）通过对英镑的观察，发现某种货币拥有国际货币的特权后会产生“历史继承性”。Eichengreen 等（2012）利用世界债券市场的数据研究了美元成为国际货币的路径依赖。得出了与一般研究相异的结论——美元超过英镑成为国际货币要比一般所认为的要早得多（1929），而金融市场的发展是推进美元超越英镑的主要因素。另外，作者通过网络外部性、路径依赖的分析还表明，超越已有的国际货币而成为新的国际货币可能再次发生，而金融体系的深化则是对美元的国际货币地位进行挑战的关键因素。这既丰富了相关的研究成果，又给其他国家的货币国际化提供了理论基础。

进入 21 世纪以后，国际社会掀起了关于美元的国际货币地位是否受到挑战的激烈讨论。次贷危机爆发以前，欧元走强和美国持续经常账户赤字造成的巨额外债已经成为削弱美元国际货币地位的潜在因素。2007 年次贷危机的爆发与深化迫使美国政府动用大量财政与信贷资源救市，从而加剧了美国的债务负担以及美元贬值的可能性。市场参与者停止向美国融资、美元大幅贬值、美国长期利率攀升以及美元丧失其垄断地位似乎指日可待。然而，出人意料的是，由于流动性短缺、信用危机、注资需要以及美国国债成为避险天堂，美元不但没有贬值反而在 2008 年 8 月以后持续走强；美元在全球的储备货币地位、贸易结算货币地位和石油等商品计价地位根基依旧牢固。在基本面遭到严重破坏的情况下美元的国际地位并未出现根本性动摇，这一现象引起人们的思考：国际货币是否存在一种内在的自增强效应从而延长了其发挥作用的时间？一旦这种效应消失，美元会重蹈英镑的覆辙丧失国际货币地位吗？如果答案是肯定的，那么谁将取而代之？最近，中国人民银行行长周小川关于改革国际货币体系、创造超主权国际储备货币的表态在国际社会引起广泛关注。正是基于对上述问题的思考，许多学者在借鉴国际货币演变历史经验的基础上，利用货币国际化理论分析全球动态不确定环境下美元的国际货币地位能否维持。

具体到美元的国际使用是否存在惯性、其主导地位能否持续这一主题，多数研究认为美元虽然受到欧元挑战，但其国际货币地位会持续。Echengreen（1998）运用历史数据进行计量分析证明，欧元将在国际储备货币上超越美元，但这个过程很缓慢。Lim（2006）基于1999—2005年外汇市场交易数据的实证分析认为美元的优势地位将继续加强。Kamps（2006）基于42个国家1994—2004年的不完全数据进行实证分析发现，虽然欧元作为国际贸易结算货币的作用在不断增强，但短期内超越美元的可能性不大。Echengreen和Fland reau（2008）详尽分析美元取代英镑成为储备货币的历史，发现储备货币转换非常缓慢，只有当其大幅贬值，给大宗商品和国际贸易计价带来巨大损失时，人们才会克服惯性转向其他货币。Posen（2008）认为由于美国独一无二的政治地位以及欧盟经济实力所限，欧元不会取代美元。马丹、陈志昂（2010）的理论和实证分析认为美国当前的经常项目逆差还不足以对美元的国际地位产生大的影响；对美元国际地位影响最大的因素是衡量网络外部性的变量，即美元的国际使用存在惯性。Chinn和Frankel（2008）认为在特定的情景假设下，欧元有可能超越美元。若2004年加入欧盟的10国在2010年均加入欧元区，瑞典和丹麦2015年加入欧元区，只要美元不持续贬值，欧元储备份额至多达到30%~40%，无法取代美元；若英国2020年加入欧元区，且美元持续贬值，则欧元将超越美元，2030年之前即可占80%以上储备份额。

七、小　结

第一，近年来货币国际化影响因素的研究已经由定性分析转向实证分析。在影响因素的选取上，仍然遵循了经济学与金融学的一般逻辑和经典理论，但选择范围有越来越广的趋势。同时，随着货币国际化程度度量研究的不断深入，针对不同的度量指标选取不同的影响因素也成为最近研究的热点。但是，由于这一领域缺乏相应的理论基础，各类文献在基本影响因素之外各抒已见，加入了很多其他影响因素，使得影响因素过于繁杂，没有统一定论。

第二，基于数据的可得性，货币国际化程度的度量一般采用外汇储备份额作为代理变量，但其他职能下的代理变量近年来也有所涉及，综合三大职能的代理变量衡量货币国际化程度以及构建综合指标是目前研究的方向。

第三，搜寻匹配模型是研究国际货币产生问题的理论基础。Matsuyama 等（1993）堪称本领域的经典之作，奠定了国际货币形成条件的微观基础，但是并未讨论政策问题以及价格和汇率确定性。Rey（2001），Benguria 和 Wagner（2012），Zhang（2012）等以 Matsuyama 等（1993）为基础进行拓展，主要改进分别是假设条件的放松、添加开放经济条件、政策因素的讨论以及福利分析。但是总的来说，上述研究都立足于经典的搜寻匹配模型，未有从其他理论进行分析的尝试。

第四，对货币网络外部性研究的经典之作是 Flandrear 和 Jobst（2009）。作者采用两阶段 Probit-OLS 最小二乘法分析了外部行为不断对主导货币的强化作用，因而真正体现了网络外部性的含义。然而，本文主要是通过计量检验进行分析，缺乏从经济学理论的层面说明问题，另外，如作者所言，进一步还可研究货币国际化对本国福利的影响。后续研究多从网络外部性对国际货币的影响这一主题展开，且技术上多采用变量的滞后项进行回归，研究者都认为网络外部性对国际货币地位的维持具有很大的影响，且国际货币的产生是一个“自然垄断”的过程，而不是人为强加的结果。另外值得一提的是，大部分学者在对网络外部性进行研究后，都得出了由于国际货币存在网络外部性，因此其强势地位难以动摇的结论。而 Eichengreen 等（2012）认为超越已有的国际货币而成为新的国际货币可能再次发生，金融体系的深化则是挑战的关键因素。这给当今存在货币国际化趋势的国家带来了某种启示。本领域的研究还存在的一个问题是没有对网络外部性和惯性两个概念作出明晰的区分。

第五，对国际货币惯性研究的经典是 Ogawa 和 Sasaki（1998）建立了宏观经济增长的“拉齐姆模型”作为效用函数，通过最优化求得一国对国际货币的持有份额，然后回归分析对国际货币的持有具有惯性。这篇论文从微观层面较规范地分析了惯性问题，是后续研究的基础。然而，这篇论文对均衡路径的动态分析不足，既没有说明为什么美元“先验地”是关键货币，也没有说明惯性背后的原因，因此研究存在改进的空间。后续研究也多采用变量的滞后值进行回归以说明惯性，少见从建模层面进行改进分析。另外，由于经典研究较早，因而数据的更新也是本领域研究的改进方向。

参考文献

[1] Aliber, Robert. The Future of the Dollar as an International Currency[R]. New York: Frederick Praeger, 1966.

[2] Aristovnik, Aleksander and Cec Tanja. Compositional Analysis of Foreign Currency Reserve in the 1999-2007 Period. The Euro VS the Dollar as Leading Reserve Currency[J]. Romanian Journal of Economic Forecasting, 2010(1): 165-181.

[3] Cathy Zhang. An Information-Based Theory of International Currency [J]. Munich Personal RePEc Archive, 2012(22): 1-54.

[4] Craig, Waller. Dollarization and Currency Exchange[J]. Joumal of Monetary Economics, 2004(51): 671-689.

[5] Chen, Hongyi, Wensheng Peng and Chang Shu. The Potential of the Renminbi as an International Currency[J]. China Economic Issues, 2007(7): 7-15.

[6] Chinn, Menzie and Jeffrey A. Frankel. Why the Euro Will Rival the Dollar[J]. International Finance, 2008(11): 49-73.

[7] Cohen, J. Benjamin. The Future of Sterling As An International Currency[M]. Macmillan Press, 1971.

[8] David. P. A. Currency Choice and the economics of QWERTY[J]. American Economic Review, 1985(2): 332-337.

[9] Dowd. K and Greenaway. D. Currency Competition, Network Externalities and Switching Costs: Towards an Alternative View of Optimum Currency Areas[J]. The Economic Journal, 1993(103).

[10] Eichengreen, Barry. The Euro As a Reserve Currency[J]. Journal of the Japanese and International Economies, 1998 (12): 483-506.

[11] Eichengreen, Barry and Donald J. Mathieson. The Currency Composition of Foreign Exchange Reserve: Retrospect and Prospect [R]. Washington: International Monetary Fund, 2000.

[12] Eiji Ogawa and Yuri Nagataki Sasaki. Interia in the Key Currency [J]. Japan and the World Economy, 1998(10): 412-439.

[13] Felipe Benguria and Rodrigo Wagner. The Rise of the Euro in International Trade: Micro—level evidence on the formation and real effects of Global Currencies[J]. 2012: 1-18.

[14] Flandreau and Jobst. The Empirics of International Currencies: Network Externalities, History and Persistence[J]. The Economic Journal, 2009 (119): 643-664.

[15] Goldberg, S. Linda and Tille Cedric. Vehicle currency in international trade[J]. Journal of International Economics, 2008(76): 177-192.

[16] Hartman, Philip. Currency Competition and Foreign Exchange Markets: the Dollar, the Yen and the Euro[M]. Cambridge: Cambridge University Press, 1998: 17.

[17] Kamps, Annette. The Euro as Invoicing Currency in International Trade[R]. Frankfurt: European Central Bank, 2006.

[18] Kenen, B. Peter. The Role of Dollar as an International Currency [R], New York: Group of Thirty, 1983.

[19] Kenen, B. Peter. The Euro versus the Dollar: will there be a struggle for dominance [J]. Journal of Policy Modeling, 2002 (24): 347-354.

[20] Kenen, B. Peter. The Euro and the Dollar: Competitors or Compliments[A]. M. Dumoulin and D. Duchene. The EuropeanUnion and the United States[C], New York: Peter Lang Publishing Incorporated, 2003: 251-274.

[21] Kiminori Matsuyama, Nobuhiro Kiyotaki and Akihiko Matsui. Toward a Theory of International Currency [J]. The Review of Economic Studies, 1991(2): 283-307.

[22] Kindleberger, Charles. P. International Money [M]. London: George Allen & Urwin, 1981.

[23] Kiyotaki. N and R. Wright. A Search—Theoretic Approach to Monetary Economies [J]. American Economic Review, 1993 (83): 63-67.

[24] Konya, Laszlo. Exports and Growth: Granger Causality Analysis on OECD Countries With a Panel Data Approach [J]. Economic Modeling, 2006(23): 978-992.

[25] Krugman, Paul. R. Vehicle Currencies and the Structure of International Exchange [J]. Journal of Money, 1980(12): 513-526.

[26] Krugman, Paul. R. The International Role of the Dollar: Theory and Prospect [M]. Chicago: University of Chicago, 1984: 261-278.

[27] Lee, Jong-Wha. Will the Renminbi Emerge as a Reserve Currency [R]. Metro Manila: Asia Development Bank, 2010.

[28] Leibowitz. S. J and Margolis. S. E. The Fable of the Keys [J]. Journal of Law & Economics, 1990(1): 21-25.

[29] Lim, Ewe-Ghee. The Euro's Challenge to the Dollar: Different Views from Economists and Evidence from COFER (Currency Composition of Foreign Exchange Reserves) and other Data [R]. Washington: International Monetary Fund, 2006.

[30] Livia Chitu, Barry Eichengreen and Arnaud Mehl. When did the Dollar Overtake Sterling as the Leading International Currency—Evidence from the Bond Markets [J]. 2012: 1-42.

[31] Matsuyama, Kiminori, Nobuhiro Kiyotaki, and Akihiko Matsui. Toward a theory of international currency [J]. The review of economic studies, 1993(2): 283-307.

[32] McKinnon, Ronald. I. Money in Internatjonal Exchange: The Convertible Currency System [M]. Oxford: Oxford University Press, 1979.

[33] Portes, Richard, and Helene Rey. The emergence of the euro as

an international currency[R]. National Bureau of Economic Research, 1998.

[34] Rey H. International Trade and Currency Exchange[J]. The Review of Economic Studies, 2001(4): 443-464.

[35] Swoboda, Alexander. Vehicle currencies and the foreign exchange market: the case of the dollar[J]. The international market for foreign exchange, 1969: 30-40.

[36] Tavlas, George S., and Yuzuru Ozeki. The internationalization of currencies: an appraisal of the Japanese yen[R]. Washington: International Monetary Fund, 1992.

[37] Thimann, Christian. Global Roles of Currencies[R]. Frankfurt: European Central Bank, 2009.

[38] 曹勇:《国际关键货币易位的网络外部性分析》,《上海金融》2012 年第 4 期。

[39] 陈晓莉、李琳:《国际标价货币的决定因素分析——兼论人民币国际化政策》,《东岳论丛》2011 年第 10 期。

[40] 丁剑平、吴文、陈露:《从价值尺度的历史视角看货币国际化的机遇》,《国际金融研究》2012 年第 9 期。

[41] 韩剑:《人民币国际化的潜力及障碍》,《中国经济问题》2011 年第 6 期。

[42] 李稻葵、刘霖林:《人民币国际化:计量研究及政策分析》,《金融研究》2008 年第 11 期。

[43] 李海峰、王林:《货币国际化影响因素实证研究》,《金融与经济》2011 年第 12 期。

[44] 李美洲:《货币国际化影响因素研究——基于多国面板数据计量分析》,《上海金融》2012 年第 12 期。

[45] 庞晓波、黄卫挺:《搜寻匹配、网络效应与货币起源演化》,《南开经济研究》2008 年第 5 期。

[46] 人民币国际化课题组:《人民币国际化的时机、途径及其策略》,《中国金融》2006 年第 5 期。

[47] 孙海霞、谢露露:《国际货币的选择:基于外汇储备职能的分

析》,《国际金融研究》2010 年第 12 期。

[48]颜超、陈平、何尔璇:《推进人民币国际化的政策研究——基于国际货币结构影响因素的实证分析》,《新金融》2011 年第 10 期。

[49]元惠萍:《国际货币地位的影响因素分析》,《数量经济技术经济研究》2011 年第 2 期。

[50]王慧、刘宏业:《国际货币的惯性及对人民币国际化的启示》,《经济问题》2012 年第 5 期。

[51]魏昊、戴金平、靳晓婷:《货币国际化测度、决定因素与人民币国际化对策》,《贵州社会科学》2010 年第 9 期。

[52]钟阳、丁一兵:《双边贸易、外汇市场规模、网络外部性与美元的国际地位——基于国别(地区)市场的实证研究》,《经济评论》2012 年第 1 期。

[53]庄太量、许愫珊:《人民币国际化与国际货币体系改革》,《经济理论与经济管理》2011 年第 9 期。

[54]钟阳、丁一兵:《双边贸易、外汇市场规模、网络外部性与美元的国际地位——基于国别(地区)市场的实证研究》,《经济评论》2012 年第 1 期。

非常规货币政策理论前沿追踪

武汉大学经济与管理学院　潘　敏　唐晋荣

2008年以来，为了应对全球金融危机下的经济衰退和促进经济复苏，包括美联储、英格兰银行、日本银行以及欧洲中央银行等在内的全球主要发达经济体的中央银行相继采取了一系列非常规货币政策。事实表明，发达经济体大规模、持续的非常规货币政策的实施对全球经济的企稳回升发挥了重要的作用，但同时也导致了流动性过剩、资本和商品市场价格上涨、通货膨胀预期上升等潜在的负面效应。而且，一个更为值得关注的现象是，主要经济体的非常规货币政策在短期内并没有退出的迹象，反而有常态化和进一步扩大的趋势——如美国美联储已经先后实施了四轮量化宽松政策、日本央行自2013年4月起采取了更为大胆和激进的非常规货币政策操作、欧洲央行已经先后实行了证券市场计划（SMP）、长期再融资计划（LTRO）和直接货币交易（OMT）等一系列旨在为市场提供充裕流动性的政策。

事实上，以量化宽松（Quantitative Easing，QE）为主的非常规货币政策的实施并非始于本次金融危机之后，早在20世纪90年代后期，为应对亚洲金融危机和泡沫经济破灭对实体经济的影响，日本央行就开始实施了包括利率承诺和量化宽松为主要内容的非常规货币政策。当时这一政策就引起了学术界的关注。如Krugman（1998，2000），Eggertsson和Woodford（2003），Bernanke（2004）等。而在本次金融危机之后，随着美联储多轮非常规货币政策的实施，学术界对非常规货币政策的关注更为广泛和深入。从现有的相关研究来看，学术界关注的重点主要包括：非常规货币政策的理论基础、传导机制、政策的有效性、退出机制和对实体经济的长期影响等几个方面。

非常规货币政策的实施改变了传统的常规货币政策的操作模式，既会对全球实体经济的发展产生巨大影响，也会对传统的货币政策理论带来挑战。基于此，本文对这一领域的国外前沿研究成果进行系统的整理，并对该领域研究的未来发展进行展望。

一、非常规货币政策的理论基础

（一）零利率约束下货币政策的有效性

1. “流动性陷阱”理论

作为宏观经济理论的重要组成部分，“流动性陷阱”理论在解释美国大萧条发生原因的理论中占据着重要的地位，该假说最早由凯恩斯提出。“流动性陷阱”理论认为，公众在极低的利率水平时对利率的进一步下调变得不敏感，无论中央银行向市场增加多少数量的货币，人们都会选择持有现金而非其他金融资产。此时，扩张的货币政策就难以刺激总需求的增加，从而导致货币政策完全失效。

2. 对“零利率下限问题”的重新认识

自二战以后，由于各国的利率都恢复到正的水平，且没有再出现极低利率的情况，所以，“流动性陷阱”理论逐渐淡出了经济学家们的研究视线。然而，日本在20世纪90年代泡沫经济破灭后的经济衰退让学术界对流动性陷阱问题再次给予了高度的关注。Krugman（1998）对日本经济衰退中可能存在的流动性陷阱问题给予了最早的关注，随后，Eggertsson 和 Woodford（2003）采用一个动态化的模型，将 Krugman（1998）的理论逻辑作了进一步严谨的刻画和阐述，而 Bernanke 和 Reinhart（2004）对零利率约束下中央银行的货币政策操作作了详细的研究。

Krugman（1998）对20世纪90年代日本经济的萧条进行研究之后指出，当经济中总需求连续下降，名义利率已经接近零但总需求仍然小于总生产能力时，经济就陷入了广义的“流动性陷阱”。在广义“流动性陷阱”下，名义利率会下降到非常低的水平，人们会表现出强烈的储蓄欲望。通过在模型中引入预期因素，Krugman（1998）把“流动性陷阱”归结为一个预期问题或者人们对市场的“信心”问题，当经济陷入“流动性陷阱”时，生产水平会下降，经济增长停滞，并伴随失业的增加，这样会影响到人们对未来的预期，缺乏对未来经济增长的信心，于是增加储蓄，降低对房地产和金融资产的投资需求，此时总储蓄过量而又不能通过银行等金融机构转化为投资，经济陷入恶性循环。

Krugman（1998）认为，在零利率条件下，传统的货币扩张不能有效增加市场中的货币总供给，但这并不是说货币政策是完全无效的，要让货币扩张政策有效，最重要的是“可信承诺问题”（Credibility Problem），即只要能够让公众相信政府通胀目标为正值的承诺不会是相机抉择的，那么，总可以通过影响人们未来的预期，而让通货膨胀率回到正的水平，从而帮助经济体摆脱通货紧缩的困境。

Eggertsson 和 Woodford（2003）通过一个动态化的理论模型指出，在零利率情况下，央行最重要的是进行有效的“预期管理”——通过影响公众的通胀预期来实现正的通胀目标，以防止出现通货紧缩的情况。为达到管理预期的目的，政府应该并且让公众和私人部门充分地理解央行的政策意图，并向公众和私人部门做出可信承诺。只有在这种条件下，扩张的货币政策才能让零利率下的经济摆脱通缩的陷阱。

（二）零利率约束下的货币政策选择

Bernanke 和 Reinhart（2004）较早地系统总结了零利率约束下如何利用货币政策解决流动性陷阱。他们认为，货币政策主要通过影响价格和金融资产的收益，进而影响经济主体的决策，从而对实体经济产生影响。当短期基准利率处于零或者接近于零的水平时，传统降低利率的货币政策手段难以奏效，但这并不意味着货币政策完全无所作为。相反，还有三种策略可供政策制定者选择以刺激经济：（1）利率承诺（Interest Rate Commitment）。即让投资者相信，低利率政策维持在极低水平的时间，会比他们现在预期的更长（即影响公众的利率预期）。（2）信贷宽松（Credit Easing）。即通过改变中央银行资产负债表的构成，来改变市场中证券的相对供给（即扭曲操作）。（3）数量宽松（Quantitative Easing）。扩张央行的资产负债表规模，让这种规模扩张，比使得利率保持在短期的零利率水平时的资产负债表规模还要大。

1. 利率承诺

Bernanke 和 Reinhart（2004）认为，央行可通过公开的利率承诺来影响公众的预期。这种公开承诺可以通过两种方式得以实现：第一种是无条件的承诺，即央行可以承诺，将会使利率在某个固定的时期内保持在低水平状态。但这种无条件的承诺可能会因为经济的不确定性而大打折扣，因为央行难以确定要将低利率保持多长的时间，才能达到其所希望的政策目标；第二种是有条件的承诺，即央行承诺当某个政策目标实现时，才会改变低利率政策。目前，美联储声明的将其低利率政策与失业率挂钩的做法，就是采用了有条件的承诺方式。

2. 信贷宽松

Bernanke 和 Reinhart（2004）认为，在不扩大央行资产负债表规模的前提下，仅改变资产负债表的构成，也可以有效地刺激经济。因为央行作为市场上最有影响的国债买卖参与者，通过对不同期限国债的买卖操作，影响国债的期限溢价，进而对国债资产的收益率产生影响。当证券的流动性和风险特性存在差异时，投资者就不会将具有不同流动性和风险特性的证券视为完全替代品，大量的购买者形成的对不同类型证券的相对需求，会改变证券的价格。美国自 2011 年 9 月开始的扭曲操作（Operation Twist）做法——卖出短期国债的同时，同等规模地买入长期国债，以降低长期国债的收益率，就属于这种信贷宽松政策。降低长期国债的收益率就相当于降低长期利率，以此来降低企业的融资成本，刺激企业的投资。这种不扩大资产负债表规模但改变央行资产负债表构成的理论逻辑，就是扭曲操作的理论基础。当然，在美联储的量化宽松政策中，尽管扭曲操作与“量化宽松”这个词语的本意不一致，不会带来资产负债表的扩张，但从量化宽松政策的目标来看，我们也可以将扭曲操作视为量化宽松政策的一个补充手段。

3. 量化宽松政策

量化宽松政策是指央行扩张其货币数量，使得该数量规模大于将利率保持在零利率的水平所需要的货币数量规模。

Mishkin（2012）认为，非常规货币政策主要可以采用四种形式：（1）央行扩大对银行和其他金融机构的贷款供给；（2）对政府证券和私人部门资产进行购买以降低家庭的借贷成本，即大额资产购买计划（Large-scale Asset Purchase Programs，LSAP）；（3）量化宽松政策；（4）预期管理。预期管理主要涉及央行的承诺。央行通过承诺将利率长期保持在低水平来引导公众的预期。这与Bernanke 和 Reinhart（2004）的看法是基本一致的，只是将信贷宽松和量化宽松的政策进行了区分。

二、非常规货币政策的传导机制

传导机制是货币政策实施中最重要的内容之一。现有研究表明，非常规货币政策对金融市场和实体经济产生影响的途径主要表现为预期效应、资产组合再平衡效应、财政扩张效应和金融稳定效应等几个渠道。

（一）预期效应

零利率下利率承诺政策的传导机制主要体现为预期效应。而这种预期效应又可分为时间轴效应和承诺效应两个渠道。Bernanke et al.（2004）指出，根据利率期限结构理论，长期利率等于人们对未来短期利率的预期加上风险溢价，央行承诺在未来相当长的时间内维持低利率，就降低了短期利率预期，从而降低了长期利率，促使资产价格上升，刺激消费和投资。Fujiki，Okina 和 Shiratsuka（2001）认为，利率承诺政策是通过时间轴效应来缓解市场流动性的。货币当局对政策利率的调整通常能够直接影响短期利率，但是对于中、长期利率而言，影响则较为间接。这是因为决定长期利率的关键不在于宽松性货币政策执行的力度，而在于其执行的期限。

时间轴效应的核心是通过承诺宽松性货币政策的实施期限，从而来改变公众预期，影响中、长期利率水平。Bernanke 和 Reinhart（2004）认为，非常规货币政策在预期管理方面的传导机制，主要是通过所谓的“时滞效应”（Time Lag Effect）来实现的，即央行通过可信的承诺——会将低利率政策的持续时间保持得足够长，来降低长期利率构成中的短期利率预期，进而达到降低长期利率的目的，以此来刺激消费和投资，从而促进经济的复苏。Woodford（2005）对央行沟通与货币政策的有效性进行了探讨，认为央行在执行货币政策的过程中，应该考虑如何更有效地控制私人部门对未来经济形势的预期。在货币政策的声明过程中，如果能够使用尽量清晰的沟通策略，那么即使在流动性陷阱下，实际经济变量以及代理人未来预期的可控性也会得到加强。

（二）资产组合再平衡效应

改变央行资产负债表构成的非常规货币政策操作对实体经济的影响主要是通过资产组合再平衡效应（Portfolio Rebalance Effect）来传导的。Bernanke 和 Reinhart（2004）等认为，资产组合再平衡效应是指，当投资者将不同期限的资产视为非完全替代时，央行对金融机构和企业长期资产的购买或者通过扭曲操作，将减少市场上的长期债券的存量，从而降低长期资产的期限溢价和风险溢价。此时，即使短期利率很低甚至为零，长期利率也会因为期限溢价和风险溢价的下降而降低。而这种低收益的长期资产会使得企业的融资成本降低，从而有助于刺激经济并带来经济的扩张。这一效应的一个重要前提是假定货币资产和其他金融资产具有不完全替代性。Gagnon（2010）指出，信贷宽松政策可以通过“组合平衡效应”改变投资者持有的资产组合的久期，降低期限溢价和凸性风险溢价，从而降低长期利率。

（三）财政扩张和金融稳定效应

扩张央行资产负债表的非常规货币政策对实体经济影响的传导渠道主要体现为财政扩张效应和金融稳定效应两个方面。

一方面，Eggertsson 和 Woodford（2003）认为，如果通过购买

国债增加基础货币不会影响未来执行财政政策和货币政策的预期，那么就会存在财政渠道传导机制。公众认为量化宽松政策的实施过程，央行大量购买的长期国债会扩大财政部门的国债发行空间，而宽松政策形成的通货膨胀预期则降低了政府未来偿还国债的负担，于是人们就会预期未来政府将会下调赋税，促使私人部门增加投资和消费。Bernanke 和 Reinhart（2004）指出，量化宽松政策下，政府发行债券的成本会因为货币宽松导致的利率极低而变低，从而减轻公众的税收负担，并且，政府在衰退期间可以通过扩大政府支出来刺激总需求，从而有利于经济的复苏。但这种效应需要央行做出可信的承诺，即不会在某些政策目标实现之前进行逆向操作（即紧缩货币）。

另一方面，Tsuyoshi et al.（2006）指出，央行通过量化宽松政策向金融体系注入了大量流动性，可以缓解金融系统的流动性压力，降低公众对某些资金困难银行的不安情绪，从而避免出现类似挤兑的情况，达到稳定金融系统的作用。

（四）其他效应

D'Amico 和 King（2012）认为，非常规货币政策还可以通过“存量效应”和“流量效应”对债券的收益产生影响。所谓“存量效应”是指，债券价格沿着债券需求曲线的持续变动，是对市场上债券存量的一个反应；而“流量效应”则是指债券价格对债券购买行为（流量）的反应。

Mishkin（2009）则从负反馈机制的角度来考虑零利率下货币政策的作用。Mishkin（2009）认为，金融系统出现的某些危机会对宏观经济产生极大的负向影响，这种不利影响会通过一个负向反馈机制而加剧：金融危机会导致家庭和企业的消费及投资萎缩，这种消费和投资的萎缩会使得经济紧缩，经济的紧缩会增加资产价值的不确定性，这种资产价值的不确定性反过来会进一步使得金融部门的危机恶化，从而形成一个负反馈的循环机制。但并不是所有的金融危机会产生上述的负反馈循环机制，金融泡沫可以分为信贷泡沫和非理性繁荣泡沫，其中信贷泡沫的危害特别大，而非理性繁荣对经济的破坏性相对较小（Mishkin，2009，2011，2012）。金融危机可以通过金融市场进行风险传染（Yellen，2013），并且在这一过程中，道德风险和逆向选择问题会特别突出，导致金融危机会出现上述的负反馈机制，从而对经济产生巨大的破坏力（Mishkin，2009，2011，2012），这种负反馈机制会放大金融危机对宏观经济的破坏程度和持续时间（Mishkin，2011，2012）。此时，积极的货币政策能够阻止负反馈机制形成，从而可以防止宏观经济的持续的恶化。但是，由于存在零利率下限的约束，常规货币政策往往难以奏效，此时，需要利用非常规货币政策来刺激经济。非常规货币政策主要是通过对预期进行有效的管理来达到货币当局所想要的目标的。此时，美联储的大规模资产购买在某种程度上还承担着一个“可信成本”的重要角色——央行通过大规模地购买抵押债券等金融资产来向公众宣示，自己降低长期利率的决心是认真且愿意为此付出成本的。但 Mishkin（2012）也承认，这种旨在对预期进行管理的非常规货币政策也存在一些固有的问题。比如，非常规货币政策的规则更加难以简洁明了地让公众理解并相信货币当局会信守这些承诺，此时，公众的预期形成就不如对常规货币政策的反应。并且，央行在实施非常规货币政策过程中，需要及时地关注通胀率的变动情况，在短期通胀压力上升时，需要果断地进行干预，否则，非常规货币政策可能会导致类似美国 20 世纪 70 年代的高通胀问题。

三、非常规货币政策的有效性

（一）对非常规货币政策传导渠道的检验

1. 对预期效应的实证研究

Bauer 和 Rudebusch（2012）研究了美联储大额资产购买（LSAPs）操作对公众预期的影响。他们发现，LSAPs 计划有显著的“信号效应”，可以有效地降低未来的长期利率。他们认为，美联储资产购买计划将能让人们相信，实行宽松货币政策的时间要比公众已有的预期要长。当然，这种影响预期的做法必须要可信才行。因为只有做出可信的承诺，公众和私人部门才能可信地相信美联储的声明，而资产购买则发送了一个有效的信号让公众相信美联储的做法是值得信任的。另外，这种信号效应能降低基准利率，而其他固定收益的金融资产的收益率与基准利率密切相关，所以，信号效应是十分重要的。Yellen（2011）运用事件研究方法估算了美联储利率承诺的政策效果。结论显示，该货币通告能够使市场关于一年后基准利率的预期值下降 90 个基点。Krishnamurthy 和 Vissing-Jorgensen（2011）的研究也证实了 LSAPs 对公众预期影响的重要性，公众会因此降低对未来的联邦基准利率预期。他们的研究还表明，首先，仅将量化宽松政策的关注目标设定在国债的收益率上是不恰当的，因为量化宽松政策对不同类型债券的影响效应是不一样的。其次，量化宽松政策在直接购买非国债的债券时，对这些债券的影响更大。

2. 对资产组合再平衡效应的实证研究

前述表明，信贷宽松政策可以通过资产组合再平衡效应来降低长期利率。Gagnon et al.（2010）等发现，美联储的大规模资产购买政策，主要是通过对长期利率的降低而发挥作用的，但这种降低主要是通过降低风险溢价，以及期限溢价来实现的，而不是影响未来短期利率降低的预期而起作用的；D'Amico et al.（2012）检验了美联储大额资产购买的稀缺性渠道（Scarcity Channel）（即大规模资产购买操作会导致市场上对该种期限类型的债券供给减少）和久期渠道（Duration Channel）。他们发现，LSAPs 对长期利率的影响，主要是通过名义期限溢价来起作用的。在名义期限溢价中，实际期限溢价的响应是最为明显的。第一轮的 LSAPs 降低了长期公债收益率约 35 个基点，第二轮的 LSAPs 主要是使用美元购买，而非期限替换，降低了长期公债收益率约 45 个基点。

3. 对其他效应的实证研究

D'Amico 和 King（2012）使用美国证券库斯普码（CUSIP）的数据，对 2009 年 LSAPs 政策效果进行了研究。他们发现，这一政策除了通过通常意义上的降低未来短期利率期望值、期限溢价以及提高市场流动性等传导渠道来降低长期债券的收益之外，还通过“存量效应”和“流量效应”对债券的收益产生影响。他们发现，这两种效应的加总，使得长期债券的收益下降了30个基点。

Wieland（2009）通过研究发现，在实行QE2政策前，美国和欧洲如果按照泰勒规则来实施货币政策，其名义基准利率应该分别是-1.3%和0.2%，但常规的降息办法，由于受零利率下限的限制，无法把利率降为负值的。所以，需要使用非常规的货币政策QE来达到和降息一样的政策目的。这也可以解释为什么美联储要先于欧洲央行采取量化宽松政策（指QE2）的原因。

4. 对扭曲操作效果的检验

Hamilton和Wu（2011）通过对1990—2007年美国公共部门（主要是美联储和财政部）持有的国债期限结构和美国利率之间关系的研究，发现二者之间确实有着显著的联系。这为扭曲操作的有效性奠定了理论基础。并且，他们发现，这种政策具体是由财政部还是美联储来执行，其效果是没有差异的。

Swanson et al.（2011）发现，在不改变短期利率的前提下，通过改变长短期国债的供给，能够降低长期利率。因为经济中的投资和住房贷款投资主要是由长期利率来决定的，所以，降低长期利率有助于经济的复苏。同时，由于短期利率会导致开放经济中国际资本的流入和流出，所以，决策者也往往不愿意改变短期利率。故而，通过扭曲操作能实现这种不改变短期利率，但改变长期利率的目的。他们通过对肯尼迪政府于1961年2月开始实施的扭曲操作政策的高频历史数据（针对扭曲操作的重大声明发表的1—2天），利用事件分析法（Event Study）研究了扭曲操作对长期利率的影响，他们认为，在一个有着理性预期的金融市场中，金融资产的价格变化会很快地将所有有用的信息包含进去，所以，高频数据的事件分析法就可以分离出扭曲操作的政策效应。他们的研究确实证实了扭曲操作存在这种效应。他们还发现，扭曲操作对长期国债和机构债、公司债收益的影响存在显著的差异。其中，对国债的收益的影响最大，累计降低了15个基点，对机构债的影响则累计降低了13个基点，对公司债的影响相对较小，仅有2~4个基点。这可能主要是因为由于国债和机构债有着政府的担保，所以政策的效果明显。相对而言，公司债因缺少这种担保而影响较小。

（二）非常规货币政策对实体经济的影响

尽管从本质上来讲，美联储、日本央行、英格兰银行和欧洲央行等采取的货币政策都是非常规货币政策，其政策的最终目标也都是为了缓解市场流动性以促进物价稳定和刺激经济复苏，但是，由于各国在危机中面临的实际情况不同，导致各国的短期目标存在一些细微的差异：对美联储而言，实施非常规货币政策的目的是为了在保持物价稳定的前提下，促进国内就业情况的好转；而日本则是为了摆脱国内通货紧缩的状况并刺激经济增长；英国则主要是为促进国内经济的增长；对欧元区各国而言，其非常规货币政策主要着眼于维持金融系统的稳定和防止主权债务危机的进一步恶化。各经济体的短期目标的侧重点不同，导致其政策选择存在一些细微的差别，并且，现有研究表明，由于各国所面临的经济和金融环境不同，非常规货币政策实施的效果也存在一定的差异。

1. 非常规货币政策对美国经济的影响

很多学者的研究表明，美国的非常规货币政策特别是量化宽松政策，对美国经济的企稳回升和复苏起到了积极的作用。Baumeister 和 Benati（2010）采用结构时变参数 VAR 模型，并定义一种使长期利率上升但不影响短期利率的冲击，研究表明这种冲击能够影响工业化国家的实际经济活动和价格水平。Giannoni et al.（2011）采用贝叶斯 VAR 模型预测了金融危机前后货币供给量和信贷序列数据之间的相互关系，通过对比预测值与真实值，发现有些变量存在并不显著的预测误差。Negro et al.（2010）通过构建 DSGE 模型，发现美联储非常规的货币干预有效防止了经济进一步下滑，并扭转通货紧缩。Chung et al.（2011）则运用 FRB/US 模型对资产平衡效应进行了研究，结论表明，美联储大额资产购买计划有助于提高产出，增加就业以及缓解通货紧缩。Chung（2011）认为，当基准利率被限制在零利率下限时，货币政策的实施将会受到很大的限制，时变参数（time-varying parameters）、测量误差（measurement error）、参数的不确定性（parameter uncertainty）可能导致对零利率下限问题的研究出现较大的误差。根据他们的研究结果，自2008年以来，美联储的资产购买计划相较于不实行该计划而言，截至2012年，能有效地降低1.5%的失业率，并成功地防止了美国陷入通缩的经济状况。Chen et al.（2012）也发现，美联储第二轮量化宽松政策（LSAP II）对GDP产出和通胀的影响都较为温和，但对GDP的水平却具有持续性的影响。其中，对GDP产出的贡献率低于0.5%，对通胀率的影响则更低。持续性地实施LSAP操作与低利率政策，将会使这种刺激效果翻倍。另外，他们的分析并没有区分LSAP II和扭转操作的差别，所以，后续实行的扭曲操作也应该有一样的效果。

但Stroebel和Taylor（2012）认为，美联储实施LSAPs的效果是极为有限的。即使某些学者得出的结论认为LSAPs有“公告效应”(Announcement Effects)，这种效应也是极为微小且不可持续的。现有研究之所以认为LSAPs有效果——抵押贷款利差(Mortgage Spreads)持续下降——的很大一部分原因是同时期的违约风险（Default Risk）和提前还款风险（Prepayment Risk）的下降，在控制了上述因素之后，LSAPs的效果是不显著的。

并且，Taylor（2013a）还认为，美联储之所以坚持认为非常规货币政策的效果（非常规货币政策的收益大于其成本）是积极的，是因为美联储货币政策效果评估模型对这些非常规货币政策效果的预测存在偏误所致。Taylor（2013a）认为，美联储在常规货币政策理论下建立的理论模型，没有考虑非常规政策时的长期零利率水平这一特殊情况，所以，如果利用这些模型来预测非常规货币政策的效果，其结论可能是有偏差的。因为这些货币政策模型是建立在价格和工资刚性基础之上，此时，货币政策能够影响长期利率和实际经济。这种货币政策的传导机制并没有检验过是否适合于非常规货币政策。在非常规货币政策的框架里，利率长期地处于(或者接近于)零的水平。所以，基于这些模型来评估非常规货币政策的效果，其准确性是有待进一步检验的。

2. 非常规货币政策对英国经济的影响

在英国，相关学者的研究也得到了类似的结论，如Joyce

(2010) 对英格兰银行实施的量化宽松政策效果进行了研究，发现该政策降低了政府债券的价格约 100 个基点，并且，这种效果主要是通过资产组合效应起作用的。Kapetanios (2012) 等使用了 Large Bayesian VAR Model、时变参数 VAR 等方法估计了英格兰银行 2009 年 3 月—2010 年 1 月采用的量化宽松政策（在此期间，英格兰央行购买了约 200 亿英镑的国内金融资产），发现对 GDP 的最大影响值约为 1.5%，对年度通胀（以 CPI 来测度）的最大影响值约为 1.25%，并且，他们采用反事实仿真法（Counterfactual Simulation）来推测，发现如果当时英国央行不采用 QE 政策，英国的 GDP 将会存在一个更大幅度的下降，且通胀率将会降得更低甚至出现负值。所以，英格兰银行的 QE 政策对于防止经济出现更大幅度的衰退和通胀紧缩起到了重要的作用。

3. 非常规货币政策对日本经济的影响

Schenkelberg 和 Watzka (2011) 使用 SVAR 模型，发现日本的量化宽松政策确实对短期经济产生了实际的影响，但是没有能让日本摆脱通缩的局面，资产组合效应的作用机制也没有在日本央行的宽松政策中体现出来。Ugai (2006) 认为，日本央行 2001 年 3 月—2006 年 3 月实行的量化宽松政策在提升总需求方面所起的作用很有限，是因为尽管实行了量化宽松的政策，企业和公司更多的是利用其进行自身的资产负债表的调整，而非扩大投资以刺激经济增长。Okina 和 Shiratsuka (2004) 对日本政策承诺的市场预期效果进行了经验性分析，指出政策时间轴效应对于稳定短期利率未来路径的市场预期很有效果，从而使得长期利率下降，收益率曲线变得平坦。但是政策的时间轴效应不能成功逆转金融市场的通缩预期，因为单独的货币政策不能逆转伴有低经济增长的通货紧缩。Kimura et al. (2003) 使用 VAR 模型分析了日本量化宽松政策的时间轴效应、资产组合再平衡效应和扩大基础货币对刺激经济的效果。其结论显示，虽然不能完全否定量化宽松政策的资产组合再平衡效应，但即使有效果，也是微乎其微的。Oda 和 Ueda (2005) 也指出日本量化宽松政策中资产平衡效应无显著效果。但 Kuroki 和 Tachibana (2004) 认为，日本量化宽松政策尽管在抑制通货紧缩方面效果不明显，但通过资产组合再平衡效应对产出产生了显著的影响。

四、非常规货币政策的退出机制

在非常规货币政策促进经济复苏之后，全球各经济体将面临非常规货币政策退出的策略选择问题。目前，这一领域的研究主要包括五个方面的内容：（1）退出的时机判断问题；（2）退出的时间节奏策略；（3）财政政策和货币政策退出的次序选择策略；（4）货币政策退出时的国际协调；（5）退出的政策工具选择。

（一）退出的时机判断问题

非常规货币政策退出的时机判断取决于对各国中央银行特定的宏观经济指标目标值的设定和对经济状况的判断。对于宏观经济指标目标值的设定和经济状况的判断，不同的学者给出了不同的标准。Yellen（2009）认为，美联储隐含的通胀率目标和失业率目标分别为2%和5%，只有当失业率开始明显下滑和通货膨胀预期达到目标水平后，美联储才会开始收紧货币政策。Dodge和Bennett（2010）则指出，货币政策的调整应该关注价格变化路径（Price Path），当价格变化与价格水平目标发生较大偏离时，就应该对货币政策进行调整。而Belke（2010）认为，政策退出应该明确的标准是，何时经济复苏才会稳固、何时金融市场恢复正常、信贷风险利差缩小至一个适当的水平以及在中期内通货膨胀压力上升。只要这些条件都满足，那么央行就会开始紧缩货币政策，并且货币政策调整应依据泰勒规则，也就是说，政策利率应该对通货膨胀和产出缺口的变化做出相应的调整。Kohn（2009）指出，在宽松货币政策产生了通货膨胀压力，并且通胀预期在长期稳定的物价水平之上时，政策退出的时机就成熟了。

关于退出时机标准选择的相关研究表明，非常规货币政策退出需要一个比以往更广泛的指标作为分析基础。然而，不管这个指标体系多么健全，都不能排除非常规措施退出太早或太迟的风险。如果退出政策先于经济复苏，则可能扼杀经济复苏的前景。很多学者对政策过早退出的风险进行了分析。Eggertsson和Woodford（2003）对日本的研究表明，21 世纪初期，日本非常规货币政策的提前退出延长了日本不必要的通货紧缩。González-Páramo（2009）指出，如果央行过早开始退出非常规货币政策，将会使经济条件再次恶化，因为非常规货币政策的有效性在很大程度上取决于这个政策将会保持多长时间。如果只是一个短期的向金融机构提供流动性的措施，那么，银行将不可能把更多的信贷投向私营部门。但是，考虑货币政策的决策和认识时滞，如果紧缩政策出台不及时，则可能失去控制通胀的最佳时机，加大日后的控制难度。Belke（2010）也指出了政策过迟退出的风险。他认为，退出过迟也是危险的，因为公众可能会失去对央行承诺低通胀的信心。一旦公共部门的通胀预期变得不稳定，在产出和就业方面的损失就会相当巨大，而且这种状态会很难控制。

（二）退出的时间节奏策略

与退出时机相关联的退出节奏策略主要包括两种选择，即是采用循序渐进（step by step）策略还是采用一步到位（one off）策略问题（Belke，2010）。现有研究表明，无论是从宏观经济的平稳复苏还是从央行货币政策调控的现实来看，在经济复苏阶段，非常规货币政策的退出应采用循序渐进的策略。Baudchon（2009）指出，危机背景下量化宽松货币政策注入的大规模流动性的收缩将会需要时间，非常规货币政策的逐步退出有助于检测经济复苏的稳健性以及经济发展对货币政策逐步退出的适应性，同时缓和对通货膨胀的恐惧。González-Páramo（2009）则进一步认为，退出策略在任何情况下都应保持及时性（timeliness）和渐进性（gradualism），货币政策正常化的立场和非常规措施的退出，都应该随着经济和金融状况逐步改善而循序渐进。Belke（2010）的研究显示，在退出的策略选择中，中央银行有四个可能的战略：（1）早而逐步的紧缩；（2）晚而逐步的紧缩；（3）早而积极的紧缩；（4）晚而积极的紧缩。尽管如此，若央行将物价稳定作为其主要目标，并且像关注通货紧缩一样关注通货膨胀，那么，在利率上升和下调时，货币政策应该是对称的。但在货币政策的实际执行中，相对于提高利率而言，央行会更积极地下调利率。因此，理论上，央行会像在金融危机爆发时积极实施宽松货币政策那样，在经济复苏阶段立刻退出非常规货币政策，但实际上央行可能会采取逐步紧缩的策略。

（三）财政政策和货币政策退出的次序选择策略

在本次金融危机中，大多数国家采取了积极的财政政策与量化宽松的货币政策组合来避免经济陷入急剧的衰退之中。因此，当经济复苏的迹象明显，非常规货币政策的退出已成为现实时，危机之中采取的非常规财政政策是否随之而退也就成为宏观决策层不得不考虑的问题。在这一问题上，宏观决策层将会面临三个策略选择：财政政策和货币政策同时退出策略、先财政后货币策略或者先货币后财政策略。显然，在经济复苏的态势尚未趋稳之前，非常规财政政策和货币政策的同时退出将使经济的复苏面临较大的风险。因此，当两者难以同时退出之时，就涉及究竟是货币政策先退还是财政政策先退的国内政策退出的先后次序策略选择问题。

部分学者认为，相对于财政政策制定、实施和调整中的刚性特征而言，货币政策的调整具有较大的灵活性，而且，在危机之后的经济复苏阶段，宏观经济管理层面临的主要问题之一也是如何回收过多的市场流动性以达到抑制通货膨胀预期的目的。但 Jurgen（2009）认为，当中央银行非常规货币政策退出的目标是为了追求公众对币值稳定的信心时，财政政策的延迟退出将会使央行币值稳定的目标落空。过度的财政赤字将使政府背上沉重的债务负担。为减缓财政负担，政府不得不提高税收或削减开支，这会削弱政府支持中央银行维持币值稳定的动力。从长期来看，延缓财政政策回归到正常状态的后果更为严重。原因是现有财政政策的拖延将导致更大的债务负担，因而需要较大幅度地提高税收或削减开支，以应付这些债务。因此，中央银行应抵制货币政策过早收紧，而及时的预算紧缩和私营部门在危机后的调整将削弱总需求，这将为执行没有增加通胀压力的货币政策留下更大的空间。Dodge（2010）也认为，货币政策和财政政策在维护长期宏观经济稳定和市场信心方面有一种共生关系，如果政府有过多的债务，没有任何一家中央银行能够执行确保公众信心不受损害的货币与金融稳定政策，极度宽松的财政政策将会主导货币政策。因此，财政政策应该先于货币政策退出。

(四) 货币政策退出时的国际协调

在经济全球化和一体化进程日益加深的背景下，单一经济体的非常规货币政策退出可能带来溢出效应，对其他经济体的经济复苏带来不利影响。因此，非常规货币政策的退出需要各国之间的协调和沟通。Posen（2009）指出，率先紧缩货币政策的国家可能会引发本国货币的升值，这会吸收经济弱复苏国家（这些国家仍实行宽松货币政策）的资金，从而诱发旨在抵消货币政策溢出效应的汇率干预，进而引发经济冲突。由于溢出效应会随着时间的推移而发生变化，对政策的执行时机是国际货币政策的一个关键部分，但是绝大多数分析无法对此作出判断，这也影响了政策的可协调性。Belke 和 Gros（2009）认为，缺乏协调的各中央银行之间的货币竞争，可能引起一个搭便车的问题。如果一国中央银行倾向实行宽松的货币政策，流动性溢出就会发生。另一方面，如果大多数国家的央行都向同一个方向调整货币政策，有可能发生溢出的乘数效应，从而给全球经济带来更大的冲击。因此，退出政策需要国际协调。

(五) 退出的政策工具选择

Bernanke（2009）认为，当经济复苏且有必要紧缩货币时，美联储可以通过下述的四种方法，以提高短期利率，降低广义的货币供给，从而达到货币紧缩的目的：一是美联储可以根据大规模反向逆收购协议规定（Large-scale Reverse Repurchase Agreements），向金融市场的参与者们（银行和其他金融机构）收回市场上过剩的流动性；二是美国财政部可以向市场出售国债，并将所得款存入美联储，从而收回流动性并降低美联储的资产负债表；三是通过给银行在美联储的定期存款付息，使得银行在美联储的定期存款不会流向联邦基金市场；四是在必要时，美联储可以通过公开市场出售一部分自己持有的长期债券，以收回市场上的流动性。

Rudebusch（2010）的研究发现，产出对长期利率变动敏感程度，是短期利率变动的4倍，所以，改变长期利率，相比于改变短期利率而言，效果会更显著。非常规货币政策的退出，是联邦基准利率和美联储持有债券组合的再平衡过程。但是，这个再平衡过程需要视经济复苏的情况而定。由于没有太多的历史经验可供参考，这样的再平衡过程可能需要特别谨慎，绝大多数的美联储联邦公开市场委员会（FOMC）成员倾向于在卖出美联储所持有的资产之前，先调整短期利率。也就是说，让短期利率的调整先于美联储资产负债表的调整。这样做可能更有利于稳定经济复苏。

Wieland（2009）通过对日本在 2001 年 3 月至 2005 年实施了量化宽松的政策进行分析，认为日本央行在观察到物价上涨之后进行的逆向操作，顺利地实现了宽松政策的退出，所以，从实践上来说，量化宽松政策的退出也是易于操作的。

但是，Taylor（2012）认为，即使非常规的货币政策可以退出，美联储也将面临着以怎样的节奏和规模退出的问题。在退出的时机适当时，美联储将面临如下的问题：当卖出 MBS（Mortgage-Backed Security）时，对抵押贷款利率（Mortgage Interest Rate）的影响会是怎样？如果当前银行在美联储储备的超额准备金数量是合理的话，那么，当美联储卖出 MBS 时，将意味着银行可用贷款的减少。此时，美联储和银行都将面临难以抉择的困境——对美联储而言，到底该不该继续卖出抵押债券？对商业银行而言，是否需要购买这些债券并减少可用的信贷总量？实际上，美国的商业银行在美联储的超额储备金达 1.4 万亿美元之多，这些数额巨大的储备货币一旦被释放出来，将极大地增加市场上的货币供应量并催生高通胀（Feldstein，2013）。另外，当美联储在发现因为政治原因而难以顺利地降低其资产负债表时，或者当降低资产负债表的速度过慢时，经济复苏后的美国将不可避免地面临着巨大的通胀压力。但如果美联储过快地降低其资产负债表时，又会导致货币的过分紧缩，从而给经济的复苏带来负面的影响。

五、非常规货币政策的合理性及其长期负面影响

前述表明，尽管很多研究都表明非常规货币政策在短期内对于缓解经济危机和刺激经济复苏是必要的，而且有着积极的影响。但这并不意味着在这一问题上学术界已经达成一致。事实上，部分经

济学家对非常规货币政策使用的合理性和长期效果一直持怀疑的态度。

（一）2003 年以来货币政策的合理性

Taylor（2007，2009，2012a，2012b，2012c，2012d，2013a，2013b）认为，是 2003—2005 年美联储的低利率政策催生了美国房地产市场的繁荣泡沫，而这种低利率政策是对 20 世纪 80—90 年代以来的货币政策规则的偏离。Taylor 通过一系列研究指出，20 世纪 80—90 年代的货币政策，其实是很好地遵循了"泰勒规则"（The Taylor Rule）的，而在 2001 年美国互联网泡沫破灭以后，美联储进入了"长期实施过低的货币政策时期"（Taylor，2012），这种做法显著地偏离了 20 世纪 80 年代以来的货币政策规则，而这种偏离导致了美国房地产市场的泡沫，最终引发了金融危机并蔓延到实体经济进而造成了世界性的经济危机。并且，由于危机期间的美联储的不适当干预，延缓了经济的复苏。所以，Taylor 认为，美联储货币政策对规则的偏离是本次金融危机产生的根源、延长了危机的持续时间并进一步加大了经济的破坏力度。其作用机制是，低利率助长了人们对收益率的追求，使得人们愿意承受更高的风险，加之美国房地产政策的推波助澜——对创新的金融工具在房地产市场的使用过于纵容甚至是保持着一种鼓励的态度，这使得人们更愿意去投机，并对未来房价保持着乐观的预期，这种投机的盛行导致了房地产市场的泡沫。

所以，对美联储而言，长期最优的做法就是遵从一定的货币政策规则，这比相机抉择的做法要好得多。相机抉择的货币政策，不仅导致了金融危机的发生，也使得经济复苏之路遥遥无期。故而，目前对美联储而言最紧迫的事情不是如何实施更大强度的货币干预政策，而是如何进一步强化货币政策的规则，以有效约束美联储的相机抉择行为（Taylor，2013a，2013b）。Feldstein（2013）认为，美联储的非常规货币政策将催生危险的资产泡沫，并引发高通胀预期，它的各种试图引导公众预期的声明也将进一步混淆市场的预期。Mankiw（2012）也认为，美联储当务之急是让自己的政策操作目标更为明确，而不是笼统地声明"将把低利率政策延续到"，这样会有助于美国经济的复苏。

但是，Bernanke（2010）则对此进行了辩驳，他认为，Taylor的指责在很大程度上是不能够成立的，这主要是基于如下几个方面的原因：(1) 对美国的经济而言，即使按照泰勒规则来实施货币政策是合理的，但泰勒规则的方程构成到底如何是存在疑问的。(2) 标准的泰勒规则只强调利用现有的宏观指标来制定货币政策目标，但是，由于货币政策存在时滞，美联储在考虑货币政策目标时，不仅要考虑现有的宏观变量情况，还要对目标变量的未来预测值进行重点考虑，因为对未来预期的考虑是美联储政策制定的一个重要方面。(3) 房地产泡沫与低利率之间的关系，也并没有Taylor认为的那么强烈。

所以，在Bernanke看来，在考虑了预测值的因素之后，美联储在2001—2006年的货币政策，也并没有Taylor所认为的那样出现较大程度的偏离。而房地产泡沫应该主要归结于金融工具创新过快而监管未能及时跟进，它与美联储的低利率政策没有太大的关系。另外，Bernanke（2005，2007）认为，新兴市场国家的储蓄率过高，导致资本流入美国，使得美国的长期利率持续走低，也对房地产泡沫起了推波助澜的作用，进而引发了本次金融危机。但Taylor（2007）对此即表示了质疑，因为从历史上看，国际范围内的储蓄率与美国的长期利率走低之间没有必然的联系。尽管在2003—2005年国际储蓄率水平（以储蓄占GDP的比重来衡量）达到了21%，但在20世纪70年代早期，这一数值曾经高达25%，也没有出现目前这样国际范围内低水平的长期利率。

（二）非常规货币政策可能存在的长期负面影响

对非常规货币政策有效性研究的理论中，一个重要的假定就是在零利率下限时，央行通过提供宽松的流动性来降低长期利率，以降低企业和家庭长期投资的成本，从而刺激企业和家庭的需求，以使得经济摆脱衰退的阴影。但Taylor（2013a）认为，非常规货币政策操作的核心目标——将利率保持在接近零利率的水平存在潜在的负面影响，它会导致人们为了追求高收益而过度冒险、银行在面临不确定性的市场环境时会因为贷款的收益极低而惜贷以及由于低成本负债而不愿冲销坏账、政府由于借贷成本很低而大举借债进而导致国债比例的爆炸式上涨等一系列严重的问题。

1. 导致信贷供给不足

Taylor（2013）认为，现有非常规货币政策理论的一个主要观点就是，零利率（或者接近于零利率）水平有利于降低投资者（企业或者家庭）的融资成本。这一理论是从需求者的角度来看待零利率下限问题的，其前提假定是，资金的供给方即银行等金融部门的信贷供给意愿是充分的。但是，这个假定是值得探讨的——在金融危机特别是经济危机出现时，银行在零利率情况下可能并不愿意过度贷款。换言之，银行惜贷的根源并不一定完全是由于资金的需求方不愿意借款，也可能与贷款的价格（接近于零的利率）过低有关。所以，人为压低利率可能对经济的复苏并不一定是有利的因素，需要深入探讨人为压低利率对于银行信贷行为的关系，现有的一些文献也支持过低利率会扭曲银行信贷的供给行为。

2. 鼓励过度冒险行为

Taylor（2013）等认为，过低利率会损害养老基金等主要依靠利率来获得收入的群体。这类群体和资金聚集的部门，为获得更高的收益可能会进行过度风险（excessive risk taking）的投资，这种由于利率收入过低而倾向于过度承担风险以谋取高利润的投资行为，可能会对金融市场的稳定产生不利影响，甚至会催生下一次的金融泡沫。

3. 扭曲银行改善自身资产结构的激励

在美联储通过干预将利率保持在接近于零的水平时，银行的负债成本就变得很低。此时，银行可能不会急于冲销坏账以改善其自身的资产结构，而是采用拖延处理的方式来对待不良资产。这种激励机制的扭曲，会违背美联储的政策初衷——美联储的目的是通过干预行为来帮助金融机构处理自身不良资产，但得到的结果可能是危机的持续时间延长而不是缩短。所以，美联储的低利率政策可能会是事与愿违的。

4. 增加政府债务持续上升的风险

低利率会使得政府的借债成本降低，此时，政府将缺乏降低债务的激励和动力。相反，政府的负债可能会有持续增加的风险。因为在经济紧缩的大背景之下，政府为了稳定经济和刺激就业，可能会有更大的积极性来借债，以筹措更多的资金来增加公共支出。所以，央行对利率的干预，可能会增强政府借债以增加支出的积极性。在一国财政赤字高企时，这种借债行为可能导致政府的收支状况的进一步恶化，从而会增加未来经济的不确定性。

5. 损害央行的独立性

首先，非常规的货币政策更像是一种财政政策或信贷配给政策——通过货币创造的方式，而非税收政策或者公开借款的方式来对一些公司或者部门提供援助。这会引发人们对央行独立性的质疑，因为这种援助措施不像是一个独立的政府机构所采用的。中央银行会因为采取了这些非常规措施，而面临着未来实施货币政策时丧失独立性的风险。

其次，Taylor（2013a）认为，对央行独立性的讨论，应该要从两个层面来进行：法理上的独立性（de jure independence）和事实上的独立性（de facto independence）。对于美国而言，近年以来在法理上的独立性方面，美联储的地位基本没有任何改变。但事实上的独立性却存在一个变动的过程，这种独立性的丧失，可能是由于政府部门的压力所致，也可能是央行自己主动行动所导致的。Meltzer（2009）的研究指出，在20世纪60—70年代，美联储的独立性有所丧失，而在20世纪80—90年代则又重新进一步获得了独立性。但近年以来，美联储的独立性又有所下降，且这种独立性的下降是美联储主动作为——是其与美国财政部合作，参与财政政策的实施所致（Goodfriend，2012）。

当然，Taylor（2013b）自己也承认，正如Friedman（1962）所认为的那样，世界上从来都没有完全独立的、不顾及政府偏好的央行，也没有完全不与政府部门一起进行经济干预的央行。但使得央行保持独立的最主要吸引力就在于，它能够有效地约束政府的范围（the scope of government），抵抗许多来自于政府部门的、试图扩张政府权力范围的主张。所以，从这一点来说，制定一个严格的货币政策规则是至关重要的，而对于当前的美联储而言，遵从货币政策的规则行事，对美国经济的长期发展而言是至关重要的。

6. 让人们对未来的不确定预期增强

Taylor（2013a）认为，随着美联储陆续实施非常规货币政策特别是量化宽松政策，美联储的资产负债表急剧飙升，这导致银行的超额准备金数量也持续攀升，当这些超额准备金在未来的某个时点被释放出来时，未来的经济形势将会是怎样的？这种不确定性将会持续地影响人们的预期，因为此时公众无法对央行货币政策导致的货币流动状况有一个稳定的预期，所以，会对经济复苏产生不利的影响。另外，Feldstein（2013）认为，美联储发表的关于货币政策实施的前后不一致的声明，也会让公众对美联储未来的政策规则难以有较为明确的预期，这也不利于货币政策预定目标的实现。

7. 可能引发国际间的汇率战

另外，中央银行的量化宽松政策，还可能会引发国际间的汇率战（Currency Wars），因为一国央行实施的过低利率政策会促使其他央行也跟着采用非常规政策来干预经济，以保持本国货币的汇率的相对稳定，而这有可能导致某些商品价格的飙升（Taylor，2013）。

六、未来研究展望

上述分析表明，金融危机之后，随着发达经济体大规模持续的非常规货币政策的实施，学术界对于非常规货币政策的理论和实证研究都获得了长足的发展。尽管如此，从理论发展的角度来看，非常规货币政策的理论和实证研究尚有许多问题值得进一步的完善和发展。

第一，非常规货币政策的长期影响问题。现有理论和实证研究均表明，作为应对金融危机下零利率约束的非常规货币政策，其对缓解金融危机冲击下市场流动性短缺、促进经济复苏均具有明显的效果。但是，持续大规模的非常规货币政策的实施对物价和经济波动的长期影响如何，现有研究并未给予足够的重视。如果非常规货币政策从短期来看有利于促进物价的稳定和经济复苏，但长期却给物价稳定和宏观经济增长带来潜在的不稳定，则这种政策的合理性值得探讨。

第二，非常规货币政策的退出问题。从现实来看，主要发达经济体的中央银行均没有提出非常规货币政策退出的时间表，相反，非常规货币政策出现了常态化的态势。若如此，这种非常规货币政策的常态化会对金融市场和实体经济带来何种影响，值得学术界关注；另一方面，若要使非常规货币政策成功退出，使货币政策的操作常规化，则又面临着何时和如何退出、在退出中各经济体之间如何协调等一系列复杂的问题。因为欧美日等世界主要经济体，都是贸易依存度特别高的国家和地区，当主要经济体都实施了量化宽松政策以刺激经济，而个别国家率先实现复苏后，这些国家该如何实施退出政策以防止本国出口遭受重大冲击？特别地，对于美国这样国际收支严重失衡的国家，在率先复苏情况下，如何有效退出以兼顾通胀和出口？

第三，就非常规货币政策传导和有效性的研究而言，如前所述，现有研究更多地关注了非常规货币政策的实施对家庭和企业等经济主体预期和需求的影响，而对于零利率约束下这类政策实施中商业银行和金融机构的行为决策缺乏足够的重视。因此，将低利率政策下金融机构的行为决策作为相对独立的主体，加入宏观经济模型中，以揭示非常规货币政策的传导机制，将会是这一领域未来研究的方向之一。

第四，非常规货币政策对传统货币政策理论的挑战问题。在多年理论和实证研究的基础上，Mishkin（2011，2012）总结了20世纪80年代以来学术界和各国央行在货币政策理论和实践操作中所形成的常规货币政策理论的9个基本“共识”：（1）通货膨胀总是一种货币现象；（2）价格稳定有很多重要的益处；（3）长期而言，不存在失业率和通胀的权衡；（4）宏观经济中，预期扮演着重要的角色；（5）泰勒规则对于价格的稳定是必要的；（6）时间不一致性问题对货币政策有着重要的影响；（7）中央银行的独立能改善宏观经济的绩效；（8）对名义的“锚”的可信承诺，有助于价格和产出的稳定；（9）金融摩擦在经济周期中有着重要的作用。由此引出的问题是，非常规货币政策的实施对这9个基本共识会产生何种影响？非常规货币政策是拓展了现有的货币政策理论还是颠覆了现有的理论基础？显然，对这一问题的研究将有利于推动货币政策理论的发展。

第五，发达经济体持续、大规模的非常规货币政策的实施将对全球经济的发展，特别是对广大发展中国家的经济发展产生何种影响，也将是该领域值得高度关注的问题之一。而现有文献对这一问题的规范研究几乎呈空白状态。

参考文献

[1] 卢锋：《透视日本经济“低增长稳态”》，FT 中文网，CMRC 朗润经济评论，2012-11-23。

[2] 潘敏、缪海斌：《非常规货币政策退出的时机与策略》，《经济学动态》2010 年第 6 期。

[3] 潘敏、严春晓：《美联储利率承诺的宏观经济效应》，《国际金融研究》2012 年第 4 期。

[4] Baudchon，H.，2009，Tools for an Exit Strategy，Consensus Economics，Crédit Agricole，Paris，October 1.

[5] Baumeister，C. and L. Benati.，2010，“Unconventional Monetary Policy and the Great Recession”，ECB，Working Paper Series，No. 1258，October.

[6] Belke，A.，2010. Financial Crisis，Global Liquidity and Monetary Exit Strategies. Discussion Papers of DIW，No. 995 Berlin，April.

[7] Bernanke，B. S.，2002. Deflation：Making Sure “It” Doesn't Happen Here. Before the National Economists Club，Washington，D. C.

[8] Bernanke，B. S.，2009. The Fed's Exit Strategy. The Wall Street Journal.

[9] Bernanke，B. S.，and V. R. Reinhart. 2004. Conducting Monetary Policy at Very Low Short Term Interest Rates.

[10] Bernanke，B. S.，2010. “The Economic Outlook and Monetary Policy” At the Federal Reserve Bank of Kansas City Economic Sym-

posium, Jackson Hole Wyoming.
[11] Chen, H., V. Cúrdia, and A. Ferrero. 2012. The Macroeconomic Effects of Large-Scale Asset Purchase Programs. Federal Reserve Bank of New York Staff Reports, No. 527.
[12] Chung, H., J. Laforte, D. Reifschneider, and J. C. Williams. 2011. Have We Underestimated the Likelihood and Severity of Zero Lower Bound Events? Journal of Money, Credit and Banking, Supplement to Vol. 44, No. 1.
[13] D'Amico, S., and T. B. King. 2009. Flow and Stock Effects of Large-scale Treasury Purchases: Evidence on the Importance of Local Supply. Journal of Financial Economics.
[14] D'Amico, S., W. English, D. Lpez-Salido and E. Nelson. 2012. The Federal Reserve's Large-Scale Asset Purchase Programs: Rationale and Effects.
[15] Dodge, D. A, and J. Bennett. 2010. Reflections on the Conduct of Monetary and Financial Stability Policy, Canadian Economics Association. 0008-8045/10/ 29-40.
[16] Eggertsson, G. and M. Woodford., 2003 The Zero Bound on Interest Rates and Optimal Monetary Policy. Brookings Papers on Economic Activity, 1, pp. 139-211.
[17] Feldstein, M., 2013. The Fed's Dangerous Direction. The Wall Street Journal.
[18] Fujiki, H., Okina, K. and Shiratsuka, S. 2001, Monetary Policy under Zero Interest Rate: Viewpoints of Central Bank Economists. Monetary and Economic Studies, 19 (1), pp. 89-130.
[19] Friedman, M., 1962. Should There Be an Independent Monetary Authority? in Leland B. Yeager (Ed.), In Search of a Monetary Constitution, Harvard University Press, Cambridge, Massachusetts.
[20] Gagnon,, J. M. Raskin, J. Remache, and B. Sack.., 2010. Large-Scale Asset Purchases by the Federal Reserve: Did They

Work? Staff Report No. 441.

[21] Giannone, D., M., Lenza, H. Pill, and L., Reichlin, 2011, "Non-standard Monetary Policy Measures and Monetary Developments", ECB Working Paper No. 1290.

[22] González-Páramo, José Manuel., 2009 Non-standard Monetary Policy: Five Questions About the Exit, Speech on The Occasion of the Seminar at the European Economics and Financial Centre, London, November.

[23] Hagen, J. V. 2009. Monetary policy on the way out of crisis, Bruegel Policy Contribution. ISSUE 2009/15, Sept.

[24] Hamilton, J. D. and J. C. Wu. 2011. The Effectiveness of Alternative Monetary Policy Tools in a Zero Lower Bound Environment.

[25] Jürgen van Hagen, 2009, Monetary Policy on the Way out of Crisis. Bruegel Policy Contribution. ISSUE 2009/15, September.

[26] Kapetanios, G., H. Mumtaz, I. Stevens and K. Theodoridis. 2012. Assessing the Economy-wide Effects of Quantitative Easing. Bank of England, Working Paper No. 443.

[27] Kohn, D. L., 2009. Monetary Policy Research and the Financial Crisis: Strengths and Shortcomings. At the Federal Reserve Conference on Key Developments in Monetary Policy, Washington, D. C.

[28] Krishnamurthy, A. and A. Vissing-Jorgensen, 2011. The Effects of Quantitative Easing on Interest Rates: Channels and Implications for Policy NBER Working Paper No. 17555.

[29] Krugman, P. R., K, M. Dominquez and K, Rogoff. 1998. It's Back: Japan's Slump and the Return of the Liquidity Trap. Brookings Papers on Economic Activity, Vol. 1998, No. 2, pp. 137-205.

[30] Mankiw, N. G. 2012. Dear Mr. Bernanke: Please Tell Us More, The New York Times.

[31] Michael D. B. and G. D. Rudebusch. 2012. The Signaling Chan-

nel for Federal Reserve Bond Purchases.

[32] Michael J. , A. Lasaosa, I. Stevens, and M. Tong. , 2010. The Financial Market Impact of Quantitative Easing. Working Paper No. 393.

[33] Mishkin, F. S. , 2012. Central Banking after the Crisis. Prepared for the 16th Annual Conference of the Central Bank of Chile, Santiago, Chile.

[34] Mishkin, F. S. , 2011. Monetary Policy Strategy: Lessons from the Crisis. NBER Working Paper 16755.

[35] Oda, N. and Ueda, K. , 2008. On the function of the zero interest rate commitment: Monetary policy rules in the presence of the zero lower bound on interest rates. Journal of the Japanese and International Economies, Vol. 22, issue 1, pages 34-67.

[36] Okina, K. and Shiratsuka, S. 2004, Policy Commitment and Expectation Formation: Japan's Experience under Zero Interest Rates. North American Journal of Economics and Finance, 15(1), pp. 75-100.

[37] Posen, A. S. 2009. Finding the right too l for dealing with asset price booms, Speech to the MPR Monetary Policy and Markets.

[38] Rudebusch. G. D. 2010. The Fed's Exit Strategy for Monetary Policy. FYBSF Economic Letter, 2010-18, pp.1-5.

[39] Schenkelberg, H. and S. Watzka. 2011. Real Effects of Quantitative Easing at the Zero-Lower Bound: Structural VAR-based Evidence from Japan. CESIFO Working Paper No. 3486.

[40] Stroebel J. and Taylor. 2012. Estimated Impact of the Federal Reserve's Mortgage-backed Securities Purchase Program. International Journal of Central Banking, pp. 1-40.

[41] Swanson, E. T. L. Reichlin, and J. H. Wright. 2011. Let's Twist Again: A High-Frequency Event-Study Analysis of Operation Twist and Its Implications for QE2. Brookings Papers on Economic Activity, pp. 151-207.

[42] Taylor, J. B. and V. Wieland. 2010. Surprising Comparative Properties of the Monetary Models: Results from a New Monetary Model Database. European Central Bank Working Paper Series No. 1261.

[43] Taylor, J. B., 2009. How Government Created the Financial Crisis. The Wall Street Journal.

[44] Taylor, J. B., 2012a. Monetary Policy in the past 30 years with Lessons for the Next 30 Years. A Luncheon Address given at the Cato Institute's 30th Annual Monetary Conference on Money, Markets and Government: The Next 30 Years, Washington, D. C.

[45] Taylor, J. B., 2012b. Monetary Policy Rules Work and Discretion. Journal of Money, Credit and Banking, Vol. 44, No. 6, pp. 1016-1031.

[46] Taylor, J. B., 2012c. Questions about Recent Monetary Policy. Presented at the Centennial Celebration of Milton Friedman and the Power of Ideas, University of Chicago.

[47] Taylor, J. B., 2012d. Why We Need to Read Hayek. The Hayek Lecture, New York City.

[48] Taylor, J. B., 2013a. A Review of Recent Monetary Policy. Testimony before the Subcommittee on Monetary Policy and Trade Committee on Financial Services U. S. House of Representatives.

[49] Taylor, J. B., 2013b. The Effectiveness of Central Bank Independence versus Policy Rules. Prepared for the session "Central Bank Independence: Reality or Myth?" American Economic Association Annual Meeting San Diego, California.

[50] Ugai, H., 2006. Effects of the Quantitative Easing Policy: A Survey of Empirical Analyses. Bank of Japan Working Paper Series, No. 06-E-10.

[51] Wieland. V., 2009. Quantitative Easing: A Rationale and Some Evidence from Japan. NBER Working Paper No. 15565.

[52] Woodford, M. 2005, Central-bank Communication and Policy Ef-

fectiveness. NBER Working Papers No. 11898.
[53]Yellen, J. L., 2009, U. S. Monetary Policy Objectives in the Short and Long Run. at the IBEFA/ASSA meeting held in San Francisco.

汇率传递与货币政策研究

武汉大学经济与管理学院　王　胜

一、引　言

自从布莱顿森林体系瓦解后，汇率和价格水平之间的相互关系就得到了相当的重视，特别是在实行弹性汇率制的国家更是引起了政策制定者的高度关注，20世纪80年代以来的货币金融危机也促进了相关问题的研究。汇率传递问题的研究就是研究汇率和价格水平之间的关系，即汇率波动对整个生产价值链中各种不同价格指数的影响，包括出口价格、进口价格和消费者价格等。然而，早期的研究还仅仅集中于不完全汇率传递的实证考察和对汇率传递程度的度量，因为这直接关系到汇率政策的支出转移效应；而且大部分研究都只是局限于某一特定领域的研究，例如出口价格传递、进口价格传递或不同价格体系的相关程度。因此，对汇率传递的系统研究还远远不够，特别是关于不完全汇率传递对货币政策传导机制的研究，以及由此产生的各种宏观经济影响还缺乏系统而深入的探讨。

到了20世纪90年代中后期，Obstfeld和Rogoff（1995，1996）开创性地将垄断竞争和名义价格黏性纳入两国经济的动态随机一般均衡模型中，创立了“新开放经济宏观经济学”(Lane，2001)，这为深入分析汇率波动、最优货币政策、国际收支等许多国际宏观经济问题奠定了基本的理论框架。Clarida 等（2001）也认为这种动态随机一般均衡模型在货币传导机制、外生经济冲击和福利分析等多个方面为汇率政策的分析提供了新的思路和视角。这样国际经济学和货币理论的发展共同促进了不完全汇率传递问题的研究。此后，对汇率传递与货币政策的研究和探讨层出不穷，得到了许多有见解的结论。

二、汇率传递研究的观点综述

（一）不完全汇率传递的实证发现和成因分析

汇率传递问题最早起源于一价法则与各国价格收敛问题的研究；20 世纪 80 年代末，对汇率传递的研究主要集中于产业组织领域，强调了汇率在国际价格歧视中所扮演的角色。Goldberg 和 Knetter（1997）对进口价格的汇率传递问题进行了综述和总结，强调了价格对汇率波动不完全反应的实证事实，指出了不完全汇率传递这个问题的重要性。早期的不完全汇率传递主要是指汇率的波动没有完全传递到进口价格上，现在汇率传递的含义更为广泛，包括了汇率对出口价格、消费者价格等的影响。

许多研究表明汇率对美国进口价格的传导程度比较低，而且近年来呈现出明显的下降趋势。例如，Marazzi 和 Sheets（2007）发现汇率对美国整体进口价格指数的传递程度从 20 世纪 70 年代的 50% 下降到最近的 20% 左右；而且这种趋势对最终消费品的进口价格表现得最为明显（Gust 等，2010）。此外，Ihrig 等（2006）还发现在其他发达国家也存在类似的汇率传递下降的情况。很明显，不完全汇率传递会削弱对实际产出的支出转移效应，从而影响到汇率传导机制、价格等各个方面。在讨论其宏观经济影响之前，有必要分析一下不完全汇率传递的形成机制和原因。

Krugman（1987）和 Dornbusch（1987）较早对不完全汇率传递的成因进行了深入的分析，利用不完全竞争和看市定价（Pricing-to-Market）来解释汇率对进口价格的传递效应小于 1。在垄断竞争市场上，追求利润最大化的厂商可以根据每一个市场上的需求弹性来决定边际成本上的最优加成幅度，从而对不同的市场实施价格歧视。例如，当进口国货币贬值时，外国出口商就可能会调整以本币标价的价格，减少加成，从而使以进口国货币标价的价格保持相对稳定，出现汇率的不完全传递。这种行为可能是对短期汇率波动的被动反应（Marston，1990），也可能是为了维持市场份额的需要（Kasa，1992）。这些论文是受到了 Knetter（1993）的重要启发，为看市定价假说提供了基础。此外，Gosh 和 Wolf（2001）揭示了菜单成本也有可能导致短期的不完全汇率传递。Menon（1995）还对相关的理论解释进行了较系统的总结和论述。

其次，当地货币定价（Local Currency Pricing，LCP）和名义价格刚性可以共同解释汇率波动对进口价格的低传递程度（Devereux 和 Engel，2002）。新开放经济宏观经济学的建立为汇率传递问题提供了一个新的理论框架。近来的大量文献还研究了一种与不完全汇率传递相关的重要现象——当地货币定价，即所有出口商品都以进口国货币标价。这种方法的一个重要特点就是融入了名义价格刚性，即短期内商品价格保持不变，但是在长期就能随着供给的变化而发生调整。于是，当出口厂商在国际市场上没有随着汇率的即时变动而立刻调整价格时，出口商品定价货币的选择就直接决定了汇率传递的程度。如果所有出口厂商都选择生产者货币定价（Producer Currency Pricing，PCP），汇率的变动就会完全传递到商品的出口价格上，出现完全的汇率传递；反之，如果所有出口厂商都采用当地货币定价，商品的出口价格就完全不会受到汇率波动的影响，从而实现零汇率传递。然而大多数情况下，两种定价方式会同时存在，这样就会出现不完全汇率传递的情况。由于美元在国际结算中的主导地位，当地货币定价对美国的进口商品可能更为普遍，这也在一定程度上解释了美国比大多数其他国家的汇率传递程度更低（Mishkin，2008）。

Devereux 和 Engel（2001）通过内生化生产者货币定价和当地货币定价两种定价方式的选择，来探讨汇率传递程度的决定。Bacchetta 和 Wincoop（2002）采用了类似的方法在静态模型中计算了均衡汇率传递的数值解，他们都得到了风险规避和当地货币定价之间的正相关关系；在某些情况下，他们发现厂商的定价决定没有纯策略均衡。Bacchetta 和 Wincoop（2003）发现汇率波动小或者货币政策相对稳定的这个国家的货币更容易成为定价货币；他们局部均衡的结论印证了 Feenstra 等（1996）的思想：出口厂商对市场的高控制力成为高汇率传递的主要原因。由于厂商策略性定价的相互作用，就有可能会出现汇率传递的多个均衡解，但是多种均衡存在的内在根源则是厂商规模收益递减的性质。Devereux 等（2004）则在规模收益不变的情况下，进一步探讨了汇率传递程度和汇率波动之间的相互影响；在两者同时内生的情况，他们发现汇率传递和货币政策的稳定性息息相关，货币增长波动低的国家汇率传递程度较低。Goldberg 和 Tille（2005）对此则有不同的观点，通过实证检验，他们发现定价货币的选择更多的是取决于一国出口商品的结构，而不是宏观因素。Floden 和 Wilander（2006）也采用了一个内生定价机制的动态模型，分析了汇率传递和进口价格波动，他们发现汇率传递和进口价格波动取决于定价货币、成本和需求函数等众多因素。Taylor（2000）指出了不完全汇率传递程度还和通货膨胀预期相关，Fukuda 和 Ono（2006）研究发现定价货币的选择不仅依赖于对未来的期望，而且还要考虑过去的历史行为。

Gust，Leduc 和 Vigfusson（2010）建立了一个 DSGE 模型来探讨汇率传递不完全的原因。由于传统的 Dixit-Stiglitz 模型中需求弹性是常数，因此对加成率长期调整这一问题的理论探讨是较少的。他们通过一个可变需求弹性的模型解决了这一问题，并引入了贸易一体化（trade integration）程度这一变量来解释汇率传递程度的变化。他们认为，一国的贸易一体化程度越高，市场竞争就越激烈，因此汇率传递就越不完全。近年来发达国家汇率传递的大幅下降，而他们的模型可以解释这一降幅的一半。

当然，此外还提出了许多其他假说来解释不完全汇率传递效应，包括汇率风险规避措施的实施（Mann，1986），各国市场份额的变化（Bergin 和 Feenstra，2007），以及规模不断扩大的跨国生产使出口厂商的成本受到多种货币波动的影响（Bodnar 等，2002）。

(二)不完全汇率传递的度量及实证研究

1. 计量方法的发展概况

早期对汇率传递程度的实证研究主要采用单方程多元回归的方法，如 Feenstra（1989）研究了汇率波动对美国从日本进口汽车价格的影响，Goldberg（1995）对美国汽车行业进口价格的汇率传递效应考察。为了考察汇率传递程度的时间序列动态性，Marazzi 和 Sheets（2007）利用滚动回归估计方法（rolling regression），发现汇率波动对美国进口价格的传递效应呈现出持续且稳定的下降趋势。当然这种方法依然是以单方程估计为基础的，所以同样不能避免由计量方法所产生的测量偏差问题：因为这种方法不能正确度量其他变量随汇率波动而引起的内生调整，从而对汇率传递程度的估计产生偏差。

Coricelli 等（2006）就同时采用协整技术（cointegration approach）和单方程多元回归估计两种方法来度量欧盟四个新成员国的汇率传递程度①，结果发现单方程多元回归低估了汇率传递的程度。通过对比分析，他们总结了协整分析的三个优点：首先，协整分析抓住了变量之间长期均衡的内在含义；其次，汇率传递的真正含义就是在给定的结构冲击下反映出价格对汇率的弹性；最后，协整分析还能够区分汇率波动的长期和短期影响，具有重要的政策含义。因此，近年来对汇率传递程度的度量大多数都是基于协整技术的分析。Gross 和 Schmitt（2000）较早采用了协整方法考察了汇率波动和进口价格之间的相关关系；Banik 和 Biswas（2007）采用协整技术考察了美国汇率波动对国外汽车厂商的定价影响，结果表明美国汽车行业的高垄断性导致了高度的汇率传递效应。

如果需要考察多个国家或多种商品的汇率传递问题，就必然要涉及面板数据，这时实证研究就主要利用稳定的向量自回归（VAR）模型和面板协整技术（panal cointegration approach）。McCarthy（2000）就在一个稳定的向量自回归的框架下，分析了汇率变动和进口价格对生产者和消费者价格的冲击影响；但是这种方

---

① 这四个国家分别为波兰、捷克共和国、匈牙利和斯洛文尼亚。

法有一个明显的问题，就是假定的方差-协方差矩阵忽略了彼此之间的反馈效应。从技术角度而言，实证研究表明许多时间序列数据都是不稳定的，因此就违背了最小二乘估计的假定，从而造成伪回归。当然，通过变量差分的形式可以在一定程度上避免这种问题，但是由此会造成一定的信息损失。于是，部分研究就利用协整技术来同时解决不稳定性和因果性的问题。如 Barhoumi（2006）就尝试用面板协整的技术来分析发展中国家的汇率传递问题。

此外，Al-Abri 和 Goodwin（2009）在分析了名义有效汇率和进口价格的关系时，采用门限协整（threshold cointegration）对 Campa 和 Goldberg（2005）的实证工作进行了再检验，结果发现汇率传递程度比原有 50%的水平高出很多。他们的非线性估计技术揭示了进口价格对名义汇率冲击的反应更迅速，影响更广。

2. 不完全汇率传递对价格水平影响的实证分析

汇率变动不仅体现了一国货币的对内和对外价值，而且对货币政策的传导机制以及汇率制度的选择都有密切联系并直接影响到货币政策的有效性。现有汇率传递的研究主要是从两个方面来展开。一个方面的研究主要是从出口商针对目标市场的价格歧视和依市定价（Price-to-Market）原理来解释汇率传递的不完全性，比较有代表性的研究包括 Knetter（1993），Campa 和 Goldberg（2005）；另一个方面的研究则是在开放宏观经济学框架下分析不完全竞争所导致的汇率传递不完全性，比较有代表性的研究包括 Chari et al.（2002），Devereux et al.（2004）。自从 Taylor（2000）讨论了汇率传递水平可能与进口国的货币政策环境有关系之后，研究进口国通货膨胀环境对汇率传递影响的文献开始大量出现，例如 Devereux 和 Yetman（2002）引入数理模型解释了通货膨胀环境和汇率传递之间的关系，得出了低且稳定的通货膨胀环境不会导致出口商频繁调整其出口产品价格的结论。Gagnon J. 和 Ihrig J.（2004）的通过对 20 个工业化国家的数据实证分析了汇率传递与央行稳定通胀之间的关系。研究发现稳定的通货膨胀环境会降低汇率传递水平，同时央行的货币政策也会影响到汇率传递的大小，汇率传递程度内生于货币政策制度。Bailliu 和 Fujii（2004）建立了汇率变动与国内价格水平之间的数理模型并利用 11 个工业化国家的面板数据证明了 Taylor（2000）的观点。Devereux 等（2004）的研究表明如果一个国家采取钉住通货膨胀的货币政策，那么外国出口商会更有动力按照进口国货币定价（LCP），这样就可以稳定进口价格，从而稳定国内价格。Choudhri 和 Hakura（2006）研究发现汇率传递水平的降低与较低的通货膨胀环境正相关。Hooper et al.（2011）采用递归 VAR 模型分析了美国以及 10 个亚洲国家汇率波动对 CPI 通胀的影响。研究表明，汇率变动对国内 CPI 的影响并不显著。

随着计量经济学的发展，研究者发现采用 VAR 模型对变量的排序比较敏感，从而影响结果的可靠性；另外，采用单方程对变量之间的关系进行分析时可能会由于变量之间存在互动关系以及控制变量与扰动项之间相关等问题而使得估计结果不准确；此外，汇率与价格水平之间关系并非一成不变，采用不变参数的线性模型来分析两者之间的关系并不准确。因此，汇率传递的不对称性与非线性开始成为一个新兴的研究领域。1999 年从欧元诞生到 2001 年年末欧元兑美元出现了大幅度贬值，直至 2002 年后欧元兑美元的汇率又大幅度升值，Bussière（2006）注意到这一现象并分析了欧元兑美元汇率变动的不同方向（升值或贬值）对欧盟各国国内价格的影响。Coughlin 和 Pollard（2004）通过设定门限值并引入虚拟变量来区分汇率变动幅度的大小并据此来分析不同程度的汇率变动幅度对于汇率传递效应大小的影响。Shintani et al.（2013）通过引入滞后通货膨胀率来表示通货膨胀环境，构建了包含通货膨胀环境的汇率传递模型并实证了汇率传递弹性在考虑通货膨胀环境影响下用平滑转换回归模型来分析其变化比较恰当。Junttila 和 Korhonen（2012）则采用面板平滑转换回归模型实证分析 OECD 国家通货膨胀环境对于汇率传递的影响。Ben（2012）利用平滑转换回归模型中两种不同转换函数（logistic STR 和 exponential STR）的特点分别从汇率变动方向和变动幅度两个层面考察了 OECD 国家汇率变动对于价格水平影响的非对称性。然而，这种将汇率变动幅度和波动方向分开来进行讨论是值得商榷的。因为在分析汇率变动方向对于汇率传递水平影响时，研究者是假定汇率变动幅度不会对分析结果产生影响，而在分析汇率变动幅度对于汇率传递影响的时候，研究者又假设汇率变动方向不会对汇率传递程度产生影响。然而，这种先验的前定假设是值得商榷的。此外，利用平滑转换回归模型的转换函数特点来分析汇率变动方向和波动幅度对于汇率传递的影响并没有理论依据。

3. 长期汇率传递程度的实证检验

如果说汇率传递程度取决于定价货币的选择，那么长期汇率传递的大小则是由企业对加成率的调整而决定的。在垄断竞争模型中，企业的定价是其边际成本上的一个加成，即 $P=\frac{\sigma}{\sigma-1}c$。这里 σ 是需求弹性，c 是边际成本，$\frac{\sigma}{\sigma-1}$是加成率。如果加成率是固定的，即需求弹性是常数，那么无论企业采用 PCP 定价还是 LCP 定价，只要价格黏性在长期不存在，那么汇率传递在长期就总是完全的。因此，长期汇率传递程度的大小，其实就是由出口企业对 Markup 的调整幅度决定的。

Campa 和 Goldberg（2005）使用 23 个 OECD 国家的季度进口价格数据，分析了汇率传递问题。当进口国的通货膨胀和汇率波动较高时，汇率传递程度更低；而且对于不同行业的商品，汇率传递程度也表现出较大的差异。Marazzi 和 Sheets（2007）则探讨了美国进口价格的汇率传递程度下降的原因。他们发现，Campa 和 Goldberg（2005）提出的进口商品结构因素，确实能够部分地解释美国进口价格的汇率传递程度的下降。但是，关键因素是来自中国的潜在竞争。他们发现，中国企业所占市场份额越大的行业，汇率传递程度就越低。Bugamelli 和 Tedeschi（2008）则进一步探讨了市场结构对汇率传递程度的影响。他们发现，对于发达国家而言，汇率传递确实是不完全的。但是，对于发展中国家而言，汇率传递几乎是完全的。

Mallick 和 Marques（2010）比较了长期汇率传递与短期汇率传递的区别。他们使用了印度出口商的详尽的年度和月度数据，用年度数据的估计结果代表长期汇率传递程度，用月度数据的估计结果代表短期汇率传递程度。他们发现，长期汇率传递程度为 80%，显著大于 50% 的短期汇率传递程度。Hernandez 和 Leblebicioglu（2012）使用马尔科夫区制转换模型（Markov regime-switching model）研究了汇率传递程度的变化。他们发现，低汇率传递程度的区制有以下特征：低汇率传递，低外生冲击变动率，以及很长的持续期。他们发现货币政策稳定性是汇率传递的决定性因素，可以解释汇率传递程度的 50%以上，而市场份额和市场集中度只能分别解释汇率传递的 25%和 10%左右。

Berman，Martin 和 Mayer（2012）首次在异质性企业的语境下探讨了汇率不完全传递问题。他们使用了详尽的法国海关与企业数据，发现高绩效的企业往往将更多的汇率波动吸收到自己的 Markup 中。而根据新新贸易理论，高绩效企业往往占有大量的市场份额，因此汇率的不完全传递可以归结为高绩效企业对 Markup 的调整。他们用 Melitz 和 Ottaviano（2008）的理论描述了这一机制。Yu（2013）在 Melitz 和 Ottaviano（2008）的框架上加入了产品质量差异。面对汇率变化，出口企业不只会调整加成，还会调整产品质量，从而导致汇率的不完全传递。他表示，当企业产品质量差异度较高时，企业对汇率变动的吸收会随生产率的增加而降低。而当产品质量差异度较低时，企业对汇率变动的吸收会随生产率的增加而增加。

（三）汇率传递的相关理论分析

随着更多国家由固定汇率制转向浮动汇率制，学术界对汇率传递问题也越来越感兴趣。20 世纪 90 年代中后期，国际经济学和货币理论的发展为汇率传递问题提供了更多的研究方法和框架，但是也增加了围绕不完全汇率传递所产生的宏观经济影响的复杂性。根据现有文献显示，不完全汇率传递会对实际汇率的波动性、宏观冲击的国际传导、最优货币政策、国际政策协调的福利效应等方面产生重要影响（Devereux 和 Engel，2001；Lane，2001）。

1. 汇率的波动性

实证研究表明了名义汇率变动没有完全传递到进出口商品的价格上，这样就隐含了汇率变动的支出转移效应可能比较小的结论。

因为对最终消费者而言，国内产品和外国产品的相对价格没有太大的改变，所以名义汇率变动就不会导致两种商品出现较大的替代性。Engel（1999）就发现当汇率出现高度波动时，不完全汇率传递使国际贸易品的相对价格呈现出与非贸易品相对价格高度相关的趋势。

如果汇率变动对最终消费者的行为没有太大的影响，那么在外界冲击下就需要对汇率进行相当大的调整才能达到均衡。例如，如果国外产品的供给减少，就需要本国货币的较大贬值才能提高国外产品的相对价格，从而减少国外产品的需求以达到均衡。因此，低汇率传递会导致均衡汇率的高波动性，这一观点最早由 Krugman（1989）提出，Betts 和 Devereux（2000）进行了定量分析，通过数值模拟明确显示了不完全传递对汇率波动的放大效应：当完全没有汇率传递时，汇率波动幅度增强了70%以上。

然而，标准的可计算的开放经济宏观经济学一般均衡模型发现，即使当汇率传递是不完全时，也难以生成汇率的高波动性。而且，汇率问题是一个难题，不仅仅因为它的高波动性，而且还在于它和实际经济的相互分离（Obstfeld 和 Rogoff，2000；Duarte 和 Stockman，2001）。Devereux 和 Engel（2002）不仅解释了 Krugman 最早提出的汇率的高波动性，而且揭示了汇率波动和其他实际经济变量的不相关的条件和机制；他们认为除了不完全汇率传递之外，还需要不完全金融市场、对利率平价条件随机偏离等必要条件，才能导致汇率的高波动，产生汇率分离。

2. 最优货币政策

在开放经济宏观经济学中，名义价格刚性呈现出不同的形式，定价模式的不同直接决定了汇率传递的程度，从而导致了宏观经济调整机制和货币政策福利效应的差异。Gali 和 Monacelli（2002）的模型包含了新开放经济宏观经济学的主要特点，同时还保持了封闭经济中新凯恩斯模型的优点，所以引起了更多的重视。他们的一个重要发现就是在完全汇率传递时可以把封闭经济中标准新凯恩斯模型的福利分析结论扩展到开放经济环境中。基于福利最大化的最优货币政策就是保持国内价格水平的稳定，特别是此时不存在产出缺口和国内价格稳定之间的权衡关系，同时也不需要考虑汇率的波动性。Benigno 和 Benigno（2003），Clarida 等（2001）也在新开放经济宏观经济学模型中分析了货币政策的福利效应，结果发现在完全汇率传递的情况下，汇率波动对福利水平没有直接影响，而仅仅取决于价格的波动。

然而，Bacchetta 和 Wincoop（2000），Corsetti 和 Pesenti（2001）认为，不完全汇率传递会使汇率波动对福利产生直接的影响。因为汇率变动无法改变国内消费者面对的相对价格，所以完全汇率传递模型中弹性汇率的重要分配功能就会丧失；货币政策就不会像一般情况那样使经济在事后达到弹性价格均衡水平，从而导致汇率悲观论。因此，当汇率是不完全传递时，最优货币政策的分析就必须要考虑汇率的波动性。Smets 和 Wouters（2002）就在不完全汇率传递情况下，分析了最优货币政策问题，此时中央银行就要同时兼顾考虑国内价格和进口价格的稳定性。Sutherland（2005）发现汇率波动和福利之间不存在简单的线性关系，最优汇率政策不仅取决于汇率传递的程度，而且还和一国的经济开放程度、劳动供给弹性、外国生产价格波动幅度等因素密切相关。

3. 福利效应分析

既然汇率传递程度直接决定了最优货币政策的制定，那么汇率传递程度同样会对一国货币政策的实施效果产生不同的福利影响。当然，现有的研究还主要集中于对发达国家的分析。Devereux 等（2007）发现美元化可能降低美国的福利水平，其经济直觉为：当外国出口价格以美元标价时，美元化阻止了美国国内实际冲击对相对价格的有效反应。一般而言，有效的货币政策将会同时产生两种效应：支出水平效应（影响总需要）和支出转移效应（影响一国的相对需求）。当美国的汇率传递为零时，其进口价格对汇率就没有任何反应，所以货币政策就不可能再产生支出转移效应。这样汇率传递的缺失将导致美国支出分配的无效性，从而给美国居民带来美元化的福利成本。但是，另一方面，Mishkin（2008）通过数值模拟发现，不完全汇率传递能够有效地降低美元贬值所造成的产出和价格的波动幅度，从而减少经济波动带来的福利损失。

Devereux 等（2003）通过黏性价格跨期模型研究表明欧元的发行将降低汇率传递，从而使欧洲价格受汇率波动的影响减弱，从而提高欧洲的福利水平。在美元化经济中，汇率目标制被认为是最优的货币政策选择，但是 Billmeier 和 Bonato（2004）通过实证研究表明，在克罗地亚这个高度美元化的经济中，严格的汇率目标制就不一定是最优的货币政策。此时货币政策的福利效果就必须要考虑汇率传递的内生性问题。

（四）汇率传递与最优货币政策的相关分析

1. 货币政策的相关分析

原来的研究结果表明，在封闭经济中追求福利最大化的货币政策应该稳定消费者价格指数（Aoki，2001）；而对于开放经济，货币政策的最优目标则应该针对生产者价格指数（Benigno 和 Benigno，2003；Clarida et al.，2002）。这样福利水平就仅仅取决于价格水平的波动，而和汇率波动没有直接关系。然而 Devereux 和 Engel（2003），Corsetti 和 Pesenti（2005）等学者发现汇率的不完全传递将使汇率波动产生直接的福利效应。因此，当汇率传递不完全时，对于最优货币政策的分析就必须考虑汇率波动所带来的福利影响。

不完全汇率传递有两种特殊情况：汇率完全传递和汇率完全不传递。第一种情况与 Obstfeld 和 Rogoff（1995，2000）的基本理论框架一致，即生产者货币定价（PCP）。在这种情况下，汇率波动会导致以进口国货币标价的进口商品价格出现同等幅度的波动，即汇率完全传递，这时支出转移效应相当明显。另一种情况就是以商品消费者所在国的货币进行定价，即当地货币定价（LCP）。此时，汇率则是完全不传递，支出转移效应完全消失。早期对开放经济中货币政策的研究都是基于上述两种特殊情况，例如 Obstfeld 和 Roggof（1995，2000）在 PCP 情况下考察了最优货币政策的福利效应，Betts 和 Devereux（2000）发现 LCP 情况下会减弱汇率变动的支出转移效应，从而导致汇率的更大波动。Devereux 和 Engel（2003）进一步对比分析了 PCP 和 LCP 两种汇率传递情况下的最优货币政策问题和福利效应。LCP 定价时，基于福利最大化的货币政策最终使汇率达到稳定，所以固定汇率制是最优的。这种分析对标准的 Friedman case 是一个极大的挑战，因为 Friedman（1953）认为即使存在名义价格刚性，也需要通过汇率的自由变动来调整两国的相对价格。Duarte 和 Obstfeld（2008），Obstfeld（2006）在 LCP 定价的情况下，分别通过引入非贸易品对 Devereux 和 Engel（2003）的模型进行了拓展。唯一的差别是前者是以货币供给量作为货币政策中介目标，而后者则把利率当成货币当局调控经济的手段。最终两者得到了类似的结论：即使汇率调整完全没有支出转移效应，也不意味着弹性汇率制是没有意义的。

虽然 Betts 和 Devereux（2000）通过同时引入 PCP 和 LCP 情况的方法，比较直观地考察了不完全汇率传递对最优政策和福利的影响；但是他们的方法并不适合更深入和更复杂的经济学分析。Sutherland（2005）则是以汇率传递弹性直接来考察不完全汇率传递的一般形式；Corsetti 和 Pesenti（2005）同样也综合了 LCP 和 PCP 的情况，但是他们更侧重分析不完全汇率传递所产生的福利效应，缺乏对最优货币政策的深入考察。此外，两国汇率传递程度相同的对称性假定对分析发达国家可能比新兴市场国家更适合（Engel，2002），而以此来分析发达国家与发展中国家之间的货币政策问题及相互影响可能就不太适合，例如中美两国货币政策的相互影响。大量研究表明，汇率对美国进口价格的传递程度比较低，而且最近十几年呈现出比较明显的下降趋势（如 Marazzi 和 Sheets，2007）；而中国在国际贸易中主要还是采用美元来进行结算，因此人民币汇率波动对中国出口价格的影响程度就比较小（毕玉江、朱钟棣，2007；陈学彬等，2007）。因此，在结合中国汇率传递实际情况的基础上，加强对不完全汇率传递问题的研究，深入考察发展中国家和发达国家之间这种汇率传递程度不对称情况下的最优货币政策和国际政策协调等问题，就具有相当重要的理论和现实意义。

2. DSGE 模型的发展

Obstfeld 和 Rogoff（1995，1996）开创性地将垄断竞争和名义价格黏性纳入两国经济的随机动态一般均衡模型（Dynamic

Stochastic General Equilibrium Model，DSGE）中，创立了“新开放经济宏观经济学”，为深入分析财政货币政策、不完全汇率传递、福利效应等国际宏观经济问题建立了基本理论框架。由于DSGE模型不仅能够给出模型变量之间关系的数量结果，而且可以给出隐含在这些变量关系背后的故事及其理论依据和解释，因此DSGE模型目前成为一些发达国家央行进行货币政策分析的主要分析和预测工具，成为中央银行定量分析的基准模型（Benchmark Model），甚至有取代传统计量经济模型的可能（刘斌，2008）。Smets和Wouters（2003）就是在借鉴Christiano等（2005）基本理论框架和特点的基础上，利用最近贝叶斯估计方法的发展，通过最大化模型参数的事后分布来进行参数估计。Smets和Wouters（2003）仅仅利用欧元区7种宏观经济变量数据估计了一个DSGE模型，结果发现基于现代理论基础的DSGE模型和纯实证的VAR模型的适用性一样好。这一点无疑证明了贝叶斯估计方法的优势和适用性。Smets和Wouters（2007）又运用贝叶斯估计方法对美国1966—2004年的季度数据进行了分析。结果发现相对VAR估计而言，引入的种种名义刚性和市场摩擦提高了理论模型对实际数据的预测拟合性；相对Christiano等（2005）而言，价格黏性表现出和工资黏性同等的重要性。Smets和Wouters（2003，2005）显示可以用贝叶斯方法来估计大型的封闭经济的DSGE模型，所以Adolfson，Laséen，Lindé和Villani（ALLV）（2007，2008）在新开放经济宏观经济学的框架下对Christiano等（2005）的模型进行拓展时，依然采用了贝叶斯技术对模型参数进行估计。ALLV（2008）利用小国开放经济的DSGE模型，通过修改无抛补利率平价条件来对瑞典经济进行拟合和分析，发现模型的改进和贝叶斯估计方法的运用提高了实际汇率的波动性和持续性。ALLV（2007）又用类似的模型和方法对欧元区的经济参数进行了评估；为了简化分析，他们假定外国通货膨胀、产出、利率不变，通过引入随时间改变的加成（Bouakez，2005），得到了对汇率动态的持续性的影响，而产量和价格的波动幅度却没有增加。Erceg（2006）主要是比较了新的两国开放经济DSGE模型（SIGMA）和大型计量经济学模型（theFRB/Global model）的适用性问题，后者是当前联邦储备委员会广泛应用的政策分析的大型计量模型；结果发现 SIGMA 模型在短期冲击反应分析中表现出许多类似于 FRB/Global 模型的特点，而在长期数值模拟中则进一步突出了 SIGMA 模型的比较优势。Adolfson，Laséen，Lindé 和 Svensson（下文简称 ALLS）（2008a）在一个中等规模的开放经济 DSGE 模型中分析了瑞典银行的最优货币政策问题，结果发现通过贝叶斯估计得到的瑞典经济的模型参数和货币政策的选择没有关系，但是外生冲击的传导却和产出缺口的定义密切相关；前一点正好验证了贝叶斯估计的稳定性，表明瑞典的经济结构比较稳定，而不会受到其中央银行货币政策实施的影响。ALLS（2008b）是 ALLV（2007，2008）模型的发展，并在此基础上进一步探讨了冲击传导和产出缺口定义之间的关系，发现 CPI 通货膨胀率和产出缺口间的均衡关系严重依赖于损失函数中对潜在产出的定义。

（五）国内研究现状

自从 2005 年，我国开始实行以市场供求为基础、参考一揽子货币进行调节、有管理的浮动汇率制度后，人民币汇率波动日益频繁，国内学者开始重视人民币汇率传递问题的研究。有些学者首先借鉴西方学者的研究对不完全汇率传递的形成机制、宏观影响等方面做了一些有益的拓展和深化，特别是结合人民币汇率传递问题探讨了对我国的汇率制度、货币政策和国际贸易等方面的影响（郑平、刘英，2005；赵大平，2005）。然而他们的研究都还是初步的定性研究，缺乏定量和定性相结合的深入分析。

随着研究的深入，国内学者开始结合人民币汇率传递的定量分析对相关问题进行较为系统的理论研究。封北麟（2006）首次考察了人民币名义有效汇率变动对国内消费者价格和工业品出厂价格的传递效应，发现人民币汇率传递效应并不明显，供给冲击是导致工业品价格指数变化的主要因素，而实际需求冲击是导致消费者价格变化的主要因素。陈六傅和刘厚俊（2007）同样也是分析了人民币有效汇率对我国进口价格和消费者价格的影响，发现人民币名义有效汇率对我国进口价格的影响程度相当低，汇率调整无法解决外部失衡。毕玉江和朱钟棣（2007）则进一步深化了对人民币汇率传递问题的研究，通过细分数据对中国不同种类商品出口价格的汇率传递效应进行了经验检验。陈学彬等（2007）在考察了中国分类出口商品汇率传递程度的基础上，分析了我国不同行业出口厂商的市场竞争能力。

国内现有文献在分析汇率变动的价格效应时，往往笼统地讨论汇率变动对于价格的传递效应，只有极少数研究者注意到了汇率传递的非对称性与非线性并展开了研究。曹伟、倪克勤（2010）采用门限回归模型来计算我国汇率变动的门限值并在此基础上分析了汇率在门限值上下变动对于汇率传递水平的非对称性影响。项后军、许磊（2011）采用 logistic 平滑转换回归模型分析了汇率传递和通货膨胀之间的关系，研究发现汇率变化对物价传递水平在不同的通胀环境下具有不同的反应机制。白钦先、张志文（2011）为了克服汇率变化与国内价格水平之间可能存在的双向互动所导致的“内生性”问题，采用两阶段最小二乘法对汇率变动与通货膨胀之间的关系进行了分析。研究发现，汇率变动对中国国内物价水平的影响有限。项后军、潘锡泉（2011）考虑我国汇率管理制度经过了多次改革。因此采用包含结构突变的自回归分布滞后的误差修正模型（ARDL-ECM）对我国汇率波动与价格水平之间的关系进行了分析。王胜、田涛（2013）采用平滑转换回归模型分析了我国汇率变动与价格水平之间的关系。

在对货币政策研究方面，由于 DSGE 模型在发展中国家的应用还处于起步阶段，而且由于发展中国家经济结构和政策体制变化以及经济数据质量等方面的问题使得 DSGE 模型在汇率传递与货币政策分析中所面临的困难更大。因此，国内采用 DSGE 模型主要用来分析宏观经济波动，例如，王佳、张金水（2011）建立了中国七部门 DSGE 模型，分析了外部冲击沿部门传导的作用机制。庄子罐、崔小勇、龚六堂和邹恒甫（2012）采用 DSGE 模型分析了经济预期对经济波动的影响，而采用 DSGE 模型对汇率波动与最优货币政策之间关系进行分析的文献并不多见。谢绵陛（2012）构建了反映中国经济特征的小型开放经济的两国 DSGE 模型，在中国汇率不完全传递等经济特征背景下研究国际冲击在中国的传导机制，然而由于中国的实际经济状况，建立小型开放经济模型可能并不符合中国的实际，因此建立在此基础上得到的结论是值得商榷的。尽管如此，DSGE 模型由于其显性建模框架、理论一致性、宏微观的完美结合以及长短期有机整合的独特性，使得 DSGE 模型的开发与应用成为未来货币政策分析的新方向。

三、结　语

综上所述，计量方法发展的迅速以及丰富的数据资料，使得国外学者对于汇率传递及其影响因素的实证度量的实证研究相当全面、细致，为进一步进行经济理论分析与宏观经济政策分析的探讨奠定了基础。然而，不完全汇率传递对货币政策传导机制的影响、政策实施效果以及相关的福利分析等实证分析仍然有待于更深入与细致的研究。DSGE 模型由于其理论的严谨性与一致性、模型的线性结构以及政策分析的优越性，避免了现有计量模型中宏微观分析基本上处于相对隔离的状态。DSGE 模型的发展虽然为汇率传递与货币政策等问题的分析提供了统一的分析框架，但是 DSGE 模型的开发与研究在新兴市场国家和发展中国家仍属于新鲜事物，处于起步阶段，而且由于其模型设计、模拟计算的复杂性，使得 DSGE 模型的设计相对简单，没有对模型中涉及的经济主体进行异质性区分(如中央银行、商业银行与其他金融机构的区别)，也没有对不同金融机构的行为决策进行刻画，同时也没有对金融部门的相互联系与和制约进行细分；现有 DSGE 模型仅仅着重刻画利率在货币政策传导机制中的作用，因此得出的结论自然是值得商榷的。

此外，中国是一个日益发展的经济大国，其特有的经济体制与决策机制使得对中国金融理论的分析不能套用国外的经济理论与模型，而必须与中国的实际紧密联系起来。随着中国汇率制度改革的不断深化，汇率作为实现我国经济内外平衡的主要工具将会发挥日益重要的作用。因此，加强对不完全汇率传递的实证度量，在 DSGE 模型发展的基础上不断完善汇率传递和货币政策的相关研究，对我国国际贸易、汇率和货币政策等问题的研究具有重要的理论与现实意义。

参考文献

[1]白钦先、张志文:《人民币汇率变动对 CPI 通胀的传递效应研究》,《国际金融研究》2011 年第 12 期。

[2]毕玉江、朱钟棣:《人民币汇率变动对中国商品出口价格的传递效应》,《世界经济》2007 年第 5 期。

[3]曹伟、倪克勤:《人民币汇率变动的不完全传递——基于非对称视角的研究》,《数量经济与技术经济研究》2010 年第 7 期。

[4]陈六傅、刘厚俊:《人民币汇率的价格传递效应——基于 VAR 模型的实证分析》,《金融研究》2007 年第 4 期。

[5]陈学彬、李世刚、芦东:《中国出口汇率传递率和盯市能力的实证研究》,《经济研究》2007 年第 12 期。

[6]封北麟:《汇率传递效应与宏观经济冲击对通货膨胀的影响分析》,《世界经济研究》2006 年第 12 期。

[7]刘斌:《我国 DSGE 模型的开发及在货币政策分析中的应用》,《金融研究》2008 年第 10 期。

[8]王佳、张金水:《外生冲击沿部门传导的作用机制和影响研究——基于中国七部门 DSGE 模型的数值模拟》,《数量经济技术经济研究》2011 年第 3 期。

[9]王胜、田涛:《中国当前是输入型通胀吗?——基于汇率传递的视角》,《东北大学学报(社会科学版)》2013 年第 2 期。

[10]项后军、许磊:《汇率传递与通货膨胀之间的关系存在中国的"本土特征"吗?》,《金融研究》2009 年第 9 期。

[11]项后军、潘锡泉:《汇率变动、货币政策与通货膨胀》,《统计研究》2011 年第 5 期。

[12]谢绵陛:《低汇率传递下的国际冲击传导机制研究》,《金融评论》2012 年第 4 期。

[13]赵大平:《汇率传递及其对贸易平衡的影响》,《世界经济研究》2005 年第 9 期。

[14]郑平、刘英:《不完全汇率传递研究》,《华东经济管理》2005年第5期。

[15]庄子罐、崔小勇、龚六堂等:《预期与经济波动——预期冲击是驱动中国经济波动的主要力量吗?》,《经济研究》2012年第6期。

[16]Adolfson, Malin, Stefan Laséen, Jesper Lindé, and Mattias Villani, 2007, "Bayesian estimation of an open economy DSGE model with incomplete pass-through", Journal of International Economics, 72, pp. 481-511.

[17]Adolfson, Malin, Stefan Laséen, Jesper Lindé, and Lars E. O. Svensson, 2008a, "Optimal Monetary Policy in an Operational Medium-Sized DSGE Model", NBER Working Paper No. 14092, Revised December 2010.

[18]Adolfson, Malin, Stefan Laséen, Jesper Lindé, and Lars E. O. Svensson, 2008b, "Monetary Policy Trade-Offs in an Estimated Open-Economy DSGE Model", NBER Working Paper No. 14510.

[19]Al-Abri, A. S., and Barry K. Goodwin, 2009, "Re-Examining the Exchange Rate Pass-Through Into Import Prices Using Non-Linear Estimation Techniques: Threshold Cointegration", International Review of Economics and Finance, Vol. 18 (1).

[20]Aoki, K., 2001, "Optimal Monetary Policy Responses to Relative Price Changes", Journal of Monetary Economics, Vol. 48, pp. 55-80.

[21]Bacchetta, P., and van Wincoop, E., 2000, "Does Exchange Rate Stability Increase Trade and Welfare", American Economic Review, Vol. 90, pp. 1093-1109.

[22]Bacchetta, P., and van Wincoop, E., 2002, "A Theory of the Currency Denomination of International Trade", NBER Working Paper No. 9039.

[23]Bacchetta, P., and van Wincoop, E., 2003, "Why Do Consumer Prices React Less than Import Prices to Exchange Rates?"

Journal of the European Economic Association, Vol. 1 (2-3), pp. 662-670.

[24] Banik, N., and Biswas, B., 2007, "Exchange Rate Pass-Through in the U. S. Automobile Market: A Cointegration Approach", International Review of Economics and Finance, Vol. 16, pp. 223-236.

[25] Barhoumi, K., 2006, "Differences in Long Run Exchange Rate Pass-Through into Import Prices in Developing Countries: An Empirical Investigation", Economic Modelling, Vol. 23, pp. 926-951.

[26] Ben C., 2012. "Asymmetric Exchange Rate Pass-Through in the Euro Area: New Evidence from Smooth Transition Models", Economics: The Open-Access, Open-Assessment E-Journal.

[27] Benigno, G., and Benigno, P., 2003, "Price Stability in Open Economies", Review of Economic Studies, Vol. 70 (2), pp. 743-764.

[28] Bergin, R., and Feenstra, C., 2007, "Pass-through of Exchange Rates and Competition between Floaters and Fixers", NBER Working Paper No. 13620.

[29] Berman, N., Martin, P. & Mayer, T., 2012. "How do Different Exporters React to Exchange Rate Changes?" Quarterly Journal of Economics, 127(1), pp. 437-492.

[30] Betts, C., and Devereux, M., 2000, "Exchange Rate Dynamics in a Model of Pricing-to-Market", Journal of International Economic, Vol. 50 (1), pp. 215-244.

[31] Billmeier, A., and Bonato, L., 2004, "Exchange Rate Pass-Through and Monetary Policy in Croatia", Journal of Comparative Economics, Vol. 32, pp. 426-444.

[32] Bodnar, M., Dumas, B., and Marston, C., 2002, "Pass-Through and Exposure," Journal of Finance, Vol. 57 (February), pp. 199-231.

[33] Bouakez, H., Cardia, E., and Ruge-Murcia, F. J., 2005, "Habit formation and the persistence of monetary shocks", Journal of Monetary Economics, 52, pp. 1073-1088.

[34] Bugamelli, M. & Tedeschi, R., 2008. Pricing-to-market and market structure. Oxford Bulletin of Economics and Statistics, 70 (2), pp. 155-180.

[35] Bussière M., 2006, "Exchange Rate Pass-Through to Trade Prices: the Role of Non-linearities and Asymmetries", Wroking paper.

[36] Campa, J., and Goldberg, L., 2005, "Exchange Rate Pass-Through into Import Prices", Review of Economics and Statistics, Vol. 87 (4), pp. 679-690.

[37] Christiano, Lawrence J., Martin Eichenbaum, and Charles L. Evans, 2005, "Nominal Rigidities and the Dynamic Effects of a Shock to Monetary Policy" Journal of Political Economy, 113(1), pp. 1-45.

[38] Choudhri E. and Hakura D., 2006, "Exchange Rate Pass-Through to Domestic Prices: Does the Inflationary Environment Matter?" Journal of International Money and Finance, Vol. 25, pp. 614-639.

[39] Clarida, R., Gali, J., and Gertler, M., 2001, "Optimal Monetary Policy in Open versus Closed Economies: an Integrated Approach". American Economic Review (Papers and Proceedings), Vol. 91, pp. 248-252.

[40] Coricelli, F., Jazbec B., and Masten, I., 2006, "Exchange Rate Pass-Through in EMU Acceding Countries: Empirical Analysis and Policy Implications", Journal of Banking & Finance, Vol. 30, pp. 1375-1391.

[41] Corsetti, G., and Pesenti, P., 2001, "Welfare and Macroeconomic Interdependence", Quarterly Journals of Economics, Vol. 116 (2), pp. 421-445.

[42] Corsetti, G. and Pesenti, P., 2005, "International Dimensions of Optimal Monetary Policy", Journal of Monetary Economics, 52 (2), pp. 281-305.

[43] Devereux, M. B., and Engel, C., 2001, "Endogenous Currency of Pricing in a Dynamic Open Economic Model", NBER Working Paper No. 8559.

[44] Devereux, M. B., and Engel, C., 2002, "Exchange Rate Pass-Through, Exchange Rate Volatility, and Exchange Rate Disconnect", Journal of Monetary Economics, Vol. 49 (July), pp. 913-940.

[45] Devereux, M. B. and Engel, C., 2003, "Monetary Policy in the Open Economy Revisited: Price Setting and Exchange-rate Flexibility", Review of Economic Studies, 70 (4), pp. 765-783.

[46] Devereux, M.B., Engel, C., and Tille, C., 2003, "Exchange Rate Pass-Through and the Welfare Effects of the Euro", International Economic Review, Vol. 44, pp. 223-242.

[47] Devereux, M. B., Engel, C., and Storgaard, P. E., 2004, "Endogenous Exchange Rate Pass-Through When Nominal Prices Are Set in Advance", Journal of International Economics, Vol. 63, pp. 263-291.

[48] Devereux M., Yetman J., 2002, "Price-Setting and Exchange Rate Pass-Through: Theory and Evidence in Price Adjustment and Monetary Policy", Working Paper.

[49] Devereux, M. B., Kang Shi, and Juanyi Xu, 2007, "Global Monetary Policy under a Dollar Standard", Journal of International Economics, Vol. 71, pp. 113-132.

[50] Dornbusch R., 1987, "Exchange Rates and Prices", American Economic Review, Vol. 77 (March), pp. 93-106.

[51] Duarte, M. and Obstfeld, M., 2008, "Monetary Policy in the Open Economy Revisited: The Case for Exchange-rate Flexibility Restored", Journal of International Money and Finance, 27,

pp. 949-957.

[52] Duarte, M., and Stockman, A., 2001, "Rational Speculation and Exchange Rates", NBER Working Paper No. 8362.

[53] Engel, C., 1999, "Accounting for US Real Exchange Rate Changes", Journal of Political Economy, Vol. 107, pp. 506-538.

[54] Engel, C., 2002, "Expenditure Switching and Exchange-rate Policy", In: Gertler, M., Rogoff, K. (Eds.), NBER Macroeconomics Annual. MIT Press, Cambridge, MA, pp. 231-272.

[55] Erceg, Christopher, Guerriei, Luca and Gust, Christopher, 2006, "SIGMA: A New Open Economy Model for Policy Analysis", International Journal of Central Banking Number 1 Volume 2, pp. 1-50.

[56] Feenstra, R. C., 1989, "Symmetric Pass-Through of Tariffs and Exchange Rates under Imperfect Competition: An Empirical Test", Journal of International Economics, Vol. 27, pp. 25-45.

[57] Feenstra, Robert C., Gagnon, Joseph E. and Knetter, Michael M., 1996, "Market Share and Exchange Rate Pass-Through in World Automobile Trade", Journal of International Economics, Vol. 40 (1-2), pp. 187-207.

[58] Floden, M., and Wilander, F., 2006, "State Dependent Pricing, Invoicing Currency, and Exchange Rate Pass-Through", Journal of International Economics, Vol. 70 (1), pp. 178-196.

[59] Friedman, M., 1953, "The Case for Flexible Exchange Rates", In: Essays in Positive Economics. University of Chicago Press, Chicago, IL, pp. 157-203.

[60] Fukuda, S., and Ono, M., 2006, "On the Determinants of Exporters' Currency Pricing: History vs. Expectations", NBER Working Paper No. 12432.

[61] Gagnon J. and Ihrig J., 2004, "Monetary Policy and Exchange Rate Pass-Through", International Journal of Finance and Economics, Vol. 9(4), pp. 315-338.

[62] Gali, J., and Monacelli, T., 2002, "Monetary Policy and Exchange Rate Volatility in a Small Open Economy", NBER Working Paper No. 8905.

[63] Goldberg, P. K., 1995, "Product Differentiation and Oligopoly in International Markets: The Case of U. S. Automobile Industry", Econometrica, Vol. 63, pp. 891-952.

[64] Goldberg, P., and Knetter, M., 1997, "Goods Prices and Exchange Rates: What Have We Learned?" Journal of Economic Literature, Vol. 35, pp. 1243-1292.

[65] Goldberg, S., and Tille, C., 2005, "Vehicle Currency Use in International Trade", NBER Working Papers No. 11127.

[66] Gosh, Atish R., and Wolf, Holger, 2001, "Imperfect Exchange Rate Pass-Through: Strategic Pricing and Menu Costs", Working paper No. 436, CeSifo, Munich.

[67] Gross, D. M., and Schmitt, N., 2000, "Exchange Rate Pass-Through and Dynamic Oligopoly: An Empirical Investigation", Journal of International Economics, Vol. 52, pp. 89-112.

[68] Gust, C., Leduc, S. & Vigfusson, R., 2010. Trade integration, competition, and the decline in exchange-rate pass-through. Journal of Monetary Economics, 57(3), pp. 309-324.

[69] Hernandez, K. & Leblebicioglu, A., 2012. A regime-switching analysis of pass-through. Review of World Economics, 148(3), pp. 523-552.

[70] Ihrig, Jane E., Mario Marazzi, and Alexander D. Rothenberg, 2006, "Exchange Rate Pass-Through in the G-7 Countries", International Finance Discussion Papers 851.

[71] Junttila J., and Korhonen M., 2012, "The role of Inflation Regime in the Exchange Rate Pass-Through to Import Prices", International Review of Economics, Vol. 24, Feb, pp. 88-96.

[72] Kasa, K., 1992, "Adjustment Costs and Pricing to Market: Theory and Evidence", Journal of International Economics, Vol. 32

(1-2), pp. 1-30.

[73] Knetter, M. M., 1993, "International Comparisons of Price-to-Market Behavior", American Economic Review, Vol. 83, pp. 473-486.

[74] Krugman, P., 1987, "Pricing to Market When the Exchange Rate Changes", In: Arndt, S., Richardson, D. (Eds.), Real Financial Linkages among Open Economies. MIT Press, Cambridge.

[75] Krugman, P., 1989, Exchange Rate Instability, MIT Press, Cambridge, MA.

[76] Lane, P. R., 2001, "The New Open Economy Macroeconomics: a Survey", Journal of International Economics, Vol. 54, pp. 235-266.

[77] Mallick, S. & Marques, H., 2010. Data frequency and exchange rate pass-through: Evidence from India's exports. International Review of Economics & Finance, 19(1), pp. 13-22.

[78] Mann, C., 1986, "Prices, Profits Margins, and Exchange Rates", Federal Reserve Bulletin, Vol. 72 (6), pp. 366-379.

[79] Marazzi, M., and Nathan Sheets, 2007, "Declining Exchange Rate Pass-through to U. S. Import Prices: The Potential Role of Global Factors", Journal of International Money and Finance, Vol. 26 (October), pp. 924-947.

[80] Marston, R. C., 1990, "Pricing to Market in Japanese Manufacturing", Journal of International Economics, Vol. 29, pp. 217-236.

[81] McCarthy, J., 2000, "Pass-Through of Exchange Rates and Import Prices to Domestic Inflation in Some Industrialized Economies", Working paper No. 79, Bank for International Settlements, Basle.

[82] Melitz, M. J. & Ottaviano, G. I. P., 2008. Market Size, Trade, and Productivity. Review of Economic Studies, 75, pp. 295-316.

[83] Menon, J., 1995, "Exchange Rate Pass-Through", Journal of Economic Surveys, Vol. 9 (2), pp. 197-231.

[84] Mishkin, Frederic S., 2008, "Exchange Rate Pass-Through and Monetary Policy", NBER Working Paper No. 13889.

[85] Obstfeld, M., 2006, "Pricing-to-market, the Interest-rate Rule, and the Exchange Rate", NBER Working paper No. 12699.

[86] Obstfeld, M., and Rogoff, K., 1995, "Exchange Rate Dynamic Redux", Journal of Political Economy, Vol. 103 (2), pp. 624-660.

[87] Obstfeld, M., and Rogoff, K., 1996, Foundations of International Macroeconomics, MIT Press, Cambridge, MA, pp. 659-712.

[88] Obstfeld, M., and Rogoff, K., 2000, "The Six Major Puzzles in International Macroeconomics: Is There a Common Cause?" NBER Macroeconomics Annual 2000, pp. 339-390.

[89] Shintani M., Akiko Terada-Hagiwara A., Yabu T., 2013, "Exchange Rate Pass Through and Inflation: a Norlinear Time Series Analysis", Journal of International Money and Finance, Vol. 32, Feb., pp. 512-527.

[90] Smets, F., and Wouters, R., 2002, "Openness, Imperfect Exchange Rate Pass-Through and Monetary Policy", Journal of Monetary Economics, Vol. 49, pp. 947-981.

[91] Smets, Frank and Rafael Wouters, 2007, "Shocks and Frictions in US Business Cycles: A Bayesian DSGE Approach", American Economic Review, American Economic Association, 97 (3), pp. 586-606, June.

[92] Sutherland, A., 2005, "Incomplete Pass-Through and the Welfare Effects of Exchange Rate Variability", Journal of International Economics, Vol. 65, pp. 375-399.

[93] Taylor, J. B., 2000, "Low Inflation, Pass-Through, and the Pricing Power of Firms", European Economic Review, Vol. 44, pp. 95-104.

[94] Yu, Z., 2013. Exchange Rate Pass-through, Firm Heterogeneity and Product Quality: A Theoretical Analysis, (141).

海外国际贸易摩擦理论研究前沿

武汉大学经济与管理学院　胡　方

引　言

国际贸易的发展史表明，参与国际贸易的各国既可以获得国际贸易利益，也可能在某种场合下出现贸易损害，并由此产生国际贸易摩擦。一般来说，国际贸易摩擦是指两国在其相互贸易的过程中，由于一国受到某种程度的损害，另一国获得某种程度的利益而导致的矛盾和纠纷问题。更精确地说，国际贸易摩擦是指在两个国家进行国际贸易时，随着国际贸易数量的上升，一个国家的贸易利益相对上升，同时另一个国家的贸易利益相对下降，从而在两国间形成的经济矛盾和经济纠纷问题。

第二次世界大战结束以来，世界经济基本上运行在所设定的国际经济制度的框架之中。特别是20世纪90年代以来，由于冷战的结束，以GATT=WTO（关税与贸易总协定=世界贸易组织）为基础的国际贸易制度和以IMF（国际货币基金组织）为中心的国际货币制度成为整个世界经济运行的基本制度，国与国之间那种由于国际贸易摩擦而出现的贸易战、货币战已经难以看到，但这并不等于说现代世界经济中已经不存在国际贸易摩擦问题。实际上，在现代的GATT=WTO=IMF制度下，国际贸易摩擦并没有减少，反而增加，国际贸易摩擦的形式发生了变化，呈现新的势态。首先，国际贸易摩擦几乎涉及所有进行国际贸易的重要的商品，并涉及所有进行国际贸易的重要国家或地区。其次，国际贸易摩擦往往与国际贸易的各种政策措施密切地联系在一起，特别是与一些新型的非关税壁垒方面的政策紧密相连。最后，现代国际贸易摩擦往往与国家之间的双边贸易不平衡问题有着直接的关系。国际贸易摩擦对现代国际贸易的增长与发展产生重要的影响。

针对国际贸易摩擦的各种问题，海内外经济学界进行了长期的研究与分析，提出了许多新颖的观点与思想，形成了各种经济理论。本文对近年来海外经济学界对国际贸易摩擦问题中的思想与理论等进行综述。本文的结构如下：第二部分主要介绍基于政府行为的国际贸易摩擦的观点与理论，第三部分介绍在国家不介入时，国际贸易的利益变化以及国际贸易摩擦的观点与理论，最后是结论。

一、国际贸易摩擦理论的演变

对于现实世界经济中常常出现的国际贸易摩擦问题，国际经济学的研究者们进行了深入研究。依据相关研究（尹翔硕等，2007），一些学者认为，国际贸易摩擦不可避免，因为他们认为国际贸易摩擦起源于一些特殊的因素，没有规律性。随着两国间的贸易量及联系的增加，贸易摩擦自然而然地也就会增加。从而也难以提出避免贸易摩擦的政策措施。如 Bown（2002）认为，贸易摩擦是一个随机波动的过程，没有规律，在数量上将随着双边贸易量的增加而增多。Langdon（1983）认为，日本和美国的贸易摩擦起因于美国和日本风俗习惯、消费观念等差别。不过，这类文献较少，因为不能提出的政策措施，也就没有多大的作用。

针对国际贸易摩擦较多的文献是从政府的经济政策出发进行研究。按照传统国际贸易理论，两国按照比较优势原理进行自由贸易，各自都会获得国际贸易利益。既然都能够获得贸易利益，两国之间显然不可能形成国际贸易摩擦。引起国际贸易摩擦的是利益的变化。什么能够改变国际贸易利益，在传统国际贸易理论中，只能是政府行为，即在消费者和生产者之外参与贸易活动之中的政府及其行为。在国际贸易的发展史中，各国在重商主义的历史过程中形成了十分高的关税水平，因而，关于国际贸易摩擦较早的理论研究往往涉及关税。一般认为，当某一贸易方为了维护本国的利益而采用一定的贸易政策措施进行保护时，若另一方采取报复性措施或者要求对方取消贸易障碍，贸易摩擦就会产生。Lingelbach（1930）是较早提出商业政策是国际贸易摩擦产生的原因的学者。他指出，工业化国家采取不平等的商业政策掠夺他国的国内市场，使它国工业化无法起步和发展，这种不平等的贸易政策会导致贸易摩擦甚至战争。Johnson（1954）提出最优关税和关税报复模型，认为政府间贸易政策是相互依存的，在一国谋求关税效应最大化时，对方也会采取相应的措施，这样，实际的贸易摩擦就产生了，其结果是双方的福利都受损。其后，Kahn（1947），Jabara and Thompson（1982，1985），Beladi and Samanta（1991）也从关税保护引起贸易摩擦角度展开研究。

与此同时，还有一些文献从非关税避免的角度研究国际贸易摩擦问题，如 Stern（1973）不仅指出了关税歧视引起贸易摩擦的过程，以及关税对于经济产生的扭曲影响，还分析了配额、自愿和强制性配额限制以及其他非关税措施的影响等。与此类似的有 Cowan（1935，1936），Moser（1952），Tower（1975），Zimmerman（1981），McCorriston（1996），等等。

随着国际贸易的发展，在国际贸易领域中又出现了许多新的贸易壁垒，特别是一些隐蔽性更强的非关税壁垒措施。针对这些措施引发的国际贸易摩擦，一些学者也进行了深入分析。如 Baron（1997）认为，像一国企业利用本国优势控制国内分销商等垄断措施会保护本国利益，并合外国受到损害，从而导致贸易摩擦的情况。Kastner and Powell（2002）考察了卫生检验检疫措施引起的贸易摩擦。Davidson and Matusz（2004）分析了基于劳动市场特征和就业援助的贸易保护主义措施及其影响。Sturm（2006）研究了具有保护主义特征的技术标准引起贸易摩擦的机理和影响。Reynolds（2006）分析了反倾销这种保护措施引起的国际贸易摩擦。Sherman and Eliasson（2006）探讨了保障措施、反补贴措施、301 和特别 301 条款等各种合法措施引起的贸易摩擦。Moore and Zanardi

（2008）研究了保障措施和反倾销措施等政策措施间的替代效应，阐述了应对国际贸易摩擦的策略性要素。Kucik and Reinhardt（2008）用实证方法研究了各种政策的“灵活多样性假说”，对实施贸易保护后，如何回避对手国家贸易报复的策略进行了分析。

以上的研究基本是在具有完全竞争的市场条件下，利用传统的国际贸易理论框架对国际贸易摩擦的研究。进入20世纪80年代后，Brander and Spencer（1985）在不完全竞争的市场条件假设下，提出了战略性贸易政策思想与原理，Krugman（1990）则进一步扩展和完善了这一理论，对贸易政策互动的研究得以较快发展。尽管关于战略性贸易政策的研究一般并不直接提到贸易摩擦，但是其思想实质却在相当程度上能够解释贸易摩擦的原因，即贸易摩擦之所以产生，是因为在不完全竞争下，参与贸易的各国都想把其他国家在国际竞争中获得的超额利润夺过来。此后相当长的时间内，战略性贸易政策分析都是研究贸易摩擦的一个重要方法。例如，Bagwell and Staiger（2001）将战略贸易理论应用于研究农业补贴和贸易争端的起因。文章沿用了Brander和Spencer的分析方法，结合农产品竞争的实际情况，把战略贸易理论扩展到了完全竞争下的情形，建立了完全竞争下的三国局部均衡框架，并把政治行动引入模型。他们的结论是：政府会采用出口补贴来促进出口，而WTO规则允许对农产品的出口进行补贴，因此农产品争端就会表现为战略性互动的结果。此外，Eaton and Grossman（1986），Maggi（1996）分析了寡头垄断情况下的均衡，Dixit（1984）研究了增加国内厂商数量情形下的均衡。

近年来，随着贸易摩擦的增加，文献转向了对新出现的贸易保护手段的研究。Sturm（2006）指出，贸易进口国总是倾向于制订较高的标准，以保护国内产业。作者把进口国设定的产品标准称作“伪装的贸易壁垒”（disguised barrier to trade），并用标准的两国政治代理模型进行分析。均衡的结果是，一国的政策制定部门总是偏好于使用技术标准作为一个伪装的转移机制，该机制会保护到本国的产业，所以进口国总是制订更加严格的标准而出口国会制订较宽松的标准，结果就是贸易争端不断。Yoshimatsu（2002）分析了经济全球化背景下日本和中国之间的贸易摩擦动因。他的结论是，保护以及维护本国利益的动机是贸易摩擦的原因，摩擦的程度与两国间产业联系的紧密程度相关。Bown（2004）就 GATT 框架下保护主义导致贸易争端的事实作了经验研究，结果显示，报复性心理影响了政府的政策制定，从而可以解释贸易争端的存在。

还有一些文献利用战略性贸易政策的理论框架，从企业竞争行为角度研究国际贸易摩擦。该理论对于贸易摩擦的分析不再限于国别的界限，而是直接从企业的竞争策略着手，得到贸易摩擦的产生机制。如 Irwin and Pavcnik（2004）分析了空中客车和波音两家航空公司之间的竞争。文章在假定离散选择、差别产品需求的情况下分析了两家航空公司的竞争行为，同时估测了美国和欧盟的贸易争端情形，发现两家企业对于政府的游说和寻租行为导致了贸易争端的产生和激化。Baron（1997）总结和归纳了企业行为对于贸易摩擦形成的影响，论文以柯达和富士胶卷的竞争为例，研究了企业的综合竞争策略（包括市场策略和非市场策略）与国际贸易争端的产生。文章指出，正是企业根据自己的综合竞争策略向本国政府寻求保护的寻租行为导致了两国政府间的贸易争端。

与此同时，一些学者对利益集团和企业的政治经济行为导致贸易摩擦问题进行研究。国际贸易对利益集团的形成有一定的作用。Stolper-Samuelson 定理认为，贸易带来的利益变化因要素不同而有差异，一些要素将获利，另外一些要素将受到损害。这构成利益集团形成的基础之一。如果贸易政策是由多数投票来决定，则这种政策将取决于普通选民的收入来源。Mayer（1984）认为，在 Heckscher-Ohlin 类型的国际贸易中，在进口劳动密集型的国家，选民将支持实施减税等保护主义的措施，而在进口技术密集型产品的国家中，选民将支持实施出口补贴的贸易政策。这些保护主义的政策都会在国家之间引起贸易摩擦。其后，Bhagwati（1985）也论述了政治游说和贸易保护的关系。这一领域较有代表性的理论模型是 Grossman and Helpman（1994）“保护待售”模型，其中政治家们不仅关心选民的福利，而且也关心竞选捐献。Bombardini（2005）进一步扩展了保护待售模型，认为公司规模将决定游说获得的收益。

Grinols and Perrelli（2002）利用美国的数据对政治因素在贸易争端中的作用，以及WTO在化解贸易摩擦中的作用做了经验研究。认为政治变量在引起贸易争端中起着重要的作用，并且也影响着贸易摩擦的裁决时间长短。Lee and Mah（2003）研究了美国的制度变化和政府的反倾销决策关系，认为美国的政治制度变化影响了美国国际贸易委员会的损害裁决，政治偏好会影响摩擦和争端的发生。Dew-Becker and Gordon（2005），Scheve and Slaughter（2007）认为美国近几十年中，中等工资水平和收入的增长速度低于平均水平，收入的下降是公众支持贸易保护主义的原因之一。

以上是有关国际贸易摩擦的主要理论。显然，这些理论有一个十分显著的特征，即在没有政府介入的国际贸易过程中，根据国际贸易的相关理论研究，与自给自足相比，各国都会获得贸易利益。但是，政府介入国际贸易导致国际贸易利益的分配发生变化，从而导致相关国家间出现国际贸易摩擦。政府的这种介入，可以是政府本身作为一个独立的主体的介入，也可以是作为一些利益集团的代理人进行的介入。总之，由于政府介入国际贸易过程中，国际贸易的利益格局发生变化，国家之间会由于追逐贸易利益而发生纠纷与冲突，这就是国际贸易摩擦。

大量的国际贸易摩擦的研究文献都这样进行研究，因为人们都这么做，这似乎就是一种十分正确的方式。不过，有一点还是叫人感到难以理解。如果一个经济体系由三类行为主体组成，一是消费者，二是生产者，三是政府。在政府介入国际贸易以前，在由消费者和生产者组成的市场经济体系中，根据国际贸易的相关理论（包括完全竞争和不完全竞争条件下的上述一些理论）研究，与自给自足相比，各国都会获得贸易利益。如果是这样，依据经济学关于理性行为的最为基本的观点，只要政府是理性的经济主体，由于政府参与国际贸易，并不能促使相互贸易的两个国家同时都获得更多的贸易利益，从而也就不能增加整个世界的经济福利，因而，实在找不到政府介入国际贸易过程的必要性。对于这点，从完全竞争的国际贸易理论（如比较优势理论和要素禀赋理论等）的角度来看，这显然是成立的。即使从不完全竞争的国际贸易理论（如新贸易理论等）来看，依据 Helpma and Krugman（1985）的分析，这也是成立的。

在政府不介入国际贸易过程的场合，国家之间进行国际贸易，就会获得国际贸易利益，其中也许有的国家会获得较多的利益，有的国家得到的好处较少一点，但这肯定没有关系，因为比自给自足来说，各国都变得更好。既然都变得比以前好，且政府介入其中不能使所有国家变得更好，政府也就没有必要介入国际贸易之中，由于政府不参与国际贸易，不用政策手段在各国间重新分配贸易利益，那么各国之间显然也就不会出现国际贸易摩擦。如果是这样，上述以贸易保护主义为起点的各种国际贸易摩擦理论又如何解释国际贸易摩擦。当然，这样进行评论并不是否认国际贸易摩擦理论的学术贡献，只是认为国际贸易摩擦理论需要进一步发展，至少需要一个贸易保护主义能够出现的前提与基础。

二、国际贸易摩擦新理论与新思考

显然，上述国际贸易摩擦理论的前提需要进一步进行研究。国家为什么要介入国际贸易过程？一种可能性是，在政府没有介入国际贸易过程以前，各国相互间进行的国际贸易会给相关国家带来贸易利益的同时，也会带来贸易损害。由于对某个国家来说，存在贸易损害，那么国家作为一个理性的经济主体，显然有必要介入国际贸易过程，以回避这种贸易损害，但这种介入将导致贸易利益的重新分配，从而也会导致国际贸易摩擦。近年来，由 Gomory and Baumol（2000），Samuelson（2004）等人提出的国际贸易摩擦的新理论，正是从这个角度对国际贸易摩擦进行解释。国际经济学界一般把这种新理论称为 GBS 理论，把基于这种理论形成的模型称为 GBS 模型。

GBS 模型的理论基础源远流长。就目前来看，这一理论可能有几个源头，其中一个是 Hicks（1953），另外一个是 Graham（1923）。与传统国际贸易理论相比，他们提出了关于国际贸易利益的新观点。Graham 从一个较为特殊的角度，提出了他的观点。

传统国际贸易理论认为，各国的比较优势结构会导致相关国家把其力量放在自己具有比较优势的行业和产品上，从而形成专业化和分工利益，并在国际贸易中获得这种利益。与自给自足相比，在贸易中的这种转变，会要求相关国家在国内进行资源转换，即把资源从比较劣势的产业和产品中转向比较优势的产业和产品中。在这里，Graham 提出了下列观点：如果这种资源转移，导致资源从规模报酬递增产业转移到规模报酬递减产业时，以不变价格计算的国内生产将会下降。这一般称为 Graham 命题。这意味着，在没有政府参与的国际贸易过程中，也会由于经济主体的相互调整，出现国际贸易利益的损益问题。国际贸易损害的出现会为政府介入国际贸易活动创造前提。政府的介入又会引起各国国际贸易利益的连锁变动，在这种国际贸易利益的变动中，必然会出现国际贸易摩擦。Hicks 提出的观点具有更为一般化的特征。Hicks 认为，当一国进出口部门都出现技术进步时，可以改善所有贸易国家的利益；当一个国家出现出口偏向型的技术进步时，这将有利于相互贸易的两个国家；当一个国家出现进口偏向型的技术进步时，这将有利于本国，但会伤害外国，从而会在两个国家间形成有关贸易利益的纠纷与争执。

从 Hicks 等人的研究到 Samuelson 等人的研究这段时间内，还有一些重要的文献，如 Dornbusch，Fischer and Samuelson（1977），Krugman（1979），Ethier（1982），Grossman and Helpman（1991），Helpman（1993），等等。其中，Dornbusch，Fischer and Samuelson（1977）提出了著名的两国多产品的国际贸易模型（DFS 模型），对希克斯提出的问题作进一步的研究。DFS 模型认为，如果在国际贸易中，某个进口国由于技术进步，导致对原来出口国某种商品的替代，并对原出口国进行反向出口，那么这将在给技术进步国家带来利益的同时，损害原来出口国的利益。Krugman（1979）认为，商品种数的增加是国际贸易利益的一个新的来源，并把 DFS 模型的因素纳入南北贸易模型中进行研究。Ethier（1982）提出一个数学模型对格雷哈姆的观点进行了深入研究，他将这种观点称为“格雷哈姆论题”（Graham's argument）。Grossman and Helpman

(1991), Helpman (1993) 提出了贸易理论和模型，认为在国际贸易过程中，南北各国进入国际贸易活动中的贸易品种数的变化，会引起各国贸易利益的变化，并有可能引发国家之间出现贸易纠纷与贸易摩擦问题。

Gomory and Baumol (2000), Samuelson (2004) 等人提出的理论涉及国际贸易理论的各个方面。Samuelson (2004) 认为，他提出的理论主要针对完全竞争市场条件下的比较优势与贸易利益变化，以及利益纠纷问题，而 Gomory and Baumol (2000) 的理论涉及不完全竞争市场条件下的贸易利益变化与国际贸易摩擦问题。由于 Gomory and Baumol (2000), Samuelson (2004) 构成国际贸易摩擦新理论与新思考的基本内容，下面对他们的观点与理论进行简要介绍。

首先介绍 Samuelson (2004) 的观点与理论。Samuelson 发表于 2004 年的论文题目是“李嘉图与穆勒在何处反驳与证实过主流经济学家们支持全球化的论点?” Samuelson 在完全竞争市场的李嘉图比较优势理论的框架下，通过设定一系列简单的数字对理论模型进行分析。数字型理论模型的假设是：世界由两个国家组成，为了使其分析具有感染力，Samuelson 设定这两个国家为中国和美国；各国有两个部门。生产两种产品；使用一种生产要素：劳动进行生产；中国的人口数量是美国的 10 倍，而美国的平均劳动生产率是中国的 10 倍，在两种产品的生产上，美国都具有绝对优势，但是，就相对优势而言，美国在第 1 部门生产的产品上具有比较优势，中国在第 2 部门生产和产品上具有比较优势；两国消费者的偏好相同，都是将收入平均花费到两种产品上，即所谓的穆勒式偏好。在上述假定下，Samuelson 提出三种数字型理论模型对其理论观点与结论进行证明。这三种数字型理论模型如下：

其一，Samuelson 假设两国开展自由贸易，比较封闭状态下和自由贸易状态下两国的总福利和人均福利的变化，结果发现：自由贸易优于封闭状态，两国分别按照比较优势原理进行完全专业化生产分工，即美国专业化生产产品 1，中国专业化生产产品 2，然后在国际市场上进行贸易，这种国际贸易提高两国的经济福利。这一数字型理论模型的结论与国际经济学教科书中的结论一致，重复了基于比较优势法则的贸易利益，支持自由贸易。

其二，Samuelson 从自由贸易的状态开始，假设美国的生产率不变，而中国的出口部门，即第 2 部门出现外生的技术进步。然后，以两国间自由贸易为前提，对技术进步前后两国的经济福利和人均福利的变化进行比较。Samuelson 发现中国在出口部门的技术进步对两国都是有利的，这一技术进步强化了已有的比较优势和国际分工，两国的福利水平都得到了改善。

其三，Samuelson 假设美国的生产率不变，而中国的技术进步发生在其进口部门，即第 1 部门，而且技术进步的幅度正好使两国在两部门上的相对劳动生产率相同，在这种情况下，两国没有从事贸易的动力，然后，以两国间自由贸易为前提，比较技术进步前后两国福利的变化，Samuelson 发现这种技术进步永久性地降低了美国的福利。值得注意的是，Samuelson 在其论文中常常提到永久性的损害问题，不过，这可能与他使用的特殊的方法有关，胡方（2011）使用更为一般性的代数模型证明，所谓贸易损害仅仅发生在一定的范围内，受到一些特定参数的影响，并不存在永久性的损害问题。

根据以上三种数字型理论模型，分别说明自由贸易的三个可能结果：互惠、一国单方受益中方受损、另一国通过贸易改进生产率而单方面享受到自由贸易的益处。Samuelson 认为，自由贸易在一些情况下会提高贸易参与国的福利水平，而在另外一些情况下，却会使贸易参与国的福利受到损失，而且这种损害具有永久性的特点。

总的来说，Samuelson（2004）的研究表明，在两国多种商品的国际贸易中，如果其中一个国家由于出现技术进步，能够在贸易中增加一种出口商品，那么，该国就能够获得更多的贸易利益。与此同时，贸易伙伴国则会出现贸易损害，即贸易利益的下降。这样，由于两个国家贸易利益的反向运动，两国之间就会产生贸易摩擦。Samuelson 认为，引起国际贸易摩擦的技术进步可以体现为两种形式：一是相互进行贸易的某个国家在既定的贸易产品上出现技术跃进，转变了比较优势的方向，同时也改变了贸易利益的格局；二是在相互进行贸易的某个国家中，出现了新型的产品，并参与国际贸易，由此改变了国际贸易的利益格局。不过，Samuelson 在其论文的正文中仅仅对第一种形式的技术进步与国际贸易摩擦问题进行了研究，但在论文的附录中，又举一个数学例子对第二种形式的技术进步与国际贸易摩擦问题进行了分析。

其次介绍 Gomory and Baumol（2000）的观点与理论。Gomory and Baumol 在 20 世纪 90 年代相继发表一系列论文，对国际贸易利益和国际贸易摩擦等问题进行研究，2000 年他们联合出版专著《全球贸易与国家利益冲突》，对前一阶段的工作进行总结。Gomory and Baumol 进行研究的目的是：自由贸易会产生两国都获得贸易利益的互惠效应，或让一方受惠而让另一方受损的条件是什么？一个贸易伙伴的产业能力的提高（如生产率的提高）是否会导致另一个国家的工资下降？当一种在国内生产的产品能够以一种更低的价格从国外进口时，该国能否获得利益？这些结果对国家总财富的净影响如何？Gomory and Baumol 的基本观点与理论模型如下：

其一，Gomory and Baumol 认为，当今时代的国际贸易依据的经济条件与斯密、李嘉图、穆勒等经济学家所处的古典时代已有显著不同。在古典时代，生产方式落后，要素劳动投入的边际生产率迅速递减，规模报酬亦迅速递减，因此，一国只能利用其自然禀赋所产生的比较优势获得贸易利益。这样，各国高度依存于自然要素禀赋的贸易方式就成为稳定的均衡。而现今时代的经济与古典时代相比十分不同：（1）当今时代的经济体系中，存在非常显著的规模经济；（2）当今时代在建立一个产业或制造一种新产品时，往往需要巨大的启动成本、沉没成本；（3）由于市场不完全竞争，在当今时代，一旦新产品生产者或新行业成为在位者，潜在的进入者就难以进入，或者难以在一段时间内与在位者竞争。

其二，现今时代一国将形成什么样的产业结构，并不完全由其自然禀赋决定，而决定于历史的、文化的或政府政策、政治状态等因素。一个典型的例子是，日本并无多少铁矿资源，而且工资水平高，但日本却成了汽车大国。由于规模经济大，沉没成本高与竞争者难以进入，所以，一个产业一旦形成就具有可持续性。也因为如此，产业结构与贸易结构在全球范围内的分布便不再是唯一的。落后国家若在某个新兴产业建立起相当规模，使别国竞争者难以在成本上与之抗衡，那么该国在这个新兴产业照样可以拥有比较优势。这样一来，贸易均衡就不再具有李嘉图时代的唯一性，而是出现均衡的多重性。Gomory and Baumol 认为，随着全球经济中产业个数的上升，即使是两国贸易模型，均衡数会急剧上升，这会对各国可能拥有十分高的贸易份额产生重要的影响。

其三，贸易份额与国民获得的总收入的关系。Gomory and Baumol 认为，每个国家拥有的贸易相对份额会影响全球生产可能性边界。全球生产可能性边界代表了全球生产，也代表了全球收入。如果用横轴表示贸易份额，纵轴表示世界收入，则在这个平面上可以获得世界总收入曲线。这个世界总收入有上界与下界，分别由上下两条曲线表示。处于这两条曲线之间的拱顶形面积，表示给定贸易份额划分与产业数时，将有很多趋于无穷个均衡点。总收入曲线之所以呈拱顶形，是由于，如果一国拥有几乎所有产业，则不利于专业化与国际分工，从而世界总产出收入较低；反之，当产业与贸易在两国间平均分割时，由于国际分工较合理，世界总收入就高。

将拱顶形的两条曲线的各自高度乘上一国的产业贸易份额，便得到了一国产业贸易份额与该国总收入的关系图。以 A、B 两国为例来说明，可见：（1）当 A 国的产业贸易份额为零时，A 国总收入为零。（2）当 A 国的产业贸易份额趋近于最大的贸易份额时，A 国的总收入接近于全世界的总收入。（3）当 A 国的产业贸易份额小于某一水平时，A 国参与国际贸易所带来的总收入还不如 A 国完全处于自给自足时的总收入水平。这说明，如一国的贸易份额太小，或者，如一国的产业比重太低，则参与国际贸易是不利的。（4）对 A 国来说，与该国总收入最高点相对应的产业贸易份额是大于的；超过该贸易份额，再增加市场份额就不利于其国民收入。

其四，贸易互惠区与贸易冲突区的确定及其判定方法。对于B国，可用同样方式获得其产业贸易份额与B国国民收入的曲线图形。由于B国的产业贸易份额与A国是互为逆对应的，所以，将B国的产业份额与国民收入图叠印到上述表示A国的图形中，就可以获得两国贸易模型的贸易互惠区与贸易冲突区。在贸易互惠区内，两国通过相互贸易将获得利益，在贸易冲突区内，两国会在相互贸易时产生贸易损害，这里，会出现下列状态，以另一国的贸易份额与国民收入总水平的下降为代价，一国提高贸易份额才能提高本国国民收入水平，结果在两国之间，就会形成国际贸易冲突或国际贸易摩擦。

如何判断一国当前所处的贸易境遇与态势？Gomory and Baumol给出一个经验参考方法：人均国民收入差异法。其思路是，在贸易互惠区内，一国获得较高国民收入，而其贸易伙伴国则获得较低国民收入，收入水平会相差较大。大体说来，当贸易伙伴国的人均工资比本国人均工资低50%~70%时，则两国处于互惠贸易区内，其中一国应适当减少本国的贸易份额，而让贸易伙伴国的贸易份额适当上升，这对于两国都有利益；反之，当贸易伙伴国的人均工资高于本国人均工资的75%时，则说明两国间人均国民收入水平接近，这里两国就处于贸易冲突区，贸易的变动会导致两国贸易利益的变化，其中一个国家会由于另一个国家获得贸易利益，而出现贸易损害，从而在两国间会产生国际贸易摩擦。

Gomory and Baumol 还将这种研究与生产率的变化联系起来，这与 Samuelson 的分析有相似之处，不过，Gomory and Baumol 的研究更强调不完全竞争的市场条件，如规模经济等。Gomory and Baumol 认为，在单方面的生产率提高的情况下，如果它令特定商品生产率增长的国家在该商品的两国总产出中的份额上升，或者甚至占有该商品的全部生产，那么，这种生产率增长将会损害该国的贸易伙伴。并且，通过研究线性模型与规模经济模型之间正式对应关系，可证明如下结论：一个产业部门由一国转移到另一国通常会（但并不总是）使得到产业部门的国家受益，但是要以牺牲另一国的利益为代价。因此，很不发达的贸易伙伴的进步，对于两个国家都是有利的。不过，该贸易伙伴的进步一旦超过了某一发展状态，就会引起国家利益的冲突。

在 Samuelson 提出他的基本理论后，美国经济学会于 2006 年举行研讨会，对 Gomory and Baumol（2000），Samuelson（2004）的观点进行深入的研究。其中，一些学者将这种理论，以他们名字的头一个字母组合起来命名，称为 GBS 理论（T. I. Palley，2006）。

最近，国际经济学界进一步对 GBS 理论及其相关观点进行深入研究，形成了许多文献。这些文献对国际贸易利益进行了更为深入的研究，强调贸易互利与贸易损害的各种前提条件。如 Eaton and Kortum（2006）对 Hicks 提出的进出口部门出现技术进步时的影响进行较为全面的研究，得出了更为具体的结论。Baldwin and Forslid（2004），Melitz and Ottaviano（2008）对国际贸易利益进行了更为细致的分类，对生产率变化导致的利益、更多的竞争带来的利益、产品种数变化带来的利益，以及资源转移导致的利益等进行了综合的分析，既指出了所有国家获得贸易利益的条件，也指出了有些国家出现贸易损害的问题。Cheng Wen-li，Dingsheng Zhang（2007）运用一般的数理经济学方法对 Samuelson 的理论进行了分析，肯定了 Samuelson 的研究结论。Jones and Ruffin（2008）对 Hicks 和 Samuelson 出口偏向型的技术进步作进一步的研究，强调两国同时获得利益的条件。Jiandong Ju and Xuebing Yan（2009）把 Hicks 的基本观点称为“Hicks 理论”，把 Samuelson 的理论研究与追赶型技术进步的国际贸易理论结合起来，分析进口偏向型的技术进步对国际贸易及其利益分配的基本影响，提出了分析一国最优的赶超战略的理论模型。此外，Bitzer，Holger and Schroder（2012）从一个特殊的侧面，对 Samuelson 的基本观点进行了实证研究，确认了 Samuelson 的结论。

从国际贸易摩擦理论的发展过程来看，国际贸易摩擦理论可能包括下列两方面的基本内容：其一是建立一个没有国家政策的介入国际贸易的纯粹理论模型，参与这一模型的经济主体是消费者和生产者。与以前的国际贸易理论模型略有不同的是，这种国际贸易模型能够统一地阐述国际贸易的互利与损害，而不仅仅强调国际贸易的互利。其二是在理论模型中，纳入政府部门，分析政府政策的介入对各贸易国家的贸易利益的重新分配问题。显然，如果一国政府对双边贸易的介入，不仅能够回避自己的贸易损害，而且能够有利于所有国家，或者至少不对其他国家造成损害，那么该国的这种政策介入不会引起国际贸易摩擦，这是一种受欢迎的贸易保护主义政策介入。这种场合可能在某个特殊的理论结构中成立，但在现实经济世界经济中，所遭遇到的情况基本上是：该国政府的经济介入在给该国带来相关利益的同时，却会给贸易对手国家造成相应的损害。贸易对手国家为了避免这种损害，也会选择政策介入，同样，在给自己带来相关利益的同时，却会给相关国家造成相应的损害。在这种场合，两国之间必然产生国际贸易摩擦。

不过，目前国际贸易摩擦新理论的发展还主要集中于前一个方面，侧重在国际贸易过程下，研究国际贸易互利与损害的相关条件与前提，为纳入政策分析进行准备。实际上，Samuelson 等人认为，只要在国际贸易活动中，出现一个国家获利，而另外一个国家出现损害的场合，就会在两国间形成国际贸易摩擦，不管是否有无政府的政策介入。不过，从国际贸易摩擦理论的发展历程来看，纳入政府行为进行分析十分必要，这会有利于我们进一步深入地理解国际贸易摩擦，也有可能使我们能够更加全面地评介各种贸易政策和贸易保护主义措施的经济效应，并给政府的对外贸易行政一个适当的地位。

三、结　论

从国际贸易摩擦理论的演变史来看，国际贸易摩擦理论实际上是国际贸易利益理论的延伸。主流国际贸易理论认为，劳动生产率的差异、要素禀赋的不同、规模经济和产品种数、更为激烈的竞争等是国际贸易利益的源泉。这些是比较优势理论、要素禀赋理论、新贸易理论的重要成就。主流理论主要是在对比自给自足和国际贸易的结果时，强调国际贸易会给所有国家带来利益，但往往不对贸易损害问题进行研究。近年来发展的国际贸易摩擦理论弥补了主流理论的不足。不仅研究国际贸易的互利问题，而且同时也研究国际贸易的损害和摩擦问题。

国际贸易摩擦的新理论正在形成之中，正如上面所说的那样，如何在国际贸易摩擦新理论中，分析贸易政策措施是十分重要的课题，这会加深我们对国际贸易活动的理解，并能够为更好地推动国际贸易创造条件。在这方面，显然需要解放思想，突破自由贸易和贸易保护主义的两分法，不能画地为牢，不能简单地将研究贸易损害以及由此出现的贸易保护主义措施的文献划为主张贸易保护主义的行列。Samuelson 在 2004 年的文章中提出了国际贸易摩擦问题，一些学者认为他否认自由贸易，主张贸易保护主义，Samuelson 认为这是错误的。实际上，在 2004 年的文章中，他特别提到："从我的上述分析中并不能得出一国应该还是不应该采取选择性的保护主义的结论。即使在自由贸易世界中比较优势的变迁的确给一国造成损害，一个民主国家试图保护自己的努力也可能只是搬起石头砸自己的脚。"在 2006 年的一篇文章中，他特别提到这一点。他认为，他 2004 年发表的论文是《为社会制度的比较静态分析设计了一种有用的工具》，确定贸易利益得失的条件，并不是否认自由贸易，而是为了自由贸易更好地进行（Samuelson，2006）。这也是我们在研究国际贸易摩擦问题时应该采取的基本态度。

参考文献

[1] Bagwell，Kyle and Staiger，Robert. "Strategic Trade，Competitive Industries and Agricultural Trade Disputes." Economics and Politics，2001，13(2)，pp. 113-128.

[2] Bown，Chad P. "Trade Dispute and the Implementation of Protection Under the GATT：An Empirical Assessment." Journal of International Economics，2004，62，pp. 263-294.

[3] Dixit，Avinash. "International Trade Policy for Oligopolistic Industries." The Economic Journal，1984，94，pp. 1-16.

[4] Dornbusch, R., S. Fischer. and A. Samuelson. "Comparative Advantage, Trade, and Payments in a Ricardian Model with a Continuum of Goods." American Economic Review 1977, 67, pp. 823-839.

[5] Eaton, Jonathan and Grossman, Gene M. "Optimal Trade and Industrial Policy under Oligopoly." The Quarterly Journal of Economics, 1986, 101(2), pp. 383-406.

[6] Gomory, R. E., and W. J. Baumol: Global Trade and Conflicting National Interests, Cambridge, Mass: MIT Press, 2000.

[7] Grossman, GeneM. and Helpman, Elhanan. "Protection for Sale." The American Economic Review, 1994, 84 (4), pp. 833-850.

[8] Hicks, J. R: "An Inaugural Lecture," Oxford Economic Papers, 1953, 5(2), pp. 117-135.

[9] Johnson, Harry G. "Optimum Welfare and Maximum Revenue Tariffs." The Review of Economic Studies, 1954, 19 (1), pp. 28-35.

[10] Jones R W and, Roy J. Ruffin: "The Technology Transfer Paradox," Journal of International Economics, 2008, 75, pp. 321-328.

[11] Krugman, P. "A Model of Innovation, Technology Transfer, and the World Distribution of Income." The Journal of Political Economy, 1979, 87(2), pp. 253-266.

[12] Mayer. "Endogenous tariff formation." The American Economic Review, 1984, 74, pp. 970-985.

[13] Samuelson, P. "The Pros and Cons of Globalization." Japan and the World Economy, 2006, 18, pp. 592-594.

[14] Samuelson, P: "Where Ricardo and Mill Rebut and Confirm Arguments of Mainstream Economists Supporting Globalization," Journal of Economic Perspectives, 2004, 18, pp. 135-146.

[15] Sturm, Daniel M. "Product Standards, Trade Disputes, and Protection." Canadian Economics Association, 2006, 39(2), pp. 564-581.

[16] 胡方：《李嘉图模型中的技术进步与国际贸易摩擦》，《世界经济研究》2011年第3期。
[17] 尹翔硕、李春顶、孙磊：《国际贸易摩擦的类型、原因、效应及化解途径》，《世界经济》2007第7期。

“新新贸易理论”的前沿进展

武汉大学中国中部发展研究院　黄永明　郑秋婷

随着国际分工的不断深化，呈现出从产业间分工到产业内分工再到产品间分工的演进脉络，国际贸易理论的研究也经历了古典贸易理论、新古典贸易理论、新贸易理论以及“新新贸易理论”四个发展阶段。“新新国际贸易理论”(New New Trade Theory) 是最近十年来国际贸易研究领域的最重要进展。本文主要对新新贸易理论的产生，新新贸易理论的基本假定与逻辑思路，新新贸易理论的理论和实证研究动态，新新贸易理论与新经济地理学的融合等进行整理与评述。

一、前期贸易理论的局限与新新贸易理论的产生

传统贸易理论（包括古典与新古典贸易理论）产生于对重商主义观点的质疑，理论基础主要是李嘉图的比较优势原理、H-O 要素禀赋理论，认为贸易的基础是各国之间产品生产的比较优势，比较优势之所以产生，一方面是因为劳动生产率存在差异（李嘉图比较优势)，另一方面则是由于产业间要素密集度差异和国家间要素丰裕度差异共同作用的结果（赫克歇尔—俄林比较优势)。按照这些理论，各国之间的贸易主要是不同产品之间的贸易，即“产业间贸易”。然而，国际贸易的实践表明，二战以来，越来越多的贸易发生在资源禀赋、技术水平相似或相近的国家之间，同一产业内同类产品之间的“双向”贸易额大大增加，传统贸易理论显然

无法对此做出解释。以 Krugman（1980）发表的论文为代表的新贸易理论在方法和理论假定上有新的突破，放弃了完全竞争市场结构和报酬递减的假设，引入了报酬递增和垄断竞争的条件，解释了二战之后日益增加的产业内贸易的现象，从而将贸易理论推向了一个新阶段。

传统国际贸易理论根本不考虑企业在国际贸易中的角色与作用，新贸易理论模型中虽然考虑了企业的角色与作用，规模经济与不完全竞争直接影响企业行为选择，但新贸易理论模型假设企业是“同质性”的，即企业之间是无差异的。自 20 世纪 90 年代以后，一些贸易经济学家（Bernard & Jensen，1995，1999；Bernard & Wagner，1997；Clerides，Lach & Tybout，1998；Aw et al.，2000）开始利用国际贸易微观（企业）数据研究国际贸易问题。这些国际贸易微观实证研究发现，出口企业在各方面的表现都要优于非出口企业，出口企业在各方面的优异表现是它们能够出口的原因，因此企业异质性与产业内贸易存在必然的联系。对此，由于传统贸易理论未考虑企业在国际贸易中的作用，新贸易理论假设企业是“同质性”，两者都无法解释国际贸易中的这些微观现象。以 Melitz（2003）在 American Economic Review 发表的经典性论文为标志，将企业异质性成功地引入国际贸易模型中，从微观层面解释最新的国际贸易和投资现象，从而开拓了国际贸易研究的新领域，形成了新新贸易理论的基本框架。

二、新新贸易理论的基本假定与逻辑思路

新新贸易理论沿用了新贸易理论垄断竞争市场结构和规模报酬递增的假设，同时修改了企业“同质性”的假设，其基本假定条件有两个：（1）企业是“异质性”的，效率存在差异；（2）规模效益递增、不完全竞争。

新新贸易理论的基本逻辑思路为：（1）贸易自由化对不同效率的企业产生的影响不同，当贸易开放后，效率最低的企业会被迫退出市场，效率一般的企业会继续在国内市场销售，效率最高的企

业则会同时在国内和国外市场销售。(2) 贸易自由化引起的上述市场份额在不同效率类型企业间重新配置的过程，会促使社会资源从效率低的企业向效率高的企业转移，从而促进了整个行业乃至整个社会的生产效率的提高，即贸易自由化带来的生产效率提升效应。

新新贸易理论的基本结论包括：(1) 规模效益递增决定了每个国家的贸易模式，即每个国家只集中生产一种产品中的某几个品牌并出口，以此获得规模效益，这与新贸易理论的结论一致。而传统国际贸易理论的基本结论是，比较优势决定贸易模式，一个国家会生产和出口其具有比较优势的产品。(2) 贸易自由化带来的生产效率提升效应是一个国家从国际贸易中获得的收益的一个重要方面。

与新贸易理论一样，新新国际贸易理论适用于解释产业内贸易和产品间贸易，即不同国家相互出口同一产业中的不同品牌产品。“新新贸易理论”的贡献主要表现在三个方面：(1) 新新贸易理论在垄断竞争模型的基础上放松了企业同质的假定，在方法上取得了突破。(2) 新新贸易理论是从企业和产品的微观层面来研究贸易的基本问题，使得国际贸易理论获得了新的微观基础和新的视角。(3) 新新贸易理论指出了贸易自由化能够带来生产效率的提升，这一作用是传统国际贸易理论与新贸易理论都没有指出的，是新新贸易理论的重要贡献。

三、新新贸易理论的理论研究动态

新新贸易理论的理论研究沿着三个方向展开：一是出口与企业生产率的关系；二是关于企业的国际化路径抉择（International Entry Decision)，即企业可以选择退出市场、供应国内市场、出口国外市场以及通过对外直接投资（FDI）供应国外市场四种类型；三是关于企业的内部化抉择（Internalization Decision)，即一体化(Integration) 和外包（Outsourcing）两种，再分为国内国外两种情况。

（一）出口与企业生产率关系的研究动态

Bernard et al.（2003）扩展了李嘉图模型，使其成为包含多个国家、允许地理壁垒（Geographic Barriers）及不完全竞争，存在企业异质性的贸易模型。结果得出，企业的生产率和规模影响了其出口，出口企业拥有较高的生产率和较大的规模，且贸易壁垒的降低会促进企业出口。

Baldwin（2005）以 Melitz（2003）的模型为基础，分析了企业选择成为国内企业（Domestic Firms，D-Types）、出口企业（Export Firms，X-types）和不生产企业（Non-producers，N-types）的生产率差异，证实了高生产率企业选择出口的结论。同时论文还研究了市场开放度、贸易量和价格以及生产率的效应，证实贸易自由化具有再分配效应，对于高生产率企业有利，这与 Tolper-Samuelson 定理的结论一致。

Ghironi & Melitz（2005）建立了一个随机的、宏观动态一般均衡的两国贸易模型，并假定企业的生产率存在差异以及垄断竞争的市场结构，模型证明只有相对高生产率的企业出口，并分析了外生的生产率冲击以及贸易成本变化对于企业出口和退出市场等决策的影响，其得出的结论和前期研究结果基本一致。

Bernard，Redding & Schott（2010）将产品多样化融入"异质性"企业模型中，认为贸易自由化通过两种渠道促进整个社会效率的提高：（1）促使所有企业放弃差的产品的生产、增加好的产品的生产、提高所有产品中出口产品种类的比例、每种产品出口的数量，从而提高企业的生产效率；（2）促使能力低的企业退出市场，增加所有企业中出口企业的比例，从而提高行业的整体生产效率。他们还预测，企业能力的提高不仅可以提高企业出口产品种类的比例，而且可以提高企业每种产品的出口量，从而使产品出口广度和深度呈现正向关系。

（二）企业国际化路径抉择的研究动态

Helpman，Melitz & Yeaple（2004）拓展了 Melitz 模型，考虑了建立海外分公司的决策，即企业以出口还是 FDI 的形式进行国际化。Helpman，Melitz & Yeaple 的研究表明企业究竟是选择出口还是 FDI 是由企业根据其生产率预先决定的。从实证检验看，采用离差的方法提高了模型的预测能力，有助于更好地理解企业的全球化战略以及出口成本的变化，或 FDI 成本的变化是如何影响各国各个产业内生产模式的。

Grossman，Helpman & Szeid（2005）提出垂直和水平两种 FDI 类型，进而得出了更多的一体化的战略选择。当 FDI 的固定成本比较低时，生产率最低的企业不进行 FDI，他们在本国生产并组装产品，把产品出口到南方国家或其他北方国家；中等生产率的企业从事部分 FDI，他们在南方生产中间产品，把中间产品从南方进口到本国组装成最终产品，然后出口到南方国家或其他北方国家；生产率最高的企业 FDI 程度最高，他们在南方国家生产中间投入品，在南方国家组装成成品，然后出口到北方国家，即南方国家成为企业向世界出口的一个平台。

Nocke & Yeaple（2007）建立了一个包含异质性企业的一般均衡框架分析企业进入国际市场的方式，包括出口、绿地投资（Green Field FDI）和跨国并购（Cross-border M&A），结果证明，企业的异质性尤其是企业移动能力在此发挥主要作用，跨国并购的企业既包括最高生产率的企业也包括最低生产率的企业，且模型得出绿地投资方式对于本国经济发展更有利，而跨国并购对于东道国更有利。

（三）企业的内部化抉择的研究动态

Antras & Helpman（2004）将 Melitz（2003）异质企业贸易模型和 Antras（2003）企业内生边界模型进行结合，建立了一个国际贸易和投资的理论模型，其中，企业在为国内市场服务、出口或从事 FDI 活动以便为国外市场服务三者之间作出选择。他们的研究表明，不同产业部门的生产率水平差异和不同产业部门的技术和组织形式差异对国际贸易、FDI 和企业的组织选择产生影响。贸易、投资和企业的组织是相互依赖的，不同组织产生的激励、固定成本的差异以及不同国家工资水平的差异共同构成了均衡的企业组织结构。产业特征也是非常重要的决定因素：生产率差异较大的产业中主要依赖进口投入品，在总部密集度高的产业中一体化现象更为普遍；一个产业部门的总部密集度越高，就越不会依赖进口获得中间投入品。

Bernard，Redding，Jensen & Schott（2010）研究了关联企业交易存在可能性与相对规模的决定因素，包括产品特性与国家特性。从产品特性方面看，产品越适合于通过合同进行交易，就越容易通过非关联企业进行交易，那么关联企业交易存在的可能性与规模就越小。从国家特性方面看，政府管治质量越高，外国跨国公司在该国设立分支机构的可能性就越大，那么关联企业交易存在的可能性就越大；但在外国跨国公司已经在该国设立分支机构的情况下，政府管治质量越高，也意味着外国企业与该国其他企业进行非关联企业交易越容易，因而关联企业交易的相对规模就会越低。

四、新新贸易理论的实证研究动态

Bernard，Redding，Jensen & Schott（2007a）将那些大型的既从事进出口同时也在若干国家经营的大型企业称作是"最国际化经营"企业（most globally-engaged firm）。在美国，这样的跨国公司数量不足1%，但却占到了美国对外贸易的80 %和就业人数的18 %，这意味着这些企业如果充分利用规模经济和范围经济的优势，贸易利得会更大。同时，这些MGE的市场定价能力也不容忽视，这些企业既享有规模经济和范围经济带来的益处，也有垄断对市场的潜在危害。

Gervais（2009）从理论与实证上证明，企业效率对出口价格有方向相反的两种影响，即直接影响和间接影响。企业效率越高，成本越低，价格越低是直接影响；企业效率越高，其产品质量越高，价格越高是间接影响。Mandel（2010）进一步从理论与实证两方面证明，上述两方面影响的相对大小，取决于产品的特性：对产品质量差异比较小的产品而言，直接影响的作用更大；对产品质量差异比较大的产品而言，间接影响的作用更大。

Baldwin & Harrigan（2011）从实证上发现美国企业的出口离岸价格与美国同进口国的距离成正比。他们将产品质量融入"异质性”企业模型中，证明了离岸出口价格较高的产品，其质量水平也比较高；在一定条件下，质量水平提高幅度比价格提高幅度更大，因此，高价格产品的“性价比”更高，也更有能力出口到远距离的市场上。

Bernard，Redding & Schott（2010）检验了美国制造业企业中产品组合转换的频率、普遍性以及决定因素。研究发现，超过半数的美国企业每隔 5 年都会转换其生产的以 SIC5 位数分类的产品组合，并导致 41%的企业改变其 4 分位产品组合、16%的企业改变其 2 分位产品组合。企业增减产品对美国制造业总产出增长的贡献，同企业进入、退出的贡献相当；企业产品的转换取决于企业以及企业—产品组合的特性；企业在增减产品过程中，更有可能放弃那些生产时间短、产量少的产品，也就是其不善于生产的产品，这就意味着企业会将内部资源更多地转向更有效率的生产，从而提高企业的生产效率。

Venables（2011）认为城市中企业的生产率较高是因为城市本身可以视为是一种自我选择机制，在信息不对称的情况下，具有较高能力的劳动者将主动选择生活在费用高昂的大城市，并把这种生活状态当做一种高能力的信号显示机制，所以，这种自我选择提高了城市中劳动的匹配程度，并最终提高了城市劳动生产率的平均水平。

Behrens 等（2012）运用新新经济地理三大效应检验地区间收入差距，发现 2000 年美国 276 个大型城市人均收入对城市人口的弹性为 0.082，这意味着城市人口每增加 1 倍，人均收入增加 8.2%；但在控制了人才因素和市场竞争程度等因素后，这一系数下降到 4.6%，这说明新经济地理的确容易高估产业集聚的作用。

Combes 等（2012）的实证检验结果表明，虽然引起工资差异的原因很多，但运用法国工人的面板数据检验结果发现，在控制工人特征、劳动者固定效应、产业固定效应的情况下，地区间工资差异的主要影响因素是个体劳动技能；如果采用新经济地理的分析框架而不控制劳动者异质性，将会导致集聚经济的估计偏误，偏误程度高达 100%。

五、新新贸易理论与新经济地理的融合趋势：新新经济地理的产生

Krugman（1991）在建立新贸易理论之后，将 Krugman（1980）所蕴含的地区规模经济思想重新挖掘出来，开创了经济学家所称的"新经济地理"（new economic geography）或地理学者所称的地理经济学（geographical economics）。2008 年瑞典皇家科学院将诺贝尔经济学奖颁发给 Krugman，以表彰他在分析国际贸易模式和经济活动空间区位方面作出的杰出贡献，这两个方面就是我们通常所称的新贸易理论和新经济地理。

新经济地理发展过程中存在两个明显的缺陷：（1）缺乏微观基础。虽然在垄断竞争和规模报酬递增的视角下，企业聚集会产生规模收益，但这种收益的具体发生机制还是一个黑箱。（2）忽视企业和劳动者个体差异。而事实上，即使是集聚在一起的企业也是不一样的，存在"中心—外围"的个体差异。

自 Melitz 于 2003 年在 American Economic Review 发表的将企业异质性引入国际贸易模型中的经典性论文为标志，新贸易理论已经开始演化成为"新新国际贸易理论"。由于规模报酬递增、垄断竞争和异质性的分析框架不仅可以用于分析国际间的商品贸易问题，也可以用于分析国内区域间的商品生产问题，因而新新贸易理论的产生及与新经济地理的融合迅速催生了新新经济地理（New New Economic Geography，NNEG）。

新新经济地理仍然基于规模经济和不完全竞争的假设，但更强调企业和人的"异质性"如何最终形成总体行为（Ottaviano，2011）。为了更清楚地看到这一点，考察一个标准的新经济地理模型如何逐渐演化成新新经济地理模型是有益的。

从一个简单的垄断模型开始，假设有两个位置 H 和 F，H 能提供一个较大的地方产品市场和较低的生产成本，在两个位置之间的运输面临着贸易壁垒，并且由于技术约束，垄断厂商只能开设一个工厂获利。正是这种不可分性加上运输成本导致了垄断者必须面临

的选址问题。该问题的答案是，垄断厂商会将其工厂放在 H，原因在于这样做，一方面可以最小化生产成本（成本节省的吸引），另一方面选址于 H 可以服务地方总需求的主体、最小化贸易成本（市场搜索的吸引）。

垄断厂商所考虑的这些因素对于有着许多竞争性厂商的那些产业来说也起着集聚的力量。然而，这些力量的强弱依赖于贸易障碍的水平。随着贸易障碍的下降，相对于市场搜索的吸引，成本节省的吸引在下降。此外，在有竞争者出现的时候，企业的选址决策变得更加复杂了。现在将简单的垄断模型进行延伸，假设有两个企业，企业 1 比企业 2 更有效率，每个企业都提供有差异的产品，技术约束是每个企业都只能经营一个工厂获利，两个地址之间的交通产生贸易成本。两个企业都必须决定在哪里生产、两地各销售多少？

在合理的条件下，利润最大化厂商之间的战略相互作用只产生两个可能的均衡结果：集聚，即企业共同选址于低成本—大市场的位置 H；筛选，即低成本的企业位于低成本—大市场的位置。集聚经济使得地点 H 和 F 之间的市场差别、生产成本差别作为地方经济活动的相对规模的增函数内生地产生。只要企业和工人被较大的地方市场和较低的生产成本吸引，由自我持续的集群驱动的内生空间非对称性就出现了，结果是加强了地理的不均衡（累积因果）。

如果我们引入企业间的效率差异，来考察这些差异与生产成本和市场规模是如何相互作用的，前述的模型就演化成了新新经济地理模型。一旦企业间的差异与位置间的差异一并引入，效率较低的企业 2 就有强烈的激励去避免因为集聚于较优越的位置 H 所带来的激烈竞争。因而，企业的异质性就起着一种额外的分散化力量，异质性越强，贸易成本就越大、企业产品间的替代性就越大。

对效率的关注强调了企业异质性的技术维度。值得指出的是，关注由竞争性企业提供的产品的质量也可以得到类似的这种选址结果。由此来看，企业产品的替代弹性抓住了水平产品差别，而企业效率的差别抓住了垂直产品差别。因此，上述讨论意味着水平差别促进了企业的空间集聚，垂直差别则促进了企业的空间分散。就这一点而言，企业效率或者产品质量的差别通过其对集聚力量和分散力量相对强度的冲击而成为决定经济活动地理分布的微观参数。

尽管传统上城市经济学中的匹配、筛选和风险分散模型已经处理了异质性主体的问题（Duranton & Puga，2004），但进一步理解人和企业的异质性是如何产生的、异质性如何可能帮助揭开集聚经济的“黑箱”仍然是未来研究的一个富有前景的方向。特别是，有异质性主体的理论模型可能被用来进行可得性不断增加的企业—工人层面的微观数据的分析，进而跨越新经济地理常常面对的理论与实证之间的鸿沟。

综上所述，“新新贸易理论”的贡献主要表现在三个方面：(1) 新新贸易理论在垄断竞争模型的基础上放松了企业同质的假定，在方法上取得了突破。(2) 新新贸易理论是从企业和产品的微观层面来研究贸易的基本问题，使得国际贸易理论获得了新的微观基础和新的视角。(3) 新新贸易理论会对空间经济学带来新的影响。空间经济学的基础来自于国际贸易理论。如果在“新新贸易理论”引入空间因素，新经济地理理论将有可能产生新的革命。

参考文献

[1] Antras, Pol, and Elhanan Helpman(2004), Global Sourcing[J]. Journal of Political Economy, 112(3): 552-580.

[2] Antras, Pol.(2003), Firms, Contracts, and Trade Structure[J]. Quarterly Journal of Economics, 118(4): 1375-1418.

[3] Aw, Bee Yan, Chung, Sukkyun, and Roberts, M. J.(2000), Productivity and Turnover in the Export Market: Micro-Evidence from Taiwan and South Korea [J]. The World Bank Economic Review, 14 (1).

[4] Baldwin R. & J. Harrigan(2011). Zeros, Quality and Space: Trade theory and trade evidence[J]. American Economic Journal: Microeconomics, 3: 60-88.

[5] Baldwin R. E.(2005), Heterogeneous Firms and Trade: Testalbe

and Untestable Properties of the Melitz Model, Working Paper.

[6] Baldwin, R., Okubo, T. (2006) Heterogeneous firms, agglomeration and economic geography: spatial selection and sorting. Journal of Economic Geography, 6: 323-346.

[7] Baldwin, R., Okubo, T. (2009) Tax reform, delocation, and heterogeneous firms. Scandinavian Journal of Economics, 111: 741-764.

[8] Behrens, K., G. Duranton, and F. Robert-Nicoud(2012). Productive cities: Sorting, selection, and agglomeration, working paper.

[9] Behrens, K., Mion, G., Ottaviano, G. I. P. (2011) Economic integration and industry reallocations: some theory with numbers. In: M. Jovanovic (ed.) International Handbook of Economic Integration. Cheltenham, UK: Edward Elgar.

[10] Bernard, A. B. and Jensen, J. B. (1999), Exceptional Exporter Performance: Cause, Effect, or Both? [J]. Journal of International Economics, 47 (1).

[11] Bernard, A. B. and Jensen, J. B. (1995), Exporters, jobs and wages in U. S. manufacturing: 1976-1987, Brookings Papers on Economics Activity. Microeconomics.

[12] Bernard, A. B. and Wagner, J. (1997), Exports and success in German manufacturing [J]. Review of World Economics, 133 (1).

[13] Bernard, A., Redding, S., Schott, P. (2007a) Firms in international trade. Journal of Economic Perspectives, 21: 105-130.

[14] Bernard, A., Redding, S., Schott, P. (2007b) Comparative advantage and heterogeneous firms. Review of Economic Studies, 74: 31-66.

[15] Bernard, A. B., S. J. Redding & P. K. Schott(2010), Multiproduct Firms and Product Switching[J]. American Economic Review, 100 (1): 70-97.

[16] Bernard, A. B., S. J. Redding, J. B. Jensen & P. K. Schott(2010), Intra-firm trade and product contractibility[J]. American Economic

Review, 100 (2): 444-448.

[17] Bernard, A. B., J. Eaton, J. B. Jensen & S. Kortum (2003), Plants and Productivity in International Trade [J]. American Economic Review, 93(4).

[18] Clerides, S. Lach, S. and Tybout, J. (1998), Is Learning by Exporting Important? Micro-Dynamic Evidence from Colombia, Mexico, and Morocco [J]. Quarterly Journal of Economics, 113 (3).

[19] Combes, P., Duraton, G., Gobillon, L., Puga, D., Roux, S. (2012), The productivity advantages of large cities: distinguishing agglomeration from firm selection [J]. IZA discussion paper, No. 6502.

[20] Combes, P.-P., Duranton, G., Gobillon, L. (2008a) Spatial wage disparities: sorting matters!. Journal of Urban Economics, 63: 723-742.

[21] Combes, P.-P., Mayer, T., Thisse, J.-F. (2008b) Economic Geography: The Integration of Regions and Nations. Princeton, NJ: Princeton University Press.

[22] Duranton, G., Puga, D. (2004) Micro-foundations of urban agglomeration economies. In: V. Henderson, J.-F. Thisse (eds) Handbook of Regional and Urban Economics. Vol. 4. Amsterdam: Elsevier.

[23] Eckel, C., Neary, P. (2010) Multi-product firms and flexible manufacturing in the global economy. Review of Economic Studies, 77: 188-217.

[24] Fujita, M., Thisse, J.-F. (2002) Economics of Agglomeration. Cambridge: Cambridge University Press.

[25] Gervais, A. (2009). Product Quality and Firm Heterogeneity in International Trade [J]. working paper.

[26] Ghironi, F. and Melitz, M. J, (2005), International Trade and Macroeconomic Dynamics with Heterogeneous Firms [J]. The

Quarterly Journal of Economics 3.

[27] Grossman, G. M., E. Helpman & A. Szeid(2005), Optimal Integration Strategies for the Multinational Firm[J]. Journal fo International Economics, 70: 216-238.

[28] Helpman, E. (2006) Trade, FDI, and the organization of firms. Journal of Economic Literature, 44: 589-630.

[29] Helpman, E. (2010) Labor market frictions as a source of comparative advantage, with implications for unemployment and inequality. NBER working paper No. 15764.

[30] Helpman, E., Melitz, M. and Yeaple, S. (2004), Export versus FDI with Heterogeneous Firms [J]. American Economic Review, 94(1): 300-316.

[31] Holmes, T., Stevens, J. (2002) Geographic concentration and establishment scale. Review of Economics and Statistics, 84: 682-690.

[32] Jaffe, A., Trajtenberg, M. (2002) Patents, Citations and Innovation: A Window on the Knowledge Economy. Cambridge, MA: MIT Press.

[33] Jaffe, A., Trajtenberg, M., Henderson, R. (1993) Geographic localization of knowledge spillovers as evidenced by patent citations. Quarterly Journal of Economics, 63: 577-598.

[34] Krugman, P. (1980) Scale economies, product differentiation and the pattern of trade. American Economic Review, 70: 950-959.

[35] Krugman, P. (1991) Increasing returns and economic geography. Journal of Political Economy, 99: 483-499.

[36] Mandel, B. (2010). Heterogeneous Firms and Import Quality: Evidence from Transaction-level Prices, Federal Reserve System International Finance Discussion Papers, No. 991.

[37] Mayer, T., Melitz, M., Ottaviano, G. I. P. (2010) Market Size, Competition, and the Product Mix of Exporters, Cambridge: Harvard University, Mimeo.

[38] Mayer, T., Ottaviano, G. I. P. (2007) The Happy Few: The Internationalisation of European Firms. Brussels: Bruegel Blueprint 3.

[39] Melitz, M. (2003) The impact of trade on intra-industry reallocations and aggregate industry productivity. Econometrica, 71: 1695-1725.

[40] Melitz, M., Ottaviano, G. I. P. (2008) Market size, trade, and productivity. Review of Economic Studies, 75: 295-316.

[41] Naghavi, A., Ottaviano, G. I. P. (2009) Firm heterogeneity, contract enforcement, and the industry dynamics of offshoring. Scandinavian Journal of Economics, 111: 629-653.

[42] Neary, P. (2004) Monopolistic competition and international trade theory. In: S. Brakman, B. J. Heijdra (eds) The Monopolistic Competition Revolution in Retrospect. Cambridge: Cambridge University Press.

[43] Nocke, V. (2006) A gap for me: entrepreneurs and entry. Journal of the European Economic Association, 4: 929-956.

[44] Nocke, V., Yeaple, S. (2007), Cross-border mergers and acquisitions vs. greenfield foreign direct investment: The role of firm heterogeneity [J]. Journal of International Economics, 72 (2): 336-365.

[45] Okubo, T. (2009) Trade liberalisation and agglomeration with firm heterogeneity-forward and backward linkages. Regional Science and Urban Economics, 39: 530-541.

[46] Ottaviano G. (2011), New new economic geography: firm heterogeneity and agglomerat ion economies [J]. Journal of Economic Geography, 11 (1): 231-240 .

[47] Ottaviano, G. I. P. (2010) Book review of Combes, Mayer and Thisse (2008). Journal of Economic Geography, 10: 471-474.

[48] Ottaviano, G. I. P., Thisse, J.-F. (2001) On economic geography in economic theory: increasing returns and pecuniary externalities. Journal of Economic Geography, 1: 153-179.

[49] Puga, D. (2010) The magnitude and causes of agglomeration economies. Journal of Regional Science, 50: 203-219.

[50] Rosenthal, S., Strange, W. (2004) Evidence on the nature and sources of agglomeration economies. In: V. Henderson, J.-F. Thisse (eds) Handbook of Regional and Urban Economics. Vol. 4. Amsterdam: Elsevier.

[51] Starrett, D. (1978) Market allocations of location choice in a model with free mobility. Journal of Economic Theory, 17: 2137.

[52] Venables, A. (2011) Productivity in cities: self-selection and sorting. Journal of Economic Geography, 11: 241-251.

社会化商务研究前沿

武汉大学经济与管理学院　黄敏学　肖邦明　王殿文

一、社会化商务的背景：新兴社会化媒体推动着电子商务模式的创新

互联网从 Web1.0 的计算机交互时代进入了 Web2.0 的用户交互时代（Kaplan & Haenlein，2010），Web2.0 应用已成为互联网的主流（Wig& et al.，2008），根据权威流量统计网站 Alexa.com 的实时跟踪统计，全球前 20 名的最大流量网站中，大部分是支持用户交互的 Web2.0 应用。根据中国互联网信息中心的 2012 年统计报告（2013.1）显示，目前国内互联网的主流应用也都强调社会交互性，如即时通信（82%的用户使用，下同）、博客（72%）、微博（52%）等，而且保持很高的年增长率（20%以上）。

首先，Web2.0 技术发展推动了社会化媒体的兴起。用户在使用这些 Web2.0 应用交互时，产生了大量的用户创造的内容，这使得 Web2.0 的应用具有了媒体的信息性和传播性，可称之为社会化媒体（Social Media），Kaplan & Haenlein（2010）将其定义为"从观念上和技术上支持社会化交互和用户创造内容（User Generated Content）的一系列 Web2.0 应用工具"，包括交流类的微博与博客、关系类的 QQ、兴趣类的维基、交易类的淘宝与阿里巴巴以及兼具交易和兴趣分享的蘑菇街等。社会化媒体兴起所带来的机遇来自于

它的开放性，使得媒体易于接入和观察，但挑战是用户的主导性使得社会化媒体难以直接驾驭和掌控。

其次，在 Web2.0 时代，作为互联网企业的社会化媒体发展非常迅猛，作为社会化媒体核心的信息资源创建不再是社会化媒体自身，而是使用社会化媒体的用户，用户的创建具有自发性，更为重要的是借助社会化媒体的可计算性，能有效地记录用户的社会交互行为和所构建的社会网络和关系图谱等社会性信息，而这些信息对企业来说是有价值的社会性资源（Kaplan & Haenlein，2010）。

更为关键的是，社会化媒体时代用户行为的社会化（利用社会化媒体进行社会交互与内容创造；Dennison et al.，2009）、用户决策的群体化（即用户购买决策时更多依赖同伴的行为和建议；Stephen & Toubia，2009）和用户诉求的社会性（更关心购物过程中的个体交互性和呈现性；Kaplan & Haenlein，2010），推动着电子商务价值创造的转移（Huang & Benyoucef，2013；Slywotzky，1996），即从基于企业发布的信息资源的创造转移到基于用户自发形成的虚拟社会资源的创造，这要求企业学会利用用户自发形成的虚拟社会资源来实施电子商务，以更好地适应用户行为决策的社会化和群体化的转变，在满足用户社会性需求的前提下来更好地创造价值。企业的这一转变就是所谓的商业模式创新（Business Model Innovation），将电子商务进行社会化，更好地主张价值（提供合适的产品服务）、传播价值（进行有效的沟通）、传递价值（设计有效的渠道）、生产价值（利用群体智能优化价值生产）（Zott，Amit & Massa，2011）。事实上，很多企业利用社会化媒体进行了很多基于社会化商务的创新商业模式活动，如基于用户分享的社会化购物（主张价值）、基于网络口碑的社会化传播（传播价值）、基于社会交互的社会化渠道（传递价值）和基于用户创造的社会化生产（生产价值）等。问题是，这些基于社会化商务的创新商业模式活动如何有效地利用虚拟社会资源来创造价值呢？

可见，Web2.0 技术的发展推动着社会化媒体的兴起，社会化媒体吸引着用户的社会交互与创造并形成丰裕的虚拟社会资源，虚拟社会资源的价值性吸引着电子商务企业和互联网企业的利用与开发，与此同时，互联网价值转移也要求电子商务的社会化即社会化商务的发展，也强化着对虚拟社会资源利用的必要性。本研究综述在对现有关于电子商务研究进行回顾和梳理的基础上，探索社会化商务研究的前沿动态，包括社会化商务的内涵、发展和相关研究方法等。

二、社会化商务的基础：电子商务与商业模式创新的相关研究

作为电子商务在 Web2.0 时代的新现象和新概念，围绕虚拟社会资源的社会化商务研究具有理论创新空间吗？下面将在对电子商务相关研究进行梳理的基础上，分析现有的电子商务理论难以解释社会化商务的内在机理和支撑其应用发展，需要借鉴相关领域的理论来发展 Web2.0 时代的社会化商务理论。

（一）电子商务的研究主题

电子商务作为一交叉新兴研究领域，自 20 世纪 90 年代中期以来就吸引了大量学者，从战略管理、市场营销、产业经济、社会学、心理学、计算机科学、信息系统等不同学科的视角进行了广泛深入的研究，发表了大量高水平的学术成果（Lee et al.，2011；Shiau & Dwivedi，2012；Wang et al.，2008；Wareham et al.，2005；徐青等，2012）。

考虑到评述的简洁性，本综述重点选择了不同时期有着代表性的综述文章来展开说明电子商务领域的学科进展和研究主题。如 Wareham et al.（2005）利用元分析方法对 1997—2003 年的 582 篇文献进行了归纳，发现研究主题主要集中在战略（14%）、接受（10%）、网上信任（8%）、B2C（19%）、电子虚拟市场（B2B，12%）等领域；Wang et al.（2008）还进一步对其中的电子虚拟市场的 109 篇文献进行了梳理，总结了 B2B 研究涉及影响、成功、采用、设计等领域；Lee et al.（2011）还从动态演进角度梳理了 1996—2009 年的 1792 篇重要期刊的相关学术文献，发现电子商务研究聚焦于微观层面的消费者或者技术以增强相关应用，研究主题

主要涵盖零售、隐私/欺诈/信任、拍卖、战略/营销以及采用/实施，而且呈现出交叉多学科性特点，研究方法也从常用的调查法拓展到经典的实验法和二手数据分析。Shiau & Dwivedi（2012）利用引用和共同引用的数据，对 2006—2010 年的1 064篇相关文献，采用聚类分析的方法，对电子商务研究主题做了更为系统科学的划分，结果发现有 5 个主要研究领域：（1）技术接受（technology acceptance）；（2）电子市场研究（electronic market research）；（3）电子商务相关任务（e-commerce related tasks，包括不同研究方法和电子商务应用评述）；（4）信息系统认同和评价（IS identity & evaluation）；（5）电子商务信任（e-commerce trust）等。国内学者徐青等（2012）也用科学知识图谱的方法分析了 2000—2010 年 12 718条涉及电子商务的文献，通过引用数据分析发现技术接受、信任、系统成功评价、统计测量方法、心理学研究方法等领域的属于常引用文献。综上所述可以发现，已有电子商务研究的重心是企业（如是否接受采用电子商务、战略分析、信息系统认同和评价、B2B 电子虚拟市场、拍卖策略等），当然用户层面的研究也非常多（如信任问题、网上消费者行为问题），但研究的视角还是从企业出发，比如信任问题关注的是用户如何对电商企业产生信任，网上消费行为问题关注的核心是电商企业如何刺激驱动网上购买行为的发生，研究的重点大多围绕企业如何有效地与消费者进行交互，很少关注消费者之间如何交互、消费者之间交互后会带来哪些变化并产生哪些资源，这些都没有进行深入研究。而社会化商务的核心是用户交互，关注的对象是用户创造形成的虚拟社会资源，研究的重心自然需要从企业转移到用户，而且企业与用户的交互研究视角也需要从企业主导下的交互转变为用户主导下的交互。

（二）基于电子商务的商业模式创新

互联网作为一项伟大技术要持续发展就必须考虑如何开发并转换其经济效益，商业化应用和商业模式自然成为关注的热点（Amit & Zott，2001；Calia，Guerrini & Moura，2007；Johnson，Christensen & Kagermann，2008），这也是近年来有 1/3 的商业模式创新文献是涉及基于互联网的电子商务的原因所在（Zott，Amit &

Massa，2011），作为 Web2.0 技术推动的社会化商务也是同样原因。商业模式的本质是围绕价值创造回答企业挣钱的逻辑（包括价值主张，即企业如何选择目标客户并通过产品服务给用户提供的价值，value proposition；价值获取，即企业如何设计收入模式和优化成本结构来实现企业利润目标，value capture），以及实现的方式（包括价值生产，即企业如何整合内部资源和外部资源生产出满足目标客户需求的提供物，value production；价值沟通，即企业如何通过合适媒体或者其他交流方式与客户互动以让其了解提供物的价值，value communication；价值传递，即企业如何通过客户关系管理了解客户需求并借助分销渠道满足客户需求，Value Delivery）（Morris，Schindehutte & Allen，2005；Johnson，Christensen & Kagermann，2008；Johnson，2010；Zott，Amit & Massa，2011；王茜，2011）。商业模式创新（business model innovation），是指对现有商业模式进行改进或者变革以实现更好的价值创造和企业绩效（Johnson，Christensen & Kagermann，2008；Santos，Spector & Van Der Heyden，2009）。对商业模式的含义存在不同理解，也导致了对商业模式创新的不同认识：（1）有的将商业模式看做创造价值的企业业务活动和组织单元的配置模式，因此商业模式的创新就是改变隐含在商业模式中的配置模式（Santos，Spector & Van Der Heyden，2009），这种理解其实隐含着企业的价值主张内容和价值获取模式不会发生根本的改变，要创新的主要价值生产形式和价值传递方式。（2）有的认为只有商业模式创新对整个行业的发展模式产生根本性影响时，商业模式的创新才有价值和意义（Johnson，Christensen & Kagermann，2008），其实这隐含着商业模式的创新就是要改变价值主张和价值获取模式才有实质意义。（3）也有学者指出，与开放式创新一样，企业也应该采用开放式商业模式（open business model），整合外部资源和打开企业边界进行开放式的产品研发与市场运作，以实现企业产品研究研发成本的下降和市场收入的增加，为企业获取更多的市场价值（Chesbrough，2007）。可见，电子商务的本质意义和价值所在就是进行价值创造（Amit & Zott，2001；Smedlund，2012；Wang & Zhang，2012），基于电子商务的商业模式创新就是通过变革或优化价值创造的不同环节实现更优的价值创造。

（三）电子商务的价值创造

早在互联网发展初期，Amit & Zott（2001）利用价值链分析、熊彼特创新、企业资源基础观、战略网络和交易成本经济学等理论，通过案例法归纳出了电子商务在虚拟市场中创造价值的四个来源：新颖性（Novelty）、效率性（Efficiency）、锁入性（Lock-in）和互补性（Complementarities）。其中，从价值链分析来看，基于电子商务形成的虚拟市场可以通过信息流动优化交易过程来提升效率性；基于熊彼特创新理论来看，虚拟市场可以产生新的交易模式并带来新颖性；从企业资源基础观来看，虚拟市场中信息资源的流动性可以促进更多的产品服务组合并产生互补性；基于战略网络来看，虚拟市场的低成本信息性有助于合作的紧密性而产生锁入性；从交易成本经济学来看，虚拟市场的信息丰富性和流动性可以降低交易成本并提升效率性。由上分析可以看出，电子商务价值创造的基础是信息资源，价值创造的模式是企业借助计算机交互形成的虚拟市场和创建的信息资源来创新交易方式，优化交易过程，降低交易成本，实现收入的增加和成本的降低。作为电子商务的新发展，社会化商务的价值创造来源应该是相似的，只是价值创造的基础有所不同。

（四）电子商务的价值转移

价值转移（Value Migration）是指由于企业目标市场的快速变化导致企业现有的商业设计（Business Design，是指企业为顾客提供合适的效用并获取利润的系统业务活动，因此从本质来说与商业模式属于同一内涵）出现过时，企业必须及时调整避免价值流出（Value Outflow）和防止企业赢利力的削弱（Slywotzky，1996）。Slywotzky（1996）分析了导致价值转移产生的原因包括消费需求的变化及其引起的企业经营策略变化，我国学者李显君（2003）认为还应包括技术变迁和创新轨道等另外两个原因。而 Web2.0 技术的发展和社会化媒体的兴起，在推动着互联网的社会网络化转型的同时，也推动着消费者网上行为的社交化、需求的社会化、决策的群体化以及企业经营的社会化，这些变化带动着电子商务的价值转移。很多电子商务的研究也关注到这一变化，但是受限于社会化媒体发展的新兴性，很多研究还只是处在摸索阶段（Curty & Zhang, 2011; Huang & Benyoucef, 2013; Liang & Turban, 2012; Wang & Zhang, 2012）。

三、社会化商务的前沿：基于社会网络的社会化商务相关研究

下面将围绕社会化商务中的重心，即用户交互，所涉及的核心概念社会网络，来介绍关于社会化商务前沿的相关研究，如图1所示：

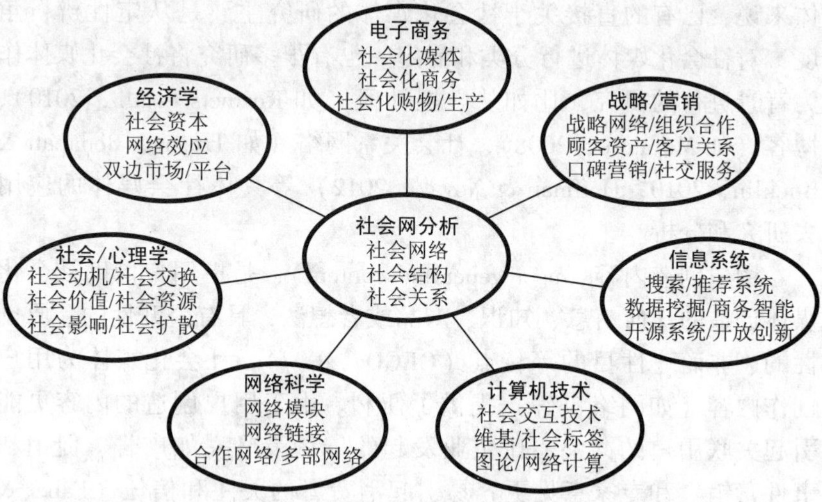

图1　社会网络相关研究领域的核心理论与方法的示意图（本研究整理）

（一）社会化商务的基础：社会化媒体和用户创造内容的发展

由于社会化媒体和社会化商务的发展时间较短，很多研究还处在摸索阶段，下面从社会化媒体的直接研究、基于社会化媒体的用户创造内容的相关研究、基于社会化媒体和用户创造内容的社会化

商务相关研究进行梳理。

Kaplan & Haenlein（2010）将社会化媒体定义为“从观念上和技术上支持社会化交互和用户创造内容（User Generated Content）的一系列 Web2.0 应用工具”，并将社会化媒体的丰裕度/社会在场性和自我呈现性分为六类，即高自我呈现/低社会在场性的博客、高呈现性/中在场性的社交网站、高呈现性/高在场性的虚拟社会世界、低呈现性/低在场性的协同项目、低呈现性/中在场性的内容社区、低呈现性/高在场性的虚拟游戏。Weinberg & Pehlivan（2011）则根据信息深度和信息半周期性将信息分为四类：深度/长半周期的虚拟社区、深度/短半周期的社交网络、浅度/长半周期的博客、浅度/短半周期的微博。Hanna，Rohm & Crittenden（2011）则从生态系统的角度，探讨企业如何参与利用社会化媒体。Wang，Yu & Wei（2012）从用户社会化视角来分析社会化媒体的参与行为。总体来说，已有的直接关于社会化媒体的研究主要是从定性辨析角度，对社会化媒体进行分类和界定。也有很多研究将社会化媒体作为背景进行的研究，比如从虚拟社区（如 Kozinets et al.，2010）、博客（如 Muratore，2008）、社会关系网络（如 Trusov，Bodapati & Bucklin，2010；Hoffman & Novak，2012）等具体社会媒体的应用去研究和分析。

用户创造内容（user generated content），是指用户借助社会化媒体创造的任何信息、知识、产品或者想法，具有公开性的、原创性的、非商业性目的等特点（OECD，2007）。社会化媒体为用户创作内容（如网络口碑）提供了便利。由于用户创造的内容更能引起关联用户的共鸣，比企业发起的传播策略（如广告、促销和事件营销）和专家意见更容易引起消费者的关注和信任（Faber & O'Guinn，1987；Liu，2006）。在网络环境中，学者们可以借助以文本形式出现、可复制、可保存的网络信息利用内容分析、扎根理论等方法来采集和分析信息，现有研究探讨了用户创造内容在社交媒体中的说服性作用（Persuasive effect；Godes & Mayzlin，2004；Sweeney，Soutar & Mazzarol，2008）、作为信息传播的信息性作用（Informative Effect；Liu，2006）、影响用户创造内容的因素

（Matos，Vargas & Rossi，2008）以及探讨了对企业销售收入的影响（Godes & Mayzlin，2004；Liu，2006；Zhu & Zhang，2010）、对比大众传播和口碑传播对企业销售收入的影响（Villanueva，Yoo & Hanssens，2008；Manch&a，Xie & Youn，2008）、网络口碑对企业股票市场的影响（如 Luo & Homburg，2007）。

社会化商务的内涵。社会化商务的概念是由 Yahoo 在 2005 年提出，学术研究的关注开始于 2007 年（Jascanu，Jascanu & Nicolau，2007），但相关研究比较少（Curty & Zhang，2011）。由于社会化商务的概念提出比较新，很多学者对社会化商务的界定比较模糊，将基于社会化网络的商务活动都统称为社会化商务，如 Marsden（2009）将社会购物归为社会化商务的一种，Curty & Zhang（2011）将社会化商务看做基于社会媒介的商务活动。为此，很多学者和互联网企业（Curty & Zhang，2011；Huang & Benyoucef，2013；Liang & Turban，2012；IBM，2010；Wang & Zhang，2012；鞠彦辉和何毅，2012）从技术、商务、应用等不同角度对社会化商务进行了系统的界定和分类，如学者 Liang & Turban（2012）提出的综合性框架，指出社会化商务需要从技术、商务、理论和问题等方面进行重新界定和研究，Wang & Zhang（2012）则从概念发展演进角度对社会化商务的内涵进行了界定，已有文献达成的一个共识是：社会化商务是基于社会化媒体的新兴电子商务。

需要说明的是，有的文献认为社会化商业（social business）和社会化商务是存在一定区别的（IBM，2009），类似于电子商务（E-Commerce）和电子商业（E-Business），社会化商务强调的是企业借助虚拟社会网络来实现企业外部的商务活动（广告、销售、采购、合作开发等），社会化商业指的是企业借助虚拟社会网络实现企业整体的经营管理（包括外部商务活动和内部的生产运营、工作协同等活动）。有的为了区分起见，如 IBM（2009）将 Social Business 概括为社会化商业，在外延上包括社会化商务；还有的将社会化商务定义为产品服务的销售方之间利用虚拟社会网络进行的企业间关联活动，如网上商店交换网站链接，并将基于网上口碑的购物称之为社会化购物（Social Shopping）（Stephen & Toubia，2010）。在综合主流文献观点的基础上，为了统一起见，本研究将上述的所谓社会化商业、狭义的社会化商务和社会化购物都统称为社会化商务，它们只是社会化商务的不同应用类型。

（二）社会化商务的内容：基于社会化商务的创新商业模式运作

社会化媒体的兴起推动了企业基于社会化商务的创新商业模式运作实践，其内容包括满足用户需求实现价值主张的社会化购物；借助用户口碑传播实现价值沟通的社会化传播；利用用户推荐实现价值传递的社会化渠道；以及与用户协同创造实现价值生产的社会化生产。

社会化购物（social shopping），是指消费者之间利用虚拟社会网络进行的互动活动（Tedeschi，2006；Stephen & Toubia，2010），相关研究探讨的重点在于群体中的个体行为，即社会网络中的消费者如何受到参照群体以及关联消费者的影响。已有相关研究主要包括：（1）社会网络中群体对个体的影响，社会影响理论和参照群体理论认为个体行为受参照群体所影响以及是否会从众（即是否顺从大家的意见）（Argo，Dahl & Manch，2005；Childers & Rao，1992）。（2）社会网络中个体决策的级联性，级联效应（Cascade Effect）描述了消费者参照已有的信息和行为进行跟随决策，比如看已有购买记录和评价记录而影响消费者自己的决策（Duan，Gu & Whinston，2009；Fleder & Hosanagar，2009；Watts & Dodds，2007）。（3）社会网络中个体间的信息性影响，口碑传播理论（Cialdini，2001；Godes & Mayzlin，2004；Liu，2006；黄敏学、王峰、谢亭亭，2010）探讨了个体间的影响，指出口碑的特性（正面的、负面的、混合的、中立的、不确定的、沉默的、矛盾性的）会影响消费者对他人口碑的接受程度和影响力（黄敏学、谢亭亭、冯小亮，2010），另外这种影响会受到产品特性（公开使用/私下使用）和社会关系强弱的调节（Bearden & Etzel，1982；Brown & Reingen，1986）。（4）社会网络中个体间的行为性影响，如网络效应（network effect）是指一种产品对用户的价值随着采用相同的产品或可兼容产品的用户增加而增大（如手机，用户越多价值越大），网络效应可以分为直接和间接网络效应，以及网络正效应和负效应（Stremersch et al.，2007；Tellis，Yin & Niraj，2009）。(5) 消费者参与社会化购物的社会心理，Marsden（2009）认为有六种心理学基础：社会化证明原则（social proof strategy）、影响力原则（authority strategy）、稀缺原则（scarcity strategy）、喜好原则（liking strategy）、一致性原则（consistency strategy）以及互惠原则（reciprocity strategy）（Cialdini，2001）。

近年来，也有很多基于社会化购物的应用研究，如：(1) 网上拍卖竞价，主要形式有竞价拍卖、竞价拍卖（消费者提出价格区间，求购商品，然后商家出价，消费者可以选择与出价最低的商家成交）以及集体议价（消费者集体议价的交易模式）（如 Haruvy & Leszczyc，2010；Srinivasan & Wang，2009）；(2) 社会化客户关系管理（social customer relationship management），是企业要从外部的社会化媒体上主动获得信息并与客户互动，这不同于传统的信息传播模式是从企业内部向企业外部（Pavicic，Alfirevic & Znidar，2011；Woodcock，Green & Starkey，2011）；(3) 网络团购的服务补救问题，在群体消费的失误情景中，如果吸收效应起作用，消费者则容易接受与其他成员相似的补救方案；而对比效应起作用时，消费者更容易接受与其他成员不同的补救方案（Zhou et al.，2012）。基于社会化购物的商务活动，就是企业利用用户购买决策时的社会交互性来开展社会化营销，实现有效的价值主张，为企业创造价值。

社会化传播（social communication），这里特指基于社会化媒体的人际信息传播，也即借助社会化媒体实现口碑传播。已有的人际信息传播主要有三个方面研究：(1) 从传播过程来看，人际信息传播是一个基于社会网络的信息不断复制、加工和再传播的过程，二阶段传播模型是对这种基于社会网络的信息传播过程的最好刻画（Katz & Lazarsfeld，1940）。(2) 从传播路径来说，消费者与对其施加影响的人之间的关系可以粗略地分成两种，一种是强关系（strong tie），另一种是弱关系（weak tie）（Brown & Reingen，1987）。强关系可以有多个考察指标，比如相处时间长短、情感深浅、亲近程度、互惠频率等；而弱关系则反之（Bone，1992）；有学者研究发现（Leonard-Barton，1985；Reingen & Kernan，1986；Bone，1992）口碑在强关系中更可能产生，因为强关系者更了解口碑搜寻者的需求、偏好、评价标准，降低了受者的感知风险，而 Brown & Reingen（1987）认为弱关系在宏观层面表现出重要的桥梁作用，使信息从一个子群向另一个子群传播。而强关系则更可能在微观层面发挥作用，使子群内部成员的推荐信息得以迅速扩散。（3）从传播主体来说，口碑传播的社会枢纽（social hub）指的是那些拥有非常庞大的社会关系网络的人们，他们对于口碑的传播和新产品的扩散起着重要的作用，一般来说都是意见领袖（opinion leader）。社会枢纽根据其是否有创新性可以分为两类：创新者（innovative hubs）和跟随者（follower hubs）（Goldenberg，Han，Lehmann & Hong，2009）。创新者一般很早就能得到口碑信息并进行扩散，他们主要影响口碑信息在社会网络中的被传播的速度。跟随者往往从创新者获取口碑信息，然后传播给网络中的其他人，他们主要影响口碑信息在网络中所辐射的人数。

对于网络环境下的口碑传播，很多学者进行了系统性研究，关注较多的是传播信息层面的影响（黄敏学、王峰，2011），也有学者对社交网络中谁来传播更具影响力采用计量模型的方法做了探究（如 Trusov，Bodapati & Bucklin，2010），但是对企业如何与具有影响力的用户进行营销互动发挥出其社会传播力则没有探究。基于社会化媒体的口碑传播的自发性，使得企业在利用社会化传播进行营销活动时很难干预口碑传播中的信息，但是可以有针对性地与有影响力的社会化传播中的枢纽建立关系，发挥这些 Hub 的社会传播影响力。

社会化渠道（social channel），是指企业利用与其有着交互关系的用户作为中介链接来吸引目标用户对企业的关注并购买产品服务的社会网络化渠道。目前相关研究非常少，社会化渠道的构建模式有两种，一种是企业间的交互链接与推荐，即产品服务的销售方之间利用虚拟社会网络进行的企业间关联活动，如网上商店交换网站链接，利用的是企业间关联后所带来的网络外部性（Stephen &

Toubia，2010）；另一种是企业与用户的交互，即企业对难以直接产生影响的目标顾客，通过与对其有影响力的用户建立交互关系，从而间接吸引目标顾客对企业产品服务的关注和购买。考虑到虚拟社会资源的广泛性和项目研究的聚焦性，本研究只关注第二种情况，即企业如何借助与用户的交互作为关系中介来间接吸引并开发目标顾客。

社会化生产（social production），是指用户利用社会网络进行群体的协同创造（Benkler，2006），用户创造内容从本质来说就是社会化生产，只是用户创造内容关注的是社会化生产的结果即内容。Benkler（2006）还将社会化生产看成是与企业生产形式（firm production）和基于交换的市场生产形式（market production）相并列的第三种生产形式。社会化生产根据价值交换的是社会性还是经济性分为：基于社会性交换的共享式协同生产（commons-based peer production），实现以往只有大企业才能实现的创新和创造，如开放式媒体内容、开源程序（open source）和维基百科（Wikipedia），基于经济性交换的众包（crowdsourcing），利用威客的创造力实现基于社会化网络的协同创造，两者区别在于共享式协同生产是一种自发的、无直接回报的社会化创造行为。下面将进一步解释说明：（1）共享式协同生产（common-based peer production）由哈佛法学院教授 Yochai Benkler 提出，刻画了用户之间进行协同合作完成一项任务，它是一种协同生产（peer production；任务依赖于自我筛选的个人行为），与传统的企业生产（firm production；任务由企业决策主导）和市场生产（market-based production；价格决定任务）有着本质的不同（Benkler，2006；Benkler & Nissenbaum，2006）。从社会交换的角度看，用户之所以愿意进行共享式的协作创造，是由一种网络共生规则所驱动的，即群体内某个成员为另一个或几个成员提供利益，却不直接从受益者那里得到回报，而是从其他成员或整个群体资源平台获得收益（Yamagishi & Cook，1993）。然而，还没有实证性的研究来探究上述的假设和分析。（2）众包（crowdsourcing），作为协同生产和市场生产的混合模式，也是基于社会化网络形成的一种新的协作生产：分布式的问题解决和生产模式，问题以公开招标的方式提供给方案解决者(称之为威客，Wiki)；用户提交方案后，众包人（crowdsourcer）审查方案，发现最合适的解决方案，拥有最终的方案，中标者有时会被奖励（Doan，Ramakrishnan & Halevy，2011；Zheng，Li & Hou，2011)。共享式协同生产与众包的区别在于，前者是通过社区模式整合外部创新资源，后者是通过市场模式整合外部创新资源(Boudreau & Lakhani，2009)。从企业的角度来说，众包和外包不同，众包的任务是外派给社会网络上的群体，而外包的任务是外派给确定的个体；众包和开源不通，众包由某客户提出，并且以个人或小组为基础来进行的，开源则是通过群体中的个体自愿地创造和合作完成任务。通过众包，企业可以获取比自己组织内部更广泛的智力资本（Busarovs，2011)。

由于社会化生产的群体智能性，企业可以利用社会化生产进行开放式创新，整合利用用户形成的虚拟社会资源所带来的智能性价值。开放式创新（Open Innovation)，是相对于企业只借助内部资源进行封闭式创新而言的，它的本质在于获取和利用外部创新资源，以及整合内外创新资源（Chesbrough，2003)。开放式创新主要有两种形式：一是由外而内（outside-in)，企业利用外部技术和思想提升创新绩效；二是由内而外（inside-out)，企业将创新成果投入市场，让创新产生更大的效益（Chesbrough，2003；Chesbrough，Vanhaverbeke & West，2006)。开放的结果最终将是，重新界定企业的竞争边界，以整合者（Integrator）的角度而非拥有者（Owner）的角度将创新市场化，并获取创新绩效（Chesbrough，Vanhaverbeke & West，2006)。实现开放式创新的基础是与合作伙伴建立社会网络关系，Web2.0 的社会网络化可以说为企业的开放式创新提供了很好的社会网络平台。

（三）社会化商务的研究方法：网络科学与网络分析方法

从广义上来说，社会网络只是各种网络科学中的一种网络应用。网络是指任何事物（对象）的集合中某些事物之间的连接(link）而形成的关联（Easley & Kleinberg，2010)。网络科学是指研究网络结构/动态行为并将网络应用到各个子领域的理论基础，包括社会网络、合作网络（书目引用、产品营销、虚拟社会网络）、人造涌现系统（电力网、互联网）、物理科学系统（相变、Ising 理论）和生命科学系统（传染病、遗传学）。由此可见，基于互联网的社会化商务所依托的虚拟社会网络与以往的社会网络有着很大不同性，必须从更大的视野和范围去分析和考察虚拟社会网络，为此本研究借用一般网络科学的分析方法来解决虚拟社会资源的挖掘利用问题。

合作网络（collaboration network），是指由合作项目和合作者组成，合作者由于共同参与了同一个项目发生合作关系而形成的网络（赵清贵、孔祥星、侯振挺，2009）。合作网络不同于一般的社会网络在于，网络中既有参与者个体节点，也有参与合作项目节点，同时将网络中存在两种不同类型节点的网络称为二部网络（bipartite network），如果网络中存在三种不同类型的节点称为三部网络（tripartite network），类似地，如果网络中存在多种不同类型的界定称为多部网络（hyper network）（Lyu et al.，2012）。为此，网络科学针对多部网络发展出了超图分析方法（hypergragh analysis），提出超边（hyperedge，指多部网络中不同类型节点间的连接）、超度（hyperdegree，指多部网络中与某节点连接的超边数）等概念。在社会化媒体中，参与者由于行为多样性和参与社区的多元性，必然导致参与者会与不同物与事去建立不同类型的联系，如参与交易社区形成的人—产品的关系，参与交流社区形成的人—话题的关系，参与兴趣社会形成的人—知识的关系。

推荐系统（recommender system），是指利用用户的输入数据预测用户将来潜在喜欢或者感兴趣的，推荐的类型有三类：基于内容、基于合作和混合型推荐三类（Lyu et al.，2012）。已有的推荐系统研究主要集中在计算机领域，采用的方法主要是基于相似度算法和维度精减技术，更多的是基于内容的推荐（Adomavicius & Tuzhilin，2005）。考虑到互联网的复杂性和网络性，一些物理学者采用统计物理学中的复杂网络方法来进一步优化推荐系统，利用多维度的社会网络关联数据和基于合作网络的多部网络超图分析法来构建出更具多样性和精确性的推荐系统，如将热导传播与社会扩散模型结合的扩散推荐系统，如基于社会影响的社会过滤信息推荐系统，再如基于社会标签的附加信息推荐系统等（详细评述参阅 Lyu et al.，2012）。事实上，推荐系统的方法发展和应用为本研究关注的虚拟社会资源的研究提供了很好的方法上的支持。

社会化标签（social tag），是由用户产生的、对网络内容进行组织和共享的自下而上的组织分类体系，体现了一种新的信息组织方式，同时也是一种将世界范围网站从一个静态平台转化到一个活跃的信息分享空间的主要现象。目前针对社会标签的研究侧重点主要有三类：分类属性，解决网络分类问题；元数据的本质，用户以关键词的形式来添加元数据，以达到共享内容的过程；一种社会索引方法（翟爽、宋文，2010）。社会标签产生了大量的数据积累，在一定程度上反映了用户的“群体智慧”，加以合理管理和利用能促进建立不同科目间的桥梁、提高社会沟通和社会计算（Ding et al.，2009）。Kim（2010）则在利用社会标签的基础上开发出一种算法来提高推荐质量，协作标签被用作一种抓取和过滤用户对主题的偏好的方法，且在面对数据稀少和冷启动用户的情况时具有一定的优势。同时也有文章指出，社会标签已经成为一种促进接近和利用在线资源的重要工具，尤其是对非文本媒体。随着用户创造内容的迅速增多，标签的重要性有可能进一步增强，如社会标签也能给基于标签的搜索算法、标签推荐系统等带来有意义的启示（Golbeck et al.，2011）。

（四）国内社会化商务和商业模式创新的相关研究

与国际研究同步的是，国内有关 Web2.0 环境下的相关研究也非常热，根据不完全统计从 2009—2012 年国家自然科学基金委资助的相关研究项目高达 60 项之多，主要在信息学科和管理学科领域。很多学者也从不同角度对社会化媒体和社会化商务进行了系统深入的研究（如表 1 所示）。

从表 1 的研究文献中可以看出，对于 Web2.0 的核心特征用户创造内容有着很多的研究，重点探究了用户为什么参与以及参与后有什么影响，更多研究的是参与者；国内文献中对于基于社会化商务的创新商业模式如社会化购物、社会化传播、社会化生产都有涉

表 1　　部分国内相关文献简表（本研究整理）

主题	方向	研究问题	研究方法	作者
用户创造内容	生产	探讨虚拟社区成员个人特征、社区管理特征和线下互动对成员知识贡献的影响	问卷调查	李国鑫、李一军、陈易思(2010)
		基于 IPP 视角,从理论上揭示生成规律	①用数据爬虫抓数据 ②计量模型(分布函数)	赵宇翔、吴克文、朱庆华(2011)
	动因	定义、动因归类、动因维度划分	归纳演绎	赵宇翔、朱庆华(2009)
		动因划分、中国量表	一对一深度访谈和焦点座谈会	李仪凡、陆雄文(2007)
	定位	通过测量用户生成内容中有关品牌的定位,从而了解用户对品牌的感知情况	①点互信息理论和语义分析方法 ②计量模型(PMI)	潘洪涛、王新新(2011)
	满意	①内部特征、创作者外部特征对消费者使用情况和满意度的影响 ②内容的推荐性对消费者选择的影响	采集网络客观数据,通过内容分析法量化数据,利用多元线性回归和阶层回归验证理论模型	钱洁、潘洪涛(2012)
	综述	概念的定义、研究的内容和视角	关键词分析方法;归纳演绎	赵宇翔(2012)
	工具	文本观点挖掘	用数据爬虫抓数据,验证模型和数据分析系统的精准性	费仲超、朱鲲鹏、魏芳(2012)
社会化购物	综述	对电子口碑的前因和后果相关研究进行系统综述	归纳	黄敏学、王峰、谢亭亭(2010)
	口碑与消费者产品态度	虚拟社区口碑对消费者获取企业信息的影响;社区成员间信任对消费者信息获取、购物行为影响	①因子分析法 ②问卷调查	王佳(2011)
		口碑质量、网络社区可靠性、卷入度对产品态度的影响	实验法填写问卷	宋晓兵、丛竹、董大海(2011)
	满意	虚拟社区网站质量对用户满意度和信任度、社区用户黏度和用户在线交易意愿	问卷调查	李国鑫、李一军、尼菲(2011)

续表

主题	方向	研究问题	研究方法	作者
社会化传播	负面口碑	探究网络环境下消费者传播负面口碑的内在心理机制	问卷调查	黄敏学等(2010)
	用户	口碑传播中用户活跃程度(社会化网络复杂度)对口碑传播的影响	①传染病模型进行用户分类 ②密律分布,在线社会网络模型	魏摇婧、刘业政、刑小云(2011)
	演化	从网络形成演化过程的视角探讨了舆情的形成与传播特征	基于复杂网络及链路预测方法研究 Web 2.0 上的舆情传播路径	姚灿中、杨建梅(2012)
	社会资本	在线口碑、网络社交对网商绩效的影响	计量模型	王有为等(2010)
社会化网络	调查	中国人网络社交现状调查	问卷调查	谢新洲、张炀(2009)
	属性	基于虚拟关系的虚拟社区之间在成员关系、社群集中趋势和网络效应	社会网络分析方法(Pajekl. 23 软件)	付丽丽等(2009)
	绩效	动机、能力和网上商圈对中小企业电子商务绩效影响	问卷调查,因子分析和回归分析	王珊、王有为(2011)
	忠诚	社群参与度对社群忠诚度、品牌忠诚度的影响	问卷调查	周志民、吴群华(2013)
	方法	社会网络分析法的利与弊	演绎归纳	杨学成、张晓航(2009)
	模式	社会化网络给商务信息带来的变革	演绎归纳	陈远、王菲菲(2012)
社会化生产	协同创造	社会标签对虚拟社区用户分组的贡献	①肯迭尔等级相关分析法 ②欧几里得距离公式	熊回香、金晓耕(2012)
		探讨标签与虚拟社区知识协同效应之间的关系	①归纳演绎 ②案例分析	邓卫华、易明、王伟军(2012)

及，但是已有研究更多解决的是社会化商务活动中用户的参与以及对用户的影响问题，回答了社会化商务创新商业模式能产生很好的价值。

另外，从商业模式国内研究来说，相关研究也有很多，由于商业模式的争议性和实践性，很多研究主要是综述性和规范性的解释研究（沈永言，2011）。已有的相关研究，主要集中在商业模式创新本身的研究上，典型的如基于租金理论对商业模式创新的解释（罗珉、曾涛、周思伟，2006）、基于结构特征的商业模式创新（李东，2006）。但是，较少从实证角度探究商业模式具体创新机理问题，也缺乏将双边市场与商业模式创新相结合的研究，特别是针对 Web2.0 的社会网络化和社会化媒体时代的到来，还鲜有从企业视角，探讨基于社会化商务的创新商业模式是如何实现价值创造的。

在研究方法上，国内相关研究采用的方法还是很丰富的。从数据获取看，有通过一手数据资料法的实验法与问卷调查法来获取参与者态度与意向数据，也有采用二手数据资料法获取参与者的观察数据（如论坛帖子、用户行为跟踪数据），但以往获取的数据存在碎片化的局限性，要么只有买方数据，要么只有卖方数据，而缺乏买方之间、卖方之间以及买卖双方之间互动的、多边市场的、长期性的动态跟踪数据，导致无法系统深入地研究虚拟社会网络平台上各方（买方、卖方）之间以及内部的互动行为模式；从分析方法看，可能是受限于数据来源的特点，已有研究考虑更多是基于截面数据的分析方法如方差分析、回归分析、结构方程分析等方法，较少采用考虑了时间维度的面板数据分析和向量自回归等动态分析方法（黄敏学、王峰，2011；李小玲，2011）。

四、社会化商务的发展：社会化商务的本质问题与研究方向

结合上文关于电子商务与社会化商务的相关研究可以看出，从电子商务到社会化商务的本质变化就是基于 Web2.0 技术的社会化

媒体聚集了大量的虚拟社会资源，这也是社会化商务时代所面临的机遇，但社会化商务时代同样面临着挑战，因为用户的主导性使得社会化媒体难以直接驾驭和掌控，企业在面临大量的虚拟社会资源时，如何将这些用户主导的社会性资源转化为企业可利用的经济性资源，这也是社会化商务在未来的研究中必须要解决的问题。具体来讲，社会化商务在未来的研究中需要解决的问题包括：社会化商务的本质问题是什么？如何解决社会化商务的本质问题？

（一）未来社会化商务研究要解决的本质问题

从有关社会化商务的研究来看，社会化商务的本质问题是虚拟社会资源问题。社会化商务是指企业利用社会化媒体（即社会网络化平台）及其聚集的虚拟社会资源进行商务活动（Curty & Zhang, 2011; Huang & Benyoucef, 2013; Liang & Turban, 2012; IBM, 2010; Wang & Zhang, 2012; 鞠彦辉、何毅, 2012）。社会化商务与一般电子商务一样，都立足于为企业创造价值（Amit & Zott, 2001; Wang & Zhang, 2012），只是他们创造价值的资源基础和实现方式有着本质的不同，社会化商务依赖的是虚拟社会资源的利用开发而不仅仅是信息资源，它满足的是用户的社会化价值而不仅仅是经济性价值，也正是用户的社会性价值需求（如交流需要、归属需要和尊重需要），推动着电子商务的价值转移（Value Migration; Slywotzky, 1996），即如何通过满足用户的社会价值来实现企业价值创造。可见，社会化商务与一般电子商务的价值创造机理有着本质不同，这需要深刻理解社会化商务所依赖的虚拟社会资源是如何形成聚集的？它是如何被利用来创造价值的？以及企业在整合利用它时需要进行哪些商业模式的创新？作为 Web2.0 技术发展带来的新资源和新现象，虚拟社会资源是在具有社会交互功能的新兴社会化媒体上聚集形成的，而社会化媒体依赖于用户的自发参与和协同创造，这与传统的由企业主导的一般媒体有着本质的不同。可见，作为社会化商务支撑平台的社会化媒体和所依赖的虚拟社会资源是一种新概念和新现象，这需要重新审视以往的电子商务研究，发展出新的理论来解释社会化商务的运作机制，以更好地支持企业进行基于社会化商务的商业模式创新实现价值创造，来应对 Web2.0 时代用户主导所带来的机遇和挑战。

（二）社会化商务未来研究的具体内容和方法

既然虚拟社会资源的问题是社会化商务未来研究所需要解决的本质问题，那么从虚拟社会资源的角度出发，未来进一步研究需要解决的具体问题和采取的研究方法都有哪些呢？

首先，从虚拟社会资源的形成来看，虚拟社会资源可分为：群体资源、关系资源和智能资源三类。其中，（1）群体资源是指在社会化媒体上聚集形成的虚拟群体，表现为用户的个人概貌与用户关联所形成的二部网络（bipartite network；Lü et al.，2012；也称二模网络/2-mode network 或者归属网络/affiliation network），根据用户与概貌特征的关联可以对用户进行有效群体区分与识别，典型的形式是社会化媒体使用者的会员注册；（2）关系资源指的是用户间关联所形成的人际关系网络（social-network；Lü et al.，2012），它反映的是用户间的社会交互和人际关系，典型的支撑平台如腾讯 QQ；（3）智能资源是指用户与物体以及物体相关的属性/内容/标签等三方关联所形成的三部网络（tripartite network；Lü et al.，2012；Zhou & Zhang，2011），它反映的是用户参与交互的对象和所创造的内容之间的关联，典型的支撑平台如支持交易关联的淘宝和阿里巴巴、支持交流的博客和微博、支持兴趣创造的百度百科、猪八戒众包。上述三种资源都是用户在自发的社会交互与协作创造中所形成的，而且在已有研究中描述了上述三种资源的结构和形式（Lü et al.，2012），但是这三种资源是如何动态形成和演变的，还需要在未来有更为系统深入的研究。

未来研究需要解决的另一个具体的问题是企业在进行社会化商务活动（也即基于社会化商务的创新商业模式运作，包括社会化购物、社会化传播、社会化渠道和社会化生产）时，如何才能有效地利用开发虚拟社会资源呢？一大挑战是，由于虚拟社会资源是由用户自发式交互和主动创造的，用户受驱动的社会性动机（如社会归属、社会支持、社会焦虑、社会尊重），满足的是社会性需求，实现的是社会性价值，导致企业很难直接介入和控制，这是因为企业的介入很多是基于经济性刺激，驱动的是用户的经济性动机，以往研究发现在进行社会性活动时，经济性动机对社会性动机具有挤出效应，也就是说企业过度介入和控制，可能会妨碍用户的主动交互性和主动创造性（典型例子是企业用金钱刺激一些用户转发对企业有利的信息，最终却适得其反导致其他用户的反感和抵制）。这要求企业将原来自己主导的控制性营销，变为用户主导的企业支持性营销，具体来说，就是企业通过与关键的用户建立平等的交互关系，并形成所谓的企业虚拟用户资产，通过这些拥有高社会资本的关键用户，来对接更多的其他用户（接触群体资源）、影响更多的其他用户（利用关系资源）以及了解其他用户的偏好和利用他们创造的内容与智能来提升价值创造（挖掘智能资源）。未来的研究需要解决企业分享利用虚拟社会资源的导入性问题，比如企业要构建什么样的虚拟用户资产，以及如何利用虚拟用户资产去整合虚拟社会资源实现社会化商务的价值创造？

另外，更进一步的问题是，企业利用虚拟用户资产整合了企业所需的虚拟社会资源，如何在社会化商务活动中挖掘相关虚拟社会资源的潜在价值，有效地实现商务目标呢？虚拟用户资源中的群体资源、关系资源和智能资源，其实质是借助社会网络将主体（用户）与客体（品牌/产品、讨论主题、知识）以及主体的附加信息（用户概貌）和客体的附加信息（社会标签、属性、内容）进行关联形成网络。对虚拟社会资源的挖掘就是要针对与用户相关联的不同层面和不同维度的数据进行分析，来全面把握用户的社会化偏好（指在体现社会化影响下的用户整体偏好），通过计算用户的虚拟社会网络资本来判断用户在网络中的影响力和潜在价值性，以及分析影响用户的社会网络化路径，来分别解决社会化商务价值创造时价值主张中的偏好需求满足问题、价值沟通中的焦点用户选择问题以及价值传递中的交互路径识别问题。因为，未来的研究需要解决虚拟社会资源的多重关系网络性问题，而现有的社会网络分析方法主要针对的是有限节点的静态性的人际网络，这就需要引入支持更复杂网络计算的网络科学方法，这也是未来研究解决社会化商务问题的方法突破。

最后，不可回避的问题是，作为虚拟社会资源的载体，社会化媒体又是如何吸引参与者（包括用户与企业）的使用和推动参与者创建虚拟社会资源的呢？而且，还有一个隐含的问题是，对于具有潜在价值的虚拟社会资源，社会化媒体企业又如何将之转换为经济价值，实现盈利呢？由于虚拟社会资源的形成的自发性和动机的社会性，使得具有很强社会分享性和开放性的虚拟社会资源难以转化为经济性价值，这也是对社会化媒体商业化的一大挑战，也是社会化商务中的一个难点问题（典型的例子是作为社会化媒体领军的新浪微博持续亏损、美国社交网站脸谱网上市后跌破发行价）。为了系统深入把握虚拟社会资源的运作机理，未来的研究需要探究起着支撑作用的社会化媒体是如何聚集虚拟社会资源的这一基础问题，以及如何转换虚拟社会资源实现收入的这一转换难点问题。

综上，在未来的研究中要破解基于社会化商务的商业模式创新实现价值创造的命题，并应对社会化媒体所带来的电子商务价值转移的挑战，就必须围绕社会化商务的本质问题即虚拟社会资源进行探究，解决虚拟社会资源的形成聚集、对接整合和挖掘转换等社会化商务活动中必须解决的挑战性问题。

参考文献

[1] Adner, R., & Kapoor, R. (2010). Value Creation in Innovation Ecosystems: How the Structure of Technological Interdependence Affects Firm Performance in New Technology Generations. Strategic Management Journal, 31(3), 306-333.

[2] Albors, J., Ramos, J. C., & Hervasa, J. L. (2008). New Learning Network Paradigms: Communities of Objectives, Crowdsourcing, Wikis & Open Source. International Journal of Information Management, 28(3), 194-202.

[3] Alexander Osterwalder, Y. P. (2010). Business Model Generation: A handbook for visionaries, game changers, & challengers. Wiley.com.

[4] Amit, R., & Zott, C. (2001). Value Creation in E-business.

Strategic Management Journal, 22(6-7), 493-520.

[5] Ansari, A., Koenigsberg, O., & Stahl, F. (2011). Modeling Multiple Relationships in Social Networks. Journal of Marketing Research, 48(4), 713-728.

[6] Boudreau, K. J., & Lakhani, K. R. (2009). How to Manage Outside Innovation. MIT Sloan Management Review, 50 (4), 69-76.

[7] Busarovs, A. (2011). Crowdsourcing as User-driven Innovation, New Business Philosophy's Model. Journal of Business Management (4), 53-60.

[8] Chesbrough, H. W. (2007). Why Companies Should Have Open Business Models. MIT Sloan Management Review, 48(2), 22-28.

[9] Curty, R. G., & Zhang, P. (2011). Social commerce: Looking back & forward. Proceedings of the American Society for Information Science & Technology, 48(1), 1-10.

[10] Doan, A., Ramakrishnan, R., & Halevy, A. Y. (2011). Crowdsourcing Systems on the World-Wide Web. Communications of the ACM, 54(4), 86-96.

[11] Golbeck, J., Koepfler, J., & Emmerling, B. (2011). An Experimental Study of Social Tagging Behavior & Image Content. Journal of the American Society for Information Science & Technology, 62(9), 1750-1760.

[12] Gupta, S., & Zeithaml, V. (2006). Customer Metrics & Their Impact on Financial Performance. Marketing Science.

[13] Haruvy, E., & Leszczyc, P. T. L. P. (2010). Search & Choice in Online Consumer Auctions. Marketing Science, 29(6), 1152-1164.

[14] Haichao, Z., Dahui, L., & Wenhua, H. (2011). Task Design, Motivation, & Participation in Crowdsourcing Contests. International Journal of Electronic Commerce, 15(4), 57-88.

[15] Jing, X., & Xie, J. (2011). Group Buying: A New Mechanism

for Selling Through Social Interactions. Management Science, 57(8), 1354-1372.

[16] Katona, Z., Zubcsek, P. P., & Sarvary, M. (2011). Network Effects & Personal Influences: The Diffusion of an Online Social Network. Journal of Marketing Research, 48(3), 425-443.

[17] Kozinets, R. V., Valck, K. D., Wojnicki, A. C., & Wilner, S. J. S. (2010). Networked Narratives: Understanding Word-of-Mouth Marketing in Online Communities. Journal of Marketing, 74(2), 71-89.

[18] Lee, S., Hwang, T., & Lee, D. (2011). Evolution of Research Areas, Themes, & Methods in Electronic Commerce. Journal of Organizational Computing.

[19] Lv, L. Y., Medo, M., Yeung, C. H., Zhang, Y. C., Zhang, Z. K., & Zhou, T. (2012). Recommender systems. Physics Reports.

[20] Mallapragada, Girish, Grewal, R., & Lilien, G. (2012). User-Generated Open Source Products: Founder's Social Capital & Time to Product Release. Marketing Science, 31(3), 474-492.

[21] Pavicic, J., Alfirevic, N., & Znidar, K. (2011). Customer Knowledge Management: Toward Social CRM. International Journal of Management Cases, 13(3), 203-209.

[22] Peyton, Y. H. (2009). Innovation Diffusion in Heterogeneous Populations: Contagion, Social Influence, & Social Learning. American Economic Review, 99(5), 1899-1924.

[23] Pohle, G., & Chapman, M. (2006). IBM's global CEO report 2006: business model innovation matters. Strategy & Leadership, 34(5), 34-40.

[24] Raphael Amit, C. Z. (2012). Creating Value Through Business Model Innovation Working Paper, Wharton.

[25] Santos, J., Spector, B., & Van der Heyden, L. (2009). Toward a Theory of Business Model Innovation within Incumbent

Firms. INSEAD Working Papers Collection(16), 1-56.

[26] Stephen, A. T., & Toubia, O. (2010). Deriving Value from Social Commerce Networks. Journal of Marketing Research, 47 (2), 215-228.

[27] Trusov, M., Bodapati, A. V., & Bucklin, R. E. (2010). Determining Influential Users in Internet Social Networks. Journal of Marketing Research, 47(4), 643-658.

[28] Wang, S., Zheng, S., Xu, L., Li, D., & Meng, H. (2008). A Literature Review of Electronic Marketplace Research: Themes, Theories & An Integrative Framework. Information Systems Frontiers, 10, 555-571.

[29] Walker, Gordon, Kogut, K., & Shan, W. (1997). Social capital, Structural holes & The Formation of an Industry network. Organization Science, 8(2): 109-125.

[30] Woodcock, N., Green, A., & Starkey, M. (2011). Social CRM as A Business Strategy. Journal of Database Marketing & Customer Strategy Management, 18(1), 50-64.

[31] Zott, C., Amit, R., & Massa, L. (2011). The Business Model: Recent Developments & Future Research. Journal of Management, 37(4), 1019-1042.

[32] 查金祥:《网络购物顾客满意度影响因素的实证研究》,《管理学报》2006 年第 1 期。

[33] 邓卫华、易明:《虚拟社区中基于 Tag 的知识协同机制——基于豆瓣网社区的案例研究》,《管理学报》2012 年第 8 期。

[34] 范晓屏:《非交易类虚拟社区成员参与动机:实证研究与管理启示》,《管理工程学报》2009 年第 1 期。

[35] 费仲超、朱鲲鹏:《WSAM:互联网 UGC 文本主观观点挖掘系统》,《计算机应用与软件》2012 年第 5 期。

[36] 鞠彦辉、何毅:《社会化商务模式研究》,《现代情报》2012 年第 11 期。

[37] 黄敏学、王峰:《网络口碑的形成、传播与影响机制研究》,

武汉大学出版社 2011 年版。
[38]黄敏学、谢亭亭、冯小亮:《矛盾的消费者是如何解读多元化口碑信息的?》,《心理学报》2010 年第 10 期。
[39]李国鑫:《基于用户在线交易意愿的虚拟社区电子商务实证研究》,《管理评论》2011 年第 8 期。
[40]李仪凡、陆雄文:《虚拟社区成员参与动机的实证研究》,《南开管理评论》2007 年第 5 期。
[41]李东:《基于结构特征的商业模式创新:路径类型、产业效应与策略体系》,《中国软科学》2006 年第 11 期。
[42]刘建国、周涛、汪秉宏:《个性化推荐系统的研究进展》,《自然科学进展》2009 年第 19 期。
[43]罗家得:《社会网讲义》,清华大学出版社 2010 年版。
[44]潘洪涛、王新新:《虚拟社群中的品牌定位——基于用户生成内容点互信息的实证研究》,《财贸研究》2011 年第 4 期。
[45]钱洁、潘洪涛:《用户生成内容使用与满足对品牌态度的影响研究——以音视频类用户生成内容为例》,《财贸研究》2012 年第 3 期。
[46]沈志勇:《中国企业的出路在商业模式转型》,http://expert.brandcn.com/200908/199651.html.
[47]宋晓兵:《网络口碑对消费者产品态度的影响机理研究》,《管理学报》2011 年第 4 期。
[48]姚灿中、杨建梅:《Web2.0 大众生产社区的舆情传播路径特征分析》,《计算机工程与应用》2012 年第 30 期。
[49]王佳:《虚拟社区、在线口碑与消费者行为》,《商业研究》2011 年第 12 期。
[50]王有为:《社会资本、网络口碑和网商绩效——于面板数据的实证研究》,《研究与发展管理》2010 年第 5 期。
[51]王茜:《IT 驱动的商业模式创新机理与路径研究》,《管理学报》2011 年第 1 期。
[52]杨风雷、黎建辉:《用户生成内容中的垃圾意见研究综述》,《计算机应用研究》2011 年第 10 期。

[53]杨爽、周星：《虚拟社会资本、网络口碑与购买行为》，《经济与管理研究》2011 年第 6 期。
[54]赵宇翔、吴克文、朱庆华：《基于 IPP 视角的用户生成内容特征与机理的实证研究》，《情报学报》2011 年第 3 期。

产业国际竞争力研究的新进展：正在涌现的"结构"观

武汉大学经济与管理学院　刘林青

引　言

产业国际竞争力研究的众多学者似乎一直在忽略一个基本事实，国家不是通过靠单个优势产业而是靠优势产业组合参与国际竞争，换言之国家竞争优势不是依靠某一个优势产业，而是依赖于一个优势产业组合。这个优势产业组合的内部构成是怎样的？产业之间随意摆放（即同质的）还是结构化的（即异质的）？如果是结构化，能否将这个产业空间可视化出来？良好的优势产业组合能否带来更好的经济绩效？如果会，又该如何设计、升级这个组合，以保持持续的竞争优势？

传统的比较优势理论认为产业是同质的，出口什么（或称为专业化模式）是国家之间进行要素禀赋比较的被动结果，因而无须关注；不仅如此，他们不承认在国际市场上国家会像企业一样相互竞争（Krugman，1991），主动去干预出口篮子容易扭曲市场，造成效率的损失。与相对的竞争优势理论，强调国家拥有竞争优势的重要性，对此国家可以发挥积极作用；产业布局呈现异质性，产业集群化是当代国际竞争的重要特征。不过，竞争优势理论更多的是案例研究的结果，既缺乏经济学惯用的数学推导，也没有严谨的实证检验结果提供支撑。缺乏理论和实证的支撑也就不难理解这一事实容易被忽略。

2007 年，来自哈佛大学的研究团队 Hausman，Rodick，Klinger 和 Hidalgo（以下简称 HRKH）发表了两篇路径开创的论文：一篇文章里创新地提出“出口技术复杂度”概念，实证表明出口什么会影响经济绩效，即出口发达国家出口的商品会带来更快的经济增长（Hausmann，Hwang & Rodrik，2007）。另一篇发表在 Science 上的文章，通过对优势产业组合的研究，创造性地提出“产品空间”概念，并将其可视化；研究发现这个产品空间是高度异质的，国家通过改变优势产业组合（文中称“出口篮子”）实现转型升级；而这种转型升级不是随意的，而是采取“相关多元化”的方式。这些新颖的研究结果使得优势产业组合问题备受关注，其研究合法性越来越受到认同，“出口质量”、“出口多样性”等更多的结构性问题纳入研究视野。产业国际竞争力的动态结构，一个崭新的研究领域正在兴起。

一、比较优势 VS 竞争优势

在全球经济一体化的今天，如何积极参与全球竞争并赢得竞争优势？这已越来越成为每一个企业、国家需要思考的战略性问题。全球竞争实际上可以从需求层面和供给层面分别加以理解，需求层面主要关注如何赢得顾客，而供给层面则聚焦于它是如何在空间上受制于一个国家的生产结构（The National Structure of Production），即决定生产什么、由谁生产和如何生产等问题的一系列要素安排（Wezel & Lomi，2003）。一个自然的问题是：在国际竞争中，为何一个国家能在特定产业比其他国家更成功？

在国际经济学领域，这样一个国家生产效率与其在国际竞争中相对位置的关系讨论有着悠久的历史（Wezel & Lomi，2003）。贸易理论将一个国家的竞争力看做与该国的生产要素和生产函数相关。第一个试图回答该问题是亚当·斯密在 1876 年的绝对优势理论，该理论认为一个国家如果专业于生产它有绝对成本优势的商品和服务而进口那些存在绝对成本劣势的商品和服务，那么该国就会提高它的繁荣水平。不过，绝对优势理论很快遇到问题：在所有商品和服务上都觉得有成本优势的国家是否应该出口？对此，接下来的大卫·李嘉图的比较优势理论认为，一个国家必须专业于那些具有相对生产效率优势的产品。这样即使一个国家在所有产品上比另一个国家都更有绝对成本优势，也依然可以出口；即出口那些绝对成本优势最大的产品和服务而进口那些绝对成本优势最小的。尽管李嘉图贸易模型的提出说明了比较优势的基本原理，但是不能解释贸易的地点和方向性问题。赫克歇尔-俄林理论（H-O 理论），即要素禀赋理论解决了这一问题。该理论认为，国家因为他们在用于生产产品和服务的要素禀赋程度不同而存在差异，要素最终被抽象为劳动和资本（Salvatore，2002）。里昂惕夫之谜迫使学者继续修订和拓展 H-O 模型，最著名有两个：一个是将人力资本引入作为第三个要素（Kenen，1965；Baldwin & Lage，1971；Bowen，1983）；另一个是产品生命周期理论（Vernon，1966）和技术缺口理论（Gurber，Metha & Vernon，1967；Gold，1981）。上述被统称为经典贸易理论，处于中心地位的是比较优势理论（Salvatore，2002）。它以劳动价值论为基础的，并建立在一系列的严格假设基础上，不过即使放松绝大多数的假设也不会影响理论的一般有效性（Harkness，1983；Balassa，1965），也有足够的实证证据来支撑比较优势理论（Bernhofen & Brown，2004；Schott，2004；Uchida & Cook，2005）。Krugman & Obstfeld（2003）认为该理论的最大效力在于就为什么贸易是正数和博弈的问题提供了令人信服的解释。

从 20 世纪 70 年代末开始，针对日益增多的产业内贸易而经典贸易理论又难以做合理解释问题，以保罗·克鲁格曼为代表的国际经济学家放松了经典贸易理论中的完全竞争假设和规模效益为常数的假设，构建了新的垄断和寡头竞争贸易模型，被称为新贸易理论。新旧贸易理论的相似点在于都承认优势源自专业化，但前者专业化的产生源自国家差异，而后者认为专业化的固有优势在于不断增加的回报。换言之，规模效应是新贸易理论的核心，成为不同产品间贸易流的主导解释。新贸易理论开始考虑政府保护的可能性。

政府可以通过战略性贸易政策（Strategic trade policy）来改变寡头竞争性质，从而将超额利润从外国转移到国内企业；但这样可能会使贸易另一国利益受损（Rugman，1990）。目前，支撑战略贸易理论的理论和实证证据还相当有限，因而还无法拒绝比较优势的基本原则而偏爱战略性贸易政策（Krugman & Obstfeld，2003）。更重要的是，新贸易理论依旧不能解释生产会在哪里实际发生；相反，比较优势不仅能解释贸易的方向性和收益，而且能确定一个国家的相对地点优势。因此，比较优势法则依旧是国际经济学领域最基本的法则之一。

在管理学领域，战略管理专家迈克尔·波特教授于1990年出版了《国家竞争优势》一书，试图用新的钻石模型以回答这个问题，并提出了与比较优势相对应的概念——竞争优势。波特认为评价一个国家或经济体国际竞争力的唯一指标是生产力的高低，而因为国家或经济体发展经济的基本目标是不断提高人民生活水平；一个国家和经济体的生产力最终取决于其企业的生产能力，国家与国家的竞争实际上是在企业和企业之间进行的；一个国家不可能在所有产业都具备国际竞争优势，而是集中在几个有限的产业中，产业应当是研究国家竞争优势的基本单位；产业国际竞争优势的源泉不仅仅是新、旧贸易理论中的“比较优势”，而是产业发展所依赖的“钻石体系”的形成——要素条件、需求条件、公司战略和结构的竞争背景、相关支持产业、机遇和政府等要素的相互关联；这个钻石体系一旦形成，就会产生自增强机制，推动产业的国际竞争优势不断提高（Porter，1990；刘林青、谭力文，2004）。在钻石模型的基础上，波特教授进一步拓展了两个重要概念和理论：

（1）产业集群。钻石体系中各个关键要素都具有地理集中性，因此，其运行的结果客观上推动了一个国家或经济体产业国际竞争优势趋向于集群分布，形成所谓的产业集群，呈现出由客户到供应商的垂直关系，或由市场、技术到营销网络的水平关联。将相关和支持产业集群单独列出来作为国家竞争优势的重要决定力量是波特钻石理论的最重要的贡献之一（Teece，1996）。产业国际竞争优势的聚群分布现象也就告诉我们在一个国家的产业地图上，有竞争优势的产业的分布既不是随机的，也不是均匀的，而是呈现非均匀的集群分布。产业集群也已成为国际竞争研究中一个合法领域（Smit，2010）。

（2）经济发展阶段。与比较优势理论的优势单一性和静态性相比，竞争优势理论则更加丰富和更具有动态性。波特认为维持国家竞争优势的唯一方式是升级，即取得已有产业的更高阶竞争优势，或开发新的能力在新的、更高生产率的产业和细分竞争成功（Porter，1998）。应该说，竞争优势理论并没有否认比较优势理论而是对其补充（Wezel & Lomi，2003），国家竞争优势的差异从根本来说仍然是要素禀赋的差异；但与比较优势理论试图利用要素替代曲线造成要素间平等的表象不同，竞争优势理论则区分出三种不同性质的、存在明显的级差关系且非连续关系的竞争优势，即“资源优势”<“效率优势”<“创新优势”（刘林青、谭力文，2006）。国家经济会因为竞争优势的特征及由此呈现的优势产业和集群差异，而区分为四个明显不同的发展阶段——要素驱动阶段、投资驱动阶段、创新驱动阶段和财富驱动阶段。也就是说，国家经济在不同发展阶段升级过程中，需要依据企业国际竞争优势来源的差异，进行相应的产业结构转型。换言之，在不同经济发展阶段，一个国家的产业国际竞争力的结构是动态变化的。

总的来说，波特用竞争优势代替比较优势，实际是从解决问题的静态方法转向更动态和系统性的解释（Wezel & Lomi，2003）。该理论一经提出就收到了管理学领域的学者的广泛赞扬，例如，Grant（1991）提出它在战略管理研究和国际经济学之间搭建起的桥梁，也为提高“国际竞争力”的相关政府政策制定提供了依据；（Peng，2009）认为是第一个将企业、产业和国家联系在一起的多层理论，而过去的理论仅仅能用在1或2个层面上；钻石模型已普遍出现在战略管理和国际商务学科的本科教科书中。与之相反，钻石模型却遭到了经济学领域，特别是国际经济学领域学者的尖锐批评（Davies & Ellis，2000），波特对竞争的聚焦是与传统经济学思想严重偏离的（Stone & Ranchhod，2006），集中体现在以下三个方面：首先，竞争力用到国家层面是毫无意义的，因为国际贸易是正数和博弈（Positive sume game），国家不可能像企业那样相互竞争（Krugman，1991；Krugman，1994a；Krugman，1994b；Krugman，1998）；其次，波特不是经济学常用的数学模型，而是采用以实践应用为目的逻辑推理来构建“理论”的，如此概括，试图解释贸易和竞争的所有方面，结果是什么都没有解释，告诉的无非是一些常识（Waverman，1995；Boltho，1996；Ketels，2006）；最后，也是最致命的，从来没进行严谨的检验，很少有实证证据支持该理论（Hill，2009）。因此，钻石模型也毫无悬念地消失在国际经济学的教科书中。尽管波特的国家竞争优势理论在学术界有着完全对立的态度，但在实践界所受重视程度却是与日俱增（Ketels，2006），成为越来越多政府制定政策的重要理论依据和分析工具，例如中国最新提出的“国家创新驱动战略”。

二、产业国际竞争力评价从“量”到“质”

“竞争力”研究大约从 20 世纪 60 年代开始，发展到现在，竞争力研究已经有了一个一般性的逻辑一致的分析框架（Lall，2001）。但是，竞争力研究在竞争力衡量、因素识别等方面有很多难点（陈志、董敏杰、金培，2009）。基于对国家竞争力的概念定义和背后理论依据的不同，对其的测量、解释和预测也方法各异（Daniels，1991），总体上可以分为两大类（Yap，2004）：第一类是在国家层面的价格竞争力测量方法，如实际有效汇率（The Real Effective Exchange Rate，REER）、单位劳动成本（The Unit Labor Cost，ULC）等，计算购买力平价是其中的关键（任若恩，1998）；第二类是在产业和产品层面基于进出口数据的出口竞争力测量，包括相似性比较优势指数（Revealed Coparative Advantage，RCA）、贸易竞争力指数、国际市场份额、本国出口份额、市场渗透指数等（刘林青，2011）。基于本研究的目的，重点关注后一类。根据指标的多寡，产业国际竞争力的评价方法一般可以分为单因素方法和综合评价法。特别是在波特的国家竞争优势理论提出来后，分层的多指标体系设计成为研究和应用的重点，典型的有世界经济论坛的增长竞争力（GCI）和当前竞争力（CCI）体系、联合国工发组织的竞争性产业绩效指数（CIP）和国内郭克莎（2004）、魏后凯等（2002）、人大竞争力与评价研究中心（2003）和中国工业经济研究所金培等（1997）等设计的评价体系。

基于进出口数据的出口竞争力（Export Competitives）评价优势在于有比较优势理论做支撑和数据的易得性。出口竞争力的测定同时也得到了竞争优势理论的认同，在波特的国家竞争优势分析框架中出口扮演着双重角色：既是中间评价指标也是竞争力的推动者（Ketels，2006；Ketels，2010）。国家竞争优势理论认为竞争力的本质是生产率问题，不过生产率越高，也就意味着出口竞争力越强，因此出口竞争力可以成为生产率的显示性衡量指标；与此同时，为了国际市场上出口越多，迫使企业必须更好地利用资源和能力，进而提高了生产率。因此，在比较优势理论和竞争优势理论的共同支持下，出口竞争力的测定成为产业国际竞争力评价的主流手段，其中显示性比较优势指数（RCA）运用广泛。传统的出口竞争力评价聚焦于单个产业（产品）、部门或特定部门集合（如“中国制造”）的汇总性产出（Aggregate Output），即“量”的测定。最近5年，随着UNCOMTRADE的数据库的建立和新方法的引入，对一个国家国际竞争力的产业关联性、产业多样性和质量特征的结构性问题及其动态演化机制的研究正在兴起，推动竞争力评价向“质”方面聚焦。主要体现在：

（1）产品技术类别与质量阶梯。利用产业（产品）的分类属性观察一个国家有国际竞争力产品的产业类别变化，这样的研究再正常不过，最常见的分类体系标准产业分类体系（SIC），如（张小蒂、孙景蔚，2006）的研究。近年来，一些学者开始依照比较优势理论设计并使用基于要素密集的产业分类体系（UNCTAD，1996；黄先海，2006；Nataraj，2011），基于技术分类的产业分类体系（Lall，2000；姚洋、章林峰，2008；刘林青、李文秀、张亚婷，2009）。这些分类研究可以用来检验一个国家的专业化模式与比较优势理论匹配性，同时也隐含着这样一个假设，即贫穷国家专业化于低附加值的、低级要素密集和低技术的产品领域，而富有国家则专业化高附加值的、高级要素密集、高技术的产品领域；国家增长会沿着技术质量阶梯进行产业结构的升级和转型（Hidalgo, Klinger, Barabasi & Hausmann, 2007）。然而，一些研究表明中国不仅在低技术产品领域有突出的比较优势，而且高技术产品领域的比较优势也在快速提升，对发达国家的国际竞争力构成了“质的”威胁，这在挑战传统的比较优势理论的解释力同时，也极大挑起学者们的研究兴趣。

（2）出口技术复杂度与相似度。按照比较优势理论，一种产品的技术含量和生产这种产品的国家的工资水平相关联，技术含量越高的产品越可能由较高工资水平的国家生产；产品技术含量能够表示为出口该产品的各个国家的工资水平按照其出口占世界出口总额的份额的加权平均；工资水平可以使用人均 GDP 来代替（姚洋、张晔，2008）。为此 Rodrik（2006），Hausmann et al.（2007），Lall, Weiss & Zhang（2006）分别独立地在（Michaely, 1984）的基础上“出口技术复杂度”指标来出口产品的技术含量。其中，Rodrik（2006），Hausmann et al.（2007）将产品的出口技术复杂度用指标定义为 PRODY，而将国家层面的定义为 EXPY（是 PROPY 按出口比重的加权平均)，反映该国出口篮子的“质量”，并重点探寻其与经济增长的关系。研究表明一个后续经济增长高度依赖于当前 EXPY，换言之，EXPY 是预测后续经济增长的良好指标；生产和出口发达国家出口的产品会带来更快的经济增长，换言之，出口专业化的模式会影响经济增长绩效。需要说明的该研究当前受到高度关注的原因之一是，研究得到中国的 EXPY 远高于其实际人均 GDP 的预期值，而接近发达国家的水平。与之相应的是，Schott（2008）使用 Finger & Kreinin（1979）的出口相似度指数发现中国的出口相似度与 OECD 国家的有惊人的相似性。

（3）产品空间与结构转型。经济发展过程意味着从简单的贫穷国家商品生产向复杂的富裕国家商品生产转变，这一过程可被称为结构转型（Hausmann & Klinger, 2006）。出口技术复杂度的相关研究隐含着结构转型的成功与否及效率存在明显路径依赖和与专业化模式选择相关。为此，Hausmann & Klinger（2006），Hidalgo et al.（2007）以有国际竞争优势的出口产品（即 RCA 1）为对象，创新性地运用“共发生”(Co-occurrence）方法计算两两产品之间的相似性，得到产品相似矩阵，并通过物理学的网络理论和技术手段将这个产品空间结构可视化。这种可视化的研究不仅非常形象地展示了每个国家有竞争力的空间结构及其演化，更生动地揭示出结构转型的复杂性：产品空间呈现高度的异质性，一些地方稠密，一些地方稀松；发达国家占据着连接稠密的中心地带，而不发达国家则经常处于稀松的边缘位置；发展国家通过培育有国际竞争力的新产品来实现结构转型，通常采取类似企业的“相关多元化”策略，即向离当前位置距离较近的产品发展；如果距离过远，超越了国家“跳跃”的能力，则可能导致升级的道路被阻断，等等。这种可视化的结构性研究无疑为将产业国际竞争力研究开辟了一个新的领域。

（4）其他“质”的相关测定。出口技术复杂度和产品空间的开创性成果大大地激发学者们对产业国际竞争力的“质”的研究兴趣，不断有新的变量和指标引入进来，研究对象也从传统的商品向服务拓展。例如，出口多样性测定（Samen，2010；Carrère，Strauss-Kahn & Cadot，2011；Felipe，Kumar，Usui & Abdon，2010)、基于单位价值的出口质量测定（Farole，Reis & Wagle，2010)、技术凝聚性测定（Neffke，Henning & Boschma，2011)、出口目的地的网络分析（Zahler，2012；Harding，2008)、服务出口技术复杂度（Mishra，Lundstrom & Anand，2011)，等等。

三、产业国际竞争力的新理论：“结构观”

总的说来，2005 年以来产业国际竞争力评价正从静态、总计层面的“量”的评价到动态、结构层面的“质”的评价转变，由此展现出来的新特征在挑战传统比较优势理论的同时，也意味着可能有新的理论形成。

应该说，产业国际竞争力的这一新研究领域主要是由 Hausman，Rodick 和 Klinger 等来自发展经济领域的专家推动的。出口什么和怎样增长是他们研究的核心问题。尽管比较优势理论和经济发展经济学理论都认同出口与经济增长有密切的关系，但是比较优势理论认为，出口什么（或称为专业化模式）是国家之间进行要素禀赋比较的结果，有国际竞争力的出口商品变化也是要素禀赋变化导致的，主动对出口篮子的政府干预容易扭曲市场，造成效率的损失；尽管发展经济学的创始人早就认可这种观点（例如，认为工业化产生溢出效应激发了后续增长），但是缺乏正式模型，而不被主流经济学接受（Hidalgo et al.，2007）。对此，Hausmann & Klinger（2006）认为，发展中国家的企业家在第一次试图生产某产品时会面临相当大程度的成本不确定性，先行的企业家首先需要做的是探寻其成本结构，这一过程对于其他创业者来说有很强的正向外部性，即成本发现外部性（Cost Discovery Externalities）；在这种情况下，一个国家最终生产和出口的产品范围，并不是仅仅取决于通常的要素禀赋，也取决于受到激励去探寻成本发现的企业家的数量，政府政策在塑造出口商品结构方面可以发挥潜在的积极作用。出口技术复杂度的实证结果在验证了上述观点的同时，更发现专业化发达国家出口的产品会带来更高的经济增长。由此引出下一个关键问题：出口结构如何影响结构转型？

经济增长就是一个国家生产和出口商品的升级，也应被视作结构转型。传统贸易理论中的质量阶梯和多样化模型假设产品是同质的、产品空间分布是均匀的，因此升级是连续平滑过程，因此并不过多关注产品结构。相反，竞争优势理论认为，产业呈现集群化分布；经济发展是阶梯状发展，在不同阶段企业竞争优势的来源存在质的区别；经济发展从一个阶段上升到另一阶段，必然会涉及产业集群的升级和产业的结构性转变。Hausmann & Klinger（2006）等生产一个产品都需要高度专业化的资产和能力投入，一个产品的资产和能力投入可以部分地用于另一个产品的生产，因此产品之间存在相似性，且不同产品两两之间的相似性差异也非常明显，即产品间的距离不一样。在此基础上，Hausmann & Klinger（2006）用“森林—猴子”的比喻来阐述其理论思想：将产品看做大树，树木形成森林；因为所需资产和能力投入的相似度不同，森林里的树木高度分布是不均匀的；国家是由企业组成的猴群，栖息森林中一定的范围的树上；结构转型的过程涉及猴子从森林的生产率低的树上转移到生产率高的树上，这种做法成功的可能性依赖于那些树期望的生产率和与猴子目前所在树木的距离。通过产品空间的可视化研究验证这一理论思想的同时，更生动地揭示出结构转型的复杂性。他们构造产品空间时将焦点集中在 RCA>1 的商品上；严格意义上讲，研究的不是一个国家的出口结构，而是其国际竞争力的产业结构。

现在将上述知识贡献称之为理论还为时尚早，相信随着有关产业国际竞争力结构性问题研究的深入，最终会发展起成熟理论，我们这里暂且称之为产业国际竞争力的“结构观”。实际上，金融危机后，经济结构变迁引起了经济学界的高度关注，中国知名学者林毅夫在吸收了上述相关研究成果后，正试图在比较优势理论的基础上建立新结构经济学，以重构经济发展框架。新结构经济学的理论框架的要点是：（1）一个经济体的禀赋结构随着发展阶段而不断升级，因此处于不同发展阶段的经济体有着不同的最有产业结构，而每一种最有产业结构都内生地需求一种特定的基础设置与之对应，以尽可能节约经济体的运行和交易费用；（2）经济发展并非结构主义强调的，仅有“穷与富”或“发展中与发达”这种二元阶段，而是一条从低收入农业经济到高收入后工业化经济连续变化谱系。在这条谱系中，处于任何一个发展阶段的中经济体，在产业升级和基础设施改善上，不一定需要照搬比自己所处阶段更高的发达经济体的产业和基础设置；（3）在每个发展阶段，市场是配置资源的最有效率的机制；然而，连续经济发展过程内在要求每个产业发展阶段的产业结构和基础设施都不断相应升级；这些升级需要企业间新的协调，并必然对企业交易费用和投资回报具有大量的外部性；因而在市场机制外还要求政府在推动产业结构和基础设置升级的过程中发挥积极的作用。

这里将比较优势理论、竞争优势理论、结构观做一个简单比较（如表 1 所示）。

表 1　　三种理论观点的比较

	比较优势理论	竞争优势理论	结构观
学科基础	国际贸易	战略管理	发展经济学
回答核心问题	国际贸易为何和如何发生	为何国家会在特定产业成功?	出口结构如何影响经济增长和结构转型
优势来源	比较优势	竞争优势	—
专业化模式	由要素禀赋决定	钻石模型	要素禀赋和受到激励去探寻成本发现的企业家的数量,政府可以发挥积极作用 出口什么影响着经济增长效率
空间结构	同质性、均匀分布	异质性,高度结构化,呈现集群化分布 相似性测定:专业化系数、个人调查和投入产出关系 可视化:集群地图	异质性,高度结构化,呈现"中心/边缘""紧密/稀松"的分布特征 相似性测定:基于不可知论共发生关系法 可视化:产品空间图
经济发展与结构转型	平滑、连续地在质量阶梯上移动,是要素禀赋变化的被动结果	经济呈现阶梯形发展 不同阶段竞争优势来源不同,对应的优势产业和产业集群也不一样 经济发展阶段会导致深刻的结构转型	经济发展是从简单的贫穷国家商品生产向复杂的富裕国家商品生产转变的过程,即结构转型 产品空间的异质性和结构化导致结构转型的复杂性 结构转型呈现明显的路径依赖
政府作用	政府干预会扭曲市场	政府是培育商业环境	提供刺激企业进行成本发现 鼓励创新,影响专业化模式
国家的"企业化"行为	国家不会像企业那样竞争	在国际市场上国家像企业那样行动,并参与竞争	是能力集合,用以生产和出口不同产品;新产品需要培育新的能力 通常是"相关多元化"培育新产品

三种理论观点的侧重点不一样，比较优势理论重点解决国际贸易发生的原因及贸易方向，竞争优势理论聚焦于帮助产业在国际竞争中赢得优势，而结构观则关心出口什么对结构转型和经济增长的影响。无论是竞争优势理论，还是结构观，都肯定要素禀赋在决定国家出口专业化模式发挥的基础性作用，但并不将之作为唯一因素；因此，竞争优势理论和结构观可以视作是比较优势理论的补充和发展。最重要的是，我们发现竞争优势理论与结构观在核心观点上相当一致，且研究内容和方法可互补，具体表现在：（1）两者都承认经济发展中结构转型的重要性和困难性，不过前者关注发展阶段和结构转型的整体运行特征，后者更为关注结构转型过程中产业（产品）如何变迁，两者正好互补；（2）两者都承认产业（产品）空间是异质性的和结构化的，两者都试图将这种结构可视化，而产品空间可视化技术容易获得国家层面的纵贯数据，有助于竞争优势理论的实证检验；（3）与比较优势理论不认同国家会像企业一样竞争相反，两者都认同和展现国家的诸多“企业化”行为，这也意味着源自企业微观理论对解释国际市场竞争中的国家行为有极大的潜力。

四、基本结论与研究机会

国家为何和如何参与国际商品贸易，这在传统上一直属于宏观经济学领域讨论的话题，其中比较优势理论处于主导地位。20世纪80年代末，波特教授将企业层面的竞争优势理论运用到国家层面提出构建国家竞争优势的钻石模型，在战略管理研究和国际经济学之间搭建起的桥梁。尽管波特的竞争优势理论已经被管理学界和实践界接受和广泛应用，但一直被经济学界冷遇，拒绝的最重要两个理由是：一是国家不会像企业那样相互竞争；二是缺乏系统性实证检验支持竞争优势理论。产业国际竞争力的理论探索似乎陷入了停止，具体产业的国际竞争力评定和分析似乎也变成了程序化工作。2005年以后，一群来自发展经济学领域的学者，开创性地提出出口技术复杂度、产品空间等概念，将产业国际竞争力评价从静态、总计层面的“量”的评价到动态、结构层面的“质”的评价转变。产业国际竞争力的动态结构，一个崭新的研究领域呈现在产业国际竞争力研究的学者面前。不仅如此，对产品空间的可视化研究生动地展示，处于其中的国家的诸多行为特征与企业极为相似，这也意味着源自企业微观理论对解释国际市场竞争中的国家行为有极大的潜力。

应该说，在产业国际竞争的动态结构这个崭新的研究领域里，如何确定研究方向、界定研究内容边界是本课题组遇到的首要难题。在弥补过去研究不足的基础上前进，是可行的路径。概括起来，Hausmann et al.（2007）和 Hidalgo et al.（2007）可以拓展的维度有：第一，一般说来结构转型的路径可以分为水平转移（即产业之间的转移）和垂直转移（产业内的转移，进入附加值高细分市场或产业环节，通过单位价值的测量）来实现（Young，1991）；由于数据的缺陷目前仅研究了水平转移，将两者整合起来将是一项非常有趣的研究。第二，因为聚焦于发展国家的模仿，现有研究将产品空间视做固定的，探求产品空间的动态变化将是一项非常有益的研究，包括产品空间在过去几十年发生了什么样的变化？是什么推动了这种变化？结构转型的路径是更多了还是更少了等。第三，当前研究仅仅通过出口商品相似矩阵建出口产品空间图，其实相似的方法可以构建进口产品空间图、出口国家空间图和进口国家空间图。第四，当前研究运用网络理论中可视化技术，大量的位置指标如中介中心性、向量中心性和密度等网络结构指标亟待引入，等等。

参考文献

[1] Balassa，B. A. 1965. Trade liberalization and revealed comparative advantage，Working Paper No. 33：Manchester School.

[2] Baldwin，R. E.，& Lage，G. M. 1971. Multilateral Model of Trade-Balancing Tariff Concessions. Review of Economics and Statistics，53(3)：237-245.

[3] Bernhofen, D. M., & Brown, J. C. 2004. A direct test of the theory of comparative advantage: The case of Japan. Journal of Political Economy, 112(1): 48-67.

[4] Boltho, A. 1996. The assessment: International competitiveness. Oxford Review of Economic Policy, 12(3): 1-16.

[5] Bowen, H. P. 1983. Changes in the International Distribution of Resources and Their Impact on United-States Comparative Advantage. Review of Economics and Statistics, 65(3): 402-414.

[6] Carrère, C., Strauss-Kahn, V., & Cadot, O. 2011. Export Diversification: What's behind the Hump? The Review of Economics and Statistics, 93(2): 590-605.

[7] Daniels, J. D. 1991. The Elusive Concept of National Competitiveness. Business Horizons(11/12): 3-6.

[8] Davies, H., & Ellis, P. 2000. Porter's Competitive Advantage of Nations: Time for the final judgement? Journal of Management Studies, 37(8): 1189-1213.

[9] Farole, T., Reis, J. G., & Wagle, S. 2010. Analyzing Trade Competitiveness: A Diagnostics Approach, World Bank Policy Research Working Paper Series.

[10] Felipe, J., Kumar, U., Usui, N., & Abdon, A. 2010. Why Has China Succeeded—And Why it Will Continue to Do So, Working Papers Series No. 611: Levy Economics Institute.

[11] Finger, J. M., & Kreinin, M. E. 1979. A Measure of Export Similarity and Its Possible Uses. Economic Journal, 89(356): 905-912.

[12] Gold, B. 1981. Changing Perspectives on Size, Scale, and Returns-an Interpretive Survey. Journal of Economic Literature, 19(1): 5-33.

[13] Grant, R. M. 1991. Porters Competitive Advantage of Nations-an Assessment. Strategic Management Journal, 12(7): 535-548.

[14] Gurber, W., Metha, D., & Vernon, R. 1967. The R&D

Factor in International Trade. Journal of Political Economy, 75 (1): 20-37.

[15] Harding, T. 2008. Does it matter to whom you export?

[16] Harkness, J. 1983. The Factor-Proportions Model with Many Nations, Goods and Factors—Theory and Evidence. Review of Economics and Statistics, 65(2): 298-305.

[17] Hausmann, R., Hwang, J., & Rodrik, D. 2007. What Your Export Matters. Journal of Economic Growth, 12(1): 1-25.

[18] Hausmann, R., & Klinger, B. 2006. Structural Transformation and Patterns of Comparative Advantage in the Product Space, CID Working Paper No. 128: Harvard University.

[19] Hidalgo, C. A., Klinger, B., Barabasi, A.-L., & Hausmann, R. 2007. The Product Space Conditions the Development of Nations. Science, 317(5837): 482-487.

[20] Hill, C. W. L. 2009. International Business: Competing in the Global Market Place. New York: McGraw-Hill Irwin.

[21] Kenen, P. B. 1965. Nature, Capital, and Trade. Journal of Political Economy, 73(5): 437-460.

[22] Ketels, C. 2010. Export Competitiveness: Reversing the Logic: Institute for Strategy and Competitiveness.

[23] Ketels, C. H. M. 2006. Michael Porter's Competitiveness Framework: Recent Learnings and New Research Priorities. Journal of Industrial Trade and Competition(6): 63-66.

[24] Krugman, P. 1994a. Competitiveness-a Dangerous Obsession. Foreign Affairs, 73(2): 28-44.

[25] Krugman, P. 1994b. Competitiveness-Does It Matter. Fortune, 129(5).

[26] Krugman, P. A. 1991. Myths and Realities of United-States Competitiveness. Science, 254(5033): 811-815.

[27] Krugman, P. R. 1998. The Accidental Theorist. New York: W. W. Norton & Company.

[28] Krugman, P. R., & Obstfeld, M. 2003. International Economics: Theory and Policy, 4th edition. New York: HarperCollins.

[29] Lall, S. 2000. The Technolgoical Structure and Performance of Developing Country Manufactured Exports, 1995-1998. Oxford Development Studies, 28(3): 337-369.

[30] Lall, S. 2001. Competitiveness, Technology and Skills: Edward Elgar Publishing Inc.

[31] Lall, S., Weiss, J., & Zhang, J. K. 2006. The "sophistication" of exports: A new trade measure. World Development, 34 (2): 222-237.

[32] Matsuyama, K. I. r., industrialization, and indeterminacy of, & 617-650., e. Q. J. o. E.

[33] Michaely, M. 1984. Trade, income levels, and dependence. Amsterdam: North-Holland.

[34] Mishra, S., Lundstrom, S., & Anand, R. 2011. Service Export Sophistication and Economic Growth, WPS5606: The World Bank.

[35] Nataraj, G. 2011. China's Changing Export Structure: A Factor-Based Analysis. Economic and Political Weekly, 28(3): 130-136.

[36] Neffke, F., Henning, M., & Boschma, R. 2011. How Do Regions Diversify over Time? Industry Relatedness and the Development of New Growth Paths in Regions. Economic Geography, 87 (3): 237-265.

[37] Peng, M. W. 2009. Global Business: South-Western Cengage Learning.

[38] Porter, M. E. 1990. The Competitive Advantage of Nations. New York: Free Press, MacMillan.

[39] Porter, M. E. 1998. On Competition. Boston, MA: Harvard Business School Publishing.

[40] Rugman, A. M. 1990. Global Corporate Strategy and Trade Policy. London New York: Routledge.

[41] Salvatore, D. 2002. International Economics, 3rd edition. New

York: Macmillan.
[42] Samen, S. 2010. A Primer on Export Diversifcation: Key Concepts, Theoritical Underpinnings and Empricial Evidence: World Bank Institute.
[43] Schott, P. K. 2004. Across-product versus within-product specialization in international trade. Quarterly Journal of Economics, 119(2): 647-678.
[44] Schott, P. K. 2008. The Relative Sophistication of Chinese Exports. Economic Policy, 23(53): 5-49.
[45] Smit, A. J. 2010. The Competitive Advantage of Nations: Is Porter's Diamond Framework a New Theory that Explains the International Competitiveness of Countries? South African Business Review, 14(1): 105-130.
[46] Stone, H. B. J., & Ranchhod, A. 2006. Competitive Advantage of a Nation in the Global Arena: a Quantitative Advancement to Porter's Diamond Applied to the UK, USA and BRIC Nations. Strategic Change, 15(6): 283-294.
[47] Teece, D. J. 1996. Firm organization, industrial structure, and technological innovation. Journal of Economic Behavior & Organization, 31(2): 193-224.
[48] Uchida, Y., & Cook, P. 2005. The transformation of competitive advantage in east Asia: An analysis of technological and trade specialization. World Development, 33(5): 701-728.
[49] UNCTAD. 1996. Trade and Development Report. New York-Geneva: United Nations Publications.
[50] Vernon, R. 1966. International Investment and International Trade in Product Cycle. Quarterly Journal of Economics, 80(2): 190-207.
[51] Waverman, L. 1995. A Critical Analysis of Porter's Framework on the Competitive Advantage of Nations. In A. Rugman, J. Van den Broeck, & A. Verbeke (Eds.), Research in Global Strategic Management: Volume V. Beyond the Diamond. Greenwich, CT:

JAI Press.
[52] Wezel, F. C., & Lomi, A. 2003. The organizational advantage of nations: An ecological perspective on the evolution of the motorcycle industry in Belgium, Italy and Japan, 1898-1993. Geography and Strategy, 20: 377-409.
[53] Yap, J. T. 2004. A Note on the Competitiveness Debate, Discussion paper series No. 2004-39: Philippine Institute for Development Studies.
[54] Young, A. 1991. Learning by Doing and the Dynamic Effects of International Trade. The Quarterly Journal of Economics, 106 (2): 369-405.
[55] Zahler, A. 2012. Essays on Export Dynamics HARVARD UNIVERSITY.
[56] 陈志、董敏杰、金培：《产业竞争力研究进展评述》，《经济管理》2009 年第 9 期。
[57] 黄先海：《我国制造业贸易竞争力的测度与分析》，《国际贸易问题》2006 年第 5 期。
[58] 刘林青：《产业国际竞争力的二维评价：全球价值链背景下的思考》，人民出版社 2011 年版。
[59] 刘林青、李文秀、张亚婷：《比较优势、和民族产业国际竞争力——“中国制造”国际竞争力的脆弱性分析》，《中国工业经济》2009 年第 8 期。
[60] 刘林青、谭力文：《基于波特理论的产业集群鉴别方法研究》，《科技进步与对策》2004 年第 12 期。
[61] 刘林青、谭力文：《产业国际竞争力的二维评价——全球价值链背景下的思考》，《中国工业经济》2006 年第 12 期。
[62] 任若恩：《关于中国制造业国际竞争力的进一步研究》，《经济研究》1998 年第 2 期。
[63] 姚洋、张晔：《中国出口品国内技术含量升级的动态研究——来自全国及江苏省、广东省的证据》，《中国社会科学》2008 年第 2 期。

[64]姚洋、章林峰:《中国本土企业出口竞争优势与技术变迁分析》,《世界经济》2008 年第 3 期。
[65]张小蒂、孙景蔚:《基于垂直专业化分工的中国产业国际竞争力分析》,《世界经济》2006 年第 5 期。
[66]Rodrik, D:《中国的出口有何独到之处》,《世界经济》2006 年第 3 期。

收入不平等程度估计研究进展

武汉大学经济与管理学院　刘穷志

引　言

尽管有关收入不平等的研究成果颇丰，但不少论文在对现实问题的解释力和政策指导性方面，依然显得薄弱。同时世界各国的收入不平等状况也在加剧。因此收入分配不平等是目前各国经济社会发展中的突出问题，通过对收入不平等的研究，对于理解社会经济特征与总体不平等之间的联系，以及对于经济政策分析和降低贫困政策的制定，都是很有用的。同时可以帮助政策制定者去认识一个社会收入不平等的性质与特征，以及改进收入分配。实际政策对不同的收入类型有不同的影响。该问题的解决对促进经济增长、维护社会稳定、构建和谐社会等具有十分重要的意义。

在过去20多年里，虽然单个国家的具体情况有所不同，但许多国家和地区的收入不平等状况日趋严重。社会学和经济学界关注较多的是经济变量的不平等，尤其是收入不平等。而不平等往往会导致很多社会、经济和政治问题，也是导致这些问题的根本原因。同时收入不平等不利于国民经济的增长，并且会影响到整个国家的内需，还会增加贫困人口。因此，国内外对收入不平等进行了广泛的研究。

国外很多学者研究收入不平等，主要是从收入不平等的分解来开始研究的。现代有关收入不平等分解的文献，最早的是Shorrocks

（1980，1982，1984）提出来的。在文章中，他是按照收入来源分解来检验不平等的分解，比如用收入、投资收益和转移支付对不平等进行检验；按照人口组群对不平等进行分解，例如按照未婚、已婚夫妇和有孩子的家庭进行分解；或者按照观测值所具有的共同的特征来分解，比如说年龄、家庭规模、地区、职业或者其他的属性来对不平等进行分解。Shorrocks（1982）建议要强调自然分解法，Lerman 和 Yizhaki（1985）研究表明，在按收入来源对反映不平等的基尼系数做自然分解的条件下，每种收入来源对总体收入不平等的贡献是该种收入来源占总收入的比例，该种收入来源与总收入之间的基尼相关系数，也是这种收入来源的变异性。更进一步，他们的研究表明每种收入来源的边际效应，也就是这种收入来源每变动1%时，对总体收入不平等的影响，与这种收入来源对不平等的贡献和其占总收入的比例之间的差异是成正比的。Lee（2002）的研究发现 1993—1999 年，领导的工资是扩大收入差距的一个因素，而同时在 1988—1999 年，它对降低收入不平等也起到了最大的作用。Filed 和 Yoo（2000）提出的一种以回归为基础的分解方法，用来分析社会经济特征对韩国劳动力变化的贡献，他们发现在 1986—1993 年，工作任期、性别、受教育年限和职业类型可解释收入不平等的水平，而教育、工业、职业和潜在的经验说明收入不平等的变化。Yuko（2006）的研究中同样以回归为基础的不平等分解方法，运用到 2003 年对韩国农户的研究中，结果表明土地所有权分布变异性的不断增加会使韩国农户间的收入不平等恶化。Azam 和 Shariff（2009）认为劳动力收入的边际增长，会导致印度在 1993—2005 年收入不平等下降。Kimhi（2008）的研究中表明转移收入的增加可能会降低总体的收入不平等，收入的不平等转移到其他的家庭成员中可能会有更好的效果。

而我国收入不平等问题也是一个日益突出、影响社会稳定的重大问题，引起了大量学者的研究兴趣，国内外学者发表了大量有关论文和著作，从经济学、社会学、人口学、政治学等学科以及交叉学科的角度，对中国收入不平等进行了研究，成果极为丰富。

（1）对于收入不平等的存在性问题的研究。尽管不同的学者采用不同的收入不平等测度及其分解方法，但所得结论都是一致的，即收入不平等不但存在于省际之间，而且存在于省内的不同群体之间和群体的不同个体之间，且都呈现持续扩大的趋势。

（2）对于收入不平等的影响研究。第一，根据收入的来源渠道，研究各分项收入对收入不平等的影响。朱玲（1992）、张平（1998）等研究表明农村非农化产生的工资性收入差异是农村区域收入不平等的最主要原因；黄祖辉（2005）采用 *GE* 指数分解法分析 1993—2001 年省级收入数据，并指出现阶段转移收入加剧了收入不平等。第二，通过收入函数模型的估计及不平等的回归分解，从宏、微观视角研究各因素对农户收入不平等的影响。在宏观分析中，学者基于年度数据运用不同理论、构造不同指标对宏观因素进行了多样化的论证。

（3）在微观分析中，学者利用不同地区住户调查数据，基于线性回归分析框架，研究影响收入的主要因素对收入不平等的作用程度。万广华（2005）以 30 个省农业人口为对象，采用回归分解方法对 1992—1995 年的省级截面数据进行分析，不但证明了收入不平等省际的存在性，还指出农村不平等来源于村庄企业、资本和教育；通过 1995—2002 年广东、湖北和云南三省数据的分析得出：地理因素、资本投入、种植结构会导致农户收入不平等。

Knight 和 Song（2011）分解了中国城镇居民的收入差距，却没有考虑行业因素对于城镇收入差距的贡献。Gustafsson 和 Li（2002）按照收入构成分解了收入差距，但这种方法无法得出收入的基本决定因素对收入差距的贡献。

一、收入不平等衡量方式的比较分析

收入不平等分析的最好方法是使用洛伦兹曲线，即在横向上比较不同地域或者纵向上比较不同时间的收入不平等时，应该比较与其相对应的洛伦兹曲线，然后判断收入不平等的变化趋势。用洛伦兹曲线来分析收入不平等虽然很直观，然而其应用存在两个不足：首先，当两条洛伦兹曲线相交时，没有办法判断出哪条洛伦兹曲线代表的收入更加不平等；其次，这种比较图形的方法，对于分析比较多年份和很多地区的不平等状况是不适合的。于是就需要用数量指标来衡量收入不平等，例如基尼系数、泰尔指数（Theil index）、变异系数以及 Atkinson 等指标。需要指出的是基尼系数能够按收入来源进行分解，但是不能按人口组群进行分解（Lambert 和 Aronson，1993）。

最常见的收入不平等指数的计算公式如下：

（1）基尼系数。在收入不平等的度量方法中，基尼系数成为使用最广泛、最多的不平等指标。其计算方法为：

$$\eta = \frac{\sum_{j=1}^{n}\sum_{i=1}^{n}|x_j - x_i|}{n(n-1)},\quad 0 \leqslant \eta \leqslant 2u$$

其中，$|x_j - x_i|$ 表示任何一对样本的收入差的绝对值，n 是样本数量，u 是收入均值。上述公式计算出来的基尼系数的数值并非在 0-1 之间，经过后人的改造，现在常用的基尼系数一般计算公式：

$$G = \frac{1}{2n^2 u}\sum_{j=1}^{n}\sum_{i=1}^{n}|y_j - y_i|$$

基尼系数这一方法的提出被认为是收入不平等研究的重大突破，但上述两种方法只能应用于一个个的样本数据，实际情况是容易找到的数据都是分组数据，因此要计算一个国家或者地区的基尼系数，必须将其所有居民按收入从高到低进行排列，并将排列后的所有居民平均分为若干组（至少分 5 个组），并计算出每个组的收入占该国家或者地区的总收入的百分比数据，然后进行基尼系数的计算，例如中国统计资料对于城镇居民家庭收入基本情况采取了七分法，而且是以户为单位。对于农村的统计方法又和城市不同，农村是按照纯收入分组户占调查户的比重统计。这一系列问题的存在使得学者们不得不对统计数据进行变换，在变换的过程中又需要一系列的严格假设。

（2）变异系数。变异系数（coefficient of variance）衡量一组数据之间差异的程度，也称为相对标准差，记为 GV，其计算公式为：

$$CV=\frac{s}{\overline{Y}}$$

其中，s 为标准差，$\overline{Y}$ 为平均值。变异系数测度的是子群平均收入水平与整体平均收入水平的差异，它没有考虑组内的差异。如果各国家或地区平均收入水平趋同，那么变异系数则趋于下降，但是实际区域差异的变动则有可能上升。同时，变异系数也不能够分解，无法判别出组内差距与组间差距对整体差距的贡献。

（3）广义熵（Generalized Entropy，GE）指数。该指数是由Theil（1967）提出并扩展（Theil，1972）。用 Z_j 代表收入观察值，μ 代表平均收入，N 代表样本容积，f_j 代表人口比例，广义熵指数的公式为：

$$GE=\frac{1}{\alpha(1-\alpha)}\sum_j f_j\left[1-\left(\frac{Z_j}{\mu}\right)^{\alpha}\right]$$

其中，α 是一常数，表示厌恶不平等的程度，该值越小，所代表的厌恶程度就越高。

若 $\alpha=0$ 时，得到的是平均对数离差，又称为泰尔第二指数 T_0，或者叫泰尔-L 指数。

$$T_0=\sum_j f_j\ln\frac{\mu}{Z_j}$$

当 $\alpha=1$ 时，得到的就是泰尔指数称为泰尔第一指数 T_1，也称为泰尔-T 指数。

$$T_1=\sum_j f_j\frac{Z_j}{\mu}\ln\frac{Z_j}{\mu}$$

当 $\alpha=2$ 时，一般熵指数就等价于常用的变异系数平方的一半，即 $\frac{1}{2}CV^2$。容易看出，如果选择用变异系数衡量收入不平等比用 T_0 或者衡量显得更加合理。

（4）阿特金森指数（Atkinson index）。阿特金森指数是衡量收入不平等中明显带有社会福利规范体会的一个指数（Atkinson，1970）。阿特金森指数首先计算出一个等价敏感平均收入 y_α（y_α 定义为如果每个人享受到了这样一个等价敏感收入时的社会总福利，

相当于收入实际分布时具有的社会总福利值)。y_α 可由下式计算得出:

$$y_\alpha = \left[\sum_{j=1}^{n} f_j(y_i) \times y_i^{1-\alpha} \right]^{\frac{1}{1-\alpha}}$$

其中 y_i 为第 i 人(或组)的实际收入;$f(y_i)$ 为第 i 人(或组)占总人口比例的密度函数;α 为不平等厌恶参数。该参数反映社会对于不平等的厌恶程度,其取值范围是,随着 α 的增加,社会给予更大的权重给收入相对较低的人群。比较典型的 α 权重有 0.5 和 2。在定义了 y_i 后,阿特金森指数可以表示为:

$$Atkinson = 1 - \frac{y_\alpha}{\mu}$$

这里 u 为平均收入,从该指数可以看出:社会收入分配越公平,则 y_α 越接近 u,阿特金森指数值也就越小;对于任何分布而言,阿特金森指数值的取值范围为[0, 1],其中 0 代表社会达到了收入的完全公平分配;如果 y_i 代表的是第 i 人的收入,则第 i 人占总人口数的比例就是,阿特金森指数又可以用下式表示:

$$Atkinson = 1 - \left[\frac{1}{n} \sum_{i=1}^{n} \left(\frac{y_i}{u} \right)^{1-a} \right]^{\frac{1}{1-a}}$$

阿特金森指数具有洛伦茨准则一致性,而且在此基础上,同基尼系数、泰尔指数类似,它还具有可分解性,但是阿特金森指数的分解并不是等于组内与组间阿特金森指数之和,其分解公式如下:

$$Atkinson = I_{组内} + I_{组间} + V_{残差}$$

此外,还有些学者采用相对均值离差、收入对数标准差、Mehran 测度、Piesch 测度、Kakwani 测度、均值对数离差等指标。需要指出的是,这些衡量收入不平等指数的具体公式虽然略有不同,但其共同点是各个指数的测量值越大,那么表示该国家或区域的收入不平等程度越严重。

二、收入不平等的分解方法进展

对不平等进行分解,目的是找出不平等的构成和起因,从而有助于制定政策来降低不平等。传统的不平等分解方法主要分为，不平等水平的分解和不平等变化的分解。不平等水平的分解主要是看该不平等程度是由何种因素构成的；不平等变化的分解主要看该不平等的变化是由哪些因素引起的。传统的分解方法还可以按照收入来源分解和按照组群分解，对于按照收入来源所做的分解，最好使用基尼系数；按照组群所做的分解最好使用 *GE* 指数。

从 20 世纪 70 年代早期开始，经济学家们就使用回归分析方法分解不平等。与传统的研究方法相比（Shorrocks，1980，1982），这种方法能够量化各回归变量对因变量不平等程度的贡献。虽然在早期的工作中，能够被考虑的变量数目与类型都非常有限，但是近期的发展已放宽了这个限制。从理论上来看，以回归方程为基础的不平等分解可以考虑任意数目与类型的变量甚至代理变量，包括社会、经济、人口以及政策等因素。这种方法的灵活性，特别是它处理收入决定因素的内生性与随机误差的能力，使得该方法对经济学家与政策制定者都很有吸引力。Oaxaca（1973）与 Blinder（1973）是提出这种方法的先驱，他们主要分析的是两个群体（如男女职工）之间平均收入的差别。Juhn，Murphy 和 Pierce（1993）扩展了这一方法，使得分解得以建立在两个群体间收入变量的整个分布差别而不仅仅是平均收入差别的基础之上。Bourguignon，Fournier 和 Gurgand（2001）放松了 Juhn，Murphy 和 Pierce（1993）的线性收入决定函数的限制。这些学者们致力于解释有明显收入差别的群体之间的收入分配差异，他们并没有量化特定因素对总的不平等的贡献。在一系列使用半参数或无参数技术的文献中，DiNardo，Fortin 和 Lemieux（1996）与 Deaton（1997）用密度函数的变化描述并比较了目标变量的分布，也不是将总的不平等分解。Fields 和 Yoo（2000）与 Morduch 和 Sicular（2002）运用常规技术估计了参数性的收入决定函数，并以此函数为基础来分解因变量的不平等。他们的框架允许包含任意数量的相关决定因素，其缺点是限制性条件较多。

Morduch 和 Sicular（2002）（以下部分简称 MS），Fields 和 Yoo（2000）（以下部分简称 FY）采用了特定形式的收入决定函数作为分解的基础。MS 使用了标准的线性函数，而 FY 使用了一个半对数回归模型。这些限制阻碍了模型的选择并可能导致实证分析的错误。两篇文章的另一个主要限制在于他们所使用的不平等度量指标。FY 仅仅考虑变异系数的平方（CV^2），而 MS 则要求能够将总的不平等表示为各种要素收入不平等的加权之和。此外，FY 的方法要求使用经过对数转换后的收入来测量不平等程度。虽然这不影响收入排序，但可能导致分解结果的扭曲。由于这个局限性，FY 的结果与其他不平等研究的结果缺乏可比性。在 MS 与 FY 的文章中，常数项与随机项的贡献率并不是根据 Shorrocks（1999）或者 Cancian 和 Reed（1998）所提出的自然分解法则推导出来的。因此，他们模型中的随机项与常数项可能对也可能不对总的不平等程度作出贡献。这是 MS 框架的一个缺陷。由于 FY 框架假定常数项对不平等没有任何影响，因此有这一缺陷。Podder 和 Chatterjee（2002）的研究表明，如果采用如 CV^2 或基尼系数等不平等指标，一个正（负）的常数项必定将降低（提高）总的不平等程度。

需要指出的是，任何以回归方程为基础的不平等分解都不可避免地要涉及一个常数项和残差项。这些项的存在会给不平等分解带来一些特殊的问题，在 Morduch 和 Sicular（2002），Fields 和 Yoo（2000）的文章中，这些问题或者被忽略或者没有被正确地处理。另外，在使用的函数形式与不平等的度量指标方面，目前以回归方程为基础的不平等分解技术尚有很多限制。

三、收入不平等测度的参数和非参数方法

对收入不平等问题的研究依赖于收入分布的估计，常用的估计方法有两类：一是参数估计方法，需要对累积分布函数或概率密度函数的具体形式做出假定，进而利用数据对未知参数进行估计；二是非参数估计方法，通常利用特定的核函数来进行核密度估计。同时，在参数估计方法中，大多数文献利用回归分析方法来估计未知参数，部分文献利用极大化熵密度的方法来估计未知参数。在对收入分布研究中，一些学者例如 SalaiMartin（2002a，2002b，2006），

Minoiu（2006，2007）发现，当收入分布呈现单峰形态时，参数方法可以得到较为精确的结果，当收入分布呈现多峰形态时，参数方法的不足之处就会暴露出来，这种情况下，非参数方法可以弥补。

对于收入分布可以采用两种估计方案：

（一）参数估计

一般来说，常用于描述收入分布的参数分布主要有：Pareto 分布、对数正态分布、Gamma 分布、Dagum 分布、广义 Beta 分布。这里选取以下两种分布形式：

(1) Pareto 分布：该分布的概率密度函数和累积分布函数分别为：

$$f(x)=\frac{k\cdot c^k}{x^{k+1}},\ x\geqslant c \text{ 和 } F(X)=1-\left|\frac{c}{x}\right|^k$$

其中，$c(c\geqslant 0)$为随机变量 X 所有可能取值中的最小值，$k\geqslant 1$ 为待估参数，参数 c、k 可以通过极大似然方法来估计，估计结果如下：

$$\hat{c}=\min_i x_i,\quad k=\frac{n}{\sum_{i=1}^{n}(\ln x_i-\ln\hat{c})}$$

(2) 对数分布：对数分布 $\ln X\sim N(\mu,\ \sigma^2)$ 的概率密度函数和累计分布函数分别为：

$$f(x)=\frac{1}{\sqrt{2\pi}\sigma_x}e^{-\frac{(\ln x-\mu)^2}{2\sigma^2}},\ x>0 \text{ 和 } F(x)=\frac{1}{2}+\frac{1}{2}erf\left|\frac{\ln x-\mu}{\sqrt{2}\sigma}\right|$$

其中，误差函数 $erf(x)=\frac{2}{\sqrt{\pi}}\int_0^{+\infty}e^{-t^2}dt$；参数 u，σ^2 可以通过极大似然方法来估计，估计结果如下：

$$u=\frac{\sum_{i=1}^{n}\ln x_i}{n},\quad \sigma^2=\frac{\sum_{i=1}^{n}(\ln x_i-\mu)^2}{n}$$

（二）非参数估计

核密度估计方法尽管提出得比较早，但用于估计收入分布密度函数却开始于 Dinardor 等（1996）的研究，国内学者也使用该方法研究收入分布、收入不平等与贫困等问题。

Minoiu 等(2006)研究了基于分组数据进行核密度估计的偏，并将其与基于调查数据的核密度估计的偏进行了比较。实际上，可观测到的个体收入水平是收入随机变量序列$\{X_1, X_2, \cdots, X_n\}$的实现值，而这些随机变量序列是独立同分布地取自收入累积分布函数$F(x)$或概率密度函数$f(x)$。由此，可以得到次序统计量$\{X_{(1)}, X_{(2)}, \cdots, X_{(n)}\}$，满足$X_{(1)} \leqslant X_{(2)} \leqslant \cdots \leqslant X_{(n)}$。现在将数据分成$J$组，每组的样本容量都为$M$，这样就得到总体的分位数且有$N=J \cdot M$，而分位数均值序列$\{\mu^{(1)}, \mu^{(2)}, \cdots, \mu^{(j)}\}$可由

$$\hat{u}^{(j)} = \frac{1}{M}\sum_{m=1}^{M} X_{(m)}^{(j)},\ \ j = 1, 2, \cdots, J$$

估计。式中上标(j)表示第j组，下标(m)表示第m个次序统计量。由式可知，分位数均值可由次序统计量的线性函数得到。

分位数均值的核密度估计可以表示为：

$$\hat{f}_J(x) = \frac{1}{Jh}\sum_{j=1}^{J} k\left|\frac{x - \hat{u}^{(j)}}{h}\right|$$

式中，$k(\cdot)$为给定的核函数，h为窗宽。Minoiu 等(2006)指出：在x点处，核密度估计的偏为：

$$\begin{aligned} Bias\,|\hat{f}_J(x)| &= E\,|\hat{f}_J(x) - f(x)| \\ &= \frac{1}{J}\sum_{j=1}^{J} E\left|\frac{1}{h}k\left|\frac{x - \hat{u}^{(j)}}{h}\right\|\right. - f(x) \\ &= \frac{1}{Jh}\sum_{j=1}^{J}\int k\left|\frac{x - \hat{u}^{(j)}}{h}\right| g_j(\hat{u}^{(j)})\,d\hat{u}^{(j)} - f(x) \end{aligned}$$

式中，$g_j(\cdot)$是第j分位数均值$\hat{u}^{(j)}$的概率密度函数。对式作变换$\frac{x-\hat{u}^{(j)}}{h}=t_j$，同时利用核密度关于零的对称性和 Taylor 展开，可以得到：

$$Bias\,|\hat{f}_J(x)| = \frac{1}{J}\sum_{j=1}^{J} g_j(x) + \frac{h^2}{2J}\sum_{j=1}^{J} g_j''(x)\int t_j{}^2 k(t_j)\,dt_j + ,\cdots, - f(x)$$

可见，基于分组数据的核密度估计的偏依赖于未知的分位数均

值概率密度函数的取值。

Silverman(1986)给出的基于单元数据的核密度估计的偏为：

$$Bias\,|\hat{f}_s(x)\,| = \frac{h^2}{2} f''(x) \int t^2 k(t)\,dt + \cdots$$

四、地区收入分布研究

近年来，人类生活水平的区域差异已经成为被广泛关注的问题。已经有不少学者研究了全球范围不断扩大的收入差距，以及这种差距在多大程度上受到与全球化有关的一系列因素的影响，其中包括 Milanovic（2002），Sala2i2Martin（2002），Bour2guignon 和 Morrison（2002），Fischer（2003），Kremer 和 Maskin（2003）等。也有对于个别国家的一些类似研究，特别是对那些收入差距随着时间推移不断扩大以及地区（或省）之间平均收入差异显著的国家。例如中国，沿海地区和内陆地区生活水平上的差距不断加大，这已经使得政府感到焦急，并且启动了西部大开发战略（Kanbur 和 Zhang，2003）。而当地区差距与对一些特殊群体的歧视联系起来的时候，它便成了一个更为严峻的问题；这些特殊的群体包括：居住在农村地区的农民（与城市居民相对照），聚集在边远地区的少数民族，某些地区的流动人口，以及一些特定地区的宗教群体等。

当然，居住地并不是造成生活水平差异的唯一因素。与地区之间一样，地区内部同样存在明显的收入不均现象。因此，为了了解地理位置对收入差距的重要影响，一个可以分离出空间因素贡献度的方法是非常必要的。许多这方面的经验研究使用地区虚拟变量，这可以判断地理位置对收入差距的影响在统计意义上是否显著；但对于这个影响量的大小或趋势，却很少有研究作进一步的细化分析，至少采取普遍使用的不平等度量指标的研究是如此。

模拟地区收入分布的概率密度函数很多（KleiberandKotz，2003；McDonaldandRansom，2008），其中，灵活的概率密度函数有广义 beta 分布Ⅱ型即 GB2（McDonald，1984），GB2 的诸多特殊形式也具有模拟收入分布的统计特征（Hajargasht et al.，2011）。

(一) GB2 的情形

GB2 的参数 $\phi=(a,b,c,d)'$，概率密度函数(pdf)是：

$$f(y,a,b,p,q)=\frac{ay^{ap-1}}{b^{ap}B(p,q)\left(1+\left(\frac{y}{b}\right)^{a}\right)^{p+q}}$$

这里，$y(y>0)$为收入，a，b，p，q 均为大于 0 的参数，

$B(p,q)=\int_0^1 t^{p-1}(1-t)^{q-1}dt$ 为 beta 函数。累积分布函数(cdf) 是：

$$F(y;a,b,p,q)=\frac{1}{B(p,q)}\int_0^u t^{p-1}(1-t)^{q-1}dt=B_u(p,q)$$

这里，$u=(y/b)^a/[1-(y/b)^a]$，$B_u(p,q)$ 是标准 beta 分布的 cdf。

依据 McDonald(1984) 和 McDonald and Ransom(2008)，

$$Gini_{GB2}=\frac{2B(2p+1/a,2q-1/a)}{B(p,q)B(p+1/a,q-1/a)}\left\{\frac{1}{p}\,{}_3F_2\left[1,p+q,2p+\frac{1}{a};p+1,2(p+q);1\right]\right.$$
$$\left.-\frac{1}{p+1/a}\,{}_3F_2\left[1,p+q,2p+\frac{1}{a};p+\frac{1}{a}+1,2(p+q);1\right]\right\}$$

这里，${}_3F_2$ 为广义超几何函数。

(二) 作为 GB2 的特殊形式

Beta2，Singh-Maddala，Dagum，Weibull，广义 gamma，lognormal 与 GB2 的关系是，见图 1：

Beta2，Singh-Maddala，Dagum 的 pdf 和 cdf 可通过分别定义 $a=1$，$p=1$ 和 $q=1$ 获取。基尼系数分别是：

$$Gini_{Beta-2}=\frac{2B(2p,\ 2q-1)}{pB^2(p,\ q)},$$

$$Gini_{Singh-Maddata}=1-\frac{\Gamma(q)\Gamma(2q-1/a)}{\Gamma(q-1/a)\Gamma(2q)},$$

$$Gini_{Dagum}=\frac{\Gamma(p)\Gamma(2p+1/a)}{\Gamma(p+1/a)\Gamma(2p)}-1$$

对于广义 gamma 分布，依据 McDonald(1984)，设 $b=\beta q^{1/a}$，取 $q\to\infty$，则得广义 gamma 的 pdf 为：

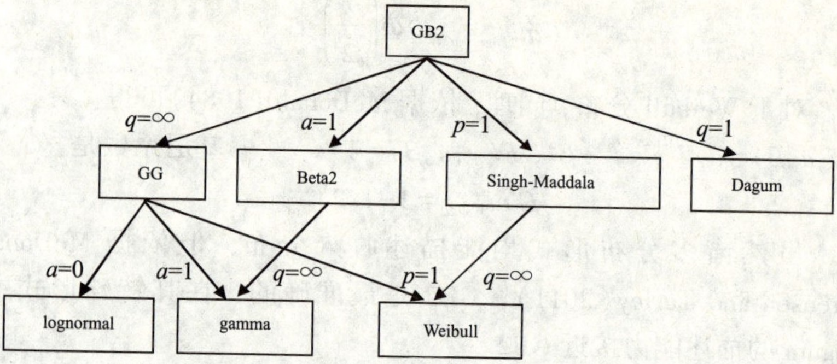

图 1　GB2 与其他分布之间的联系

$$f(y;a,p,\beta)=\frac{a}{\beta^{ap}\Gamma(p)}y^{ap-1}\exp\left(-\left(\frac{y}{\beta}\right)^{a}\right)$$

令 $u=y^{a}$，$b=\beta^{a}$，则标准 gamma 的 pdf 为：

$$f(u)=\frac{1}{b^{p}\Gamma(p)}u^{p-1}\exp\left(-\frac{u}{b}\right)$$

于是，广义 gamma 的 cdf 为：

$$F(y;a,p,\beta)=G_{u}(p,b)$$

这里，$G_{u}(p,b)=\int_{0}^{u/b}t^{p-1}e^{-t}dt/\Gamma(p)$ 是标准 gamma 的 cdf。于是，基尼系数为：

$$Gini_{Gamma}=\frac{\Gamma(p+1/2)}{\Gamma(p+1)\sqrt{\pi}}$$

对于 lognormal 分布，依据 McDonald（1984），设 $\beta^{a}=\sigma^{2}a^{2}$，$p=(a\mu+1)/\beta^{a}$，取 $a\to\infty$，则 lognormal 的 pdf 为：

$$f(y;\mu,\sigma^{2})=\frac{1}{y\sqrt{2\pi\sigma}}\exp\left(-\frac{(\ln y-\mu)^{2}}{2\sigma^{2}}\right)$$

其 cdf 为：

$$F(y;\mu,\sigma^{2})=\Phi\left(\frac{\ln(y)-\mu}{\sigma}\right)$$

这里，Φ 为标准 cdf。于是，基尼系数为：

$$Gini_{Lognorm} = 2\Phi\left(\frac{\sigma}{\sqrt{2}}\right) - 1$$

对于 Weibull 分布，同理，依据 McDonald(1984)可得：$f(y;a,\beta) = ay^{a-1}e^{-(y/\beta)^a}/\beta^a$，$F(y;a,\beta) = 1-e^{-(y/\beta)^a}$。基尼系数是：

$$Gini_{Webull} = 1-1/2^{1/a}$$

虽然诸多分布形式均能描述收入分布，但依据 McDonald Sorensen and Turley(2011)，GB2 是最准确的，在其特殊形式中，Dagum 的描述能力接近 GB2。

(三) GMM 估计

适合 GMM 估计的收入分布有广义 beta 分布Ⅱ型(即 GB2)(McDonald，1984)，这是公认的事实(Parker，1999)。Beta2、Dagum、Singh-Maddala、广义 gamma 以及 lognormal 等分布是 GB2 的特殊形式，同样适合 GMM 估计(McDonald and Ransom，2008)。

假定一组样本有 T 个观察值(y_1，y_2，…，y_T)，他们分为 N 个收入组(z_0，z_1)，(z_1，z_2)，…，(Z_{N-1}，Z_N)，$Z_0 = 0$，$Z_n = \infty$。组平均值分别是 $\bar{y}_1$，$\bar{y}_2$，…，$\bar{y}_N$。各组观察值占总观察值的比例为 c_1，c_2，…，c_N。我们的问题是估计分布的参数，方法是使 beta 分布适合数据，以使 ε_1，ε_2，…，ε_{2N}接近零。

这里，$c_i = \int_{a_{i-1}}^{a_i} f(y)\,dy + \varepsilon_i, \bar{y}_i = \left[\int_{a_{i-1}}^{a_i} yf(y)\,dy\right] / \int_{a_{i-1}}^{a_i} f(y)\,dy + \varepsilon_{N+1}$

Chotikapanich et al. (2007)提出了 b，p，q 以及 z_1、z_2，…，z_{N-1}的方法，即：

$$\min \sum_{i=1}^{N}\left[\left(\frac{\varepsilon_i}{c_i}\right)^2 + \left(\frac{\varepsilon_{N+1}}{\bar{y}_i}\right)^2\right]$$

具体而言，Hajargasht et al. (2011)提出了 GMM 估计。

(四) 多个地区合成一个地区的收入分布模拟

以上收入分布及其估计是单个区域的情形，如果一个地区由多个区域组成，就得将多个区域的收入分布“融合”为一个地区的收入分布，以便于 GMM 估计。假定一个地区(比如，中国)由 K 个区域(比如，城市和农村)组成，K 个区域有 beta 收入 pdf 即 $f_k(y)$，

$k=1, 2, \cdots, K$。相应人口比重分别是 $\lambda_1, \lambda_2, \cdots, \lambda_K$。依据 Chotikapanich et al.（2012），该地区收入分布的 pdf 即 $f(y)$ 由各区域的 pdf 融合而成：

$$f(y)=\sum_{k=1}^{K}\lambda_k f_k(y)$$

同理，该地区的 cdf 由各区域的 cdf 融合而成：

$$F(y)=\sum_{k=1}^{K}\lambda_k F_k(y)=\sum_{k=1}^{K}\lambda_j B_{y/(y+b_k)}(p_k, q_k)$$

依据 Chotikapanich et al.（2012），该地区的总体基尼系数为：

$$Gini=-1+\frac{2}{\mu}\sum_{j=1}^{K}\sum_{i=1}^{K}\lambda_j\lambda_i m_{ij}$$

这里，$m_{ij}=\int_0^{\infty}y(F_j(y)f_i(y)dy=E_{f_i}[yF_j(y)]$，$i\neq j$。作为替代，计算时也可以用 $m_{ij}=\mu_i\left[\frac{B(2p_i, 2q_i-1)}{p_iB^2(p_i, q_i)}+\frac{1}{2}\right]$。

五、收入两极化的测度方法

（一）收入两极化

近年来在居民收入差距持续扩大背景下两极分化也被一些学者提了出来。作为一个发展中大国，警惕两极分化的巨大负面影响，努力防范两极分化，是确保我国经济持续发展的一个关键，也是和谐社会的内在要求。虽然很多学者都认为两极分化就是收入不平等的一种表现形式，但在具体测度两极分化的方法上有不同主张，其主要原因也是对两极分化内涵的理解存在差异。这些主张基本可以分为三种。第一种主张认为，两极分化是就贫富两极而言的，是贫富悬殊发展的结果（卢嘉瑞，2003）。可以说日常生活中人们提及两极分化，大多是指少数高收入阶层占有绝大比重的财富，而低收入阶层占有很少的财富，甚至温饱问题都无力解决，社会中形成了两极分化中的“两极”。至于贫富两极分别占总人口的比重，不同学者有不同的主张，董长瑞（1998）选择五等分收入分组中最高和最低的组。在很多学者看来，测度两极分化就是利用一定比例的富有人员与贫困人员的收入之比（或之差）进行描述，一些学者甚至直接利用极差作为两极分化的测度方法。第二种主张认为，两极分化是收入不平等加剧的结果，是严重的收入不平等，因而他们把收入不平等最严重的区域视作两极分化。譬如，陈宗胜（2002）认为，要回答是否进入两极分化状态这一问题，必须使用衡量收入差别程度的指标，比如按一定条件设定的泰尔指数阈值或基尼系数标准界限值。应该说，基尼系数能够测度两极分化在国内被很多学者认同，学者们的分歧只是在基尼系数达到什么数值时才被认为发生两极分化。大部分学者的看法是，基尼系数超过 0.5 就预示着两极分化的产生，但也有学者认为我国基尼系数评判标准应低于西方资本主义社会（王检贵，2000）。第三种主张认为，从动态的角度看两极分化就是穷者愈穷、富者愈富的贫富分化过程。李实等（1998）认为，两极分化的绝对标准是指最高收入组的绝对（实际）收入提高的同时，最低收入组的绝对（实际）收入下降；相对标准是指最高收入组的收入与中值收入之比上升的同时，最低收入组的收入与中值收入之比降低。这种主张给人的感觉似乎是，即便收入差距很大，只要穷者的状况有一点点改进，都不能认为出现了两极分化，这显然不同于第二种主张。当然，这种主张与第一种主张在本质上是一致的，它们均选取一定量的低收入者和高收入者进行对比，区别只是具体的测度方法和判断标准不一样。陈宗胜和周云波（2002）将上述第二种主张称为基尼系数标准值判断法（即水平法），将第三种主张称为收入趋势比较法，并且认为趋势法只能作为水平法的补充。应该说这一认识相对更加全面。

（二）收入两极分化测度方法评述

两极分化是一个有别于收入不平等和贫富差距的概念，因此包括基尼系数在内的所有不平等测度指标均不能很好地测度两极分化，必须引入新的测度方法。一般来说，两极分化与社会冲突有很大的相关性，两极分化的程度体现了冲突爆发的可能性和强度。现有的收入两极分化测度方法，基本可以分为两大类，一类方法由 Wolfson（1994）提出，以后 Wang 和 Tusi（2000），Chakravarty 和

Majumde（2001），Rodriguez 和 Salas（2003）等进行了拓展，我们将这一类型的测度指数统称为 W 型指数。该类指数是以中位数为界限将所有成员分为高收入和低收入两组，分别测算两组中各成员的收入对中位数收入的偏差，最后将所有偏差加总。另一类方法由 Esteban 和 Ray（1994）提出，后经 Esteban，Gradn 和 Ray（1999）及 Duclos，Esteban 和 Ray（2003）等改进，我们将这种类型的指数统称为 ER 型指数。该类方法首先按照一定标准对所有成员进行分组，然后测定组与组之间的差异程度以及各个组内成员的相似程度，最后采用一定的形式构造测算指数。应该说，W 型指数是专门测度两极分化的，ER 型指数还可以用来测度多极化。

1. W 型指数

受洛伦茨曲线在收入不平等测度中重要作用的启发，Foster 和 Wolfson（1992）提出了两极分化曲线的概念，说明了两极分化曲线与洛伦茨（Lorenz）曲线的关系。在两极分化曲线概念的基础上，Wolfson（1994）给出了一个测度两极分化的公式，该公式为

$$W=\frac{2(2T-G)}{mPL}$$

其中 m、L 分别为所有成员收入的中位数和算术平均数，G 为基尼系数，T 表示 50%低收入成员的人口份额与其收入份额的差，即 $T=015-\mathrm{L}(015)$，L(015)表示收入最低的 50%的人口的收入份额。当然，上式还可以进一步化简。Mookherjee 和 Shorrocks(1982)给出的基尼系数分解公式为

$$G=\underset{k}{E}v^{k}K_{K}G_{K}+\frac{1}{2}\underset{K}{E}\underset{h}{E}v_{k}v_{h}\mid K_{k}-K_{h}\mid+R$$

其中 v_k 表示第 k 组的人口份额，K_k 表示第 k 组平均收入与总平均收入之比，G_k 为第 k 组的基尼系数。该式右边的第一项为组内基尼系数的加权平均，反映组内不平等对总不平等的贡献，记为 G_W；第二项是以组平均收入计算的基尼系数，反映组间不平等对总不平等的贡献，记为 G_B；第三项 R 反映了由于不同组之间的重叠造成的交互影响。如果以中位数为分界点分成两组，则 $R=0$，$v_1=v_2=0.15$，$K_1=\mathrm{L}(0.15)\mathrm{P}0.15$，$K_2=[1-\mathrm{L}(0.15)]\mathrm{P}0.15$，这样

$G_B=0.15-L(0.15)$，$G_W=G-[0.15-L(0.15)]$)，代入上式得

$$W=\frac{2L(G_B-G_W)}{m}$$

不难看出，两极分化测度与收入不平等测度的不同之处在于对组内不平等的处理不一样，前者为组间不平等减去组内不平等，而后者为组间不平等加上组内不平等。设想在两组组间不平等保持不变的情况下，组内不平等降低，说明两组内部成员更加聚合，两组之间的对抗就更易产生且对抗的强度更大，两极分化也因而增大，但这时对应的总体收入不平等是下降的。因此，两极分化的测度方法虽与收入不平等的测度方法有一定的联系，但它们之间存在本质区别。

W 型指数是以中位数为分组界限、以基尼系数反映收入不平等的测度指标，近年来一些学者对这两个条件进行了拓展。首先，Rodrguez(2005)分析了其他分组界限下的测度公式。若分组界限是平均数 L，则两极分化测度公式为

$$W_L=2[2p(L)-L(p(L))-G]=2(G_B^L-G_W^L)$$

其中 G_B^L 和 G_W^L 分别是以 L 为分界线的组间基尼系数和组内基尼系数，$p(L)$、$L(p(L))$分别表示低于 L 的人口份额和收入份额。由于相对于其他的分组界限，$p(L)-L(p(L))$最大，因此对同一收入分配格局来说，以平均数 L 为分界点的 W 指数最大。如果以任意收入 z 为分界点，此时的两极分化测度公式为

$$W_Z=\frac{2L}{Z}(G_B^Z-G_W^Z)+(1-2p(z))(L-z)$$

其次，一些学者采用其他收入不平等指数代替基尼系数计算 W 指数。Rodrguez 和 Salas (2003) 用单参数基尼系数 (single parameter gini index) 代替基尼系数，给出的广义两极分化测度指数为

$$W^V=G_B^V-G_W^V$$

其中 G_B^V 和 G_W^V 分别表示以单参数基尼系数测算的组间不平等和组内不平等，Chakravarty 和 Majumder(2001)通过不平等、两极分化与福利的比较分析，指出任何一个由类似社会福利函数决定的

不平等指标都对应一个两极分化指数，针对广义两极分化指数的一般形式，Chakravarty 和 Majumder（2001）给出了基于阿特金森（Atkinson）指数和泰尔（Theil）指数的两极分化指数。理论上说，广义两极分化指数使我们对两极分化的认识更全面丰富了，但由于过于复杂的结构和较差的直观性，实际测算两极分化时一般不予优先考虑。Duclos 和 Chevin（2005）提出的两极分化曲线占优法是非常直观的一种判断方法，当然如果不同收入分配的两极分化曲线相交，这种方法将失效。

2. ER 型指数

Esteban 和 Ray（1994）在定义认同感（identification）和疏远感（alienation）的基础上给出了一个测度方法，其中认同感是组内人数的增函数，对任何组来说，同组的人数越多，他们的认同感就越强烈；而疏远感表示由于不同组之间收入不同产生的对抗，一个组与其他组的收入差距越大，疏远感就越强烈。

ER 型指数能准确测度两极分化的前提是正确的分组，它要求我们对所研究现象进行认真细致的分析，选择最相关的分组标志以更好地体现组间的差异性和组内的同质性。某些情况下若分组是外生的，比如不同宗教、民族以及不同地区等的两极分化（或极化），ER 型指数还是比较适合的。当然，Duclos 等（2004）给出了连续型收入分布的 ER 指数和 EGR 指数，为人们提供了一个借助抽样理论推算两极分化的方法。W 型指数虽然专门用来测度两极分化，但以中位数为界限分为两组并不总是最恰当的，比如六个人的收入分布为（4，4，4，5，10，10），很显然前四个人和后两个人分别组成两组应该更科学，而非两等分组。

两极分化测度方法研究不过十多年的历程，虽然新的方法时有出现，但仍有很多方面亟待完善，其中最大的不足是，测度两极分化的理论基础和公理体系还很不完备，目前无法在一个统一的框架内分析现有测度指数。构建公理体系，根据现实问题提出更完美的测度指数是两极分化测度方法研究的主流。由于每种测度指数都存在一些不足，因此实证分析时选择几个性能不一的测度指数就非常必要，这不仅能使我们获得更多的信息，而且能对结论的稳健性做出判断。

收入两极分化测度与收入不平等测度最大的区别为，在其他条件相同的情况下，组内差距越小两极分化越严重，但这时总的收入不平等将降低。应该说，现实中的很多社会现象更多地与两极分化有关，而非总体分布的不均等，如地区冲突、种族冲突、宗教冲突和民族冲突等。这些现象清晰地表明，一个社会的两极分化程度越高，就越有可能爆发社会冲突。很多社会学家都承认，社会冲突最有可能发生在势均力敌的两个派别之间，这两个派别或许都不是极端组织，但两派特色鲜明，观点相左，而且人数众多。此外，当整个社会最终形成的群体很少且群体内部同质性较高时，更易引发社会冲突，而较多群体的存在能够产生一定的制衡，可以减轻社会的紧张程度。从对社会的危害程度看，完全两极分化对社会的危害是最大的，一方面是因为对抗的激烈程度最大，另一方面是因为对抗持续的时间更长。从这个角度讲，我们关注中国收入分配失衡对和谐社会的不利影响，应该更多地研究中国居民收入两极分化。

六、中国收入不平等研究需要注意的问题

国内有关收入不平等的研究仍存在几个问题或误区。第一，用什么变量来研究不平等，是收入还是消费？因为只有消费才能带来效用，我们更倾向于使用消费数据。当然，决定消费的最重要因素是收入，所以用收入作为消费的代理变量也未尝不可。即便是用收入也还存在是用净收入还是总收入，是用税前收入还是用可支配收入等问题。近些年来国内外都有人使用联合国计划开发署的人类发展指数来度量不平等，这是衡量福利不平等的初步尝试。第二，我国不同地区存在价格水平上的差异(其他国家如俄罗斯，甚至美国也存在类似情况)，往往是越为富裕的地方价格水平越高。因此，不考虑价格水平在地区间的差异就会高估不平等程度。当然，随着时间的推移，价格水平也会变化，如果不作跨年度的比较，只用地区价格水平指数去做就行。否则，有关变量还应用各年的价格指数去做。大多数情况下人们使用 CPI，这主要是因为 CPI 用起来方

便，其他价格指数也可以考虑。第三，不少研究忽略不同地区的人口数目，这是不足的。我们可以通过一个简单的例子来作说明。很显然，基尼系数所暗含的“厌恶不平等”的参数是偏向于穷人的。换句话说，它更加接纳富人较多而穷人较少的社会，而厌恶穷人较多富人较少的社会。其实，基尼系数的这一性质是比较符合情理的。一个多数人贫困而少数人富裕的社会比大多数人富裕而少数人贫困的社会更加难以接受，也更加难以管理。但忽略人口权数就不能体现基尼系数和其他不平等指标的这一重要的隐含性质。第四，取决于实证分析所用数据，我国的不平等可以分为东、中、西，省市间、城乡间、县市间、乡村间、家庭之间或个人之间不同的情况。当使用某一个或一组不平等数据时，必须搞清楚它们所代表的是哪一个加总程度的不平等。比如说，人们常说我国的收入差异已经很高，是指地区之间，还是指人与人之间？它们是不可比的。当然不同加总程度上的不平等是有一定关系的。比如说，县与县之间的不平等等于省与省之间的不均等与省内县与县之间不平等的加权平均。

七、结　语

收入不平等既不能完全反映福利或效用或幸福程度的不平等，也不能完全反映经济不平等。但非收入变量的观察值往往缺失或不完整。因此，一个潜在的研究领域便是根据非收入信息对收入变量加以调整，以获得所谓的等值收入或有效收入。当然，更为理想的是把不平等定义为一个多维的概念，将非收入因素与收入一并用以分析不平等并获得多维空间的一个单值指标。另外，人们常常基于不平等估算结果提出种种改革建议，而不考虑这些建议对减少不平等究竟有多大作用。在大多数情况下，我们对不平等估算值缺乏严格的统计检验方法，不知道分析结果是否显著。如果一个政策建议暗含的效果很小，或不显著，这种建议就不应被政府采用。

研究不平等的主要障碍之一是数据缺失。虽然某个国家或地区的统计调查数据无法获得，但常常能拿到人口和收入百分比的数据。只要合理地运用这些收入不平等的方法，即使研究收入不平等的方法有其自身的局限性，也丝毫不妨碍研究成果对政策制定的重要性。但是，在研究问题中需要注意几个问题。第一，选择什么样的变量来研究收入的不平等；第二，要把不同地区价格水平之间的差异考虑在内；第三，研究收入不平等时，不应忽略不同地区的人口数目；第四，研究结果取决于实证分析所用的数据，即使使用同一个样本数据，对于不同加总程度的不平等是不同的，而且不同加总程度上的不平等具有一定的关系。

参考文献

[1]陈宗胜：《关于收入差别倒 U 曲线及两极分化研究中的几个方法问题》，《中国社会科学》2002 年第 5 期。
[2]陈宗胜、周云波：《再论改革与发展中的收入分配：中国发生两极分化了吗》，经济科学出版社 2002 年版，第 307~315 页。
[3]董长瑞：《关于两极分化研究方法的选择》，《经济学家》1998 年第 1 期。
[4]黄祖辉：《城乡收入差距问题研究——基于收入来源角度的分析》，《浙江大学学报(人文社会科学版)》2005 年第 4 期。
[5]卢嘉瑞：《中国现阶段收入分配差距问题研究》，人民出版社 2003 年版，第 191 页。
[6]李实、赵人伟、张平：《中国经济改革中的收入分配变动》，《管理世界》1998 年第 1 期。
[7]万广华、周章跃、陆迁：《中国农村收入不平等：运用农户数据的回归：分解》，《中国农村经济》2005 年第 5 期。
[8]万广华：《不平等的度量和分解》，《经济学(季刊)》2008 年第 1 期。
[9]朱玲：《非农产业活动对农户收入分配格局的影响》，《经济研究》1992 年第 3 期。
[10]张平：《中国农村居民区域间收入不平等与非农就业》，《经济研究》1998 年第 8 期。

[11] Azam, M. and Shariff, A., 2009, "Changes in Income Inequality in Rural India: Decomposing the Gini by Income Sources", Working Paper Series.

[12] Arayama, Yuko, 2006, "Determinants of Income Inequality among Korean Farm Households", Economic Research Center Discussion Paper, No. 161.

[13] Atkinson, A. B., 1970, "On the Measurement of Inequality", Journal of Economic Theory, II, pp. 244-263.

[14] Björn Gustafsson and Li Shi, 2002, "Income inequality within and across counties in rural China 1988 and 1995", Journal of Development Economic, pp. 179-204.

[15] Bourguignon, Francois, Fournier, Martin, Gurgand, Mark, 2001, "Fast Development with a Stable Income Distribution: Taiwan, 1979-94", Review of Income and Wealth 47, pp. 139-163.

[16] Brandt L. and C. A. Holz, 2006, "Spatial Price Differences in China: Estimate sand Implications", Economic Development and Cultural Change, 55, pp. 43-86.

[17] Chakravarty, S1R., Majumder, A., 2001, "Inequality, Polarisation and Welfare: Theory and Applications", Australian Economic Papers 40, Issue 1, pp. 1-13.

[18] Chotikapanich, D., W. E. Griffiths, D. S. PrasadaRao, and V. Valencia 2012, Global Income Distributions and Inequality. 1993 and 2000: Incorporating Country-Level Inequality Modelled with Beta Distributions", The Review of Economic sand Statistics, Vol. 94, No. 1, pp. 52-73.

[19] Duclos J. 2Y., Ecchevin D., 2005, "Bi2polarization comparisons", Economics Letters 87, Issue 2, pp. 249-258.

[20] DiNardo, John, Fortin, Nicole M., Lemieux, Thomas, 1996, "Labour Market Institutions and the Distribution of Wages, 1973-1992: A Semi-parametric Approach", Econometrica 64, pp. 1001-1044.

[21] Dinardo J, Fortin N M, LemieuxT1, 1996, "Labor market institution sand the distribution of wages, 1973-1992: asemiparametric approach", 64(5), pp. 1001-1044.

[22] Esteban, J., Gradn C. and Ray D., 1999, "Extensions of a Measure of Polarization, with An Application to the Income Distribution of Five OECD Countries", Luxembourg Income Study Working Paper Series 218.

[23] Fields, Gary S. and Gyeongioon Yoo, 2000, "Falling Labor Income Inequality in Korea's Economic Growth: Patterns and Underlying Causes", Review of Income and Wealth, pp. 139-159.

[24] Foster, J. E., and Wolfson M. C., 1992, " Polarization and The Decline of the Middle Class: Canada and the U. S. O, mime", Vanderbilt University.

[25] Hajargasht, G., W. E. Griffiths, J. Brice, D. S. P. Rao, and D. Chotikapanich, 2011, "GMM Estimation of Income Distributions from Grouped Data", Working Paper.

[26] Juhn, Chinhui, Murphy, Kevin M., Pierce, Brooks, 1993, "Wage Inequality and the Rise in Returns to skill", Journal of Political Economy 101, pp. 410-442.

[27] Kimhi, A., 2008,"Male Income, Female Income, and Household Income Inequality in Isreal: A Decomposition Analysis", The Hebrew University of Jerusalem, Discussion Paper No. 17. 08.

[28] Lee, C. H., 2002, "Structural Changes in Household Income Inequality in Korea: A New Decomposition Including Labor Supply Changes".

[29] Morduch, Jonathan, Sicular, Terry, 2002, "Rethinking Inequality Decomposition, with Evidence from Rural China", The Economic Journal 112, pp. 93-106.

[30] Minoiu C1., 2006, "Poverty Analysis based on kernel density estimates from grouped data", Working Paper.

[31] McDonald J. B. J. Sorensen and P. A. Turley, 2011, "Skewness

and Kurtosis properties of Income Distribution Models", Review of Income and Wealth.

[32] Mookherjee, D. and Shorrocks, A. F., 1982, "A Decomposition Analysis of the Trend in UK Income Inequality", Economic Journal 92, pp. 886-902.

[33] Oaxaca, Ronald L., 1973, "Male and female wage Differences in Urban Labor Markets", International Economic Review 14, pp. 693-709.

[34] Rodriguez, J. G., Salas R., 2003, "Extended Bi2Polarization and Inequality Measures", Research on Economic Inequality, pp. 69-83.

[35] Rodriguez, J. G., 2005, "Measuring Polarization, Inequality, Welfare and Poverty", Working Paper, Universidad Complutense de Madrid. Rodriguez, J. G., SalasR., 2003, "Extended Bi2Polarization and Inequality Measures, Research on Economic Inequality 9, pp. 69-83.

[36] Shorrocks, Anthony F., 1980, "The Class of Additively Decomposable Inequality Measures", Econometrica 48, pp. 613-625.

[37] Shorrocks, Anthony F., 1982, "Inequality Decomposition by Factor Components" Econometrica 50, pp. 193-211.

[38] Shorrocks, Anthony F, 1984, "Inequality Decomposition by Populations Subgroups", Econometrica 52, pp. 1369-1385.

[39] Shorrocks, Anthony F., 1999, " Decomposition Procedures for Distributional Analysis: A Unified Framework Based on the Shaply value." Unpublished Manuscript. Department of Economics, University of Essex.

[40] Sala—i Martin X1, 2002, "The disturbing 'rise' of global income inequality", NBER Working Paper 8904.

[41] Sala—i Martin X1, 2002, "The world distribution of income (estimated from individual country distributions)", NBER Working Paper 8933.

[42] Sala—i Martin X1, 2006, "The world distribution of income:

falling poverty and convergence, period", The Quarterly Journal of Economics, 121 (2): 351-3971.

[43] Silverman B W, 1986, "Density estimation for statistics and data analysis", Monographs on Statistics and Applied Probability, 261.

[44] Theil, Henr, 1967, "Economics and Information Theory", Chicago: Rand McNally.

[45] Theil, Henri, 1972, "Statistical decomposition analysis: With applications in the social and administrative sciences". North-Holland Pub. Co.

[46] Wang Y. Q. and Tsui K. Y., 2000, "Polarization Orderings and New Classes of Polarization Indices", Journal of Public Economic Theory 2, Issue 3, pp. 349-363.

[47] Wolfson, M. C., 1994, "When Inequalities Diverge", American Economic Review 84, pp. 353-358.

[48] Xavier Sala-i-Martin, 2002. "The disturbing 'rise' of global income inequality", NBER Working Paper 8904.

[49] Xavier Sala-i-Martin, 2002, "The world distribution of income estimated from individual country distributions", NBER Working Paper 8933.

西方策略性违约理论及其新发展的前沿追踪

武汉大学经济与管理学院　彭红枫

一直以来，违约风险都是理论界和实务界所关注的热点。现有的违约风险定价大多是基于借款人如果有还款能力就还款，反之就违约（破产）的假定推导出来的。然而，由于现实中破产成本有时非常高，所以经常出现借款人有还款能力时，仍拒绝归还剩余贷款的现象。美国的房地产市场在金融危机后的状况就是很好的例证。

根据美国《华盛顿观察》2010年的调查发现，由于房地产价格严重缩水，美国有将近四分之一，大约1100万笔房屋按揭抵押贷款处于“underwater”状态，即房产的价值低于业主未归还的银行贷款。这就意味着，当业主想卖掉房子时，他们不仅拿不到一分钱，而且还会亏欠银行一笔债务(《华盛顿观察》2010年第10期，2010年4月16日)。因此，一部分仍有能力偿付房子月供的业主，选择策略性终止偿还银行的按揭贷款余额。我们把这种有还款能力，但拒绝继续还款的行为称之为策略性违约。

相对于传统的流动性违约，策略性违约是一个比较新的研究领域。基于不同的研究视角，国外学者对策略性违约的研究大致可分为四个方面：(1) 策略性违约的含义与界定；(2) 公司贷款策略性违约研究；(3) 住房抵押市场策略性违约研究；(4) 策略性违约风险的化解。本文将基于揭示策略性违约的研究进展和发展趋势，试图对该领域未来可能的研究方向进行展望。

一、策略性违约的含义及界定

策略性违约较早由 Hart 和 Moore（1989）提出，他们认为违约不仅包括企业因丧失还款能力而引起的流动性违约，还包括股东因缺乏还款意愿而采取机会主义行为（opportunistic behavior）的策略性违约。早期关于策略性违约的研究主要集中在公司贷款的策略性违约中，美国次贷危机后，房价的大幅下跌使得大量房贷者处于负资产状态，他们采取策略性违约手段以减轻自己的贷款压力，由此住房抵押贷款市场上的策略性违约吸引了学者的广泛关注。

就公司贷款策略性违约而言，由于公司破产的成本较大，公司股东知道即使不按时归还贷款，债权人也不会轻易要求其破产清算，因此，公司时常要求与债权人重新协商债务合同，以获得对自身更有利的还款策略，即策略性违约发生。与此同时，银行现有及未来发放的住房抵押贷款依赖于上涨的房价，使其风险得到了掩盖。然而，一旦房地产市场的泡沫破灭，房价就会出现较大幅度的下跌。当房价跌穿了贷款余额时，策略性违约极有可能发生，借款人通过策略性违约将房产价格下跌的风险转移给了银行。此外，众多房贷借款人同时策略性违约，被称之为群体策略性违约，在面临借款人群体策略性违约风险时，银行将变得极其脆弱，资产状况恶化，最终可能走向破产倒闭（Hull，2007）。

现有的大多数债务定价的模型都假设债权人的分散性阻碍了债务的重新协商，因而在这些模型中，重组与清算是无差异的（Leland，1994）。然而，在现实的经济活动中，对债务的违约并不必然导致破产清算，许多实证研究表明：在信贷市场上，债务的重新协商和策略性违约确实存在。Snyderman（1991）在对美国抵押贷款市场进行实证研究时发现：1972—1984 年，59%的抵押贷款在出现违约时，借贷双方达成了债务重组的协议，剩下的已违约贷款中，在借款人彻底放弃赎回抵押资产之前，借贷双方修订过贷款合约。Davydenko（2008）的研究表明：70%的违约公司并没有被破产清算，这说明违约不等同于破产。在对 1996—2005 年美国金融机构和上市公司之间的1000笔私人信贷进行研究中，Michael R. Roberts和Amir Sufi（2008）发现，90%的长期债务发生过贷款合约修订。

Krueger等（1999）对1994年墨西哥金融危机、1997年亚洲金融风暴以及随后的俄罗斯金融危机进行了研究，发现信贷市场存在借款人缺乏还款意愿时带来的违约风险。2007年美国房价下跌，很多居民的住房抵押贷款价值远高于其房产价值，导致房贷借款人的权益变成了负值。根据理性经济人的假设，即使居民具备还款能力，他们也会有很强的策略性违约倾向。同时，住房抵押贷款的证券化使得银行不同意和借款人进行重新协商，这让许多房贷借款人选择性违约，不再偿还贷款，主动放弃已经大幅贬值的抵押房产。许多房贷借款人同时违约，群体性违约发生了，美国很多银行因此破产倒闭，加剧了次贷危机，并严重影响发达国家金融系统的稳定性（Hull，2007）。

二、公司贷款策略性违约研究

策略性违约的概念由Hart和Moore（1989）提出后，早期研究主要集中于公司贷款的策略性违约上。本节着眼于公司信贷市场策略性违约行为，从策略性违约与流动性违约的关系、策略性违约的影响因素及策略性违约对公司影响的模型分析三个方面进行了文献归纳和总结。

（一）公司策略性违约与流动性违约的关系

前述研究表明，违约的发生不再仅仅是因为借款人缺乏充足的资金，即流动性违约，也可能源于他们的机会主义行为，即策略性违约。

流动性违约也叫非自愿性违约，是指当公司的现金流不足以偿付当期本息时，公司对其债务的违约。而策略性违约，也即自愿性违约，是指公司虽然具有还款能力却选择不完全履行其还款义务的违约行为。策略性违约较早由Hart和Moore（1989）提出，他们认为：当公司的清算成本非常高时，公司的清算价值会远远低于公司的持续经营价值（going concern value）。此时，公司股东会极力劝说债权人在债务偿付上做出适当让步，并向债权人承诺在公司经营状况和财务状况转好后，完全履行其还款义务。债权人则拥有一个实物期权，是接受公司的策略性债务偿付还是接管并清算公司。由于在公司清算过程中，债权人会承担较高的清算成本，且债权人希望公司在未来能正常运转，以期获得一个更高的债务回收率。作为理性经济人，从最大化自身利益出发，债权人会妥协，接受策略性债务偿付方案，让股东继续经营公司，这就是策略性违约。

在 Hart 和 Moore（1989）工作的基础上，Anderson 和 Sundaresan（1996），Mella-Barral 和 Perraudin（1997）进一步分析了二者的关系。研究显示，流动性违约与策略性违约之间具有替代关系，当债权人接受了债务人的策略性债务偿付方案后，公司不会被破产清算，策略性违约倾向于减少流动性违约发生的次数，降低公司因流动性违约而破产的概率，有助于公司走出财务困境。

Hisashi Nakamura（2010）研究指出，借贷协议签订后，公司在面临资金流动性困境时有两种选择：一是策略性违约；二是流动性违约而被破产清偿。他分析得出这两种选择同时受到公司信息揭示成本的影响，但呈现负相关关系，即当公司信息揭示成本较高时，公司选择策略性违约的可能性较高而流动性违约的概率较小；反之，公司策略性违约概率较低而流动性违约概率较高。

以上研究表明，在公司面临严重的财务困境时，流动性违约不再是其唯一选择，基于高额破产清偿成本而出现的策略性违约手段能够帮助公司缓解债务偿付压力，从而维持公司的运营。策略性违约和流动性违约具有相互替代的关系，当公司倾向于选择策略性违约时，其流动性违约概率就会降低；而若公司出于客观条件无法采取策略性违约手段，则其陷入困境时流动性违约的可能性就会大大增加。

（二）公司贷款市场策略性违约的影响因素

公司贷款市场上，策略性违约的发生主要受以下几个因素的影响：

1. 债务性质和借贷双方谈判能力

Davydenko 等（2007）研究发现，公司债务一般可分为不可协商债务和可协商债务。典型的不可协商债务是公开发行的债务，可协商债务一般是私人债务和银行贷款，它只有一个集中的债权人。对不可协商债务的违约将直接导致破产清算，而对可协商债务的违约则产生了重新协商，在均衡情况下借贷双方达成策略性债务的偿付。此外，就可协商债务而言，他们还发现公司的策略性违约行为主要受到借贷双方协商谈判能力的影响，如果公司股东在债务合同重新修订的过程中具有更大的谈判优势，那么即使在债权人有可能在未来获得更大的收益，但考虑其资金流动性的下降，债权人的债务价值也将大幅缩水；而如果债权人在贷款合同重新修订中具有更大的谈判优势，则对于公司而言，鉴于采取策略性违约所能获取的优惠条件远小于违约行为对其信誉及未来融资成本的影响，公司会趋向于不选择策略性违约。

Georges Dionne 和 Sadok Laajimi（2012）以 762 家企业为样本，研究了公司股东采取策略性违约行动的动因，并通过极大似然方法利用违约模型 Merton-KMV 模型来估计违约临界点。该研究发现，当公司陷入财务困境时，其违约临界点不仅仅取决于内部财务杠杆比率，而且还跟其外部融资成本、资本流动性、公司规模等因素有关。而对于策略性违约，除上述因素之外，公司股东谈判能力也起到关键作用，且与其策略性违约概率呈现正相关关系。

2. 借贷主体双方的信息不对称

Jarko Fidrmuc 和 Christa Hainz（2010）基于斯洛伐克 700 多笔中小型企业信贷对其策略性违约行为进行了研究，指出公司与债权人之间信息不对称的因素是导致公司策略性违约的主要原因之一。如果公司的流动资本、项目投资效果等信息无法被外界直接获得，则其策略性违约概率将大大提升；反之，如果公司内部的相关信息较为透明，其策略性违约的可能性也会很低。

Hisashi Nakamura（2010）假定公司流动资金等信息无法直接被观测，只有付出一定的信息揭示成本才能有效获取，当信息揭示成本较高时，贷款方不愿付出巨额成本去获取公司信息从而更倾向于接受策略性违约，同时公司选择直接违约破产清偿的可能性也会降低，由此得出公司策略性违约概率随着信息揭示成本的上升而下降，但直接违约概率与公司信息揭示成本之间的关系呈现指数分布。另外，他还指出，对于债权人而言，有效的借贷合同须依据信息揭示成本提前考虑公司的策略性违约行为。

3. 抵押品处置成本和市场价值

Timothy 和 Wyatt（1994）研究了抵押品处置的交易成本对策略性违约和商业抵押贷款定价的影响。借款人的违约成本和债权人所承担的较高的抵押品处置成本会使商业抵押贷款市场上策略性违约成为可能。

David C. Mills 和 Robert R. Reed（2012）研究了抵押品市场价值对于策略性违约的影响。他们指出，对于防止策略性违约有效的贷款抵押品必须具有如下特质：（1）激励作用，用于防止借款方的道德风险问题：对于借款方抵押品必须具有足够的价值，否则借款方将极易采取策略性违约或直接违约行动，从而造成贷款人的损失。（2）保险作用：对于贷款方而言，抵押品也必须具有相应的市场价值，一旦发生违约贷款无法收回，那么他们可以通过将抵押品变现以弥补自己的损失。

4. 公司破产清算成本

公司清算是有成本的，债权人为了避免承担种种直接的和间接的破产清算成本，不得不接受公司的策略性违约（Anderson 和 Sundaresan，1996）。Mella-Barral 和 Perraudin（1997）的研究则拓宽了清算成本的内涵，他们认为清算成本是将公司控制权从股东手中转移到债权人手中所发生的成本，包括由债权人经营公司所导致的价值损失和效率损失。股东经营管理能力的不可替代性程度越高，债权人将公司清算的间接成本就越高，这时债权人期望通过股东继续经营管理公司，以获得更高的债务回收率。因此，在公司陷入财务困境时，债权人就不会选择接管或者清算公司，而是接受股东的策略性债务偿付。

5. 贷款合同的设计和外在强制力

公司信贷市场上策略性违约的发生还受到合同相关因素的影

响。Andrea Attar 等（2010）研究了贷款合同的设计对公司策略性违约行为的影响。他们指出，众多投资者在公司融资的过程中处于竞争关系，而单个投资者与公司之间的借贷合同中可能包含高级条款（比如规定意外事故发生时还款的次序等），一旦项目失败，那么多个投资者合同中的高级条款容易发生冲突，为避免这种冲突的出现对公司造成不良影响，公司股东就会选择对一部分合同进行策略性违约以推迟还款或重新修订贷款合同中的条款。Giovanni Favara 等（2010）则研究了借贷合同强制力对策略性违约的影响，他们依据公司破产清偿程序来衡量债务合同的强制力大小，如果债务合同强制力较小，那么公司持股人则倾向于采取策略性违约行为来保障自己的利益；反之，如果相关政策赋予债务合同很大的强制力，即借贷双方无法就合同条款进行再谈判，那么公司策略性违约率就会很小。

（三）策略性违约对公司影响的模型分析

1. 策略性违约增加公司债务的信用风险溢价

Jones 等（1984）在对附息票债券和可赎回债券的实证研究中发现，根据传统的信用风险定价模型计算出来的信用利差（credit spread），要比从债券市场上观测到的信用利差小，即信贷市场存在“信用风险溢价之谜”。在对这一现象进行解释时，学者们找到了一个可能的原因——策略性违约。那么策略性违约究竟会对债务定价尤其是债务的信用风险溢价产生的影响呢？

最先对这个问题进行了研究的是 Anderson 和 Sundaresan（1996），他们通过引入股东向债权人提供的关于债务偿付的接管或维持（take-it-or-leave-it）期权（即策略性违约），扩充了信贷博弈的策略，进而考察了策略性违约对公司债务信用风险溢价的影响，认为策略性违约可以解释很大部分的信用风险溢价。公司的资产负债比越低，策略性违约对公司债务风险溢价的贡献度越高。Mella-Barral 和 Perraudin（1997）将策略性违约引入标准的连续时间资产定价模型中，表明策略性违约可以解释 30%~40%的含违约风险债券的风险溢价，而且公司资产价值的波动性越低，策略性违约对债务风险溢价的贡献度会越高。

以上文献都假定公司将偿还当期债务后剩余的现金流全部作为股利发放给了股东。Fan 和 Sundaresan（2000）放宽了这一假设，将股利政策看成控制变量，考察了股利政策与策略性违约对债务信用风险溢价的影响。债权人能预期到股东所选择的股利政策是以股东权益价值最大化为目标的。因此，债权人在对债务价值进行贴现时，会考虑股利政策对债务价值的影响。在股东自愿减少甚至不发放股利时，公司可以规避被强制清算的潜在风险，成功实现策略性违约，债务的风险溢价达到最小。

基于最优现金管理的角度，Viral Acharya 等（2006）进一步考察了策略性违约对信用风险溢价的影响。他们认为公司有三个实物期权：持有现金储备的期权、发行新权益的期权和策略性违约期权。股东会在这些期权中进行最优配置，使股东权益价值最大化。当存在策略性违约这个期权时，持有现金储备的期权对股东会更具有价值。于是，在允许公司采取策略性违约的情形下，公司会持有较高的现金储备，这样公司发生流动性违约的可能性会降低，即抵消了策略性违约对债务价值的负面影响。如果公司没有任何现金储备，那么策略性违约就会导致更高的信用风险溢价。发行新权益融资的成本也会影响债务合约的信用风险溢价，公司发行新权益的成本越低，策略性违约对债务价值的影响越大，信用风险溢价会显著增加。

Gi Hyun Kim（2012）基于美国 2001—2008 年公司债券二级市场价格对策略性违约和公司信用风险溢价之间的关系进行了研究，他发现债权人是否参与信用违约互换交易对信用风险溢价大小起着重要作用。经过分析他指出，由于信用违约互换交易向债权人提供了除接受策略性违约之外的其他选择，同时提升了债权人在合同再协商中的谈判优势，因此能够降低公司的策略性违约概率，这意味着公司无法通过这一手段来保证自身的资金流动性而风险较高，从而使得公司信用风险溢价较高。

Ali Nejadmalayeri 和 Manohar Singh（2012）通过对美国现行税法中赋税亏损结算条款对公司策略性违约行为影响的研究，进而分析了策略性违约对公司信用风险溢价的影响。他们指出，这一条款对陷入财务困境的公司提供了隐性的补助，而公司为了继续获得补助而不选择策略性违约，即保证对债务的持续偿付，从而降低了公司决策对债务价值的影响，其信用风险溢价也随之降低。

此外，以上学者的研究还有一个共同结论：借贷双方在重新协商中的谈判地位和谈判筹码分布，会影响策略性违约对债务风险溢价的贡献度。当债权人拥有绝大部分的谈判筹码时，公司的资产负债比会增加，即公司的事前融资额会增加，信用风险溢价不会因为策略性违约发生的可能性增加而上升；当公司处于谈判的优势地位时，公司的资产负债比就会减小，公司的举债能力降低了，策略性违约显著地增加了债务的信用风险溢价。

2. 策略性违约对公司投资的影响

在 Mella-Barral 和 Perraudin（1997）考察的模型中，允许策略性违约之后，股东的策略性债务偿付有效消除了债务的代理成本，部分地消除股东的投资不足问题，且公司新的破产触发点使得公司价值最大化。

然而，最近的很多研究发现，策略性违约会加剧公司的投资不足问题，会使公司推迟原有投资计划。Suresh Sundaresan 和 Neng Wang（2007）发现，当股东在重新谈判中拥有的筹码越多，重新协商对股东越有利时，公司可获得的最大融资额就会越低，即借款人策略性违约的可能性会降低公司债务的事前价值，从而降低公司的价值。

与实行扩张战略前相比，公司在执行投资计划后，策略性违约期权的价值在逐渐减少。扩张后的公司价值会有较大提升，在股东提出重新协商时，债权人会要求获得公司的控制权，那么公司在扩张时期所投资的项目的收益就会归属于债权人，更多的财富从公司流向了债权人，股东就不能成功实行策略性违约。因此，考虑扩张性的投资会引起策略性违约期权价值的减少，股东就会推迟投资，只有当投资项目的净现值能够弥补策略性违约期权价值的损失后，公司才会去投资。在公司扩张时期，股东拥有的策略性违约期权会加剧公司的投资不足问题。如果赋予债权人更多的谈判优势，那么投资不足问题就解决了（Grzegorz Pawlina，2010）。

三、住房抵押贷款策略性违约研究

次贷危机发生后，美国房价的大幅下跌促使房贷者采取策略性违约行为，这使得银行资产流动性受到了严重的影响，甚至致使银行破产。由此，住房抵押贷款市场的策略性违约开始引起学者的注意。

在住房抵押贷款市场上，单个借款人的策略性违约会对其他借款人产生“示范”效应，从而可能形成群体策略性违约。群体策略性违约很可能使银行资产急剧恶化，出现资产负债表的资产方挤兑，导致银行陷入流动性不足的困境，从而引发银行的破产倒闭（Stefan Trautmann 和 Razvan Vlahu，2010）。本节对住房抵押贷款市场上策略性违约的影响因素及群体策略性违约对银行造成的风险进行了分析。

（一）住房抵押贷款市场策略性违约的影响因素

住房抵押贷款市场上，借款人的策略性违约行为受到以下几个因素的影响：

1. 借款人对银行和其他借款人基本面信息的不确定性

当很多关于银行基本面的负面信息被披露时，策略性违约事件的发生概率就会增加。Michael Seiler（2012）将不公平厌恶应用到住房抵押贷款市场上策略性违约决策的研究中，分析了贷款银行的特征对策略性违约行为的影响，发现：当借款人认为贷款银行从事欺诈性信贷行为，并已获得政府救助资金时，其策略性违约倾向就会增强。而当贷款银行同意与借款人重新协商对贷款合约进行适当修改时，借款人就会改变之前的看法，认为贷款银行是值得信任的，从而避免策略性违约行为的发生。此外，当借款人的住房抵押贷款来源于未曾谋面的网上银行时，其策略性违约的可能性要高于其贷款来源于有着长期合作关系的当地银行的情形。

当经济不景气时，如果其他借款人的财务状况变得很不明朗，有还款能力的借款人的策略性违约倾向会大大增加。Luigi Guiso，Paola Sapienza 和 Luigi Zingales（2011）指出：策略性违约的决策具有很强的社会传染性，这种传染性不是因为人们对策略性违约持有相似的态度，而是在媒体对住房抵押贷款的违约事件进行报道之后，人们获取了关于违约的实际成本方面的信息。鉴于此，在制定和出台房地产方面的政策时，决策者应该将传染效应和信息效应充分考虑进去。

Michael Seiler（2013）进一步研究了信息不确定性对策略性违约决策的影响。当贷款合约中没有明确列出违约的后果时，借款人将根据社会规范来做出决策，由于社会上普遍认为策略性违约行为是不道德的（Guiso，Sapienza 和 Zingales，2013；Seiler et al.，2012；White，2010），借款人策略性违约的概率会比较低。然而，当贷款合约明确表明将追索权赋予贷款银行时，借款人就不会完全依据社会规范进行决策，而是将策略性违约视为一种纯粹的经济效用最大化决策。因此，贷款银行和政策制定者可以暂时寻求一种信息不透明政策来扭转当前策略性违约行为频繁发生的局面。

2. 借款人的风险态度

借款人的风险态度，尤其是其对待损失的态度，对其违约决策有着强烈而持久的影响。损失厌恶程度很高的借款人，总是在尽可能地规避由银行倒闭带来的直接财务损失，因此他们在知晓银行基本面信息稍有不利时，就会停止还款选择违约。而损失厌恶程度较低的借款人，出于维持自身信用等级和社会责任的考虑，即使预期可能遭受损失但仍会及时还款。Bond 和 Rai（2009）研究发现，宏观经济形势不好、其他借款人的违约决策等因素会致使借款人倾向策略性违约，而维持与银行良好关系的目的形成借款人及时还款的激励，借款人对两种情形风险的不同判断在其最终决策中起到关键作用。

Neil Bhutta，Jane Dokko 和 Hui Shan（2010）认为住房抵押贷款的违约有两个导火索：一个是收入冲击，另一个是房价下跌导致的负权益。在区分了流动性违约和策略性违约之后，他们发现房贷借款人的负资产率达到 50%时，大多数借款人才会选择策略性违约，这表明房贷借款人面临较高的机会成本和违约成本。借款人的风险态度和对未来房产资本增值过于乐观的预期也是他们坚定持有房产的原因之一。然而他们的研究没有考虑影响违约成本分布的时变因子，这一点值得深入研究。

3. 借款人的负面经历

Luigi Guiso 等（2010）发现，借款人的负面经历，比如经历过因为其他借款人的一致策略性违约而引起的银行倒闭事件，信贷危机时期借款人曾失去与银行的合作关系等，都会影响其违约决策。相反，见证过银行遭遇大量违约事件后仍然幸存的借款人，其策略性违约倾向会大大降低。

4. 借款人的心理因素

Brent T. White（2010）从行为金融学的角度，基于350个借款人的信贷账户探讨了借款人的策略性违约行为。他认为选择策略性违约的借款人的决策动因还受到心理因素的影响，比如借款人对自身未来财务状况的焦虑和担忧，对贷款人和政府不愿意提供帮助的愤怒情绪和不满心理。Luigi Guiso，Paola Sapienza 和 Luigi Zingales（2011）发现：当借款人对当前经济状况很愤慨很不满时，当借款人对银行不是很信任时，当借款人希望银行受到更加严厉的监管时，策略性违约的可能性就会很高。

Michael Seiler，Vicky Seiler，Mark Lane 和 David Harrison（2012）通过调查发现住房抵押贷款的借款人在做出策略性违约决策前会充分权衡其自身的经济状况和情绪因素。他们发现，借款人通常能够准确地预测自己策略性违约后的羞愧感和内疚感，但倾向于高估违约行为导致的信用评分降低、未来获得贷款难度的增加、未来获得贷款利率的提高等不良后果。

与此同时，个人信贷市场上的策略性违约还受其他因素的影响。通过问卷调查，Luigi Guiso 等（2010）研究了美国住房抵押贷款市场上借款人的策略性违约倾向。根据他们的研究，当人们知晓或听说周围其他人选择策略性违约之后，他们的策略性违约倾向会大大增加，这说明策略性违约行为具有很强的传染性。

Jeremy Burke 和 Kata Mihaly（2012）研究了社会预期、借款人具备的财务知识和对违约后果的认知对于策略性违约行为的影响，发现当借款人预期未来会有更多人选择策略性违约时，社会上对于这种行为的耻辱感就会降低，他们自身选择策略性违约的概率就会增加。当负资产率达到50%时，由于借款人普遍面临较高的违约成本，而具备更多财务知识的借款人更擅长于计算策略性违约带来的收益，因此他们会表现出更强的策略性违约倾向。当借款人意识到违约行为对于自身信用评分的影响会随着时间的推移而逐渐减弱时，他们会更倾向于选择策略性违约。

Brent T. White（2012）比较了美日两国的房贷者面对楼市危机的反应，发现日本住房抵押贷款市场的策略性违约行为极其罕见，进一步的研究结果表明，各种社会经济因素导致了日本的房贷者普遍更强调住房的消费属性而非投资属性，因此当房价持续下跌时，他们不会像美国的借款人那么苦恼进而选择策略性违约，即使预期房价会进一步下跌，部分日本人仍会继续买房。正是由于两国居民的住房理念和思维方式的不同导致了两国房贷市场中策略性违约人数的差异。此外，由于日本缺乏足够的公租房，以及日本拥有完善的住房抵押贷款保障制度，借款人的策略性违约将是一种不切实际的、无效的应对负资产的手段。

（二）群体策略性违约与银行系统风险

由众多房贷者的协同策略性违约行为而形成的群体策略性违约，可能导致贷款银行破产倒闭，对银行系统的流动性造成极大冲击，迅速提升整个金融体系的系统性风险，甚至酿成严重的金融危机。

Razvan Vlahu（2008）的研究结果发现，当经济处于低迷衰退时期时，陷入财务困境的公司比例会升高，可以预见更多的策略性违约事件会发生，此时，即使银行的基本面非常好，群体策略性违约也很有可能使银行破产倒闭。

Stefan Trautmann 和 Razvan Vlahu（2010）运用协同博弈（coordinate games）的分析方法，对群体策略性违约导致银行倒闭的现象进行了研究。结果发现，与以往银行倒闭的原因不同，此次银行破产倒闭的原因是借款人策略性违约的协同行动。单个借款人的违约行为会影响他与银行在未来的业务合作关系，因而借款人有很强烈的动机与意愿及时履约还款。然而，群体策略性违约将使银行陷入困境的信念，会削弱具有还款能力的借款人的还款意愿。因为一旦银行破产，那么其与银行维持良好合作关系的潜在利益会变成一种预期损失。对于有还款能力的借款人来说，一方面他要考虑群体策略性违约导致银行破产倒闭的可能性，另一方面他还要权衡与银行维持良好合作关系的潜在收益；因此，其最优的还款决策是与其他借款人保持一致。当其他借款人还款时，该借款人的最优决策就是还款；反之，当其他借款人违约时，该借款人的最优决策就是违约。多笔贷款的策略性违约就严重削弱了银行对其贷款合同的执行力，银行出现流动性不足的风险会加大，当策略性违约事件越来越多时，银行就面临极高的破产倒闭风险。

Michael Seiler（2011）从羊群效应的角度探究了群体策略性违约的发生，他发现房主很容易被说服跟随“羊群”，即与其他借款人保持一致，选择策略性违约。这种羊群行为将因房地产专家的加入而凸显，也会因社会对策略性违约行为的道德谴责而减弱。

Michael Seiler，Andrew Collins 和 Nina Fefferman（2012）发现借款人的策略性违约行为具有很强的扩散传染性。为此，他们建立了基于代理的模型框架来分析策略性违约决策的传染性，并把社交网络成分引入模型中。他们将策略性违约行为比喻为一种“疾病”，运用流行病学领域的方法衡量了这种“疾病”蔓延至整个社会的速度。研究结果表明，在当前脆弱的市场环境中，有影响力的专家公开发表的建议可能会引起大量策略性违约行为的发生，其高传染性会使得房屋的市场价格螺旋式下降，最终可能导致房地产市场崩溃。

Stefan Trautmann 和 Razvan Vlahu（2011）指出，当严格的信息披露使得银行的脆弱性成为公共信息（common knowledge）时，有还款能力的借款人就更有可能选择策略性违约。无论采用哪种信息披露规则，只要其他借款人的财务状况出现很高的不确定性，借款人的策略性违约意愿就会增强。

相对于公司贷款市场而言，个人住房抵押贷款市场由于不能根据风险态度对参与者进行自我甄别，因而更容易受到群体策略性违约的冲击（Stefan Trautmann 和 Razvan Vlahu，2010）。Brent T.

White（2010）对住房抵押贷款市场上群体策略性违约导致银行倒闭的现象进行了研究。他发现：银行典型的成本收益分析范式是宁愿承担几笔大额贷款的后期违约损失，也不愿选择在前期修订大量房贷合同而自行减少收益以规避违约事件的发生。然而现实却是当房贷借款人所拥有的隐形策略性违约期权变得很有价值时，银行传统的成本收益分析范式将不再适用。这是因为，当房贷借款人选择策略性违约，放弃抵押资产即房产的赎回权时，银行将面临很高的二手房处置成本，这会进一步降低贷款的回收额扩大银行遭受的损失。反之，如果银行在前期就选择与借款人协商，对贷款合同进行修订，那么策略性违约发生的概率就大大降低了，银行的损失也会变得可控。

四、策略性违约风险的化解措施

由以上分析可知，无论是公司信贷市场还是住房抵押贷款市场，策略性违约行为都会对贷款人资本流动性产生巨大影响，而群体策略性违约甚至会使银行乃至整个金融体系遭受重大冲击，这促使学者开始关注和研究银行如何规避和化解策略性违约风险。国外学者主要从政府宏观政策调控和借贷主体贷款合同签订微观细节两方面对化解策略性违约风险进行了研究。

（一）宏观措施

第一，就公司贷款策略性违约而言，国外学者的研究主要在于通过政策法律手段对陷入困境的公司提供援助和对采取策略性违约手段的公司进行惩罚两方面。

Ali Nejadmalayeri 和 Manohar Singh（2012）对美国现行税法中的赋税亏损结算条款进行了研究，发现这一条款通过向陷入财务困境的公司提供隐性的资本援助和税务减免，当公司股东考虑宣布破产清偿或采取策略性违约手段以获取对自身更有利的债务偿付条件时，这个条款会向公司股东提供另外的选择，即继续债务偿付以使自身符合这一条款的援助条件，因此，这种税收补贴条款将降低他们的策略性违约概率。

Andrea Attar 等（2010）公司的策略性违约主要在于公司项目投资结果与预期收益的偏离，而消除策略性违约的关键在于降低这种偏离对公司的影响，可以通过政策手段向公司提供成本更低的融资渠道来降低公司项目失败时所受到的巨大债务压力，从而降低公司采取策略性违约行为。另外，他们指出，为避免策略性违约，在违约发生时公司必须被赋予更多的责任，如通过法律手段对采取策略性违约行为的公司进行大力度的惩罚。

第二，对于住房抵押贷款策略性违约，其造成的主要风险在于群体策略性违约发生时，贷款银行资金流动性将受到巨大影响，进而由于银行业务的高同质性而引发银行系统的系统性风险。当前研究也主要集中在如何通过政策手段避免群体策略性违约和保障银行流动性上。

Razvan Vlahu（2008）指出，从监管当局而言，为增强金融系统的稳定性，监管当局应让银行提供小额贷款，实现贷款组合的分散化，使借款人之间采取策略性违约这一协同行动的难度加大，从而降低银行面临的群体策略性违约风险。另外，在最近的几次金融危机中，尤其是 2007 年美国次贷危机发生后，各国中央银行进行了大规模的干预，为银行系统注入充足的流动性，提供强有力的流动性支撑，使得很多银行幸存下来，促进了金融部门稳健性的快速恢复。从银行自身角度出发，当银行经营管理的业绩很好，预期盈利水平很高时，银行自身抵抗和消化集体策略性违约冲击的能力很强，群体策略性违约发生的可能性会大大降低。另外，银行保持充足的流动性即更多的现金储备，银行自身更高的资本化程度都会提高集体策略性违约引致银行破产的门槛值。

从中央银行角度出发，当经济处于衰退时期时，中央银行作为最后贷款人对信贷市场进行干预，向商业银行注入流动性，提高商业银行抵抗策略性违约冲击的能力，给商业银行更多的生存机会，从而使整个金融体系得以正常运转，提高了社会总福利（Stefan Trautmann 和 Razvan Vlahu，2010）。

Christopher J. Mayer 等（2011）研究了房贷借款人对美国政府发布的住房抵押贷款条款修订计划的反应。他们发现在政府公布了住房抵押贷款条款修订计划后，全国范围内的住房抵押贷款的过期还款比率每月增长 13%。令人吃惊的是，那些本来最不可能违约的借款人，即拥有良好的财务状况且贷款价值比（loan-to-value ratios）较低的借款人，对政府这一计划的反应最大，成为了策略性违约率上升最快的群体，他们的动机是通过拖欠还款以使自己符合政府实施计划的条件。

Michael Seiler，Andrew Collins 和 Nina Fefferman（2012）发现避免金融市场崩溃的关键要素是缩短房屋止赎所需的时间。因此，政策制定者应尽量简化房屋止赎的法律程序，缩短处理房屋止赎的时间，增加抵押品在市场上的流动性，从而降低止赎危机蔓延的影响。现有的政府计划如国家止赎缓和辅导计划（National Foreclosure Mitigation Counseling program）、住房和城市发展赞助计划（Housing and Urban Development-sponsored programs）、购房教育和辅导计划（Homeownership Education and Counseling programs，HEC）应致力于改变人们关于策略性违约行为的信念，劝阻借款人策略性违约，进而与银行协商修改贷款合同，从而降低策略性违约行为的发生率。

（二）微观措施

第一，公司贷款中策略性违约行为的微观应对措施主要是在贷款合同设计中事先考虑公司的策略性违约行为，进而在保障合同签订的情况下尽可能保障贷款人的利益，使之不会因为公司的策略性违约行为而遭受巨大损失。

Hisashi Nakamura（2007）认为在公司收入不确定，并且存在高成本的信息核查下，最优合约是允许债务人事后策略性违约的债务合约。均衡情况下，刻画违约的是一条不连续的向下跳跃的均衡债务偿付路径，向下的跳跃就是债务偿付水平的扣减，即策略性违约。为避免债务人蓄意违约，重新协商要求债务人自愿进行状态核查，因而只有在重新协商的收益超过了信息披露的成本时，债务人才会试图与债权人重新协商，争取成功地实行策略性违约。

David C. Mills 和 Robert R. Reed（2012）研究了贷款抵押品对于公司策略性违约行为的影响。他们指出，公司的策略性违约行为是基于采取这一行为所能获得的收益和导致的损失的对比，而所遭受的损失主要包括公司信誉的下降对未来融资成本的影响、抵押品的损失等，若抵押品市场价值较低，则公司策略性违约的临界点将会较小，公司更容易采取这一手段来获得对自身有利的债务偿付条件。反之，如果贷款合同中规定的抵押品价值较高，那么公司策略性违约的临界点也会较大，因此策略性违约发生的概率也会下降。基于此他们指出，在签订贷款合同时价值较高的抵押品有助于降低公司策略性违约概率，从而保障贷款人的利益。

Giovanni Favara 等（2010）用公司破产清偿程序来衡量债务合同的强制力大小，他们研究指出，债务合同强制力与公司的策略性违约行为之间有着重要联系。如果债务合同强制力较小，那么公司持股人则倾向于采取策略性违约行为来保障自己的利益；反之，如果相关政策赋予债务合同更大的强制力，即借贷双方无法就合同条款进行再谈判，那么公司策略性违约率也大大降低。由此，他们认为，为了抑制公司策略性违约行为对贷款人产生的不利影响，一份有效的债务合同须被赋予足够的强制力。

此外，也有学者基于贷款合同之外的视角对化解公司策略性违约进行了研究。Gi Hyun Kim（2012）研究了信用违约互换（CDS）交易对公司策略性违约的影响。他发现，债权人能够通过参与信用违约互换交易获得除与公司重新协商债务或接受破产清偿的其他选择，同时还能提升在债务重新协商中的谈判优势。因此他认为，作为一种新型手段，信用违约互换市场能够有效遏制公司的策略性违约行为。

第二，住房抵押贷款市场策略性违约的化解措施主要集中在事前防止由于房价急剧下跌而使大量房贷者处于负资产状态，以及事后对策略性违约的应对措施上。

针对房价下跌导致的房贷借款人的负权益危机，学院派主张银行削减贷款本金；而 Brent T. White（2010）则根据借款人的心理分析策略性违约发生的动因。他提出的政策建议中，没有要求扣减贷款本金，而是提出了一种可行的解决方案——基于房租的贷款项目（rent-based loan program）。这个项目赋予所有房产价值已缩水的借款人一个期权：他们可以对房贷余额重新融资，选择确定出一个新的利率，使其每月还款额与房租保持相等。因而，基于房租的贷款项目是一种完全的分期偿还贷款（Fully Amortizing Loan）。同时，这种基于房租的贷款项目让房贷借款人的处境至少和租房一样好，降低了借款人的策略性违约倾向，解决了他们对自身财务状况的担忧和焦虑，消除了房贷借款人经济上和心理上的策略性违约动机，激励了房贷借款人继续偿付房贷，并最终获得房产所有权。

另外，Razvan Vlahu（2008）认为，在事前防范策略性违约风险的基础上，应该将允许事后策略性违约的条款加入贷款合约的设计中，降低违约发生的实际损失，达到信贷双方博弈的均衡。基于Townsend（1979）的状态核查模型，Hans Hvide 和 Tore Leite（2010）加入策略性违约这一新元素，重新考察了存在状态核查时的最优合约问题。他们发现违约并不必然导致破产，在博弈的均衡路径上，最优合约允许借款人策略性违约，贷款人以一个正的概率接受借款人的策略性债务偿付。

五、小结和展望

在传统的借贷关系中，借方资产破产清偿成本的存在导致了贷方面临的违约风险不再仅仅是流动性违约风险，还包括借方机会主义的策略性手段，即策略性违约。策略性违约是借方所拥有的实物期权，它会降低借款人的流动性违约概率，有利于帮助他们走出暂时的财务困境。

目前，国外关于策略性违约的研究主要集中在公司贷款市场和住房抵押贷款市场的策略性违约上。从公司贷款市场策略性违约来看，债务性质、借贷双方信息的不对称和谈判能力、抵押品的处置成本、破产清算成本等因素都会影响到策略性违约的发生概率。策略性违约的研究重点是其对经济产生的影响，它影响公司借款人的财务活动，尤其是公司债务的信用风险溢价和公司的投资决策。对于住房抵押贷款市场，策略性违约的发生则主要源自借款人对银行及其他借款人基本面信息的不确定性、借款人的负面经历和心理因素等原因；另外，当许多借款人同时采取策略性违约行动即群体策略性违约，会导致银行的破产倒闭，急剧加大金融体系的系统风险。

总而言之，策略性违约的出现为传统的借贷关系带来了新的信用风险，不论是公司贷款市场或是住房抵押贷款市场，借方的策略性违约将不可避免地侵害贷方利益，严重影响其资本流动性。对此，国外学者从宏观政策调控和微观合同设计两个主要方面对策略性违约风险的化解提出了建议。

另外，对于策略性违约的研究，还有很多地方处于空白状态，如公司各利益相关方的谈判优势对公司融资决策和策略性违约决策的定量影响（Pascal Francois 和 Erwan Morellec，2004），公司执行最优的序贯增长期权对其融资决策和违约决策的影响（Suresh Sundaresan 和 Neng Wang，2007）。

目前，中国银行业的资产中房地产市场的贷款比重最大，那么房价下跌到何种程度时，我国银行面临的集体策略性违约风险最大，银行又该如何化解这种风险呢？从银行应该怎样与借款人就已经证券化的住房抵押贷款进行重新协商，以避免策略性违约的发生；到银行和金融监管部门该如何进行规避策略性违约风险的激励机制设计，比如贷款合约对策略性违约的最优罚金设置；再到策略性违约的风险传导机制，尤其是集体策略性违约的形成及策略性违约风险的量化与预警，都是值得今后进一步研究的问题。

参考文献

[1] Ali Nejadmalayeri，Manohar Singh. 2012. “Corporate taxes，strategic default，and the cost of debt.” Journal of Banking & Finace 36：2900-2916.

[2] Anderson，R.，and Sundaresan，S. 1996. “Design and valuation of debt contracts.” Review of Financial Studies 9：37-68.

[3] Andrea Attar，Catherine Casamatta. 2010. “Multiple Lenders，Strategic Default and the role of Debt Covenants.” Discussion Papers.

[4] Brent T. White. 2010. "Take this House and Shove it: The Emotional Drivers of Strategic Default." Discussion Papers.
[5] Christopher J. Mayer, Edward Morrison. 2011. "Mortgage Modification and Strategic Behavior: Evidence from a Legal Settlement with Countrywide." Working Paper.
[6] David C. Mills, Robert R. Reed. 2012. "Default Risk and Collateral in the Absence of Commitment." Discussion Papers.
[7] Davydenko, and Ilya A. Strebulaev. 2007. "Strategic Actions and Credit Spreads: An Empirical Investigation." Journal of Finance 62 (6): 2633-2671.
[8] Davydenko, S. A. 2008. "When do firms default? A study of the default boundary." Available at SSRN: http://ssrn.com/abstract = 672343.
[9] Georges Dionne, Sadok Laajimi. 2012. "On the determinants of the implied default barrier." Journal of Empirical Finance 19: 395-408.
[10] Gi Hyun Kim. 2012. "Credit Default Swap, Strategic Default, and the Cost of Corporate Debt." Job Market Paper.
[11] Giovanni Favara, Enrique Schroth, and Philip Valta. 2010. "Is Shareholders' strategic default behavior priced? Evidence from the international cross-section of stocks." Discussion Papers.
[12] Grzegorz Pawlina. 2010. "Underinvestment, capital structure and strategic debt restructuring." Journal of Corporate Finance 16: 679-702.
[13] Hans K. Hvide and Tore E. Leite. 2010. "Optimal debt contracts under costly enforcement." Journal of Economic Theory 44: 149-165.
[14] Hart, O. and Moore, J. 1989. "Default and renegotiation: a dynamic model of debt." Working Paper, Harvard University. Paper No. 520.
[15] Hart, O. and Moore, J. 1994. "A theory of debt based on the inalienability of human capital." Quarterly Journal of Economics

109：841-879.

[16] Hendershott and Van Order. 1987. "Pricing mortgages: An interpretation of the models and results." Journal of Financial Services Research.

[17] Hisashi Nakamura. 2007. "Strategic Default Jump as Impulse Control in Continuous Time." Discussion Papers.

[18] Hisashi Nakamura. 2010. "Continuous-Time Optimal Contracts with Costly Information Disclosure: Analysis of Strategic Default Probability." Discussion Papers.

[19] Hua Fan and Suresh M. Sundaresan. 2000. "Debt Valuation, Renegotiation, and Optimal Dividend Policy." The Review of Financial Studies, 13(4): 1057-1099.

[20] Hull, John C. 2008. "The Credit Crunch of 2007: What Went Wrong? Why? What Lessons Can Be Learned?" Working Paper.

[21] Jarko Fidrmuc, Christa Hainz. 2010. "Default rates in the loan market for SMEs: Evidence from Slovakia." Economic Systems 34: 133-147.

[22] Jones, Mason and Rosenfeld. 1984. "Contingent claims analysis of corporate capital structures: an empirical analysis." Journal of Finance.

[23] Kau and Keenan. 1995. "The valuation at origination of fixed-rate mortgages with default and prepayment." The Journal of Real Estate Finance and Economics.

[24] Krueger, Anne and Aaron Tornell. 1999. "The Role of Bank Restructuring in Recovering from Crises: Mexico 1995-1998." NBER Working Paper W7042.

[25] Luigi Guiso, Paola Sapienza and Luigi Zingales. 2010. "The Determinants of Attitudes towards Strategic Default on Mortgages." EUI Working Paper.

[26] Mella-Barral, P. and Perraudin, W. 1997. "Strategic debt service." Journal of Finance 52: 531-566.

[27] Merton, R. 1974. "On the pricing of corporate debt: the risk structure of interest rates." Journal of Finance 29: 449-470.

[28] Michael R. Roberts and Amir Sufi. May 2008. "Renegotiation of financial contracts: Evidence from private credit agreements." Journal of Financial Economics.

[29] Michael J. Seiler. 2012. "The Effect of Perceived Lender Characteristics and Market Conditions on Strategic Mortgage Defaults." Journal of Real Estate Finance and Economics.

[30] Michael J. Seiler. 2013. "The Role of Informational Uncertainty in the Decision to Strategically Default." Working Paper.

[31] Neil Bhutta, Jane Dokko, and Hui Shan. 2010. "The Depth of Negative Equity and Mortgage Default Decisions." Working Paper.

[32] Pascal Francois and Erwan Morellec. 2004. "Capital Structure and Asset Prices: Some Effects of Bankruptcy Procedures." Journal of Business, Vol. 77, No. 2, pt. 1.

[33] Razvan Vlahu. August 25, 2008. "Collective Strategic Defaults: Bailouts and Repayment Incentives." Discussion Papers.

[34] Snyderman, Mark. 1991. "Commercial Mortgages: Default Occurrence and Estimated Yield Impact." Journal of Portfolio Management 82-87.

[35] Stefan Trautmann and Razvan Vlahu. November 2010. "Strategic Loan Defaults and Coordination: An Experimental Analysis." Discussion Papers.

[36] Suresh Sundaresan and Neng Wang. 2007. "Investment under Uncertainty with Strategic Debt Service." The American Economic Review, Vol. 97, No. 2.

[37] Takashi Shibata and Yuan Tian. 2010. "Reorganization strategies and securities valuation under asymmetric information." International Review of Economics and Finance 19: 412-426.

[38] Timothy J. Riddiough and Steve B. Wyatt. 1994. "Strategic Default, Workout, and Commercial Mortgage Valuation." Journal of Real Estate Finance and Economics, 9: 5-22.

[39] Townsend, R. M. 1979. "Optimal contracts and competitive markets with costly state verification." Journal of Economic Theory 21: 265-293.

[40] Viral Acharya, Jing-zhi Huang, Marti Subrahmanyam, Rangarajan K. Sundara. 2006. "When does strategic debt-service matter?" Journal of Economic Theory.

2012年欧美国际税法前沿问题综述

武汉大学法学院　熊　伟

引　言

后金融危机时代，全球经济在复苏，国家间的联系亦愈发紧密。如何在金融危机下增加财政收入、缩小财政赤字已成为世界各国面对的共同问题。在此背景下，国际税收征管合作与协调显得尤为关键。如何有效地打击国际避税行为，避免国际双重征税，加强国际合作，消除国际有害税收竞争的负面影响以实现共赢等系列问题成为了2012年国际税法的主旋律。

2012年国际税收合作上的重要成果主要有：首先，税收透明性大大提升，银行保密制度（bank secrecy）不再是有效信息交换的障碍，世界范围内已有900多项信息交换协议，越来越多的国家加入税务行政互助公约（The Convention on Mutual Administrative Assistance in Tax Matters）中来。截至2012年，已有37个国家签署了该公约，其中13个为G20国家，这代表着G20国家正在国际税收合作上发挥着领导作用。① 其次，新的国际联盟不断涌现，如联合国国际税务事项合作专家委员会（The UN Committee of Experts on International Cooperation in Tax Matters）在缔结国际税收协定与

---

① J. Owens, Trends and Challenges in the Tax Arena, 66 Bull. Intl. Taxn. 12 (2012), Journals IBFD.

处理转移定价问题上发挥着越来越重要的作用，联合国际避税信息中心（The Joint International Tax Shelter Information Centre）也开始在国际税收舞台上发挥作用，并谋求与欧盟、经济合作与发展组织（OECD）实现合作，于2009年成立的非洲税务论坛（The African Tax Administration）已在加强非洲国家税收合作上出现成果。

与机遇并存的是不断增加的挑战。新的国际金融避税港层出不穷，跨国公司不断膨胀，巨型跨国公司的全球业务布置开始超出税收征管机关的预期范围，国际避税现象进一步升级。随着新兴经济体，如金砖国家（BRICS，巴西、俄罗斯、印度、中国和南非）的发展，如何看待发达国家与发展中国家对税收问题话语权的博弈，也影响着国际税收格局的变化。

在这样的背景下，欧美税法学界在国际税法领域针对2012年的热点问题进行了研究和探讨，形成了重要的成果。本研究将对这些成果予以汇总介绍。在资料收集上，本研究主要利用了财税法专业数据库——荷兰国际财政文献局（IBFD，International Bureau of Fiscal Documentation）数据库对2012年欧美国际税法方向的文献进行了检索。此外本研究也根据2012年财税法学期刊的最新排名①，通过Heinonline数据库检索了排名前三的期刊于该年所刊登的国际税法方向的文章。

2012年欧美关于国际税法的文献仍然以期刊文章为主要的表现形式。经统计和筛选，关于国际税法的文章共有72篇，按内容可分为：（1）国际税法基础理论研究，包括对经济合作与发展组织税收协定范本（OECD Model Tax Convention）条款的解读；（2）避免国际双重征税；（3）国际避税与反避税规制；（4）国际税收竞争；（5）国际税收征管与合作；（6）其他方面。这些期刊也收

① 通过Washington and Lee University School of Law的法学图书馆可检索2005年至2012年欧美主要法学期刊的排名，其排名依据是期刊的影响因子和被引用次数。2012年财税法学期刊排名前三的是《弗吉尼亚税法评论》（Virginia Tax Review）、《财税法评论》（Tax Law Review）（纽约大学主编）、《佛罗里达税法评论》（Florida Tax Review）。

集了财税法学界知名学者的文章，如美国密歇根大学 Avi-Yonah 教授、奥地利维也纳经管大学 Michael Lang 教授和德国马普研究所的 Wolfgang Schön 教授在国际税法领域的新作。其中当然也包含了重要国际组织如 OECD 税收政策与管理中心主席 Jeffrey Owens 的新观点，以及实务界如毕马威（KPMG）和普华永道（PWC）等国际知名会计师事务所合伙人的独到见解。

除了通过数据库检索欧美国际税法的文献外，本研究也追踪了国际财政协会 2012 年的年会（IFA，66th Congress of the International Fiscal Association）。2012 年 9 月，国际财政协会的年会在美国波士顿召开，世界主要国家财税法界知名学者和实务人士纷纷出席。该会议的两大主题分别是跨境商业服务的税收和债权与股权的税法区分。这两大主题也代表了 2012 年国际税法领域研究的热点。对该会议的讨论成果，下文也将作详细的介绍。

一、国际税法基础理论——对 OECD 税收协定范本及其注释条款的新解释

税收管辖权是指一国政府进行征税的权力，是国家主权在税收领域的体现，可依据属地原则和属人原则进行分类。前者是指一国政府可以在本国区域的领土和空间内行使政治权利；后者则指一国政府可以对本国的公民和居民行使政治权利。与此相应，税收管辖权可分为居民管辖权和地域管辖权。对管辖权的划分，上升到国际层面，就会涉及国际组织的协调作用，OECD 就在其中发挥着重要的作用。

OECD 税收协定范本是目前国际上最重要、影响力最大的国际税收协定范本之一，是经济合作与发展组织为了协调和指导各国签订双边税收协定或多边税收协定而制定并颁布的示范性文本。各国在签订协定的活动中，不仅会参照该税收协定范本的结构和内容来缔结各自的税收协定，而且也会遵循该协定范本所提出的原则与要求。

该范本的作用在于，为各国签订相互间税收协定树立一个规范

性样本，保证各国签订双边或多边税收协定程序的规范化和内容的标准化，并为解决各国在税收协定谈判签订中遇到的一些技术性困难提供有效帮助，为各国在处理税收协定谈判签订中出现的矛盾和问题提供协调性意见和办法。

该范本由10个部分组成：协定名称、协定序言、第一章协定范围、第二章定义、第三章对所得征税、第四章对财产的征税、第五章避免双重征税的方法、第六章特别规定、第七章最后规定、结束语。①

对于跨国从事营业活动而取得的利润应如何征税，OECD税收协定范本采取了兼顾收入来源国和投资国双方利益的立场，也就是跨国营业所得不由一个国家独享征税权，而是由收入来源国有限制的优先征税，而这个限制条件就是常设机构（Permanent Establishment, PE）。正是因为常设机构是征税的重要纽带，其概念常常引发学界的探讨。

OECD税收协定范本第五条对常设机构作了如下定义："常设机构是指企业进行全部或部分营业活动的固定营业场所。"同时，还采取了列举的方式明确常设机构包括：营业场所、分支机构、办事处、工厂、作业场所、矿场、油井或气井、采石场或者其他开采自然资源的场所。②

常设机构一般具有固定性、持续性和经营性的特点。根据OECD税收协定范本注释，"营业场所必须是固定的，因此，通常必须和某个特定的地理位置相联系。若缔约国一方企业不是在某个确定的场所进行营业活动，那么不论其在缔约国另一方经营多久，都无关紧要。但这并不意味着构成常设机构的设备必须固定于所在的土地之上，只要该设备位于某一确定场所即可"③。

---

① OECD Model Tax Convention on Income and Capital (22 July 2010), Model IBFD.

② Article 5, OECD Model Tax Convention on Income and Capital (22 July 2010), Model IBFD.

③ OECD Model Tax Convention on Income and Capital: Commentary on Article 5 para. 2, Model IBFD.

在文章 Interpretation and Application of Article 5（Permanent Establishment）of the OECD Model Tax Convention：Response from IBFD Research Staff① 中，IBFD 的研究人员就对 OECD 税收协定范本第五条关于常设机构的规定作了进一步的解释。这篇文章是在 OECD 于 2011 年 10 月颁布的关于常设机构诸项问题的讨论稿②上形成的，也是 IBFD 研究人员对于该讨论稿的评论意见汇总。

上述讨论稿关于常设机构的评论意见共有 25 项，这篇文章中，IBFD 研究人员就 11 项重点问题进行了评论，包括：对“受处置”的理解，作为常设机构的家庭办公室的概念，对开设在用于国际交通运输船舶上的商店属性的界定，判断常设机构存在的时间要求，分包合同的发包人的地位，对作业场所的附加工作认定，为建立常设机构进行准备活动的属性，运输与销售货物的关系，关于准备性或辅助性的进口合同的谈判，活动的分散性的影响，以企业名义终止合同的定义等。

作者建议依据这些讨论来对 OECD 税收协定范本第五条常设机构的概念进行必要的修订，与时俱进，以适应实践发展的需要。

A Construction Consortium as a Permanent Establishment from an International Tax Law Perspective：Inconsistencies and Deficiencies in Article 5（3）of the OECD Model and Commentary③ 则更进一步对工程型常设机构进行了解释。OECD 税收协定范本第 5 条第 3 款规定：“常设机构包括建筑工地，建筑或安装工程，但仅以该工地或工程连续 12 个月以上的为限。”根据 OECD 税收协定范本注释，

① J. de Goede et al.，Interpretation and Application of Article 5（Permanent Establishment）of the OECD Model Tax Convention：Response from IBFD Research Staff，66 Bull. Intl. Taxn. 6（2012），Journals IBFD.

② OECD，Interpretation and Application of Article 5（Permanent Establishment）of the OECD Model Tax Convention（12 Oct. 2011），International Organizations' Documentation.

③ T. Lewicki，A Construction Consortium as a Permanent Establishment from an International Tax Law Perspective：Inconsistencies and Deficiencies in Article 5（3）of the OECDModel and Commentary，66 Bull. Intl. Taxn. 1（2012），Journals IBFD.

“建筑工地、建筑或安装工程”不仅包括房屋的建造，还包括建筑物、道路、桥梁或运河的翻新（不仅是纯粹的维护或者再装修），管道的铺设以及挖掘和疏浚工程等。并且，“安装”一语不仅限于与建筑工程有关的安装，它也包括新设备的安装，如在现有的建筑物或室外安装复杂的机器。①

此外，OECD 税收协定范本注释还强调：（1）12 个月的判断期限标准适用于各个独立的工地或工程。在判断某工地或工程的持续时间时，不应包括承包商以前从事的与本项目无关的其他工地或工程所花费的时间。假如某建筑工地在商业和地理上构成了一个不可分割的整体，即使它是建立在几个合同之上的，也应视同一个整体。（2）在涉及税收虚体的合伙企业的情况下，因为涉及的是合伙企业自身的活动，12 个月的判断期是在合伙企业层面上适用的。若合伙人和雇员在工地上花费的时间超过 12 个月，则该合伙企业进行的营业活动可视为设有常设机构。因此，在对合伙人来源与合伙企业的营业利润份额征税时，不论其本人在工地上花费的时间有多长，都应将其视为设有常设机构。（3）某些建筑或安装工程的特点，决定了承包商的活动地点必须随着工程的进展而不断或经常移动。在这种情况下，即使施工人员在特定场所的停留不足 12 个月，也可以构成常设机构，因为没有场所的活动都是整个工程的组成部分，当整个工程连续进行超过 12 个月时，就构成了常设机构。②

在上文中，作者重点对以持续性作为认定工程型常设机构是否存在的依据提出了质疑。因为在很多情况下，大型跨国公司的建设工程项目常常分为多个阶段进行，如调试阶段，交付前设计与工程阶段，建设或安装阶段，监督审查阶段，现场培训与咨询阶段，保管与维修阶段等。如何认定在这些不同阶段工程存续的持续性是判

---

① OECD Model Tax Convention on Income and Capital：Commentary on Article 5 para. 17，Model IBFD.

② OECD Model Tax Convention on Income and Capital：Commentary on Article 5 para. 18，Model IBFD.

断常设机构存在与否的关键。

另外，作者对于跨境合资企业（cross-border joint venture）的工程提出了一系列问题：应该如何认定实施工程的合资企业的法律地位？是按合伙处理还是按一般合同方处理？在计算存续期间时，是从整体的角度计算所有工程存在期间总和还是分别检测每个出资方的工程存续时间？在判定持续性时，哪些工程阶段应该被计算在内，哪些工程阶段则应被排除在持续性测试外？在已经确定工程型常设机构存在的情况下，哪些组成部分应由常设机构所在国征税，哪些则要按照分配给公司总部的营业利润由公司总部所在国征税？作者指出，这些问题的解决将有利于降低设立工程型常设机构的税收风险，提高透明性，为协调税收分配提供更明确的指导。

二、避免国际双重征税

国际税法的主要任务之一就是避免双重征税。国际双重征税是指某一或不同征税主体对某一或不同的征税对象或税源同时进行了两次或两次以上征税。国际双重征税源于国家之间的税收管辖权在同一征税对象或同一税源上重复行使权力而发生的法律冲突，具体可以分为：法律性双重征税，即因为不同征税主体对同一纳税人的同一纳税客体征税引起；经济性双重征税，即因对不同的纳税人有经济联系的同一经济渊源征税所引起的，通常是指两个不同的纳税人就同一项所得或财产征收两次或两次以上的税收的现象。

法律性的国际双重征税的解决方法包括：免税法（exemption）和抵免法（credit）。免税法是指征税国政府对本国居民来源于境外的所得或财产免予征税，实质是居住国政府放弃行使居民税收管辖权而承认来源地税收管辖权。抵免法，则是指居住国政府对本国居民纳税人的全球所得计算其应征税款时，允许本国居民纳税人将境外所得或财产已向来源地国缴纳的税款从本国的应纳税额中抵免。居住国运用抵免法来免除国际双重征税时不仅承认了来源地税收管辖权的优先地位，而且行使了居民税收管辖权。抵免法又可分为直接抵免、间接抵免和全额抵免。

John F. Avery Jones 教授和 Georg Kofler 教授将他们在维也纳经管大学关于避免国际双重征税的讲座撰写成文，对免税法和抵税法的产生和发展作了详尽的介绍。在 Avoiding Double Taxation：Credit versus Exemption-The Origins① 一文中，John F. Avery Jones 教授从历史的角度解释了免税法和抵免法产生的根源以及免税法和抵免法会共存的原因，并说明了为何一些国家在国内法中用一种方法而在税收条约中用另一种，以及为何使用抵免法的国家开始倾向于使用免税法或使用免税法的国家开始使用抵免法。文中作者指出，在免税法与抵免法之间，越来越多的国家会采用免税法，这将尤其体现在对直接投资的红利分配的税收和常设机构利润分配税收问题上。这一趋势在欧盟国家中已日趋明显，理由是，当其他竞争国家都采用免税法时，采用抵免法的国家中的纳税人会感到利益受损，因为毕竟在抵免法下，纳税人可能承担的税收负担重于相同情况下采用免税法的国家，所以纳税人会推动国家开始采用免税法。

此外，Georg Kofler 教授紧接着在 Indirect Credit versus Exemption：Double Taxation Relief for Intercompany Distributions② 中从其他层面论述了采用免税法的原因。他指出该趋势是基于税收实务的考虑，除了能提升竞争性之外，免税法也可以简化税收程序，节省行政资源，提高税收效率。但作者仍然提出质疑，即不管使用哪种方法，都没有考虑经济中性（economic neutrality），尤其在母子公司间的收益分配上，这两种方法都存在瑕疵。免税法到底是各国迫于竞争不得已而为之的改革措施，还是真正能使纳税人受益的税收分配方法？这些问题值得深思。

对于国际双重征税问题，除了有效地采取国际通用的免税法或抵免法外，还可以依据问题产生的其他原因“对症下药”。在实践中，很多国际双重征税问题产生于不同国家对税收协定的解释冲

① J. F. Avery Jones，Avoiding Double Taxation：Credit versus Exemption—The Origins，66 Bull. Intl. Taxn. 2（2012），Journals IBFD.

② G. Kofler，Indirect Credit versus Exemption：Double Taxation Relief for Intercompany Distributions，66 Bull. Intl. Taxn. 2（2012），Journals IBFD.

突。欧洲学者 Luca Cerioni 尝试在 Tax Residence Conflicts and Double Taxation：Possible Solutions① 中对于欧盟范围内因税收协定中“居民”定义的解释冲突所导致的双重税收提出了解决措施。作者指出：不同税收协定中不同国家对于“纳税居民”定义解释不同是导致双重征税的主要原因，而对于这种解释的冲突，OECD 税收协定范本提出的解决方案是双方税收征管机构通过协商达成一致协议（mutual agreement）来确定以何种方式定义并解释“纳税居民”的概念。但事实上，这种双方能协商并达成一致的过程往往需要几年，耗时过长，在最终协议达成前还是会置纳税人于双重被征税的境地；并且也存在双方无法达成一致的情况，对此，OECD 也没有提出进一步的解决建议。在这种背景下，作者通过分析欧盟范围内的典型双边税收协定以及双边税收协定中关于“纳税居民”解释冲突的案例②，对如何预防今后在欧盟内因对“纳税居民”解释的冲突而导致双重征税的情形提出了建议：（1）统一欧盟各国关于税收协定中“纳税居民”的概念；（2）统一欧盟各国关于“纳税居民”冲突解释的详细规则；（3）采用“分开征税”（fractional taxation）的方式避免双重征税。该征税方式体现为在欧盟成员国内，当个人有来源于两个或两个成员国以上的收入时，每个成员国，无论是居民国还是源泉国，都按照该个人世界范围的收入适用本国的累进税率对该个人来源于本国的净收入进行征税，同时，各成员国也应该比照居民国给予本国居民的个人所得减免来提供减免税。作者认为无论采用哪种方法，最终是为了给纳税人提供法律上的确定性，保护纳税人的利益，并有利于加强欧盟各国的税收征管合作，提高行政效率。

---

① L. Cerioni，Tax Residence Conflicts and Double Taxation：Possible Solutions? 66 Bull. Intl. Taxn. 12（2012），Journals IBFD.

② Belgium：European Court of Justice，14 Nov. 2006，Case C-513/04，Mark Kerckhaert and Bernadette Morres v. Belgian State，ECJ Case Law IBFD；Germany：European Court of Justice，12 Feb. 2009，Case C-67/08，Margarete Block v. Finanzamt Kaufbeuren，ECJ Case Law IBFD；Belgium：European Court of Justice，16 July 2009，Case C-128/08，Jacques Damseaux v. Belgian State，ECJ Case Law IBFD.

三、国际避税与反避税规制

国际避税主要是通过纳税主体或征税对象跨国转移达到规避税收的目的。而国际避税的基本方式就是跨国纳税人通过借用或滥用有关国内税法、国际税收协定，利用它们的差别、漏洞、特例和缺陷，规避纳税主体和纳税客体的纳税义务，不纳税或少纳税。其基本方式有：

1. 转让定价避税

转让定价方式避税是指跨国公司内部，在母公司与子公司、子公司与子公司之间销代产品，提供商务、转让技术和资金借贷等活动所确定的企业集团内部价格。这种价格不由交易双方按市场供求关系变化和独立竞争原则确定，而是根据跨国公司或集团公司的战略目标和整体利益最大化的原则由总公司上层决策者认为确定的。

2. 利用国际避税地避税

国际避税地也称避税港（tax haven），是指一国为吸引外国资本流入，繁荣该国经济，弥补自身资本不足和改善国际收支情况，或引进外国先进技术以提高该国技术水平，在该国货确定范围内，允许外国人在此投资和从事各种经济活动取得收入或拥有财产可以不必纳税或只需支付很少税收的地区。避税最常见的手法就是跨国公司在国际避税地虚设经营机构或场所转移收入，转移利润，实现避税。

3. 滥用国际税收协定避税

为了达到消除国际双重征税的目的，缔约国间都要作出相应的约束和让步，从而形成缔约国居民适用的优惠条款。为了实现避税的目的，一些原本无资格享受某一特定税收协定优惠的非缔约国居民，往往采取种种巧妙的手法，如通过设置直接导管公司、直接利用双边关系设置低股权控股公司而享受税收协定待遇，从而减轻其在某国的纳税义务。

4. 改变居民身份

主要是指跨国纳税人通过跨境迁移，或者在一国境内避免成为该国居民，以改变或避开相关国家的税收管辖权，从而实现避税的方式。

国际避税不仅会破坏税制的公平与完整，降低纳税人依法纳税的积极性，也会造成政府财政收入的锐减。总之，如果在国家反避税领域缺乏透明度和税收合作，将会降低全球福利，因为资源将更多地根据避税的难易程度而不是真实的经济回报进行配置。要改变这种情况，必须加强双边和多边合作，加强税收信息交换，提高透明度。

此外，为了有效地进行国际反避税，必须强化国际税收管理。一般的措施包括：（1）加强跨国纳税人的税务登记和税务申报方面的管理。对于税务登记，特别要加强变更税务登记环节的管理，要求纳税人在发生下列变化时，均应在规定期限内向税务机关办理变更登记或重新登记：改变单位名称，改变所有制形式或隶属关系或经营地址，改变经营方式，经营范围或税务登记时所登记的应纳税项目，发生转业、改组或分设、合并、联营、迁移等。（2）调整举证责任。根据民法的一般原则，在民事诉讼中，举证责任一般在于原告一方。而在国际反避税中，如坚持对这一原则，那么税务机关若对跨国纳税人的纳税状况进行调整，就必须有充足的证据证明纳税人纳税不足，使税务机关处于被动地位。反之，如果规定纳税人在税收案件中对国外事实有举证责任，这样会有利于对避税行为进行监督和管理。（3）通过国际税收协定加强国际税收合作，建立情报交换制度。OECD 国际合作与税收征管部的负责人 Achim Pross 和 Raffaele Russo 就对情报交换制度提出了新的看法。他们在 The Amended Convention on Mutual Administrative Assistance in Tax Matters：A Powerful Tool to Counter Tax Avoidance and Evasion①一文中对 OECD 最新的税务行政互助公约的建议进行了介绍并予以评论。作者总结到：新税务行政互助公约的实施，将给各缔约国带来共同的利益，包括提供了多边合作的机会，涵盖了税收领域多样的内容，统一了应用机制，以及赋予了适用该互助形式的灵活性。

① A. Pross & R. Russo, The Amended Convention on Mutual Administrative Assistance in Tax Matters：A Powerful Tool to Counter Tax Avoidance and Evasion, 66 Bull. Intl. Taxn. 7 (2012), Journals IBFD.

作者还指出值得注意的是该公约中所规定的税务行政互助形式。主要的互助形式有：（1）税务机关间的信息交换，例如根据一方要求的信息交换，自动信息交换（在有事先和议情况下达成的定期固定内容的税务信息交换），自发信息交换（当一方税务机关认为有必要的情况下主动将信息提供给利益相关方），共同税务调查（税务机关可以协同合作进行税务调查），跨国税务调查（在必要情况下，利益相关方的税务机关可以派代表到另一缔约国进行调查）等；（2）追回税款的互助，即一方税务机关可以依据本国的税收主权帮助另一方追回应收税款；（3）文件提供，一方可以应另一方的要求提供相关税务信息文件，包括法院判决等。

对于信息交换费用的分担，一般应由缔约方意思自治达成合议以决定费用分担的情况，没有达成合议时，一般由要求提供信息的一方承担发生的费用。另外，该公约还特别规定了保留条款，缔约方可以根据本国实际情况对该公约部分条款的适用予以保留，体现了一定的灵活性。但公约也规定，该保留适用的权利只限制在互助追回税款、文件提供、税收强制措施的执行日期等方面。

因此作者相信随着缔约国的增加，该项公约的实施将会加强政府间的国际合作，为国际反避税提供有力的工具。

国际反避税最主要的阵营聚集在欧美，作为国际反避税的两大巨头美国和欧盟也在反避税上有新动向。

在 An Assessment of the Anti-Tax Avoidance Doctrines in the United States and the European Union① 中 Patricia Lampreave 教授对美国和欧盟实施反避税的规则进行了解读。作者指出，在美国，反避税主要采取“经济实质”（economic substance）的原则，即认为实质重于形式，通过考察交易行为的经济目的与经济实质来判断其是否有规避税收的嫌疑，如果某项交易或商业活动不具备经济实质性，则很有可能是为了避税的目的才进行，如此一来尽管有商业活

① P. Lampreave, An Assessment of the Anti-Tax Avoidance Doctrines in the United States and the European Union, 66 Bull. Intl. Taxn. 3 (2012), Journals IBFD.

动的形式，也会落入反避税的范围。这项原则来源于美国 1935 年的 Gregory v. Helvering 案例判决①。美国也以成文法的形式将该条规则收纳于《美国国内税收法》(US Internal Revenue Code) 新规定 1409 条中。对于缺乏经济实质的交易行为，一经认定，便将遭受严厉的罚则。该罚则条款在美国饱受争议，作者也指出其适用不当会带来的不利影响，例如罚则越严厉越容易引起诉讼的增加。

与之相应，欧盟运用的是“完全人为安排”原则（wholly artificial arrangement），该原则来源于欧洲法院（European Court of Justice，ECJ）的判例②，与美国的“经济实质”原则有类似性。但对于该原则在各成员国的适用效果，作者提出了质疑。因为欧盟的指导规范（EU Directive）里包含了反避税规则，原则上直接适用于各成员国，各成员国基于自身的税收主权，可以制定国内法避税规则。“完全人为安排”原则只是在欧洲法院判例中体现，并没有以成文法的形式确定。这就造成了各成员国在引用时的不便与冲突。与美国不同的是，欧盟首先倡导与尊重的仍然是欧盟范围内的自由流动，如人员流动自由、提供服务自由、机构设立自由等。反避税必须在保障这些基本自由的情况下进行，这又为反避税认定和执法增加了困难。目前，因为缺乏统一的欧盟“完全人为安排”的成文法和定义，各成员国在反避税时仍然在进行个案分析。所以作者建议，在欧盟确立统一且确定的以“完全人为安排”原则为基础的反避税标准，并细化检验商业活动是不是为了避税而人为安排的规则。当然，这里又会出现新的难题，就是如何确定罚则。因为就像在美国发生争议的情形，严厉的罚则会遭到成员国的抵制，因为这意味着各成员国以牺牲自身的财政主权为代价。

---

① US：SC，1935，Gregory v. Helvering，293 U. S. 465（1935）.

② Germany：ECJ，3 Mar. 1993，Case C-8/92，General Milk Products GmbH v. Hauptzollamt Hamburg-Jonas，ECJ Case Law IBFD；UK：ECJ，21 Feb. 2006，Case C-255/02，Halifax plc，Leeds Permanent Development Services Ltd，County Wide Property Investment Ltd v. Commissioners of Custom and Excise，ECJ Case Law IBFD；UK：ECJ，12 Sept. 2006，Case C-196/04，Cadbury Schweppes plc，Cadbury Schweppes Overseas Ltd v. Commissioners of Inland Revenue，ECJ Case Law IBFD.

四、国际税收竞争

税收竞争是指各地区通过竞相降低有效税率，或实施有关税收优惠等途径，以吸引其他地区财源流入本地区政府的自立行为。这种竞争延伸到国家之间就属于国际税收竞争，即为了把国际间的流动性资本或经营活动吸引到本国，各国均对这种资本或经营活动实施税收优惠措施而引发的竞争。

按照税收竞争的程度划分，可以分为正当税收竞争和有害税收竞争（harmful tax competition）。后者往往是各国关注的焦点。因为有害税收竞争常常会损害国家的税收主权，导致竞争国税收优惠收益下降，削弱国家的财政收入，危害公共物品供给，不利于资源优化配置。因为有害税收竞争异化了税收提供社会公共服务的本质功能，社会公众的福祉不再是税收最重要的目标，而是陷入了不断吸引外资而征税的怪圈。因此，避免有害税收竞争也是世界各国在经济全球化下为了从整体上维护本国利益而达成的共识。在此方面，国际组织起到了重要的协调作用。其中，OECD 提出了《有害税收竞争：一个正在出现的全球性问题》的报告。该报告对有害的税收优惠制度和避税港进行了有益区分，并首先界定了避税港的关键特征，即没有或仅有名义上的实际税率；缺乏有效的税收情报交换；缺乏透明度；没有真实经济活动的要求。关于认定有害税收竞争的标准包括，对所得实行低税率或零税率；税收制度显得封闭保守，存在环形篱笆（ring fencing）；税制运作缺乏透明度；不能有效地与其他国家进行信息交流。①

税收竞争一般是以税收优惠措施的形式进行。税收优惠的负面影响就是造成市场扭曲，有效的经济资源没有得到最有效的配置，而是依据政府的意愿被分配到受资助产业中。当这种情况加剧的时候，除了会减少政府的财政收入，还会降低政府对公共服务的投

---

① OECD, Harmful Tax Competitioin: An Emerging Global Issue, 1998 (the "OECD Report").

入。通过税收优惠实行的税收竞争在相邻国家间体现得最为明显，当一国实施某一税收优惠措施对推动经济增长效果较显著时，相邻国家便会纷纷效仿，因而加强税收竞争，这点最直接地体现在吸引外商直接投资上（Foreign Direct Investment）。这种竞争的加剧又会为国际税收筹划提供空间，投资者可以利用不同国家在税收竞争中的税收优惠行为进行更有目的性的逃避税。欧盟作为成员国紧密相邻，发展程度差异较小的地区，在欧盟内不同国家间的税收竞争表现得尤其明显。

IBFD 的研究人员在 Competition for Research & Development Tax Incentives in the European Union-How an Optimal Research & Development System Should Be Designed 中，就对欧盟范围内关于研发（R&D）的税收竞争提出了制度设计上的建议。作者指出就如何在欧盟范围内设计最优的研发税收优惠政策展开讨论。由于研发在创造就业、扩大出口、刺激经济增长方面有激励作用，同时也需要大量的资本投入，各国政府往往以财政补贴或资助的形式来鼓励研发，也会采用相应的税收优惠措施来促进研发。

在研发税收优惠上，一般的优惠形式包括：税收抵免、税收减免以及对特定研发行为的低税率。为了规制有害税收竞争在欧盟内的负面影响，欧盟法规定税收优惠政策不能违背国家援助制度（State aid）的规定。《欧盟条约》第 107 条第 1 款指出“除与本条约相反的规定外，国家给予或者通过国家财源给予的援助，不论方式如何，凡优待某个企业或者某个生产部门，以致破坏竞争或对竞争产生威胁，从而对成员国之间的贸易有不利影响时，被视为与欧盟市场相抵触”。① 而且一旦当某项税收优惠被认定为非法的国家援助时，被援助者将被要求返还所有利益。除此之外，欧盟还通过《企业课税行为守则》(The Code of Conduct for Business Taxation) 来规制税收竞争行为。总之，作者认为只有欧盟成员国都遵循国家援助制度的规定和独立交易原则（arm's length principle），并按照企

① Treaty on the Functionning of the European Union（TFEU）of 13 December 2007 Article 107，OJC 115（2008）.

业课税行为守则行事，形成研发的良性竞争环境，保持研发税收优惠的透明性，才能减少有害税收竞争的负面影响，才能有利于各国政府加强合作，打击利用税收竞争进行避税的行为。

因有害税收竞争存在诸多弊端，包括影响资源和收入的正常配置、政府收入、税制结构以及公平等，协调公司税税基将在很大程度上规制有害税收竞争的不利影响。欧盟就提出了统一公司税税基的建议（A Common Consolidated Corporate Tax Base，CCCTB）。该概念提出的背景是：目前欧盟成员国的直接税税制在具体税目上已经很接近，但在内部依然存在巨大的差异，特别是会计制度差异及不同会计制度下导致的收入的概念差异（在欧洲存在两种不同的会计制度，一种是税收会计，记入的经营收入等同于税基，另一种是一般会计，记入的经营收入不同于税基，这些经营收入必须经过特殊的处理才转化为税基）。这样不仅税目的协调有问题，税率的协调也有问题，可以说使用统一的税率是不可能的。因此欧盟委员会已不再试图在直接税的税率上进行协调，而主要从事于税基的协调。欧盟委员会认为建立统一公司税税基是消除欧盟企业在欧盟内跨境经营生产障碍的唯一方法。

统一公司税税基具体是指在欧盟至少两个成员国内设有分支机构或常设机构的公司可以依据一套规则来计算其来源于不同成员国的应税收入，而非依据各成员国单独的税基分别计算应税收入。① 该税制最大的特点便是统一的税基。非成员国公司也可以通过在欧盟成员国内的常设机构从该项规则中获益。值得注意的是，统一公司税税基并不会影响欧盟各成员国的税率。因为该制度统一的是税基而非税率，它只是决定了某公司在一个成员国内的应税基础，该成员国还是可以根据本国的税率来就该部分税基征税。②

奥地利维也纳经管大学 Michael Lang 教授对于统一欧盟公司税

① Proposal for a Council Directive on a Common Consolidated Corporate Tax Base（CCCTB），COM（2011）121/4，2011/0058（CNS）；SEC（2011）316 final.

② C. Panayi，The Anti-Abuse Rules of the CCCTB，66 Bull. Intl. Taxn. 4/5（2012），Journals IBFD.

税基的草案提出了自己的建议。但目前统一公司税税基的进程并不顺利：首先，欧盟理事会全体一致同意的表决方式是一个障碍；其次，统一税基复杂的技术方法使得成员国政府极不情愿；最后，部分成员国担心统一的公司税税基意味着税率的协调。①

在 The Principle of Territoriality and Its Implementation in the Proposal for a Council Directive on a Common Consolidated Corporate Tax Base（CCCTB）② 中，Michael Lang 教授首先分析了统一公司税税基（Common Consolidated Corporate Tax Base）的概念，然后从属地管辖原则与双边税收条约的角度分析了统一公司税税基建议中具体的条款。理论上，在欧盟统一公司税税基的实行下，跨国公司就不用再通过转移价格来进行税务筹划。税收竞争仍然会存在，但是会建立在具有更高透明性的制度上。当下，金融危机加剧了欧盟范围内关于税收协调的讨论。基于希腊等成员国较严峻的经济形势，欧盟更愿意实施能有立竿见影效果的措施，如开设新的税种，即金融交易税（Financial transaction tax）来增加欧盟自身的财政预算。③ 成员国也更愿意在经济与财政政策上协调一致，而非马上着手实施统一的公司税税基。在这种背景下，并不能确定何时才能通过该项建议，真正推行统一公司税税基的规则。而这篇文章就是希望通过对现有的建议稿进行审视，对完善具体的规则提出建议，尤其根据属地管辖原则针对非欧盟成员国居民在欧盟范围内或欧盟居民在第三国从事商业活动的税收问题予以研究。

在2012年，在税收竞争方面值得关注的是，国际范围内关于税收与国际竞争力这一主题展开了一场深入的研讨。尤其是美国学

① 翁武耀：《欧盟税收制度概况》，中国财税法治网，2012年10月16日，http：//www.chinataxlaw.org/caishuifadajiangtang/20121041.html，最后浏览于2013年4月8日。

② Michael Lang, Principle of Territoriality and its Implementation in the Proposal for a Council Directive on a Common Consolidated Corporate Tax Base（CCCTB），Florida Tax Review，Vol.13，Issue 6（2012），pp. 305-348.

③ Proposal for a Council Directive on a common system of financial transaction tax and amending Directive 2008/7/EC，COM（2011）594.

界，对于该主题反应热烈。

对此，《纽约大学税法评论》(Tax Law Review) 在 2012 年刊登了一个系列专题来探讨税收制度与国家在国际中的竞争力的关系 (international taxation and competitiveness)。

该讨论最初源于 2012 年美国奥巴马政府出台的税收改革措施，即建议废除对受控外国公司（Controlled Foreign Corporations，CFC）向母公司分配利润的延迟纳税条例。而支持该项建议的理由是原有的 CFC 规则会潜在地鼓励美国本土公司将利润分配到海外以减少在本国的税收，为资本流向外国避税港提供了条件，但这使得美国在与其他国家的竞争中处于不利地位。为了避免继续恶化的有害税收竞争，增强美国的国际竞争力，美国财政部提出了该项改革建议。

就此，美国密歇根大学的 Avi-Yonah 教授在美国税收政策研究所的资助下组织了关于国际税法与竞争力的讨论会议。在 Avi-Yonah 和 Nicola Sartori 的 International Taxation and Competitveness: Introduction and Overview① 一文中，与会学者首先对竞争力 (Competitiveness) 这一概念进行了讨论与界定。Avi-Yonah 教授认为，在国内层面一家公司具有竞争力即表现为能有效地与外国公司竞争，获得资源；在国际层面则体现在一国的公司能够吸引外资投资于本国而非投资于其他国家。对于美国的公司来说，主要就是指本国的跨国公司能与欧盟和日本的跨国公司相抗衡。总体来说，竞争力就是国家间对于有限的和移动的资源的竞争能力。税收可以影响的就是国家间对劳动力、资本和投资机会的竞争。而前 OECD 税收政策和管理中心的主席 Jeffrey Owens 则引用了世界经济论坛 2011—2012 年关于全球竞争的报告来定义竞争力②。竞争力是指以

① Reuven S. Avi-Yonah & Nicola Sartori, Symposium on International Taxation and Competitiveness: Foreward, Tax Law Review, Vol. 65, Issue 3 (Spring 2012), pp. 313-322.

② Jeffrey Owens, The David H. Tillinghast Lecture, Tax Competition: to Welcome or Not?, 65 Tax L. Rev. 173, 2012.

决定一国生产力水平一系列机构、政策和因素等的总和。

其实，综观该系列的讨论文章，可以总结为税收与竞争力的关系主要体现在什么样的税收体制可以提升一国的竞争力，各国又是如何通过不断改革来形成有竞争力的税收体制的。

针对这些问题 Avi-Yonah 教授进行了相关调查来判断不同税率下，美国跨国公司和欧盟跨国公司在竞争投资和劳动力上的优劣比较分析。在 The Effective Tax Rates of the Largest U.S. and EU Multinationals①一文中，作者得出结论：尽管美国的税率在 OECD 内是第二高的，但与欧盟相比，这并没有导致美国在税率导向下的竞争劣势。因为通过分析，美国的企业所得税税率虽然比欧盟平均高 10%，但美国有效的企业所得税基本与欧盟平均水平持平，甚至更低。作者认为由于欧盟采用了更严格的受控外国公司规则（CFC rules），欧盟的企业所得税税基会比美国大。基于此，美国可以适当降低企业所得税税率或对其税制做局部调整，因为这样也并不会影响美国的税收竞争力。最后作者指出，并没有实证的例子来证明美国现行的税制严重影响了美国的国际竞争力而必须以提升竞争力为理由来改革现行税制。

尽管这是一篇基于美国税制改革与国际竞争力的讨论文章，却也为这个主题抛砖引玉。一国的税制确实会对其国际竞争力产生影响，这也是产生税收竞争的主要原因。

根据全球竞争力报告，最容易受税制影响的一国竞争力支柱包括：(1) 机制（Institutions）。良好的法律和政治环境更容易吸引外资，而公平的税收机制便是其题中之义。在有效且有序的税收机制下，投资者也可以节约合规性的成本，公开透明的税务决策机制也将有利于投资者进行决策。此外，在企业与税务征管机关打交道的过程中，企业也更清楚如何作为。(2)宏观经济环境（Macoeconomic Environment）。税收的根本就是将财政收入用于公共支出，提升公共福利。税收与宏观经济环境相互影响，在稳定的宏观经济环境

① Reuven S. Avi-Yonah & Yaron Lahav, The Effective Tax Rates of the Largest U.S. and EU Multinationals, 65 Tax L. Rev. 375, 2012.

下，税收有保障，固定的财政支出才有保障；反之，税收的稳定才表明宏观经济的整体良性。(3)高等教育与培训（Higher Education and Training）。无论采用何种税制，其设计都不应该剥夺人们受教育和培训的权利。(4) 货物市场有效性（Good Market Efficiency）。税收对货物价格的影响应该越少越好；不应违背市场自身的定价规律。良性的税收机制应该发挥资源最有效配置的效果，同时还能纠正负面的外部性（externality）来提升经济有效性。(5) 劳动市场有效性（Labor Market Efficiency）。在通过个人所得税调节收入分配时，良好的税制应该兼顾效率与公平。劳动力的供给也会受税收的影响，因为税制会影响劳动力从一项经济活动转向另一项经济活动的灵活性。(6)金融市场的发展（Financial Market Development）。税收不应该成为进行金融决策的主要障碍，因为金融市场本身的规律就是资本会流向预期投资回报最高的产业或企业。税收更不应该是选择股权性筹资或债权性筹资的主要考虑。(7)市场大小(Market Size)。从国际贸易角度看，税收政策的目标就是为国际贸易消除障碍，而非提升税收贸易壁垒。(8)商业成熟度（Business Sophistication）。一国越高的商业成熟度往往伴随着更精密的税务筹划，所以税收政策决定者应该在鼓励商业创新与打击恶意税收筹划间不断权衡。(9)科技成熟与创新（Technological Readiness and Innovation）。税收优惠在鼓励科技创新与研发上具有重要的推动作用，如何利用税收优惠促进科技创新而不构成补贴以致有害税收竞争也是一国税收政策决策者的重要任务。

回到 Jeffrey Owens 的文章 The David H. Tillinghast Lecture，Tax Competition：to Welcome or Not？如何在税收竞争中获益，是该文讨论的重点。作者认为，税收竞争的前提是建立一套基本的竞争规则和框架。而该框架应该涉及以下几个方面：（1）提升投资性税收优惠的透明性；（2）在设计投资性税收优惠时达成一套自愿性指导的合意；(3)鼓励国家采用“加强关系”(Enhanced Relationship)这一概念；（4）鼓励采取保护税基的措施。在文章最后，作者对于标题中提出的疑问作了肯定的回答。他支持税收竞争，因为良性的税收竞争可以提升国家的竞争力。但他也强调在开放税收竞争前，还是应该建立一套公平、透明、非歧视的竞争机制，加强各国政府间的合作来规制有害税收竞争。

在 International Competitiveness: Who Competes Against Whom and for What?① 一文中，学者 Eric Toder 对税收政策与竞争力的关系提出了自己的看法。他也指出，实际上各国在国际竞争中主要在争夺5个方面的资源：劳动力、金融资本、无形资本、税收以及自然资源。因为这些资源都是对一国经济建设的投入，旨在提升居民的生活水平。税收政策对这几方面资源都有影响。优惠的税收政策往往较容易吸引更多的劳动力和外资。随着资本的全球配置加剧，跨国公司活动愈发频繁，各国都在竭力争取全球资本配置中的税收分配。但作者对于这种竞争政策持批判性的态度。如果一项税收政策是从以提高居民生活水平的角度出发来提升本国的竞争力，那么该政策本身可以被理解为是具有竞争力的政策。但是如果从政策服务于本国与其他国家争夺资源的角度看，一些税收政策并不能被界定为具有竞争力的“好”的政策（good policy）。这也是有害税收竞争产生的原因之一。在国际税收竞争中，某些国家常常会“越过底线”(race to the bottom)，不惜牺牲本国公共利益来争夺资源，其实在综合竞争力上可能造成适得其反的效果。所以作者认为制定税收政策的标准仍然应该秉持基本的经济效率性与公平的原则，在考虑竞争的时候也要顾及成本和得失。

五、国际税收征管与合作

2012年在国际税收征管与合作领域的成果很多，上述篇幅中已有涉及，因为无论是反避税还是避免国际双重征税，甚至是抗击有害税收竞争，都离不开各国税收征管机构间的合作与协调。

① Eric Toder, International Competitiveness: Who Competes against Whom and for What, Tax Law Review, Vol. 65, Issue 3 (Spring 2012): 505-534.

2012 年 1 月于阿根廷布宜诺斯艾利斯召开的税收管理论坛（2012 Forum on Tax Administration）集中地讨论了 OECD 成员国间在税收征管上面临的问题和解决途径。对该论坛研讨结果最集中的成果是前 OECD 税务政策中心主任 Jeffrey Owens 对该论坛成果的总结。在他的文章 Thoughts on the Forum on Tax Administration，Buenos Aires，January 2012① 中，他指出了该论坛的三大成果：（1）致力于提高离岸行为的合规性；（2）加强税收征管与大型跨国公司的关系，特别是提高转移定价行为的合规性；（3）帮助税务征管机构在现阶段经济环境下作出应对。

对于第一个问题，该论坛提供了一个很好的平台，即利用各国间的离岸合规网络功能（Offshore Compliance Network Functioning）来提升各个国家发现、阻止和处理离岸税收规避的行为。对于第二个问题中的转移定价问题，除了需要有效的规制转移定价的政府程序外，还需要简化可行的指导规则，OECD 本身虽然有关于转移定价的指导规则，但不够简化，各国政府需要的是更具有操作性的规则。而在当前经济环境下的税收征管机关的行为准则，应该以灵活性为主。作者总结到，税收征管机构应该提升行为的效率和有效性，向其他国家借鉴有效的实践操作方法。最佳的状态应该是形成良性循环，形成税收征管机构与纳税人之间良好的对话与互动机制，使纳税人自愿合规，达成双赢。在未来，随着技术日新月异的发展，税收征管机构间信息交换渠道会更多更广，税收征管机构间联合行政的机会也越来越多，所以一套政府间合作的完善的行为规则将有利于国际税收合作与协调的深化。

六、热点追踪

通过国际财政协会（IFA）2012 年的讨论主题这一线索，我们可以对国际税法的前沿问题有进一步的了解。

---

① J. Owens，Thoughts on the Forum on Tax Administration，Buenos Aires，January 2012，66 Bull. Intl. Taxn. 3（2012），Journals IBFD.

热点一：对跨境商业服务的税收（enterprise services）

在贸易全球化的大环境下，跨境商业服务蓬勃发展，而与之对应的配套税收规则却不如货物贸易的规则完备，这将衍生一系列的问题，例如如何对产生服务所得的源泉进行认定，如何进行跨国税收分配，在规则瑕疵下是否会产生转移定价的问题等。除此之外，更有基础性的问题需要界定，如对服务的界定与分类，是以服务行为发生地还是消费地作为关联关系的判断依据等。对此，OECD税收协定范本和联合国（UN）税收协定范本已有相应规定，但上述诸多问题仍然有待探讨。

一般为了避免重复征税的问题，双边税收协定会对跨境服务所得的税收进行规定，多数国家会参照OECD税收协定范本或UN税收协定范本来制定双边税收协定。在The Treatment of Service in Tax Treaties①一文中，欧洲的Wim Wijnen教授和Jan de Goede教授以及研究员Andrea Alessi就对不同国家缔结的双边税收协定中关于跨境服务的规定进行了系统的分析和总结。在该文中，作者研究了从1997年4月1日到2011年1月1日世界范围内签订的共计1967项税收协定及其修改协议，最终选定了1586项作为研究对象。同时，作者根据双边税收协定的签署者将条约分为：两个UN成员国间缔结的税收协定；一个UN成员国和一个OECD成员国间缔结的税收协定；以及两个OECD成员国间缔结的税收协定。但是，由于UN税收协定范本与OECD税收协定范本都没有对“服务”给予确切的定义，作者将“服务”界定为任何以为他人工作而获得报酬的行为。同时，作者也对服务进行了分类：对建筑活动的监督和其他服务；由独立代理人提供的服务；由保险公司提供的服务；与国际海运或空运相关的服务；由员工提供的非独立个人服务；由艺术家和运动员提供的服务；双边条约中需要特别处理的离岸服务等。

作者根据以上对服务的分类，找到UN和OECD范本中对应的

---

① W. Wijnen, J. de Goede & A. Alessi, The Treatment of Services in Tax Treaties, 66 Bull. Intl. Taxn. 1 (2012), Journals IBFD.

条款，并以此为参照，统计了上述 3 组分类中双边税收协定参照范本对跨境服务贸易进行规定的比例。最后作者得出结论，原则上各国在制定双边税收协定的时候更愿意参照 UN 或 OECD 的范本，只有当这些规范性条款不足以满足现实需求时各国才会采用更具体的或新的标准。在涉及对服务所得的预扣税时，各国也更倾向于采用独立的条款而非在特许权使用费范围内提供服务的条款；并且独立的服务所得条款、专业服务条款以及独立的个人服务条款之间的区别也越来越不明显。总体来说，该文的数据统计非常详实，研究方法也很值得借鉴，这对于了解双边税收协定中关于跨境服务的税收规定起到了很好的指引作用。

对于该议题，美国学者 Philip R. West 和 Amanda P. Varma 在参加 IFA 年会时就跨境企业服务的专题发表了文章 US Taxation of Cross-Border Enterprise Services①，专门介绍了美国关于跨境服务的各项税收规定。作者指出在确定服务所得来源的时候，美国的一般做法是如果服务发生在美国即被认定为该所得来源于美国。反之，如果服务在美国以外的地方发生，则会被认定为境外来源的收入。

作者也认为讨论对服务进行征税的前提是对服务本身有较明确的界定和分类。作者重点讨论了知识产权行为产生的收入是应被归入按提供知识产权服务发生的收入来征税还是按特许权使用费来征税，以及提供金融服务产生的收入与利息间的区别。一般情况下，要被界定为来源于美国的服务，需要有在美国的“物理存在”(physical presence)，即要有在美国实施行为或提供服务的主体或客体。文中，作者以广播公司的案例解释了界定物理存在的重要性。该案中，一家墨西哥广播公司通过坐落于墨西哥的广播站向美国提供广播节目，该广播站绝大部分听众是美国人，而且 95% 的广告收入也来自美国，广播站负责人也是在美国会见这些广告投资人。如果仅从物理存在的角度看，所有的广播设施都在墨西哥，而所有的广播服务也是在墨西哥发生，只是通过电波传送到美国，

① P. R. West & A. P. Varma，US Taxation of Cross-Border Enterprise Services，66 Bull. Intl. Taxn. 4/5（2012），Journals IBFD.

这样一来，服务便“来源”于墨西哥。但该案中，法院认定服务实际上是来源于传输行为本身，所以传输行为在美国，那么就来源于美国，因此美国有权对该广播服务征税。该案例对认定服务来源地有很好的启发作用，也跳出了刻板的法条理解。但值得注意的是，美国是判例法为主的国家，法官可以自由裁量进行司法解释，可是成文法国家不具备这样的传统，如何清晰地判断服务来源地仍然需要从立法上予以明确。此外，在税收竞争中，各个国家都希望能获得跨境服务在本国的征税权，因此在缺乏统一透明的税收分配规则时，各国对跨境服务的征税更容易演变为有害税收竞争。

此外，作者对电子商务征税也提出了自己的看法。对电子商务服务的征税是跨境服务征税的另一个难点，因为在电子商务中往往很难界定服务的来源地。电子商务是采用数字化电子方式进行商务数据交换和开展商务业务的活动，是在互联网与传统信息技术系统相结合的背景下产生的相互关联的动态商务活动。在实现了书写电子化、信息传递数据化、交易无纸化、支付现代化的同时，也引起了审计环境、审计线索、审计信息的储存介质、审计的技术方法等系列重大变化。而这些使得国际税收中传统的居民定义、常设机构、属地管辖权等概念无法对其进行有效约束，无法准确区分销售货物、提供劳务或是转让特许权，因而电子商务的迅速发展在推动世界经济发展的同时，也给世界各国政府提出了国际反避税的新课题。

作者对该问题的反思在于，要求物理存在的原则是否在电子商务领域也可以同样适用？如果是的话，是否会严重影响美国的税基？如果该原则在电子商务领域造成问题凸显，是否需要调整以及应该如何调整？是否应该以服务提供者本身所在地来确认税收源泉？如果是的话，服务提供者本身较强的移动性也会衍生出其他问题。对于这一系列的问题，作者还没有提出有效的建议。

当从双边税收协定的角度看跨境服务时，作为OECD的成员国，美国是按照OECD税收协定范本来规定跨境服务税收的，即对于来源于服务的收入，服务的源泉国只有在本国有常设机构的情况下才能进行扣税。①

跨境服务在全球经济中日趋提升的重要性与服务自身不断改变的性质向传统的服务税收范例发起了挑战。作者并没有对美国是否应该改变已有的关于服务税收的措施明显表态，但强调了改革始终要以有利于美国的整体利益为出发点。这篇文章虽然是从美国的视觉来阐述跨境服务征税，但其关于服务源泉认定的思考值得借鉴。

热点二：债权与股权的税法区分（the Debt-Equity Conundrum）

债权与股权的税法的区分在实践中对各国的税收与金融体制都会产生影响。因为借贷款支付的利息一般可作为财务费用在税前扣除，而为股权支付的股息一般不得税前扣除。但这种规定容易滋生资本弱化（thin capitalization），即有些企业为了加大税前扣除而减少应纳税所得额，在筹资时多采用债权性筹资而非股权性筹资的方式，以此来达到避税的目的。此外，跨国企业也可以利用不同国家的税收规定，进行跨国的债权与股权筹资分配来进行避税。

这一问题在 2008 年金融危机后尤为凸显。因为对债权性筹资与股权性筹资区分的利用是伴随着金融创新的发展而加强的。在金融危机的情况下，越来越多的企业会考虑利用金融工具的杠杆效应来进行国际税务筹划，达到国际避税套利的目的。这不仅会侵蚀不同国家的税基，更会滋生道德风险，因而成为各国税务征管机构不得不应对的当务之急。

针对该议题，欧洲著名财税法学教授 Wolfgang Schön 在 The Distinct Equity of the Debt-Equity Distinction② 一文中对该问题做了较详尽的探讨。他首先解释了存在债权与股权区分的原因，然后分别从个人所得税、企业所得税和国际税法的角度分析了该区分可能导致的问题，并对这些问题提出了相应的解决建议。他认为，一般情况下，借贷款支付的利息可作为财务费用在税前扣除，而为股权

① Article 7：Business Profits，OECD Model Tax Convention on Income and Capital（22 July 2010），Model IBFD.

② W. Schön，The Distinct Equity of the Debt-Equity Distinction，66 Bull. Intl. Taxn. 9（2012），Journals IBFD.

支付的股息不得税前扣除，所以会产生“债权偏重”(debt bias)，即作为企业会更多利用债权性筹资来达到避税目的而导致对债权的倾向性使用。这其实是对税收中性下平等待遇原则的违背，更可能增加企业的破产风险，危害投资人的利益。

学术界主要对这种利用债权与股权区分的行为提出了两种不同的应对措施：以英国学者为代表的ACE（the allowance for corporate equity）模式，即对股权所产生的股息分配可以进行税前扣除；以美国学者为代表的CBIT（the comprehensive business income tax）模式，即债权产生的利息支付不得主张税前扣除。这两种方法都是为了谋求在债权与股权的区分中，特别是在债权偏重的情况下达到一种平衡。而作者认为这些方法的本质是消除债权与股权的界线，因为这种区分常常会引发双重征税或双重不征税，只有消除这种区分，才能避免利用区分进行税务筹划的情况。但是现阶段在实践操作上还存在一定障碍。所以他建议在当前情况下，在个人所得税中，合伙关系与借贷关系的区分应依照合资企业模式处理；在企业所得税中，债权与股权的区分应依照公司的意志来处理资金的分配；而在国际税收中，从源泉国产生的贷款利息也应该在源泉国进行扣税。

针对同样的议题，美国学者Peter H. Blessing则从不同的角度进行了阐释，并提出了解决问题的途径。在其文章The Debt-Equity Conundrum-A Prequel①中，作者着重从金融工具的使用角度出发来探究债权与股权的划分。文章首先立足美国本土，介绍了在金融危机的促使下，美国议会于2011年7月13日对《美国国内税收法》(US Internal Revenue Code）中关于债权与股权的区别对待进行了听证。2012年2月奥巴马政府提出了企业所得税改革的建议，即鉴于债权偏重和宏观经济的考虑，希望削减税前利息扣除的额度。在此背景下，作者认为有必要重新审视债权与股权的区分。金融工具是利用债权与股权区分最直接的体现。

① P. H. Blessing, The Debt-Equity Conundrum-A Prequel, 66 Bull. Intl. Taxn. 4/5 (2012), Journals IBFD.

对此，作者提出了混合性金融工具的概念，即在一国国内法规定下，金融工具本身可兼具债权和股权的双重属性，如优先股、可转换债券、参与贷款、永久债权、强制性可转换票据等。对于这些金融工具的属性划分，作者主张税收征管机构采用实质重于形式的原则作为分类依据。由此作者提供了两个思路来解决债权与股权区分导致的税收问题：即在已有的债权股权框架内，一方面可以通过制定防止资本弱化的规则来进行规制，该措施也早已被 OECD 采纳；另一方面可以借鉴金融学的理论来界定债权利息的税前扣除比例。从学理的出发，作者也提出了四项建设性选择方案：债权产生的利息与股权产生的股息都不得主张在税前扣除；债权产生的利息支付不得主张在税前扣除，但允许对名义无风险的回报进行扣除，无论该所得来源于债权或股权；对股权所产生的股息分配可以进行税前扣除；对债权产生的利息和股权产生的股息都允许税前扣除。

七、结 语

综观 2012 年欧美财税法学者在国际税法领域的研究成果，可以看出国际税法领域新的研究趋势和各国面临的新挑战。这为我国在国际税法研究方面提供了重要的资料和研究经验。我国在今后的国际税法研究中，除了借鉴外国专家学者的研究成果，还应该从本国实际出发，随着中国在国际舞台上角色的转变，加强与其他国家的合作，在国际税法领域多发出自己的声音。

欧美金融法前沿问题追踪

武汉大学法学院　冯　果　李安安

金融法立足于金融市场，以满足市场诉求和回应社会关切为己任，天生具有贴近生活、解释实践的内在品性。在变动不居的社会生活中，原来许多被奉为金科玉律的金融监管与创新的理论、金融法律原则与制度均面临着巨大的挑战与革新压力，各国不得不对原有的金融监管模式与金融法律制度等作出深刻反思并进行大刀阔斧的调整，其中欧美金融法制的变革无疑最值得关注。本文拟通过梳理欧美金融法在近两年内的发展脉络来揭示其动态走向，希冀为完善我国的金融法制提供最新的经验素材。

一、金融监管理论与实践的最新发展

（一）金融危机成因的公司法解释

谈及金融监管，肇始于2008年的金融危机是个绕不开的话题。虽然本次金融危机的硝烟逐渐淡去，但对本次金融危机原因与发生机理的揭示依然是欧美金融法学者孜孜以求的研究课题。当然，研究角度与立场的不同必然会得出不同的结论。如有学者将本次危机归因于流动性过剩的宏观经济环境、美国与亚洲之间的储蓄失衡、次级抵押贷款诱发的宏观经济风险、信用评级机构失信带来的利益冲突、放松管制理念的滥觞等。① 有学者则认为美国国际集团(AIG)、贝尔斯登、雷曼兄弟等金融巨头在金融危机中的相继惨败，加剧了金融恐慌和经济衰退，并将金融领域的风险扩散到了其他领域，对金融危机起到了推波助澜作用。② 官方对金融危机的解释明显与学界有所差异。金融危机过后，美国官方成立了金融危机调查委员会（Financial Crisis Inquiry Commission，FCIC），其调查结论认为本次金融危机本是可以避免的，导致危机的因素包括：金融调控与金融监管的普遍失败；众多事关全局的金融机构在公司治理与风险管理方面的戏剧性失败；过度借贷、风险投资与缺乏透明度；问责制与道德的系统性崩溃等。③ FCIC 还发现，美国政府与

① Kenneth E. Scott, The Financial Crisis: Causes and Lessons: Ending Government Bailouts as We Know Them: Part I—The Crisis (Rock Ctr. for Corporate Governance at Stan. Univer., Working Paper No. 67, 2009), available at http://ssrn.com/abstract=1521610; Jon Hilsenrath & Luca Di Leo, Fed Chief Edges Closer to Using Rates to Pop Bubbles, Wall St. J., Jan. 4, 2010, at A3, available at http://online.wsj.com/article/SB126253288955613905.html; Charles Calomiris, A Recipe for Ratings Reform, 6 Economists' Voice 2 (Nov. 2009), available at http://www.bepress.com/ev/vol6/iss11/art5; Adam J. Levitin, The Crisis without a Face: Emerging Narratives of the Financial Crisis, 63 U. Miami L. Rev. 999, 1002 (2009).

② Compare Thomas Ferguson & Robert Johnson, The God that Failed: Free Market Fundamentalism and the Lehman Bankruptcy, 7 Economists' Voice 1, 5 (2010), with John H. Cochrane & Luigi Zingales, Lehman and the Financial Crisis, Wall St. J., Sept. 15, 2009, at A21.

③ U.S. Fin. Crisis Inquiry Commen, The Financial Crisis Inquiry Report (2011), available at http://www.gpoaccess.gov/fcic/fcic.pdf. 对于英国及全球金融危机具体原因的揭示，可参见：Fin. Servs. Auth., The Turner Review: A Regulatory Response to the Global Banking Crisis (2009), available at http://www.fsa.gov.uk/pubs/other/turner_review.pdf. 对于欧盟金融危机具体原因的揭示，可参见：The High-Level Grp. on Fin. Supervision in the EU, Report (2009), available at http://ec.europa.eu/internal_market/finances/docs/de_larosiere_report_en.pdf. Book-length treatments include: John Cassidy, How Markets Fail: The Logic of Economic Calamities (2009); Robert W. Kolb, The Financial Crisis of Our Time (2011); Andrew Ross Sorkin, Too Big to Fail: The Inside Story of How Wall Street and Washington Fought to Save the Financial System from Crisis—and Themselves (2009); Joseph E. Stiglitz, Freefall: America, Free Markets, and the Sinking of the World Economy (2010); Gillian Tett, Fool's Gold: How the Bold Dream of a Small Tribe at J.P. Morgan Was Corrupted by Wall Street Greed and Unleashed a Catastrophe (2009).

监管部门对金融危机的爆发缺乏足够的心理准备，其反应的迟钝加剧了金融市场的不确定性与恐慌的蔓延。

从公司法的角度来研究金融危机，是一种颇有研究价值的新思路。有学者以花旗为视角，分析了金融公司的过度冒险行为在金融危机发生过程中所扮演的角色，建议充分发挥公司法在预防金融危机发生中的作用。① 众所周知，花旗曾是全球最大的银行控股公司，但在2007年年底到2008年，花旗因参与包装和销售担保债务凭证（Collateralized Debt Obligation，CDO）而巨亏65亿美元，一度面临生存危机，不得不求助于美国联邦政府的救市计划。② 抑制诸如花旗这样的金融公司的过度冒险行为：一是要加强对金融公司商业活动的监管，如限定商业银行对单一借款人的借贷比例；二是要强化金融机构的资本约束，如设定金融公司主要股东的最低资本门槛，避免其道德风险的发生；三是对金融公司高管薪酬作出合理规定，做到激励与约束相结合；四是对于不合理风险给公司带来损失的情况追究相关当事人的责任，尽量避免管理层疏忽行为的发生；五是通过公平、公开和公正的管理层遴选制度来改善金融公司治理结构，强化董事与职业经理人的信义义务。③ 上述措施中，加强商业活动监管和资本约束属于银行法的规制措施，而高管薪酬监管、从事冒险行为的责任承担与管理层遴选监督的法律性质在美国法中存在争议。花旗作为一家在特拉华州注册的公司，上述三项行

---

① Richard Posner，A Failure of Capitalism：The Crisis of ‘08 and the Decent Into Depression 269（2009）；James Fanto，Anticipating the Unthinkable：The Adequacy of Risk Management in Finance and Environmental Studies，44 Wake Forest L. Rev. 731，732，745（2009）.

② Andrew Martin & Gretchen Morgenson，Can Citigroup Carry Its Own Weight?，N. Y. Times，Nov. 1，2009，at BU1，available at http：// www. nytimes. com/2009/11/01/business/economy/01citi. html；Eric Dash & Julie Creswell，The Reckoning：Citigroup Saw No Red Flags Even as It Made Bolder Bets，N. Y. Times，Nov. 23，2008，at A1，available at http：//www. nytimes. com/2008/11/23/business/23citi. html.

③ Franklin A. Gevurtz，The Role of Corporate Law in Preventing a Financial Crisis：Reflections on in re Citigroup INC. Shareholder Derivative Litigation，Pacific McGeorge Global Business & Development Law Journal，2010.

为无疑均应受到特拉华州公司法的调整，这也正是花旗的股东可以针对花旗在 CDO 交易中巨亏以及前任首席执行官的薪酬问题在特拉华州衡平法院提起代表诉讼的原因。① 但具体到花旗的子公司，情况就另当别论了。根据美国法，美国联邦存款保险公司有权在投保银行破产时对其董事和高管提起索赔，这相当于对金融公司的重大过失行为设定了责任机制。针对金融公司的高管薪酬问题，美联储于 2009 年 10 月制定了薪酬激励政策，适用于所有的成员银行与银行控股公司，这一薪酬政策被认为是为了预防金融公司从事过度冒险行为。② 至于金融机构的管理层遴选问题，美国的银行法中不乏股东选举董事以及董事任免等规定，银行更是在其章程中习惯性授权监管机构行使罢免董事、高管以及关联方的权力。③ 整体而言，在规制金融机构过度冒险行为方面，公司法在“朝底竞争”的浪潮中不断放松管制，呈现出一种结构性的虚弱状态。

（二）金融监管：如何走出“捕获”魔咒？

监管捕获理论可以说是公共与社会选择理论的核心概念范畴，无论是监管理论中的保守主义派还是自由主义派，无不深受监管捕获理论的影响。在本次金融危机过后，有学者认为应当从以下方面

---

① Delaware courts do not have exclusive jurisdiction in cases involving the internal affairs of Delaware corporations, and, indeed, a securities fraud action pending in New York also asserted claims for breach of fiduciary duty against Citigroup directors and officers based upon the CDO losses. Nevertheless, the Delaware Chancery Court in Citigroup refused to stay the Delaware action, in part because Delaware law would control. See Citigroup Inc. Shareholder Derivative Litig., 964 A. 2d at 115-119 (Del. Ch. 2009).

② James Morphy, Fed Proposes Incentive Compensation Policies for Banking Organizations, Harv. L. Sch. Forum on Corporate Governance and Fin. Regulation, Nov. 3, 2009, http://blogs.law.harvard.edu/corpgov/2009/11/03/fed-proposes-incentive-compensation-policies-for-banking-organizations/#more-5029.

③ 12 U.S.C. § 1818 (b) (3) (2008) (treating a holding company like a state insured bank for purposes of Section 1818 (e)).

重新审视监管捕获理论，并作出相应的制度变革：① （1）关注公司、股东与利益相关者之间的利益平衡。长期以来，无论理论还是实践，对金融机构的利益相关者不够重视，如罗伯特·达尔的经济民主理论主张在公司资本主义的视域内实现自由与平等的均衡，其实质是排除消费者、纳税人、小型金融机构等利益相关者在公司治理中的作用。为了矫正金融机构扭曲的利益结构，必须将利益相关者引入其治理结构中，以与金融机构及其股东形成相互制衡的三方机制。②（2）限制业内人士的影响。不少人建议限制金融机构的规模与复杂性，更激进的观点则主张将大型金融机构分拆成若干小型金融机构，但这些建议因遭遇到强烈的行业抵制和行政阻挠而难以落实，美国金融稳定监管委员会与财政部对此亦未置可否。③（3）打造结构与资源合理配置的监管机构。金融机构设置的交叉与重叠，带来了监管竞次、监管套利等诸多问题，引发了复杂的利益冲突。近期，美联储正在努力通过提高运营透明度，加强审计信息披露等举措以解决监管捕获难题，但其改革依然任重道远。④（4）更

① Lawrence G. Baxter, "Capture" in Financial Regulation: Can We Channel it Toward the Common Good? Cornell Journal of Law & Public Policy, Fall 2011.

② Robert F. Weber, New Governance, Financial Regulation, and Challenges to Legitimacy: The Example of the Internal Models Approach to Capital Adequacy Regulation, 62 Admin. L. Rev. 783, 842-45 (2010); Robert F. Weber, Combating the Teleological Drift of Life Insurance Solvency Regulation: The Case for a Meta-Risk Management Approach to Principles-Based Reserving 8 Berkeley. Bus. L. J., 35, 109-15 (2011).

③ Jonathan R. Macey & James P. Holdcroft, Jr., Failure is an Option: An Ersatz-Antitrust Approach to Financial Regulation, 120 Yale L. J. 1368 (2011); Virtually All Independent Financial Experts Say That the Size of Big Banks is Hurting the Economy, Washington's Blog (Jan. 11, 2011, 7: 57 PM), http: // www. washingtonsblog. com/2011/01/virtually-all-of-leading-financial. html.

④ Joe Nocera, Op-Ed, Letting the Banks Off the Hook, N. Y. Times, Apr. 18, 2011, http: // www. nytimes. com/2011/04/19/opinion/19nocera. html; Rachel E. Barkow, Insulating Agencies: Avoiding Capture Through Regulatory Design, 89 Tex. L. Rev. 15 (2010).

好地发挥监管者的制度角色。事实证明，并非只有薪酬才能激励监管者更好地发挥其作用，如已有学者证实了声誉与名望是如何帮助美国食品与药品管理局提高其监管质量的，美国证券交易委员会（Securities and Exchange Commission，SEC）也有通过威信来降低被行业捕获概率的成功先例。①

（三）金融集团的监管困局及其突围

1999 年 10 月 25 日，美国政府宣布取消《拉各斯-斯蒂格尔法》，同年 11 月 4 日，美国参、众两院通过了《金融服务现代化法》，确立了银行业、证券业与保险业之间参股和业务渗透的合法性，提出了全新的“金融控股公司”模式，也相继催生了一批航空母舰式的金融集团。对于金融集团，美国采取的是多头监管模式，包括美联储、财政部、货币监理署（OCC）、储蓄机构监管署（OTS）、联邦存款保险公司（FDIC）、SEC、商品期货交易委员会（CFTC）、全国信用社管理局（NCUA）、联邦住房监理署（OFHEO）、证券投资者保护公司（SIPC）等机构均享有相应监管权。② 在 2008 年的金融危机中，美国的这种多头监管模式暴露出诸多问题，如监管标准的不一致（尤其是资本充足率的监管标准）令被监管者无所适从，面对系统性金融风险无法形成监管合力，金融控股公司无法及时化解子公司的风险，严重的监管竞次与监管套利问题，以及巨型金融机构的“太大不能倒”问题。③ 这些问题本应该被预见

① Lawrence Baxter, Capture III: Authority and Prestige, The Pareto Commons (June 17, 2010), http://www.theparetocommons.com/2010/06/capture-iii-authority-and-prestige/; George A. Akerlof & Rachel E. Kranton, Identity Economics: How Our Identities Shape Our Work, Wages, and Well-being 48-51 (Princeton Univ. Press 2010).

② Elizabeth F. Brown, E Pluribus Unum—Out of Many, One: Why the United States Needs a Single Financial Services Agency, 14 U. Miami Bus. L. Rev. 1, 6 n.7 (2005).

③ Elizabeth F. Brown, The New Laws and Regulations for Financial Conglomerates: Will They Better Manage the Risks Than the Previous Ones? American University Law Review, June, 2011.

到，因为在金融危机发生之前，人们对次级贷款证券化、掠夺性贷款、游离于监管之外的金融衍生品的风险已有深刻认知。正如有学者所指出的那样，金融监管者是现有监管体制的既得利益者，他们从不缺乏对金融危机的想象力，缺乏的只是改变现状的政治意愿与压力而已。①

针对金融集团带来的问题，《多德-弗兰克法案》作出了有针对性的制度设计：

首先，降低金融集团“寻租”监管者的能力。具体措施包括：(1) 取消 OTS 的控股公司监管者地位。作为《多德-弗兰克法案》的一部分“加强金融机构安全与稳健 2010 法案”，将 OTS 对储蓄的监管职能全部移交给 OCC，并将 OTS 对储蓄类控股公司的监管职能全部移交给美联储。② (2) 取消 SEC 的控股公司监管者地位。《多德-弗兰克法案》要求证券类控股公司归美联储监管，并消除了投资银行控股公司自行选择 SEC 作为监管者的能力，以此终结 SEC 对金融集团的监管权。③ (3) 防止特定银行控股公司逃避美联储的监管。法案规定，金融集团不能通过分拆子公司或改变子公司章程等形式转变为金融控股公司或银行控股公司，也不能通过接受问题资产救助计划（Troubled Asset Relief Program，TARP）的资金资助来逃避美联储的监管。④ (4) 要求特定非银行金融公司接受美联储监管。法案创设了金融稳定监管委员会（The Financial Stability Oversight Counsel，FSOC）这一机构，其有权对划归美联储的非银行金融公司进行分类监管。为了帮助 FSOC 更好地履行这一职责，

---

① Fin. Crisis Inquiry Comm'n, The Financial Crisis Inquiry Report xxiii, 41-42, 55 (2011), available at http: // fcic-static. law. stanford. edu/cdn_media/fcic-reports/fcic_final_report_full. pdf; Bethany McLean & Joe Nocera, All the Devils Are Here, 2010: 40-42, 63-68, 174-76.

② Dodd-Frank Act, Pub. L. No. 111-203, § 312, 124 Stat. 1376, 1521-22 (2010) (to be codified at 12 U. S. C. § 5412).

③ Dodd-Frank Act § 617, 124 Stat. 1616 (to be codified at 15 U. S. C. § 78q) (eliminating 15 U. S. C. § 78q (i) and giving the Federal Reserve the power to regulate securities holding companies).

④ Dodd-Frank Act § 617, 124 Stat. 1616 (to be codified at 15 U. S. C. § 78q).

法案还列举了 10 项指标供其参考。① 上述四个方面对于减少金融机构的监管套利行为具有积极意义，但美联储是否能够成为好的监管者，FSO 是否有能力维护金融稳定等问题仍不无疑问。②

其次，改进对控股公司的监管。（1）《多德-弗兰克法案》建立了统一的资本充足率最低标准。法案规定的最低资本充足率不仅适用于存款保险机构、银行控股公司，而且适用于受美联储监管的非银行金融机构。该资本充足率最低标准不仅包含了具有普遍适用性的最低杠杆资本要求，而且包含了基于风险的资本要求。③（2）法案赋予美联储更大的权限来调查控股公司的附属子公司。（3）FSOC 提供了一个机构间论坛，以促进信息共享和协调监管活动。

最后，尽力克服“太大不能倒”问题，主要措施是限制金融集团的增长，授权 FSOC 就金融集团的大小与复杂性所带来的问题提出解决建议，为金融集团建立规范的清算程序，禁止使用纳税人资金救助陷入困境的金融公司等。当然，这些措施并不能完全封堵金融机构扩张的法律漏洞，FSOS 事实上也没有权力要求美联储采纳新的监管标准。陷入困境的企业即使得不到纳税人资金的救助，也会受到政府的其他资助，因此，有关机构就金融机构清算所达成的协议最终将难以落实。④ 对此，有学者无奈地表示，我们的境遇

① Dodd-Frank Act § 113, at 1398 (to be codified at 12 U. S. C. § 5323).

② Fed. Deposit Ins. Corp., Failures and Assistance Transactions Interactive Database, Summary Report of Years 1970 to 2010, available at http: //www2. fdic. gov/hsob/SelectRpt. asp? EntryTyp = 30. Fin. Crisis Inquiry Comm'n, The Financial Crisis Inquiry Report xx, 46-48, 152 (2011), http:// fcic-static. law. stanford. edu/cdn_media/fcic-reports/fcic_final_report_full. pdf.

③ Dodd-Frank Act § 171 (a) (2) (B), at 1436 (to be codified at 12 U. S. C. § 5371).

④ Arthur E. Wilmarth Jr., The Dodd-Frank Act: A Flawed and Inadequate Response to the Too-Big-to-Fail Problem, 89 Oregon L. R. 50-54, 2011, available at http: //papers. ssrn. com/sol3/papers. cfm? abstract_ id = 1719126. Rosa M. Lastra, Northern Rock and Banking Law Reform in the UK, in The Failure of Northern Rock: A Multidimensional Case Study 133-34 (Tim Congdon et. al. eds., 2009), http: //www. suerf. org/download/studies/study20091. pdf.

似乎比过去好了许多，但《多德-弗兰克法案》留下的缺漏让人担心，国会在将来还会记得法案的多少条款也不无疑问，继续改革美国的金融监管框架可以说是未竟的任务。①

与此同时，学界针对大型金融机构“太大不能倒”的难题，也提出了不少有价值的解决建议。如有学者从股权资本与长期债务两个层面探索设计了一种化解机制，其中股权资本的要求是依据信用违约掉期（Credit Default Swap，CDS）的价格做出，而非依据信用评级机构做出。政府对金融机构“太大不能倒”的干预方式应当以履行系统性的责任为基础，而不是仅因为金融机构风险过大就惩罚长期债务持有者。这种机制既可以确保金融机构不面对破产风险，同时也可以受到债务约束。②

（四）信用评级监管：“看门人”理论的失灵与补救

信用评级作为现代社会生活中的一个普遍事实，起因于非专家人士希望专家将复杂的信息加工成易于利用的富豪和排名的需要。信用评级机构在社会经济活动中充当着“声誉中介”和“特许的给予者”的双重角色，与审计机构、公司律师、证券分析师等市场中介组织共同被视为“看门人”（Gatekeepers）。③ 关于信用评级机构的独特作用，《纽约时报》专栏作家 Thomas L. Friedman 曾经写道：“在我看来，当今世界上有两个超级强权。一个是美国，一个是穆迪债券评级公司。美国能够扔炸弹来毁灭你，而穆迪则能够通过对你的债券降级来毁灭你。并且，相信我，很多时候很难说哪一个更强大。”④ 然而，在本次金融危机中，信用评级机构丧失了

---

① Elizabeth F. Brown, The New Laws and Regulations for Financial Conglomerates: Will They Better Manage the Risks Than the Previous Ones? American University Law Review, June, 2011.

② Oliver Hart and Luigi Zingales, A New Capital Regulation for Large Financial Insititutions, American Law and Economics Review, Fall, 2011.

③ 约翰·C. 科菲著：《看门人机制：市场中介与公司治理》，北京大学出版社 2011 年版，第 2~8 页。

④ Frank Partnoy, The Siskel and Ebert of Financial Markets: Two Thumbs Down for the Credit-Rating Agencies, 77 Wash. U. L. Q. 619.

独立公正的职业立场，从资本市场的“看门人”沦落为金融危机的“助推器”，其对投资者所负有的信赖义务与专家责任几乎丧失殆尽。根据美国金融危机调查委员会 2011 年的报告，信用评级机构根本没有对包括 CDO 在内的结构性金融产品给出正确的风险揭示和评级，甚至连一半的风险都没有捕捉到，正是由于高高在上的评级才诱使投资者竞相购买高风险金融产品，也正是由于这些复杂金融产品评级的降低以及市场信心的崩溃导致了众多金融机构的失败。①

保险行业信用评级机构监管的失灵为我们审视“看门人”理论提供了一个非常好的视角。例如在美国，保险监督官协会（National Association of Insurance Commissioners，NAIC）设有证券估价办公室（The Securities Valuation Office，SVO），其职责主要是通过检查保险公司的投资的信用质量来监控保险公司的财务状况。然而，自 1907 年设立以来，SVO 一直欠缺保险公司的信用风险工具，不得不依赖其他信用评级机构的评级作为基准。在 1998 年，虽然有人建议 SVO 改变对信用评级机构的依赖现状，但 SVO 并没有采取积极行动。到了 2000 年，美国保险监督官协会对符合投资等级的公司与市政债券采取了一种临时性的监管豁免政策。按照这一政策，符合投资等级的公司与市政债券不再受 SVO 审查，除非监管机构提出要求。② 在 2004 年，美国保险监督官协会又采纳了备案豁免规则，进一步限制了 SVO 的权力。公共评级机构的存在

① Fin. Crisis Inquiry Comm’n, The Financial Crisis Inquiry Report 226 (2011); Manuel Adelino, Do Investors Rely Only on Ratings? The Case of Mortgage-Backed Securities 1, 36 (Nov. 24, 2009); Adam Ashcraft ET AL., Fed. Res. Bank of N. Y., Staff Report No. 449, Mbs Ratings and the Mortgage Credit Boom 1-5 (2010); Richard Stanton & Nancy Wallace, CMBS Subordination, Ratings Inflation, and the Crisis of 2007-2009 1-5 (Nat’l Bureau of Econ. Research, Working Paper No. 16206, 2010).

② Nat’l Ass’n of Ins. Comm’rs, Statement and Testimony by Chris Evangel Before the NAIC’s Working Group Public Hearing—Nov. 18, 2010 at 3, available at http://www.naic.org/documents/committees_e_rating_agency_evangel_ comments. pdf.

是解决评级机构自身问题的关键,① SVO 因为采取了听从命运安排的保守做法而失去了将自身变成独立运作的公共信用评估者的良机。颇具戏剧性的是，几年后，保险行业信用评级存在的问题全面暴露出来，这与美国保险监督官协会及SVO 的运作失灵不无关系。

金融危机过后，美国 SEC 和国会并没有缩减信用评级机构的监管权限，而是鼓励新的评级机构进入市场，以试图改进该行业的整体表现，这无疑契合了 2006 年《信用评级机构改革法案》(Credit Rating Agency Reform Act，CRARA）的立法旨趣。有学者对此认为，SEC 与国会的做法会进一步降低信用评级业的声誉，导致证券发行人为迎合监管要求而不计手段地取悦信用评级机构以获取更好的评级。② 在 2009 年 2 月，美国保险监督官协会成立了工作组，用来收集和评估评级信息，以发现造成该行业弊端丛生的制度原因。监管者正在考虑重新启动 SVO，甚至想将其打造成为一个公共的信用评级机构。③ 在 2011 年 11 月底，NAIC 下属的工作组已经完成了对金融危机期间发行的市政债券、公司债券以及结构性金融产品的信用评级调查工作，NAIC 正在考虑如何改变市政债券

---

① Milosz Gudzowski，Note，Mortgage Credit Ratings and the Financial Crisis：The Need for a State-Run Mortgage Security Credit Rating Agency，2010 Colum. Bus. L. Rev. 245，248，264-80.

② Patrick Bolton，Xavier Freixas & Joel Shapiro，The Credit Ratings Game 3 (Nat'l Bureau of Econ. Research，Working Paper No. 14712，2009)；Vasiliki Skreta & Laura Veldkamp，Ratings Shopping and Asset Complexity：A Theory of Ratings Inflation，56 J. MONETARY ECON. 678，679 (2009)；Bo Becker & Todd Milbourn，Reputation and Competition：Evidence from the Credit Rating Industry 14 (Feb. 12，2009).

③ Michael Mcraith，Nat'l Ass'n Ins. Comm'rs，Evaluating the Risks Associated with Naic Reliance on Nrsro Credit Ratings—Final Report of the Rating Agency Working Group to the Financial Conditions Committee 1 (2010)；Chris Evangel，Managing Dir.，Sec. Valuation Office，Panel 1—Use of Ratings in Regulation，11 (Sept. 24，2009)，available at http:// www. naic. org/documents/committees_e_rating_agency_090924_panel1_evangel. ppt.

过度依赖信用评级的现状，以及如何调整对结构性证券产品的信用评级问题。①

（五）影子银行的监管盲区及其填补

现在一个被公认的事实是，影子银行系统显著的不透明是造成2008年金融体系不稳定的关键肇因之一。② 所谓“影子银行”，是指通过杠杆操作持有大量证券和复杂金融工具的非银行金融机构，如对冲基金、私募股权基金等非传统的金融工具。③ 影子银行的实质是通过银行贷款的证券化从而进行信用扩张，即把传统的银行信贷关系演变为隐藏在证券化中的信贷关系。影子银行证券化的产品包括住房贷款证券化、资产支持商业票据、结构化投资工具、拍卖利率优先证券、可选择偿还债券、可变利率票据等信用扩张工具。20世纪90年代以降，包括投资银行、保险公司和对冲基金在内的非银行金融机构已经形成了规模庞大的金融中介和金融投资者队伍，不断侵蚀包括信用卡应收账款、商业贷款、住房抵押贷款在内的传统商业银行的业务领地。投资银行通过资产证券化可以向金融机构发行CDO来获取融资，由于CDO的发行一般享有美国证券法的豁免，所以这些投资的最终风险往往处于不确定状态。④ 当住房抵押贷款在2007年出现大规模损失时，这种风险的不确定性便诱

① Revised Draft Amendment to Purposes and Procedures Manual to Provide Final Instructions for Modeled and Non-Modeled Securities, Nov. 7, 2011, at 11; Robert Carcano & Hankook Lee, The Revised Recalibration Proposal, Aug. 3, 2011, at 1, 13, available at http://www.naic.org/documents/committees_e_capad_vos_c1_factor_review_sg_related_docs_svo_proposal_attachment4.pdf.

② Viral V. Acharya et al., Derivatives: The Ultimate Financial Innovation, in Restoring Financial Stability: How to Repair a Failed System 233, 241 (Viral V. Acharya & Matthew Richardson eds., 2009).

③ Kenneth W. Dam, The Subprime Crisis and Financial Regulation: International and ComparativePerspectives, 10 CHI. J. INT'L L. 581, 605-06 (2010).

④ Ernst & Young LLP, Financial Reporting Developments: Accounting for Certain Investments in Debt and Equity Securities (2009).

发了银行倒闭风潮，并最终摧毁了贝尔斯登与雷曼兄弟。①

美国的金融监管法律素以完备著称，但其对影子银行的监管却存在巨大漏洞。无论是1933年的《证券法》、1934年的《证券交易法》，还是1940年的《投资公司法》与《投资顾问法》，均对影子银行网开一面。究其原因，主观上是因为影子银行的业务被认为有利于金融市场、经济发展和投资者，客观上则是因为存在法律监管的实际困难。《多德-弗兰克法案》已经废除了《投资顾问法》关于投资顾问豁免的规定，并设置了金融稳定监管委员会（Financial Stability Oversight Council，FSOC）这一机构作为影子银行的登记主管机关，填补了影子银行（包括离岸影子银行）的监管空白，对于完善美国的金融监管制度具有重要意义。②

（六）金融监管全球合作的现实与前景

迄今为止，二十国集团（G20）领导人已经举行了6次峰会，开展了卓有成效的金融监管全球合作。其中，2008年11月在华盛顿举行的第一次峰会通过了后危机时代的金融监管改革议程，2009年4月在伦敦举行的第二次峰会建立了负责推进全球金融监管改革合作的机构——金融稳定理事会（Financial Stability Board，FSB），2009年9月与2010年7月的第三、四次峰会维持了金融改革承诺，2010年11月在韩国举行的第五次峰会则提出要建立“新的金融监管框架”。③ 目前，G20与FSB对金融监管的重点主要放在了下列五个领域：（1）资本、杠杆、流动性与周期性监管；（2）场外金融衍生工具市场监管；（3）会计准则监管；（4）高管薪酬监管；

---

① Viral V. Acharya & Matthew Richardson, Mortgage Origination and Securitization in the Financial Crisis, in Restoring Financial Stability: How to Repair a Failed System 61, 74 (Viral V. Acharya & Matthew Richardson eds., 2009).

② Alexander Goodenough, Dodd-Frank: Regulating Systemic Risk in the Offshore Shadow Banking Industry, George Mason Journal of International Commercial Law, Fall, 2011.

③ Douglas W. Arner, Adaptation and Resilience in Global Financial Regulation, North Carolina Law Review, June, 2011.

（5）对冲基金、证券化、信用评级及其机构的监管。①

根据20国集团倡议，在金融稳定理事会、巴塞尔委员会（The Basel Committee on Banking Supervision）等国家组织的主导下，国际金融监管制度在近两年已取得较大进展：（1）改革国际金融监管治理架构。在金融稳定论坛基础上改制建立的FSB成员已扩大到包括“金砖四国”（BRIC）等在内的主要新兴市场经济体，以及巴塞尔委员会、国际证监会组织（International Organization of Securities Commission，IOSCO）、国际保险监督官协会（International Association of Insurance Supervisors，IAIS）等机构，成为国际金融监管制度制定和实施的协调机构。（2）加强大型复杂金融机构监管。金融稳定理事会提出了一整套降低大型复杂金融机构道德风险的工作方案，包括建立识别重要机构的指标体系和方法、对全球35家超大型跨境金融机构建立金融监管联席会议、对大型金融机构实施更加严格的审慎性监管标准、降低大型金融机构倒闭影响等。（3）扩大金融监管范围。国际金融监管组织普遍性地加强了对表外衍生交易和对冲基金的监管，加强了评级机构的外部约束，提升了不同金融市场监管标准的一致性。②此外，2010年9月12日，巴塞尔委员会发布了新的全球最低资本要求标准，即《巴塞尔协议Ⅲ》。③新协议严格规定了一级资本，简化了二级资本，取消了三级资本，这将对全球金融监管带来深远的影响。

---

① FSB, Overview of Progress in the Implementation of the G20 Recommendations for Strengthening Financial Stability, at 2 (June 18, 2010), available at http://www.financialstabilityboard.org/publications/r_100627c.pdf? frames=0.

② 杨松等著：《银行法律制度改革与完善研究》，北京大学出版社2011年版，第26~27页。

③ See Group of Governors and Heads of Supervision announces higher global minimum capital standards, 12 September 2010, http://www.bis.org/press/p100912.htm, 2012-02-20.

二、金融衍生品市场的法律变革

（一）场外金融衍生工具的立法回应及其评判

众所周知，金融衍生工具具备增加流动性的杠杆形成能力。值得警惕的是，金融衍生工具的杠杆机制对加剧交易对手的风险，甚至会引发系统性的金融违约风险，这种特性也是引发2008年金融危机中金融机构倒闭浪潮的关键诱因。以AIG为例，在金融危机期间，AIG为其他金融机构提供了数十亿美元的信用衍生工具担保，事实上加剧了金融机构的风险敞口。① 金融危机过后，场外金融衍生工具成为立法机构关注的核心问题。2009年8月11日，美国财政部推出了《场外衍生工具市场法案》(Over-the-Counter Derivatives Markets Act，OCDMA)，经过数月的争论，该法案的多数条款于2009年11月11日在众议院的《衍生工具市场透明度与可问责法案》中获得通过。② 此时，参议院也形成了一份关于恢复美国金融稳定的法案草案，但草案在互换、资本要求、结算与交易、持仓限额等方面与众议院已通过的法案存在不一致之处，如何协调成为难题。③ 对此，有学者认为，必须从以下几个方面来填补衍生工具监管的漏洞：一是将外汇衍生工具纳入“互换”范畴，改变监管松弛的现状；二是应当确立“最终用户豁免规则”，将普通商业参与者从衍生工具经销商报告义务、资本要求以及保证金责

① William K. Sjostrom Jr.，The AIG Bailout，66 Wash. & Lee L. REV. 943，977-983 (2009).

② Derivatives Markets Transparency and Accountability Act of 2009，H. R. 977，111th Cong. (2009).

③ Compare Dodd-Frank Wall Street Reform and Consumer Protection Act，H. R. 4173，111th Cong. (2009)，with Restoring American Financial Stability Act of 2010，S. 3217，111th Cong. (2010).

任等束缚中解脱出来。① SEC 与 CFTC 均希望两个法案实现标准的统一化，从而弥补法律的漏洞，以防为下一次金融危机埋下祸根，但金融与商业游说团体却希望参议院的法案版本维持现状。② 2010 年 7 月 21 日，美国总统奥巴马签署了《多德-弗兰克华尔街改革与消费者保护法案》(Dodd-Frank Wall Street Reform and Consumer Protection Act of 2010) 对参、众两院的法律文本进行了协调处理。该法案的 "Title VII" 部分为 "Wall Street Transparency and Accountability Act"，其关于场外金融衍生工具的新规定主要体现在：(1) 自法案颁布之日起一年内，掉期交易商必须到 CFTC 或 SEC 进行登记；③ (2) 掉期交易商以及主要的掉期参与者须满足最低资本和保证金要求；④ (3) 掉期交易商以及主要的掉期参与者须向 CFTC 或 SEC 如实报告其交易场所及财务状况；⑤ (4) 当掉期交易商与联邦政府机构等特殊实体进行交易时，还须承担特别责任；⑥ (5) 对场外金融交易实行中央结算与报告制度；⑦ (6) 掉期须遵循 "溢出" 规则。⑧ 此外，法案还禁止联邦政府对参与衍生品交易的实体进行救助，并授权联邦金融监管机构对衍生品设置新的

---

① William Spencer Topham, Re-Regulating "Financial Weapons of Mass Destruction," Observations on Repealing The Commodity Futures Modernization Act and Future Derivative Regulation, Willamette Law Review, Fall 2010; Kristin N. Johnson, Things Fall Apart: Regulating the Credit Default Swap Commons, 82 U. COLO. L. REV. 167, 205-15 (2011).

② Teena Seeley & Dawn Kopecki, Derivatives Bill's Loophole May Exempt Most Firms, Gensler Says, Bloomberg (Oct. 8, 2009), http: // www. bloomberg. com/apps/news? pid=20601087&sid=a7fAFtZGaGAk.

③ Dodd-Frank Act § 731 (to be codified at 7 U. S. C. 4s(b)(5)).

④ Dodd-Frank Act § 731 (to be codified at 7 U. S. C. 4s(e)), 764 (to be codified at 15 U. S. C. 78a).

⑤ Dodd-Frank Act § 731 (to be codified at 7 U. S. C. 4s(f)(1)(A)).

⑥ Dodd-Frank Act § 731 (to be codified at 7 U. S. C. 4s(h)(2)).

⑦ Stephen G. Cecchetti et al., Central Counterparties for Over-the-Counter Derivatives, BIS Q. Rev., Sept. 2009, at 45, 47.

⑧ Dodd-Frank Act § 716.

抵押要求。

作为美国国会对金融危机的立法回应，《多德-弗兰克法案》似乎为有效规制场外金融衍生工具而作了充分的制度准备。然而，历史对该法案的检验是简单而深刻的：它能否确保经济更加安全？正如之前的改革一样，其能否成功不是取决于法律本身，而在于其行政执行过程中。有学者认为，假如本次金融改革算是成功的话，那么90%的标准化场外衍生工具应当被清理整顿后进场交易，剩下的10%按照“最终用户排斥”规则享受审查豁免。CFTC 主席 Gary Gensler 也说过，场外金融衍生工具的例外应当被严格限定于非金融实体利用掉期对冲实际商业风险的一种附带手段，尽管场外金融工具的个别交易整体上显得微不足道，但它们同样会影响金融体系的稳定。① 为此，监管者必须精心考量如何界定商业风险的对冲，典型事例是 CFTC 在 2010 年 1 月颁布了一份关于禁止某些能源商品期货合约的监管指引。在这份监管指引中，CFTC 就对涉及的能源商品期货合约进行了异常细微的界定。② 也有学者认为，从长远来看，《多德-弗兰克法案》给美国的金融体系搭建了新的框架蓝图，这将重新塑造场外衍生工具市场发展的新格局。但由于该法的生效日期与颁布日期之间尚有 360 日，因此不要指望美国的场外金融衍生工具市场会一夜之间发生变化。③

金融衍生品立法的必要性不言而喻，但立法的社会效果需要倍加关注，甚至在特定情况下还有必要对该社会效果进行政策评判与利益考量。如有学者认为，应关注金融衍生品立法的宏观经济效

① Gary Gensler, Chair of the CFTC, Remarks at Exchequer Club of Washington, (Nov. 18, 2009), available at http://www.cftc.gov/PressRoom/SpeechesTestimony/ChairmanGaryGensler/opagensler-20.html.

② Federal Speculative Position Limits for Referenced Energy Contracts and Associated Regulations, 75 Fed. Reg. 4, 144, 4, 144 (proposed Jan. 26, 2010).

③ Seema G. Sharma, Over-the-Counter Derivatives: A New Era of Financial Regulation, Law & Business Review of the Americas, Spring 2011.

果，原因在于：① 首先，对金融机构杠杆的监管为中央银行抑制资产市场的通胀和对抗潜在的资产价格泡沫提供了新工具；其次，即使上述监管措施不如货币政策或宏观经济杠杆那样常用，但包括监管套利在内的监管政策变动依然富有深远的宏观经济效果；最后，信用衍生工具的宏观经济尺寸需要在审慎监管与宏观经济政策之间进行更大的协调。其实，一批法律学者已经注意到了金融监管领域中宏观审慎问题，即仅关注个别金融机构的安全与稳健往往会削弱金融体系的整体稳定性。因此，包括信用衍生工具在内的整个金融市场都需要引入"宏观审慎监管"的理念。② 类似的观点认为，对场外金融衍生工具风险的理解不宜过于狭隘，而是应当将其置于宏观经济的视域下加以审视，因为只有从宏观经济的高度着眼才能更加深刻地洞察衍生品、金融危机及金融监管之间的逻辑关联。③

（二）金融衍生品与破产法规则的调适

金融危机期间，金融衍生品大行其道，泛滥成灾，破产法规则不幸沦为"助纣为虐的帮凶"。具体而言，美国《破产法》对衍生品与金融回购契约的优待放松了契约双方当事人遏制交易对手方失败风险的努力，这是因为交易对手经常具备需要的技能但缺乏足够

---

① Sarah P. Woo, Micro-Prudence, Macro-Risk: Where Financial Regulation Meets Bankruptcy (Fifth Ann. Conf. on Empirical Legal Studies Paper, 2010), available at http: //papers. ssrn. com/sol3/papers. cfm? abstract_ id=1639606.

② Gabriele Galati & Ricchild Moessner, Macroprudential Policy—a Literature Review (Bank for Int'l Settlements, Working Paper No. 337, 2011), available at http://www. bis. org/publ/work337. pdf; Adam J. Levitin & Susan Wachter, Explaining the Housing Bubble (Georgetown Law & Econ. Research Paper No. 10-16, 2010), available at http://papers. ssrn. com/sol3/papers. cfm? abstract _ id = 1669401; John Patrick Hunt, Taking Bubbles Seriously in Contract Law, 61 Case W. Res. L. REV. 681 (2010).

③ Michael Greenberger, Overwhelming a Financial Regulatory Black Hole with Legislative Sunlight: Dodd-Frank's Attack on Systemic Economic Destabilization Caused by an Unregulated Multi-Trillion Dollar Derivatives Market, Journal of Business & Technology Law, 2011; Erik F. Gerding, Credit Derivatives, Leverage, and Financial Regulation's Missing Macroeconomic Dimension, Berkeley Business Law Journal, 2011.

的激励，债权人具有激励的动机但缺乏必要的技巧，而美国政府在“太大不能倒”的观念束缚下沦为迷惘的担保人。① 所以有学者认为，美国《破产法》对金融巨头发行的衍生品与金融回购契约的优待破坏了市场纪律，是造成其失败的根本原因。② 市场纪律能够发挥作用，需要借助于交易对手（尤其是实力强大的交易对手）的监控、价格的提升、充分的信息披露、多元化的融资渠道、短期回购到长期融资的发展、尽早设定好保证金交易范围、弱化系统性的风险融资等多种因素，但在《破产法》第11章的框架下，信用危机蔓延、信息失灵、抵押品泛滥成灾，市场纪律被破坏殆尽。③ 为此，有学者认为，必须重塑美国破产法的“安全港规则”，使金融衍生品和回购市场的例外规则合法化。④

值得注意的是，《多德-弗兰克法案》并未改变美国《破产法》关于破产优先次序的规定，它仅对“系统重要性金融机构”⑤ 的非破产清算机制作出了规定。⑥ 此外，关于金融衍生品交易所，《多

① Richard Squire, Shareholder Opportunism in a World of Risky Debt, 123 Harv. L. Rev. 1151, 1187-89 (2010).

② Mark J. Roe, The Derivatives Market's Payment Priorities as Financial Crisis Accelerator, Stanford Law Review, March, 2011.

③ Franklin R. Edwards & Edward R. Morrison, Derivatives and the Bankruptcy Code: Why the Special Treatment?, 22 Yale J. on Reg. 91, 101 (2005); Partnoy & Skeel, supra note 46, at 1049; David A. Skeel, Jr., Bankruptcy Boundary Games, 4 Brook. J. Corp. Fin. & Com. L. 1, 10-11 (2010); Samuel G. Hanson, Anil K. Kashyap & Jeremy C. Stein, A Macroprudential Approach to Financial Regulation, 25 J. Econ. Persp. 3, 6 (2011).

④ Thomas H. Jackson & David A. Skeel, Jr., Bankruptcy, Banks, and Non-Bank Financial Institutions (Feb. 8, 2010).

⑤ 所谓“系统重要性金融机构”是指业务规模较大、复杂程度较高，一旦发生风险事件将给地区或全球金融体系带来冲击的金融机构。根据二十国集团戛纳峰会通过的协议，这些具有系统重要性的金融机构将被要求额外增加资本金，金融稳定理事会将在每年11月对名单进行审查和更新。See Financial regulatory reform: accomplishments, pitfalls, prospects-BIS 81st Annual Report-June 2011.

⑥ Dodd-Frank Act § § 201-217, 124 Stat. at 1442-520 (to be codified at 12 U.S.C. § § 5381-5394).

德-弗兰克法案》还增设了票据交易所,① 旨在为金融衍生工具在合约价格衰退时寻求一种交易场所的替代机制，这也使得金融衍生品的交易和监管更加透明、有效。但有学者认为，在金融改革尚未取得共识的前提下，不宜对票据交易所的制度功能估计过高，这是因为：票据交易所本身是否能够妥当地处理交易风险不无疑问；众多类型的金融衍生品难以进入票据交易所进行交易；交易所的外部系统性风险难以有效化解；票据交易所难以克服“太大不能倒”问题。②

（三）卖空交易与对冲基金的法律控制

金融危机过后，各国普遍颁布或修改了金融监管规则，以限制、遏制或直接禁止卖空交易。这样的做法并非空穴来风，因为在房地产泡沫时期，以 CDS 为代表的金融衍生工具通过卖空交易等形式，在腐蚀全球经济过程中充当了罪魁祸首的角色，CDS 通过向风险抵押证券提供保险或者鼓励不计后果的鲁莽行为等方式，将世界经济带入了一个危险的边缘。③ 卖空交易很大程度上加剧了世界经济的动荡，导致世界上最大的若干金融机构濒临破产。正如有学者所言，卖空交易如同在本已糟糕的市场上火上浇油，假如华尔街能够阻止这种“最黑暗的艺术”,④ 那么雷曼兄弟破产的命运就可能改写。为了防止市场稳定性和投资者信心再次出现空前恶化，各

---

① Dodd-Frank Act §725, 124 Stat. at 1685 (to be codified at 7 U. S. C. §7a-1).

② Craig Pirrong, The Economics of Clearing in Derivatives Markets: Netting, Asymmetric Information, and the Sharing of Default Risks Through a Central Counterparty (Jan. 8, 2009) (unpublished manuscript), available at http: //www.ssrn.com/abstract/paper=1340660; Mark J. Roe, Derivatives Clearinghouses Are No Magic Bullet, Wall St. J., May 6, 2010, at A19.

③ Tom Lauricella, Lehman Legacy Alters Global Markets, Short-Sellers Took Flak as Stocks Fell, But Did Ban Help?, WALL ST. J., Sept. 14, 2009, at C1.

④ Gary Matsumoto, Naked Short Sales Hint Fraud in Bringing Down Lehman, Bloomberg. Com (Mar. 19, 2009), http: //www.bloomberg.com/apps/news? pid=20670001&sid=aBljlqmFOTCA.

国金融监管机构对卖空交易均做了不同程度的限制。① 为了更好地对卖空交易的金融监管进行国际协调，国际证监会组织下属的技术委员会近期发布了关于卖空监管的年度报告。② 该报告并没有完全否认卖空交易存在的价值，但对卖空交易存在的风险进行了全面分析，并提出了旨在克服这些风险的四条金融监管建议。该年度报告试图在遵守、执行和信息披露等几个方面提供一种持续性的卖空监管路径，但并没有提供一种具体化的监管机制。③ 有学者以该报告为分析样本，对卖空交易的金融监管进行了深入探究。他认为，IOSCO 意图构建一个对全球的卖空交易统一适用的金融监管框架，可能会妨碍其提出一种具有国际基础、具有可行性与富有意义的监管标准。IOSCO 现有的卖空交易监管标准会在司法过程中产生信息不对称问题，会引发卖空交易的监管套利现象的发生，进而阻碍市场效率的实现。因此，IOSCO 应当重点解决卖空交易信息披露监管中的不和谐问题，其方式是实施一种富有实践意义和持续性的信息披露与信息报告标准。④ 在这方面，IOSCO 可以学习欧盟证券监管委员会的经验，即将市场上的卖空交易信息进行最大限度的利用，这对于改善全球卖空交易监管的境况和尽量减少监管套利具有非常重要的意义。

鉴于对冲基金对本次金融危机所起到的推波助澜作用，加强对其监管成为证券业监管的重中之重。如有学者认为，对冲基金从两

---

① Kym Sheehan, Principled Regulatory Action? The Case of Short Selling 1 (Mar. 12, 2009), available at http: // papers. ssrn. com/so13/papers. cfm? abstract_id=1368531.

② Press Release, Int'l Org. of Sec. Comm'ns, IOSCO Launches Task Force On Recent Market Events (Nov. 8, 2007). available at http: // www. jasplus. com/iosco/0711subprime. pdf.

③ Int'l Org. of SEC. Comm'ns, http: // www. josco. org/lists/display_committees. cfm? cmtid=3.

④ Eleonora Zlotnikova, The Global DilemmaI in Short Selling Regulation: IOSCO's Information Disclosure Proposals and the Potential for Regulatory Arbitrage, Brooklyn Journal of International Law, 2010, 35 Brook. J. Int'l L. 965.

个方面导致了市场失灵，一是其流动性风险导致的市场负外部性，二是其资本定价机制的失真和扭曲，故建议成立一个以税收为机制的超级基金，并将该基金用于引导市场收购“有毒”金融资产，从而确保市场机制的正常运转。① 在实践层面上，2009 年 1 月 29 日，美国的两名参议员 Chuck Grassley 和 Carl Levin 向美国国会提交了《2009 年对冲基金透明度法案》，从两个方面对 1940 年《投资公司法》进行了修改，一是规定资产等于或超过 5000 万美元的对冲基金都需要在 SEC 进行登记，二是给对冲基金施加了更加严格的反洗钱义务。② 2010 年《多德-弗兰克法案》的“Title IV”部分规定对冲基金的投资顾问必须在 SEC 进行登记，披露其指导对冲基金投资的相关信息，包括附属经纪人的使用、软美元的安排等在内的任何利益冲突情形均在信息披露的范围之内。③ SEC 将与美国金融市场的系统性风险监管者进行信息共享，并利用这些信息来加强投资者的保护并确保市场信息的完整性。④ 在欧盟，欧洲经济共同体于 1985 年制定的《可转让证券集合投资指令》(The UCITS Directives) 历经多次修改，在 2011 年生效的第四个版本中，该指令对以对冲基金形式出现的可转让证券集合投资基金作出了新规定。鉴于可转让证券集合投资基金在欧盟基金业中所占的比重可观，对冲基金的经理人倾向于将其基金“包装”成集合投资基金的形式，进而寻求资产增值。⑤ 尽管可转让证券集合投资基金已经

① Dale B. Thompson, Why We Need a Superfund for Hedge Funds, Mississippi Law Journal, Summer, 2010.

② Proposed Hedge Fund and Private Equity Fund Regulation, http://www.orrick.com/fileupload.1633.pdf, Apr. 27, 2010.

③ Kris Devasabai, SEC Propose Hedge Fund Registration Rules, http://www.hedgefundsreview.com/hedge-funds-review/news/1899488/sec-proposes-hedge-fund-registration-rules, Jan. 12, 2011.

④ Karol C. Sierra-Yanez, Hedge Funds and Increased Regulatory Scrutiny under Dodd-Frank, Banking & Financial Services Policy Report, March, 2011.

⑤ Richard Ernesti & William Potts, Hedge Funds Turn to the UCITS Kitemark, HEDGEWEEK, Sept. 9, 2009.

成为欧盟金融创新的典范甚至是全球性的品牌，① 但也有学者认为，2011年的最新指令仍需要在税收协调、证券凭证托管、基金产品限制等方面对可转让证券集合投资基金作出改进。② 尽管存在独特的风险与复杂性，但对冲基金的历史业绩表明，其法律框架为投资者带来了持久的利益。法律关于对冲基金雇佣杠杆、裸卖空以及衍生品使用等管制的放松确保了其投资的灵活性。此外，对冲基金独特的治理结构有利于确保投资者在风险承担与风险管理之间保持平衡。人们应当从刚过去的金融危机中吸取的教训是：投资者、管理者与债权人均应对投资以及风险承受能力保持警惕。③

（四）金融衍生品信息披露立法规制的重点

“阳光是最好的消毒剂，电灯是最好的警察”，一句话尽显信息披露制度的巨大功能。事实上，在应对危机的法制变革中，对衍生工具风险实行更严格的信息披露也成为欧美金融法共同性的举措。理论上讲，假如信息披露的细节足以使投资者能够独立分析和识别衍生工具的风险，那么这无疑能够克服衍生工具风险的不确定性，进而有效强化市场约束。然而，市场参与者会在多大程度上利用这种信息披露制度，不无疑问。且不说投资组合，哪怕仅就评估单一的CDO来说也需要对极为繁杂的法律和金融数据进行多方位分析，其难度之大，以致有评论家认为让投资者识别衍生工具的风险注定是徒劳的，对于那些与结构性金融捆绑销售的信用衍生工具

① Paulina Dejmek, The EU Internal Market for Financial Services-A Look at the First Regulatory Reponses to the Financial Crisis and a View to the Future, 15 COLUM. J. EUR. L. 455, 472 (2009).

② Kevin R. Johannsen, Jumping the Gun: Hedge Funds in Search of Capital under UCITS IV, Brooklyn Journal of Corporate, Financial & Commercial Law, Spring, 2011.

③ Houman B. Shadab, The Law and Economics of Hedge Funds: Financial Innovation and Investor Protection, Berkeley Business Law Journal, 2009.

更是如此。① 从监管制度设计的角度看，对市场参与者潜力的过高估计也会减损其他监管措施的有效性。为了更好地理解强化衍生工具的信息披露是否能够在系统性风险监管中起到作用，有学者以2008 年次贷危机为例作了实证研究，其结论是：以向公众传递信息为指向的传统信息披露标准不能适应复杂信用衍生工具的需要，因此必须建构一种与成熟投资者相匹配的更加透明、更加全面、更加详尽的信息披露标准。②

在《多德-弗兰克法案》下，衍生品监管的一项基本原则就是由金融机构提供免费和公开的清算与外汇交易，因为这样做可以通过维持价格透明度、要求投资者资本雄厚以应对违约的发生和提供公共产品等方式来降低风险。当然，如果当从结算机构和交易所排挤出的机构过多时，上述保护措施无疑会弱化。③ 与场外金融衍生工具的市场监管标准形成对比的是，互换市场受益于传统结算方式而资本充足，被监管者、投资者、学者和市场观察家所看到的互换市场风险因为透明度和价格约束而显得较为理性。这种保护机制不仅适用于 CDS 市场，也适用于利率、货币、外汇与能源掉期等其他衍生品交易环节。④ 互换市场的这种运作机理对于完善衍生工具的信息披露立法无疑颇具参考价值。

---

① Letter from Warren Buffett, Chairman of the Board, Berkshire Hathaway Inc., to the Shareholders of Berkshire Hathaway 17 (Mar. 2, 2009), available at http: // www. berkshirehathaway. com/letters/2008ltr. pdf.

② Robert P. Bartlett, III, Inefficiencies in the Information Thicket: A Case Study of Derivative Disclosures During the Financial Crisis, Journal of Corporation Law, Fall 2010.

③ Michael Greenberger, Is Our Economy Safe? A Proposal for Addressing the Success of Swaps Regulation, in Will It Work? How Will We Know? The Future of Financial Reform 37 (Michael Konczal ed., 2010).

④ The Role of Derivatives in the Financial Crisis: Hearing before the Financial Crisis Inquiry Com-6 JBUSTL 127 Page 196 J. Bus. & Tech. L. 127© 2012 Thomson Reuters. No Claim to Orig. US Gov. Works. mission, 111th Cong. (June 30, 2010), available at http: // www. fcic. gov/hearings/pdfs/2010-0630-Greenberger. pdf.

三、金融创新:“创造性破坏”的变奏曲

(一)金融创新的本质:重塑价值体系

金融危机过后,人们对金融创新的指责甚嚣尘上,甚至将其视为引发危机的罪魁祸首。毋庸置疑,金融创新对市场的脆弱性存在负面影响,表现在:(1)金融创新用刚性的标准化合约替换了灵活的关系契约,但并没有为无法预料的经济冲击建构一个清晰的蓝图;(2)金融创新并没有创造出比传统市场更多的信息多样性,获取信息的成本甚至高于由此得到的收益;(3)新市场容易受到“羊群效应”的影响,从而导致投资策略与风险评估的多样性锐减。① 但金融创新并非引发金融危机的主要因素,亦不应将金融创新视为金融监管的“替罪羊”。人们需要的是在加强金融监管的前提下鼓励、培育和引导金融创新,而不是因噎废食地抑制、阻却甚至扼杀金融创新。

人们对金融创新的评价好坏兼有,撇开争论不谈,直面金融创新的本质及其对现代金融市场的影响是不容回避的议题。在金融危机背景下,法律制定者已经将“金融创新现代进程的特殊性质”作为重要议题加以考虑,SEC 也已经宣布将筹建一个专门监管金融创新的新部门。② 尽管如此,现有的经济学文献对金融创新的理解仍局限于对“创新辐射效应、创新者的特质以及创新结果对公司

① Charles K. Whitehead, Reframing Financial Regulation, 90 B. U. L. Rev. 1, 6-7 (2010).

② Over-The-Counter Derivatives: Modernizing Oversight to Increase Transparency and Reduce Risks: Hearing Before the Subcomm. on Securities, Insurance, and Investment of the Comm. on Banking, Housing and Urban Affairs, 111th Cong. 64 (2009); Press Release, U. S. Sec. & Exchange Comm'n, SEC Announces New Division of Risk, Strategy, and Financial Innovation (Sept. 16, 2009), available at http: //www. sec. gov/news/press/2009/2009-199. htm.

盈利能力和社会福利的影响”等方面,① 极少有学者关注金融创新产品被社会公众错误理解和误用所带来的风险。

金融创新首先应当被理解为一种变化的过程，其既是适宜性金融产品种类不断更新的过程，也是金融中介组织与金融市场变化的过程。对于金融产品及其管理风险而言，银行与市场既是一种替代机制，也是一种补充机制,② 这种关系预示着产品与制度的复杂性将会日趋增长，新市场的出现也将变得异常脆弱。例如，资产支持证券式的 CDO（asset-backed security CDO，ABS CDO）就是现代金融市场上一种极为复杂的金融产品，其复杂性程度足以令市场参与者咋舌，就连经济学家也难以识别其结构和风险，这是因为根本不存在一种经济模型能够对该结构性金融产品的信息组合与传递作出合理解释。③ 就制度复杂性而言，由于银行本身依赖于非公共的借款人信息来管理风险，所以银行被认为很难为外部人提供价值增值，金融创新的过程非但没有改变这种不透明的现状，反而增加了外部人预测和规避这种制度性风险的难度。

从更深层次意义上讲，金融创新是将一种有价值的新思想加以商业化并兜售给金融消费者的过程。金融体系的基本目标无非在于通过金融资源配置来寻求金融资本的增值，而金融创新便具有这样的功能。如对冲基金通过复杂的投资策略（包括天气衍生品和电影融资）已经在金融衍生品市场的创新中独占鳌头。④ 电子保

① Josh Lerner & Peter Tufano, The Consequences of Financial Innovation: A Research Agenda 3 (Am. Econ. Ass'n Working Paper, 2009), available at www.aeaweb.org/aea/conference/program/retrieve.php? pdfid=351.

② New Institutional Economics: A Guidebook (Éric Brousseau & Jean-Michel Glachant, eds., 2008); Kenneth W. Dam, The Subprime Crisis and Financial Regulation: International and Comparative Perspectives, 10 Chi. J. Int'l L. 581, 618 n.143 (2010).

③ Gary Gorton, The Panic of 2007 46-47 (Yale ICF Working Paper No. 08-24, 2008), available at http://ssrn.com/abstract=1255362.

④ Arjuna Sittampalam, The Pioneering Role of Hedge Funds, EDHEC Risk, Alternative Investments, Feb. 23, 2009.

险、移动银行、价值代理人等层出不穷的金融创新工具正在掀起新一轮的金融服务大变革，不仅对金融交易主体的角色进行了重新设计，更重要的是重新塑造了金融服务企业与消费者的价值主张。

（二）原则导向监管：金融创新监管的新进路

对金融创新的监管模式，素来存在原则监管与规则监管之争。根据英国金融服务管理局（FSA）的界定，原则监管意味着更多地依赖于原则并且聚焦于结果，以高层次的规则作为手段，从而达到所期望实现的监管目标。比较两种监管模式，不难发现，规则监管优在精确性，需要严格执行，而原则监管优在持续性，需要积极合作。规则监管模式长期主导着金融创新的监管格局，但在近年内，原则监管受到了越来越多的青睐与认可。例如，自从商品期货交易委员会（CFTC）成为一个原则监管者以来，美国期货市场的金融创新步伐持续加快，作为期货市场领头羊的芝加哥期货交易所也因其骄人的业绩而备受全球瞩目。①

原则监管已经被英国金融服务管理局（FSA）、澳大利亚证券与投资委员会（ASIC）以及加拿大等国家践行过，但在金融危机背景下，这种监管范式却遭受了不少误导式批评。② 面对日趋复杂和充满挑战的现代金融市场，有学者结合刚刚过去的金融危机分析了“更多原则导向监管”（more principles-based financial regulation，MPBR）的可行性。传统的金融监管规则体现为“以法律为中心”，即注重监管权力来源的正当性以及形成与实施法律的过程。与这种以法律为中心的范式相比，MPBR 是以监管者的角色为中心，其注重的是监管的社会控制与影响效果而不是监管权力的来源，具有横

① Robert F. Weber, Combating the Teleolgical Drift of Life Insurance Sovency Regulation: The Case for a Meta-Risk Mangement Apprpach to Principles-Based Reserving, Berkeley Business Law Journal, 2011.

② Cristie Ford, Principles-Based Securities Regulation in the Wake of the Global Financial Crisis, 55 MCGILL L. J. 257 (2010).

跨公私部门划分的特性，是“新治理”监管机制的反映。① 如果将以规则为基础的制度作为逻辑起点的话，MPBR 的成功实施需要具备四项先决条件：（1）监管者能够处理好与“效果导向原则”的关系；（2）理念的根本转变，无论是监管者还是被监管者均能在实现所需的监管效果过程中认清和履行自身角色；（3）监管者与被监管者互相信任和理解，在协商对话中建立良好关系；（4）监管者的活动应当有针对性和符合比例原则，并能够给市场可信的承诺。② 如果能够成功实施的话，MPBR 的制度优势将来自下列四个方面：金融机构与被监管者之间信息与专业知识不对称的衰减、被监管者的私人激励目标与公共监管目标之间的更多趋同、对新的消费者和市场发展的积极回应、监管的持久性。③ 而上述四个方面无不反映了对金融创新监管的诸多好处。

现代金融市场素以显著的复杂性、创新的永久性、信息与专业知识的不对称性以及存在高昂的代理成本而著称，如何化解这些挑战可以说是摆在监管者面前最困难也是最重要的任务。客观而言，以规则为导向的监管制度已经不能担当此任，而通过利用以结果为导向的监管原则、强化监管者与被监管者之间的协商对话、实施更有针对性和符合比例原则的监管活动，MPBR 显示出克服现代金融市场挑战的巨大潜力，并能够在此过程中形成更加细微、更有回应

---

① Robert F. Weber, New Governance, Financial Regulation, and Challenges to Legitimacy: The Example of the Internal Models Approach to Capital Adequacy Regulation, 62 Admin. L. Rev. 783, 838 (2010). The term "new governance" has grown to encompass a wide range of approaches to administrative governance emphasizing polycentric and collaborative regulatory structures which span the public-private divide and envision an important role for private (i. e. non-state) actors in shaping public policy and regulation.

② Dan Awrey, Regulating Financial Innovation: A More Principles-Based Proposal? Brooklyn Journal of Corporate, Financial & Commercial Law, Spring, 2011.

③ Simon Johnson & James Kwak, 13 Bankers: The Wall Street Takeover and the Next Financial Meltdown (2010); Financial Services Authority, The Turner Review: A Regulatory Response to the Global Banking Crisis 86-88 (2009), available at http: Vwww. fsa. gov. uk/pubs/other/turner_review. pdf.

性、更加持久和有效的金融监管。MPBR 范式也能够成功摆脱监管捕获，有利于在监管者与被监管者之间形成互相信赖的关系，可以说是监管金融创新的最佳选择。① 也有学者认为，应当避开罗斯福新政时期对金融创新监管的二分法，从自上而下的解决方案与自下而上的解决方案中寻求新范式。以场外衍生工具监管为例，该学者主张将场外金融衍生工具强制纳入统一的结算场所，以缓解金融创新过程中金融工具、机构与市场的信息不对称问题，但统一结算场所不是全部实行强制性的结算规则，而是可选择性的结算规则，以充分利用市场参与者的"地方性知识"。②

（三）金融创新对上市公司治理结构的挑战

金融创新对上市公司治理结构的挑战是多重的。如在公司治理理念方面，股票期权冲击着股东至上理念、套利交易冲击着股东拥有剩余索取权理念、跨期交易冲击着管理层信托责任理念。在公司治理制度方面，金融创新带来的混合金融产品，混淆了股权与债权之间的界限，给公司投资者和债权人的利益保障增添了变数；金融创新重塑了公司的融资格局，改变了公司的股权结构，削弱了银行等金融机构在公司治理中的作用。③ 金融创新对上市公司治理结构的最大挑战，莫过于"空投票人"与"空债权人"问题。下面重点分析"空债权人"给上市公司治理结构所带来的困境。

破产法的一个基本前提假设是：债权人参与到破产案件中来是为了追求自身经济利益的最大化，破产法相应地赋予债权人投票权，债权人的参与也成为改善公司治理的题中应有之义。④ 然而，近年来，随着信用违约掉期（Credit Default Swaps，CDS）和其他

① Dan Awrey, Regulating Financial Innovation: A More Principles-Based Proposal? Brooklyn Journal of Corporate, Financial & Commercial Law, Spring, 2011.

② Zachary J. Gubler, The Financial Innovation Process: Theory and Application, Delaware Journal of Corporate Law, 2011.

③ 冯果、李安安：《金融创新视域下的公司治理——公司法制结构性变革的一个前瞻性分析》，《法学评论》2010 年第 6 期。

④ Stephen J. Lubben, Credit Derivatives and the Future of Chapter 11, 81 Am. Bankr. L. J. 405, 417-418 (2007).

复杂金融工具的出现，债权人与债务人之间的力量平衡被打破，美国破产法在应对这一挑战时显得无可奈何，并诱发了一系列病症，其中最为严重的当属“空债权人”问题。所谓“空债权人”是指“对债务人保有合同控制与法定权利，但已经部分或全部对冲掉期风险”的债权人。① 完全对冲掉其风险的债权人在债务人破产案件中几乎不存在任何激励来行使其债权，因为他们已不承担任何经济风险，作为债务人的公司破产反而可能让其大赚不义之财。“空债权人”给现有的法律秩序带来的挑战是：首先，“空债权人”通过拒绝参加法庭外调解的方式将债务人逼入破产的绝境。例如，作为美国最大的物流公司之一，佳宇公司（YRC Worldwide）差点因为其债权人持有的信用违约掉期头寸而陷入破产，② 李尔公司（Lear Corporation）则直接因为信用违约掉期的上述功能而陷入破产的境地。③ 其次，“空债权人”会阻碍债务公司的破产重组。债务公司即使在进入了破产保护环节后也无法消除“空债权人”的威胁，这是因为“空债权人”为了提升其持有的信用违约掉期头寸的价值，依然会不遗余力地破坏债务人的破产重组行为，Lyondell 公司当为这方面的典型案例。④ 总之，“空债权人”的出现打破了传统破产法的基本前提假设，亟待反思与变革。

《美国联邦破产程序规则》的 2019 规则是关于破产信息披露的规定，其制度设计旨在公平对待债权人进而实现重组计划的目标。该规则要求每一个实体或委员会所代表的应多于一个股东或股本证券持有人，且该实体或委员会的每一成员必须对下列事项进行披露：（1）成员的姓名与地址；（2）成员利益诉求与收购时间的性质和数额，除非该成员在提交申请的一年前已经被收购；（3）

① Henry T. C. Hu & Bernard Black, Debt, Equity and Hybrid Decoupling: Governance and Systemic Risk Implications, 14 Eur. Fin. Mgmt. 663, 680 (2008).

② Carey Gillam, Trucker YRC's Debt Exchange Succeeds, Shares Fall, Reuters, Dec. 31, 2009, http://www.reuters.com/article/idUSTRE5BT1ZI20091231.

③ Duncan Wood, The CDS Curse, Risk Mag., Aug. 1, 2009, at 34.

④ Lyondell Chem. Co. v. Center Point Energy Gas Serv., Inc. (In re Lyondell Chem. Co.), 402 B.R. 571 (Bankr. S.D.N.Y. 2009).

代表实体的事实情况，或者组成委员会的实体名字；（4）实体或委员会成员所持有的债权数额、债权并收购的次数、为收购而支付的债权数额以及其他销售或处置行为等。然而，随着 Northwest Airlines，Scotia Pacific Company 等破产案件的相继出现，2019 规则面临着极大的适用困惑，Washington Mutual，Six Flags 等破产的案件更是将该困惑推向极致。① 其中，法院对 Washington Mutual 和 Six Flags 两个案件的裁断截然相反，面临无法调和的利益冲突。② 在 Six Flags 案件裁决两天后，特拉华州的 Brendan Shannon 法官在审理 Accuride Corp 案件中声称，2019 规则在该案的适用应当辅之以特设委员会。③ 与之相反的是，两周后的 2010 年 2 月 4 日，审理 Philadelphia Newspapers 案件的 Stephen Raslavich 法官却认为"Steering Group of Prepetition Lenders" 不受 2019 规则信息披露要求的束缚。④ 由此可以看出，在应对金融创新方面，2019 规则面临着适用困境，亟待调整。我们注意到，美国破产规则咨询委员会

① Samuel M. Kidder, What's Your Position? Amending the Bankruptcy Disclosure Rules to Keep Pace with Financial Innovation, UCLA Law Review, February, 2011.

② Alan W. Kornberg, Stephen J. Shimshak & Karen R. Zeituni, Bankruptcy Rule 2019 Redux—Delaware Bankruptcy Court Holds That Informal Committee Is Not Subject to Rule 2019, Paul, Weiss, Rifkind, Wharton & Garrison LLP Alerts and Memoranda (Jan. 22, 2010), http: // www. paulweiss. com/resources/pubs/detail. aspx? publication=2581; Fred S. Hodara & Abid Qureshi, Rule 2019 Does Not Apply to Steering Groups, Akin Gump Strauss Hauer & Feld LLP Newsletters & Alerts (Feb. 5, 2010), http:// www. akingump. com/communicationcenter/podcastdetail. aspx? pub = 2360.

③ See Order (A) Compelling the Ad Hoc Noteholder Grp. to Comply with Fed. R. Bankr. P. 2019; (B) Prohibiting Further Participation in These Cases by the Ad Hoc Noteholder Grp. Pending Compliance With Fed. R. Bankr. P. 2019; and (C) Directing the Debtors to Withhold Further Payments to or on Behalf of Such Grp. Pending Compliance With Fed. R. Bankr. P. 2019 at 2, In re Accuride Corp., No. 09-13449, 2010 WL 5093173 (Bankr. D. Del. Feb. 18, 2010).

④ In re Phila. Newspapers, LLC, 422 B. R. 553, 567-69 (Bankr. E. D. Pa. 2010).

(Rules Committee) 已经向司法会议常务委员会 (Standing Committee) 提交了关于修改 2019 规则的建议，并被采纳。① 总之，无论是金融还是法律，创新都是不可避免的，金融进化总是倾向于以更快的节奏发展，并给法律留下适用上的困境，2019 规则就属于这样的问题。近年来，对冲基金在破产案件与诉讼中已经成为一种主导型的驱动力量，其所使用的金融工具的复杂性远远超过了破产法规则起草者的想象。对冲基金本身对破产制度并不构成威胁，而一旦其被诡辩的债权人运用于对冲风险，就会给公司重组过程的稳定性带来极大威胁。为应对这一威胁，2019 规则必须作出修改，从而确保参与破产程序的各方能够识别债权人的真实经济动机。②

四、金融包容与金融法价值范式的转型

(一) 从金融排斥到金融包容：金融服务的一场革命

金融排斥 (financial exclusion) 是从社会排斥 (social exclusion) 中分化出来的概念。1974 年，法国学者勒内·勒努瓦首次提出了“社会排斥”的概念，并用它来阐述那些不能得到社会保障、受到社会歧视的特定人群的生存状态，例如精神和身体残疾者、自杀者、老年患者、药物滥用者等边缘人、反社会的人和其他社会不适应者。基于类推解释的逻辑，金融排斥则是用来描述特定社会群体在获取金融资源的机会与能力上存在障碍与困难，不能以合适的方式使用主流金融系统提供的金融服务的状态。造成金融排斥的原因包括银行的拒绝、身份的要求、条款和环境、银行收费、

---

① Memorandum From Judge Laura Taylor Swain, Chair, Advisory Comm. on Bankr. Rules to Hon. Lee H. Rosenthal, Chair, Standing Comm. on Rules of Prac. and Proc. (June 14, 2010), http: // www.uscourts.gov/uscourts/RulesAndPolicies/rules/jc09-2010/2010-09-Appendix-B.pdf.

② Samuel M. Kidder, What's Your Position? Amending the Bankruptcy Disclosure Rules to Keep Pace with Financial Innovation, UCLA Law Review, February, 2011.

由于银行分支机构的关闭导致的无法适时获得金融服务、心理和文化的障碍、社会安全保险的缺乏等。① 由于金融资源的稀缺性再加上人们禀赋、能力以及地位的差异，金融排斥的产生在具有一定的必然性，即使发达国家也难以避免。

与金融排斥相对应的概念是金融包容。按照世界银行的界定，金融包容是指个体可以接近适当的金融产品和服务，包括可以获得能最好地使用这些产品和服务的技能、知识和理解力，其目的在于将“无银行服务”的人群纳入正轨的金融系统，从而使他们有机会得到储蓄、支付、信贷和保险等金融服务。② 这一定义揭示了金融包容的本质，即以一种方便、可靠并负担得起的方式为所有人，尤其是遭受金融排斥的人提供金融服务。在新的时代条件下，金融包容的内涵还应当包含以下制度要素：（1）成功的金融包容应当带来金融服务客户数以百万计的增长；（2）金融包容视野下的客户是多元化的，且存在不同的风险偏好；（3）监管机构应尽量降低金融包容的遵从成本；（4）金融包容商业模式将更多地依赖于技术的进步以及非面对面的客户交流。③

如果金融包容的上述价值旨趣是值得信赖且具备可持续性的话，则必须有一个运作良好、职责分工明确的监管框架相配套，从而为市场主体创造一种以市场为导向的创新型金融产品与服务预留安全合理的制度空间。与金融包容相契合的监管框架不仅能够容纳各类金融机构独特的商业模式，而且应当容许层级各异的监管者并

---

① Isern, J. D. and de Koker, L. (2009), AML/CFT: Strengthening Financial Inclusion and Integrity, Focus Note 56, CGAP, Washington, DC, available at: www. cgap. org/p/site/c/template. rc/1. 9. 37862/ (accessed 15 November 2010).

② CGAP (2009), Financial Access 2009: Measuring Access to Financial Services around the World, CGAP, Washington, DC, available at: www. cgap. org/gm/document-1. 9. 38735/FA2009. pdf (accessed 15 November 2010).

③ Louis De Koker, Aligning anti-money laundering, combating of financing of terror and financial inclusion, Journal of Financial Crime, 2011, 18 (4): 361-386.

存，同时应当保持能够适应包容性金融生态的结构完整性。① 针对金融包容的金融监管，二十国集团下属的金融包容专家工作组还提出了下列政策与监管建议：（1）创造一个安全的环境以鼓励更多的用户使用移动金融服务；（2）合理界定移动金融服务基础设施发展外部支持的角色；（3）确立客户保护原则和 MMT 业务的监管框架。②

目前在全球范围内，正在掀起一场金融包容革命。2009 年 9 月，二十国集团领导人达成了关于改善穷人金融服务的共识，并组建了二十国集团金融包容专家工作组，旨在为穷人提供安全健康的金融服务新模式。美国国际开发署已经组织专家投入这一进程，该专家组所提倡的以风险为依据确保移动金融服务灵活性与可获性的思路颇有新意。③ 在推进金融包容方面，英国的做法值得借鉴。一方面，英国政府已开始实施一些创新性计划，如成立“社会基金”④、“儿童信托基金”等金融包容基金来帮助贫困人群积累资产，使其能得到基本的金融服务。英国第一个社会基金（初始额度为 3.6 亿英镑）于 2004 年宣告诞生，旨在通过信用社、社区发展金融机构（community development finance institutions，CDFIs）等

① Maria C. Stephens，Promoting Responsible Financial Inclusion：A Risk-Based Approach to Supporting Mobile Financial Services Expansion，Banking & Finance Law Review，January，2012.

② Maria C. Stephens，Promoting Responsible Financial Inclusion：A Risk-Based Approach to Supporting Mobile Financial Services Expansion，Banking & Finance Law Review，January，2012.

③ Financial Action Task Force，“Risk-Based Approach：Guidance for Money Services Businesses”（July 2009），online：Financial Action Task Force，http：//www.fatf-gafi.org/dataoecd/45/1/43249256.pdf.

④ Desmond Rutledge，Social fund-right to reside—whether claimant could retain the status of a worker as a self-employed person，Journal of Social Security Law，2011，18（2）：56-58.

非营利的第三部门的运作来提高个人贷款的可获得性。① 2009 年，英国通过了《福利改革法案》，该法案关于社会基金的规定无疑受到了英国政府“金融包容性战略”的影响。② 迄今为止，该项基金已经增长到了 10 亿英镑，其行政主管部门也由财政部改为了工作与养老金部，第三信贷部门也要通过竞标在贫困地区提供贷款服务。③ 另一方面，为解决银行基于降低成本而关闭偏远地区、人口稀少地区分支机构与保证居民获得基本金融服务通道之间的矛盾，英国有关当局重点推动银行与邮局、信用社等非营利性组织建立伙伴关系，拓宽金融服务通道。

（二）移动金融：金融包容革命的引领者

随着移动通信技术的发展，移动银行（mobile banking）等移动金融服务应运而生，并展现出独特的市场魅力。例如，在肯尼亚，Safaricom 公司的移动货币业务（M-PESA）的消费者在三年内就达到了 900 万人，占该国人口总数的 23% 和肯尼亚成人人口的 40%。④ 移动银行的重要意义体现在三个方面：（1）它为无银行网点的地区提供了替代性的金融服务，使得贫困群体有机会和途径来享受现代金融服务；（2）它提出了重要的监管与竞争政策问题；

---

① Department for Work and Pensions, The Social Fund: a new approach, consultation paper (London: DWP, November 2008). Available at: http://www.dwp.gov.uk/docs/social-fund-new-approach.pdf; G. Jones, “The 20th Anniversary of Loan Payments within the UK Social Security System: A Review of Budgeting and Crisis Loans” 17 (1) J. S. S. L. 13-38. See also the “News” comments on the social fund reforms in (2009) 16 (2) J. S. S. L 57.

② House of Commons Library, Welfare Reform Bill: social security provisions, Bill 8 of 2008-09, Research Paper 09/08 (London: House of Commons Library, January 23, 2009), pp. 72-4. Available at: http://www.parliament.uk/commons/lib/research/rp2009/rp09-008.pdf.

③ Trevor Buck, External provider social loans: joining up financial inclusion and social fund reform, Journal of Social Security Law, 2010.

④ Ignacio Mas & Dan Radcliffe, “Mobile Payments go Viral: M-PESA in Kenya” (2010).

(3) 它分化了传统金融服务，并重塑了金融服务的本质。① 对于移动银行的巨大潜力，有学者无不夸张地认为，移动银行的快速发展正在引领一场金融业革命，这场革命不是发生在纽约也不是发生在伦敦，而是发生在内罗毕的贫民窟，它不仅对金融发展与金融包容影响深远，而且对金融系统以及金融监管都将带来深远影响。②《经济学家》杂志也多次赞颂移动银行的潜力，称其孕育着“变革的力量”。③

移动金融服务是以技术为基础的。在日新月异的金融创新中，技术与金融机构提供服务的能力的关系从来没有像今天这样密切，以至于我们不得不承认，对技术的运用是新的价值主张的关键因素。移动金融服务虽然孕育着助推金融包容的无限潜力，但作为技术发展的产物，以移动通信为基础的金融交易所存在的风险也不容小觑，因为这种风险的本质与类型不容易识别，消费者也难以承受这种风险带来的损失。④ 以移动转账（尤其是在跨境交易的场合）为例，这种移动金融服务面临着诸多全球性难题：（1）跨境背景下银行业与电信业的融合所带来的全球性监管挑战，如移动支付的采用产生了跨境预付费的过度利用问题，MNO 导向模式的结算与

① Michael Klein and Colin Mayer1, Mobile Banking and Financial Inclusion: The Regulatory Lessons, The World Bank, Policy Research Working Paper 5664, May, 2011.

② Eijkman, Frederik, Jake Kendall and Ignacio Mas (2011), “Bridging the Cash: The Retail End of M-PESA” Savings & Development; Alexandre, Claire, Ignacio Mas and Daniel Radcliffe (2011), “Regulating New Banking Models that Can Bring Financial Services to All”, in Challenge March/April.

③ “The power of mobile money”, The Economist 392: 8650 (24 September 2009) 1.

④ The World Bank, “World Development Indicators” (27 September 2010), online: The World Bank http: //data. worldbank. org/data-catalog/world-development-indicators; “Mobile Financial Services Risk Matrix” (23 July 2010) at 71, online: BIZCLIR, http://bizclir. com/galleries/publications/Mobile%20Financial%C20Services%C20Risk%C20Matrix%C20July%2 010. pdf.

交收功能背离了主流金融机构或中央银行的支付系统。①（2）移动金融服务对一国中央银行的监管能力构成了挑战。零售支付系统的内在风险同样存在于手机银行领域，包括洗钱、隐私与安全、消费者保护、欺诈、信用与流动性风险等。如何为 MFS、MMT 等这些移动金融服务提供适当的防火墙，是对监管者能力的一种考验。（3）如何为 MMT 服务机构提供明确的法律与治理结构，也是摆在监管者面前的一道难题。

（三）柔性监管：微型金融监管的制度选择

伴随着移动金融服务业务的出现，微型金融机构的角色成为一个备受关注的话题。传统意义上，享受金融服务只是富人的专利，但微型金融的发展表明，穷人照样有能力成为金融服务的对象。随着信息技术的发展，储蓄、保险以及支付等方面的金融服务开始惠及穷人，如何利用金融包容的潜力帮助穷人摆脱贫困也成为政府、学者和社会共同关注的议题。在 2010 年年末，二十国集团在首尔发布了“金融包容全球伙伴关系倡议”，并制定了行动框架。②

对微型金融的监管主要存在两种主张：以消费者保护为主导型的监管模式与审慎监管模式。以消费者保护为主导型的监管模式担心的是穷人将受到不公平合同、欺诈以及过高价格和利率的剥削，即担心微型金融的提供者（借贷者）是“披着羊皮的狼”(wolves in sheep's clothing)，因此建议实行高强度的金融监管规则来加强对金融消费者的保护。审慎监管模式担心的则是微型金融机构乃至金融系统整体的诚信度，其要求金融机构合规经营、保持良好的信用

① Cynthia Merritt, “Mobile Money Transfer Services: The Next Phase in the Evolution in Persontо-Person Payments”(August 2010), online: Federal Reserve Bank of Atlanta, http://www.frbatlanta.org/documents/rprf/rprf_resources/wp_0810.pdf.

② Peter Dittus and Michael Klein, On harnessing the potential of financial inclusion, BIS Working Papers, No. 347, May, 2011.

记录和雄厚的资本基础。① 还有观点认为，对微型金融应当实行柔性监管（light regulation）甚至不要监管，以防止损害微型金融的政策目标，不受监管的微型金融机构应当充当网络代理人的角色，代替商业银行赚取佣金收入。②

对微型金融实行柔性监管有着深厚的社会文化基础，理应成为微型金融监管的制度选择。金融监管素以刚性的面目出现，金融监管法体现出法规范的国家性、法逻辑的对抗性和法秩序的强制性，金融监管机构与全能政府联姻形成了以法控制社会的管理法，与夜警国家联姻产生了以法控制国家的控权法。③ 但近年来，随着软法与公共治理的兴起，现代法治应当寻求更多协商、可以运用更少强制、能够实现更高自由的观念日益深入人心，世界各国都在考虑如何运用诱导的方式，促使监管对象能够自发地在竞争发展中注意风险的预防和化解，这促使了柔性监管手段的兴起和运用，其不但契合了新一轮放松监管的要求，也体现了政府权力的收缩，使政府更像教练“coaches”，而不是执法者“enforcers”。在此背景下，金融监管的“国家—控制”法范式日益显示出自身局限性并频频遭遇治理危机，亟待升级和转型。微型金融机构立足于乡土社会，以满足贫困人群金融需求为目标定位，对其实行柔性监管，有利于发挥道德伦理、宗法习惯、乡规民约等非强制性规范的约束与激励功能，有利于将乡土社会中那些鼓励性、协商性、指导性的软法规范和熟人社会共同体的制度化、规范化、程序化的自治规则纳入体制内的监管框架中来。由于其考虑了对社会和文化方面的影响，更有

① Gokarn, S (2011): “Financial inclusion—a consumer centric view”, VIth Narayanan Memorial Lecture, Kumbakonam, 21 March; Zeti A A (2011): “Consumer protection and financial education”, welcoming address at the Financial Inclusion Policymakers Forum in Kuala Lumpur, 5 April.

② Kabir Kuman, Claudia McKay & Sarah Rotman, “Microfinance and Mobile Banking: The Story So Far” (July 2010), online: CGAP, http://www.cgap.org/p/site/c/template.rc/1.9.45546.

③ 罗豪才、宋功德：《软法亦法——公共治理呼唤软法之治》，法律出版社2009年版，第11~31页。

希望成为一种成功模式。① 当然，对微型金融实行柔性监管，需要多方面的制度配套，② 如监管机构应当为社会公众的融资便利提供一个法律和监管的框架，并为移动通讯技术、小额信贷与租赁公司以及代理人的使用预留监管空间。同时，应当放开小额贷款的利率上限管制，强化金融消费者保护和小额信贷监管能力，改进金融服务提供者之间的审慎竞争，加强金融基础设施建设，尤其是信用信息和担保交易，以更好地满足市场需求。

五、结　语

通过对欧美金融法最新发展的梳理，我们不难得出这样一个结论：金融危机过后，欧美金融立法普遍强化了规制，在金融安全与金融效率的博弈中融入了更多的金融公平，进而使得欧美金融法呈现出人本化的发展趋势。无论是加强金融集团、信用评级、影子银行的监管还是推进金融衍生品的立法变革，无论是引导金融创新还是推进金融包容，均是为了维持公平、合理的金融秩序，保障金融消费者的合法权益。同时，在金融全球化的时代，欧美金融法制的差别日益缩小，表现出鲜明的趋同倾向，这无疑值得继续关注和研究。

参考文献

[1] U. S. Fin. Crisis Inquiry Comm'n, The Financial Crisis Inquiry Report (2011), available at http: //www. gpoaccess. gov/fcic/fcic. pdf.

[2] Franklin A. Gevurtz, The Role of Corporate Law in Preventing a Fi-

---

① William Maurer, "Mobile money, money magic, purse limits and pins: tracing monetary pragmatics", 2010.

② Douglas Pearce, Financial Inclusion in the Middle East and North Africa: Analysis and Roadmap Recommendations, The World Bank, Policy Research Working Paper 5610, March 2011.

nancial Crisis: Reflections on in re Citigroup INC. Shareholder Derivative Litigation, Pacific McGeorge Global Business & Development Law Journal, 2010.

[3] Lawrence G. Baxter, "Capture" in Financial Regulation: Can We Channel it Toward the Common Good? Cornell Journal of Law & Public Policy, Fall 2011.

[4] Robert F. Weber, New Governance, Financial Regulation, and Challenges to Legitimacy: The Example of the Internal Models Approach to Capital Adequacy Regulation, 62 Admin. L. Rev. 783, 842-45 (2010).

[5] Robert F. Weber, Combating the Teleological Drift of Life Insurance Solvency Regulation: The Case for a Meta-Risk Management Approach to Principles-Based Reserving 8 Berkeley. Bus. L. J., 35, 109-15 (2011).

[6] Jonathan R. Macey & James P. Holdcroft, Jr., Failure is an Option: An Ersatz-Antitrust Approach to Financial Regulation, 120 Yale L. J. 1368 (2011).

[7] George A. Akerlof & Rachel E. Kranton, Identity Economics: How Our Identities Shape Our Work, Wages, and Well-being 48-51 (Princeton Univ. Press 2010).

[8] Elizabeth F. Brown, The New Laws and Regulations for Financial Conglomerates: Will They Better Manage the Risks Than the Previous Ones? American University Law Review, June, 2011.

[9] Arthur E. Wilmarth Jr., The Dodd-Frank Act: A Flawed and Inadequate Response to the Too-Big-to-Fail Problem, 89 Oregon L. R. 50-54, 2011, available at http://papers.ssrn.com/sol3/papers.cfm?abstract_id=1719126.

[10] Rosa M. Lastra, Northern Rock and Banking Law Reform in the UK, in The Failure of Northern Rock: A Multidimensional Case Study 133-34 (Tim Congdon et. al. eds., 2009), available at http://www.suerf.org/download/studies/study20091.pdf.

[11] Elizabeth F. Brown, The New Laws and Regulations for Financial Conglomerates: Will They Better Manage the Risks Than the Previous Ones? American University Law Review, June, 2011.

[12] Oliver Hart and Luigi Zingales, A New Capital Regulation for Large Financial Insititutions, American Law and Economics Review, Fall, 2011.

[13] Michael Mcraith, Nat'l Ass'n Ins. Comm'rs, Evaluating the Risks Associated with Naic Reliance on Nrsro Credit Ratings—Final Report of the Rating Agency Working Group to the Financial Conditions Committee 1 (2010).

[14] Revised Draft Amendment to Purposes and Procedures Manual to Provide Final Instructions for Modeled and Non-Modeled Securities, Nov. 7, 2011, at 11.

[15] Robert Carcano & Hankook Lee, The Revised Recalibration Proposal, Aug. 3, 2011, at 1, 13, available at http://www.naic.org/documents/committees_e_capad_vos_c1_factor_review_sg_related_docs_svo_proposal_attachment4.pdf.

[16] John Patrick Hunt, Credit Ratings in Insurance Regulation: The Missing Piece of Financial Reform, Washington and Lee Law Review, Fall, 2011.

[17] Milosz Gudzowski, Note, Mortgage Credit Ratings and the Financial Crisis: The Need for a State-Run Mortgage Security Credit Rating Agency, 2010 Colum. Bus. L. Rev. 245, 248, 264-80.

[18] Manuel Adelino, Do Investors Rely Only on Ratings? The Case of Mortgage-Backed Securities 1, 36 (Nov. 24, 2009).

[19] The NAIC's Risk-Based Capital Model Act requires insurers to follow risk-based capital rules adopted by NAIC. See 3 NAIC Model Laws, Regulations, and Guidelines 312-1, § 2. A (2011).

[20] Ernst & Young LLP, Financial Reporting Developments: Accounting for Certain Investments in Debt and Equity Securities (2009).

[21] Viral V. Acharya & Matthew Richardson, Mortgage Origination

and Securitization in the Financial Crisis, in Restoring Financial Stability: How to Repair a Failed System 61, 74 (Viral V. Acharya & Matthew Richardson eds., 2009).

[22] Douglas W. Arner, Adaptation and Resilience in Global Financial Regulation, North Carolina Law Review, June, 2011.

[23] FSB, Overview of Progress in the Implementation of the G20 Recommendations for Strengthening Financial Stability, at 2 (June 18, 2010), available at http://www.financialstabilityboard.org/publications/r_100627c.pdf? frames=0.

[24] Michael Greenberger, Overwhelming a Financial Regulatory Black Hole With Legislative Sunlight: Dodd-Frank's Attack on Systemic Economic Destabilization Caused by an Unregulated Multi-Trillion Dollar Derivatives Market, Journal of Business & Technology Law, 2011.

[25] Kristin N. Johnson, Things Fall Apart: Regulating the Credit Default Swap Commons, 82 U. COLO. L. REV. 167, 205-15 (2011).

[26] Erik F. Gerding, Credit Derivatives, Leverage, and Financial Regulation's Missing Macroeconomic Dimension, Berkeley Business Law Journal, 2011.

[27] Adam J. Levitin & Susan Wachter, Explaining the Housing Bubble (Georgetown Law & Econ. Research Paper No. 10-16, 2010), available at http://papers.ssrn.com/sol3/papers.cfm? abstract_id=1669401.

[28] John Patrick Hunt, Taking Bubbles Seriously in Contract Law, 61 Case W. Res. L. REV. 681 (2010).

[29] Seema G. Sharma, Over-the-Counter Derivatives: A New Era of Financial Regulation, Law & Business Review of the Americas, Spring 2011.

[30] Derivatives Markets Transparency and Accountability Act of 2009, H. R. 977, 111th Cong. (2009).

[31] Compare Dodd-Frank Wall Street Reform and Consumer Protection Act, H. R. 4173, 111th Cong. (2009), with Restoring American Financial Stability Act of 2010, S. 3217, 111th Cong. (2010).

[32] William Spencer Topham, Re-Regulating "Financial Weapons of Mass Destruction," Observations on Repealing The Commodity Futures Modernization Act and Future Derivative Regulation, Willamette Law Review, Fall 2010.

[33] Gabriele Galati & Ricchild Moessner, Macroprudential Policy—a Literature Review (Bank for Int'l Settlements, Working Paper No. 337, 2011), available at http://www.bis.org/publ/work337.pdf.

[34] Gary Gensler, Chair of the CFTC, Remarks at Exchequer Club of Washington, (Nov. 18, 2009), available at http://www.cftc.gov/PressRoom/SpeechesTestimony/ChairmanGaryGensler/opagensler-20.html.

[35] Federal Speculative Position Limits for Referenced Energy Contracts and Associated Regulations, 75 Fed. Reg. 4, 144, 4, 144 (proposed Jan. 26, 2010).

[36] Mark J. Roe, The Derivatives Market's Payment Priorities as Financial Crisis Accelerator, Stanford Law Review, March, 2011.

[37] Richard Squire, Shareholder Opportunism in a World of Risky Debt, 123 Harv. L. Rev. 1151, 1187-89 (2010).

[38] Samuel G. Hanson, Anil K. Kashyap & Jeremy C. Stein, A Macroprudential Approach to Financial Regulation, 25 J. Econ. Persp. 3, 6 (2011).

[39] Thomas H. Jackson & David A. Skeel, Jr., Bankruptcy, Banks, and Non-Bank Financial Institutions (Feb. 8, 2010).

[40] Int'l Org. of SEC. Comm'ns, http://www.josco.org/lists/display_committees.cfm? cmtid = 3. Eleonora Zlotnikova, The Global DilemmaI in Short Selling Regulation: IOSCO's Information Disclosure Proposals and the Potential for Regulatory Arbitrage,

Brooklyn Journal of International Law, 2010, 35 Brook. J. Int'l L. 965.

[41] Dale B. Thompson, Why We Need a Superfund for Hedge Funds, Mississippi Law Journal, Summer, 2010. Proposed Hedge Fund and Private Equity Fund Regulation, http: //www. orrick. com/ fileupload. 1633. pdf, Apr. 27, 2010.

[42] Kris Devasabai, SEC Propose Hedge Fund Registration Rules, http://www. hedgefundsreview. com/hedge-funds-review/news/ 1899488/sec-proposes-hedge-fund-registration-rules, Jan. 12, 2011.

[43] Karol C. Sierra-Yanez, Hedge Funds and Increased Regulatory Scrutiny under Dodd-Frank, Banking & Financial Services Policy Report, March, 2011.

[44] Kevin R. Johannsen, Jumping the Gun: Hedge Funds in Search of Capital under UCITS IV, Brooklyn Journal of Corporate, Financial & Commercial Law, Spring, 2011.

[45] Michael Greenberger, Is Our Economy Safe? A Proposal for Addressing the Success of Swaps Regulation, in Will It Work? How Will We Know? The Future of Financial Reform 37 (Michael Konczal ed., 2010).

[46] Robert P. Bartlett, III, Inefficiencies in the Information Thicket: A Case Study of Derivative Disclosures During the Financial Crisis, Journal of Corporation Law, Fall 2010.

[47] Over-The-Counter Derivatives: Modernizing Oversight to Increase Transparency and Reduce Risks: Hearing Before the Subcomm. on Securities, Insurance, and Investment of the Comm. on Banking, Housing and Urban Affairs, 111th Cong. 64 (2009).

[48] Press Release, U. S. Sec. & Exchange Comm'n, SEC Announces New Division of Risk, Strategy, and Financial Innovation (Sept. 16, 2009), available at http: //www. sec. gov/news/press/2009/ 2009-199. htm.

[49] Josh Lerner & Peter Tufano, The Consequences of Financial Inno-

vation: A Research Agenda 3 (Am. Econ. Ass'n Working Paper, 2009), available at www. aeaweb. org/aea/conference/program/retrieve. php? pdfid=351.

[50] Arjuna Sittampalam, The Pioneering Role of Hedge Funds, EDHEC Risk, Alternative Investments, Feb. 23, 2009.

[51] Charles K. Whitehead, Reframing Financial Regulation, 90 B. U. L. Rev. 1, 6-7 (2010).

[52] Josh Lerner & Peter Tufano, The Consequences of Financial Innovation: A Research Agenda 3 (Am. Econ. Ass'n Working Paper, 2009), available at www. aeaweb. org/aea/conference/program/retrieve. php? pdfid=351.

[53] Arjuna Sittampalam, The Pioneering Role of Hedge Funds, EDHEC Risk, Alternative Investments, Feb. 23, 2009.

[54] Charles K. Whitehead, Reframing Financial Regulation, 90 B. U. L. Rev. 1, 6-7 (2010).

[55] Zachary J. Gubler, The Financial Innovation Process: Theory and Application, Delaware Journal of Corporate Law, 2011.

[56] Cristie Ford, Principles-Based Securities Regulation in the Wake of the Global Financial Crisis, 55 MCGILL L. J. 257 (2010).

[57] Dan Awrey, Regulating Financial Innovation: A More Principles-Based Proposal? Brooklyn Journal of Corporate, Financial & Commercial Law, Spring, 2011.

[58] Dan Awrey, The Dynamics of OTC Derivatives Regulation: Bridging the Public-Private Divide, 11 EUR. BUS. ORG. L. REV. 155, 174-189 (2010).

[59] Dan Awrey, Regulating Financial Innovation: A More Principles-Based Proposal? Brooklyn Journal of Corporate, Financial & Commercial Law, Spring, 2011.

[60] Henry T. C. Hu & Bernard Black, Debt, Equity and Hybrid Decoupling: Governance and Systemic Risk Implications, 14 Eur. Fin. Mgmt. 663, 680 (2008).

[61] Lyondell Chem. Co. v. CenterPoint Energy Gas Serv., Inc. (In re Lyondell Chem. Co.), 402 B. R. 571 (Bankr. S. D. N. Y. 2009).

[62] Samuel M. Kidder, What's Your Position? Amending the Bankruptcy Disclosure Rules to Keep Pace with Financial Innovation, UCLA Law Review, February, 2011.

[63] Maria C. Stephens, Promoting Responsible Financial Inclusion: A Risk-Based Approach to Supporting Mobile Financial Services Expansion, Banking & Finance Law Review, January, 2012.

[64] Louis De Koker, Aligning anti-money laundering, combating of financing of terror and financial inclusion, Journal of Financial Crime, 2011, 18(4): 361-386.

[65] Maria C. Stephens, Promoting Responsible Financial Inclusion: A Risk-Based Approach to Supporting Mobile Financial Services Expansion, Banking & Finance Law Review, January, 2012.

[66] Desmond Rutledge, Social fund-right to reside—whether claimant could retain the status of a worker as a self-employed person, Journal of Social Security Law, 2011, 18 (2): D56-58.

[67] Eijkman, Frederik, Jake Kendall and Ignacio Mas (2011), "Bridging the Cash: The Retail End of M-PESA" Savings & Development.

[68] Alexandre, Claire, Ignacio Mas and Daniel Radcliffe (2011), "Regulating New Banking Models that Can Bring Financial Services to All", in Challenge March/April.

[69] Michael Klein and Colin Mayer1, Mobile Banking and Financial Inclusion: The Regulatory Lessons, The World Bank, Policy Research Working Paper 5664, May 2011.

[70] Douglas Pearce, Financial Inclusion in the Middle East and North Africa: Analysis and Roadmap Recommendations, The World Bank, Policy Research Working Paper 5610, March 2011.

国际投资条约法的最新发展

武汉大学法学院　肖　军

一、国际投资条约及仲裁实践发展状况

（一）国际投资条约实践

根据有关国际组织的报告,① 2011 年 9 月至 2013 年 2 月，签订的有关国际投资的条约共计有 28 项。其中，传统的双边投资条约为 19 项，占 68%，仍构成国际投资条约的主体；9 项其他类型的国际投资条约则占所签条约的 32%。

这些条约中，由一个经合组织（OECD）成员国②和一个发展中国家签署的为 16 项，占 57%；在发展中国家或转型经济体之间签署的有 7 项，占 25%。此外，还有中日韩三方签署的投资协定，以及区域性经济组织为缔约一方的协定 4 项，其中仅一项协定的所有缔约各方均不属于 OECD 成员国。由此可见，OECD 成员国或由其组成的区域经济组织仍是国际投资条约的主要缔约主体，以其为缔约一方的条约占到这一期间国际投资条约的 70%以上。

---

① UNCTAD, Investment Policy Monitor, No. 7-9, available at http: //unctad. org/en/Pages/DIAE/Research% 20 on% 20FDI% 20and% 20TNCs/Investment-Policy-Monitor. aspx, last visited April 27, 2013; OECD, 7th & 8th Report on G20 Investment Measures, available at http: //www. oecd. org/daf/inv/investment-policy/g20. htm, last visited April 27, 2013.

② OCED 成员国可视为发达国家。

2011 年 9 月至 2013 年 2 月签署的双边投资条约（见表 1）：

表 1

签署时间	缔约方
2011 年 9 月 26 日	加拿大-科威特
2011 年 10 月 22 日	印度-尼泊尔
2011 年 10 月 25 日	阿塞拜疆-土耳其
2011 年 11 月 20 日	葡萄牙-阿拉伯联合酋长国
2011 年 12 月 13 日	肯尼亚-斯洛伐克
2012 年 1 月 26 日	尼加拉瓜-俄罗斯
2012 年 3 月 22 日	日本-科威特
2012 年 4 月 12 日	孟加拉国-土耳其
2012 年 4 月 24 日	喀麦隆-土耳其
2012 年 5 月 22 日	巴基斯坦-土耳其
2012 年 6 月 15 日	摩洛哥-越南
2012 年 7 月 18 日	加蓬-土耳其
2012 年 8 月 7 日	伊拉克-日本
2012 年 8 月 8 日	海峡两岸
2012 年 9 月 9 日	加拿大-中国
2012 年 10 月 7 日	俄罗斯-津巴布韦
2012 年 11 月 7 日	亚美尼亚-伊拉克
2012 年 11 月 17 日	海地-西班牙
2013 年 1 月 9 日	加拿大-贝宁

2011 年 9 月至 2013 年 2 月签署的其他投资条约（见表 2）：

2011 年 9 月至 2013 年 2 月，共有 13 部国际投资条约正式生效。其中较为重要的有：2012 年 9 月 1 日，中美洲国家-墨西哥自由贸易协定对 6 个缔约方中的 3 个生效（墨西哥、萨尔瓦多和尼加

表2

签署时间	缔约方
2011年11月14日	欧洲自由贸易联盟-黑山自由贸易协定
2011年11月22日	中美洲国家-墨西哥自由贸易协定
2012年5月11日	欧盟-伊拉克伙伴合作协定
2012年5月13日	中日韩投资促进、便利、保护协定
2012年5月22日	澳大利亚-马来西亚自由贸易协定
2012年9月7日	智利-中国香港自由贸易协定
2012年9月25日	海湾合作委员会-美国贸易经济技术投资合作框架协定
2012年10月1日	海湾合作委员会-秘鲁贸易经济技术投资合作框架协定
2013年2月1日	哥伦比亚-韩国自由贸易协定

拉瓜)；2012年10月1日，欧洲自由贸易联盟-中国香港自由贸易协定生效，涵盖货物贸易、服务、投资、知识产权、政府采购、贸易竞争和环境等问题；2012年10月31日，巴拿马-美国2006年贸易促进条约，其中包含一个涵盖准入阶段义务的投资章节；2012年11月4日，爱沙尼亚-摩洛哥BIT生效；2012年12月18日，捷克-摩洛哥BIT的一项议定书生效，该议定书旨在使捷克BIT与欧盟法相一致，其中包含最惠国待遇和国民待遇、支付转移自由及与基本安全利益相关的例外。

（二）国际投资仲裁实践——以ICSID为例

解决投资争议国际中心（ICSID）是解决私人与国家间投资争议最为重要的机构，系根据1966年《解决国家与他国国民之间投资争议公约》(ICSID公约）成立。截至2012年12月31日，已有158个国家签署该公约。在绝大多数国际投资条约中，ICSID仲裁都被规定为解决国际投资争端的途径之一，借此获得了广泛的代表性。

尽管存在其他管理国际投资仲裁的国际仲裁机构，如常设仲裁法院、斯德哥尔摩商会仲裁院、伦敦国际仲裁院及国际商会仲裁院等，但 ICSID 是唯一公布所有在该处登记的投资仲裁的机构。因此，在 ICSID 登记处理的国际投资仲裁案件具有公开性和典型性的特点，对 ICSID 登记的案件进行分析不会因数据不全而失真，是客观了解国际投资争议发展的重要途径。鉴于上述原因，下文根据 ICSID 官方网站①和官方统计②对迄今为止特别是 2012 年在 ICSID 登记的投资争端进行分析，以说明国际投资仲裁实践的最新发展。

1. ICSID 登记案件的总体发展

(1) ICSID 登记案件数量

截至 2012 年 12 月 31 日，根据 ICSID 公约及其增设便利规则在 ICSID 登记的案件共计有 419 例，其中已有 253 例案件结案。2003—2012 年 10 年间在 ICSID 登记的案件统计如下（见图 1）：

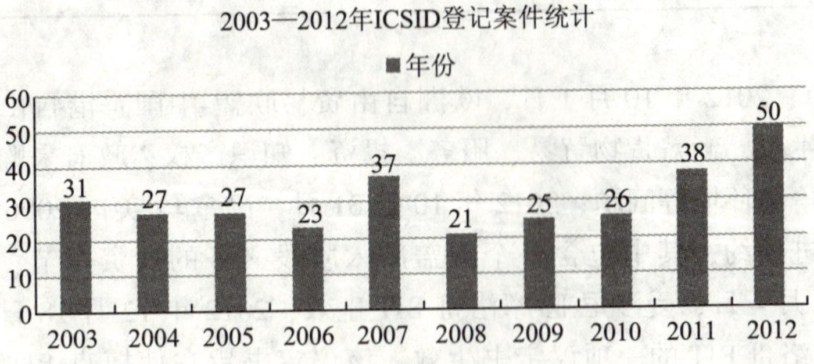

图 1

值得注意的是，2008—2012 年 5 年间在 ICSID 登记的案件逐年增加，于 2012 年达到 50 件，是 ICSID 设立以来登记案件数量最多的一年。

对 2003—2012 年 10 年间在 ICSID 登记案件的依据和性质分类如下（见图 2）：

① https://icsid.worldbank.org/ICSID/Index.jsp.

② The ICSID Caseload-Statistics (Issue 2013-1), available at https://icsid.worldbank.org/ICSID/Front Servlet? requestType = ICSIDDocRH&actionVal = CaseLoadStatistics, last visited April 27, 2013.

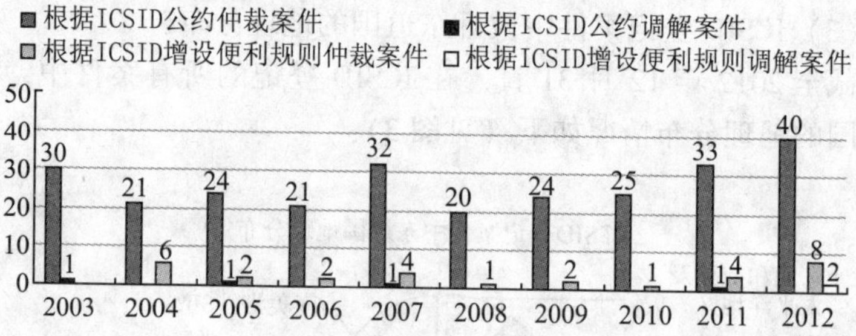

图 2

由上图可见，根据公约提起的仲裁案件占在 ICSID 登记案件的绝大部分，截至 2012 年 12 月 31 日共计 369 例，占 ICSID 登记案件数量的 87%。而根据公约提起的调解案例共 7 例，根据增设便利规则提起的仲裁案例为 41 例，根据增设便利规则的调解案例 2 例，分别占 ICSID 登记案例的 2%，10%和 1%。相应地，将 ICSID 视为国际投资仲裁机构并不为过，因为 ICSID 处理的案件中国际投资仲裁占 97%。

（2）ICSID 管辖同意的依据

ICSID 公约第 25 条第 1 款规定，ICSID 仲裁庭对投资争端的管辖须经争端双方书面同意，而在截至 2012 年的 ICSID 登记案件中，构成 ICSID 对投资争端管辖的依据主要如下（见表 3）：

表 3 中的“其他”分别是东盟投资促进和保护协定、多米尼加-中美洲国家自由贸易协定以及美国-阿曼建立自由贸易区协定。由此可见，国际投资条约是当今国际投资仲裁案件的主要法律依据，占所有案件的 74%，其中又以双边投资条约为主。

表 3

ICSID 管辖同意的依据	双边投资条约（BIT）	投资者与东道国签订的投资合同	东道国的投资法律	北美自由贸易协定（NAFTA）	能源宪章条约（ECT）	其他
所占比例	63%	20%	6%	4%	4%	3%

（3）ICSID 登记案件中被诉东道国的地理分布

截至 2012 年 12 月 31 日，在 ICSID 登记的所有案件中，被诉东道国的地理分布情况如下（见图 3）：

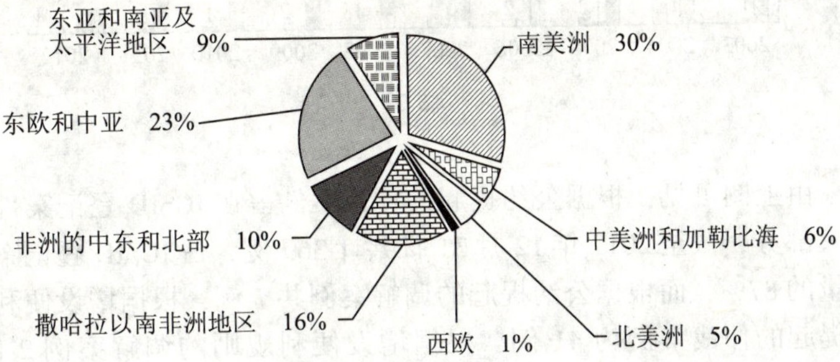

图 3

从地域分布上看，被诉东道国主要为南美洲、东欧和中亚以及撒哈拉以南非洲地区的发展中国家，西欧和北美国家较少。被诉的西欧国家最少，所占百分比只有 1%。

（4）ICSID 登记案件所涉经济部门

按照经济部门划分，在 ICSID 登记的全部案件分布如下(见图 4)：

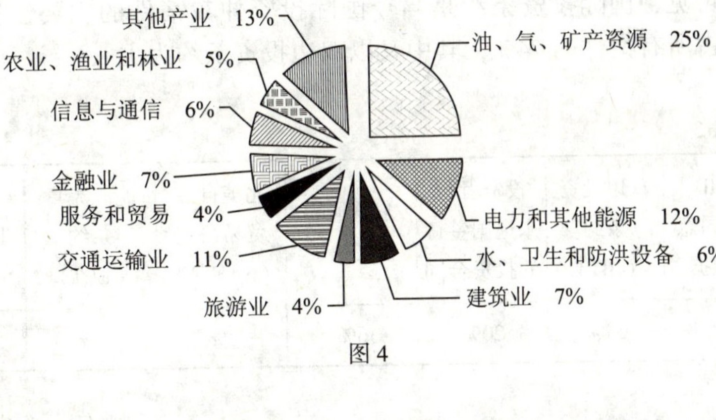

图 4

可见在ICSID登记的案件中，争端发生率最高的是油气矿产资源领域，占25%，其次是电力和其他能源的投资争议占12%。此外，交通运输业的投资争议占11%，建筑业的投资争议占7%，金融业的投资争议占7%，信息与通信业的投资争议占6%，以及水、卫生和防洪设备的投资争议占6%。工业制造业并不是引发国际投资仲裁的主要行业部门。

（5）ICSID登记案件的裁决结果

在ICSID登记的案件中有62%由根据公约和增设规则设立的仲裁庭作出裁决，裁决结果可分为四种，所占比重分别为：

仲裁庭裁定无管辖权的案件为23%；

仲裁庭驳回所有申诉请求的为28%；

仲裁庭支持部分或全部申诉请求的为48%；

仲裁庭根据2006年新增的ICSID仲裁规则第41（5）条裁定申诉明显缺乏法律依据而予以驳回的为1%。

至少从裁决结果来看，认定ICSID仲裁庭偏向提出申诉的外国投资者或被诉东道国均无确切依据。

（6）ICSID登记案件中仲裁员、调解员和专门委员会成员的数量、地域及国籍分布

根据ICSID公约及增设便利规则，在ICSID登记的争议案件中，由争端双方当事人或ICSID任命仲裁员、调解员或专门委员会成员。截至2012年12月31日，仲裁员、调解员和专门委员会成员的数量、地域及国籍分布如下（见表4）：

表4

任命方式、地区分布	北美洲	南美洲	中美洲和加勒比海	非洲的中东和北部	撒哈拉以南非洲地区	东亚、南亚和太平洋地区	东欧和中亚	西欧
ICSID任命	47	43	13	23	16	55	10	183
当事人任命	257	105	16	41	13	85	13	447
合计	304	148	29	64	29	140	23	630

无论是以何种方式任命，ICSID 案件的仲裁员、调解员和专门委员会成员主要来自西欧和北美洲，分别有 630 人和 304 人，分别占到了所有仲裁员、调解员和专门委员会成员总数的 46%和 22%。而来自东欧和中亚以及撒哈拉以南非洲、中美洲和加勒比海的人员最少，分别只有 23 人、29 人和 29 人。

从国籍分布来看，上述人员的国籍多达 80 多个（部分人员具有双重国籍），分布较为广泛。但其中 160 人拥有美国国籍，128 人有法国国籍，123 人有英国国籍，95 人有加拿大国籍，85 人有瑞士国籍，64 人有西班牙国籍，47 人有墨西哥国籍，46 人有澳大利亚国籍，43 人有德国国籍，40 人有智利国籍。相反，拥有苏丹、斯洛文尼亚、南非、挪威、卢森堡、危地马拉、中非等国家的国籍均只有 1 人。由此可见，ICSID 案件的仲裁员、调解员和专门委员会成员的国籍分布集中度较高，主要是来自北美和西欧的发达国家，这或可视为发达国家主导国际投资仲裁的证据之一。

在了解 ICSID 登记案件总体发展情况的基础上，以下介绍 2012 年 ICSID 登记案件的基本情况。

2. 2012 年 ICSID 登记案件情况

（1）2012 年 ICSID 登记案件数量

如前所述，2012 年是 ICSID 设立以来登记案件最多的一年，高达 50 起。其中，40 个案件是根据 ICSID 公约提起的仲裁，8 例是根据 ICSID 增设便利规则提起的仲裁，另有 2 例为调解案件。与多年来的总体情况一致，仲裁仍是 ICSID 案件的主要类型。

（2）2012 年 ICSID 管辖同意的依据

下表将 2012 年新登记案件与 2011 年登记案件以及 ICSID 设立以来全部案件中 ICSID 对投资争端管辖的依据进行对比（见表 5）：

2012 年 ICSID 登记案件中，主要仍是根据双边投资条约的规定构成对 ICSID 管辖的同意。虽然国际投资条约之外的管辖同意依据——投资合同和东道国国内法——所占比重没有明显变化，但东道国国内法作为对 ICSID 管辖的同意依据所占比重连续两年高于其在 ICSID 全部登记案件的平均值。

表 5

ICSID管辖同意的依据	双边投资条约（BIT）	投资者与东道国签订的投资合同	东道国的投资法律	北美自由贸易协定（NAFTA）	能源宪章条约（ECT）	其他
全部案件分布比例	63%	20%	6%	4%	4%	3%
2012 年案件的分布比例	67%	13%	12%	4%	4%	无
2011 年案件的分布比例	76%	10%	10%	无	2%	2%

（3）2012 年 ICSID 登记案件被诉东道国的地理分布

2012 年 ICSID 登记案件中被诉东道国具体如下（见表 6）：

表 6

中美洲和加勒比海 2个	北美洲 3个	西欧 3个	撒哈拉以北的非洲地区 5个	东亚和南亚及太平洋地区 5个	撒哈拉以南的非洲地区 7个	南美洲 12个	东欧和中亚 13个
哥斯达黎加1个	美国 1个	比利时 1个	突尼斯 1个	韩国 1个	苏丹 1个	阿根廷 1个	保加利亚 1个
圣卢西亚 1个	加拿大 1个	德国 1个	埃及 2个	巴基斯坦 1个	乌干达 1个	秘鲁 2个	格鲁吉亚 1个
	墨西哥 1个	西班牙 1个	阿尔及利亚 2个	老挝 1个	几内亚 2个	委内瑞拉 9个	克罗地亚 1个
				印度尼西亚 2个	赤道几内亚 3个		拉脱维亚 1个
							马其顿 1个
							黑山共和国 1个
							罗马利亚 1个
							斯洛伐克 1个
							土库曼斯坦 1个
							乌兹别克斯坦 1个
							匈牙利 3个

2012 年登记的案件按照被诉东道国的地理分布，与 ICSID 成立以来所有登记案件及 2011 年登记案件的地理分布进行对比如下（见表 7）：

表 7

ICSID 登记案件的地区	北美洲	南美洲	中美洲和加勒比海	撒哈拉以南非洲地区	非洲的中东和北部	东欧和中亚	东亚和南亚及太平洋地区	西欧
所有案件	5%	30%	6%	16%	10%	23%	9%	1%
2012 年案件	6%	24%	4%	14%	10%	26%	10%	6%
2011 年案件	无	34%	无	11%	13%	29%	13%	无

尽管年度案件被诉东道国的分布具有一定的偶然性，不能完全代表总体发展趋势，但值得注意的是，2012 年发达国家尤其是西欧国家作为东道国被诉的案件高于往年。

（4）2012 年 ICSID 登记案件所涉经济部门

2012 年与 2011 年登记案件所涉及的经济部门划分如下（见图 5）：

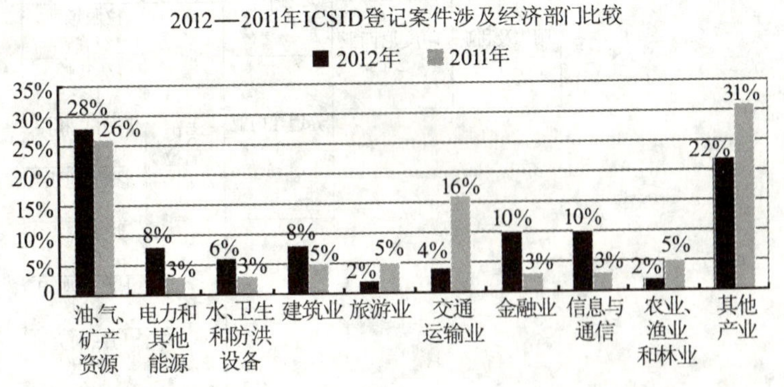

图 5

2012 年 ICSID 登记案件与 2011 年相比，在涉及的经济部门中金融业和信息与通信业的投资案件数量明显增多，电力和其他能源的投资案件数量也有所增加，而交通与运输业的投资案件数量明显减少，旅游业、农业、渔业和林业案件也有所减少。2012 年 ICSID 登记案件所涉经济部门分布与 ICSID 登记的全部案件相比基本相同，油、气、矿产资源相关的投资争议仍占所有投资争议的最高比例，达到了 28%。

（5）2012 年 ICSID 登记案件的仲裁员、调解员和专门委员会成员的数量、地域及国籍分布

2012 年被任命处理 ICSID 登记案件的仲裁员、调解员和专门委员会成员，与 ICSID 全部登记案件的任命人员地域分布比较如下（见表 8）：

表 8

地域分布	北美洲	南美洲	中美洲和加勒比海	撒哈拉以北非洲地区	撒哈拉以南非洲地区	东亚、南亚和太平洋地区	东欧和中亚	西欧
2012 年任命人员	24%	13%	3%	1%	1%	14%	2%	42%
全部案件任命人员	22%	11%	2%	5%	2%	10%	2%	46%

从上表可见，2012 年获任命处理 ICSID 案件的人员分布基本上和处理 ICSID 登记案件的全部人员分布的情况相同，主要仍是任命西欧和北美地区的发达国家人士担任仲裁员、调解员和专门委员会成员。

具体而言，2012 年任命的仲裁员、调解员和专门委员会成员中，18 位来自美国，12 位来自英国，10 位来自法国，9 位来自加拿大，来自西班牙、德国和智利的各有 7 位，来自瑞士、墨西哥、澳大利亚和阿根廷各有 6 位，来自新西兰和哥斯达黎加各有 5 位，

来自意大利和比利时各有 4 位，来自保加利亚、哥伦比亚和荷兰等各有 3 位，来自中国、索马里和瑞典等各有 2 位，来自芬兰、希腊、巴基斯坦、新加坡和马来西亚等各有 1 位。

值得一提的是，2012 年和 2011 年连续 2 年，中国每年均有 2 位公民被任命参与到 ICSID 登记案件的解决中，表明随着对外投资的增多和经济实力的增强，中国正逐步得到 ICSID 成员的的信任和认可，并越来越积极地参与到 ICSID 案件解决之中。

二、国际投资条约的多元化发展趋势

晚近国际投资条约呈现出多元化发展趋势，具体表现在两个方面：

第一，条约模式的多元化。既有与贸易条约相结合的区域自由贸易协定（RTA）中的投资章节，也有专门的双边或区域性投资条约。既有传统的简短精干的欧洲式双边投资条约（BITs），也有在美国、加拿大 BIT 范本引领下的内容更为复杂和精细的投资条约。同时，这些不同类型的条约发展方向又相互交叉。无论在独立的投资条约还是在 RTA 的投资章节中，都能找到简短精干型或者精细复杂型的例证。

第二，参与主体的多元化。相对于传统的由一个发达国家和一个发展中国家缔结的所谓“南北投资条约”，发展中国家以及转型经济体之间相互签订的所谓“南南投资条约”的比重不断上升。东亚、东南亚和太平洋地区各国经济实力的上升带来世界经济向跨太平洋中心发展的趋势，随之这些国家在国际投资条约的缔约实践中更为活跃，影响日益增强。同时，美欧试图通过跨大西洋自由贸易协定谈判的启动，来恢复和加强他们在国际经济立法中的话语权和控制权。近两年来，以欧盟为代表的区域性经济组织在国际投资领域的职能范围不断拓宽，将成为国际投资条约的重要缔约主体。最后，一些国际组织密切关注国际投资条约和仲裁的发展，其在很多问题上的立场和主张对各国缔约实践可能产生更大的影响。

（一）条约模式的多元化

1. 自由贸易协定中的投资章节

在二战之后以关贸总协定（GATT）和BITs为代表，彼此密切相关的国际经济活动两大领域——国际贸易和国际投资——被分别交由不同的国际条约予以调整，这在很长一段时间内成为各国签订贸易协定的首要选择。北美自由贸易协定（NAFTA）是第一个具有广泛和深远影响的含有投资章节的RTA，重新将贸易和投资问题整合在一个条约框架之下。在NAFTA框架下出现的一系列涉及投资与贸易、投资与环境问题的投资仲裁案件对于晚近国际投资条约法的发展起到了明显的促进作用。一方面，这些案件在国际社会引起广泛关注，使得国际投资条约法成为当今国际法学界最为关注的问题之一。另一方面，美国与加拿大在这些案件中被诉甚至败诉的经验教训是这两个国家反思其国际投资条约的主要动力。在这两个国家的引领下，国际投资条约尤其是自由贸易协定中的投资章节呈现越来越复杂和精细的趋势。这种复杂性不仅体现在更加明确和细化的投资保护条款，同时还有包括了涉及投资与贸易、投资与环境、投资与人权等问题的新规则。因此，在晚近各种国际投资条约中，部分自由贸易协定中的投资章节成为最为复杂的一类。这方面的典型代表是2013年4月1日生效的加拿大-巴拿马自由贸易协定（加-巴FTA）中的投资章节（第九章）。①

加-巴FTA第九章有38个条款和3个附件。它包括了BITs中常见的诸项投资保护条款，如国民待遇、最惠国待遇、最低待遇标准（包括公平公正待遇和全面保护与安全条款）、履行要求、征收与补偿、资本自由转移以及投资者—东道国争端解决机制等。与传统的欧洲式BITs的不同之处在于，加-巴FTA（按照加拿大BIT范本）对一些问题做出了详细规定，以实现投资保护和其他重大公共利益之间更好的平衡，以下仅举三例。

① Canada-Panama Free Trade Agreement, available at http: //www.international.gc.ca/trade-agreements-accords-commerciaux/agr-acc/panama/panama-toc-panama-tdm.aspx? lang=eng, last visited April 27, 2013.

第一，在列举了诸项构成投资的资产形式之后，加-巴 FTA 规定，投资不包括："金钱请求权，系仅源于：i. 缔约一方境内之国民或企业向缔约另一方境内之企业销售货物或提供服务的商业合同，或；ii. 与商业交易有关的授信，如贸易融资，但不包括第（4）项所指的贷款，或；与上述第（1）至（8）项所指各种权益无关的任何其他金钱请求权。"① 这一规定限制了构成投资的金钱请求权的范围，以保证投资与东道国之间存在更持续性的关联而非单纯的贸易行为。

第二，效仿 NAFTA 自由贸易委员会对 NAFTA 第 1105 条作出的解释，② 加-巴 FTA 规定，公平公正待遇和全面保护与安全条款不要求给予超出习惯国际法关于外国人最低待遇标准之上的待遇，违反本协定的另一规定或独立的国际条约的规定不构成违反公平公正待遇。此种规定旨在防止有些仲裁庭对公平公正待遇作出过于宽泛的解释。

第三，加-巴 FTA 的附件规定，判定某一措施或者某些措施是否构成间接征收，需以事实为依据，依个案审查。需考虑各种因素，如：①措施的经济影响，但是，仅仅对投资的经济价值造成的消极影响一个因素不足以认定间接征收；②措施违背明显、合理、以投资为依据的预期之程度；③措施的性质。

除了上述 BITs 常有的规则之外，加-巴 FTA 第九章有多项规定澄清了投资规则和贸易规则之间的关系，这对于将贸易和投资问题整合在一个条约框架之内的 FTA 而言无疑十分重要。加-巴 FTA 第 9.03 条规定，在本章和 FTA 其他章节发生冲突的情况下，其他章节的规定优先适用。此外，依据 GATT 第 11 条所采取的限制资本转移措施不违反本章中资本自由转移义务；可依据 TRIPS 的有关规定偏离本章中的国民待遇和最惠国待遇义务；征收条款不适用于依据 WTO 协议颁布的强制许可。这些规定在专门的国际投资条约

---

① Art. 9.01 Canada-Panama FTA.

② 关于该解释，参见陈安主编：《国际投资法的新发展与中国双边投资条约的新实践》，复旦大学出版社 2007 年版，第 59 页。

中并不多见。

加-巴 FTA 对投资保护与健康、安全和环境标准，与跨国公司社会责任之间的关系也作出了规定，这在传统的 BITs 中更为少见。

依据第 9.16 条，缔约方确认，弱化国内健康、安全和环境措施以促进投资并不适当。如一缔约方认为，另一缔约方为促进投资而豁免或降低了上述措施的要求，前者可要求与后者进行讨论。缔约双方应讨论如何避免采取上述促进措施。

第 9.17 条涉及公司社会责任问题。据此，缔约方应鼓励在其境内或受其管辖之企业，在企业内部管理中自愿接受国际承认的公司社会责任标准，如关于劳工、环境、人权、社区关系和反腐败等的诸项原则。

不过，上述两个条款还只是协调投资保护和其他重大公共利益的初步尝试，其规定的仍是软性义务。第 9.16 条使用了“讨论”一词（discussion），而非国际条约中常见的“磋商”，这体现了对意见交换的强调，对于结果并无强制性要求。第 9.17 条则仍建立在目前为跨国公司所接受的自愿性原则基础上，而且，该条款与其他投资保护义务之间的关系尚不明确。例如，当缔约方所采取的鼓励措施造成了不同投资者之间的差别待遇时，应如何处理？因此，这两个条款的实际意义与效果有待观察。

加-巴 FTA 用一节共 19 个条款规定了投资者—东道国争端解决机制，不仅条款数目远多于传统 BITs 和大多数 FTAs，而且全面和细致程度大为提高。像 NAFTA 一样，加-巴 FTA 含有一些传统 BITs 的投资者—东道国争端解决机制所没有的要求，如：要求投资者在获知或理应获知其所主张的违反条约行为之日起三年内提出申诉；为避免平行诉讼，要求投资者在一缔约国国内行政法庭或法院以及任何其他争端解决机制放弃或停止对被诉措施提起的申诉，即所谓“弃权条款”；对基于相同法律或事实问题提出的多个申诉应合并审理；缔约双方组成的委员会有权对条约条款作出解释，仲裁庭受其遵循。

即使与本已较为详细的 NAFTA 争端解决机制相比，加-巴 FTA 也新增了若干条款，以充分考虑国际投资仲裁的公法性质：（1）仲裁员应在国际公法、国际贸易或国际投资规则或国际贸易条约或国际投资条约的争端解决方面具有经验和专门知识。这种对于仲裁员资格条件的要求在以往条约中甚为少见，其目的在于强调仲裁员的公法背景，以避免仲裁员像商事仲裁庭那样仅考虑私人利益。(2) 增强仲裁机制的透明度，明确了非当事方提交仲裁庭意见书应遵循的程序，对听证会和裁决的公开作出了具体的规定。

此外，在缔结 FTA 的同时，加拿大和巴拿马还签署了环境合作和劳工合作两个协议，承诺对于贸易和投资的促进，不以降低环境保护标准和劳动保护标准为代价。

综言之，加-巴 FTA 第九章通过上述规则试图在外国私人投资（一种私人财产权）的保护和公共利益的保护之间实现平衡，这是加拿大（以及美国）对 NAFTA 投资仲裁实践的回应，也在两国新版本的 BIT 范本中得到体现。

在大西洋的彼岸，欧洲国家在两大区域经济组织——欧盟和欧洲自由贸易联盟（EFTA）——框架下同样致力于谈判和签署含有投资章节的 FTA，并将其视为国际投资条约的首选类型。欧盟获得与第三国签署国际投资条约的专属权限，是晚近国际投资条约实践的重要变化，下文再作详述。在 EFTA 看来，FTA 投资章节的宗旨不是简单的照抄传统 BITs，而是——名副其实地——推动（投资的）自由化。因此，EFTA 的 FTA 投资章节将重点放在投资自由化的规则上，其核心便是准入阶段的国民待遇。这些 FTA 投资章节虽然也有投资保护的规则，但不仅不如加-巴 FTA 细致和全面，甚至某些方面也比 BITs 更加简略。它们与 BITs 有着很大的不同，两者之间更多地发挥着相互补充的作用。而是否含有投资自由化的规则，可以作为区别欧洲 BITs 和 FTA 投资章节的主要标志，并影响了欧洲以外地区的许多国家的缔约实践。

2012 年 5 月 23 日生效的 EFTA-乌克兰 FTA 是此类条约的一个典型范例。① 它规定了准入前国民待遇、透明度义务以及与贸易有

① Free Trade Agreement between the EFTA States and Ukraine, http://www.efta.int/free-trade/free-trade-agreements/ukraine.aspx, last visited April 27, 2013.

关的投资措施，旨在为外国投资创造一个公平的竞争环境，尤其在投资准入方面。与此同时，缔约方不应为鼓励投资而减损与本协议相符的公共利益措施，如健康、安全和环境保护等。它仅仅是简略地规定了公平公正待遇、全面保护与安全。在规定资本的自由转移的同时，允许缔约方在外汇收支困难的情形下采取相应地限制措施。尤为突出的是，它没有规定征收与补偿的标准以及投资者—东道国争端解决机制，而两者是传统 BITs 的核心内容。EFTA-乌克兰 FTA 投资章节非常清晰地体现了此类条约以投资自由化义务为核心、将投资保护留给 BITs 加以规范的特点。

以加-巴 FTA 为代表的投资条约复杂化趋势对于我国的投资条约实践也产生了一定程度的影响，这体现在 2012 年 5 月 13 日签署的《中华人民共和国政府、日本国政府和大韩民国政府关于促进、便利和保护投资的协定》(以下“中日韩投资协定”)。尽管它目前是一部独立的投资条约，但被公认为是中日韩自贸区建设的一部分,① 因此也可视之为 FTA 的投资章节。与以往中国签署的 BITs 相比，中日韩投资协定对投资保护规则的细化包括：规定了投资应具有的几个特性，如资本的投入、利润的预期或风险的承担，借此限定投资定义的范围；将争端解决机制排除在最惠国待遇条款的适用范围之外；对公平公正待遇作出了类似于加-巴 FTA 的限定，但参照标准不是习惯国际法的最低待遇标准，而是“符合被广泛承认的国际法规则的合理和适当的待遇标准”，这体现了中国长期以来对最低待遇标准持有的谨慎态度；用一个附件对间接征收的认定作出了类似于加-巴 FTA 的限定；规定了多项例外条款，如安全例外、金融谨慎措施例外等；承诺不通过豁免或降低环境保护标准的方式激励投资；在投资者—东道国争端解决机制中加入了若干类似于加-巴 FTA 的限制性条件，如提出申诉的三年有效期、弃权条款等。值得注意的是，在借鉴美加应对国际投资仲裁出现的问题、细化和限定投资保护义务的同时，中日韩投资协定没有规定以准入前

① 参见商务部网站：http：//www.mofcom.gov.cn/aarticle/ae/ai/201205/20120508120383.html.

国民待遇为代表的投资自由化义务。投资自由化义务的缺位可以视为区分中国签署的 FTA 投资章节与其他国家 FTA 的主要标志。中国在 FTA 中纳入投资章节，目的不是（像 EFTA 那样）推动投资的自由化，而是改进已有的双边投资条约。因此，中国 FTA 投资章节实际上是嵌入 FTA 的 BIT，是不同于加-巴 FTA 和 EFTA-乌克兰 FTA 的又一种类型的 FTA 投资章节。

显然，作为"嵌入 FTA 的 BIT"，如果缔约双方认为原有的 BIT 没有修订的必要，则相关的 FTA 投资章节会十分简单。这方面的典型代表是 2013 年 4 月 15 日签署的中国-冰岛 FTA。其第八章"投资"仅有三个条款，通过双方认可 1994 年中-冰 BIT 对自贸区的贡献，实际上将该 BIT 纳入自贸区法律框架之内。

综上所述，目前 FTA 越来越多地成为各国调整它们之间的国际投资关系的主要条约形式。"从数量上看，双边协定仍占主导地位；然而，从经济意义上看，区域主义日益重要。"① 但各国 FTA 投资章节的内容差别很大，具有显著的多元化特征。如果做一个简单化的划分的话，可以将其分为三大类：一类是以加-巴 FTA 第九章为代表的最为复杂和细致的 FTA 投资章节，与之遥遥相对的是以中-冰 FTA 第八章为代表的极为简化类型，居于其间的是 EFTA-乌克兰所代表的以投资自由化为核心内容的 FTA 投资章节。

2. 专门的国际投资条约

以 BITs 为代表的专门的国际投资条约同样呈现出多元化趋势。

如前所述，基于其在 NAFTA 投资仲裁中作为被诉东道国的经验教训，近年来美加两国倾向于在国际投资条约中——无论 FTA 投资章节还是 BITs——明确和细化有关条款，限制国际投资仲裁庭的宽泛解释，以更好地实现投资保护和其他重大公共利益之间的平衡。这一变化由于美加缔约实践的代表性常被称为 BITs 的美式化。它对中国国际投资条约的影响充分体现在 2012 年 9 月 9 日签署的中国-加拿大 BIT 之中。

---

① 联合国贸发会议：《世界投资报告 2012：概述》，第 18 页。

中加 BIT 是中国迄今为止最复杂的 BIT，共 35 条和 6 个附件。中国绝大多数 BITs 可归类于传统的欧式 BIT，简短精干，大约 10 个条款，因此，中加 BIT 更加凸显了美式 BIT 对包括中国在内的其他国家的影响。该 BIT 包括多项与前述加-巴 FTA 相同或类似的限制性规定，如：对投资定义尤其是构成投资的金钱请求权的范围的限制；对公平公正待遇含义的限定，以“被普遍国家实践证明为法律的国际法最低待遇标准”为限的用语表明了中加双方达成的妥协；① 将争端解决机制排除在最惠国待遇适用范围之外；征收条款不适用于依据 WTO 协议颁布的强制许可；限定仲裁庭对间接征收认定的依据与范围；第 33 条规定了多达七大类的例外。但是，与加-巴 FTA 相比，中加 BIT 未涉及投资与环境、健康、劳工标准等之间的关系。

在投资者—东道国争端解决机制方面，中加 BIT 规定十分详尽，其所包括的不常见于传统 BITs 的规则有：当涉及因东道国金融谨慎措施引起的争端时，适用一个主要由缔约双方认定的特殊程序，该认定对仲裁庭具有约束力；投资者提起申诉的三年有效期；为防止投资者利用不同 BIT 就同一事项提起的平行诉讼，要求投资者必须放弃依据被诉东道国和某第三国的条约关于同一措施的申诉；条约规定的投资者提起申诉的前提条件必须满足，否则东道国在条约中作出的同意无效；② 类似于加-巴 FTA 的对仲裁员资格条件的要求；详细的合并审理程序等。

总体上看，中加 BIT 很大程度上体现了缔约双方（尤其是中国）对复杂的美式 BIT 的接受，然而在具体规则上与加拿大 BIT 范

---

① 未指明最低待遇标准的习惯国际法性质，代之以“普遍国家实践证明为法律”（尽管具备国家实践和法律确信便可以视之为习惯国际法，因而此种变化更像是文字游戏），于中国而言，是在中国-墨西哥（另一个 NAFTA 成员国）BIT 之外唯一明确提及“最低待遇标准”的 BIT，是对加拿大立场的妥协；于加拿大而言，没有明确最低待遇标准的习惯国际法地位则是对中国立场的妥协。

② 此项规定针对的是，有些仲裁庭以某些前提条件属程序性质（如 18 个月的冷却期）而不影响其管辖权为由，即使投资者未满足该条件，也对仲裁庭自己的管辖权予以认定。

本有着很多差异，表明了两国既有坚持又有妥协、根据双方实际需要缔约的立场。

应该说明的是，BIT 的复杂化并不完全等同于美式化。晚近一些欧洲国家签署的 BIT 内容也越来越丰富，但其目的在于为投资提供更高的保护标准，而不是通过明确甚至限制投资保护规则以实现投资与其他公共利益之间新的平衡。2010 年 1 月 12 日签署的奥地利-哈萨克斯坦 BIT 便是此类 BIT 的一个例证。① 该条约有 29 个条款，显著长于传统的欧洲式 BIT。在规定了典型的投资保护条款基础上，进一步加强了投资保护的力度，如：明确地将争端解决机制规定在最惠国待遇的适用范围内；对公平公正待遇和间接征收的认定未作任何限定；保留了适用范围广泛的保护伞条款。唯一体现平衡投资与其他公共利益的条款是，缔约方不应为促进投资而降低环境保护与劳动保护标准。

在晚近缔结的多数 BITs 倾向于更长更细致的条约规则的同时，仍有一些国家继续遵循传统的欧洲式 BIT 模式，例如 2012 年 4 月 24 日签署的喀麦隆-土耳其 BIT。② 该条约仅有 12 个条款，且多数较为简略。除一个部分效仿 GATT 第 20 条“一般例外”和第 21 条“安全例外”的例外条款外，该条约仅将争端解决机制排除在最惠国待遇适用范围之外，而没有其他澄清投资保护标准的规定。鉴于国际投资仲裁庭对 BIT 的解释和适用在国际社会业已引起广泛的关注和激烈的争议，怀疑该条约的缔约双方对当今 BIT 缔约实践的新发展一无所知是不合情理的，条约对最惠国待遇的规定也证明了这一点。因此，该条约模式的选择应视作是两个国家有意而为之，在它们看来这或许更符合双方实际利益。

通过分析晚近各种类型国际投资条约（包括 FTA 投资章节及 BIT），难以认定一种一致的或一般的条约模式甚至实践趋势的存在。多元化应是对缔约实践的恰当反映，它体现了缔约各方的不同

---

① http：//www. parlament. gv. at/PAKT/VHG/XXIV/I/I_01333/imfname_224254. pdf.

② http：//unctad. org/sections/dite/iia/docs/bits/Turkey_Cameroon%20BIT. pdf.

偏好和利益，而这种不同主要关系如何处理投资保护与其他公共利益之间的关系。值得注意的是，在区域自由贸易协定日益增多的同时，它们往往并不就此淘汰旧的双边条约，如中国和韩国、日本此前分别签订的BIT并没有由于中日韩投资协定而失效。因此，区域化一方面可以整合和统一投资规则，为多边化提供更多的可能，另一方面又增加了国际投资条约的层次，使其更加复杂、重叠与不一致。①

（二）参与主体的多元化

不仅在条约模式的选择上，而且国际投资条约实践的参与主体也呈现出多元化趋势。缔约主体不再仅仅是国家，欧盟、东盟等区域性经济组织也成为了举足轻重的国际投资条约缔约方。尤其是欧盟在获得签订国际投资条约的权限后，其立场和实践将对国际投资条约实践的发展产生重大影响。就传统的缔约主体国家而言，东亚地区国家和新兴发展中国家日益活跃，影响逐渐增强。欧美则试图通过“超大型区域”（Mega-Regionals）的构建，重新加强国际投资规则制定的话语权。此外，一些国际组织虽然不能直接缔结国际投资条约，但其对条约实践的研究和建议影响广泛，尤其是UNCTAD在2012年大力倡导的“可持续发展之投资政策框架”值得关注。

1. 欧盟获得缔结国际投资条约专属权限的影响

2009年12月1日生效的《里斯本条约》将外国直接投资纳入欧盟共同商业政策框架，② 而共同商业政策属于欧盟的专属权限。③ 这意味着欧盟获得了与第三国缔结国际投资条约的专属权限，而按照规定，成员国只有在得到欧盟授权时才能签订此类条约。④ 这一缔约权限的变化带来两个方面的法律问题，一是欧盟将会制定怎样的共同投资政策，对国际投资条约采取怎样的立场；二

① 参见联合国贸发会议：《世界投资报告2012：概述》，第19页。

② 《里斯本条约》第207（1）条。

③ 《里斯本条约》第3（1）条。

④ 《里斯本条约》第2（1）条。

是欧盟将如何处理成员国签署的国际投资条约。

在 2010 年 7 月 7 日发布的名为《迈向全面欧洲国际投资政策》的欧盟委员会通报中,① 欧委会勾画了其将奉行的国际投资政策。在重申国际投资条约是保证国际投资法律安全的一个重要因素之后，欧委会表达了两个方面的担忧：其一，由于各成员国签署的 BITs 规定的投资保护力度不一，可能影响欧盟企业的公平竞争环境。其二，欧洲式 BITs 传统上限于投资准入后阶段的保护问题，市场准入义务的缺失亟待弥补。因此，欧委会强调应将投资保护与投资自由化融合于一体，实现这一目标的更好方式是在贸易协议中将投资规则与其他经济部门自由化的规则相结合。未来的投资协议应该是高质量的、包括所能达到的最高标准，它们包括非歧视(最惠国待遇和国民待遇)、绝对保护标准（公平公正待遇和全面安全与保护)、征收与保护伞条款，这些是成员国现有 BITs 的最佳实践。同时按照欧洲法院的判例，征收应该符合的条件有非歧视和基于征收行为的合法性目标的比例原则（如应给予适当补偿)。投资协议还应该与欧盟及其成员国的其他政策目标保持一致，如环境保护、有尊严的工作、工作中的健康与安全保护、消费者保护、文化多样性、发展政策和竞争政策。它还应遵循欧盟对外政策中的原则和目标，如促进法制、人权和可持续发展。对于具体如何平衡投资和其他政策目标之间的关系，通报并未详细说明。

关于投资者—东道国争端解决机制，欧委会将其视为应从成员国 BITs 中吸取的有效保护投资的关键要素。它指出该机制需应对的挑战有：透明度，包括仲裁申请、诉状、听证会和裁决的公开、法庭之友意见书；解释和裁决的一致性与可预见性，应考虑设立准常设仲裁员和上诉机制；由于根据 ICSID 现有规定，欧盟不具备成

① Towards a Comprehensive European International Investment Policy, Communication from the Commission to the Council, the European Parliament, the European Economic and Social Committee and the Committee of the Regions, COM (2010) 343, available at http: //ec. europa. eu/trade/policy/accessing-markets/investment/index_en. htm, last visited April 27, 2013.

员资格，将与有关各方探讨其加入ICSID的可能性（须修订ICSDI公约）。应解决欧盟与成员国之间在欧盟缔结的投资条约中国际责任的承担问题，基于欧盟的专属权限，欧委会应代表欧盟成为国际投资争端的唯一当事人，特别是协议适用范围内一成员国影响第三国投资措施的唯一辩护人。

2011年7月1日，欧盟-韩国FTA生效后，欧盟表示，该条约将成为欧盟未来FTA谈判的模板。①

作为欧盟国际投资条约专属权限的必然结果，欧盟统一的国际投资条约将取代成员国业已缔结的BITs，但不能一蹴而就。为此，欧盟于2012年12月12日颁布第1219/2012号条例，② 规定了对成员国与第三国签订的BITs的过渡安排。所有成员国在2009年12月1日前（就新加入成员国而言，在其加入前）签署的BITs，如欲使其继续有效，应向欧委会通报。在成员国不违反所承担的欧盟法其他义务的前提下，有关BIT将由此通报而自动继续有效，直至欧盟与有关第三国缔结的投资条约生效。成员国应采取适当措施保证有关BITs条款不构成欧盟谈判或缔结投资条约的严重障碍。为此，条例规定了欧委会和成员国消除此种障碍的具体程序。成员国如欲新签或修订BIT，应从欧委会获得谈判授权，为此应在正式谈判开启五个月前通知欧委会。欧委会应给予授权，除非谈判：①与欧盟法不符（欧盟谈判国际投资条约的专属权限除外）；②因欧委会已提议或决定提议与该第三国开启谈判而不再必要；③与欧盟对外政策的原则和目标不符；或④对欧盟与该第三国谈判或缔结投资条约构成严重障碍。在授权中，欧委会可要求在谈判和拟议的条约中加入或移除有关条款，以保证与欧盟投资政策或欧盟法相符。成

① 新华网:《欧盟表示欧韩自由贸易协定将成模板》,http://news.xinhuanet.com/world/2011-07/01/c_121612636.htm,最后访问于2013年4月27日。

② Regulation (EU) No. 1219/2012 of the European Parliament and of the Council of 12 December 2012 establishing transitional arrangements for bilateral investment agreements between Member States and third countries, available at http://eur-lex.europa.eu/LexUriServ/LexUriServ.do?uri=OJ:L:2012:351:0040:0046:EN:PDF, last visited April 27, 2013.

员国应向欧委会持续通报有关谈判的进展与结果，欧委会可要求加入谈判。谈判最终达成的条约应提交欧委会，在欧委会评估并授权后签署。

长期来看，欧盟获得签订国际投资条约的专属权限，将加强欧盟在国际投条约中的谈判实力，可能在一定程度上推动国际投资条约规则的一致性。但从中短期而言，欧盟签署的国际投资条约和其成员国签署的 BITs 将并存，将会加剧国际投资条约网络的复杂性。

2. 国际投资规则制定话语权的竞争

BIT 的历史发展表明，最初它们主要是资本输入国与欧洲或北美地区的资本输出国之间的“南北投资条约”。近年来“南南投资条约”即发展中国家之间签署的 BITs 日益增多，受到国际社会的广泛关注。在模式和内容上，“南南投资条约”与“南北投资条约”并无显著差异。这说明发展中国家也接受了原本欧美发达国家倡导的条约保护投资的模式。

另一值得注意的新趋势是，随着国际经济重心向亚洲太平洋地区转移，除日本保持传统的资本输出国地位外，中国及这一地区其他新兴发展中国家的对外投资日益增加，它们在国际投资规则制定中的影响力也随之增大。例如，中国是世界上签署 BIT 数量第二的国家，仅次于德国。近年来，中国与东盟签署的自贸区投资协议、中日韩投资协议以及中国-加拿大 BIT，从其涵盖的经济规模与对国际经济的影响来看，愈发引人注目。即使不能就此断言国际投资条约实践发生“东移”,① 至少可以确定多元化趋势的存在。

另外，美欧在采取行动试图重新夺回或巩固其国际投资规则制定中的核心地位。欧盟在国际投资条约上专属权限的获得，在相当程度上便是为了增强其规则制定的话语权。美国积极推动的《跨太平洋战略经济伙伴关系协定》(TPP) 谈判，也被视做美国以下战略的体现：在 WTO 之外建立一个基本上按其意图制定贸易和投资规则的俱乐部，以应对中国的崛起。同时，进一步发展跨大西洋

① See Karl P. Sauvant (ed.), Yearbook on International Investment Law & Policy 2011-2012, Oxford University Press 2013, pp. 160-163.

关系正在重新成为欧美战略的重点。2012 年 4 月，欧盟和美国就国际投资的共享规则达成正式协议,① 确定了国际投资政策的七项原则：开放和非歧视的投资环境；提供公平竞争条件以应对国家干预的挑战；对投资者和投资的有力保护；包括投资者—东道国投资争端仲裁在内的公平和有约束力的争端解决机制；强化透明度和公共参与规则；鼓励跨国公司负责任的商业行为；严格适用对外国投资的国家安全审查，将其限于真正的国家安全危险。美欧不仅承诺在各自的投资政策中执行这些原则，而且将其视为发展和维护全球开放投资政策的重要因素，倡导其他国家在指定投资政策时予以遵守。2012 年年底，美欧宣布，将进行《全面贸易和投资协议》谈判，以达成全面和高标准的双边自由贸易协议。由于双方之间平均关税水平已经很低，非关税贸易壁垒对大西洋两岸的不利影响将是谈判的重点。易言之，该协议的谈判将以规则的制定为重点。如果这一“超大型区域”得以建立，将协调美欧双方立场，加强它们在国际投资规则制定中共同的话语权。

3. UNCTAD 倡导的“可持续发展之投资政策框架”

一些国际组织尽管不能直接成为国际投资条约的缔约主体、制定国际投资规则，但是运用其研究实力和影响力，对国际投资规则的发展同样起着重要影响。UNCTAD 便是其中翘楚，其年度的《世界投资报告》、国际投资条约系列报告、投资趋势和政策监控报告等出版物是了解国际投资政策和规则最新发展的重要途径。在 2012 年世界投资报告中，UNCTAD 提出和阐明了“可持续发展之投资政策框架”,② 尽管目前尚无法断定其能在多大程度上实际影响到国际投资条约的谈判与缔结，但无疑值得关注和重视。

“可持续发展之投资政策框架”以共享式增长和可持续发展为核心。尽管这些概念并不新颖，但迄今并未完全融入主流投资政

---

① Statement of the European Union and the United States on Shared Principles for International Investment, available at http://trade.ec.europa.eu/doclib/docs/2012/april/tradoc_149331.pdf, last visited April 27, 2013.

② 联合国贸发会议：《世界投资报告 2012：概述》，第 23~38 页。

策。该政策框架的目标是：创造与经济发展目标或产业政策一致的协同效应，实现发展战略的无缝整合；鼓励负责任的投资者行为，符合企业社会责任标准；确保政策在设计、实施以及运行中的效能。为此，UNCTAD 制定了若干核心原则，包括：投资促进可持续发展、政策连贯性、公共治理和体制、制定动态政策、平衡权利与义务、监管权、投资开放、投资保护和待遇、投资促进与便利、公司治理和社会责任、国际合作。UNCTAD 进一步提出了各国在国内和国际政策层面可以具体采取的一系列措施。

在国际层面，该政策框架建议强化国际投资条约的发展导向，平衡国家和投资者的权利和义务，并管理国际投资条约体系的复杂性。在制定国际投资条约战略时，需将其纳入本国整体发展战略中加以考虑，具体将涉及如何处理国际投资条约与国内政策的互动（例如确保产业政策得到支持）、如何处理国际投资条约与其他国际政策或协定的互动（例如确保不与国际环境协定相抵触）。在设计国际投资条约的具体条款时，需同时考虑可持续发展的需要，解决对为发展而必须的政策空间的担忧（例如通过保留和免责条款）、国家与投资者之间权利义务的平衡（例如通过鼓励遵守企业社会责任标准），有效促进投资（例如通过母国的实施措施）。UNCTAD 列举了诸多设计投资条约的具体选项，包括三个方面：

第一，修改现有条款。在条约序言中将吸引有利于可持续发展的尽责外国投资列为主要目标之一；清晰解释某些含糊条款，如为实现公共政策目标采取的措施不构成间接征收、列举公平公正待遇条款规定的国家义务的详细清单；对投资定义（即条约适用范围）规定条件限制，如须对东道国发展具有积极的影响；说明某些义务的排除适用，如准入前国民待遇不适用的政策措施（如补贴）或特定经济部门，或者规定旨在实现合法公共政策目标的国内监管措施的一般免责条款；删除某些条款（如保护伞条款）。

第二，新增某些条款。规定投资者的义务（例如要求投资者在准入和运营阶段都要遵守东道国法律、鼓励投资者遵守企业社会责任标准）；设计增强可持续发展影响的体制架构（即缔约国的合作体制，如审查投资条约的执行情况、发布对条约条款的解释、促进遵守现行企业社会责任标准等）；规定投资者母国促进负责任投资的具体措施（鼓励为有利于可持续发展的对外投资提供激励、将投资者遵守社会责任标准作为附加条件、更好发挥可持续发展作用的技术援助条款等）。

第三，对欠发达国家实行特殊差别待遇，使责任大小与国家发展水平相一致，即类似于 WTO 条约中的较低水平的责任、过渡期安排等。

总体而言，“可持续发展之投资政策框架”着重于外国投资和可持续发展的关系，并特别强调发展中国家的利益，倡导在利用投资自由化和投资促进追求实现纯经济增长目标的同时，必须采取平衡的战略，为民众和环境提供保护。同时，UNCTAD 也指出，该框架既不具有法律效力，也不是国家间的自愿行动，而只是国际组织的专业性指导文件，仅供各国政策制定者酌情自由地采纳或修改。

参考文献

[1]陈安主编：《国际投资法的新发展与中国双边投资条约的新实践》，复旦大学出版社 2007 年版。

[2]联合国贸发会议：《世界投资报告 2012：概述》，纽约和日内瓦，2012 年。

[3]ICSID，The ICSID Caseload—Statistics（Issue 2013-1）.

[4]OECD，7th Report on G20 Trade and Investment Measures，May 2012.

[5]OECD，8th Report on G20 Trade and Investment Measures，October 2012.

[6]Karl P. Sauvant（ed.），Yearbook on International Investment Law & Policy 2011-2012，Oxford University Press 2013.

[7]UNCTAD，Investment Policy Monitor No. 7，February 2012.

[8]UNCTAD，Investment Policy Monitor No. 8，November 2012.

[9]UNCTAD，Investment Policy Monitor No. 9，March 2013.

国际知识产权执法研究动态追踪

武汉大学法学院 冯洁菡

前 言

近年来，加强知识产权执法成为热点问题，无论在国际还是国内层面，都出现了不断提高知识产权执法标准的趋势。在国际层面，这些执法标准包括由世界海关组织制定的《海关统一知识产权执法临时标准》(Provisonal Standards to Be Employed by Customs for Uniform Rights Enforcement，SECURE)，世界卫生组织国际药品打假工作组（International Medical Products Anti-Counterfeiting Taskforce，IMPACT）编写的与打击假冒药品有关的各类指南，反假冒贸易协定（Anti-Counterfeiting Trade Agreement，ACTA）以及《跨太平洋合作伙伴协定》(Trans-Pacific Partnership Agreement，TPP)。面对欧美不断在国际层面提升知识产权执法标准的新动向，非政府组织、学术界和消费者团体均表示了严重关切。本文追踪知识产权执法标准在国际层面的动态发展及研究这些动态发展的观点和理论，剖析知识产权执法保护在国际层面的发展动向及这种发展动态对发展中国家的影响。

一、知识产权执法标准在国际层面的确立与发展

（一）从 TRIPS 到 TRIPS-plus

1994 年的 TRIPS 协定首次在国际层面规定了知识产权执法的最低标准（Correa，2000），其内容包括知识产权执法的各类程序和措施（Viviana Muñoz Tellez，2009）。在后 TRIPS 时代，知识产权法律和政策制定领域的全球治理发生了重大变化，其中之一是发达国家及其跨国公司寻求在知识产权执法领域设立新的“TRIPS-plus”标准，以应对假冒和盗版所带来的全球性威胁（Biadgleng and Viviana Muñoz Tellez，2008；Sell，2008）。

“TRIPS-plus”标准是在 TRIPS 协定缔结后西方学者们提出的概念（Peter Drahos，2001；Sisule F. Musungu and Graham Dutfield，2003；Robert Weissman，2003；Bryan Mercurio，2006）。之所以称之为“TRIPS-Plus”，是因为它们包含了比 TRIPS 协定更为严格的知识产权保护标准，这一概念包括为了提高对权利持有人的保护标准而采取的行动，以及那些目的在于缩减 TRIPS 协定中所规定的权利限制和例外的范围或者限制 TRIPS 协定灵活性规定的措施（Sisule F. Musungu and Graham Dutfield，2003；Bryan Mercurio，2006）。

发达国家之所以转向推行“TRIPS-plus”执法标准，西方学者（Viviana Muñoz Tellez，2009；Biadgleng and Viviana Muñoz Tellez，2008）认为是基于如下因素的作用：（1）目前 TRIPS 协定已得到大多数国家的遵守，这意味着发达国家和跨国公司在知识产权保护和执法领域已实现了建立最低国际标准的目标，因此，目前是在全球推动建立“TRIPS-plus”执法标准的大好时机（Viviana Muñoz Tellez，2009）；（2）许多发达国家已在国内法上对知识产权执法体制进行了变革，这些新的执法措施往往超越了 TRIPS 协定的要求，提升了执法标准（Biadgleng and Viviana Muñoz Tellez，2008）；（3）发达国家已在或正在与一些发展中国家和最不发达国家谈判签订包含“TRIPS-plus”保护和执法标准的区域或双边贸易协定

(Biadgleng and Viviana Muñoz Tellez, 2008)，这些在区域或双边协定中接受了“TRIPS-plus”标准的发展中国家和最不发达国家可能会在国际层面支持建立新的执法标准；(4) 发达国家在 WIPO 寻求推动提高知识产权国际保护标准的行为（例如，美国等发达国家推动在 WIPO 体制内订立统一的《专利法条约》)遭到了发展中国家的联合抵制。这种挫败感可部分地解释为什么发达国家目前更致力于建立新的知识产权执法国际标准。对大部分发展中国家而言，知识产权执法是一个新领域，发展中国家往往缺乏经验和专业知识，因而在多边机构中，以及在与发达国家谈判的区域或双边贸易协定中建立“TRIPS-plus”执法标准时，发展中国家往往不能明确自己的需求，进而缺乏应对措施（Viviana Muñoz Tellez，2009)。

这些“TRIPS-plus”标准通常通过双边、诸边或多边条约加以规定（Peter Drahos，2001；David Vivas-Eugui，2003；Robert Weissman，2003)。在双边和区域层面，目前与美国签订双边自由贸易协定的国家有 20 个①，与欧盟签订自由贸易协定的国家有 22 个②。在这些自由贸易协定中，发达国家多以单边贸易制裁或降低贸易优惠相威胁，迫使发展中国家承诺在 TRIPS 协定所规定的过渡期满之前就提供符合 TRIPS 协定标准的知识产权保护，或者要求提供比 TRIPS 协定标准更高的保护，或者要求加入其他知识产权多边协定。这些双边协定不仅远远超出了发展中国家对 TRIPS 协定和 WTO 多边贸易体制所作出的承诺（Peter Drahos，2001)，还可能超出创造“多米诺”效应和“俱乐部”效应，通过连锁反应和吸引压力使得更多的国家接受“TRIPS-plus”标准（Jean

① 包括澳大利亚、巴林、加拿大、智利、哥伦比亚、哥斯达黎加、多米尼加共和国、萨尔瓦多、危地马拉、洪都拉斯、以色列、约旦、韩国、墨西哥、摩洛哥、尼加拉瓜、阿曼、秘鲁、新加坡、巴拿马。参见：http：//www. ustr. gov/trade-agreements/free-trade-agreements.

② 包括法罗群岛、挪威、冰岛、瑞士、马其顿、克罗地亚、阿尔巴尼亚、黑山共和国、波黑、塞尔维亚、阿尔及利亚、埃及、以色列、约旦、黎巴嫩、摩洛哥、巴勒斯坦、叙利亚、突尼斯、智利、墨西哥、南非。参见：http：//ec. europa. eu/enterprise/policies/international/files/existing-trade-negotiations_en. pdf.

Frederic Morin, 2009)。

在多边层面，由于现有的WTO体制内发展中国家的成员数量占据优势，发达国家要在TRIPS框架下进一步提高保护标准困难重重，关贸总协定谈判时所推行的“一揽子”解决方案已收效甚微，体制内各方的利益和分歧造成谈判耗时、费力，最终却难以达成协议。在WIPO体制内发达国家遭遇了类似的困境，而且WIPO体制缺乏执法机制也是发达国家长期不满意的（Li Xuan，2009；Susan K. Sell，2011）。在这种背景下，发达国家及其产业集团当前的策略是开辟和占领不同的场所，在这些不同的场所中同时推动“TRIPS-plus”执法标准，并且相互呼应。这种策略包括在常规的多边知识产权规则制定机构（即WTO和WIPO）之外建立新标准。当在一个场所遭遇到来自发展中国家的强烈反对时，发达国家在其他的场所仍可继续追逐其提高执法标准的目标。这一策略是有效的，因为发展中国家不太可能在常规的多边知识产权规则制定场所之外参与“TRIPS-plus”执法标准的制定，在WTO和WIPO之外，它们往往也没有能力对发达国家的“另辟蹊径”作出实质性反对（Viviana Muñoz Tellez，2009）。

目前，推行“TRIPS-plus”执法标准的非传统场所包括：（1）打击假冒和盗版全球大会。该会议每年召开一次，主要为政府部门提高执法机制和行动能力提供建议（Viviana Muñoz Tellez，2009）。（2）发达国家将世界海关组织（World Custom Organization，WCO）作为主要场所之一，通过推行《海关统一知识产权执法临时标准》（Provisional Standards to Be Employed by Customs for Uniform Rights Enforcement，SECURE）项目以扩大国内海关当局的职权（Li Xuan，2009）。有学者指出，虽然海关在打击假冒和盗版方面可能发挥重要作用，但由于WCO的组织职能与知识产权执法并不相称，而且其政策委员会主要由发达国家主导，这种不透明的机构安排都使得发展中国家并未广泛参与。SECURE中所规定的标准，特别是海关当局有权对专利侵权行为采取边境措施的规定，极有可能对通用名药品的合法贸易造成威胁（Henrique Choer Moraes，2009）。（3）世界卫生组织成立了国际药品打假工作组（International Medical Products Anti-Counterfeiting Taskforce，IMPACT），并编写了与打击假冒药品有关的各类指南（Viviana Muñoz Tellez，2009）。

（二）ACTA

1. ACTA 的缔结与批准

WTO 多边贸易体制下的 TRIPS 协定已经对打击假冒和盗版行为规定了最低的实体规则和执法标准。但由于 TRIPS 协定是各方利益妥协的产物，发达国家及其知识产权产业一直诟病 TRIPS 协定的标准太过简单，约束过多，保护不够充分，执行效率低下（Peter K. Yu，2011）。自进入 21 世纪以来，发达国家一直在 WTO 和 WIPO 内推行超 TRIPS 的知识产权执法标准，但都遭到了发展中国家的坚决抵制。发达国家采取场所转移的策略，逐渐撇开 WIPO 和 WTO 等多边机制，通过诸边谈判机制另起炉灶，推行“TRIPS-plus”知识产权执法标准。

2005 年 6 月，日本时任首相小泉纯一郎在苏格兰举行的 G8 峰会上提议签订一项新的国际协议以打击假冒和盗版。2005 年 11 月，在世界海关组织与国际刑警组织联合举办的第二届打击假冒与盗版会议上，日本代表提议订立一项反假冒与盗版条约，并在 2006 年由 WIPO 举办的第三届“打击仿冒与盗版全球大会”、2006 年 G8 圣彼得堡峰会和 2007 年 G8 海利根达姆峰会上多次重申。日本的提议得到了美国与欧盟的响应。2006—2007 年，加拿大、欧盟和瑞士先后加入了初期磋商。正式的官方谈判始于 2008 年 6 月，参加谈判的国家和地区包括日本、美国、加拿大、瑞士、新加坡、澳大利亚、墨西哥、新西兰、韩国、摩洛哥、欧盟及其 27 个成员国。围绕 ACTA，共举行了 11 轮正式谈判，各方于 2010 年 10 月东京回合结束谈判议程，并于 2011 年 4 月 15 日就最终的英文、法文和西班牙文文本达成一致。2011 年 5 月 1 日，ACTA 开放签字；2011 年 10 月 1 日，谈判各方代表在日本东京举行了签约仪式，澳大利亚、加拿大、日本、摩洛哥、新西兰、新加坡、韩国和美国于当日签署了该协定。① 2012 年，墨西哥②、欧盟及其 22

① 参见：http：//www.mofa.go.jp/policy/economy/i_property/acta1110.html.

② 2012 年 7 月 12 日签署。参见：http：//www.mofa.go.jp/policy/economy/i_property/acta1207.html.

个成员国①签署了ACTA。根据ACTA第39条和第40条第1款的规定，ACTA于2011年3月31日至2013年3月31日对包括谈判方在内的WTO成员开放签字，在6个缔约方批准条约30天后，ACTA将会生效。

2012年7月4日，欧洲议会全体会议以478票反对、39票赞成以及165票弃权通过了不批准ACTA的决议。随着ACTA在欧洲的政治死亡，欧盟成员国、澳大利亚和新西兰等国先后表示暂缓批准ACTA。日本成为第一个批准ACTA的谈判国。在美国，学界对ACTA在美国的法律地位提出了质疑，质疑将ACTA视为行政协定在宪法上是否有效（Sean Flynn，2011；Margot Kaminski，2012）。核心的问题是行政机关，即美国总统是否可以单独代表美国批准ACTA，抑或是还需要美国参议院或国会两院的同意。但这种观点没有得到奥巴马政府和国会的认可，因为美国对外贸易政策的核心之一便是推行高标准的知识产权保护执法标准以维护美国的利益。奥巴马政府于2012年3月6日发表声明，明确表示ACTA是一项“国会行政协定”，因而无需参议院的批准或国会制定实施立法。②此外，加拿大于2013年3月1日出台了打击假冒和盗版的C-56法案，被视为是加拿大批准ACTA的前奏。③

2. 对ACTA的评论

ACTA的谈判是由三个独立的目标所驱动的：第一，打击假冒和盗版商品贸易；第二，为知识产权普遍确立更为有力的最低执法标准和实践；第三，打击数字盗版。事实表明，试图在一个单一的诸边协定中想要有效地解决上述三个独立的国际知识产权问题相当

① 2012年1月26日签署。22个成员国是奥地利、比利时、保加利亚、捷克共和国、丹麦、芬兰、法国、希腊、匈牙利、爱尔兰、意大利、拉脱维亚、立陶宛、卢森堡、马耳他、波兰、葡萄牙、罗马尼亚、斯洛文尼亚、西班牙、瑞典和英国。参见：http：//www. mofa. go. jp/policy/economy/i_property/acta1201. html.

② See Letter from Harold Hongju Koh，Legal Adviser，Dep't of State，to Ron Wyden，U.S. Senate（Mar. 6，2012），http：//infojustice. org/wpcontent/uploads/2012/03/84365507-State-Department-Response-to-Wyden-on-ACTA. pdf.

③ http：//www. michaelgeist. ca/content/view/6796/125/.

困难（Charles R. McManis，2009，2012）。对 ACTA 有来自各种渠道的批评，从无国界医生到知识生态国际，从发展中国家到世界知识产权组织，从互联网产业到 280 万人联名，综合考察 ACTA 从酝酿、谈判、签署到在欧洲遭遇政治死亡，其失败的主要原因在于其战略性的结构缺陷。正如欧盟议会国际贸易委员会下设的产业、研究与能源委员会所指出的（European Parliament，INTA，2012），ACTA 捆绑了不同类型的知识产权，因而创造了一个一刀切的执法文件，未能满足各项知识产权保护的不同需求。没有任何一个国家会反对打击假冒和盗版商品贸易，无论从国家利益、知识产权保护、公共健康和消费者权益的角度，这都是合法合理的条约目标，但问题在于如何实现这个目标。ACTA 单向地扩大了对权利持有人的保护，将扣押转运货物、数字盗版、侵权行为刑事化等问题捆绑在一起，但无法消除谈判方，尤其是美国和欧盟之间基本理念和生产结构的差异，最终导致 ACTA 在结构上的矛盾重重（Pasquale DE MICCO，2013）。

对 ACTA 的批评意见主要有以下几个方面：

（1）ACTA 的商签过程缺乏透明度和可问责性（Charles R. McManis，2009，2012；Peter K. Yu，2011；David S. Levine，2011；Michael Geist，2012）。

虽然从技术角度而言，谈判采取保密的方式的确会使整个谈判过程更顺利，也更容易获得成功。秘密方式也能促使谈判不受外界影响，对各谈判方的立场保密也能减轻谈判方所遭受的压力，并能推动各方之间长期的友好谈判关系，但 ACTA 过度的保密引发了全球各界的批评。批评意见认为，ACTA 没有使用相对透明和包容性的多边造法进程，而是通过封闭的、秘密的“会员制”启动，由具有类似理念的国家制定执法规则，然后邀请其他国家加入。最具影响力的发展中国家，例如巴西、印度、中国和俄罗斯都被排除在外。同样，一系列的操纵使得公众对协定具体内容的了解和参与谈判进程的机会都非常有限。谈判方仅仅告诉公众何时何地召开谈判。谈判文本草案在大多数谈判回合之后都不会向公众公布，与利害关系人的会谈都是关起门来进行，没有任何记录。这种“会员制”方法使得产业界能有效地控制造法过程，对产业界有利，而不是广大的社会公众（Australia Parliament，Report 126，2012）。

澳大利亚悉尼大学法学院教授 Kimberlee Weatherall（2011）也指出，在美国的一些特定的利益产业集团有特权事先接触到谈判文本并与政府协商谈判立场。正式文本是在谈判后期公布的，而且是在多次要求多次泄露之后。虽然在贸易谈判中保密是常有的事，但 ACTA 本质上不是一项贸易协定，而是一项知识产权协定，在知识产权谈判中这种保密的程度是不正常或不适当的，因为这种谈判会直接影响到其他国家的国内法及其创新产业。这种秘密性对民主化的程序和协定的合法性造成了损害。

（2）ACTA 条款中诸多条款含义都非常模糊，从而造成条约解释上的不确定性，主要包括：

①“知识产权”的定义。在 ACTA 中，“知识产权”是作为一个常用语而不是具有特定的含义。ACTA，虽然其名称是反假冒协定，却并不仅仅限于版权盗版和假冒商标。ACTA 试图覆盖所有的知识产权领域，却没有正确面对这一事实：并不是所有的知识产权都是相同的。“知识产权”这一用语使得条约的适用范围非常模糊，虽然第二节“民事执法”和第三节“边境执法”排除了专利，但 ACTA 最终文本并未明确地全面排除专利，这会导致未来适用上的不一致，从而使缔约方无法清晰地评估协定的经济社会效益与实施成本（Australia Parliament，Report 126，2012）。

②“商业规模”的定义。“商业规模”的定义不够明确，ACTA 没有清楚地界定什么是“间接的”经济或商业利益（Australia Parliament，Report 126，2012）。这种模糊的规定，不能为数字环境下个人为私人目的所实施的行为提供法律确定性。普遍的社会实践，例如个人之间非营利的文件共享，可能被解释为“商业规模”（EDPS，2012）。ACTA 中对“商业规模”的界定与 WTO 专家组在美国诉中国知识产权保护和执法案中所作出的解释并不相同（European Parliament，INTA Workshop，2012）。

③“帮助和教唆”。ACTA 第 23 条第 4 款规定，帮助和教唆实施第 23 条所列犯罪的，缔约方应规定刑事处罚。在 ACTA 之前，

鲜见国际知识产权条约中规定刑事犯罪的间接责任。间接责任通常是国内法规定的事项，国家实践各不相同。在知识产权领域的帮助和教唆犯罪在当前的国际社会极具争议性。ACTA 没有明确什么行为构成帮助和教唆，留下很大的扩张解释空间。在数字环境下，对帮助和教唆的解释，可能包括任何偶然链接至含有侵权内容网站的行为。这无疑扩大了个人刑事定罪的范围（Australia Parliament，Report 126，2012）。

④数字环境下的执法（Annemarie Bridy，2011）。

A. 执法程序的适用范围。ACTA 第五节没有充分明确地界定数字环境下民事和刑事执法程序所规范的行为类型，不清楚个人仅为私人目的在互联网上实施的行为，例如私人文件共享是否包括在执法范围之内。另外，ACTA 中关于“商业规模”的定义模糊，无法确定是否能将互联网上私人用户为私人和非盈利性目的实施的行为排除在外。

B. 私人自愿合作机制。ACTA 第 27 条第 3 款规定了权利持有人和网络在线服务提供商（ISPs）之间的自愿合作执法机制。在这种司法外机制下，不清楚此类合作的程度和形式是什么，也不清楚 ISPs 的权责范围，ISPs 是否有能力有义务担任网络警察的角色，是否有权利对网络个人用户的行为进行大规模监控，是否有权利不经司法审查断网封网。这些不确定性可能导致对个人隐私、个人信息和个人基本自由的侵犯（EDPS，2012）。

C. 数字环境下的禁令措施。ACTA 第 27 条第 4 款规定主管当局有权责令 ISPs 迅速向权利持有人披露足以鉴别被指控将账户用于侵权行为的用户信息。授予禁令权的“主管当局”的概念太模糊，是仅指司法机关还是包括行政机关并不明确。此外，权利持有人获得此项禁令的条件过于简单，很难保障滥用个人数据（European Parliament，INTA，2012）。

（3）权利过度扩张，缺乏对滥用权利的程序救济。

ACTA 扩张了 TRIPS 协定中的最低保护标准，无论是在民事、刑事、边境还是数字环境下的执法都大大扩张了适用范围和对知识产权权利持有人的保护，例如将刑事执法程序的适用范围从假冒和盗版扩大到进口和使用与注册商标相同或无法区分的标签或包装以及未经授权复制电影的行为；在民事执法、刑事执法和数字环境执法程序下都规定了第三方的间接侵权责任；扩大了救济程序中主管当局的执法权限，包括海关当局依职权主动扣留进出口和转运货物，海关当局可对涉嫌货物是否侵权作出决定，在刑事执法程序中主管当局可以依职权主动调查和采取法律行动；在责任领域，侵权者要对权利持有人的全部潜在销售损失承担赔偿责任，ISPs 在必要时需要披露涉嫌侵权的用户信息，只要是具有“故意”的侵权以及“为了直接或间接商业利益”的侵权，不受数量规模的限制，一律都要追究刑事责任。

与扩张对权利持有人的保护相比，ACTA 几乎没有对侵权人或涉嫌侵权人的保护作出规定。这与 TRIPS 协定截然不同。TRIPS 协定特别规定执法程序应当公平合理，对行政决定应给予司法审查。虽然 ACTA 第 1 条规定不得减损缔约方根据现有协定，包括 TRIPS 协定应承担的义务，但无疑 ACTA 规定的执法措施更严格，对权利持有人更有利，并且最为重要的是 ACTA 欠缺 TRIPS 协定中的基本平衡机制和对个人的保护。例如，ACTA 没有规定各种救济程序的例外和限制，不利于对知识、文化、信息和药品的获取；缺乏对滥用的程序性救济，扩大了权利持有人获得信息的权利却没有对权利持有人滥用信息作出规定，“基本原则”或“公平程序”含义不明，不能充分保护个人的隐私权、通信自由权、正当程序权（包括诉权、抗辩权、听证权和获得无罪推定）（European Parliament, INTA, 2012）。这些欠缺严重削弱了知识产权法中为保护公共利益所必须的灵活性，加深了知识产权执法与保护公共利益之间的不平衡（James Love, 2012）。

（4）以诸边机制另起炉灶，损害现有多边治理模式。

《多哈健康宣言》的通过、TRIPS 协定的修订、WIPO 通过的发展议程、发展中国家和非政府组织的积极参与，等等，使得发达国家在 WIPO 和 WTO 的推动下制定更高知识产权执法标准的努力陷入僵局。由于在多边机制下难以取得进展，美国、日本、欧盟等转而寻求诸边机制以回避可能来自发展中国家的抵制，ACTA 正是这种格局的结果。

发达国家采用诸边方式创设新的全球知识产权保护和执法标准反映了 WIPO 规则制定价值的减损。对那些加入 ACTA 的国家而言，如果 ACTA 这种诸边模式成功，会使得一些国家更愿意绕开 WIPO 去解决全球知识产权保护问题。而对那些 ACTA 之外的国家而言，WIPO 的重要性会日益下降。WIPO 总干事 Francis Gurry 称，ACTA 是多边体系弱化的信号。“发达国家认为一些涉及公共政策的重要领域因无法在多边论坛中解决，只好不再局限于多边框架从而满足其建立国际性合作的愿望。但成员国在体系之外解决问题，从整体上说，都不利于多边机构的发展。”（余敏友、廖丽，2011）

ACTA 对多边体制的损害不仅仅限于 WIPO，也会削弱世界贸易组织下的 TRIPS 理事会在全球知识产权保护事务中的作用。在 WTO 体制内，TRIPS 协定的达成耗费了欧盟、日本和美国大量的时间、努力和资源，也是发达国家和发展中国家之间大量合作、谈判和妥协的结果。虽然各成员方对 TRIPS 协定依然不满，TRIPS 协定也尚未提供最新的保护以满足许多发达国家及其国内知识产权持有者的需要，但损害如此一个完好的体制所付出的成本却是不容忽视的（Peter K. Yu，2011）。

ACTA 最终文本第五章“机构安排”中规定成立 ACTA 委员会。该委员会有权审查协定的实施和运作，考虑对文本的修订，以及对要求加入协定的申请作出决定。ACTA 委员会至少每年召开一次会议，且有权通过最佳实践指南。此外，ACTA 还规定对协定的成员和非成员提供技术援助和能力建设。技术援助可包括培训，以及发展和实施与知识产权执法有关的国内立法。这些职能目前由 WIPO 实施，这表明 ACTA 会重新进行资源分配。ACTA 试图建立一个新的机构，它会通过软规则和硬规则来增强权利持有者的权利，给权利持有者更大的权力去掌控技术协助和软规则的制定，并且可以通过 ACTA 的修订程序更加顺畅地发布硬规则（James Love，2012）。有学者指出，在多边体制下，国家都能从良好运行的、由 WIPO 和 WTO 领导的全球知识产权治理模式中受益。而 ACTA 的机构安排会有损于这些组织的权威性，对全球知识产权规范的发展造成难以估量的损害（Michael Geist，2012）。

二、知识产权执法保护在国际层面的发展动向

（一）知识产权执法保护呈现不断上升的“棘轮效应”

全球知识产权保护的棘轮效应指通过双边、区域自由贸易协定或诸边协定和最惠国待遇原则，以双边、区域、诸边—多边—双边、区域、诸边—多边为运作机制，推动知识产权保护水平的不断提高的一种现象（Peter Drahos，2003；Susan K. Sell，2008）。自进入21世纪以来，超越TRIPS协定的知识产权保护和执法标准不断出现在美国或欧盟与其他国家签订的双边和区域贸易协定之中，然后通过“棘轮效应”多边化。

可以说，以TRIPS协定的“地板条款”为基石，以国民待遇和最惠国待遇条款为支撑的现行知识产权国际保护制度为发达国家推行知识产权保护的棘轮机制奠定了法律框架。首先，TRIPS协定第1条第1款规定了知识产权保护的“最低标准”，但同时也规定各成员可自由决定实施比TRIPS协定标准更宽泛的保护。在众多的双边、区域或诸边协定中也均包含这样的条款：对知识产权的保护，本协议的缔约一方可实施比本协议所要求的更为广泛的保护，或本协议并不妨碍其他协定提供更为优惠的保护。这意味着在未来的任何在后缔结的双边、区域或诸边协定都可以设定更高的保护标准，因为每一个在先的国际协定一经生效，其所设定的知识产权保护标准都将成为最低保护标准。这无疑使得拥有经济和技术实力的发达国家在寻求更高标准的知识产权国际保护中掌握了主动权和灵活性（Peter Drahos，2002）。其次，根据TRIPS协定第3条的规定，各成员在知识产权保护上对其他成员国民提供的待遇，不得低于本国国民。在知识产权保护问题上，为保障国民待遇原则的实施，发达国家在双边或区域协定中迫使发展中国家批准相关的知识产权国际条约，从而以最快的速度将发展中国家纳入多边知识产权保护体系之内（Peter Drahos，2002）。再次，TRIPS协定中的最惠国待遇原则规定：在知识产权保护上，某一成员提供给其他国家国

民的任何利益、优惠、特权或豁免，均应立即无条件地适用于TRIPS 协定其他成员的国民。最惠国待遇原则的效果是使贸易成员之间提供的利益和优惠平等化，而这种利益和优惠的平等化不以各成员之间必须订有双边或多边协定为条件。因此，在 TRIPS 协定生效后，当 WTO 的某一成员与另一成员签订双边、区域或诸边国际协定给予该另一成员超过 TRIPS 协定的优惠待遇时，根据最惠国待遇原则，该成员应将这种优惠给予所有的 WTO 成员。因此一旦贸易伙伴在双边或区域贸易协定中承诺遵守现有美国或欧盟法中规定的保护标准，保护标准就会出现螺旋式不断上升（Peter Drahos，2002）。

ACTA 是检验这一棘轮效应的又一实例。ACTA 的目的在于提升 TRIPS 协定中的执法标准，并削弱灵活性条款。虽然 ACTA 是作为一项独立的协定出台的，但谈判方的目的是在未来将 ACTA 标准纳入 WTO 体制之下（Peter K. Yu，2011）。ACTA 第 39 条规定在一定的时间内，不仅仅向协定的谈判方开放签字，也向经谈判方一致同意的其他 WTO 成员方开放签字说明了这一问题。ACTA 对知识产权执法标准的提升主要体现在以下三个方面：

（1）扩大了数字环境下的执法，包括扩大 WIPO 互联网条约下的义务，将数字环境下的执法所涵盖的知识产权范围从版权及有关权扩大至商标；促进建立以权利持有人和 ISPs 之间的自愿合作为基础的司法外机制，可能会严重侵犯个人隐私和数据保护权（EDPS，2012）；超越 WIPO 互联网条约的规定要求缔约方对规避技术保护措施和去除权利管理信息的行为进行惩治，这将会限制其他国家，尤其是发展中国家根据本国发展水平制定反规避保护标准的自由空间，提高发展中国家进行数字执法的成本，同时也会抑制创新，特别是对开发相互兼容的系统和自由开放源代码软件会带来严重影响（Peter K. Yu，2011）。

（2）进一步加强了知识产权边境执法。1994 年的 TRIPS 协定第四节（第 51～60 条）规定了知识产权边境保护的最低标准，被认为是 TRIPS 协定执法程序中最有希望得到实施的条款（J. H. Reichman，1997）。2008 年世界海关组织公布的《海关统一知识产权执法临时标准》进一步超越了TRIPS协定所规定的执法保护的范围和水平，将海关执法的范围从进口扩大至出口和转运环节，将保护的权利范围从商标和版权扩大至所有类型的知识产权；删除了要求权利持有人提供充分证据以证明存在初步侵权的义务；要求政府指定单一机构作为海关的联络点；赋予海关行政当局对故意在进出口贸易中从事侵犯任何知识产权（而不是TRIPS协定所规定的假冒商标和盗版）行为的实体征收威慑性罚金的法定权力，被视为是TRIPS-Plus-Plus标准（Li Xuan，2009）。而ACTA则更进一步，不仅将边境措施的适用范围从商标和版权扩大到除专利和未披露信息之外的TRIPS协定规定的所有种类的知识产权，而且将TRIPS协定中规定的选择性执法权利变更为强制性执法义务，限制了缔约方的自由裁量权，并进一步扩大了海关的执法权限，更强调海关的主动执法，规定海关可对是否构成侵权作出决定，这对海关的资源和人员配备提出了新的要求，加大了海关的执法负担，并且使得公共的行政执法资源更多地用于保护知识产权权利持有人的私人利益（Michael Blakeney，2012）。

（3）对知识产权侵权行为的惩罚日益刑事化。TRIPS协定关于刑事程序的规定相对简单，且未对“商业规模”作出定义，这一开放性的规定为WTO成员留下了足够的政策空间，是一个核心的灵活性条款（Carlos M. Correa，2009；Xue Hong，2009）。而ACTA则大幅提升了TRIPS协定中的最低刑事执法标准，对“商业规模”作出了非限定性的定义，削弱了TRIPS协定第61条中规定的灵活性，并且规定了全新的刑事罪行，将对有关权的盗版行为，以商业规模故意进口和使用特定包装和标签的行为，未经授权复制电影的行为，帮助和教唆实施第23条所规定罪行的行为均纳入刑事罪行的范畴，首次在国际法上规定了侵犯知识产权罪的间接责任。支持将侵权行为刑事化的理由是刑罚比民事救济更具有威慑力，对权利持有人而言也带来诸多便利，执法行动可由官方机构依职权行使，执法成本完全由国家负担（Carlos M. Correa，2009）。但是，扩大刑事执法会将执法成本、责任和风险从私人权利持有人转移至国家政府（Carlos M. Correa，2009；Li Xuan，2009；Henning

Grosse Ruse-Khan，2009）。知识产权是私权，国家根据 TRIPS 协定所承担的义务仅仅是确保执法程序是可以获得的，而并不是以其自身的成本和责任去实施知识产权（Carlos M. Correa，2009）。

虽然 ACTA 在欧洲议会未获得通过，但推行更高知识产权执法标准的行动并未停止。欧盟在 2012 年与秘鲁、哥伦比亚，韩国和中美洲国家签订的自由贸易协定中，对知识产权、执法措施、受保护的地理标志清单及其与商标的关系、边境措施、互联网条款和保护生物资源等作了全面的规定。目前欧盟正在与加拿大协商签订《欧盟加拿大综合经济贸易协定》（CETA），该协定被视为是后 ACTA 时代第一个可能缔结的协定。根据 2012 年 2 月披露的 CETA 条款，该协定中包含了类似 ACTA 的规定，如刑事处罚和互联网上的侵权。在欧洲议会拒绝批准 ACTA 之后，欧盟委员会指出 CETA 中与互联网有关的条款是基于欧盟法（电子商务指令第 12~15 条）而不是 ACTA 起草的。① 此外，欧盟还在进行与越南、新加坡、马来和南方共同市场国家的自由贸易协定谈判。在这些自由贸易协定中，欧盟遵循的是其知识产权战略：加入 TRIPS-Plus 条款，提高对地理标志的保护，以及增加符合欧盟法的互联网条款（Pasquale DE MICCO，2013）。

在国际层面，美国正在与其他十个亚太国家②协商《跨太平洋合作伙伴协定》（TPP）。虽然谈判细节严格保密，但据报道，美国会引入更加严格的 ACTA-Plus 条款，包括关于电子商务、电视转播和版权的规则，可能会对其他谈判方国内法中关于互联网上数据流动的隐私政策或 ISPs 的刑事责任施加更多的限制。③ 有学者指出，

---

① http：//www.techdirt.com/articles/20121011/01370920676/course-ridiculous-acta-provisions-magically-appear-ceta.shtml.

② 文莱、智利、新加坡、新西兰、美国、澳大利亚、秘鲁、越南、马来西亚、墨西哥和加拿大。

③ 包括澳大利亚、巴林、加拿大、智利、哥伦比亚、哥斯达黎加、多米尼加共和国、萨尔瓦多、危地马拉、洪都拉斯、以色列、约旦、韩国、墨西哥、摩洛哥、尼加拉瓜、阿曼、秘鲁、新加坡、巴拿马。参见：http：//www.ustr.gov/trade-agreements/free-trade-agreements.

与ACTA谈判不同，美国在TPP的谈判中与其他谈判对手相比，拥有更多的政治和经济优势，从而可推动制定符合其知识产权产业利益的标准。例如，从不断增强数字环境下的执法到对药品提供更广泛的保护，TPP有可能更多地遵循美国的知识产权保护高标准，而不是ACTA中的妥协标准。实际上，如果美国需要妥协，这些妥协可能会在其他的贸易领域，而不是知识产权领域。而且，美国在TPP谈判中有更多和更好的内容可以与贸易伙伴交换。ACTA仅关注知识产权保护和执法，而TPP谈判是以贸易为基础，由于涉及更多跨领域的问题，美国可以提供其在ACTA谈判中无法提供的"优惠"作为交换。由于谈判方将不同的价值观加诸贸易和与贸易有关的事项上，一些谈判方可能愿意在知识产权保护和执法领域做出更多让步，以在其他的贸易和与贸易有关的领域获得更大利益。因此，TPP有可能在知识产权领域包含更为严格的义务。最重要的是，ACTA的谈判已经结束，TPP的谈判仍在进行之中。TPP的谈判不仅可能包含为ACTA谈判方所拒绝的内容，还可能包含ACTA中尚未涉及的内容（Peter K. Yu，2012）。

此外，美国和欧盟之间也启动了《跨大西洋合作伙伴协定》（TAP）的谈判，双方将协商一项综合协定，以解决广泛的双边贸易和投资问题。据悉，协定中将包含"知识产权"一章，将规定高标准的知识产权保护，包括执法，以及通过跨大西洋知识产权工作组进行广泛合作。①

（二）"场所转移"的博弈仍在继续

场所转移（forum shifting），西方学者认为场所转移的基本模式主要有三种：一是由一个组织转向另一个组织；二是放弃某个组织；三是在多个不同的组织中追求同样的议题（Peter Drahos，2004）。另有一种提法是制度转移（regime shifting），指的是发达国

① 包括澳大利亚、巴林、加拿大、智利、哥伦比亚、哥斯达黎加、多米尼加共和国、萨尔瓦多、危地马拉、洪都拉斯、以色列、约旦、韩国、墨西哥、摩洛哥、尼加拉瓜、阿曼、秘鲁、新加坡、巴拿马。参见：http://www.ustr.gov/trade-agreements/free-trade-agreements.

家和发展中国家通过选择不同的双边、区域、诸边或多边体制，在不同的国际机构和场所进行知识产权保护标准的谈判和立法活动，最终目的是修订或改变现行的知识产权国际保护规则，并使立法的最终成果多边化（Laurence R. Helfer，2004）。

在追求高标准知识产权国际保护的进程中，美国首先于 20 世纪 80 年代在横向层面上将多边谈判场所从 WIPO 转移至 GATT。美国所寻求的是通过开放其市场作为交换以吸引发展中国家采取知识产权保护的高标准。通过将知识产权保护与市场准入相联系，美国在 GATT 中找到了平衡（Susan K. Sell，2008）。但随着 WTO 体制内发展中国家的成员数量占据优势，发达国家要在 TRIPS 协定框架下进一步提高执法标准困难重重，关贸总协定谈判时所推行的“一揽子”解决方案已收效甚微，体制内各方的利益和分歧造成谈判耗时费力，最终却难以达成协议。于是，当发展中国家和非政府组织在药品获得问题上结成联盟并在 WTO 大力推动多哈议程时，发达国家又开始在 WIPO 寻求制定实体的专利法条约，以推行“TRIPS-plus”标准（Peter K. Yu，2011）。然而，在 WIPO 体制内发达国家遭遇了类似的困境，发展中国家的联合抵制使得 WIPO 通过了发展议程，而且 WIPO 体制缺乏执法机制也是发达国家长期不满意的。

在通过既有多边体制推行更高的知识产权保护标准不断受阻的情况下，为了回避发展中国家在多边体制内的联合抵制，美国和欧盟转而通过寻求其他场所，继续推动知识产权保护标准的棘轮式上升，这包括：（1）通过双边和区域贸易协定进行纵向的场所转移，以绕开多边谈判的压力，对发展中国家实行“各个击破”，以迫使它们采取“TRIPS-plus”标准。这种通过双边和区域自由贸易协定的方式推行的知识产权保护新标准往往是综合性的，涵盖了知识产权保护的诸多方面；（2）针对知识产权国际保护的某一个特定议题，例如知识产权执法，通过开辟新的诸边场所去提高执法保护标准。ACTA 的谈判和缔结即是使用场所转移，利用诸边方法开辟知识产权国际执法标准新道路的一种示范（Bryan Mercurio，2012），有学者称之为“纵向场所转移”的 2.0 版本，而正在进行的 TPP

谈判则是这种场所转移策略的3.0版本（Susan K. Sell，2011）。

综上所述，自20世纪80年代以来，主张知识产权保护最大化的国家就在横向和纵向层面进行了“场所转移”，它们的目的是使其权力和优势最大化，并将反对意见最小化（Susan K. Sell，2008）。一旦某一场所疏于提高知识产权保护标准，它们就会转而寻找另一个更加友好的场所。根据Peter Drahos（2007）的观点，“场所转移意味着谈判并未真正结束。发展中国家的谈判者、非政府组织和促进知识获得的团体必须在知识产权谈判中采取纵向的视角，否则就有可能是捡了芝麻（例如，《多哈健康宣言》的通过）却丢了西瓜（例如，在药品可及性问题上的进展不利）”。

面对发达国家的场所转移策略，发展中国家在既有多边体制内进行了坚决的抵制。例如，中国和印度在2010年6月的TRIPS理事会例会上表达了对ACTA的担忧，指出ACTA与TRIPS协定及其他WTO协定相冲突，带来法律的不确定性；损害了各WTO协定所涵盖的权利义务的平衡及灵活性特征；对贸易构成扭曲或造成贸易壁垒；损害了政府自由分配用于知识产权执法的资源的权利；开创了要求区域和其他协定效法的先例。①

随着国际治理的纵深发展，知识产权保护议题日益与人权、公共健康、生物多样性、植物基因资源保护等议题相互交织，发展中国家也在WTO和WIPO体制之外选择了新的场所以推行符合自身利益的规范体系的形成。例如，在生物多样性保护方面，发展中国家联合非政府组织在《生物多样性公约》缔约国大会这一国际谈判场所就TRIPS协定对遗传资源和传统知识保护的不利影响进行了讨论，并致力于使知识产权保护规则符合《生物多样性公约》的目标。

因此，在后ACTA时代，无论是发达国家还是发展中国家都会继续寻求WTO和WIPO之外的场所。发展中国家和非政府组织寻找对发展中国家更具有同情心的多边组织WHO、联合国粮农组织

① ACTA Comes in for Criticism at TRIPS Council，http：//www.twnside.org.sg/title2/health.info/2010/health20100702.htm.

和《生物多样性公约》大会——在这里寻求制止知识产权垄断权利的进一步扩张。发达国家和权利所有人则寻求通过双边、区域和诸边的贸易协定去实现进一步提高保护标准的目的。制度转移体现了发达国家强化知识产权保护与发展中国家诉求利益平衡的博弈。在这场博弈之中，国家、政府间国际组织和非政府组织组成了不同的利益网络，从而导致在知识产权国际保护立法领域存在众多宗旨和职能部分重叠的机构，这些机构之间不存在等级关系。这种现象导致了知识产权领域“制度复合体（regime complex）”的产生，即在不同的谈判场合就知识产权同一议题由不同的制定者制定重叠但并非完全一致的规则，这些规则之间没有等级之分，也不存在统一的争端解决者，发达国家和发展中国家可根据自身的利益诉求进行选择。这种趋势必将使得知识产权国际保护立法场域和形式更加多元化，同时也为未来潜在的冲突埋下伏笔（衣淑玲，2010）。

三、对发展中国家的影响

（一）加重了发展中国家的执法负担

强有力的知识产权执法要求对资源的实质投入，对根本制度性基础的发展，以及进行后续的政策变革（Peter K. Yu，2010）。主要的问题之一是一个强有力的知识产权执法体制所耗费的行政成本巨大，这些开支发生于建立新的制度性框架，重新整合现有的机构，通过培训或其他手段发展专业知识，以及对法院、警察机关、海关和监狱的人员配置和日常运行提供财政支持（Timothy P. Trainer and Vicki E. Allums，2008；Carston Fink，2009；Li Xuan，2009）。

发展中国家，包括最不发达国家对日趋严格的双边、区域和诸边层面的知识产权执法标准甚为担忧。很多发达国家的谈判代表将未能进行有效的知识产权执法部分归因于这些国家的当局缺乏政治意愿。但实际上，可获得的资源、公共政策的优先性和能力才是国家考虑的关键（Peter K. Yu，2010）。由于制度上的缺陷以及缺乏资源和专业知识，许多国家尚未提供有效的保护和执法。由于知识产权执法将从其他重要的公共计划（例如提供干净的饮用水、食品、住房、电力、学校和基本医疗保健）中占用稀缺资源，受资源的严重匮乏所限，这些国家很难在分配上作出全面的选择（Peter K. Yu，2010）。资源的稀缺导致在公共问题上财政分配的先后问题，在一国尚在面临贫困、饥饿、健康和教育领域的投资不足而引起的发展问题时就要求该国加强知识产权执法不仅对个体国家具有负面影响，也会危害全球社会实现千年发展目标的能力。正因为如此，TRIPS 协定第 41 条第 5 款规定，本（执法）部分并未规定任何为知识产权执法而设立一个不同于一般执法的司法体系的义务，也不影响成员方一般执法的能力。本部分也未创设任何关于在知识产权执法和一般执法之间分配资源的义务。由于经济发展阶段、模仿创新能力及科研能力的不同，一种知识产权制度很好地运作于某一国，却并不一定会适合另一国。更高知识产权执法标准可能有利于一部分人或国内创新公司，对知识产权违法行为采取的严厉措施有利于发达国家的权利持有人，这些人掌控着绝大多数知识产权。执法规则对发展中国家造成一些额外开支，这些开支并不一定能被其带来的收益所弥补。开支可能抵消收益，特别是对于那些替代权利人保护其私权并承担属于权利人的责任的国家（Carlos M. Correa，2009；Peter K. Yu，2010；余敏友、廖丽，2011）。

正如学者们所指出的，知识产权是综合性的管理体系——包括税收、投资管理、生产激励、贸易政策和竞争规则——的重要组成部分（Keith E. Maskus，1998）。成功有效的知识产权执法不能简单归结于一国是否具有知识产权执法的政治意愿，而是取决于“赋能环境”的存在，该环境能为成功的知识产权执法提供必要的先决条件。这些先决条件包括法律权利意识、尊重法治、有效和独立的司法、良好运行的创新和竞争体制、充分发展的基础设施、确定的商业实践和不同利害关系方的参与。当这些必要的先决条件不具备时，期待强有力的知识产权执法是不现实的（Peter K. Yu，2010）。

即便通过加强执法能增进福利，国家依然还需要设立纠正机制或保障措施，以确保在所有权利益和公共准入需求之间的适当平衡。如果不存在此等机制，知识产权体制会对国家造成重大损害，当该体制失衡时，发达国家拥有资源和管理机制，以降低失衡体制的影响——例如通过发展竞争法或反垄断法，或其他公共利益保障措施，而发展中国家和最不发达国家往往欠缺这些机制。因此，在这些国家知识产权体制失衡运行的成本要远远高于发达国家（CIPR，2002）。

（二）阻碍发展中国家的可持续发展

高标准的知识产权执法会阻碍发展中国家和最不发达国家的可持续发展，特别是在公共健康、可持续农业和食品安全领域（Peter K. Yu，2011）。例如，在公共健康领域，第四届 WTO 部长会议通过了《多哈健康宣言》，明确承认“困扰发展中国家和最不发达国家的公共健康问题的严重性”，并强调了对发展中国家提供基础药品以及应用 TRIPS 协定中的灵活性条款解决公共健康危机的重要性。

但不断提高的知识产权执法标准，例如 ACTA，可能极大地限制《多哈健康宣言》第五段所承认的 TRIPS 协定中的灵活性条款，有可能便利药品专利持有人采取策略性诉讼，从而阻碍通用名药品的合法贸易。2008—2009 年发生的欧盟成员国荷兰扣押印度转运通用名药品事件引起了人们对转运药品是否应当适用边境措施的争论，批评意见认为欧盟的边境措施阻碍了通用名药品的合法自由贸易，构成滥用国际知识产权规则，并妨碍了对 TRIPS 协定灵活性条款的利用，对发展中国家和最不发达国家保护公共健康获得廉价药品的能力造成了严重的负面影响（Frederick M. Abbott，2009；Brook K. Baker，2012）。尽管 ACTA 中承认了《多哈健康宣言》以及 TRIPS 协定第 7 条和第 8 条中所规定的目标和原则，但也规定缔约方可对转运货物实行扣留，可将民事和刑事执法措施适用于第三方，这些规定将对发展中国家获得基础药品产生严重阻碍（Sean Flynn & Bijan Madhani，2011；Brook K. Baker，2011）。

参考文献

[1] Alberto J. Cerda Silva, "Enforcing Intellectual Property Rights by Diminishing Privacy: How the Anti-Counterfeiting Trade Agreement Jeopardizes the Right to Privacy", American University International Law Review 26 No. 3, 2011, pp. 601-643.

[2] Annemarie Bridy, "ACTA and the Specter of Graduated Response", American University International Law Review 26 No. 3, 2011, pp. 559-578.

[3] Brook K. Baker, "ACTA—Risks of Third-Party Enforcement for Access to Medicines", American University International Law Review 26 No. 3, 2011, pp. 579-599.

[4] Brook K. Baker, "Settlement of India/EU WTO Dispute re Seizures of In-Transit Medicines: Why the Proposed EU Border Regulation Isn't Good Enough", PIJIP Research Paper No. 2012-02.

[5] Bryan Mercurio, "TRIPS-Plus Provisions in FTAs: Recent Trends", in Lorand Bartels & Federico Orinto (ed.), Regional Trade Agreements and the WTO Legal System, Oxford University Press, 2006, p. 219.

[6] Bryan Mercurio, "Beyond the Text: The Significance of the Anti-Counterfeiting Trade Agreement", Journal of International Economic Law, Vol. 15, 2012, p. 29.

[7] Carlos M. Correa,, Intellectual Property Rights, the WTO and Developing Countries: The TRIPS Agreement and Policy Options, Zed Books, Third World Network, 2000.

[8] Carlos M. Correa, "The Push for Stronger Enforcement Rules: Implications for Developing Countries", in ICTSD Issue Paper No. 22, The Global Debate on the Enforcement of Intellectual Property Rights and Developing Countries, in, Geneva, Switzerland, 2009, pp. 27-60.

[9] Carston Fink, "Enforcing Intellectual Property Rights: An Economic Prospective", in ICTSD Issue Paper No. 22, The Global Debate on the Enforcement of Intellectual Property Rights and Developing Countries, in, Geneva, Switzerland, 2009, pp. 1-26.

[10] Charles R. McManis, "The Proposed Anti-Counterfeiting Trade Agreement (ACTA): Two Tales of a Treaty", 46 HOUS. L. REV. 2009, 2012 Revisited, Legal Studies Research Paper Series, 2012, http://ssrn.com/abstract=2049673.

[11] Commission on Intellectual Property Rights (CIPR), Integrating Intellectual Property Rights and Development Policy, 2002, p. 4.

[12] David Vivas-Eugui, "Regional and Bilateral Agreements and a TRIPS-Plus World: The Free Trade Areas of the Americas (FTAA)" TRIPS Issues Papers No 1, QUNO, Geneva/ QIAP, Ottawa/International Centre for Trade and Sustainable Development (ICTSD), Geneva, 2003.

[13] David S. Levine, "Transparency Soup: The ACTA Negotiating Process and 'Black Box' Lawmaking", American University International Law Review 26 No. 3, 2011, pp. 811-837.

[14] Ermias Tekeste Biadgleng and Viviana Muñoz Tellez, "The Changing Structure and Governance of Intellectual Property Enforcement", Research Paper 15, South Centre, pp. 10-28, 2008, http://www.southcentre.org.

[15] European Data Protection Supervisor (EDPS), Opinion on the proposal for a Council Decision on the conclusion of the Anti-Counterfeiting Trade Agreement (ACTA), http://www.edps.europa.eu/EDPSWEB/webdav/site/mySite/shared/Documents/Consultation/Opinions/2012/12-04-24_ACTA_EN.pdf.

[16] European Parliament, INTA, Opinion of the Committee on Industry, Reasearch and Energy, June 22, 2012, http://www.europarl.europa.eu/sides/getDoc.do? type = REPORT&mode = XML&reference=A7-2012-204&language=EN.

[17] European Parliament, INTA, Opinion of the Committee on Civil Liberties, Justice and Home Affairs, June 22, 2012, http://www.europarl.europa.eu/sides/getDoc.do?type=REPORT&mode=XML&reference=A7-2012-204&language=EN.

[18] European Parliament, INTA, Policy Department DG External Policies, Workshop: The ACTA, 2012.

[19] Frederick M. Abbott, "Seizure of Generic Pharmaceuticals in Transit Based on Allegations of Patent Infringement: A Threat to International Trade, Development and Public Welfare", 1 WIPO J. 43, 2009, pp. 47-48.

[20] Henrique Choer Moraes, "Dealing with Forum Shopping: Some Lessons from the SECURE Negotiations at the World Customs Organization", in Li Xuan and Carlos M. Correa (eds), Intellectual Property Enforcement: International Perspectives, Cheltenham, UK Edward Elgar Publishing, 2009, pp. 159-183.

[21] Henning Grosse Ruse-Khan, "A Trade Agreement Creating Barriers to International Trade?: ACTA Border Measures and Goods in Transit", American University International Law Review 26 No. 3, 2011, pp. 645-725.

[22] Henning Grosse Ruse-Khan, "From TRIPS to ACTA: Towards a New 'Gold Standard' in Criminal IP Enforcement?" Max Planck Institute for Intellectual Property and Competition Law, Research Paper No. 10-06, 2010, pp. 1-23, http://ssrn.com/abstract=1592104.

[23] Henning Grosse Ruse-Khan, "Re-delineation of the Role of Stakeholders: IP Enforcement Beyond Exclusive Rights", in Li Xuan and Carlos M. Correa (eds), Intellectual Property Enforcement: International Perspectives, Cheltenham, UK Edward Elgar Publishing, 2009, pp. 43-61.

[24] James Love, "What's (Still) Wrong with ACTA, and Why Governments Should Reject the Illegitimate Agreement", 2012,

http://keionline.org/node/1369.

[25] Jean Frederic Morin, "Multilateralizing TRIPS-Plus Agreement: Is the US Strategy a Failure?" The Journal of World Intellectual Property, Vol. 12, 2009, pp. 175-197.

[26] J. H. Reichman, "Enforcing the Enforcement Procedures of the TRIPS Agreement", Virginia Journal of International Law, Vol. 37, 1997, p. 343.

[27] Keith E. Maskus, "The Role of Intellectual Property Rights in Encouraging Foreign Direct Investment and Technology Transfer" 9 Duke J. Comp. & Int'l L. 109, 1998, p. 129.

[28] Kimberlee Weatherall, "ACTA as a New Kind of International IP Lawmaking", American University International Law Review 26 No. 3, 2011, pp. 839-901.

[29] Laurence R. Helfer, "Regime Shifting: The TRIPS Agreement and New Dynamics of International Intellectual Property Lawmaking", 29 Yale J. Int'l L., 2004, pp. 1, 14.

[30] Li Xuan, "WCO SECURE: legal and economic assessments of TRIPS-plus-plus IP enforcement", in Li Xuan and Carlos M. Correa (eds), Intellectual Property Enforcement: International Perspectives, Cheltenham, UK Edward Elgar Publishing, 2009, pp. 62-78.

[31] Michael Blakeney, Intellectual Property Enforcement: A Commentary on the Anti-Counterfeiting Trade Agreement, Edward Elgar Publishing Limited, 2012, pp. 190-191.

[32] Michael Geist, "The Trouble With ACTA: An Analysis of The Anti-counterfeiting Trade Agreement", EU INTA Workshop on ACTA, 2012, Part III, pp. 25-45.

[33] Michael Geist, "ACTA's State of Play: Looking Beyond Transparency", American University International Law Review 26 No. 3, 2011, pp. 543-558.

[34] Margot Kaminski, "Time to Realize That the Obama Administration Doesn't Even Have the Authority to Commit the US to ACTA or TPP", 2012, http://www.techdirt.com/articles/20120508/17174518835/time-to-realize-that-obama-administration-doesnt-even-have-authority-to-commit-us-to-acta-tpp.shtml.

[35] Pasquale DE MICCO, "Does ACTA still matter?" Jan. 14, 2013, http://www.europarl.europa.eu/committees/en/studiesdownload.html? languageDocument=EN&file=83673.

[36] Peter Drahos, "BITs and BIPs: Bilateralism in Intellectual Property", Journal of World Intellectual Property Vol. 4, Issue 6, 2001, pp. 791, 792-807.

[37] Peter Drahos, "Developing Countries and International Intellectual Property Standard Setting", IPR Commission Study Paper 8, 2002, p. 22.

[38] Peter Drahos, "Expanding Intellectual Property's Empire: the Role of FTAs", pp. 6-8, http://www.grain.org/article/entries/3614-expanding-intellectual-property-s-empire-the-role-of-ftas.pdf.

[39] Peter Drahos, "Securing the Future of Intellectual Property: Intellectual Property Owners and Their Nodally Coordinated Enforcement Pyramid", 36 Case W. Res. J. Int'l L., 2004, pp. 53, 62-74.

[40] Peter Drahos, "Four Lessons for Developing Countries from the Trade Negotiations over Access to Medicines", Liverpool Law Review, 2007, pp. 1-29, http://www.anu.edu.au/fellows/pdrahos/pdfs/2007fourlessonsfordevcountries.pdf.

[41] Peter K. Yu, "Enforcement, Economics and Estimates", 2 WIPO J. 1, 2010, pp. 2-6.

[42] Peter K. Yu, "ACTA and Its Complex Politics", WIPO Journal, Vol. 3, 2011, pp. 1-16.

[43] Peter K. Yu, "Six Secret (and now open) Fears of ACTA", Southern Methodist University Law Review, Vol. 64, 2011, p. 1079.

[44] Peter K. Yu, "The Alphabet Soup of Transborder Intellectual Property Enforcement", 2012, pp. 24-28, http://ssrn.com/abstract=2054950.

[45] Robert Weissman, "TRIPS-plus Conditions in Bilateral Trade Agreements", Mimeo, 2003.

[46] Sean Flynn, "ACTA's Constitutional Problem: The Treaty Is Not a Treaty", American University International Law Review 26 No. 3, 2011, pp. 903-926.

[47] Sean Flynn & Bijan Madhani, "ACTA and Access to Medicines", PIJIP Research Paper Series, 2011, http://digitalcommons.wcl.american.edu/research/22.

[48] Sisule F. Musungu and Graham Dutfield, "Multilateral Agreement and a TRIPS-plus World", WIPO, TRIPS Issues Papers 3, 2003, p. 3.

[49] Susan K. Sell, "The Global IP Upward Ratchet, Anti-Counterfeiting and Piracy Enforcement Efforts: The State of Play", Occasional Paper No. 1, 2008, http://www.iqsensato.org/wpcontent/uploads/Sell_IP_Enforcement_State_of_Play-OPs_1_June_2008.pdf.

[50] Susan K. Sell, "Trips Was Never Enough: Vertical Forum Shifting, FTAs, ACTA and TPP", Journal of Intellectual Property Law, Vol. 18, 2011, pp. 448-478.

[51] Timothy P. Trainer and Vicki E. Allums, Protecting Intellectual Property Rights Across Borders, Thomson/West, 2008, pp. 706-709.

[52] The Parliament of the Commonwealth of Australia, Joint Standing Committee on Treaties, Report 126, 2012.

[53] Xue Hong, "An Anatomical Study of the United States versus China at the World Trade Organization on Intellectual Property Enforcement", European Intellectual Property Review No. 6, 2009, p. 295.

[54]衣淑玲：《国际人权法视角下〈TRIPS 协定〉的变革研究》，厦门大学出版社 2010 年版。

[55]余敏友、廖丽：《〈反假冒贸易协定〉的出台及其对国际知识产权执法的影响》，《天津滨海法学》(第二卷)，中国检察出版社 2011 年版，第 1~11 页。

[56]Viviana Muñoz Tellez, "The Changing Global Governance of Intellectual Property Enforcement: A New Challenge for Developing Countries", in Li Xuan and Carlos M. Correa (eds), Intellectual Property Enforcement: International Perspectives, Cheltenham, UK Edward Elgar Publishing, 2009, pp. 8-12.

2012年国际知识产权研究：主题、进展与趋势

武汉大学信息管理学院　冉从敬　刘　琬　陈　一

早在20世纪90年代，联合国教科文组织在通过《里斯本声明》时，就预言到“在21世纪知识财富将占支配地位”。时至今日，在经济全球化和知识经济高速发展的背景下，我们完全可以预见，随着关税等贸易壁垒的取消，各国综合国力的竞争必然越来越集中到知识经济的竞争上，而知识产权将成为竞争最激烈的领域①。正因为如此，知识产权相关问题的研究也受到了国际的广泛关注。同中国相比，西方发达国家知识产权研究起步较早，发展较完善，积累了较丰富的经验，其发展趋势对我国知识产权研究和事业的发展有着重要的借鉴意义。

尽管如此，西方知识产权的研究背景与结论和我国的实际国情出入较大，在解决我国面临的现实问题时不能直接照搬。虽然我国知识产权制度建立较晚，只有30多年的历史，但是经过国内各方学者的共同努力，相关研究成果也初具规模。特别是近十余年来发表的一些文献，在一定程度上既继承了我国老一辈知识产权学者的优秀成果，又代表了最新理论和实践发展的高度。对这些文献进行分析，对于揭示我国知识产权研究领域的历史发展

---

① 吴汉东：《关于知识产权基本制度的经济学思考》，《法学》2000年第4期，第33~41页，第46页。

轨迹，把握研究动态和演变趋势，推动相关研究进一步发展有着积极的意义。

本文利用美国 Drexel 大学陈超美教授开发的 CiteSpace Ⅱ 可视化引文分析工具组织引文信息，实现对过去研究领域的引文和共引网络模式的分析，研究突发趋势，并绘制研究前沿的知识图谱。所谓“一图胜千言”，借助这些图谱，我们将逐一分析国内外知识产权领域的主题、进展与趋势。

一、国外知识产权发展趋势

（一）数据来源与研究方法

1. 数据来源

本文通过主题检索的方式确定数据源，分析的数据均来自美国的科学情报研究所（Institute for Scientific Information，ISI）出版的 Web of knowledge。每一条数据记录主要包括文献的作者（Author）、题目（Title）、摘要（Abstract）和文献（Descriptors and Identifiers）的引文。我们使用主题词“intellectual property”进行检索，时间设定为 1990-1-1 至 2012-12-31，选择“article”和“proceedings paper”进行精炼，最后获得 7636 篇文献。

2. 研究方法

本文选择美国 Drexel 大学陈超美教授开发的 CiteSpace Ⅱ 为知识图谱可视化分析工具。它能够产生包括节点和联系的知识图谱，这些节点可以分别代表作者、文献、机构、关键词等①。本文选择用它来进行多方面的可视化分析，目的是突出知识产权领域的研究基础和发展前沿。

CiteSpace Ⅱ 进行可视化分析一般包括以下步骤：①确定主题词和专业术语；②收集数据；③提取研究前沿术语；④时区分割；⑤

① Ronying Zhao，Ju Wang. Visualizing the research on pervasive and ubiquitous computing［J］. Scientometrics，2011：593-612.

阈值选择；⑥显示；⑦可使检测；⑧验证关键点①。

(二) 数据分析

1. 文献发表时间分布

图 1.1 为 1990—2012 年以“intellectual property”为关键词的发文量统计。由图 1.1 可以明显地看出，从 1990 年到 2012 年大致呈上升趋势，1990 年的发文量仅为 15 篇。而到 2011 年，发文量达到 713 篇。2012 年有小幅的回落，但是也达到 560 篇。这也说明知识产权一直是学术上的研究热点。

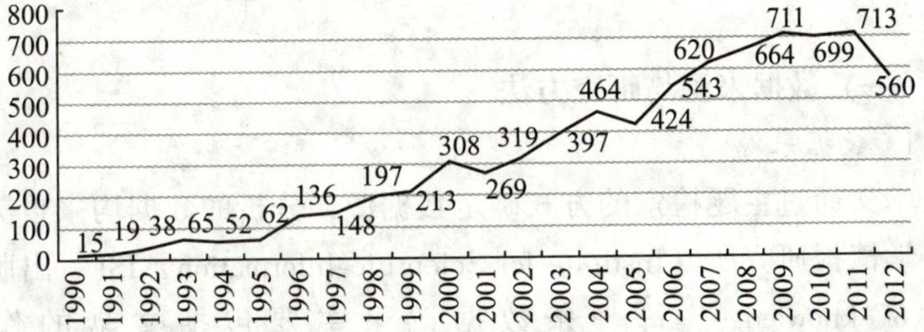

图 1.1 SCI 1990—2012 年以“intellectual property”为关键词的发文量统计

2. 知识产权发展趋势图

研究某一学科的发展进程和趋势，首先要对其发展历史有宏观的认识。我们首先对数字化知识产权这一研究领域的发展脉络进行宏观的把握。我们将检索到的 7636 篇文献输入 CiteSpace Ⅱ软件中。网络节点确定为参考文献（Reference），来源选为文献标题（Title）、摘要（Abstract）、关键词（Key-word）和标识符（Identifiers），术语选择无（None），修剪（Pruning）项选择最小生成树（Minimum Spanning Tree）、修剪分段的网络（Pruning Sliced Networks）、修剪混合网络（Pruning Merged the Network），并且利用 Time-zone，得到引文分析的演进网络，如图 1.2：

① Chen，C. M. CiteSpace Ⅱ：Detecting and visualizing emerging trends and transient patterns in scientific literature [J]. Journal of the American Society for Information Science and Technology，2006，57：359-377.

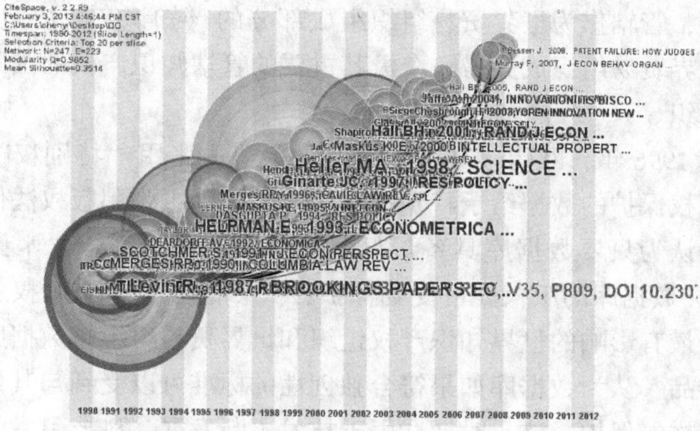

图 1.2　知识产权研究发展趋势图

由图中我们可以比较清晰地看出数字化知识产权研究的发展脉络以及更多的代表人物。节点的外光圈越大，代表这篇文献被引的次数越多。我们也可以从图中看到有几个比较大的节点，这可以作为这一学科领域研究的关键转折点，即一个特定的人物和著作。也可以通过这个看出学科发展的苗头，以利于更好地把握学科的前沿热点。

第二次世界大战以后，知识产权国际化发展步伐加快，《保护工业产权巴黎公约》和《保护文学和艺术作品伯尔尼公约》几经修订。1967 年签订了《建立世界知识产权组织公约》，该公约 1970 年正式生效，1974 年依此公约建立的世界知识产权组织成为联合国系统的专门机构。1986 年以前，世界知识产权组织是唯一在知识产权领域的国际保护方面对世界各国都有较大影响的国际组织。20 世纪以来，知识产权的作用辐射已经从各个方面深入人们的日常生活中。尤其是 20 世纪 90 年代初，随着计算机网络通信技术的快速发展，知识在社会中的作用日益重要，各个国家及企业也越来越重视知识产权的重要性，因为当今世界知识产权最终成为经济增长点的决定性因素。这一段时期，具有代表性的成果是，1993 年 12 月 15 日，乌拉圭回合谈判在各参加方的共同努力下，终于成功并取得了重大成果。正式建立的世界贸易组织专门成立了知识产权理事会，管辖作为世界贸易组织组成部分的《知识产权协定》。至此，世界贸易组织成为另一个极其重要的管辖知识产权的国际经济贸易组织。

至1996年，欧盟《数据库指令》最早主张用“特别权”对达不到版权保护的数据给予特别的保护。美国则主张用版权法保护数据库，认为只要数据库具备最低限度的独创性，符合“辛勤收集原则”，数据库的版权就可受到保护，大多数数据库的版权属于投资人。最有影响的世界知识产权组织和世界贸易组织将数据库作为汇编作品，认为数据库如果符合独创性的标准可以受到与其他文学作品一样的保护。这一时期，由于技术不断发展，科技引发的纸版数字化中的知识产权问题，成为世界各国热议的话题。因而，研究知识产权问题的文献数量大量增长。

进入21世纪之后，科技水平已经达到新的层次。对我国来说，加入世贸组织，使我国主动融入了经济全球化的大潮，国内市场和国际市场融为一体，市场竞争变成国际竞争，做好知识产权工作变得更加重要和紧迫。世界经济正在激烈的竞争与发展，在经济发展中，知识产权是一个尤为重要的因素，只有掌握了核心技术，掌握了知识产权的归属权，才能促进国民经济对内对外的又好又快发展，使社会主义市场经济顺利前行。

总而言之，20世纪90年代初以前，国际知识产权研究处于平缓上升的发展阶段。而到21世纪以后，研究明显呈现爆炸式增长、陡然剧增之势。直至今日，知识产权更是处于各国发展战略中突出的地位，方兴未艾。

下文将会对知识产权各个方面的图谱进行详细的解读。

3. 作者共被引图谱

有学术影响力的作者群体的状况集中体现了学科科研实践的趋向，通过对作者的研究，可以把握学科科研的广度与深度，对学术科研也能起到积极的引导作用。作者的学术影响力可以通过发文量、合著情况以及被引频次来衡量。利用 CiteSpace Ⅱ 中的（Cited-Author）功能做出作者共被引图，如图1.3所示：

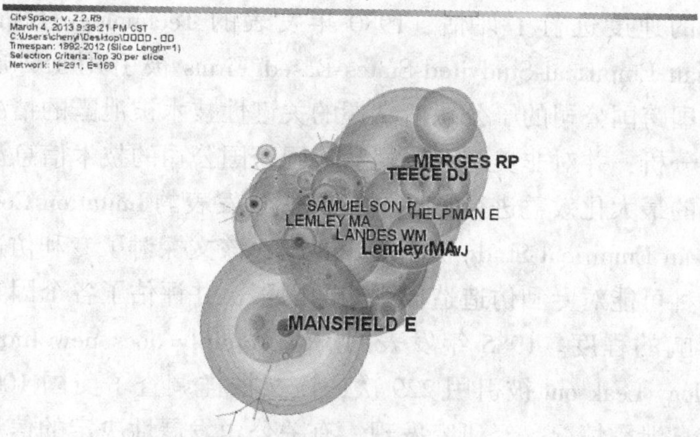

图 1.3　作者共被引图谱

作者共被引分析着重从作者共被引的角度分析作者的影响力，它能够将该领域内有贡献的研究团体的动态结构展示出来。在每一个领域，被引次数最多的作者一般是为该研究做了奠基性工作的学者，这些学者对该领域的发展产生了深远的影响。

被引频次排名第一的是美国学者 E. Mansfield，他在知识产权领域的研究主要集中在专利权对技术发明和传播速度的影响上。我们以“作者 =（Mansfield E OR E Mansfield）OR Researcher ID =（Mansfield E）AND 主题 =（intellectual property）”为检索式，在 SCI 数据库中检索出了 281 篇文章，下面我们就被引频次最高的几篇文章进行一下简单的介绍。

E. Mansfield 在 1961 年发表的 Technical Change and the Rate of Imitation 论文在 SCI 数据库中显示的被引频次为 592 次，该文探讨了决定新技术发明传播速度的因素，并利用一个简单的模型阐述了不同类型的发明被模仿的速度。1962 年发表的 Entry，Gibrat Law，Innovation，and the Growth of Firms 被引用 260 次，该文估测了成功的技术发明在公司竞争和成长中的重要性。1977 年 E. Mansfield 所发表的名为 Social and Private Rates of Return from Industrial Innivations 的论文被引用 215 次，该文对 17 个案例进行了详细的分析，其中每个案例都对社会和实验性的工业发明所进行的投资中获得回报的速度进行了评估。1980 年发表的 Technology Transfer to Overseaan Empirical-Studyited-States-Based Firms 被引用 152 次，该文对美国跨国公司的子公司所掌握的关键性技术被泄露的情况进行了调查分析，并对非美跨国公司从美国跨国公司的技术信息泄露中所获得的最大化效益进行了评估。1981 年发表的 Imitation Costs and Patents-an Empirical-Study 被引用 358 次，该文探讨了专利仿造，测试了各种可能对专利仿造造成影响的因素，并评估了各个因素所造成的影响的程度。1985 年发表的 How Rapidly does new Industrial-Technology Leak out 被引用 229 次，该文抽样调查了美国 100 家公司的信息泄露情况，经研究发现，有关公司发展性决定的信息平均经过 12~18 个月的时间就会被对手公司所掌握，而有关一项新技术或方法细节信息和操作方法通常会在一年左右的时间内被泄露。1986 年发表的 Patents and innovation：an Empirical Study 被引用 333 次，该文随机调查了美国 100 家制造公司，根据调查的结果回答了两个问题：（1）在缺乏专利保护的情况下，发明创造的发展和引进的衰减程度；（2）公司对专利系统的利用程度，不同公司、不同产业以及不同年代专利发展的不同之处。

1996 年 E. Mansfield 以第二作者身份与 J. Y. Lee 一同发表了 Intellectual Property Protection an us Foreign Direct Investment 一文，该文被引用了 115 次，这篇文章对发展中国家的知识产权保护体系与美国对该国投资的数量和构成之间的关系进行了实证研究，通过对美国将近 100 家公司关于不同国家知识产权保护程度的强弱程度的看法进行调查，E. Mansfield 认为，一个国家知识产权的保护体系与美国对该国直接投资的金额和构成有着密切关系。1996 年 E. Mansfield 发表的名为 The Modern University：Contributor to Industrial Innovation and Recipient of Industrial R&D Support 的文章被引用 128 次，该文认为大学与工业之间的联系在促进科技的发展变化方面起着至关重要的作用，通过从美国在电子、信息处理、化工、石油、仪器仪表、五金等行业内的主要公司中精心挑选的样本进行分析，该文系统地探讨了大学在工业发明方面所扮演的重要角色，并尝试找出决定大学公司支持不同类型的 R&D 因素。

被引频次排名第二的作者是 M. A. Lemley，我们以“作者 =（Lemley MA OR MA Lemley）OR Researcher ID =（Lemley MA）AND 主题 =（intellectual property）”为检索式，在 SCI 数据库中进行检索，查询符合检索式的所有年份的文献，得出了 66 条相关记录。2012 年就发表了 4 篇重要文献。

2012 年 3 月，M. A. Lemley 发表了名为 The Myth of the Sole Inventor 的文章，该文提出专利法的原理基本是一个神话，即当一个天才被适当的激励时，他就能独自一人解决那些使专家们为难的问题。大量对于新的技术发明的研究显示，几乎所有的发明都是由两到三个相互独立的团队同时工作完成的。这一结果凸显了专利法的经典理论中一个真实存在的问题。这一问题并不是我们现存的专利法，而是我们的专利理论。专利法的优势替代理论并没有发挥理想的作用。如果专利法要保存其目前的形式，那么我们就需要找寻另一种有效的替代方法。针对这一问题，M. A. Lemley 认为我们可以举办一些专利比赛，这一方法并不能单独证明专利制度，但它对解释专利在实际工作中的情况而言，可能比现存的任何理论都做得更好。2012 年 4 月，M. A. Lemley 发表了名为 Contracting arou Liability Rules 的论文，该文指出，在 Robert Merges 的知名论文 Contracting into Liability Rules: Intellectual Property Rights and Collective Rights Organizations 中，Robert Merges 指出，当知识产权所有者拥有他们财产权利的归属权时，他们会在有效的情况下撤销他们对禁令的权利。Merges 的研究指出，当一个法官或立法机构所得到的损失计算是错误的话，那么我们将会被无效的责任条款困住，但我们却没有类似的被一个低效分配财产原则所困住。M. A. Lemley 认为，Robert Merges 在他的论文里提供的观点是相当重要的，但却不是完整的。当事人的确可以在知识产权案件中消除低效的财产原则，但是他们同样也可以撤销低效的责任条款。这一结果不能证明责任条款优先于财产条款，但是它的确破坏了一个大前提，这一前提过去常用来支持财产条款必须保护 IF 权利这一说法。2012 年 8 月发表的名为 Examiner Characteristics and Patent

Office Outcomes 的论文论证了在美国专利和商标局的专利审查员之间的重要区别，M. A. Lemley 指出有经验的侦查员一般很少引用现有的技术，而是更多地去授予专利，更可能没有任何排斥性地授予专利。这些结果表明，专利局所做的重要决定在很大程度上受到了审查员获得许可证的可能性的影响。同时，人力资源在专利制度改革方面，是迄今为止被忽略的制度改革的重要杠杆。2012 年 8 月发表的名为 Is Pepsi Really a Substitute for Coke? Market Definition in Antitrust and IP 的论文指出，反垄断的传统市场对知识产权物品的定义导致了一些令人吃惊的结果。尽管市场收到了知识产权产品所包含的智慧，但知识产权并不一定授予其市场力量。这一结果使得我们重新思考我们在通过反托拉斯法定义市场时和定义授予知识产权保护的竞争性后果时所运用的过于刚性的方式。2012 年 11 月发表的名为 Patent Holdup，the ITC，and the Public Interest 的论文指出，“专利钓饵”利用禁止令的威胁去改善产品生产公司在专利诉讼中的情况，最高法院在 2006 年出台的法案终止了这一行为，至少在联邦法庭中是这样。但当他们将专利断言实体运用于其他的法庭时，却产生了意想不到的后果。这篇论文着重分析了这一戏剧性的变化，并针对这一问题提出了建设性的意见。2013 年在 Harvard Journal of Law and Public Policy 的冬季刊中发表的 The Regulatory Turn in IP 指出，现行的知识产权法看起来更像是监管制度，而不是一个内部化社会成本的法律机制。版权法有越来越多的监管特点，而且版权拥有者越来越多地寻求在批准新的媒体技术方面加强控制。专利法似乎也在增加进入壁垒，不仅是在医药和生物技术领域，同时也对软件行业中的新兴企业进行成本专利执法。这一转变对发明和竞争来说并不是一个好的兆头。

4. 知识产权文献共被引图谱

将检索到的 7636 篇文献输入 CiteSpace Ⅱ 软件中。网络节点确定为参考文献（Cited-Reference），来源选为文献标题（Title）、摘要（Abstract）、关键词（Key-word）和标识符（Identifiers），术语选择无（None），得到如下数字化知识产权文献共被引知识图谱，如图 1. 4 所示：

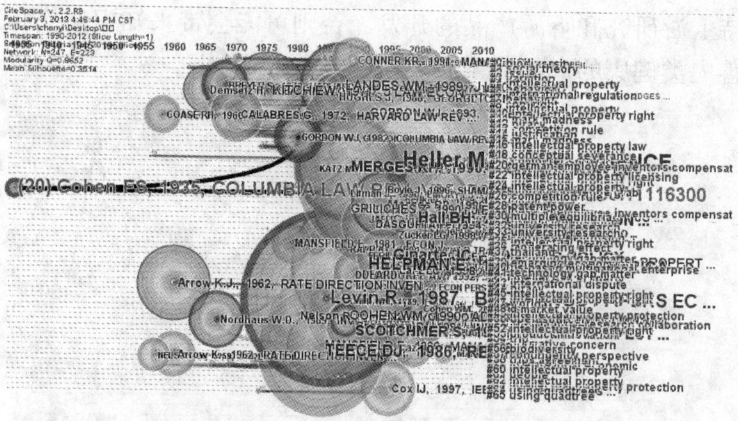

图 1.4　知识产权文献共被引图谱

在文献共被引网络的演进关系中，不同聚类之间通过关键节点相连。根据陈超美博士的定义，共被引网络图谱中的关键节点是图谱中连接两个以上不同聚类，且相对中心度和被引频次较高的节点。这些节点可能成为网络中由一个时间段向另一个时间段过渡的关键节点。

被引次数排在第一位的是 1998 年 M. A. Heller 和 R. S. Eisenberg 发表的《专利是否阻止创新？生物医药研究中的“反共地”》(Can Patents Deter Innovation? The Anticommons in Biomedical Research)①。从 1999 年至 2012 年被引频次达 229 次，具体分布情况如图 1.5 所示。从图中可以看出，从 1999 年开始，该文的被引次数大致呈逐年上升趋势，2011 年被引频次最高，为 34 次，2012 年被引 20 次。被引频次如此之高，足见此文在知识产权领域的重要地位。文中主要介绍了“反共地”对生物医药研究的影响。知识产权意识的增强对生物医学研究来说增加了一些障碍，“反共地”中，人们不能充分利用稀缺资源，因为所有者享有对资源的所有权，他可以阻止

① Heller M. A., Eisenberg R. S. Can Patents Deter Innovation? The Anticommons in Biomedical Research [J]. Science, 1998, (1): 698-701.

对方使用。但是在私有化生物医学研究中，必须做到尽量的平衡，维持上游研究和下游产品的开发，否则可能会带来知识产权和开发改善人类健康的产品的矛盾。

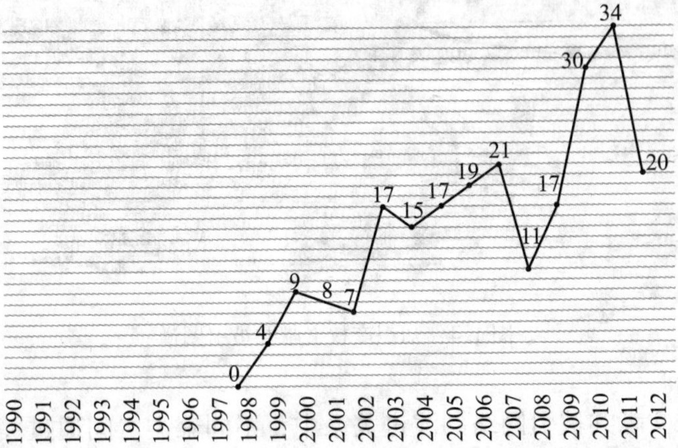

图 1.5　Can Patents Deter Innovation? The Anticommons in Biomedical Research（1998）被引历史轨迹

作者 M. A. Heller 是美国密歇根大学教授，“反共地悲剧”是他 1997 年在《反共地悲剧：从马克思到市场转变中的产权》(Tragedy of the Anticommons, Property in the Transition From Marx to Markets)① 一文中首次提出的。对于一项存在多个权利所有者的资源，如果每个人都拥有使用权而无排他权，该项资源就具有公地的特性，它将因人人都可进入而可能陷入被过度利用的公地悲剧；但如果每个人都拥有排他权从而使得所有的权利人都无法行使有效的使用权时，则该项资源就具有了反公地的特性，它将会因人人都难以进入而可能陷入利用不足或闲置浪费的反公地悲剧。从理论上看，在一个没有交易成本的世界里，通过自愿的产权交易，人们总

① Heller M. A. Tragedy of the Anticommons, Property in the Transition From Marx to Markets [C]. Working Paper No. 40, the Davison Institute Research Workshop on the Economics of Transition, 1997, 6.

是能够避免公地或反公地悲剧。但在现实生活中，要避免这样的悲剧就必须要克服交易成本。因此，当权利所有者人数不多且关系友善的时候，由于交易成本不高，避免悲剧的产生可能相对容易一些。但如果权利所有者人数众多，或虽然不多但彼此充满敌意时，避免类似的悲剧就可能较难。对于反公地悲剧，Heller 建议通过整合支离破碎的产权来解决。但问题是反公地一旦形成，要把支离破碎的权利整合为可以使用的私人权利通常是一个极其艰难而又缓慢的过程。在这期间，一是有价值的资源将始终处于无法充分利用的闲置状态；二是作为管制者的政府和不同的权利拥有者，将会因各自的利益立场，在整合过程中为即将重新制定的产权条文而争执不休，并可能为此付出高昂的代价。

被引频次排在第二位的是 1987 年 R. C. Levin，A. K. Klevorick，R. R. Nelson 和 S. G. Winter 发表的《从工业研究开发中取得回报》(Appropriating the returns from industrial research and development)①。从 1990 年到 2012 年被引频次达 179 次，具体分布如图 1.6。从图中可以看出，从 1990 年到 2012 年该文的被引次数在波动中上升，除了在 1992 年被引次数为 0 次以外，每年均被引用，2011 年被引次数最多，达到 23 次，2012 年被引 19 次。文中指出，一个企业必须从创新研究中获取合适的回报才能不断刺激其研究的进展，然而，如果竞争对手模仿其创新并进行改善来确保其可用，消费者从创新中获得的好处实际上是增加了。专利法试图解决从创新中获取收益与利益广泛扩散之间的矛盾。耶鲁大学校长、经济学教授 Levin 等人通过调查问卷研究发现，专利在实践中的效果并不是总如理论上所说的那样。产品专利仅在药品、生化、杀虫剂等 5 个领域被认为是非常有效（highly effective）的独占方式；在主要生产化学产品和以相对简单的机械设备为主的 20 个领域被认为是比较有效（moderately effective）。飞机和半导体行业实际上主要依靠领

① Levin R. C，Klevorick A. K，Nelson R. R，Winter S. G. Appropriating the returns from industrial research and development [J]. Brookings Paper on Economic Activity，1987，(3).

先优势和快速学习曲线上移动来实现其创新收益①。他们运用美国129个产业中的650个产品数据研究发现，对于获得专利的产品创新和工艺创新而言，其模仿成本为创新成本的60%~80%；对于未获专利的创新而言，其模仿成本约为创新成本的40%。

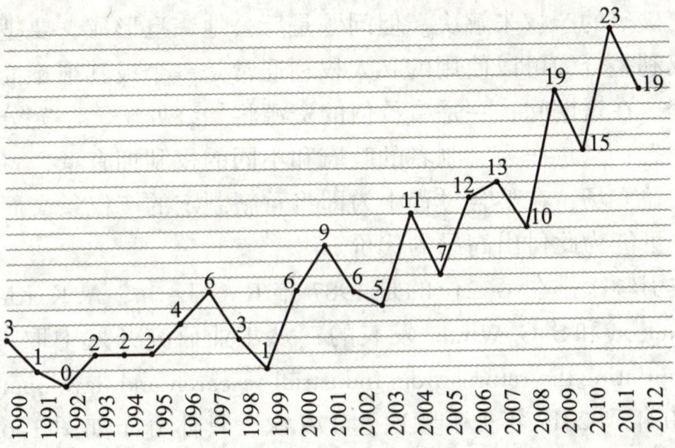

图 1.6　Appropriating the returns from industrial research and development（1987）被引历史轨迹

被引频次排在第三位的是1993年G. M. Grossman和E. Helpman出版的专著《全球经济中的创新与增长》(Innovation and Growth in the Global Economy)②。Grossman是普林斯顿大学经济学和国际事务的教授，Helpman是特拉维夫大学的国际经济关系的教授。从1993年该书出版到2012年的被引频次达到160次，具体分布如图1.7所示。从图中可以看出，从1994年到2012年，每年该书都被引用，2011年被引频次最高，达到20次，足见此书的经典程度。传统的经济增长理论强调鼓励资本积累而不是技术进步。创新被视

① 安佰生·洛下墨点：《关于知识产权保护制度与竞争政策关系的争论》，《经济理论与经济管理》2008年第2期，第29~34页。

② Grossman G.，Hhlpman E. Innovation and Growth in the Global Economy［M］. MIT Press，1993.

为一种外生的过程或者是对于机械和设备在产品方面的投资。Grossman 和 Helpman 开发的方法中，创新被认为是一种通过对前瞻性产业研究的投资而产生的故意的产物，也是对利润寻求的一种表现。

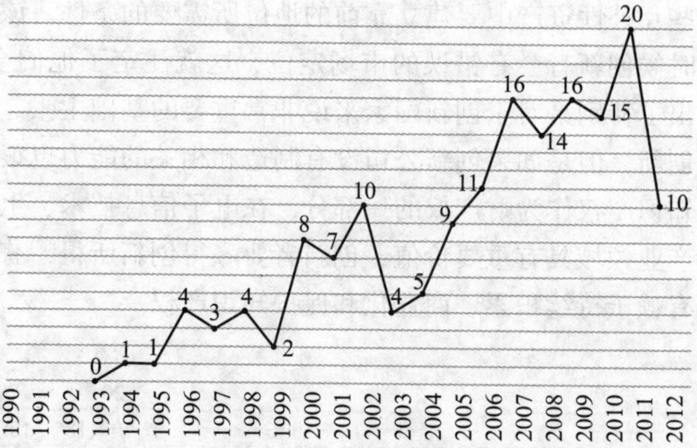

图 1.7　Innovation and Growth in the Global Economy（1993）被引历史轨迹

被引频次排在第四位的是 D. J. Teece 在 1986 年发表的《从技术创新中受益：整合的影响、合作、许可和公共政策》(Profiting from technological innovation：Implications for integration，collaboration，licensing and public policy)①。1990 年至 2012 年被引频次达到 146 次，具体分布如图 1.8。从图中可以看出，从 2001 开始，被引频次一路攀升，2009 年达到最高为 20 次，近三年被引次数略微下降，但 2012 年也达到 18 次。本文试图去解释为什么创新公司通常不能够通过创新获取巨额回报，然而客户、模仿者和其他行业参与者却

① Teece. D. J. Profiting from Technological Innovation：Implications for Integration，Collaboration，Licensing and Public Policy［J］. Research Policy，1986，15（6）：285-305.

能够从企业战略中获利，特别是当这个战略涉及整合和协作的时候。Teece 认为，创新的独占性主要由专利、版权、秘密和技术的缄默性等因素所构成。文中表示，当模仿很容易的时候，市场便不能很好地运作，并且创新产生的利润通常来源于互补性资产所有者，而不是知识产权的开发者。这就解释了在某种情况下，创新企业在这些互补性资产中要建立靠前的地位所需要的条件。该文还表明，有时候创新者会有错误的市场定位，这就注定了他们会失败。文中提出了特别是对于创新国家来说非常重要的基础主张。即使有很好的创新，但是如果创新公司没有制造和相关的能力也很可能会灭亡。知识产权作为财产权的一部分，在电子信息技术、生物技术等新兴产业领域具有重要价值，创新者要赢得创新所得，获得竞争优势，有赖于持续积累、商业化和保护知识产权。

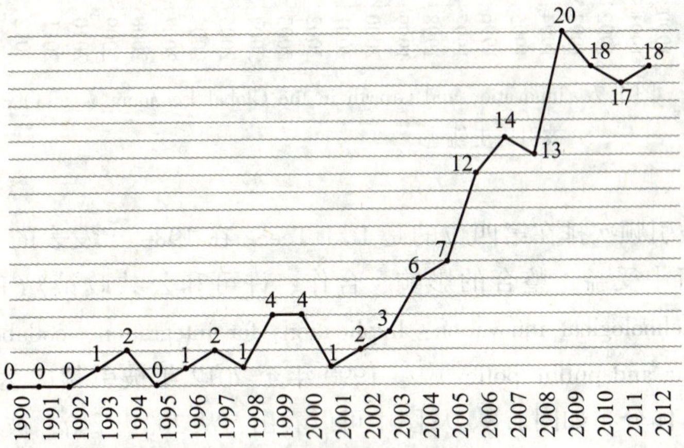

图 1.8　Profiting from technological innovation: Implications for integration, collaboration, licensing and public policy (1986) 被引历史轨迹

被引频次排在第五位的是 B. H. Hall, A. B. Jaffe, M. Trajtenbeg 在 2001 年发表的《美国国家经济研究局专利引文数据文件：经验，见解和方法》(The NBER patent citation data file: Lessons, insights and methodological tools)①。2001 年至 2012 年共被引 127 次，具体分布如图 1.9。本文介绍了美国在过去十年中为了便于研究应用而开发的专利数据库。文中分析了美国过去 30 年主要的专利趋势，包括各种由引用数据构建的原始方法，如向前和向后引用滞后、“原创性”和“一般性”的指数、自引等。这些措施在我们已经开发的6个主要技术类别中（包括计算机和通信、药品和医疗、电气和电子、化工、机械和其他）存在有趣的差异，这些差异也推动进一步的研究进展。为了推动这些研究，整个包含 3 万项专利和 16 万引文的数据库现在出现在美国国家经济研究局的网站上。我们讨论在使用专利引文数据时所出现的关键问题，并提出解决这些问题的方法。值得注意的是，在一段时间内专利申请率和引文数量发生大的改变，以及不可避免的数据的缺失，使得我们用一种直接的有意义的方式去用那些从不同专利中得到的大量的引文变得困难。文中提出了用固定效应的方法或者半结构化的方法来解决这个问题。

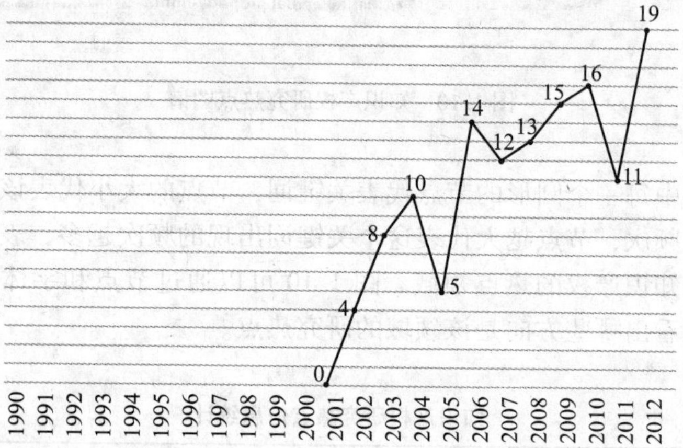

图 1.9　The NBER patent citation data file：Lessons，insights and methodological tools（2001）被引历史轨迹

① Hall. B. H，Jaffe. A，Trajtenberg. M. The NBER patent citation data file：Lessons，insights and methodological tools［M］. MIT Press，2001.

5. 知识产权研究热点知识图谱

我们将检索到的 7636 篇文献输入 CiteSpace Ⅱ 软件中。网络节点确定为关键词（Key-word），并选定名词短语（none phrase），同时选择适当的阈值，运行 CiteSpace Ⅱ 软件。运行得到由关键词和名词短语生成的一个混合网络时间线图谱。导出 CiteSpace Ⅱ 中的数据整理出数字化知识产权的研究领域和研究热点的信息，如图 1.10 所示：

图 1.10　知识产权研究热点图谱

图中每一个圆形的节点代表关键词，节点的大小代表该关键词出现的频次，节点越大代表这个关键词出现的频次越多，表明其为数字化知识产权的热点领域。图 1.10 可以通过节点和字体的大小明显地看出哪些方向是该领域的研究热点。

表 1.1　**知识产权研究热点信息统计**

序号	热点词汇	出现频次	中心性	突现值
1	Intellectual property	1310	0.32	—
2	innovation	653	0.05	—
3	patents	354	0.11	—

续表

序号	热点词汇	出现频次	中心性	突现值
4	Intellectual property right	313	0.06	—
5	protection	259	0.14	—
6	Intellectual property-right	222	0.00	4.60
7	technology	218	0.11	—
8	copyright	206	0.07	15.03
9	rights	197	0.02	4.55
10	Research-and-development	197	0.00	
11	industry	185	0.01	—
12	knowledge	184	0.00	—
13	information	175	0.00	—
14	performance	159	0.00	4.11
15	patent	142	0.00	—
16	growth	139	0.00	—
17	science	135	0.00	—
18	policy	135	0.00	—
19	biotechnology	134	0.00	—
20	model	133	0.00	—

由表 1.1 可以看出，在知识产权研究领域，研究热点毋庸置疑就是"intellectual property"，出现频次为 1310 次，中心性也为最大的 0.32，其出现频次是排在第二位的 innovation 的两倍。中心性相对较高的还有"protection"、"patents"、"technology"，表明这些方向在知识产权研究中与另外各个方向联系紧密，从另一角度体现出其为该领域的研究热点。

值得一提的是，copyright 一词的突增值最大，达到 15.03，表明近几年有关版权以及版权保护方面的研究增多，近几年一个热门领域就是"数字版权保护"。在当今这个时代，知识的载体早已脱离了简单文字和书本传承的框架，传播形式和途径的多样化大大打破了时间和空间的局限，知识以各种多媒体形式被推送到用户面前。互联网是数字化时代的标志性成果，它迎合并满足了人们对知识和信息的空前强烈的需要。随着信息技术的发展，一方面使人类能够更加方便和快捷地获取信息资源，促进了知识的广泛传播和人类文明的长远发展；另一方面，其在客观上也加剧了知识产权保护的难度。所以很多专家学者将目光投向了“数字版权”研究领域。

高频关键词反映出的知识产权其他主要热点研究领域还包括技术（technology）、产业（industry）、表现形式（performance）、政策（policy）、生物技术（biotechnology）、模型（model）等。由此可见，对知识产权的研究不再单单是停留在纯理论层面，对知识产权保护技术的研究，运用系统化、模型化的观点制定相关的政策制度也成为研究的重点领域。除此之外，生物技术方面的知识产权保护尤为引人关注。

6. 知识产权核心刊物图谱

关注学科内比较重要的期刊，即核心期刊，是把握一个学术领域发展动向比较重要而又简单的方法。某学科的核心期刊是指发表该学科论文数量较多，文摘率、引文率、读者利用率相对较高，在本学科内的学术水平较高、影响力较大的那些期刊。一个学术领域的核心期刊既可以揭示本学科文献数量在期刊中的分布规律，也能够反映本学科文献质量和学术影响力的分布规律及其本学科的研究热点和前沿①。

为此，我们将检索到的 7636 篇文献输入 CiteSpace Ⅱ 软件中。网络节点确定为关键词 Journal。同时选择适当的阈值，运行 CiteSpace Ⅱ 软件，导出 CiteSpace Ⅱ 中的数据整理出数字化知识产权期刊共被引信息，如图 1.11 所示：

① 耿正萍：《核心期刊概念的演变与作用》，《煤炭高等教育》2008 年第 1 期，第 121~123 页。

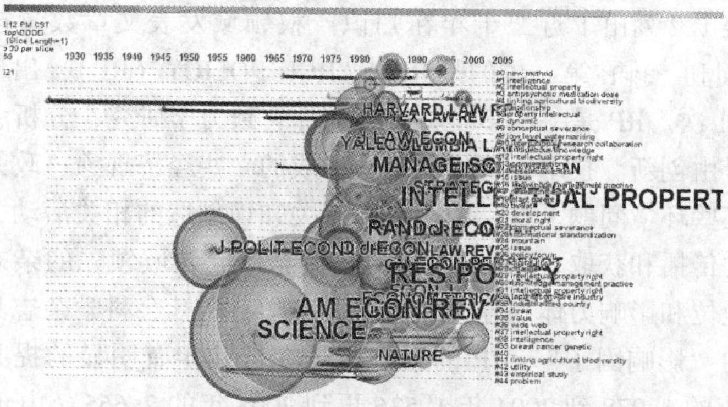

图 1.11　知识产权研究期刊分布

表 1.2　　　　　　　　知识产权领域重要期刊

序号	期刊	出现频次	中心性	突现值
1	RES POLICY	1031	0.08	—
2	AM ECON REV	951	0.04	—
3	INTELLECTUAL PROPERT	900	0.00	7.73
4	SCIENCE	771	0.46	—
5	RAND J ECON	553	0.28	—
6	MANAGE SCI	534	0.08	—
7	J POLIT ECON	473	0.46	—
8	Q J ECON	462	0.45	—
9	J LAW ECON	446	0.13	—
10	ECONOMETRICA	410	0.02	—
11	J ECON PERSPECT	408	0.00	—
12	COLUMBIA LAW REV	393	0.85	12.37
13	YALE LAW J	392	0.82	—
14	ECON J	385	0.26	—
15	STRATEGIC MANAGE J	372	0.28	4.16
16	REV ECON STAT	360	0.13	—
17	HARVARD LAW REV	354	0.15	12.29
18	NATURE	348	0.17	—
19	J IND ECON	334	0.00	—
20	CALIF LAW REV	311	0.24	4.26

表 1.2 列出了近二十年在知识产权领域发表文章数量排名前 20 的期刊，排在第一位的是 RESEARCH POLICY（RP），出现频次为 1031 次。RP 是一本多学科的期刊，它致力于研究、分析、有效的应对由创新、技术、研发和科学构成的一些经济现象、政策、组织和某些环境问题。这其中包括了有关知识创造的相关活动，还有知识的传播和获取。RP 是公认的在创新研究领域领先的杂志，其学术地位和影响力体现在其作为一个多学科的社会科学杂志具有非常高的“影响因子”。RP 的影响因子在近几年有明显的提升，由 2000 年的 1.078 到 2004 年 1.536 再到 2008 年的 2.665（由于 2008 年 RP 扩大出版，2009 年的影响因子轻微下降为 2.261）。在 2008 年，由汤姆森路透社排名，RP 在世界顶尖管理类期刊中排名第 11 位，在“发展 & 计划”类中排名第一①。

SCIENCE 出现频次排在第四位，为 771 次，但是其中心性较高，为 0.46，综合来看，在知识产权领域是非常有影响力的期刊。SCIENCE 是美国科学促进会（AAAS）出版的一份学术杂志。这本杂志主要刊登最新的科学研究成果。《科学》刊登各个学科的原创论文，目前是全世界最权威的学术杂志之一，在世界学术界享有盛誉，反映其被引文量的影响因子始终高居 SCI 收录的科学期刊的前十名。SCIENCE 中物理学、化学、材料科学和医学的相关文献占很大比重，但是这些领域的重大发现、最新成果和知识产权有着密不可分的联系。除了为发表全世界最好的科学论文和报道全球最好的科学新闻而努力外，《科学》杂志还有三个特别重要的目标：

（1）将《科学》杂志和科学带入更多发展中国家的科学工作者的家中和实验室里。

（2）帮助世界各地青年科技工作者更多地了解今后十年最重要的科技发展趋势、最新的科学仪器和技术以及科技职业的选择。

---

① Research Policy [EB/OL]. [2013-2-3]. http://www.journals.elsevier.com/research-policy/.

（3）用电子手段传播科技信息，进一步提高信息质量，并且通过与发展中国家和发达国家的团体合作用计算机互联网传送杂志，降低发行成本。

还有两本期刊的中心性达到 0.8 以上，分别是《哥伦比亚法律评论》（Columbia Law Review）的 0.85 和《耶鲁法律杂志》（The Yale Law Journal）的 0.82，这两本是国际上著名的法学期刊，上面刊登的对知识产权法律法规的探讨在知识产权研究领域占有举足轻重的地位。

7. 知识产权研究地区分布图谱

CiteSpace Ⅱ 可将各国发表的论文数量及时间以“年轮”的大小和颜色直观地展示出来。将数据导入 CiteSpace Ⅱ，网络节点确定为国家和地区（Country）和机构（Institution），算法选择最小生成树（Minimum Spanning Tree）算法，运行 CiteSpace Ⅱ，得到有关数字化知识产权研究的国家和机构的综合性分析图谱。其中，圆形节点代表国家和地区，处于直线分支上的小节点代表机构，如图 1.12 所示。

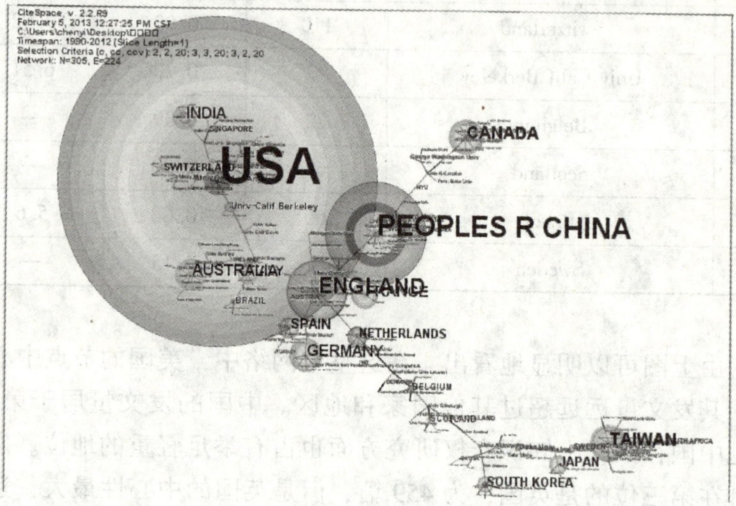

图 1.12 知识产权研究地区图谱

表 1.3　知识产权研究地区信息统计

序号	地区	频次	中心度	突现值
1	USA	2406	0.28	61.67
2	China (mainland)	763	0.29	25.97
3	England	459	0.75	—
4	Canada	288	0.10	—
5	Taiwan (China)	286	0.13	—
6	Germany	262	0.05	—
7	Australia	259	0.09	—
8	France	226	0.02	3.5
9	India	207	0.03	9.85
10	Spain	181	0.06	—
11	Italy	175	0.08	—
12	Netherlands	154	0.44	—
13	Japan	153	0.03	—
14	South Korea	141	0.06	3.46
15	Switzerland	110	0.03	7.92
16	Univ Calif Berkeley	92	0.28	6.51
17	Belgium	72	0.39	—
18	Scotland	69	0.02	—
19	Brazil	66	0.02	5.6
20	Sweden	61	0.15	—

由上图可以明显地看出，在这整个网络中，美国的节点中心最大，其发文量远远超过其他国家和地区。中国的发文量居于第二，可见中国在国际上知识产权研究方面也占有举足轻重的地位。发文量排在第三位的是英国，为 459 篇，但是英国的中心性最大，达到 0.75，说明共现网络中绝大部分国家和地区直接或者间接地与它有

合作关系。排在后面的依次是加拿大、中国台湾地区、德国、澳大利亚等。从发文的突增性来看，美国还是排在第一位，为 61.67，中国排在第二位，为 25.97，说明这两个国家近几年在知识产权方面的研究明显增多，这应该也是它们发文量排在前两位的原因之一。上图各个节点之间并不是孤立的，它们在一起形成了一个紧密的集合，说明在知识产权研究方面，各国都积极地促进国际上的交流与合作。

美国作为在知识产权研究方面发文量最大的国家，其主要的研究机构分布在大学里，如加州大学伯克利分校（University of California，Berkeley）、哈佛大学（Harvard University）、伊利诺伊大学（University of Illinois）、加州大学洛杉矶分校（University of California，Los Angeles）、密苏里州立大学（Missouri State University）等。

美国对本国的知识产权，一直具有强烈的保护意识。从 20 世纪 80 年代以来，在推动知识产权传统法律制度现代化方面，美国始终走在世界前列。

从成文法来看，首先，在版权领域，美国《版权法》于 1980 年和 1984 年分别将计算机软件程序和录音作品列入保护的范围。而 1990 年的《可观赏艺术作品作者权利法》则首次将作者的精神权利纳入版权法保护范围。1998 年美国再次通过《版权期间延长法案》和《数字千年版权法》，成功实现版权保护期限的延长和作者数字化版权权利内容的扩展。2002 年美国又通过了《技术、教育和版权协调法案》，解决了远程教育和版权协调问题。2005 年则通过《家庭娱乐与版权法》，进一步加大了对美国电影版权的保护力度。其次，在商标法领域，《兰哈姆法》经 1982 年、1988 年、1995 年和 1999 年等数次修订，至今有效。其中《1995 年联邦商标淡化法》的出台，修改了《兰哈姆法》第 43 条，对驰名商标的保护作出了特殊规定，禁止他人未经授权使用已经驰名的商标。1999 年美国国会又通过《反域名抢注消费者保护法》，再次修订了《兰哈姆法》第 43 条及其他相应条款，对于商标和域名的保护作出了规定。近年来美国也加强了打击盗版以及强化商标和版权保护的各项工作。再次，在专利领域，对于专利制度的修改与完善也一直是美国知识产权战略实施的重点。美国《专利法》施行至今，已经历经 6 次大的修改。其中 1999 年的《美国发明家保护法令》是自 1952 年以来《专利法》的最重大的一次修订。该法重点修改了美国的专利审查、专利保护期和复审程序等几大制度，突出强调了对发明人利益的最充分保护。2004 年，美国又通过了广受欢迎的《合作研究与技术强化法》，进一步修改了《专利法》中有关评价"非显而易见性"时对现有技术的规定，填补了"显而易见性"标准的漏洞。目前美国《专利法》正在经历着被称为"美国专利史上最重要的一次改革"，拟议的《美国专利改革法案》仍继续在美国国会审议。

从判例法来看，由于美国是普通法法系国家，判例是法律的基本形式之一，因而相关重大知识产权案例的判决也成为了其知识产权法律修改与完善的重要组成部分，在一定程度上代表了美国知识产权战略实施的政策导向和社会发展趋势。1982 年，美国成立联邦巡回上诉法院，在各联邦地区法院的专利纠纷上诉案一律由该法院受理，此举使经由联邦最高法院和联邦巡回上诉法院所作出的判决在专利诉讼案件中具有相当的影响力。通过对 Diamond 与 Chakrabarty 基因技术许可专利案、State Street Bank 商业方法许可专利案、eBay 与 MercExchange 禁令救济案、Teleflex 与 KSR 显而易见案、AWH 与 Phfillps 权利要求解释案等专利案件的审判，联邦最高法院和联邦巡回上诉法院重新解释了相关的专利法律条款。在将基因技术、计算机软件和动植物新品种等纳入美国专利权保护范围的同时，也体现出提高专利具有非显而易见性的标准，增加故意侵权难度的趋势。美国的这些由判例形成的判例法，有效地解决了知识产权保护中的新问题，不断扩展和创新了知识产权法律的内涵和外延，及时高效地推动了知识产权法律制度的发展①。2002 年 11 月 18 日，美国泰利福（Teleflex）公司向美国密歇根州联邦地方法院提起诉讼（Teleflex 与 Ksr 显而易见案）。在该案中，法院最后认

① 李名家、杨俊：《美国和日本搞笑知识产权战略研究》，《武汉大学学报（哲学社会科学版）》2005 年第 6 期。

为，对于一般的发明授予专利并不符合专利权制度的设立初衷，如果一般创新也被授予专利，那么将会阻碍而不是促进技术的进步。Teleflex 与 Ksr 显而易见案成为美国司法领域在专利制度审判方面的重要转折。

美国知识产权创新激励体系的成功构建，也离不开美国专利商标局（USPTO）的一贯努力。作为实施国家知识产权战略的重要行政部门，为配合政府知识产权创新激励措施的实施，加快产学研合作活动中的专利审查并确保专利授权质量，USPTO 多年来也在积极推行各项制度改革。通过推行新的权利要求和继续申请制度、信息披露声明制度以及改革对新进人员的培训方法等方式，USPTO 的专利审查数量和质量都大为提升。在审查人员方面，USPTO 现有工作人员 8000 余人，其 2006 年就新增加 1193 名审查人员，目前 USPTO 每名审查员年均审查 78 件申请。2007 年，USPTO 共受理专利申请 46.72 万件，共审查专利申请 36.22 万件。授权专利的质检合格率达 96.5%，为近 25 年来最高水平①。

“如果美国要赢得未来，并在竞争日益激烈的国际市场中胜出，就必须创新”，美国总统奥巴马曾在公开场合中表示。创新是推动经济增长的主要动力，知识产权则为创新活动提供了最有效的激励。2012 年 5 月，美国商务部下属经济和统计管理局及美国专利商标局共同发布了一份名为《知识产权与美国经济：产业聚焦》的报告。该报告确认了美国 75 个广泛使用专利、版权或商标保护的知识产权密集型产业，并指出知识产权密集型产业对美国经济和创造就业的直接和重大影响，并明确提出了为赢得未来，美国需要增强知识产权的保护，以进一步鼓励创新②。

加州大学伯克利分校是在发文量排名前 20 中唯一上榜的一所大学，单独一所大学的研究成果排名如此靠前，超过了一些国家整

---

① 孙玉芸：《美国知识产权战略的实施及其启示》，《经济与法》2011 年第 2 期，第 187~189 页。

② 王璐：《知识产权在美国经济中扮演了重要角色》，《中国知识产权报》2012 年第 12 期，第 4 页。

个国家的发文量，足见其在知识产权研究领域的重要地位。伯克利法律和技术研究中心，是美国知识产权法学研究中的翘楚，在 US News & World Report 的大学排行榜上连续多年的知识产权专业名列第一。

中国的发文量仅次于美国，发文量最多并与其他机构开展紧密合作的机构为中国科学院（Chinese Acad Sci），另外的一些主要的研究机构则分布在大学里，如北京大学（Peking University）、武汉大学（Wuhan University）、香港科技大学（The Hong Kong University of Science & Technology）、兰州大学（Lanzhou University）等。

尽管中国制定和实施知识产权制度的时间较晚，但是发展非常迅速，尤其是在 2001 年中国正式加入 WTO 并参加了《与贸易有关的知识产权协定》(TRIPS）以后，中国的知识产权政策进行了重新修改，逐步建立起与国际接轨并且符合我国现实国情的比较完备的知识产权法律体系。

中国知识产权制度的不断完善与各个机构的努力是分不开的。北京大学（Peking University）是在中国这个圆环中很大的一个节点，可见其在知识产权研究方面的突出成果。在 2008 年，由北京大学与美国亚太法学研究院共同组建的北京大学国际知识产权研究中心在北京大学成立。北京大学国际知识产权研究中心以建成国家高层次知识产权人才培养基地及世界一流水平的知识产权学术机构为目标，与知识产权国际组织、区域机构、政府部门积极合作，采取跨学科、跨区域的人才培养知识产权模式，致力于推动中国及国际知识产权制度的完善。该研究中心的学术团队由世界一流的知识产权专家组成，研究中心的日常业务包括开展学术国际交流与合作、专业人才的教育与培训及专业咨询等。

武汉大学（Wuhan University）在知识产权的研究方面一直非常受瞩目，武汉大学早在 2003 年就成立了知识产权高级研究中心，是在法学、经济学、信息管理等学科知识产权研究力量的基础上建立的，该中心已与中国知识产权主管部门、司法机关和美、英等国的多国一流的知识产权研究机构有过合作。英国伦敦大学知识产权研究所所长米歇尔·布雷坎教授等多位国内外知名专家担任其客座教授。该中心具备研究与人才培养的双重功能，它围绕科技创新和提高国家竞争力进行多学科合作与交流，针对中国立法与司法实践中一些亟待解决的问题开展对策性研究，培养了一批跨学科的知识产权复合型高级管理人才。

英国的发文量排在第三位，但是其中心性高达0.75。英国是世界公认的最早实行现代专利制度的国家。1624年，英国制定垄断法，这部法律被世界公认为第一部完整的专利法，也是世界各国现行专利法基本条款的雏形。

1852年，政府颁布《专利法修正法令》并成立英国专利局(the Patent of-fice of the United Kingdom，UKPO)，迄今已有160多年的历史了。

8. 知识产权应用学科分布图

CiteSpace Ⅱ可将所研究领域的学科分布运用可视化图形的形式表现出来，将数据导入CiteSpace Ⅱ，网络节点确定为category，算法选择路径搜索pathfinder算法，运行CiteSpace Ⅱ，得到数字化知识产权应用学科分布的知识图谱，如图1.13所示：

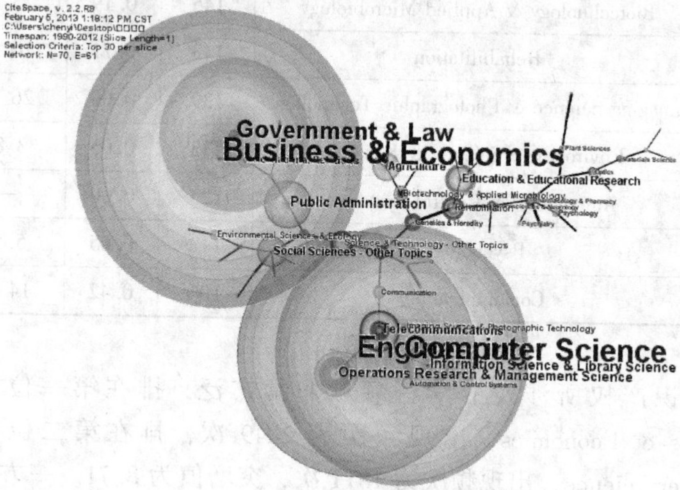

图1.13 知识产权应用学科图谱

表 1.4　　知识产权应用学科信息统计

序号	学科	频次	中心性	突现值
1	Business & Economics	2049	0.00	—
2	Computer Science	1811	0.10	8.71
3	Engineer	1684	0.15	—
4	Government & Law	1093	0.00	39.03
5	Information Science & Library Science	379	0.00	16.87
6	Public Administration	368	0.27	10.24
7	Operations Research & Management Science	364	0.00	14.23
8	Telecommunications	291	0.41	7.18
9	Education & Education Research	264	0.10	4.56
10	Social Science-Other Topics	237	0.37	—
11	Agriculture	235	0.10	4.81
12	International Relation	194	0.10	14.31
13	Science & Technology-Other Topics	164	0.61	—
14	Biotechnology & Applied Microbiology	145	0.19	23.10
15	Rehabilitation	143	0.71	10.00
16	Imaging Science & Photographic Technology	139	0.00	26.80
17	Environment Science & Ecology	133	0.05	3.85
18	Automation & Control Systems	123	0.00	—
19	Psychology	112	0.05	5.52
20	Communication	106	0.42	14.07

知识产权所涉及的学科领域非常广泛，排在第一位的是 Business & Economics，出现频次为 2049 次，排在第二位的是 Computer Science，出现频次为 1811 次，突增值为 8.71。一方面计算机技术飞速发展，对新技术的产权保护越来越受到人们的重视；另一方面随着信息传递媒介的多样化，网络环境下的侵权行为日益

严重，数字化知识产权也成为知识产权保护的一个重要的分支。排在第三位的是 Engineer，出现频次为 1684 次，因为工程学所涉及的领域非常广泛，如今知识产权研究逐步转向对产权保护系统和模型的构建等方面的研究，更多的是注重理论与技术的相融合，所以会有一大部分涉及工程学的研究领域。

值得注意的是，Government & Law 的突增值最高，达到 39. 03，说明近年来在行政法律方面对知识产权的研究保护有明显的增长，政府越来越重视，制定了相应的法律法规来规范知识产权行为。Imaging Science & Photographic Technology 突增至第二位，达到 26. 80，水印技术是知识产权研究中的一个重要领域，数字水印技术也成为近年来的一个研究热点。

除此之外，知识产权在 Information Science & Library Science，Public Administration，Operations Research & Management Science，Telecommunications 等领域都有较高的出现频次，这表明知识产权研究不仅具有相当广泛的学科基础，而且受到越来越多的重视。

二、国内知识产权发展趋势

（一）数据来源与研究方法

1. 数据来源

本文使用的数据均来自南京大学中国社会科学研究评价中心开发的 CSSCI 引文数据库，每一条数据记录主要包括文献作者、题目、关键词、摘要和参考文献。笔者于 2013 年 2 月 8 日在中国社会科学引文索引数据库（CSSCI）中选择 1998—2012 年来源数据库，以“知识产权”为关键词进行精确检索得到 2789 条数据。文本所涉及的图谱和表格均是在这 2789 条数据的基础上得到的。

2. 研究方法

本文所做知识图谱均是用陈超美教授开发的 CiteSpace Ⅱ 可视化引文分析工具所绘制的。但由于 CiteSpace Ⅱ 不能直接处理 CSSCI 格式数据，所以需要先进行数据格式转换。具体操作为，先将所得 2789 条数据转换为 UTF-8 格式，然后使用大连理工大学刘盛博编写的 CSSCIREC 软件程序处理数据，所得结果即为 CiteSpaceⅡ识别数据格式。

（二）数据分析

1. 文献发布时间

如图 2.1 所示，可以看出从 1998 年至今，国内学者一直对知识产权领域的研究保持着较高的关注度。从 1999 年开始，每年都会有数百篇文章发表，且每年的发文数量曲折增长，到 2008 年达到峰值，该年共有 278 篇相关研究成果发表，此后的几年内发文量有所回落并趋向平稳。纵观 1998—2012 的十余年，我国对知识产权领域的研究有几个关键的年份：1999 年一年中相关文献的发表数量激增，相当于上一年的一倍左右；2003 年达到第一个小高峰，在这一年相关研究的发文量第一次突破 200 篇的关口，并且连续两年有超过 210 篇文献发表；2006 年达到第二个小高峰，此时的发文量已经相当于 1998 年的三倍左右；2008 年，相关研究的热度达到顶峰。尽管在此后相关研究的发文量呈现出明显的下降趋势，但是直到 2012 年，每年仍有百余篇文献被收录。

图 2.1　CSSCI 中 1998—2011 年以知识产权为关键词的文献发文量统计

根据上述分析，可以将过去的十余年，国内对知识产权相关问题的研究历程粗略地划分为：1998—2003 年，兴起阶段；2004—

2008 年，兴盛阶段；2009—2012 年，深化阶段。但从学科发展的总体上来看，知识产权问题及其相关研究一直备受国内学界的关注，不同知识背景的学者都对此保持着较高的研究热情，我国知识产权领域的研究处在繁荣发展时期。

2. 重点文献分析

每个研究领域的文献都是由知识基础和研究前沿两部分组成的，这两部分内容之间有着辩证统一的关系，某历史时期的研究前沿很可能成为如今的知识基础。随着时间的推移，知识基础和研究前沿都在不断地延伸和拓展，最终形成某一学科领域的高被引文献簇。对高被引文献簇的研究有助于判断这一学科的重点文献，快速掌握该学科的核心知识。

打开 CiteSpace Ⅱ 设置界面，选择主题词来源为文献标题（title）、摘要（abstract）、关键词（DE）和标识符（ID），算法选择最小生成树（Minimal spanning trees），数据抽取对象为 top30，设置时间跨度为 1998—2012 年，间隔值为 1，网络节点选择 Cited Reference。运行 CiteSpace Ⅱ，得到如图 2.2 所示文献共被引网络图

图 2.2　中国知识产权领域文献共被引图谱

谱，由 356 个节点和 320 条连线组成。图中每个圆形节点代表一篇文献，节点的大小与该文献被引用频次的多少成正比，而组成每个圆形节点的不同颜色圆环的粗细则与该文献在相应年份被引频次的高低成正比。

CiteSpace Ⅱ也具有按照不同标准，对处理过的数据进行排序的功能。其中较常用的排序标准有被引频次、中心度和 Burst 值。Burst 的英文释义为爆发、迸发，在信息计量学中我们用这个词来描述某一事物或其数量的跳跃、猛增①。笔者分别以被引频次和 Burst 值为依据，对作者共被引表进行排序，并分别截取前 10 名如表 2.1、表 2.2 所示。通过点击 CiteSpace Ⅱ可视化界面，即图 2.2 上方的 Citation Burst 键，可以得到如图 2.3 所示谱图。该图谱以红色年轮强调该节点所代表的文献在某一时间范围内被引量的突增，年轮的粗细与被引频次的高低成正比。

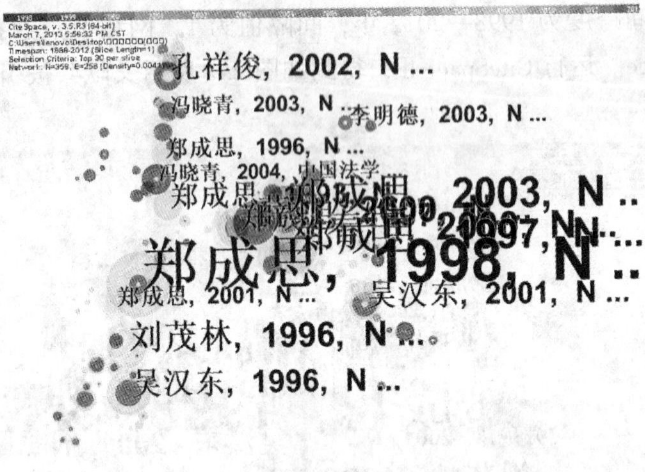

图 2.3　中国知识产权领域文献共被引 Burst 图谱

---

① 赵蓉英、刘红红：《基于 CSSCI 的中国知识产权的可视化研究》，《图书馆杂志》2012 年第 10 期，第 66~72 页。

表2.1 中国知识产权领域前十名被引文献表（按被引频次排列）

序号	频次	突现值	作者	年份	来源	篇名
1	78	6.88	郑成思	1998	N	知识产权论
2	55	9.11	郑成思	2003	N	知识产权论
3	53	5.94	郑成思	1997	N	知识产权法
4	50	5.34	刘春田	2000	N	知识产权法
5	47	4.80	薛虹	2000	N	网络时代的知识产权法
6	45	6.62	刘茂林	1996	N	知识产权法的经济分析
7	43	8.91	郑成思	1997	N	版权法
8	41	8.12	吴汉东	1996	N	著作权合理使用制度研究
9	40	6.85	吴汉东	2001	N	无形财产制度研究
10	40	3.53	孔祥俊	2002	N	WTO知识产权协定及其国内适用

表2.2 中国知识产权领域前十名被引文献表（按突现值排列）

序号	突现值	频次	作者	年份	来源	篇名
1	9.11	55	郑成思	2003	N	知识产权论
2	8.91	43	郑成思	1997	N	版权法
3	8.47	24	冯晓青	2006	N	知识产权法利益平衡理论
4	8.12	41	吴汉东	1996	N	著作权合理使用制度研究
5	7.58	21	陈传夫	1999	情报学报	信息高速公路知识产权问题探讨
6	7.07	17	吴汉东	2004	N	知识产权法
7	6.88	78	郑成思	1998	N	知识产权论
8	6.85	40	吴汉东	2001	N	无形财产制度研究
9	6.74	20	刘春田	2002	N	知识产权法
10	6.56	30	李明德	2003	N	美国知识产权法

根据图表所示，高被引前 10 的文献全部都是专著，突现值最高的前 9 篇也都是专著，只有排名第五的文献《信息高速公路知识产权问题探讨》一文是期刊论文。被引频次最高同时也是突现值最高的文献是郑成思编写的《知识产权论》一书，这本书最早于 1998 年出版，并在此后长期用作我国知识产权领域高等教育的权威教材。该书在 1998 年后多次改版，其中 2003 年版被引频次颇高，且年份集中，排在被引频次表的第二位、突现值表的第一位。通过 CiteSpace Ⅱ 可以调取《知识产权论》一书两个版本的被引历史轨迹，如图 2.4、图 2.5 所示，其中加粗的部分折线表示该段时间该文献突现值较高。通过对比可以发现，虽然在总被引频次上 1998 年版比 2003 年版多，但 1998 年版仅在 2000—2002 年两年突现值较大，2003 年版却在 2005 到 2010 年五年内保持着较高的突现值，而且几乎每年的被引频次均高于 1998 年版。这说明了两个问题，一是 2003 年版《知识产权论》是对 1998 年版的继承和发扬，在一定程度上替代了旧版教材；二是 2003 年以后我国对知识产权的研究力度加大，较 1998 年时更为重视。郑成思凭借一本专著就能占据高被引前两名、突现值第一名的位置，可见本书对我国知识产权领域的研究影响深远，是国内该领域的奠基之作。除此之外，

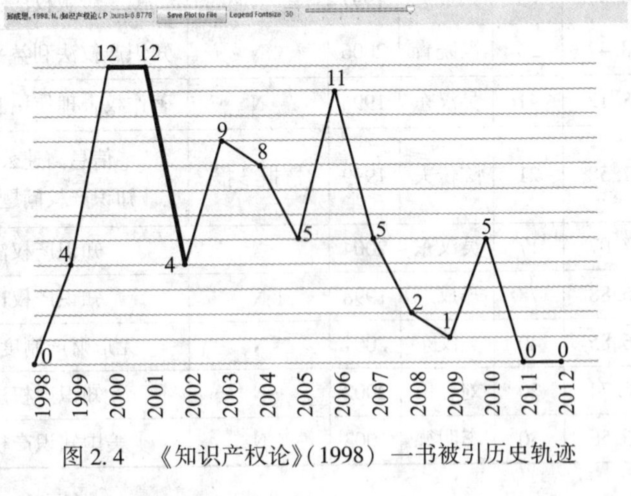

图 2.4　《知识产权论》(1998) 一书被引历史轨迹

在表2.1、表2.2上均有显示的文献还有四本著作，分别是刘春田的《知识产权法》、郑成思的《版权法》、吴汉东的《著作权合理使用制度研究》和《无形财产制度研究》。这些文献共同构成了知识产权研究领域的高被引文献簇，集中反映了我国十余年来知识产权领域的研究成果。

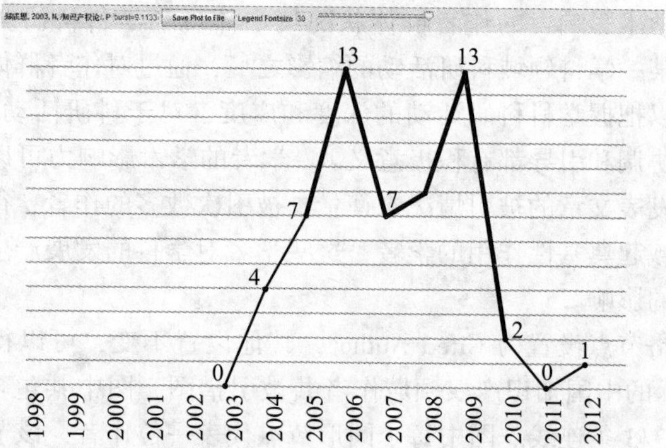

图2.5 《知识产权论》(2003) 一书被引历史轨迹

高突现值文献中唯一的期刊论文来自陈传夫的《信息高速公路知识产权问题探讨》，这篇文章指出信息高速公路建设引起一系列知识产权问题，并对传统知识产权制度产生重大影响，并且着重讨论了数据的网络传输引起的发表权、数字化技术引起的复制权、数据包装技术引起的数据库权、下载与印出引起的版权行使、虚拟图书馆引起的合理使用、全球通信引起的跨国版权问题，以及我国在建立信息高速公路过程中解决知识产权问题的对策①。作为高被引文献中唯一的期刊论文，这篇文章论点明确、论据丰富，信息量很大，而且反映了当时最新的动态和研究热点。

众所周知，期刊论文在传递最新前沿资讯方面有着学术专著不

① 陈传夫：《信息高速公路知识产权问题探讨》，《情报学报》1999年第1期，第63~68页。

可替代的优势，但是根据 CiteSpace Ⅱ 的分析可知，我国知识产权研究领域发表的文献所使用的引文绝大部分来自于学术专著而非期刊论文，这在一定程度上可以反映出同西方发达国家相比，我国知识产权领域的研究还处在一个相对的起步时期，信息更新的速度比较慢，学者们所做的工作集中在知识基础的构建。

3. 重点学者分析

有学术影响力的作者群体状况集中体现了学科科研实践的趋势，是某一学科领域科研活动的缩影之一，通过对作者群体进行研究，可以把握学科科研活动的深度和广度，对于科研活动的管理、组织、协调和引导都有积极意义①。学者的学术影响力可以通过分析其所发表文章的被引情况来衡量。被引次数多的作者，往往是在这一领域起奠基性作用的学者，这些学者对学科的发展产生了根本且深远的影响。

网络节点设置为 Cited Author，其他设置不变，可以得到如图 2.6 所示的中国知识产权领域作者共被引谱图，图中共包含 227 个节点和 343 条连线。图中每个圆形节点代表一位作者，该节点“年轮”的大小和厚度则直观地显示了该作者逐年被引的频次多少。

如图 2.6 所示，较之于其他节点，有两个节点显得特别大，他们所代表的就是法学界素有“北郑南吴”之称的郑成思和吴汉东两位教授。其中代表郑成思的圆形节点远大于其他节点，且带有明显的紫色外环，说明他在我国知识产权研究领域内有着至高的权威性。郑先生生于 1944 年卒于 2006 年，他一生致力于知识产权的研究，2004 年至 2006 年连续三年被英国《知识产权》(MIP) 杂志评为“全球知识产权最具影响力 50 人”之一。郑先生一生著作等身，早在 1979 年，多数人还不知道知识产权概念的时候，郑成思翻译了《各国商标法摘要》，把知识产权制度首次引入中国。1984 年，郑成思出版了国内第一部知识产权专著《知识产权的若干问题》。他翻译出版的《专利法基础》和最先发表的关于专利制度和

① 邱均平、马瑞敏：《基于 CSSCI 的图书馆、情报与档案管理一级学科文献计量评价研究》，《中国图书馆学报》2006 年第 1 期，第 24~29 页。

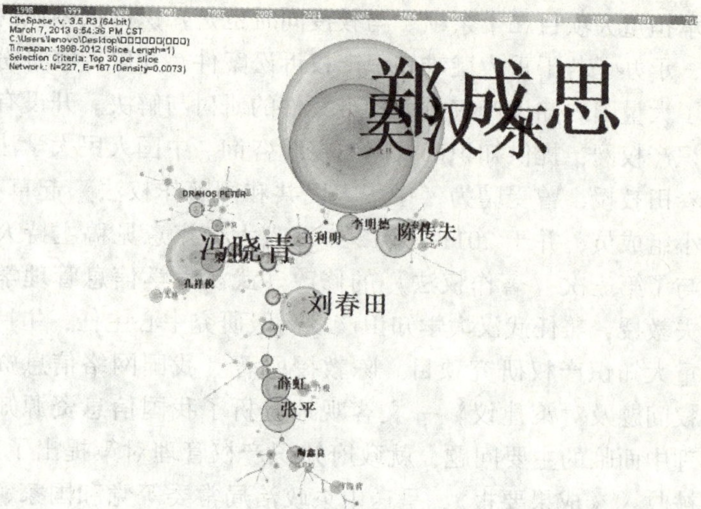

图 2.6　中国知识产权领域作者共被引谱图

商业秘密保护的论文，成为中国第一部专利法的基石。另一位颇具影响力的学者吴汉东，生于 1951 年，现任中南财经政法大学校长兼党委常委。吴教授也曾于 2009 年、2011 年两度荣获“全球知识产权最具影响力 50 人”的称号。时至今日，吴教授已经主持完成 10 多项国家级、省部级课题，出版《著作权合理使用制度研究》、《中国区域著作权制度比较研究》、《无形财产制度研究》等学术专著六部，在《法学研究》、《中国法学》等学术刊物上发表论文 70 余篇。2001 年，中国加入 WTO，吴教授审时度势地指出，“知识产权战略是中国实施可持续发展的战略选择，是中国实施市场竞争的战略重点和对外贸易的战略举措”，是当时最早提出知识产权战略观念的学者之一。

除郑、吴二人外，冯晓青、刘春田、陈传夫在知识产权研究领域内也是知名的学者，具有一定的学术影响力。中国政法大学的冯晓青教授，在从事知识产权法工作的 20 余年，涉足相关教学、研究、实务等各方面。先后著述、编撰并出版个人学术著作或教材共计三十余部，在核心专业刊物上公开发表知识产权研究论文百余篇，承担重大项目二十余项。冯教授同时也是知识产权领域的知名律师，承办了若干重大疑难知识产权诉讼案件，并以专家身份应邀参加了大量国内知识产权重大疑难案件的研讨与解决。开设有冯晓青知识产权网，提供知识产权问题在线咨询。中国人民大学法学院的刘春田教授，曾受聘为《中华人民共和国著作权法》起草小组、修改小组成员，并于 2011—2012 年以人大专家意见稿主持人的身份参与了第三次《著作权法》的修改。武汉大学信息管理学院的陈传夫教授，兼任武汉大学知识产权高级研究中心主任，主持完成多项重大知识产权研究项目。陈教授所著《我国网络信息资源知识产权问题及对策建议》一文客观地分析了我国信息资源知识产权管理中面临的主要问题，就政府知识产权管理对策提出了建议，该文被收入《成果要报》，呈送中央政治局常委等党和国家领导人参阅。

通过对这些学者的知识背景和研究方向进一步分析，我们不难发现，带有不同知识背景的学者在理解和阐释知识产权的相关问题时往往有着不同的侧重点。法学方面的学者强调法律的公平正义在知识产权制度方面的体现；图书情报界的学者更关注信息能否有效地被社会利用，图书馆等情报机构能否有效获取资源并提供给用户使用；经济管理方面的学者更看重如何运用知识产权制度达到知识经济效益最大化。这从侧面说明了知识产权所涉及的学科领域之广，也说明了社会各界对知识产权问题的高度关注。不可否认的是，现今领导知识产权领域研究的主力军仍是法学方面的学者，但随着人类步入数字时代，数字产品、数字信息正在逐步普及，图书情报界在知识产权研究领域的话语权也日渐加重。

4. 重点机构、期刊分析

对研究机构和学术期刊的分析有助于把握研究知识产权相关问题的学术力量集群分布。通过明确该领域的重点机构和重点期刊，并对其发表的研究成果进行分析，可以高效快速地把握国内本领域的发展动态。

网络节点设置为 Institution，其他设置不变，可以得到如图 2. 7 所示的中国知识产权研究机构分布图谱，图中共包含 289 个节点和

17条连线。图中每个圆形节点代表一家机构，节点的大小与其重要性成正比。截取频次最高的10所机构，列为表2.3。

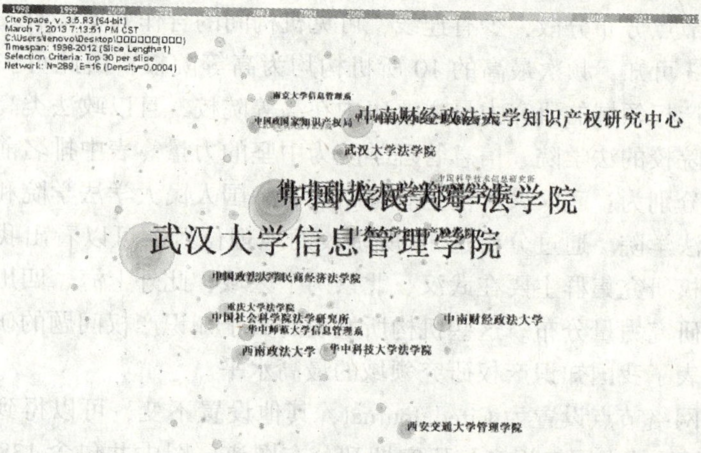

图2.7　中国知识产权研究机构分布

表2.3　中国知识产权研究重点机构

序号	频次	突现值	机构名称
1	94	3.52	武汉大学信息管理学院
2	89	8.26	中国人民大学法学院
3	68	—	北京大学法学院
4	63	6.32	华中科技大学管理学院
5	55	13.31	中南财经政法大学知识产权研究中心
6	34	—	武汉大学法学院
7	32	3.81	上海大学知识产权学院
8	31	—	中南财经政法大学
9	31	—	西南政法大学
10	30	2.28	中国政法大学民商经济法学院

图 2.7 上显示的机构，既有武汉大学、中国人民大学这样的高等院校，也有国家知识产权局这样的政府机构，还有中国社会科学院这样的科研院所，但是极少出现商业机构或民间机构。此外，图谱上节点分布分散，少有连线，可见机构间的合作并不多有。根据表 2.3 可知，频次最高的 10 所机构均为高等院校，由此可知我国知识产权领域的研究力量主要集中在高等院校，且以政法类高校和综合院校的法学院、信息管理学院为中坚的力量。表中排名前三的院校分别为：武汉大学信息管理学院、中国人民大学法学院和北京大学法学院。通过分析这 10 所院校的地理位置，可以看出我国知识产权研究集群主要在武汉、北京两个区域，此外上海、四川等地也有研究力量分布。这些机构所发表的关于知识产权问题的研究成果代表了我国知识产权研究领域的最高水平。

网络节点设置为 Cited Journal，其他设置不变，可以得到如图 2.8 所示的中国知识产权研究期刊分布图谱，图中共包含 138 个节点和 338 条连线。图中每个圆形节点代表一种期刊，节点的大小与其过被引频次成正比，紫色外环凸显中心度高的节点。原数据中被引频次最高的文献来源是学术专著，在本图中该节点设定为不可见。截取被引频次最高的 10 种文献来源，列为表 2.4。

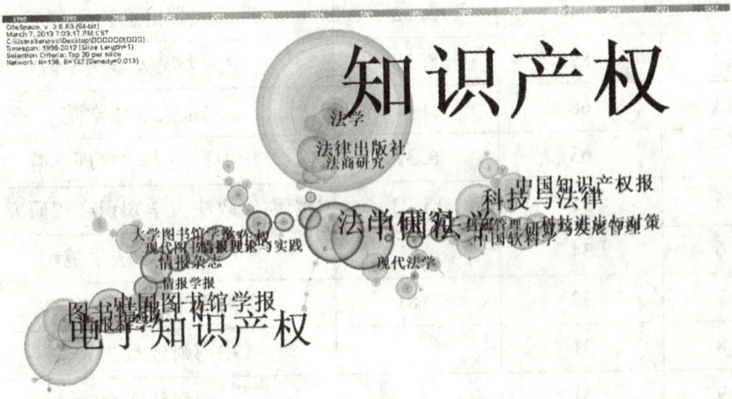

图 2.8　中国知识产权研究期刊分布

表2.4　　中国知识产权研究重点期刊

序号	频次	突现值	中心度	期刊名称
1	2561	—	0.00	N
2	542	5.57	0.00	知识产权
3	268	3.72	0.17	电子知识产权
4	213	10.20	0.74	中国法学
5	193	7.02	0.88	法学研究
6	163	—	0.00	科技与法律
7	154	4.53	0.03	图书情报工作
8	150	12.91	0.34	中国图书馆学报
9	129	6.24	0.05	中国知识产权报
10	123	11.19	0.24	情报科学

图2.8中的来源文献以学术期刊为主，同时也包括少量报纸和出版社。通过分析表2.4中所示的高被引期刊，可以发现我国知识产权领域的研究阵地主要集中在法学和图书情报学两类专业期刊上。其中以《知识产权》和《电子知识产权》两大期刊最为核心。《知识产权》月刊由国家知识产权局主管、中国知识产权研究会主办，是经国家新闻出版总署批准出版的国家级杂志，覆盖专利、商标、版权、商业秘密、数据库保护、国内外知识产权热点评析等方面的内容。《电子知识产权》月刊由工业与信息化部科学技术司主管，信息产业部电子科技情报研究所和信息产业部电子知识产权咨询服务中心主办，主要介绍知识产权法律信息，提供企业知识产权管理工作指导，探讨现实中最新的知识产权问题，交流国内外知识产权理论及司法实践经验。这些学术期刊为高校师生、科研人员、司法工作者、公司企业、代理人、发明人等知识产权领域的研究者提供了交流的平台，建立了信息产业界与知识产权学术界、立法界和司法界之间的桥梁，具有广泛的专业影响，同时为我国知识产权事业的发展起到了良好的理论导向作用，对推动国家和企业开展知

识产权工作起到了积极的作用。

5. 研究热点分析

对于术语演化的分析可以帮助我们更好地分辨某一学科领域的学术研究热点。为展示国内知识产权领域的研究热点术语，在设置界面选择主题词为名词短语（none phrase），网络节点选择关键词（keyword），其他设置不变，运行软件可以生成由共被引文献网络以及由引证文献主题词组成的共词网络，即得到一个由这两个网络共同构成的共被引和共词混合网络图①，如图 2.9 所示，该图包含 166 个节点和 199 条连线。图中每个正方形节点代表一个研究热点，节点的大小代表出现的频次，即该研究热点的受关注度高低。

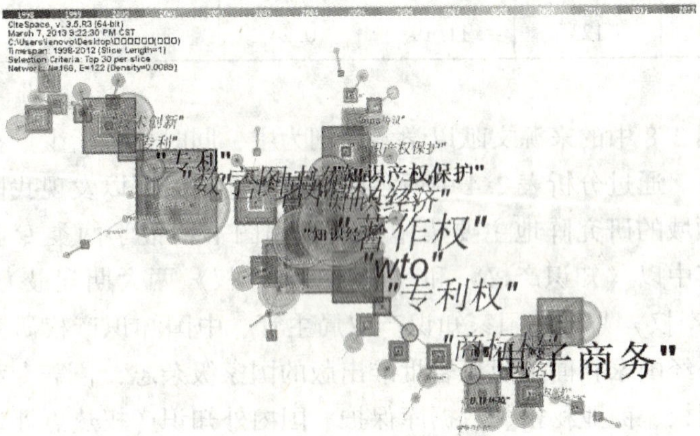

图 2.9　中国知识产权领域热点研究术语及关键词图谱

图中最大的节点是“知识产权”，出现频次为 4745 次，远远大于其他术语的出现频次，但由于所用数据是以“知识产权”为

① 赵蓉英、王菊：《图书馆学知识图谱分析》，《中国图书馆学报》2011 年第 2 期，第 40~50 页。

关键词检索所得，所以该节点并没有太大的实际意义，故而笔者选择在图上不可视该节点，并以中心度为依据对热点研究话题进行排序，截取前十列为表2.5。在可视化知识图谱领域，某个节点的中心性是用来定量描述该节点在整个网络中重要性的图论概念。CiteSpace Ⅱ中间中心性这一概念是常用来进行中心性测度的指标，它是指网络中经过某点并连接这两点的最短路径占这两点之间最短路径线总数之比。中间中心性高的点往往位于连接两个不同聚类的路径上。① 如表2.5所示，中心度较高的研究热点中与经济相关的词汇占据了半壁江山，诸如“知识经济”、“WTO”、“商标权”、“电子商务”等，这说明了知识产权的研究中心很大程度上与经济领域有交叉，知识产权的研究成果很大一部分是为了解决知识产品的经济利益问题。

表2.5　**关键词和研究热点中心度排名**

序号	中心性	频次	关键词	短语
1	0.38	196	著作权	
2	0.36	93	著作权法	
3	0.34	109	WTO	
4	0.34	41	专利权	
5	0.31	41		专利权
6	0.30	176	数字图书馆	
7	0.30	26	合理使用	
8	0.29	54	商标权	
9	0.27	43		电子商务
10	0.26	136	知识经济	

① 陈超美著，陈悦等译：《CiteSpace：科学文献中新趋势与新动态的识别与可视化》，《情报学报》2009年第3期，第401~402页。

CiteSpaceⅡ可以生成强调研究前沿和其知识基础的顺时模式时区视图①。时区视图是由一系列表示时区的条形区域组成，时区按时间顺序从左向右排列，因而知识基础指向研究前沿。在图 2.9 的基础上选择 Time zone，得到如图 2.10 所示时区视图。在图 2.10 中，右上角显示的是一组由最新热点术语和关键词组成的研究前沿，截取近两年引用频次较高且含有实际意义的词，如表 2.6 所示，这些词代表了国内知识产权研究最前沿的热点话题。由图表显示可知，2011 年出现的热点词汇大多与“利益平衡”的研究热点相关，包括“权利限制”、“权利冲突”等，这正是近些年国内知识产权研究领域内备受关注的一个主题，即知识产权保护和公共利益间的利益平衡问题研究。2012 年的热点词汇主要集中在“传统文化”的知识产权保护方面，热点词汇包括“文化遗产”、“文化产业”等。由于现行著作权法尚不能很好地保护传统文化智力成果的知识产权，如何利用行政法规和司法解释来保护民间文艺就成了探讨的热点。除此以外，“专利战略”、“国家知识产权战略”等战略研究也是学者们关注的焦点。

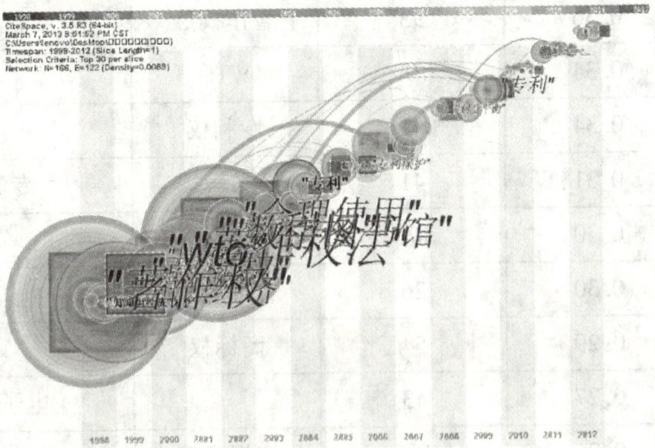

图 2.10　国内信息组织领域研究前沿时区视图

---

① 刘泽渊、陈悦、侯海燕：《科学知识图谱：方法与应用》，人民出版社 2008 年版，第 60~70 页。

表2.6　　研究热点术语表

年份										
年份	2011	频次	32	20	19	17	18	15	10	6
		短语	权利限制	保护	利益平衡	权利限制	质押融资	战略	冲突	法经济学
	2012	频次	27	16	15	12	11	8	7	5
		短语	司法保护	文化产业	侵权	传统文化	地域性	337调查	国际科技合作	ACTA

三、结　语

本文以知识产权为研究对象，利用可视化工具CiteSpace Ⅱ分析了国外近20年和国内近15年来本研究领域的代表文献，以知识图谱的方式分别展示了国内外本研究领域的核心作者、重要文献、研究热点、重要组织机构等信息。通过上述分析，可以对世界范围内知识产权领域这20年来的进展形成较为清晰的认识。

在过去的2012年里，国外有560篇研究知识产权的成果发表，国内也有百余篇相关文献见刊，其中不乏新颖的论点和独到的见解。斯坦福大学法学院（Stanford Law School）的M. A. Lemley教授在2012年共发表了4篇相关文献，他以批判的眼光审视了现行的知识产权制度，重新阐释了“保护”与“共享”这对矛盾，对现行的专利法原理、知识产权法案都提出了自己的新想法。我国更是在2012年对现行著作权法、商标法、专利法进行了新一轮的修订，声势浩大的修法热潮引发了社会各界的广泛关注：吴汉东教授指出本次著作权法修订草案兼具了国际化与本土化，平衡了产业利益与公共利益；冯晓青教授认为专利权法第四次修订旨在提升国家创新能力；张建华司长表示商标法第三次修改将为我国从商标大国向商标强国转变提供法制保障。

纵观近20年来世界各国知识产权的研究发展历程，我们不难发现，在这个学科中永远不乏新人物、新事件、新观点，正所谓“流水不腐，户枢不蠹”，我们有理由坚信知识产权领域的研究发展仍有着广阔的空间，等待着新一代的探索者开拓进取。

参考文献

[1]吴汉东：《关于知识产权基本制度的经济学思考》，《法学》2000年第4期。

[2]Ronying Zhao，Ju Wang. Visualizing the research on pervasive and ubiquitous computing[J]. Scientometrics，2011：593-612.

[3] Chen，C. M. CiteSpace Ⅱ II：Detecting and visualizing emerging trends and transient patterns in scientific literature[J]. Journal of the American Society for Information Science and Technology，2006，57：359-377.

[4]Heller M. A.，Eisenberg R. S. Can Patents Deter Innovation? The Anticommons in Biomedical Research[J]. Science，1998，(1)：698-701.

[5]Heller M. A. Tragedy of the Anticommons，Property in the Transition From Marx to Markets[C]. Working Paper No. 40，the Davison Institute Research Workshop on the Economics of Transition，1997，6.

[6]Levin R. C，Klevorick A. K，Nelson R. R，Winter S. G. Appropriating the returns from industrial research and development[J]. Brookings Paper on Economic Activity，1987，(3).

[7]安佰生·洛下墨点：《关于知识产权保护制度与竞争政策关系的争论》，《经济理论与经济管理》2008年第2期。

[8]Grossman G.，Hhlpman E. Innovation and Growth in the Global Economy[M]. MIT Press，1993.

[9]Teece. D. J. Profiting from Technological Innovation：Implications for Integration，Collaboration，Licensing and Public Policy[J].

Research Policy，1986，15(6)：285-305.

[10]Hall. B. H，Jaffe. A，Trajtenberg. M. The NBER patent citation data file：Lessons，insights and methodological tools［M］. MIT Press，2001.

[11]耿正萍：《核心期刊概念的演变与作用》，《煤炭高等教育》2008 年第 1 期。

[12]Research Policy［EB/OL］.［2013-2-3］. http：//www. journals. elsevier. com/research-policy/.

[13]李名家、杨俊：《美国和日本搞笑知识产权战略研究》，《武汉大学学报（哲学社会科学版）》2005 年第 6 期。

[14]孙玉芸：《美国知识产权战略的实施及其启示》，《经济与法》2011 年第 2 期。

[15]王璐：《知识产权在美国经济中扮演了重要角色》，《中国知识产权报》2012 年第 12 期。

[16]杨中楷：《基于专利计量的专利制度功能分析》，大连理工大学博士论文 2007 年。

[17]赵蓉英、刘红红：《基于 CSSCI 的中国知识产权的可视化研究》，《图书馆杂志》2012 年第 10 期。

[18]陈传夫：《信息高速公路知识产权问题探讨》，《情报学报》1999 年第 1 期。

[19]邱均平、马瑞敏：《基于 CSSCI 的图书馆、情报与档案管理一级学科文献计量评价研究》，《中国图书馆学报》2006 年第 1 期。

[20]百度百科：《郑成思》，http：//baike. baidu. com/view/104028. htm. 访问于 2013-02-14。

[21]百度百科：《吴汉东》，http：//baike. baidu. com/view/123408. htm. 访问于 2013-02-14。

[22]《个人简介》，http：//fengxiaoqingip. com/xuezhefengcai/20120912/8865. html. 访问于 2013-02-14。

[23]赵蓉英、王菊：《图书馆学知识图谱分析》，《中国图书馆学

报》2011 年第 2 期。
[24] 陈超美著，陈悦等译：《CiteSpace：科学文献中新趋势与新动态的识别与可视化》，《情报学报》2009 年第 3 期。
[25] 刘泽渊、陈悦、侯海燕：《科学知识图谱：方法与应用》，人民出版社 2008 年版，第 60~70 页。

国际民事诉讼法学的热点与前沿

武汉大学法学院　何其生　田新月

近年来，跨国民商事争议频繁，而作为对于实体问题有着重要影响的域外取证问题，更是国际社会学者们关注的热点和焦点。本文限于篇幅，主要针对国际民事诉讼中的域外取证问题,① 尤其是1972年《关于从国外调取民事或商事证据公约》(Convention on the Taking of Evidence Abroad in Civil and Commercial Matters，以下简称《海牙取证公约》或公约）和电子取证问题，对外国相关的研究、最新的立法与司法实践进行追踪和讨论。

从1972年《海牙取证公约》生效以来，作为域外取证方面缔约国最多的国际公约，它在协调各国在国际民事诉讼中的域外取证中发挥了重要作用，但公约自身还存在一些不足，诸如在优先适用和对于审前证据开示制度的保留条款等方面。另外，近年来随着计算机和互联网技术的发展，大量的数据通过电子方式储存和传播。各国为了保护本国公民的个人信息安全，对个人数据保护进行了立法，现今最重要的是欧盟1995年颁布的95/46/EC指令，它对域外取证进行了种种限制。本文在主要对以上两个方面的文献和案例进行了整理归纳，并对欧盟2012年新的数据保护法草案做了简洁的讨论。

---

①　作者在2008年和2011年的《国际民事诉讼法学的热点与前沿》中分别讨论了国际民事诉讼的管辖权、外国法院判决的承认与执行问题。

一、《海牙取证公约》的适用

《海牙取证公约》是目前解决国际民商事诉讼中域外取证问题的重要公约。① 正如公约正文中所述，公约订立的目的在于“便利请求书的转递和执行，并促进他们为此目的而采取的不同方法的协调，希望增进相互间在民事或商事方面的司法合作。”为了尽可能使更多的国家签署并适用该公约，公约需要解决的首要问题便是普通法系与大陆法系在取证程序上的分歧，搭建两大法系国家在域外取证中的桥梁。为了融合两大法系中不同的取证程序，公约规定了三种取证方式：（1）请求书；（2）外交官员、领事代表取证；（3）特派员取证。② 基于公约第 33 条③的规定，缔约国可以对其中的外交官员、领事代表取证和特派员取证这两种方式作出保留。同时，公约第 23 条规定缔约国可以对审判前文件调查作出保留。④ 由于审前证据开示和特派员取证是英美法系国家传统的取证方式，这一保留规定使英美法系国家的法院在适用公约时常有所顾虑。在某些国际民商事案件中，他们更倾向于适用国内法规定的取证程序。虽此做法违反了公约订立之初的目的，有可能损害外国当事人的利益，但法院也给出了一些适用理由。不管这些理由是否充分，近些年的实践中确实暴露了公约本身的局限性。

---

① 《海牙取证公约》是由海牙国际私法会议的成员国于 1967 年至 1968 年谈判，并于 1970 年 3 月 18 日开放签字的。该公约于 1972 年生效，截至 2013 年 4 月，已有 57 个国家签署了该公约。中国于 1991 年 12 月 1 日签署了该公约，自 1992 年 1 月 1 日起生效。数据来源于海牙国际私法会议网站：http：//www. hcch. net/index_en. php? act = conventions. status&cid = 82，2013 年 3 月 30 日。

② 分别规定在公约第 1~14 条，第 15~16 条，第 17 条。

③ 公约第 33 条规定，一国可在签署、批准或加入公约时，部分或全部排除第 4 条第 2 款和第 2 章的规定的适用。不允许作其他保留。缔约国可随时撤回其保留；保留自撤回通知后第 60 日起失去效力。如果一国作出保留，受其影响的任何其他国家可以对保留国适用相同的规则。

④ 公约第 23 条规定，缔约国可在签署、批准或加入时声明，不执行普通法国家的旨在进行审判前文件调查的请求书。

（一）公约的优先强制适用问题

公约并没有明文规定自身的强制适用，或迫使缔约国改变自己的取证程序而优先适用公约的问题。这就使各国在公约是否优先适用的问题上有所分歧。

1. 美国的个案衡平方法

1978 年，在 Societe Nationale Industrielle Aerospatiale v. U. S. Dist. Court for Southern Dist. of Iowa 案①中，美国联邦最高法院认为，海牙取证公约并不具有排他（exclusive）和强制（mandatory）适用的效力。相对于美国国内的联邦民事诉讼规则而言，仅仅是提供了可供选择的另一种途径，因此不要求当事人在适用联邦民事诉讼规则之前必须遵循公约规定的程序。法院在决定适用公约或者国内的民事程序规则时，应当采取个案衡平的分析方法，仔细审查案情、国家主权利益和适用公约是否更有助于提高效率。法院应当参考《美国第三次对外关系法重述》中 5 个方面的因素进行考量：（1）诉讼中所请求信息的重要性；（2）请求的特殊程度；（3）信息是否来源于美国；（4）适用替代手段已获取该信息的可行性；（5）因不履行该请求而对美国国家利益造成损害的程度，和因履行该请求而对信息所在国的国家利益造成损害的程度。② 但是当证据来源于一方当事人时，公约应当适用。③ 虽然障碍性立法并不影响美国法院的管辖权，但是法院应当将外国立法作为审查国家主权的一个方面来考量。

2. 对个案衡平法的批判

从该案判决作出之日起，针对联邦最高法院决定的反对之声就此起彼伏。首先是判决书中以 Blackmun 法官为代表的四名法官的

---

① Societe Nationale Industrielle Aerospatiale v. U. S. Dist. Court for Southern Dist. of Iowa, 482 U. S. 522 (1987).

② Restatement of Foreign Relations Law of the United States §442.

③ 海牙证据公约未根据来源对证据作出区分，即不论证据来自第三方或者当事人，公约均可适用，虽然公约并不被强制适用，但是如果当证据来自诉讼当事人，法院通行的做法是适用公约。参见：S. E. C. v. Stanford Int'l Bank, Ltd., 776 F. Supp. 2d 323 (N. D. Tex. 2011); 482 U. S. 541.

反对意见。Blackmun 法官认为法院没有采取一刀切的态度是正确的，即不将公约适用于所有的案件，但涉及缔约国的取证应当适用公约。原因在于，个案衡平的分析方法实际上是以国际礼让原则作为分析方法，而国际礼让原则的核心问题是国家利益的真实冲突，即本国利益，对方国家利益和其他国家在国际社会中享有的利益，要求法官在这三种利益之间进行权衡。而当国家之间已经签订公约，就意味着实际的利益冲突已经通过公约消除。公约在签订之时已经对以上三种利益关系进行了考量，没有必要再一次使用国际礼让原则进行权衡，应当直接适用公约。① 但是他反对将个案衡量的权力留给地方法院，因为这些法院在衡量美国与外国利益时常常缺乏经验。作为替代方案，他主张优先适用公约的取证程序。原因在于地方法院会更倾向于适用熟悉的联邦民事程序规则，客观上绕开了公约，违背了当初公约订立的目的。② Blackmun 的推断是正确的，因为在该案之后的案件中，地方法院使用个案衡平的方法所得出的结论均是：适用联邦民事程序规则相比于适用公约会更高效。③ 在案件的证人是当事人以外的第三人时，法官也并没有优先适用公约。巡回法院也支持了此种判决，认为美国的国家利益比外国执行其保密法的利益更为重要。④

近些年学者在回顾域外取证的判例时，对该案的判决大多持反对态度，但同时也认为公约中的措辞不够清晰。比如 Nafziger 教授曾指出："公约的措辞不很清晰。实际上，有些用词是很糟糕的，没有给法官和律师提供指导。Aérospatiale 案件的法官对待公约中所规定的取证程序如同公约中的措辞一样，采取了宽松的态度。法院强调公约中多次出现的'可能'一词，而不是'必须'、'应当'，用以反驳公约的强制适用。根据公约的目的和词语出现的上下文，法院的这种解释是有问题的。法院在该案中狭隘的观点并不

---

① Aerospatiale v. U. S. Dist. Court, 482 U. S. 556.

② E. E. O. C. v. Texas Industries, Inc., 782 F2d 548 (1986).

③ In re Aircrash Disaster Near Roselawn, 172 F. R. D. 308 (1997).

④ First American Corp. v. Price Waterhouse LLP, 154 F. 3d 22 (1998).

是源于普遍的单边主义或对国际法或者外国法的怀疑态度，而是对于国内法程序对实现实体正义的过度自信。在一些案件中所存在的潜在的取证障碍，可能导致空难、反垄断诉讼、证券欺诈等案件的受害者得不到赔偿。"①

美国联邦最高法院并没有将该案的判决适用于调取用于证明管辖权证据的程序（jurisdictional discovery），仅仅适用于诉讼实体争议有关的证据调取程序（Merits discovery）。一些地方法院扩大了个案衡平的适用范围，在调取用于证明管辖权证据的程序阶段，也适用了个案衡平的方法。并且，在个案衡平的过程中认为，确定属人管辖权这一过程并不涉及国家主权利益，仅仅涉及的是个人自由②，不必由于国家主权的考量而适用《海牙取证规则》，况且适用公约可能造成迟延以至于无法确立管辖权。法院的这种判决遭到了学者的驳斥：在没有确立属人管辖权之前，法院没有权利自由裁量取证程序所应依据的法律，并且取证程序也直接涉及国家主权利益。③

个案衡平的方法中最主要考虑的是国际礼让原则。④而"国际

① James A. R. Nafziger, Another Look at the Hague Evidence Convention after Aérospatiale, Texas International Law Journal, 2003, 38: 105.

② 持此种观点的法官认为，对国家管辖权的限制来源于"正当程序条款"(Due Process Clause)，是为了给当事人减轻诉讼负担，是当事人的一项权利。作为确立属人管辖权的"最小联系"要素是可以被当事人放弃的，即使不具备"最小联系"但当事人仍然可以提起诉讼。而作为"主权"是不可以被放弃的。因此只能将"属人管辖"仅仅看做当事人的自由，与国家主权无关。参见：Insurance Corp. of Ireland, Ltd. v. Compagnie des Bauxites de Guinee, 456 U.S. 703 (1982).

③ Gilchrist, Kathleen Braun, Rethinking Jurisdictional Discovery under the Hague Evidence Convention, Vanderbilt Journal of Transnational Law, 2011, 44: 176-177.

④ 该案中法官认为国际礼让应当包含以下5个方面：（1）美国的主权利益；（2）相关外国的主权利益；（3）借助公约进行有效取证的可能性；（4）所需证据开示命令是否过于宽泛和具有干扰性；（5）外国当事人在回应美国证据开示命令方面遇到的特殊困难。

礼让”这一原则本身就存在争议，甚至有学者指出国际礼让的模糊性超过了它的实用性。① 也有学者认为，法院在考量各因素时，外国当事人的利益所占的比重过少，导致会更多的适用美国国内法。② 更激烈的批评观点认为，采用武断的方式达到适用本国法的目的，是对其他国家的冒犯。③ Cohan 教授认为，这仅仅是扔给地方法院一些考虑的因素，却未提供任何指导，地方法院认为这完全是一项“荒唐”(ridiculous)、“本质上难以完成的”(inherently unworkable) 的任务。④

3. 公约优先适用的优势与不足

然而，并不是所有的美国州法院都实施个案衡平的方法。新泽西州的法院实际上在判决中已经优先适用《海牙取证公约》,⑤ 这一做法也得到了海牙国际私法会议的肯定。该州的法院认为“适用《海牙取证公约》是在经济全球化形势下多元化的诉讼解决方式之一。”⑥

在美国，有不少学者主张应当优先适用《海牙证据公约》。他们认为法院目前倾向于适用美国国内法的原因在于对公约取证程序的不熟悉，而过多地担心适用公约会影响到诉讼的效率。而这一状

① Molly Warner Lien, The Cooperative and Integrative Models of International Judicial Comity: Two Illustrations Using Transnational Discovery and Breard Scenarios, Catholic University Law Review, 2001, 50: 593.

② Patrick J. Borchers, Incredible Shrinking Hague Evidence Convention, Texas International Law Journal, 2003, 38: 82.

③ Russell J. Weintraub, The Need for Awareness of International Standards When Construing Multilateral Conventions: The Arbitration, Evidence, and Service Conventions, Texas International Law Journal, 1993, 28: 477.

④ Keith Y. Cohan, The Need for a Refined Balancing Approach When American Discovery Orders Demand the Violation of Foreign Law, Texas Law Review, 2009, 87: 1025.

⑤ 例如，Husa v. Laboratoires Servier SA, 740 A. 2d 1092 (1999); Vincent v. Ateliers de la Motobecane, S. A., 475 A. 2d 686 (1984); cf Moake v. Source Int'l. Corp., 623 A. 2d 263 (1993).

⑥ Husa v. Laboratoires Servier SA, 740 A. 2d 1096 (1999).

况会随着对公约更多的适用得到改善。① 虽然我们可以期冀于未来《海牙证据公约》的适用会更加的高效，然而现实情况下对于诉讼效率的担心是合理的。如前文所述，公约规定了三种取证方式，而缔约国可以对其中的外交官员、领事代表取证和特派员取证这两种方式作出保留，同时可以声明不执行普通法国家的旨在进行审判前文件调查的请求书。如果缔约国对外交领事方式和特派员方式的取证都做出了保留，则当事人仅能选择请求书一种方式，这势必会影响到取证的效率。目前 57 个缔约国中有 42 个国家对 23 条作出了保留，占大约 70%，22 个国家对 33 条作出了保留，占大约 40%，15 个国家同时对公约第 23 条和第 33 条做出了保留，其中 4 个国家完全排除了这两条的适用（阿根廷、保加利亚、斯里兰卡和土耳其）。② 然而公约第 23 条仅仅针对文件的提取，并不禁止非正式的询问和正式的取证申请，所以这只会影响到一部分的效率。③

另外，有学者还指出，在确定管辖权的取证阶段，由于公约第 11 条对公民隐私保护的条款④可能会导致取证困难，从而难以查明管辖权。然而这种担心是不必要的，因为确定管辖权仅仅需要案件与美国的“最低联系”，极少会涉及外国公民的隐私。⑤

当然在多数支持优先适用公约的呼声中，也有反对和质疑的声音。在大多数法院采用个案衡平的方法来决定是否适用公约或者国内法的情形下，少数法院优先适用公约，无疑会影响判决的一致

---

① Patrick J. Borchers, Incredible Shrinking Hague Evidence Convention, Texas International Law Journal, 2003, 38: 84.

② 数据来源于海牙国际私法会议网站 http: //www. hcch. net/index_en. php? act=conventions. statusprint&cid=82, 2013 年 4 月 16 日访问。

③ Arospatiale, 482 U. S. 563 (1987).

④ 公约第 11 条规定在请求书的执行过程中，在下列情况下有拒绝作证的特权或义务的有关人员，可以拒绝提供证据：（一）根据执行国法律，或（二）根据请求国法律，并且该项特权或义务已在请求书中列明，或应被请求机关的要求，已经请求机关另行确认。此外，缔约国可以声明在声明指定的范围内，尊重请求国和执行国以外的其他国家法律规定的特权或义务。

⑤ Gilchrist, Kathleen Braun, Rethinking Jurisdictional Discovery under the Hague Evidence Convention, Vanderbilt Journal of Transnational Law, 2011, 44: 177.

性。在大部分的案件中，能否提取到证据直接决定诉讼的成败，当事人因此会选择对自己更有利的取证程序，客观上导致“挑选法院”的情形。另外，优先适用公约会损害取证程序的灵活性，当事人难以绕过公约第 23 条和第 33 条的保留条款，从而导致取证困难。① 美国联邦民事诉讼规则第 26 条对证据的范围规定很宽泛，当事人可以搜集与案件相关的任何资料，即使在后来的诉讼中并没有当做证据使用。

实际上，在 Aérospatiale 之前相关适用《海牙证据公约》的案件中，就有由于公约对隐私保护的规定而造成取证失败。在 Societe Internationale v. Rogers 案②中，原告瑞士公司被要求披露其银行记录，而原告提出这种信息披露是违反瑞士刑法的。美国法院指定了一名特派员（special master）来决定原告的理由是否有正当理由。最终特派员判定确定存在正当的免责理由。原告得以免于提供证据的责任。瑞士国内法规定的刑事处罚构成免除责任的正当理由。③ 此后类似于瑞士刑法的此种障碍性立法（blocking statutes）被当做取证程序适用中应当考虑的因素之一。这也潜在推动了其他国家针对美国取证程序的障碍性立法。

（二）公约与审前证据开示

公约第 23 条规定的审前证据开示是英美法系取证的重要制度，但因为在大陆法系中并不存在此制度，公约允许缔约国对此项作出保留。由于公约中未对“诉前”（pre-trail）作出解释，导致大陆法系和英美法系国家对此理解的分歧。美国就常常抱怨对第 23 条的保留对其利益造成了不公的损害。有些国家的声明禁止一切英美法系的取证，比如法国和德国，而有些则限制其适用，比如英国。第 23 条对文件取证的限制和各国对其做出的复杂的保留，证明该条

---

① Kutac, Matthew B., Reallocating the Burden of Persuasion under the Aerospatiale Approach to Transnational Discovery, Review of Litigation, 2005, 24: 196.

② 357 U.S. 197 (1958).

③ Id. at111-212.

是不完善的。① 2003年海牙国际私法会议曾做过一次问卷调查，调查显示不少国家对于“诉前”解释为向法院提出诉讼请求之前，而非法院作出判决以前。这导致绝大部分国家在加入公约时对第23条作出保留。② 海牙国际私法会议也允许各国对第23条的保留作出限制。③

（三）《海牙取证公约》的革新

面对《海牙取证公约》在实施过程中各种限制，学者们从各个方面对修改海牙公约，或者在公约以外寻求其他取证方式提出了建议。

1. 建立最低数据保护标准

公约目前并没有有关电子数据证据取证的规定，导致面临电子取证时各国法院直接适用本国程序法，在遇到他国障碍立法时往往无法成功取证。这可以从一个方面减少缔约国对隐私保护的担心，对第23条的保留作出限制甚至撤回保留。Stanley W. Crosley 曾经建议在一系列的“修正案”中加入示范合同、对数据持有者的通知、禁止令和任命特别取证专员等条款，以与欧盟的规定相适应。④ Moze Cowper 则建议使用灵活的方式，对于较为敏感的信息适用严格的取证请求，而对于一般信息则使用较为宽松的取证请求。⑤ 采取这种修正案的方式可以降低各国制定障碍性立法的需

---

① James A. R. Nafziger, Another Look at the Hague Evidence Convention after Aérospatiale, Texas International Law Journal, 2003, 38: 108.

② Conclusions and Recommendations Adopted by the Special Commission on the Practical Operation of the Hague Apostille, Evidence and Service Conventions (28 October to 4 November 2003), Article 31.

③ Caylor, Marissa L. P., 3 Modernizing the Hague Evidence Convention: A Proposed Solution to Cross-Border Discovery Conflicts during Civil and Commercial Litigation, Boston University International Law Journal, 2010, 28: 377.

④ Stanley W. Crosley, A Path to Resolving European Data Protection Concerns With U. S. Discovery, Privacy & Security Law, 2007, 06: 5-6.

⑤ Moze Cowper & Amor Esteban, E-Discovery, Privacy, and the Transfer of Data Across Borders: Proposed Solutions for Cutting the Gordian Knot, Sedona Conference Journal, 2009, 10: 274.

求，协调电子取证中各国法律之间的矛盾。

2. 鼓励缔约国之间的双边协议

各国之间签订的双边协议可以在公约以外建立更多的取证方式，也可以对公约中的保留条款作出限制。① 更重要的是，协议可以加快取证程序，降低取证成本，拓展更好的取证程序，在更为具体的事项上达成协议。②

二、电子取证

随着电子科学技术的发展，越来越多的数据是以电子信息的方式存储的。③ 由于电子数据的流动性更强，并且多涉及个人隐私，对于电子信息的域外取证（E-Discovery）各国都制定了不同于传统域外取证的法律，对电子数据进行特殊保护，其中包括欧盟及其成员国的立法。

（一）欧盟 95/46/EC 指令与域外取证

1995 年欧洲理事会和欧洲议会通过了旨在保护个人信息 95/46/EC 指令（以下简称指令），④ 各成员国通过制定国内法来实施

① 《海牙取证公约》第 27 条。

② Marissa L. P. Caylor, Modernizing the Hague Evidence Convention: A Proposed Solution to Cross-Border Discovery Conflicts during Civil and Commercial Litigation, Boston University International Law Journal, 2010, 28: 375.

③ 包括各种类型的电子存储信息，如电子邮件、word 文件、电子数据表格，以及各种类型的 ESI 系统，如电子邮件服务器、文件服务器和数据库系统。参见郭玉军：《美国与欧盟国家域外取证领域的冲突机器解决》，《河北法学》2011 年第 29 卷第 4 期，第 25 页。

④ Directive 95/46/EC of the European Parliament and of the Council of 24 October 1995 on the protection of individuals with regard to the processing of personal data and on the free movement of such data, O. J. L 281/31 (1995).

该指令,① 指令对位于欧盟境内的电子数据向境外转移作出了严格的限制，成为非欧盟成员国取证的重大障碍。即便如此，各国在近些年的实践中仍旧不断探索取证途径，其中包括利用指令本身规定的例外情形和利用《海牙取证公约》的路径绕开指令。

指令第1条规定“依照本指令，成员国应保护自然人的基本权利和自由，尤其对个人数据隐私的处理。”“个人数据”(personal data)，包括有关某个自然人的物理、生理、心理、经济、文化或者社会身份等方面的信息。② 其中有关种族、政治观点、宗教或者哲学信仰、工会成员、健康或者性生活的信息受到特别保护。③ 该指令将“搜集数据”界定为“所有与个人数据有关的行为”，包括搜集、记录、整理、存储、转化、恢复、询问、使用、公开、散播等行为。④

指令第25条第1款禁止成员国向欧盟以外的国家提供数据，除非数据获取国满足“足够程度的保护”(an adequate level of protection）这一条件。第2款规定了用来衡量是否“足够”的条件，包括数据的性质、来源国、接收国、第三国国内法有关安全措施的规定。欧盟理事会有权决定是否满足条件，如果认定不满足，则成员国有权采取任何方式阻止数据的转移。⑤ 在指令第26条第1款中，规定了例外情形，包括（1）证据持有人的同意；(2）基于法律请求；（3）证据得到足够程度的保护。满足以上三项条件之一，电子数据才被允许转移出欧盟境外，并且欧盟对这三项例外都

① 各成员国的立法例如：Bundesdatenschutzgesetz（德国），The Act on Processing of Personal Data（Act No. 429）of 31 May 2000（丹麦），Tutela delle persone e di altri soggetti rispetto al trattamento dei dati personali（意大利），houdende regels inzake de bescherming van persoonsgegevens（荷兰）。各成员国立法情况参见：http：//ec. europa. eu/justice/data-protection/law/status-implementation/index _en. htm.

② 指令第2条（a）。

③ 指令第8条（1）。

④ 指令第2条（b）。

⑤ 指令第25条（6）。

作出了严格的规定。

1. 证据持有人的同意

同意的形式是证据获取方与证据提供方签订协议，协议必须满足指令规定的条件，即保护个人的知情权和求偿权。① 根据欧盟的解释：（1）“同意”必须是针对每一个提供的数据，而不是概括的同意；（2）同意不可以“推断”的方式作出；② 另外，数据提供者可以随时撤回同意。③ 上述要求受到来自欧盟以外国家的反对，认为这些要求增加了取证成功与否的不确定性。④ 美国联邦第二巡回法院甚至认为以这种方式从第三方获取证据过于局限，以至于它几乎不能作为获取证据的方式。⑤

除此之外，合同必须满足指令规定的条件，即保护个人的知情权和求偿权。欧盟理事会为了保证合同达到此标准，发布了具有指导作用的示范合同。⑥ 示范合同为取证双方提供了便利，并且在采用示范合同的情况下，成员国无权阻止数据调取程序。⑦ 而美国商务部却强烈抵制欧盟理事会公布的示范合同，认为合同中的要求比

① Directive 95/46/EC, Article 26 (1) (a).

② Working Party, Working Document on a Common Interpretation of Article 26 (1) of Directive 95/46/EC of 24 Oct. 1995, 2093/05/EN, WP 144, p. 9.

③ Id. at10-11.

④ Benjamin L. Klein, Trust, Respect, and Cooperation May Keep Us Out of Jail: A Practical Guide to Navigating the European Union Privacy Directive's Restrictions on American Discovery Procedure, Georgetown Journal of Legal Ethics, 2012, 25: 636.

⑤ United States v. Vetco, Inc.. 691 F. 2d 1290 (1981).

⑥ Commission Decide of 5 February 2010 on standard contractual clauses for the transfer of personal data to processors established in third countries under Directive 95/46/EC of the European Parliament and of the Council, OJ L 59 /005 (2010), http: //eur-lex. europa. eu/LexUriServ/LexUriServ. do? uri = OJ: L: 2010: 039: 0005: 0018: EN: PDF.

⑦ 根据指令第 26 条第 2 款，成员国可以要求取证双方提交合同的备份文本，并且有权最终决定是否提交数据。在双方采用示范合同时，成员国仍然可以要求提交备份文本，但无权阻止提交数据。

指令中的要求更为严格，这对于美国当事人是不公平的。特别是中小企业，它们在复杂的国际合同谈判方面没有经验，采用欧盟理事会公布的示范合同会增加它们的取证难度。美国商务部还认为，欧盟严格的立法使美国公司不得不遵从欧盟指令的规定，以获取数据，这就相当于欧盟自动地在取证程序上获得了立法管辖权，强制美国公司接受更高的数据保护标准。作为替代方案，美国希望建立一个安全港机制（safe harbor arrangements）以避免适用示范合同。①

2. 基于法律请求

如果证据的提取是出于重要的公共利益的理由，或为法庭起诉或者辩护提供依据，可以作为例外情形允许数据流出。② 这看似刚好符合域外取证的情形，而实际并非如此。请求所依据的法律是欧盟成员国的法律而不是法院地法，即只有法律请求是根据欧盟成员国的法律提出时，电子证据才可以被调取。③ 这就使得外国诉讼中的当事人很难满足这一条件，除非调取这个证据的请求既符合法院地的程序法，也同时满足欧盟法的要求。此时《海牙取证公约》就提供了便利，如果证据所在国是公约的缔约国，公约是其国内法的一部分，因此，依照公约中规定的取证程序进行，将被看做“基于法律请求”的。如果该欧盟成员国对公约第 23 条作出了保留，审判前文件调查就不在适用范围内，除非证据持有人通过提交证据可以获得有关指令第 1 条第 1 款规定的基本权利和自由方面更多的利益。④

3. 证据得到足够程度的保护

指令第 25 条规定，理事会有权决定哪些国家是符合欧盟的

---

① DiLascio, Tracey, How Safe Is the Safe Harbor-U. S. and E. U. Data Privacy Law and the Enforcement of the FTC's Safe Harbor Program, Boston University International Law Journal, 2004, 22: 414.

② Directive 95/46/EC, Article 26 (1) (d).

③ Working Document 1/2009 on pre-trial discovery for cross border civil litigation, 00339/09/EN WP 158, p. 9.

④ 指令第 7 条（f）。

“足够”程度保护的标准的。根据指令第 29 条，欧盟设立了工作小组，它是一个独立的机构，由成员国指定的代表组成。指令第 30 条授权工作小组以下权力：解释有关指令实施过程中的任何问题；对成员国和非成员国的数据保护措施进行评级；就修改指令和实施指令的具体措施向委员会提出建议。工作小组对世界各国的数据保护情况作出评估后，认为一部分国家的保护措施达到了欧盟所要求的标准，并向理事会提交了建议书。欧洲理事会采纳了建议书，确认一批非欧盟成员国获取证据的资格，即为这些国家的诉讼提供证据被认为是满足这一条件的。① 欧盟也为未被列入名单的国家提供了解决方案，即安全港计划（Safe Harbor Framework）。②

毫无疑问，指令对于个人电子数据的保护是相当严格的，即使第 26 条规定了三种例外情形为非欧盟成员国调取电子数据提供了可能性，然而其苛刻的使用条件使他国只能望梅止渴。这并非欧盟立法上的疏漏，而是有意为之。正如工作小组对第 26 条第 1 款的解释中所述，“例外规定只适用于数量有限的向提供足够保护的第三国转移数据的情况”，③“作出严格限制的目的是为了减轻当事人的风险”④。此外，指令允许成员国在其国内法中排除例外情形的

① 这些国家包括安道尔、阿根廷、澳大利亚、加拿大、瑞士、法罗群岛、根西岛、以色列、马恩岛和泽西岛。资料来源网站：http：//ec. europa. eu/justice/data-protection/document/international-transfers/adequacy/index_en. htm，2013 年 4 月 15 日访问。

② 资料来源于 http：//export. gov/safeharbor/eu/eg_main_018493. asp，2013 年 4 月 15 日访问。

③ Working Party，Working Document on Transfers of Personal Data to Third Countries：Applying Article 25 & 26 of the EU Data Protection Directive，DG XV D/5025/98 WP 12，p. 24.

④ Working Party，Working Document on Transfers of Personal Data to Third Countries：Applying Article 25 & 26 of the EU Data Protection Directive，DG XV D/5025/98 WP 12，p. 24

适用。① 举重以明轻，各成员国也可以在其国内法中规定比指令更为严苛的条件。例如，德国《联邦数据保护法》(Bundesdatenschutzgesetz, BDSG)② 分别在第4条C款、第14条、第28条规定了转移情形的例外（transfer exceptions）和提供目的的例外（purpose exceptions），两项例外必须同时满足才可能从德国调取电子数据。前述“证据持有人的同意”③ 和“基于法律请求”④ 是同时满足德国法中的两项例外的，这与指令无异。而指令中规定的第三项例外即“证据得到足够程度的保护”仅仅满足“转移情形的例外”，还需要证明“证据提供方享有利益”。⑤ 所有这些规定的目的在于保证指令的正常实施不被例外情形所破坏。⑥

（二）美国的电子数据保护与域外取证

与欧盟执行严格的隐私保护标准相反，美国奉行的是市场调节和行业自律。对于欧洲人而言，隐私是与尊严相联系的；而对于美国人而言。隐私是与自由相联系的。⑦ 欧洲人认为对隐私的保护就是保护一个人的尊严和受到尊重的权利。就像前国际货币基金组织前主席卡恩在还未来得及为自己的强奸罪刑辩护之前，就戴着手

---

① Working Party, Working Document on Transfers of Personal Data to Third Countries: Applying Article 25 & 26 of the EU Data Protection Directive, DG XV D/5025/98 WP 12, p. 24

② 2003年1月14日首次颁布，2009年8月14日进行第一次修订。资料来源于 http://www.gesetze-im-internet.de/bundesrecht/bdsg_1990/gesamt.pdf，2013年4月15日访问。

③ 参见 BDSG § 4(c)(1)(1)。

④ 参见 BDSG § 4(c)(1)(4)。

⑤ 参见 BDSG § 4(c)(1)(6)，即证据提供方可以通过提供证据的行为为自身争取更多利益。

⑥ Carla L. Reyes, The U.S. Discovery-EU Privacy Directive Conflict: Constructing a Three-tiered Compliance Strategy, Duke Journal of Comparative & International Law, 2008-2009, 9: 373.

⑦ Benjamin L. Klein, Trust, Respect, and Cooperation May Keep Us Out of Jail: A Practical Guide to Navigating the European Union Privacy Directive's Restrictions on American Discovery Procedure, Georgetown Journal of Legal Ethics, 2012, 25: 627.

铸、蓬头垢面地被媒体披露于公众面前，法国社会党人对此表示了强烈的愤怒，认为这是对人格权的侵犯。相反，美国人认为对个人隐私最大的威胁来源于政府，因为畏惧政府会滥用个人信息、干涉自由，这种对政府的不信任使他们更愿意依赖市场行为来保护隐私。① 美国并无有关个人数据保护的明确规定，而是基于行业自治，防止由于宽泛的隐私保护条款阻碍信息科技的发展。美国贸易法委员会（Federal Trade Commission）曾规定了五项隐私保护的原则，② 但却将具体标准留给行业自行规定。而在这之后，企业并没有限制自己获取信息的行为。为了适应消费者日益增加的保护隐私的需求，美国贸易法委员会颁布了一系列旨在保护隐私的法案。③ 2003 年 11 月 5 日，《公平信用报告法》(Fair Credit Reporting Act) 即是其中的一部。

美国联邦民事诉讼规则在 2006 年 12 月 1 日针对电子取证做出了修订。从此，法院在个案衡平法中适用的国际礼让原则在原来的基础上增加了四点考量的情形，即（1）无法提取可能存在的，且不为其他更便捷渠道所提供信息的情形；（2）在无法从其他更便捷渠道获取相关信息的情况下，获取信息的可能性；（3）对更进一步信息重要性和有效性的预测；（4）当事人的资源。④

---

① Benjamin L. Klein, Trust, Respect, and Cooperation May Keep Us Out of Jail: A Practical Guide to Navigating the European Union Privacy Directive's Restrictions on American Discovery Procedure, Georgetown Journal of Legal Ethics, 2012, 25: 627.

② 五项原则是：(1) 告知/了解；(2) 选择/同意；(3) 获得/参与；(4) 完整/安全；(5) 执行/补偿，参见：Privacy Online: A Report to Congress, Federal Trade Commission Report，第 7 ~ 10 页，http: //www. ftc. gov/reports/privacy3/priv-23a. pdf.

③ 包括“保护儿童网络隐私法案”(COPPA)、“计算机诈骗和诽谤法案”(CFAA)。

④ Disability Rights Council of Greater Washington v. Washington Metropolitan Transit Authority, 242 F. R. D. 147. 之前已采纳的三个因素包括：(1) 诉讼中所请求的信息的重要性；(2) 请求的特殊程度；(3) 从其他更便捷的渠道可获取信息的数量。

美国法院曾在 Intel v. AMD① 一案中判决，外国争议解决程序的当事人可以依据美国联邦民事诉讼规则第 1782 条（a）款从美国获取证据。可以通过外国仲裁庭递交请求书的方式或者利益相关人直接向美国法院提交申请。

（三）欧盟与美国的取证冲突

如前所述，美国无法根据指令第 26 条第 1 款规定的“证据得到足够程度的保护”直接从欧盟获取电子数据，这对在美国进行诉讼的当事人极为不便。而美国联邦民事程序规则却规定了相当宽泛的证据范围，若掌握证据的当事人或者第三人不依程序规则提交证据，将会被处以罚款或者败诉。实际上《海牙取证公约》在大陆法系和英美法系国家之间搭建了一座桥梁。但是在 Aérospatiale 案之后，美国法院对适用公约持消极态度，更多地适用美国法，这使得在域外取证时直接面临与欧盟法的冲突。实践中，被要求提供证据的一方必须在提供证据即违反欧盟法和拒绝提供证据即违反美国法之间作出抉择。而解决的路径主要有以下三种方式：

1. 美国法院适用《海牙取证公约》

解决欧盟指令与美国联邦民事程序规则冲突的最有效的方法是通过《海牙取证公约》中规定的请求书的方式获取证据。② 根据公约，缔约国指定一个中央机构接收请求书。③ 被请求国只有在请求书的执行不属于司法机关的职权范围或请求书的执行将会损害其主权和安全时才可以拒绝执行。此外，执行国不能仅因其国内法已对该项诉讼标的规定专属管辖权或不承认对该事项提起诉讼的权利为理由，拒绝执行请求。④ 下列情况下有拒绝作证的特权或义务的有关人员，可以拒绝提供证据：（1）根据执行国法律，或（2）根据请求国法律，并且该项特权或义务已在请求书中列明，或应被请求

① 542 U. S. 241（2004）.

② Carla L. Reyes, The U. S. Discovery-EU Privacy Directive Conflict: Constructing a Three-tiered Compliance Strategy, Duke Journal of Comparative & International Law, 2008-2009, 9: 364.

③ 《海牙取证公约》第 2 条。

④ 《海牙取证公约》第 12 条。

机关的要求，已经请求机关另行确认。①

如果被请求的欧盟成员国同时是公约的缔约国，则有可能以公约第 11 条作为理由拒绝执行请求书，虽然当事人不能成功取证，但由于是通过公约取证，美国是公约的缔约国，美国法院不能以“拒不提供证据”对当事人进行处罚。欧盟成员国也可以成全美国诉讼当事人，不适用公约第 11 条，而是援引指令第 26 条第 1 款（d）规定的例外情形，即数据的转移是为了应对基于成员国法提出的诉讼，向美国法院提供数据。此时当事人便可成功取证，但需要遵守欧盟指令的规定，所得到的数据只能用于请求书中列明的目的。② 综上，在适用公约的情况下，无论被请求的欧盟成员国是基于公约第 11 条拒绝执行请求，还是基于指令的例外提供数据，当事人既遵守了美国法的取证义务，也未违背欧盟指令，可谓两全之策。

然而如前文所述，目前，美国法院将适用公约的证明责任加之于主张适用公约的一方，只有在法院认为当事人给予的适用公约的理由足够充分时才会适用公约。这无疑不利于解决二者之间的法律冲突。

2. 向美国法院请求保护令

如前文所述，美国法院并不优先、强制适用《海牙取证公约》，主张适用公约的当事人承担向法院说明“必须适用公约”的责任，而这并非易事。如果当事人没有成功说服法院适用公约，法院将会适用联邦民事诉讼规则，如果当事人不能提供证据将面临罚款或者败诉的可能。当事人可以根据外国禁止取证的法律向美国法院请求保护令（protective order），以免除取证责任。为了取得保护令，当事人需要向法院证明，外国确实存在禁止证据流出的法律，并且案件要求调取的证据在该法律规定的范围中。③ 然而并非满足这两项条件的请求都可以获得保护令，美国法院还会从以下 5 个方

① 《海牙取证公约》第 11 条。

② 指令第 6 条（b）。

③ Alfadda v. Fenn, 149 F. R. D. 34 (1993).

面考量：(1) 诉讼中所请求信息的重要性；(2) 请求的特殊程度；(3) 信息是否来源于美国；(4) 适用替代手段已获取该信息的可行性；(5) 因不履行该请求而对美国国家利益造成损害的程度和因履行该请求而对信息所在国的国家利益造成损害的程度。①

目前为止，美国法院在两个案件中因为欧盟指令发布了保护令。在 Volkswagen v. Valdez 一案②中，德国大众公司拒绝提供包含有超过两万名员工的姓名、工作电话和家庭电话号码的公司通讯录。在对五个方面进行考量后，美国法院免除了大众公司的举证责任，因为提供此证据违反了德国《联邦数据保护法》，而大众公司已经提供了替代证据，并且提供通讯录仅仅是为了验证原告已经从其他渠道已经获得的信息。③ 在 Salerno v. Lecia 一案④中，法院没有以五要素的方法进行分析，而是认为欧盟已经明确地表示指令所保护的利益的重要性，违反指令和德国《联邦数据保护法》将会招致严重的后果。

以上两种方式表明美国法院在特定情形下会对证据范围作出限制，以减轻当事人的取证负担，使其不至于受到外国法的处罚。

3. 利用指令例外从欧盟取证

如前两种方式失败，当事人只能从欧盟指令寻找缺口，利用例外情形（即第 26 条中规定的（1）证据持有人的同意；（2）基于法律请求；（3）证据得到足够程度的保护）达到取证目的。如前所述，得到“证据持有人的同意”这一例外并非可靠，因为“同意”可以被随时撤回，美国法院也不愿将取证的关键因素指望于一个第三方的身上。“基于法律请求”这一例外被美国法院认为是三种方式中最可靠的，因为这一法律可以是美国和欧盟成员国共同加入的《海牙取证公约》。除此之外还存在第三种例外，即“证据得到足够程度的保护”。

---

① Restatement of Foreign Relations Law of the United States, § 442.

② Volkswagen, A. G. v. Valdez, 909 S. W. 2d 901 (1995).

③ Id. at 902-903.

④ Salerno v. Lecia, Inc., 1999 WL 299306 (1999).

欧盟理事会曾确认一批非欧盟成员国获取证据的资格，而美国却并未在此名单之列。2000 年 7 月，欧洲议会认定美国隐私保护不满足欧盟的最低标准，不具备获取证据的资格。美欧双方经过协商后达成了“安全港计划”，① 位于美国境内的组织可自愿加入，加入安全港计划意味着该组织已经符合欧盟的数据保护标准，可以获得来自欧盟方面的证据。“安全港计划”中规定了七项原则，即知情原则、同意原则、向第三方转移原则、安全原则、资料品质原则、参与原则、救济原则。② 一个组织如果希望加入此计划，首先需要遵守这七项原则，其次需要其自身制订一个遵守方案。如果已加入的组织涉嫌违反原则，美国联邦贸易委员会将会通过负责监督计划实施的非官方监管机构和欧盟成员国的重新评估来决定该组织是否继续享有协议带来的利益。虽然此计划给美国当事人的数据调取提供了不少便利，但是也存在局限性。首先，某些不受美国联邦贸易委员会等政府机构（或其他有法律强制权力的机构）监管的行业，不得加入安全港计划，如电信业、银行业、保险业、信用联盟业，以及任何非盈利性机构等，这使得美国这些行业的大型企业在欧洲市场的业务受阻；③ 其次，由于“向第三方转移原则”，加入“安全港计划”的组织所获取的数据不可以转让给第三方，也就是说通过该种方式获得的数据不可以提供给美国法院。因此，遵守安全港计划的多国实体仍有可能因有关国家的障碍法规、数据保护指令以及其国内实施有关包含欧盟公民个人信息的电子数据传送

---

① 《安全港原则》的第一份草案于 1998 年 11 月公布，经过二次修改后于 2000 年 5 月正式通过，其主要包括两大部分：“安全港隐私原则”（Safe Harbor Privacy Principles）和“常见问题及答案”（Frequent Asked Question，FAQs）。参见王孛：《美国与欧盟个人信息跨国流通安全港协议简论》，《知识经济》2008 年第 4 期，第 46 页。

② 各原则内容参见：http：//export. gov/safeharbor/eu/eg_main_018475. asp，最后访问于 2013 年 4 月 15 日。

③ 王孛：《美国与欧盟个人信息跨国流通安全港协议简论》，《知识经济》2008 年第 4 期，第 47 页。

的立法等而收到制裁。①

实际上，对于“安全港计划”各方都表达了不满意的方面。首先，已加入的美国组织认为每年重新审核的制度不合理；②其次，负责监督该计划实施的欧盟成员国的数据保护机构（data protection authorities，DPAs）和美国贸易委员会并未接到任何投诉，这使欧盟认为该计划并未起到保护数据的作用。③

鉴于美国民事诉讼规则与欧盟指令之间的强烈冲突，并且各种基于现行框架下的解决方案都存在局限性，学者们提出了一些缓和冲突的方案，诸如优先适用《海牙取证公约》等，以更多地适用公约而不是美国的程序规则，避免直接面对两个国内法的冲突。也有建议美国法院在取证环节增加法官的参与，与大陆法系的做法相趋同，争取使美国脱离取证的“黑名单”。④

（四）2012年欧盟数据保护法改革

2012年1月25日，欧洲理事会发布了两个提案，一个是“数据保护条例”（General Data Protection Regulation）草案，⑤用来替代95/46/EC指令；另一个是“警察与刑事司法数据保护指令”

---

① 郭玉军：《论美国与欧盟国家域外取证领域的冲突及其解决》，《河北法学》2011年第4期，第25页。

② David Bender，Larry Ponemon，Binding Corporate Rules for Cross-border Data Transfer，Rutgers Journal of Law & Urban Policy，2006，3：158.

③ Commission Staff Working Document，The Implementation of Commission Decision 520/2000/EC on the adequate protection of personal data provided by the Safe Harbour Privacy Principles and Related Frequently Asked Questions Issued by the US Department of Commerce，SEC（2004）1323，p. 6.

④ Benjamin L. Klein，Trust，Respect，and Cooperation May Keep Us Out of Jail：A Practical Guide to Navigating the European Union Privacy Directive's Restrictions on American Discovery Procedure，Georgetown Journal of Legal Ethics，2012，25：644.

⑤ Proposal for a Regulation of the European Parliament and of the Council on the protection of individuals with regard to the processing of personal data and on the free movement of such data（General Data Protection Regulation），COM（2012）11 final.

(Police and Criminal Justice Data Protection Directive) 草案，用来替代 2008/977/JHA 指令。① 欧盟发布这两个草案的目的是为了适应目前互联网技术的新发展。目前，"云计算" 的广泛应用使数据的形成、处理、传播和使用通过分布在世界各地的服务器和终端设备在短时间内迅速实现，某些过程会同时在不同地区的服务器上进行。传统的数据 "所在地" 和 "传播" 的定义已无法与之相适应，这就对跨地区间的取证规则提出了新的要求。欧盟意图对现行指令作出修订，但草案的最终通过可能尚需时日。②

欧盟 "数据保护条例" 草案对之前的指令作出了一些修改，最大的转变在于立法模式由现行的成员国分别立法改为统一立法，目的是为了保证各成员国在对个人数据保护方面提供相同程度的保护，协调欧盟内标准，同时将成员国在实施过程中的裁量权交给监督机构。草案较现行的指令规定更为具体明确，并加强了成员国之间和与非成员国之间的合作。

条例中涉及域外取证的是第五章 "个人数据向第三国或者国际机构的转移" (Transfer of Personal Date to Third Countries or International Organisations) 中的规定。第 40 条作为一般规定，规定只有在符合条例的情形下，可将数据转移给第三国或者国际组织。这与现行指令的规定相同。第 41 条规定，如果第三国或组织被理事会认定为提供了 "足够程度的保护"，数据可以转移给该第三国或国际组织。该条详细列出了评价一国数据保护程度的考量因素，包括国内法、安全措施、权利行使情况、监督机构的运行、国际法

① Framework Decision 2008/977/JHA of 27 November 2008 on the protection of personal data processed in the framework of police and judicial co-operation in criminal matters, OJ L350/60, 30/12/2008.

② W Kuan Hon, Christopher Millard, Data Export in Cloud Computing-How can Personal Data be Transferred outside the EEA? The Cloud of Unknowing, Part 4, Queen Mary School of Law Legal Studies Research Paper, 2012, 8: 2.

方面的承诺（international commitments）等因素。① 并且在第87条第2款中对理事会认定的程序作出了规定。第41条第6款规定，对于那些被理事会认定不符合“足够程度的保护”标准的国家或者地区，理事会应当与之协商补救方案。理事会根据原指令第25条（6）和（4）两款作出的决定仍然有效，除非被修订、取代或者废除。与现行指令中的第25条相比，条例中对考量因素的列举更全面，“国际法方面的承诺”这个方面是现行指令中没有的，这暗示着欧盟期望更多地通过国际条约或者双边协议的形式解决跨国取证中的矛盾冲突，在条例其他部分也可以看出这一趋势。

第42条规定的是根据第41条转移数据的具体措施，包括“共同约束规则”，理事会和监管机构作出的数据保护的标准条款，证据提供方和接收方之间的合同。② 第43条具体规定“共同约束规则”应当列明的条款。③ 第44条规定的是例外条款。相较于原条

① Proposal for General Data Protection Regulation, Article 41

1. A transfer may take place where the Commission has decided that the third country, or a territory or a processing sector within that third country, or the international organisation in question ensures an adequate level of protection. Such transfer shall not require any further authorisation.

2. When assessing the adequacy of the level of protection, the Commission shall give consideration to the following elements: (a) the rule of law, relevant legislation in force, both general and sectoral, including concerning public security, defence, national security and criminal law, the professional rules and security measures which are complied with in that country or by that international organisation, as well as effective and enforceable rights including effective administrative and judicial redress for data subjects, in particular for those data subjects residing in the Union whose personal data are being transferred; (b) the existence and effective functioning of one or more independent supervisory authorities in the third country or international organisation in question responsible for ensuring compliance with the data protection rules, for assisting and advising the data subjects in exercising their rights and for co-operation with the supervisory authorities of the Union and of Member States; and (c) the international commitments the third country or international organisation in question has entered into.

② Proposal for General Data Protection Regulation, Article 42.

③ Proposal for General Data Protection Regulation, Article 43.

例的第 26 条，新草案中对例外的规定更详细，其中关于证据持有者的同意这一项，必须是在其得知转移风险的前提下作出的。除了原有的例外情形外，增加了保护第三人的重大利益（在证据持有人无法作出同意的情形下）和保护证据持有人的合法利益（在已获知转移环境的前提下）。① 该条还对各例外的适用作出了限制规定，比如不可适用于公共机构的活动等。总体而言，第 44 条关于例外情形的规定是之前指令第 26 条和理事会作出的决定的集合，使例外情形的适用更加明确。第 45 条规定了在数据保护方面的国际合作，这是在原指令中没有的。该条对合作的方式作了概括的规定，包括建立数据保护法实施的合作机制、法律实施的双边协助（包括通知、申诉、调查、数据交换）、有关利益相关者的探讨和加强个人数据保护方面的交流。

对于现行指令中已经建立的数据保护实施机构（supervisory authority），新的条例赋予了它们更多的权利和义务。其中很重要的一点是条例第 52 条中加入了各成员国实施机构之间的合作，其目的是“为了使法院适用的统一”。根据新的条例草案，各成员国的实施机构的首脑组成欧洲数据保护委员会（European Data Protection Board），其作用是协调各成员国的行动。② 这意味着欧盟以外的国家在调取位于欧盟境内的证据时，相同的理由会得到相同的结果，而不用考虑成员国监督机构的差异性。即使如此，该框架依然存在一些问题。有学者指出，虽然这些机构都将基于指令建立并且有相同的名称，但是由于位于不同的成员国，必然会在实体问题上产生分歧，影响指令的实施环境。另外，条例并不禁止同一个国家内设立两个实施机构，且并未规定层级，这必将影响统一性。③

① Proposal for General Data Protection Regulation, Article 44(1) (f).

② Explanatory Memoranduma, 3. 4. 6. 2., Proposal of General Data Protection Regulation, COM (2012) 11 final.

③ Paul De Hert, Vagelis Papakonstantinou, The proposed data protection Regulation replacing Directive 95/46/EC: A sound system for the protection of individuals, Computer Law & Security Review, 2012, 28: 138-139.

三、结 语

综上讨论，《海牙取证公约》虽然为大陆法系和英美法系国家在域外取证领域构建了桥梁，但基于本身的局限性，包括对审前文件调查的保留，未明文规定优先适用，缺乏对电子取证的规定，这些导致缔约国更倾向于适用本国程序法。晚近的学者建议对公约的内容以修正案的方式作出修订，包括增加对电子取证的规定，鼓励缔约国之间订立双边协定，对公约中无法达成一致的内容作出规定。

而在电子取证方面，目前的立法以欧盟为主导，包括95/46/EC指令和2012年的欧盟数据保护法草案，都对电子数据取证作出了较为严格的规定，致使非欧盟成员国较难从欧盟境内获取证据。而美国对于电子数据保护开始时间较晚，限制性的规定较少。目前电子取证领域的趋势是制定统一的电子数据保护法，规定统一标准，加强对公民个人隐私的保护，这势必会对国际民事诉讼中域外取证增加障碍。作为替代性策略，各国已经在双边谈判中构建合作框架，如安全港计划，以求在域外取证领域获得突破。然而随着各国在数据保护方面立法的完善，域外取证的阻力增加，更多的国家会期望构建类似的双边或多边协助框架。中国目前在电子取证方面尚没有规定，在个人信息的保护方面也与欧盟有着较大的差距。前文中无论是欧盟关于电子数据保护的相关规定，还是解决美国与欧盟电子取证问题的方案，无疑值得中国的当事人和法院考虑或借鉴。

参考文献

[1] Keith Y. Cohan, The Need for a Refined Balancing Approach When American Discovery Orders Demand the Violation of Foreign Law, Texas Law Review, 2009, 87: 1025.

[2] Patrick J. Borchers, Incredible Shrinking Hague Evidence Conven-

tion, Texas International Law Journal, 2003, 38: 84.

[3] Gilchrist, Kathleen Braun, Rethinking Jurisdictional Discovery under the Hague Evidence Convention, Vanderbilt Journal of Transnational Law, 2011, 44: 177.

[4] Kutac, Matthew B., Reallocating the Burden of Persuasion under the Aerospatiale Approach to Transnational Discovery, Review of Litigation, 2005, 24: 196.

[5] Caylor, Marissa L. P., 3 Modernizing the Hague Evidence Convention: A Proposed Solution to Cross-Border Discovery Conflicts during Civil and Commercial Litigation, Boston University International Law Journal, 2010, 28: 377.

[6] Stanley W. Crosley, A Path to Resolving European Data Protection Concerns with U.S. Discovery, Privacy & Security Law, 2007, 06: 5-6.

[7] Moze Cowper & Amor Esteban, E-Discovery, Privacy, andthe Transferof Data Across Borders: Proposed Solutions for Cutting the Gordian Knot, 10 Sedona Conference Journal, 2009, 10: 274.

[8] Marissa L. P. Caylor, Modernizing the Hague Evidence Convention: A Proposed Solution to Cross-Border Discovery Conflicts during Civil and Commercial Litigation, Boston University International Law Journal, 2010, 28: 375.

[9] Benjamin L. Klein, Trust, Respect, and Cooperation May Keep Us Out of Jail: A Practical Guide to Navigating the European Union Privacy Directive's Restrictions on American Discovery Procedure, Georgetown Journal of Legal Ethics, 2012, 25: 636.

[10] Carla L. Reyes, The U.S. Discovery-EU Privacy Directive Conflict: Constructing a Three-tiered Compliance Strategy, Duke Journal of Comparative & International Law, 2008-2009, 9: 373.

[11] 王孛:《美国与欧盟个人信息跨国流通安全港协议简论》,《知识经济》2008 年第 4 期。

[12] W Kuan Hon, Christopher Millard, Data Export in Cloud Compu-

ting—How can Personal Data be Transferred outside the EEA? The Cloud of Unknowing, Part 4, Queen Mary School of Law Legal Studies Research Paper, 2012, 8: 2.

[13]Paul De Hert, Vagelis Papakonstantinou, The proposed data protection Regulation replacing Directive 95/46/EC: A sound system for the protection of individuals, Computer Law & Security Review, 2012, 28: 138-139.

[14]郭玉军:《论美国与欧盟国家域外取证领域的冲突及其解决》,《河北法学》2011 年第 4 期。

[15]Framework Decision 2008/977/JHA of 27 November 2008 on the protection of personal data processed in the framework of police and judicial co-operation in criminal matters, OJ L350/60, 30. 12. 2008.

[16]Proposal for a REGULATION OF THE EUROPEAN PARLIAMENT AND OF THE COUNCIL on the protection of individuals with regard to the processing of personal data and on the free movement of such data (General Data Protection Regulation), COM (2012) 11 final.

[17]Working Party, Working Document on Transfers of Personal Data to Third Countries: Applying Article 25 & 26 of the EU Data Protection Directive, DG XV D/5025/98 WP 12.

[18]Working Document 1/2009 on pre-trial discovery for cross border civil litigation, 00339/09/EN WP 158.

[19]DiLascio, Tracey, How Safe Is the Safe Harbor-U. S. and E. U. Data Privacy Law and the Enforcement of the FTC's Safe Harbor Program, Boston University International Law Journal, 2004, 22: 414.

[20]Commission Decide of 5 February 2010 on standard contractual clauses for the transfer of personal data to processors established in third countries under Directive 95/46/EC of the European Parliament and of the Council, OJ L 59 /005 (2010).

[21] Working Party, Working Document on a Common Interpretation of Article 26(1) of Directive 95/46/EC of 24 Oct. 1995, 2093/05/EN, WP 144.

[22] Conclusions and Recommendations Adopted by the Special Commission on the Practical Operation of the Hague Apostille, Evidence and Service Conventions (28 October to 4 November 2003).

[23] James A. R. Nafziger, Another Look at the Hague Evidence Convention after Aérospatiale, Texas International Law Journal, 2003, 38: 108.

[24] Russell J. Weintraub, The Need for Awareness of International Standards When Construing Multilateral Conventions: The Arbitration, Evidence, and Service Conventions, Texas International Law Journal, 1993, 28: 477.

[25] Molly Warner Lien, The Cooperative and Integrative Models of International Judicial Comity: Two Illustrations Using Transnational Discovery and Breard Scenarios, Catholic University Law Review, 2001, 50: 593.

2012年西方武装冲突法前沿追踪报告

武汉大学法学院　黄德明　徐　奇　崔　森

国际社会在21世纪头十年经历了复杂而深刻的变化，武装冲突法也呈现出新的发展趋势。随着战争形态和武装冲突性质的演变，武装冲突法中的许多问题，如国际人道法的占领问题、非国家成员与国际人道法的制定问题、反恐问题、网络战问题、无人机问题等，都存在广泛的争议和不确定性，西方武装冲突法学者对这些问题做出了深入的探讨和研究，并就完善武装冲突法的执行和适用提出了自己的建议。本文在广泛收集西方武装冲突法最新研究资料的基础之上，经过细致的挑选和研究，拟从宏观问题、热点问题、平民保护问题、执行适用问题、书评五个方面对其最新进展进行梳理，并做出评论和预测。

一、宏观问题

（一）国际人道法的占领问题

占领问题是国际法的传统问题，国际法学界对于国际占领法（law of international occupation）的研究成果很多，其中国际占领法的理论发展是研究占领问题的基础，特别是由于非国际性武装冲突日益成为武装冲突法研究的重点对象，占领理论又出现了新的变化。Tristan Ferraro从国际人道法的角度具体解释了占领法的应用。他认为国际人道法并没有提出"占领"的明确定义，也没有决定占领开始和结束的明确标准。传统意义上，占领的定义完全依据的是《海牙规约》第 42 条的规定，即“当一国领土实际上处于敌方军队的控制之下，该领土被视为占领”，而这种占领只是在确立和行使权力的领土范围内。1949 年《维也纳条约》的第 2 款扩大了占领的范围，占领还包括没有遇到任何武装抵抗地区的占领。国际诸多军事杂志也认为《海牙规约》第 42 条的定义应当视为决定一国占领存在与否的唯一法律基础。因此，Ferraro 认定《海牙规约》第 42 条关于占领的定义应当是国际人道法占领概念最合适的解释，但是国际人道法领域里占领的概念需要进一步澄清。他认为“有效控制”是阐释占领概念的核心要素，根据有效控制的构成要素，Ferraro 论述了国际人道法中占领概念的构成要素，以作出更好的区分。它主要包括三个方面：一是本国不同意外国军队的出现；二是外国军队有能力对本国主权机构控制的领土行使权力；三是本国主权机构不能对该领土行使权力。为了深入解释占领概念的意义，他又总结出决定占领状态的三个要素：一是在侵略时期，未经当地政府的有效同意，外国军队就在该国境内出现；二是当地政府实质上完全无法行使其管理权力，而需要经过外国军队或者外国军队控制的代理人行使权力；三是外国军队或者代表外国军队的代理人能够对本地政府控制的区域有效行使权力。在国际人道法的规定下，判定一国军队或者军事代理人的行为是否构成占领可以依据上述的三个要素进行，而且贯穿于占领行为的全过程。①

（二）非国家成员和国际人道法的制定

国际法的主流理论认为国家才能成为国际法的制定者，非国家成员不能也不允许成为国际法的制定者，那么在国际人道法的法定框架内，国家具有立法的资格，而非国家成员则不拥有这种权力。Anthea Roberts 和 Sandesh Sivakumaran 则认为国际法学界需要重新考虑非国家成员在国际人道法制定过程中发挥的作用，并非只有国家才能制定约束国际法和武装组织的国际人道法。他们设计了非国

① Tristan Ferraro. Determining the Beginning and End of an Occupation under International Humanitarian Law. International Review of the Red Cross，2012，94：133-163.

家成员参与的立法模式，坚信这并不会降低国际法的标准，非国家成员在立法模式中的地位和国家是类似的。非国家成员的立法模式具有三个方面的优势，一是它对于参与武装组织的影响，赋予武装组织立法的功能可以增加武装组织认可和遵守人道主义标准的可能性；二是对于国家的影响，武装组织参与国际人道法的立法也会促进他们对抗的国家遵守人道主义的标准；三是对于其他武装组织的影响，冲突中的武装组织扮演的立法角色会给其他武装组织造成压力，这样能促使其他武装组织遵守人道主义的标准。Roberts 和 Sivakumaran 为推动执行非国家成员的立法工作采取了一些措施，一是在单方声明方面，他们认为武装组织应该得到允许和鼓励去发布有约束力的单方声明，而且单方声明里必须要规定他们要尊重和履行当今国际人道法规定的义务和其他额外义务；二是条约法方面，这里又分为两个部分，首先不仅是支持单方声明，国际社会还要鼓励武装组织与国家和国际组织签订国际人道法的有关协议。其次是多边条约方面，国家能够为武装组织参与条约协商提供舞台，无论是直接的方式还是非直接的方式，国际社会要认可他们具有批准或签署条约的权利。三是国际习惯方面，更精确地讲，它是指类似于国际习惯的准习惯（quasi-custom）。这种方式要允许武装组织在习惯国际人道法的制定方面发挥作用。他们在最后总结道，这些措施旨在建立非国家成员参与国际人道法制定的框架，主权国家抵制授予非国家成员获得造法地位的想法是可以理解的，但这并不意味着承认这种模式会与国际社会的需要和利益产生冲突，因此这种模式还是值得审视和借鉴的。①

（三）保护责任（responsibility to protect，R2P）

在过去的十年，保护责任的概念以其显著的步伐迈向了国际社会。这一概念被国家、非政府组织以及国际媒体引用，以支持或谴

① Anthea Roberts，Sandesh Sivakumaran. Lawmaking by Non-State Actors：Engaging Armed Groups in the Creation of International Humanitarian Law. Yale Journal of International Law，2012，37：107-152.

责某项行为，包括曾在肯尼亚、格鲁吉亚、缅甸、加沙、斯里兰卡、刚果、科特迪瓦以及最近在利比亚、叙利亚、也门和其他涉及“阿拉伯之春”运动的国家危机中发生的行为。然而，保护责任的国际法律含义却仍不确定。

Luke Glanville 探讨了跨边界的集体保护责任的法律地位问题。虽然触犯罪刑之前，他国没有理由也没有义务去协助一国发展其保护本国国民的能力，但是阻止的义务还是可以慎重地扩展至其他涉及“保护责任”的罪行，如战争罪、反人类罪和种族清洗罪。然而，关于“域外保护平民”义务的执行和赔偿问题依然是严重落后的。尽管安理会有理由迅速行动，授权使用所有必要手段保护利比亚平民免遭大规模暴行的威胁，但如果成员国在未来遇到类似危机时不想有作为，那么就没理由相信他们会因感到法律义务的存在而予以回应。法律的发展是重要的，该义务可以向有约束力和执行力的习惯国际法一点点迈进。然而，除非执行和赔偿机制被写进法律，域外保护平民可能还会像原来一样继续依赖国家政治意愿而充满变数。①

Peter Hilpold 指出，至今 R2P 还没能在文件中充分发展出一些重要的准则，但是不容忽视的是，R2P 在这种情况下发展得依然格外有力。特别在 2011 年安理会全然依赖这一概念，授权联合国成员国采取必要措施保护利比亚民众并决定在利比亚建立禁飞区。这一行动可被视为 R2P 发展的一次胜利，R2P 据此得到了进一步的发展。然而如今最主要的挑战并不主要是接受 R2P 的问题，而是对其理解上存在的分歧。2005 年后，一群国家（古巴、伊朗、朝鲜、巴基斯坦、苏丹和委内瑞拉）表达了强烈的担忧，R2P 可能会与人道主义干涉联系过于紧密。2009 年 7 月，联合国大会主席 Miguel D'escoto Brockmann 曾试图引入 2005 年 R2P 协议的合法性问题，然而大量代表对这一观点强烈抗议，他们认为其与人道主义干涉的联系已是无法回避的问题，于是他们尝试努力限制 R2P 范

① Luke Glanville. The Responsibility to Protect Beyond Borders. Human Rights Law Review，2012，12：1-32.

围。为了避免 R2P 的滥用，许多代表请求起草单独标准。这些努力是否会成功或带来有用的结果是值得怀疑的。任何情况下都需注意，R2P 的基础并不是靠接受一些原理抛弃另一些原理得来的。尽管 R2P 概念的许多细节仍然有待讨论，但其整体方面已成形。

Hilpold 认为很少有概念能像 R2P 这样在很短时间内发展的格外强大。这一概念很难说在实体法层面上会有怎样的结果，2009 年和 2010 年联合国安理会的官方认可被一些人称为一次成功，其他人则认为相关文件谨慎过度。安理会对利比亚使用武力的授权无论如何都会被铭记为该原则发展的关键一步。R2P 规范创造的过程可与民族自决法律的发展相比较，两者最初的时候都是以含义不确定的政治标语起家的，但是民族自决的例子证实，政治修辞可以稳固法律原则，即使它们依旧模糊且易被反对团体滥用，可是久而久之，共识仍会到来。国际法学说和政治讨论中涌现出了这么多理念，为何其他很多理念迷失了，而 R2P 却成功地发展起来？毫无疑问，这一概念有着良好的发展时机。民族自决概念反映了 19—20 世纪的民族主义思潮，R2P 将会成为 21 世纪全球化和人性化的国际体系的主题。在未来继续恪守对这一原则的承诺将会在国际法的讨论和理解的过程中产生决定性的影响。①

（四）战时法律顾问的实际操作问题

随着几十年的发展，战时法律顾问由原来的“罕见”发展为如今的“不可或缺”。为确保军事行动符合国际法和国内法，他们凭借其专业知识影响着军事行动的实施。如今他们已成为军事指挥团队中的重要一员，协助指挥官完成军事任务。但战时法律顾问在实际操作时也面临着诸多困境。Liron A. Libman 认为这表现在三方面：首先，军队是一个分级明显的组织，纪律则是军事组织实现其目的所必需的军队文化核心价值。武装冲突法在军事行动的执行上做出了诸多限制，但若能确保法律顾问在提出法律意见时充分自主，法律顾问在军事单位中将保持主要地位。其次，军事法律顾问

---

① Peter Hilpold. Intervening in the Name of Humanity: R2P and the Power of Ideas. Journal of Conflict and Security Law, 2012, 17: 49-80.

通常无权自行选择何者有利于军队。最后则是法律顾问的活动范畴问题。一方面，在其职责之外进行干涉可能会影响他人对法律顾问的尊敬和信任。有时在评价一个非法律范畴的情势时，他并不比其他人更有资格。另一方面，既然法律顾问只是团队中的一员，在他发现决策制定时可能被忽视的重大问题时，怎能排除他说出意见的义务呢？Libman 认为，在评价非法律的军事行动情况时，法律顾问应当谦虚。他应当知道自己没有资格做出专业之外的决定。然而，当他真的意识到某些潜在有违常识的情势或他觉得自己的评论尽管严格意义上不合法律却是正确分析推理的产物时，他就应当做出评论，这便是“正当性”。考虑其职业背景，法律顾问确实有更好的能力判断一项特定军事行动的正当性。①

为解决法律顾问所面临的困境，Rob Mclaughlin 认为，法律顾问应当使其法律意见更“有吸引力”。的确，许多指挥官会发现法律意见与对他们有高度吸引力的行动计划背道而驰。让军事行动中法律意见有吸引力的方法有三种：第一，强调：强调法律在限制和允许军事行动上的推动作用。一方面，法律限制军事行动，如武装冲突法，其主要功能便是对军事行动进行约束。另一方面，法律允许军事行动。它可对军事行动进行评估，促进军事行动；也可作为战略和行动控制机制，发挥其控制功能；还可通过考量军事操作的正当性来建立其合理性依据。第二，适当性：不仅要求法律和文脉的准确，还要求指挥官表明行动的目的，而不仅仅是行动本身。这便不得不提到“效果基准”，即法律意见要和手头上的武装行动问题相契合。第三，过程的重要性：军事法律意见不是附着于计划的独立分散行动，而是在战场上、在军事计划的构架和过程中，进行评估和分析，以确保后勤、通信、公共事务、卫生等其他威胁都得到考虑。②

① Liron A. Libman. Legal Advice in the Conduct of Operations in the Israel Defense Forces. Military Law and the Law of War Review, 2011, 50: 67-97.

② Rob Mclaughlin. “Giving” Operational Legal Advice: Context and Method. Military Law and the Law of War Review, 2011, 50: 99-125.

二、执行与适用问题

在国际社会，许多法庭和司法机构在武装冲突过程中和结束之后都会适用国际人道法，例如国内法院、军事法庭、军事委员会、地区法院、国际法庭和混合法庭等。随着国内法和国际法彼此的联系日益紧密，国内法适用国际人道法仍然面临困境，那么何时和如何恰当地将国际人道法融入国内法呢？这需要考虑哪些因素呢？Laurie R. Blank 就该问题进行了详细的研究。他认为任何参与国际人道法实践的成员——无论是律师、军事人员、政治领导人或者其他人——必须清晰了解国内法庭怎样处理涉及国际人道法的案件，这对于有效的辩护、军事行动和政治决策、长期的法律分析都是很重要的。Blank 认为何时适用国际人道法要考虑四个方面的因素：一是国际人道法适合正在分析的案件。如武装冲突的存在会使案件高度适用于国际人道法；二是国际人道法确实面临着一些挑战，这些挑战经常无法让国际人道法对某些特定的领域发挥作用，例如非武装冲突中拘禁范围的确定，因为拘禁的长短要取决于军事需要，而条约法很少提及该问题，这就为法院确定拘禁合法性带来了困难；三是在提交本地法院之前，要考虑适用案件的法律制度所覆盖的范围，他们之间是如何相互联系的。除了采用国际人道法的规则处理案件以外，相关人员仍要考察有多少其他的法律制度与案件存在联系，这会为法院考虑国际人道法解决案件时提供参考；四是尽管一些案例严格引用——至少是主要的——国际人道法的概念和原则，例如战犯的待遇等问题，但其他的情形仍会引用本地的法律原则。Blank 提到的这四个方面有助于结合具体的案件分析何种情况下适合采用国际人道法的法律原则和规则，不同的法律制度需要进行比较，有些适合国际人道法解决的，国内法院应当考虑予以借鉴，对犯罪行为予以惩罚。国际人道法属于国际法，但是它的某些内容构成了大部分国家国内法的规则，国内法院如何选择适用国际人道法的重要条款、原则不仅取决于国际人道法面临的挑战，也要依赖于法院如何在国际体系下与其他法院的联系，如何看待国际法和其他的考虑因素。这包含三个方面的内容：一是国际规范如何处理与国内法的关系，国际法如何才能融入国内法，使其部分规则成为国内法的内容；二是注重习惯国际人道法的作用。习惯法在战争法中有着实质的作用，它规定国家以合法的方式承担义务，保护平民免受残酷的战争威胁；三是法院对待地区和国际社会人道法理论的态度能够帮助法院从总体上适用国际人道法，更具体地讲就是法院如何理解和阐释国际人道法的内容。①

1949 年维也纳条约和 1977 年的两个附加议定书逐步确立了武装冲突性质分类的二元方法，即国际性武装冲突和非国际性武装冲突。但是在 Eric Talbot Jenson 看来，这种分类模式已经失去了作用，而且不利于武装冲突法（Law of Armed Conflict，LOAC）的遵守和适用。Jenson 认为国际型武装冲突和非国际性武装冲突的二元区分存在很多问题，这样的划分不仅不能完全满足武装冲突法的要求，而且也无法真正对武装冲突中的平民提供保护。早在 1977 年附加议定书确立了这种“分支模式”(bifurcation paradigm）时，就有学者指出这种模式并不精确，而且没有必要。美国的反恐战争就逐渐显示出这种理论模式的弊端，国际社会对这种划分模式的批评之声亦不绝于耳，政府、学术界和国际红十字会（international committee of red cross，ICRC）的官员都认为武装冲突法适用的“分类模式”确实不足以达到原来设想的目标。Jenson 指出国际社会集中于“二元冲突模式”(即“分支模式”)并不会促进武装冲突中的平民保护，国家不如在每次以国家机构的名义动用军队时适用“全部的武装冲突法”(full LOAC)。武装冲突法的发展历史表明武装冲突法适用于主权国家部队采取的一切军事活动，这为武装冲突法的地位提供了坚实的基础，也消除了政治对法律的潜在控制。Jenson 进一步作出解释，“完全的武装冲突法”应在国家使用军队来行使主权的时候才会应用，它主要包括那些在国际性武装冲突中的习惯性条款，以及国家签署的特定条约所施加的约定义务。尽管

---

① Laurie R. Blank. Understanding When and How Domestic Courts Apply IHL. Case Western Reserve University's Journal of International Law，2012，44：205-224.

实证法认为国际性武装冲突和非国际性武装冲突适用的法律存在差别，但是国家实践、国际法庭的司法裁决和学者著作都表示国际性武装冲突和非国际性武装冲突适用习惯法的差距日益缩小。虽然一些重要领域的区别依然存在，例如参战者的豁免和占领，但他们只在武装冲突法中占据很少的一部分。

Jenson 最后得出结论，他依然认为武装冲突法适用于主权国家部队的所有活动，这是保护武装冲突受害者更加有效的方式。在任何时间，国家利用军队实施暴力行为，因发动战争而拥有的权利和责任都是通过国家机构使用武力而产生的，"完全的武装冲突法"适用于这些活动。更重要的是，现在的国家实践、国际法庭的裁决和国际法学者的著作都表明转变现有的"二元冲突模式"并不需要很大的努力，因为一些国家仅需要将这种新的模式从政策层面上升至法律层面，使之具有某种强制力即可。①

三、热点问题

（一）反恐问题

近几年，金融反恐日益受到国际社会的关注，随着全球反恐活动的展开，恐怖主义活动依然没有得到制止，这不得不引起学界对于以往宏观反恐方式的反思，反恐的手段理应多样化，单纯依靠军事手段并不能解决问题，Richard Gordon 就以美国的"金融行动特别工作组"(financial action task force，FATF) 为例，探讨了金融反恐的有关问题，为国际社会联合打击恐怖活动提供一定的借鉴。特别工作组首次公布了 40 项建议书，措施要求金融机构认定客户身份、建立客户档案、监控不正常交易、审核那些交易以判断其是否存在犯罪的嫌疑，如果确实存在嫌疑的话，金融机构必须以"可疑交易报告"(suspicious transaction report，STR) 的形式交给特别

① Eric Talbot Jensen. Applying a Sovereign Agency Theory of the Law of Armed Conflict. Chicago Journal of International Law, 2012, 12: 685-727.

工作组。Gordon 指出当工作组起初确立这些要求的时候，金融机构和他们的管理层都表示他们缺乏足够的经验来判断客户的何种资料或者何种交易表明是洗钱行为，然而随着掌握更多洗钱犯罪的特征，金融机构逐渐建立了有效的跟踪和报告体系。通过研究洗钱的案例，特别工作组、与特别工作组类似的区域组织、国家的职能部门（尤其是金融情报部门）已经确定了洗钱行为的特征，并且将他们应用到金融机构识别洗钱类型的工作中，而且特别工作组也得到了金融情报部门和其他国家部门对于金融机构参与反洗钱活动的反馈信息。利用这些资源，金融机构能够改进现有的监管体系，进而决定哪些交易存在潜在的洗钱风险。

Gordon 论述了特别工作组的工作步骤，即如何确定恐怖主义活动的金融特征，从更加细致的角度描述了“金融行动特别工作组”的工作过程。前两步是确定那些牵涉金融交易和交易记录的案例，研究者要试图获得从银行和转让代理人那里获得那些与客户身份、信息使用和交易记录有关的附件；第三步是分析获得的交易数据。为了决定交易是否存在洗钱的嫌疑，金融机构有必要确定客户身份，监控客户的交易并对于客户的交易进行仔细的审查。第四步是审查从金融机构收到的“可疑交易报告”。工作组通过报告副本，来检查相关的描述，决定相关的分析是否可以揭示交易的违法行为，但却被美国有关法律明令禁止了。第五步则是在第四步无法实行的情况下，为了鼓励报告人公布嫌疑客户的身份，得到确定案件的公文和交易信息，工作组已经要求金融机构创立相关委员会来帮助反特别行动小组处理恐怖主义的金融犯罪问题。①

（二）网络战

网络战的发展表明，技术的发展要比法律快得多。网络行动并未完全符合传统的法律框架，而怎样的网络行动才构成国际法下的

① Richard Gordon. Terrorism Financing Indicators for Financial Institutions in the United States. Case Western Reserve University's Journal of International Law, 2012，44：767-796.

武装攻击仍然存有疑问。Gosnell Handler 根据现有的方法中发展出了一个“改良的效果基准”方法。该方法可分为三个要素：目标、影响和时机。“目标”要素的重点在于攻击性网络行为是否瞄准了能代表国家实力的重要领域（如外交、军事、经济和情报）；影响指的是攻击的规模以及攻击产生的效果，是最重要的要素。它不特指直接的军事效果，所以它允许网络攻击被用作冲突促成者或仅仅作为武装行动的组成部分；而时机侧重于考察军事行动进行时的宏观背景。一项任意的行为与另一项发生在敌对状态中的行为其寓意是不同的。因为网络攻击若是冲突促成者，让发动网络攻击的时机最接近于发动者预期军事效果是很重要的。这一点同样适用于那些为了宏观军事策略而发动的非军事网络攻击。虽然并没有一个确定时机接近程度的规范标准，但“时机”方法的目的之一是确保那些发生于敌对状态之前的网络行为不被认为是网络攻击，即使它的确对军事行动造成了细微的影响。①

David Turns 的贡献在于“直接参与敌对行动”(Direct Participation in Hostilities，DPH）对网络战的应用。他应用了国际红十字委员会在其 2005 年解释说明中发展的标准，即伤害、直接因果联系和交战国关系的标准。作者假设了一个国际武装冲突的情势，旨在依照特殊事例将第一附加议定书中“直接参与敌对关系”的概念适用于网络战。在这一精神下，可制定将直接参与敌对行动的范式适用于平民执行的网络战活动及其影响的特定观察报告。在引起大规模不便和那些实际上直接导致死亡或毁灭或对军事行动存在副作用的网络攻击之间存在一条细线。这是由于平民网络及其实际或潜在的军事效果高度融合和交互的结果。事实上病毒可以通过一台笔记本电脑上传到敌方的系统中并进行激活，而网络行动中使用的民用

① Stephenie Gosnell Handler. The New Cyber Face of Battle: Developing a Legal Approach to Accommodate Emerging Trends in Warfare. Stanford Journal of International Law，2012，48：209-238.

物体将依其使用被视为军事目标。①

Michael Schmitt 调查了国际人道法下只有网络军事行动构成的冲突的类别。Schmitt 主张当网络行动因其造成人员或物体的损害时而符合之前的标准，然而之后的标准需要该行动是国家之间或可归咎于国家的。由个人指挥的网络行为并不算因为他们没有充足的“有组织”。网上在线的有组织团体可以在具体案件中进行评估，但传统的组织标准使得他们很难取得资格，网络交战有时相当于国际性武装冲突，而非国际性武装冲突的类别仍然不确定，网络行动在未来将不可避免地让国家面临着冲突分类困难的挑战。对于国际性武装冲突，由非国家行为体发动的网络行动的属性将比过去国家军事行动更加难以确定，而在非国家武装冲突下，有组织武装团体的界定将随着结构、手段和虚拟组织的增长和发展而更加复杂。也许更重要的是，这篇文章虽然解释“武装”的方法标明的是现行法，但可能无法生存。随着国家和非国家行为体参与更具毁灭性和破坏性的网络行动，且社会变得更加依赖于网络设施，伴随着法律确信的国家实践可预期到会导致现行标准的降低。网络武装冲突法正在发展且在不久的将来依然如此。②

（三）无人机问题

无人机具有新颖性和高技术性，它可以发射导弹打击目标却没有遭遇回击的风险，这导致了大量关于该武器在道德、哲学、政治、战略和法律上的争论。赞美的认为无人机有着较高的精确度和区分度，谴责的却称之为“杀人机器”，无人机正成为有关“冲突的道德基础”争论的焦点。

LaurieR. Blank 指出，无人机为观察当前冲突中提及的传统武装冲突法原则和问题提供了一个有益的视角。无人机在有效适用区

---

① David Turns. Cyber Warfare and the Notion of Direct Participation in Hostilities. Journal of Conflict and Security Law，2012，17：279-297.

② Michael Schmitt. Classification of Cyber Conflict. Journal of Conflict and Security Law，2012，17：245-260.

别性、比例性和提前预警原则上存在可能性，但由于它可能威胁到保护平民和以合法方式进行战争的核心宗旨，无人机可能会对法律的发展和解释造成潜在危险。如果要求无人机改变区别性、比例性和提前预警的解释，追求平民的零损害，结果可能没有预期那样有利于保护平民。一个军事部队若面对这样的零损害标准要么全当该法律不切实际而无视它——反而威胁了战斗区的平民安全，要么完全抑制其军事行动以避免违反法律——置本国平民于他国攻击下而不顾。两种选择都将无辜的平民置于不保护和危险之中。所以将无人机定为武器，且在当今武装冲突法的解释下分析无人机袭击的性质对于确保和加强平民的保护是非常重要的。发挥功能最大化和制定有效政策是执行武装冲突法关键目标和原则的最直接方法。①

Susan Breau 和 Marie Aronsson 探讨了无人机攻击下平民伤亡的国际法律问题，强调了参与武装冲突的国家有义务记录冲突下平民的伤亡情况。他们指出，巴基斯坦和也门无人机使用状况的调查显示出一些很明显的结论：第一，不管该结果是来自国际性冲突，非国际性冲突还是非冲突的法律执行情况，都存在对无人机造成的伤害进行记录的法律需要。第二，因为受害者的状况在攻击时经常是饱受争议且不确定的，在战后时期，战斗员和平民的伤害经常未被分开记录，但是每个伤亡都应该在攻击后适当记录。生命的普遍权利，表明其生命不可被任意剥夺，而除非死者的身份已经确定，这一观点很难实际操作。一个伤亡人员是否是预期目标或者仅是在错误时间出现在了错误地点是很重要的。第三，对于可能出现的误杀、误伤或其他侵害也依赖对于伤亡者及其身份的完整记录。②

① Laurie R. Blank. After "Top Gun": How Drone Strikes Impact The Law of War. University of Pennsylvania Journal of International Law 2011-2012, 33: 675-718.

② Susan Breau, Marie Aronsson. Drone Attacks, International Law, and the Recording of Civilian Casualties of Armed Conflict. Suffolk Transnational Law Review, 2012, 35: 255-300.

(四) 核武器的规制问题

虽然对于大规模杀伤性武器特别是核武器的规制已经持续了很长时间，但从目前的情况看，核武器持有国在其政策上将会继续依赖核武器。联合国不断增加的实现核裁军的方法停滞不前，而与此同时世界仍被超过两万枚核武器威胁着，数以亿计的金钱仍被投入核弹头、核运载系统和核设施的更新换代中。虽然五个核不扩散条约的核武器持有国遵守了条约，并在随后的审查会议中致力于裁减核武器，但世界其他地区也并不愿意无限期地坐等义务的完成。

AliciaGodsberg 认为，如果核不扩散条约制度失败，许多新国家为增强其实力和威望，将很有可能持有核武器，或甚至买卖或偷盗核武器或材料，使现存蓄意或意外使用核武器的危险继续增加。这样的未来是所有国家所不愿看到的。这样的意愿带来了一些希望，核武器持有国将最终与其他国家一道裁减核军备，寻求替代方案。如今核武器已不为应对安全所必要，维持他们的代价不仅降低了其他合法军事需要，而财政状况也无法支持。更多的核武器持有国只会造成了一个更加危险的世界，虽然这一点已被联合国所有成员国明白，但这却没有转变成具体的行动。现在，联合国裁军机制仍然是瘫痪的，但 2010 年核不扩散条约审查大会的行动方案终于促使核武器持有国计划在 2015 年的下一届审查大会之前在核裁军上取得一些进步。在达到裁军标准之前，若有必要，无论是在联合国系统内或其他平台，民间团体应继续与无核武器国家一道，努力协商争取一项核武器公约，规定包括时限、不可撤销性和可检验性在内的旨在完全消除核武器的法律框架。①

Rachel A. Weise 指出，所有国家都有防止现存核弹头扩散并裁减核军备的法律义务。但许多联合国大会和安理会决议都表明，核武器的扩散对宪章所创立和维持的国际和平与安全构成了威胁。限制使用武力的标准应规定如下：（1）存在威胁的活动必须是违反

---

① Alicia Godsberg. Nuclear Disarmament and the United Nations Disarmament Machinery. ILSA Journal of International And Comparative Law，2011-2012，18：581-596.

国际法的核活动；（2）攻击国必须受到了扩散国明确的威胁；（3）攻击国必须在裁军上做出过善意努力，或在其防扩散义务上存在良好声誉；（4）安理会决议授权的使用武力必须得到至少15票中9票的同意。一旦安理会掌握着局势，它便不能进行投票。理想上，安理会应预先定义怎样才构成实质违约，谁能授权处理此项违约。但即使这并未发生，只要行为国符合了其他条件，得到了至少9票，其防御性的自卫便为合法，可以使用武力。允许这种行动不仅可以增加对国际法的遵守，而且也会修复国际机构应对核威胁能力上的信心。①

四、对平民的保护问题

在过去几十年中，针对联合国维和士兵侵犯当地居民人权（如性犯罪）的指控层出不穷，这极大地影响了联合国维和行动的可信度。从1989年开始，联合国经常收到有关联合国维和士兵犯罪的指控（包括性剥削和性虐待在内），这也时常出现在国际媒体的报端。

Gabrielle Simm 也指出联合国修改了出兵国（troop-contributing countries）促进调查和起诉军事人员的谅解备忘录，还制定了一项新的条约以强化犯罪的联合国人员的刑事责任，但维和士兵对于当地居民的性虐待依然持续。Simm 重点研究了私人军事承包商和与人道主义有关的非政府组织，因为这两类团体逐渐在维和行动中承担着次承包商和合作伙伴的角色。国际法大部分适用的是国家和国际组织，但是很少有法律适用于私人军事承包商，根本没有相关的国际法律适用于非政府组织的。这种不均衡也反映在法律适用组织的责任程度上，大部分国际法主要应用于国家和国际组织的责任，很少有国际义务适用于私人军队和安保公司，基本上没有国际法律

---

① Rachel A. Weise. How Nuclear Weapons Change The Doctrine of Self-Defense. New York University Journal of International Law and Politics，2011-2012，44：1331-1398.

规定非国际组织承担相应的责任，这显示出国际法打击维和士兵性犯罪面临的瓶颈。Simm 总结指出，随着治理虐待人权活动的日益进行，维和士兵性犯罪的国际治理可以理解为国家责任的治理模式，它正逐渐得到新的治理模式——个人刑事责任的补充。然而这依然面临诸多困境，国家豁免的法律对治理问题造成一定的阻碍，因为国家豁免确实削弱国家责任的效力。逻辑上讲，如果个人以官方身份行使职权，那么他拥有豁免权，他的行为要归罪于他所在的国家。反之，如果个人不是以官方身份行使职权，那么他应当承担责任，他所在的国家和国际组织则不会承担相应的责任。在维和士兵性犯罪情形里，豁免经常在非官方的情形下被援引，国家却为他们的行为承担相应的责任，国家则又因为国家豁免原则而不承担相应的国际责任。因此适用国际法确实还是会给联合国治理维和士兵的性犯罪带来一定的危险，这在未来仍会是相当大的挑战。①

从 20 世纪 90 年代中期开始，乌干达政府把国家部分流离失所的民众聚集到杂乱的居民安置营，政府意图寻求切断叛乱分子的劳动力，但是却引发了人道主义危机，而世界粮食组织（WFP）和一些国际非政府组织未能充分地为这些居民提供及时的服务。相关报告和学术分析表明，乌干达北部的流离失所者一直都缺少政府和人道主义机构的保护，时间长达 20 多年。Erin Baines 和 Emily Paddon 针对该问题提出了一种新的保护概念，它是基于持续发生武装暴力的情况下平民要如何保护——自我保护的策略，这是抵御武装人员的第一道防线。学者和国际人道主义的实践者通常集中于宏观架构来理解国际社会推广的可能性和限制和构成它的国家和国际机构，这与战时平民保护是相联系的。他们首先回顾了现代武装冲突中平民保护面临的危机，总结了人道主义和战争的主要方式，强调在缺乏政府和相关国际组织保护的同时，建立自我保护概念的

① Gabrielle Simm. International Law as a Regulatory Framework for Sexual Crimes Committed by Peacekeepers. Journal of Conflict and Security Law, 2011, 16: 473-506.

重要性，它重视本国救助体系和网络的建立，他们将自我保护定义为评估和决定最佳决策的能力，这些最佳决策用于躲避、转移或者挫败武装人员的暴力行为。这种自我保护概念是以研究乌干达北部平民保护问题为基础提出的，尤其注重本地居民采取的自救措施，即“本地知识”(local knowledge)。他们对乌干达流离失所的平民安置区进行了调查，调查指出，参与者讨论了多种躲避暴力的方法，这分为两个阶段，一个阶段是在原来居住的村庄，另一个阶段是在搬入居民安置营之后——相应地不同的阶段也要求方法的改变。当地居民主要采取三种手段保护自己和他们的家庭免于暴力袭击。首先，无论何时何地，平民一般会用“中立”描述自己的行为；第二，“躲避”方法——例如逃跑、躲藏、建造避难所——这被认为有效的自我保护手段；第三，当叛乱军队或者乌干达军队无法躲避或者不可能保持中立的时候，他们会采用多种灵活的方式以“和解（即多种方式的交流)”这些军队，以求得生存和救助他们周围的亲人。这些方法其实都是前面所述的“本地知识”的方法，这种自我救助方法在 Baines 和 Paddon 看来确实具有极其重要的意义，它能帮助该国境内的流离失所的居民采取合适的方式保护自己。

Baines 和 Paddon 得出的结论认为，在平民保护的措施中，平民的自我保护应当是所有平民保护策略的起点。现代国际人道法平民保护的概念应该扩大化，它应该涵盖平民自我保护的行为。研究表明平民本身在发展保护自己和亲人免受损害的方法上扮演者积极的角色，所有的三种形式——中立、躲避、和解——以“本地知识”体系和信息网络的解释为基础。不同的策略在不同的时间有不同的人运用会带来不同的结果——这都要取决于他们所处的情形，而且对于平民自我保护的本地知识和远见能被视为人道主义信息的重要来源。然而，他们也强调了不是所有的自我保护策略都有积极的效果，研究发现有一些人会向叛军揭发某些人的隐藏之处以救助他们自己的家庭；一些人会向叛军或者政府军提供信息，结果使得其他人遭到逮捕和拘禁；也有人通过与双方合作获得经济利益而有人也遭受损失。

两位研究人员的发现确实给国际人道法学界研究平民保护提供了新的视角，他们更多的是在介绍这种方法的具体概念和操作过程，但是下一步还应当加强分析策略的有效性，即在什么情况下，哪些策略是有效的，他们怎么样与宏观因素相互作用等。Baines 和 Paddon 提供的分析框架只是一个起点，关于平民自我保护策略的研究还需要在其他地区进行比较研究，衡量多种因素下的变化，例如地点（乡村还是城市）、性别、阶层、种族或者年龄，他们都能够影响人们在自我保护时采取的存活策略。就 Baines 和 Paddon 的案例研究来讲，他们主要集中于性和性别对于平民自我保护的影响，以及这些策略隐藏的弱点。而且两位的发现表明了社会网络和社会标准——如家庭、友谊、社区和其他因素是如何平民自我保护动机的。因此，平民自我保护的研究是研究在武装冲突中如何保护平民的开始，这并不意味着平民保护的宏观研究不再重要，学者和国际人道主义实践者应当继续致力于武装冲突中暴力来源的认定和消除，倡导加强法治和国家的保护责任。然而 Baines 和 Paddon 则想证明在某些情况下，他们只是不足以解决目前平民保护的需要，他们强烈要求学界在平民受到明显威胁的时候考虑民间机构的作用，因为民间机构可以采取措施促使平民成功得到保护，当然还要考虑人道主义者怎样可以帮助平民努力远离暴力。研究的结果显示大多数平民往往选择自己选择求生方式，很少提到向国家或者援助的民间机构寻求帮助，这是值得忧虑的现状。①

五、书　评

（一）Janie Leatherman 的《性暴力和武装冲突》

在《性暴力和武装冲突》这本书中，Janie Leatherman 将性暴力放在暴力和财富的链条里面，而且对于相关证据进行了广泛和深入的审查才得出这一结论。她认为有组织的性犯罪经常是大规模战

① Erin Baines，Emily Paddon. This Is How We Survived：Civilian Agency and Humanitarian Protection. Security Dialogue，2012，43：231-248.

争的核心，这可以用来恐吓和驱逐来自于自然资源丰富地区的平民。在利用全球后战争性暴力事件的证据时，Leatherman 的研究主要集中于刚果民主共和国，该国被称为全世界对女性最危险的地方。她指出战争扩大了现存的性别非正义现象——如果战争爆发，和平时期掩盖高度性别不平等现象的社会就会承担着经受高度性暴力的风险。战争强化了原有的性别不平等，进而会使得残酷的暴力正常化，同时在没有冲突的时期，这也会增加性暴力事件的程度。

在试图解释武装冲突过程中发生的性暴力问题时，Leatherman 将它称为“失控规则”——性暴力犯罪打破了许多社会认同的规则。她没有用支持社会构成主义的实质主义和结构主义理论去理解战争时期的性暴力现象。针对妇女的性暴力现象是一种极度兴奋的男性行为，这已经成为受到忽视和排斥的男性重新建立霸权和控制的方式。Leatherman 强调了妇女和女孩作为受害者的简单化概念经常导致他们被排除在军队复员、解除武装和整合项目之外，甚至在作为参战者参与到冲突当中也是受到如此的待遇。她也用过去战后审判工作的不足来强调性暴力行为正在成为最近国际立法和政策试图纠正的领域，并且指出了这个过程中内在的法律问题，例如证明同意、实施惩罚和以保护的名义儿童化妇女带来的危险。

在本书的结尾，Leatherman 总结道，这本书有力地控诉了新自由主义全球化的理论，它主张维持男性的霸权主义，因而也会维持暴力的政治经济性，这种政治经济性最终会巩固武装冲突中的性暴力行为。这也表现了作者对于性暴力行为会继续恶化的担心。①

（二）Ralph Zacklin 的《单极世界下的联合国秘书处和使用武力：权力对抗原则》

全球治理对于许多国际法学家们来说已经不是一个新鲜词了，联合国也成为全球秩序的焦点之一，其在武力的合法性和正当性上

① Elisabeth Vikman. Janie Leatherman, Sexual Violence and Armed Conflict. Journal of Peace Psychology, 2012, 18: 199-200.

有着突出地位。Ralph Zacklin 在《单极世界下的联合国秘书处和使用武力：权力对抗原则》中指出，在 20 世纪 90 年代冷战结束后，联合国秘书处不断支持着那些将其卷入与美国或其他大国的冲突之中的观点。他引用了劳特派特（Hersch Lauterpacht）于 2008 年在剑桥大学的讲座中的一个强有力的观点：联合国秘书处在关于武力的合法性和正当性上扮演着独立的作用。

该书共分为四个章节。第一章讨论了 1991 年的伊拉克战争，第二章和第三章分别讨论了在波斯尼亚和科索沃问题上对塞尔维亚的军事制裁，而第四章讨论了 2003 年美国领导的联合部队对伊拉克的战争。前两章为安理会军权的讨论提供了铺垫，作者指出，这些讨论对联合国秘书处，特别是其法务部带来了问题，因为它在关于海湾和波斯尼亚中使用武力的法律问题上比安理会抓得更严一些。第三章阐述了科索沃危机中秘书处的地位问题，陈述了秘书长及其职员在安理会事后承认 1999 年北约空袭的合法性这一问题上提出保留的法律思考。作者接着指出美国关于伊拉克正发展大规模杀伤性武器的言论缺乏根据，并批评其在缺少安理会赞成票的情况下发动战争。这场战争削弱了联合国机制的重要性，破坏了联合国宪章的地位，以及秘书处指导根本原则实施的作用。然而，在作者看来，恰恰是因为布什政府在使用武力问题上漠视联合国及其宪章，使得世界很快就兴起了新的多边主义，而传统上对集体安全的忧虑也被再次提及。

该书针对着那些致力于在国际关系中解释官僚机构和官僚文化重要性的国际组织理论家。作者在本书中提出，像联合国秘书处这样的国际组织是否且在何种程度上存在机构权力？该权力不仅是指评价事件的能力，而且还指影响大国集团决策制定的能力。国际法理论家，特别是那些争论联合国宪章宪法性地位的理论家，为探讨怎样的全球治理才能被用于战争与和平问题而花费了大量的精力。本书对国际法和国际组织使用武力实践上的评估很有价值。作者质疑道：联合国秘书处是否也不需要对诸如联合国财政困难、法律间不协调、执行能力以及缺乏严肃性和可靠性等问题进行评估，和这些问题一道，战争与和平问题也处于国家代表和国际组织的高级官员们热议中。①

（三）Kimberley N. Trapp 的《国际恐怖主义的国家责任：问题与未来》

“9·11”事件已过去十年，世界政坛的主题也渐渐转向其他方面。而国际社会也应当开始认识国际反恐所带来的持久的遗产。Kimberley N. Trapp 的专著《国际恐怖主义的国家责任：问题与未来》将在国际恐怖主义的国家责任配置上做出特殊的贡献。本书中，恐怖主义并不是表明现存规则不足的新挑战。Trapp 探讨了使卷入恐怖主义攻击的国家依照现存法律规则承担责任的潜在可能性。她主要分析了国家责任法，并不是查看国际法委员会在国家责任的条文怎样处理违反国际法的恐怖主义行为，而是通过退订和实践的方式使用国家责任法律框架来确定，卷入恐怖主义攻击的国家怎样有效负责。她对于恐怖主义的定义来自于她提出的“禁止恐怖主义公约”（terrorism suppression conventions，TSCS），并由联合国大会和安理会的实践作为补充。关于“国家恐怖主义”，Trapp 认为，这一概念强调了国家赞助和支持那些违反与反恐有关的国家法律制度的行为的可能性。

本书首先确定了遭到国际法禁止的国家参与的恐怖主义活动的形式，他指出了这种可归因于国家的行为是多么不具正当性。在讨论将卷入恐怖主义活动的国家置于国际法院的可能性之前，Trapp 讨论了根植于各种禁止恐怖主义公约中阻止恐怖主义活动的义务。除了指控恐怖主义活动的司法途径，Trapp 还讨论了其他让恐怖主义国家负责的方式，如在国际法，尤其是国际贸易组织法或民用航空法下的对抗措施。最后，Trapp 探讨了在恐怖主义的情况下，国家责任和个人责任的关系。所有这些章节，Trapp 的论述都极其详尽，强调了最突出的法律问题。本书在几年内都将作为涉恐国家国际法律问题研究的标准。它分析到位，细节详尽却不难理解，而且

---

① Günther Auth. Ralph Zacklin, the United Nations Secretariat and the Use of Force in a Unipolar World. Power V. Principle. European Journal of International Law, 2012, 23: 278-281.

容易实践。对于学术研究而言，本书将国家涉恐行为的争论串联起来，并将“9·11”事件后十年间法律的发展情景连贯地展现出来。①

（四）Hannah Tonkin 的《武装冲突中对私人军事安保公司的国家控制》

军事及安全服务的私有化接受企业公司的形式和法律地位，它可以追溯至20世纪60年代初期大卫斯特林沃奇卫士国际股份有限公司的成立。除了安哥拉、塞拉利昂和巴布亚新几内亚发生的一些著名事件，新兴的私人军事安保公司产业努力置身事外，在接下来的十年间只受到了少数学者和记者的关注。“9·11”事件之后，军事安保公司发展得格外迅猛。Hannah Tonkin 的《武装冲突中对私人军事安保公司的国家控制》探讨了传统国际法能够充分适应军事安保公司引发的挑战，并思考了雇用国、宗主国和本土国三角框架下的国家责任问题。其考察的范围相对有限，且他仅仅分析了军事安保公司行动中国家责任的可能性。因此，他的方法大致是找出潜在的相关国际法学说，解释他们的特点，尝试着说明这些现存的军事安保公司法律原则的潜在适用性。

Tonkin 认识到，由于军事安保公司既没有处理个人承包商的责任，也没有处理公司级别的责任，而且缺乏严格的执行机制，其国家责任程度不足的问题不能很好地加以解决。虽然他认为有必要制定能囊括各个层级的责任框架，但传统的责任机制在军事安保公司问题上并未过时。Tonkin 解释了国际法中的最低标准可以用来解释武装冲突中军事安保公司基本标准的建立。本书澄清了相关义务的内容，旨在熟悉监管政策，执行机制的缺点依然存在，强调识别这一产业的预期标准导致了依靠成员公司保证符合其原则，违反则遭到不大于开除惩罚的国际行为准则在军事安保公司其自身团体内得到采纳。这一产业坚守标准，要求自我调节，使得紧张情势四散开

① Helmut Philipp Aust. Kimberley N. Trapp. State Responsibility for International Terrorism. Problems and Prospects. The European Journal of International Law, 2012, 23: 275-278.

来，裁军的批评声要求关于军事安保公司更有力的规制，以阻止滥用的可能性。Tonkin在鉴定那些可被用来规制军事安保公司的现存国际法的渊源、内容和限制上做得非常好。随着相关标准的建立，接下来的挑战便是解除军事安保公司自我管制的能力了。①

六、结　语

通过以上分析，我们可以看出，西方武装冲突法研究的范围是极其广泛的，既包括武装冲突法的基本概念如占领问题，又包括武装冲突法中保护责任的问题和战后社会重建问题，武装冲突法的执行和适用问题，还包括平民保护问题。从整体看来，研究的热点仍然集中在反恐战争问题、网络战等问题，反恐战争从宏观反恐向微观反恐转变，更对私人军事和安保公司进行了全新解读。随着科学技术的发展，国际武装冲突的范围日益扩大，新型武器的应用日益增加，合理控制大规模杀伤性武器的使用和无人机的合法性问题仍将会成为学界讨论的焦点，同时还有很多国际法问题仍然需要更加深入的探讨。在未来几年，除了传统热点以外，金融反恐、保护责任以及各种新式武器所引发的法律问题也将会成为未来研究的热点。

参考文献

[1]YUTAKA ARAI-TAKAHASHI. Preoccupied with occupation：critical examinations of the historical development of the law of occupation. International Review of the Red Cross，2012，94.

[2]MARIE ARONSSON，SUSAN BREAU. Drone attacks，international law，and the recording of civilian casualties of armed conflict. Suf-

① Hin-Yan Liu. Hannah Tonkin，State Control over Private Military and Security Companies in Armed Conflict. Journal of Conflict and Security Law，2012，17：178-182.

folk Transnational Law Review, 2012, 35.
[3] HELMUT PHILIPP AUST. Kimberley n. Trapp. State responsibility for international terrorism. Problems and prospects. The European Journal of International Law, 2012, 23.
[4] GÜNTHER AUTH. Ralph Zacklin, the United Nations secretariat and the use of force in a unipolar world. Power v. Principle. The European Journal of International Law, 2012, 23.
[5] ERIN BAINES, EMILY PADDON. This is how we survived: civilian agency and humanitarian protection. Security Dialogue, 2012, 43.
[6] RICHARD BARRETT. Preventing the financing of terrorism. Case Western Reserve University's Journal of International Law, 2012, 44.
[7] LAURIE R. BLANK. After "top gun": how drone strikes impact the law of war. University of Pennsylvania Journal of International Law, 2011-2012, 33.
[8] LAURIE R. BLANK. Understanding when and how domestic courts apply IHL. Case Western Reserve University's Journal of International Law, 2012, 44.
[9] ZIV BOHRER. Is the prosecution of war crimes just and effective-rethinking the lessons from sociology and psychology. Michigan Journal of International Law, 2011-2012, 33.
[10] RUSSELL BUCHAN. Cyber attacks: unlawful uses of force or prohibited interventions. Journal of Conflict and Security Law, 2012, 17.
[11] KATHLEEN A. CAVANAUGH. Speaking law to war. Journal of Conflict and Security Law, 2012, 17.
[12] JOHN CERONE. Expanding the R2P tool-kit: new political possibilities and attendant legal uncertainties. ILSA Journal of International and Comparative Law, 2011-2012, 18.
[13] KARL S. CHANG. Enemy status and military detention: neutrality

law and non-international armed conflict, municipal neutrality statutes, the U. N. Charter, and hostile intent. Texas International Law Journal, 2011-2012, 47.

[14] GARY P. CORN, GEOFFREY S. CORN. Law of operational targeting: viewing the LOAC through an operational lens. Texas International Law Journal, 2011-2012, 47.

[15] DAVID CORTRIGHT. Winning without war: nonmilitary strategies for overcoming violent extremism. Transnational Law and Contemporary Problems, 2012, 21.

[16] ERIK C. COYNE. Influence with confidence: enabling lawful command influence by understanding unlawful command influence-a guide for commanders, judge advocates, and subordinates. Air Force Law Review, 2012, 68.

[17] TOM DANNENBAUM. Peacekeepers crimes killings at Srebrenica, effective control, and the power to prevent unlawful conduct. International and Comparative Law Quarterly, 2012, 61.

[18] ASHLEY S. DEEKS. Unwilling or unable: toward a normative framework for extraterritorial self-defense. Virginia Journal of International Law, 2011-2012, 52.

[19] CRISTIAN DEFRANCIA. Enforcing the nuclear nonproliferation regime: the legality of preventive measures. Vanderbilt Journal of Transnational Law, 2012, 45.

[20] GUIDO DEN DEKKER, TOM COPPEN. Termination and suspension of, and withdrawal from, WMD arms control agreements in light of the general law of treaties. Journal of Conflict and Security Law, 2012, 17.

[21] YORAM DINSTEIN. Principle of distinction and cyber war in international armed conflicts, Journal of Conflict and Security Law, 2012, 17.

[22] LLOYD J. DUMAS. Counterterrorism and economic policy. Transnational Law and Contemporary Problems, 2012, 21.

[23] CHARLES J. DUNLAP, JR. Law of war manuals and warfighting: a perspective. Texas International Law Journal, 2011-2012, 47.

[24] HILAL ELVER. Racializing Islamn before and after 9/11: from melting pot to islamophobia. Transnational Law and Contemporary Problems, 2012, 21.

[25] RICHARD FALK. 9/11 & 9/12 + 10 = the United States, Al Qaeda, and the world. Transnational Law and Contemporary Problems, 2012, 21.

[26] RICHARD FALK. No peace without rights: why international law matters. Transnational Law and Contemporary Problems, 2012, 21.

[27] TRISTAN FERRARO. Determining the beginning and end of an occupation under international humanitarian law. International Review of the Red Cross, 2012, 94.

[28] JAMES D. FRY. Early Security Council efforts at nuclear non-proliferation law and policy: cooperation forgotten. Transnational Law and Contemporary Problems, 2012, 21.

[29] ILAN FUCHS, HARRY BOROWSKI. Weak states and terrorist organizations: a proposed model of intervention. Minnesota Journal of International Law, 2012, 21.

[30] NATHAN C. FUNK. Building on what's already there: valuing the local in international peacebuilding. International Journal, 2011-2012, 67.

[31] IRENE GENDZIER. Weapons of mass deception and what we don't know aboutU. S. Policy in the Middle East. Transnational Law and Contemporary Problems, 2012, 21.

[32] ALICIA GODSBERG. Nuclear disarmament and the United Nations disarmament machinery. ILSA Journal of International and Comparative Law, 2011-2012, 18.

[33] RICHARD GORDON. Terrorism financing indicators for financial institutions in the United States. Case Western Reserve University's Journal of International Law, 2012, 44.

[34] STEPHENIE GOSNELL HANDLER. New cyber face of battle: developing a legal approach to accommodate emerging trends in warfare. Stanford Journalof International Law, 2012, 48.

[35] AMOS N. GUIORA. Determining a legitimate target: the dilemma of the decision-maker. Texas International Law Journal, 2011-2012, 47.

[36] KEVIN JON HELLER. Law of neutrality does not apply to the conflict with Al-Qaeda, and it's a good thing, too: a response to Chang. Texas International Law Journal, 2011-2012, 47.

[37] PETER HILPOLD. Intervening in the name of humanity: R2P and the power of ideas. Journal of Conflict and Security Law, 2012, 17.

[38] ZOE HOWE. Can the 1954 Hague convention apply to non-state actors?: a study of Iraq and Libya. Texas International Law Journal, 2011-2012, 47.

[39] REBECCA INGBER. Untangling belligerency from neutrality in the conflict withAl-Qaeda. Texas International Law Journal, 2011-2012, 47.

[40] RAIN LIIVOJA. Regulating the private military and security industry: a quest to maintain state control and preserve public values. Leiden Journal of International Law, 2012, 25.

[41] HIN-YAN LIU. HannahTonkin, state control over private military and security companies in armed conflict. Journal of Conflict and Security Law, 2012, 17: 178-182.

[42] HANNAH LOBEL. Cyber war Inc. : the law of war implications of the private sector's role in cyber conflict. Texas International Law Journal, 2011-2012, 47.

[43] ERIC TALBOT JENSEN. Applying a sovereign agency theory of the law of armed conflict. Chicago Journal of International Law, 2012, 12.

[44] JUTTA JOACHIM, ANDREA SCHNEIKER. New humanitarians?

Frame appropriation through private military and security companies. Millennium Journal of International Studies, 2012, 40.

[45] DAVID S. JONAS. General and complete disarmament: not just for nuclear weapons states anymore, Georgetown Journal of International Law, 2012, 43.

[46] TREVOR A. KECK. Not all civilizations are created equal: the principle of distinction, the question of direct participation in hostilities and evolving restraints on the use of force in warfare. Military Law Review, 2012, 211.

[47] PAUL KINGSTON. Pitfalls of peacebuilding from below: governance promotion and local political process in post-conflict Lebanon. International Journal, 2011-2012, 67.

[48] SHYAM KULKARNI, PAUL F. DIEHL. Worth a pound of cure-an empirical assessment of the bush doctrine and preventive military action. Universityof Miami International and Comparative Law Review, 2011-2012, 19.

[49] JULIAN M. LEHMANN. All necessary means to protect civilians: what the intervention in Libya says about the relationship between the jus in bello and the jus ad bellum. Journal of Conflict and Security Law, 2012, 17.

[50] MICHAEL W. LEWIS. Drones and the boundaries of the battlefield. Texas International Law Journal, 2011-2012, 47.

[51] LIRONA. LIBMAN. Legal advice in the conduct of operations in the Israel defense forces. Military Law and the Law of War Review, 2011, 50.

[52] GARY E. MARCHANT, BRADEN ALLENBY, RONALD ARKIN, EDWARD T. BARRETT, JASON BORENSTEIN, LYN M. GAUDET, ORDE KITTRIE, PATRICK LIN, GEORGE R. LUCAS, RICHARD O'MEARA, JARED SILBERMAN. International governance of autonomous military robots. Columbia Science and Technology Law Review, 2011, 12.

[53] ALON MARGALIT. DidLOAC take the lead?: reassessing Israel's targeted killing of Salah Shehadeh and the subsequent calls for criminal accountability. Journal of Conflict and Security Law, 2012, 17.

[54] ROBERT O. MATTHEWS, ELISABETH KING. New agenda for peace: 20 years later. International Journal, 2011-2012, 67.

[55] ROB MCLAUGHLIN. 'Giving' operational legal advice: context and method. Military Law and the Law of War Review, 2011, 50.

[56] SHELLY S. MCNULTY. Myth busted: women are serving in ground combat positions. Air Force Law Review, 2012, 68.

[57] JON D. MICHAELS. Private military firms, the American precedent, and the Arab spring. Stanford Journal of International Law, 2012, 48.

[58] SAIRA MOHAMED. Taking stock of the responsibility to protect. Stanford Journal of International Law, 2012, 48.

[59] ERIK M. MUDRINICH. Cyber 3.0: the department of defense strategy for operating in cyberspace and the attribution problem. Air Force Law Review, 2012, 68.

[60] LAURA NADER. Rethinking salvation mentality and counterterrorism. Transnational Law and Contemporary Problems, 2012, 21.

[61] ANTHEA ROBERTS, SANDESH SIVAKUMARAN. Lawmaking by non-state actors: engaging armed groups in the creation of international humanitarian law. Yale Journal of International Law, 2012, 37.

[62] PETER ROWE. Is there a right to detain civilians by foreign armed forces during a non-international armed conflict? International and Comparative Law Quarterly, 2012, 61.

[63] MICHAEL SCHMITT. Classification of cyber conflict. Journal of Conflict and Security Law, 2012, 17.

[64] GABRIELLE SIMM. International law as a regulatory framework for sexual crimes committed by peacekeepers. Journal of Conflict and

Security Law, 2011, 16.
[65] DAVID TURNS. Cyber warfare and the notion of direct participation in hostilities. Journal of Conflict and Security Law, 2012, 17.
[66] ELISABETH VIKMAN. Janie Leatherman, sexual violence and armed conflict. Journal of Peace Psychology, 2012, 18.
[67] DAVID C. W. WAGNER. Breaking the nexus between armed conflict and consumer products: where's the app for that? Temple International and Comparative Law Journal, 2012, 26.
[68] RACHEL A. WEISE. How nuclear weapons change the doctrine of self-defense. New York University Journal of International Law and Politics, 2011-2012, 44.

俄罗斯针对危害食品安全犯罪法律规制之借鉴

武汉大学法学院　莫洪宪

食品是人类与外部环境的连接的最重要的因素之一，食品的价值与其安全性紧密相连，因为它直接取决于原料及成品的化学成分。① 因此，确保食品原材料和食品的安全性乃是保证人们健康和保存其基因的基础因素。② 在当今世界，食品安全问题早已成为各法治发达国家所共同关注的重点与焦点，对于国家的稳定与发展具有举足轻重的意义，我国亦不例外。当前，维护食品安全是我国现阶段发展的一项重大战略任务，对于危害食品安全的犯罪行为应当予以严惩。不可否认的是，虽然我国在打击危害食品安全犯罪的领域内已取得了较为显著的成就，但在相关领域的法律规制方面仍然存在一定的疏漏与不足，需要进一步修改和完善。而作为我国的邻国与重要合作伙伴，俄罗斯的刑事立法与理论至今仍对我国具有较为深远的影响；此外，作为与英美法系、大陆法系等并列的世界刑事法律理论体系中的一个分支，俄罗斯的刑事法理论与立法模式也

---

① Виктор Михайлович ПОСТЫКА-кандидат технических наук，Стандарты и качество，12. 2004.

② Мазур，И. И. Управление качеством：Учеб. Пособие для студентов вузов，обучающихся по специальности《Упр. качеством》/ И. И. Мазур，В. Д. Шапиро；Под общ. Ред. И. И. Мазура. -2-е изд. -М.：Омега-Л，2005. -400 с. -(Успешный менеджмент).

有其独到的特点与个性。[1] 在前苏联解体之后，特别是自 21 世纪以来，俄罗斯建立并完善了维护食品安全的相关法律法规体系，加强了对食品市场的监管和整治，并依托刑法对危害食品安全的犯罪行为进行惩治，取得了良好的效果。研究俄罗斯针对危害食品安全违法犯罪的相关法律规制，可为我国提供宝贵的借鉴经验。

一、中俄相关立法述评

（一）俄罗斯相关立法

要想全面、深入地了解一国对危害食品安全犯罪的相关规制，首先需要明确该国关于"食品"与"食品安全"的概念。《俄罗斯联邦食品质量和安全法》（РОССИЙСКАЯ ФЕДЕРАЦИЯФЕДЕРАЛЬНЫЙ ЗАКОНО КАЧЕСТВЕ И БЕЗОПАСНОСТИ ПИЩЕВЫХ ПРОДУКТОВ[2]，下文简称《食品质量和安全法》）第一条规定首先明确规定了食品的范围，即"用于人类食用的、处于天然或加工状态的产品（包括婴儿食品、营养产品），瓶装饮用水、酒精（包括啤酒）、软性饮料、口香糖和食品原料、食品添加剂和生物活性添加剂"。其中规定，儿童食品指为 14 岁以下年龄儿童设计、满足儿童机体生理需要的食物；饮食食品，系指用于治疗和预防性的营养食品；食品原料系指，用于制造食品的植物、动物、微生物、矿物、人造成分和水的原料；食品添加剂系指，天然或人工物质以及它们的化合物，在食品生产过程中特别加入食品中，目的在于增加食品的某些属性和（或）确保食品质量；生物活性添加剂系指天然（同质的）生物活性物质用于配合食品使用，或成为食品的成分；同食品相接触的材料和制品（简称材料和制品）系指用于制造、包装、贮存、

① 参见赵路译：《俄罗斯联邦刑事法典》，中国人民大学出版社 2009 年版，"代译序"。

② 《俄罗斯联邦食品质量和安全法》国家杜马 1999 年 12 月 1 日通过俄罗斯联邦委员会 1999 年 12 月 23 日批准，经过多次修改完善，现在适用的是 2011 年 7 月 19 日 N248-联邦法。

运输、销售和使用食品的材料和制品，其中包括技术装备、仪器和设备、容器、厨房用具、餐具等。食品安全的定义则是："经论证认为，在正常条件下使用食品不会造成伤害，并且不会对目前这一代人和下一代人的健康造成危险。"也有学者认为："从广义上来说，食品安全可以解释为以常规的量使用它们时无毒性，无致癌性，无致畸，无突变或其他任何食品对人体的不良影响。"①

在此基础上，俄罗斯刑法针对危害食品安全的行为进行了规制。值得注意的是，《俄罗斯联邦刑法典》并没有设立危害食品安全犯罪的独立罪名，而是在第238条规定了"生产、保管、运送或者销售不符合安全要求的商品，完成不符合安全要求的工作或者提供不符合安全要求的服务罪"，从而将危害食品安全的行为内含于该条文的行为构成之中。该条的内容为："1. 以销售为目的生产、保管、运送或者销售不符合消费者生命或健康安全要求的商品、完成不符合这种要求的工作或提供不符合这种要求的服务，以及非法颁发或非法使用确认上述产品、工作或服务符合安全要求的官方文件的，处数额为30万卢布以下或被判刑人2年以下的工资或者其他收入的罚金；或处360小时以下的义务劳动；或处2年以下的限制自由；或处2年以下的强制工作；或处2年以下的剥夺自由。2. 上述行为，有下列情形之一的：（1）有预谋的团伙或有组织的集团实施的；（2）涉及6岁以下儿童使用的商品、工作或者服务的；（3）过失造成人员健康的严重损害或者过失造成人员死亡的，处数额为10万卢布以上50万卢布以下或被判刑人3年以下的工资或者其他收入的罚金；或处5年以下的强制工作；或处3年以下的限制自由；或处6年以下的剥夺自由，并处或不并处50万卢布以下或被判刑人3年以下的工资或者其他收入的罚金；3. 本条第1款或第2款规定的行为，过失造成2人以上死亡的，处5年以下的强制工作；或处10年以下的剥夺自由。"②

---

① Виктор МихайловичПОСТЫКА-кандидат технических наук《Стандарты и качество》, 12. 2004.

② 根据《俄罗斯联邦刑法典》2012年2月29日与3月1日的修订版本。

根据俄罗斯学者的观点，该条的效力范围是为居民服务的领域，宗旨则在于保护公民作为消费者时的健康安全。根据《消费者权利保护法》的规定，应当使用强制性和专门的要求来保证商品（工作、服务）对消费者生命、健康及环境的安全，以及预防对消费者的财产造成损害。而所谓消费者，则指仅为个人（生活）需要，而不是为了获取利润而有意制作或者实际制作、获得或使用商品（工作、服务）的公民。该罪的客观表现为以销售为目的的生产、保管、运送或者销售不符合消费者生命或健康安全要求的商品，从事不符合这种要求的工作或提供不符合这种要求的服务，以及非法颁发或非法使用确认上述产品、工作或服务符合安全要求的官方证明文件的行为。其中，商品（工作、服务）安全是指这类客体在正常使用、保管、运输和利用等条件下的性能以及完成工作(提供服务）过程中的安全。该罪的犯罪主体是商品的制造、保管、运输或销售者，以及负责完成工作和提供服务的人员，或者有权颁发确认商品、工作、服务符合安全要求的文件的公职人员。就主观方面而言，行为人对于上述犯罪行为的实施应当出于故意，而对于他人重伤或死亡这一结果的发生则是过失。①

（二）我国相关立法

我国于 2009 年通过了《中华人民共和国食品安全法》(下文简称《食品安全法》)，“食品安全”这一概念随之取代了先前的“食品卫生”概念，成为了食品生产经营活动中所要保障的首要标准，得到了社会各界的广泛关注与热烈讨论。根据《食品安全法》的规定，食品是指各种供人食用或者饮用的成品和原料以及按照传统既是食品又是药品的物品，但是不包括以治疗为目的的物品。此外，还有学者认为，根据《食品安全法》第 2 条第 2 款的规定，由于制定有关食用农产品的质量安全标准、公布食用农产品安全有关信息仍应当遵守该法的有关规定，故刑法意义上的“食品”应当

① 参见斯库拉托夫、列别捷夫主编，黄道秀译：《俄罗斯联邦刑法典释义》(下册)，中国政法大学出版社 2000 年版，第 653~655 页。

从广义上来理解，即同时将食用农产品纳入其调整的范围。① 而所谓食品安全，则指食品无毒、无害，符合应当有的营养要求，对人体健康不造成任何急性、亚急性或者慢性危害。

为了实现一国法秩序的和谐统一，在《食品安全法》出台后，我国刑法也进行了相应的调整，进一步加强了对食品安全这一基本民生问题的保护。当前，我国刑法对食品安全保障体系的建构则主要体现在如下条文中：第 143 条规定了生产、销售不符合安全标准的食品罪："生产、销售不符合食品安全标准的食品，足以造成严重食物中毒事故或者其他严重食源性疾病的，处三年以下有期徒刑或者拘役，并处罚金；对人体健康造成严重危害或者有其他严重情节的，处三年以上七年以下有期徒刑，并处罚金；后果特别严重的，处七年以上有期徒刑或者无期徒刑，并处罚金或者没收财产。"第 144 条则规定了生产、销售有毒、有害食品罪："在生产、销售的食品中掺入有毒、有害的非食品原料的，或者销售明知掺有有毒、有害的非食品原料的食品的，处五年以下有期徒刑，并处罚金；对人体健康造成严重危害或者有其他严重情节的，处五年以上十年以下有期徒刑，并处罚金；致人死亡或者有其他特别严重情节的，依照本法第一百四十一条的规定处罚。"而随着《刑法修正案(八)》的实施，又新增了食品监管渎职罪作为刑法第 408 条之一，其内容为："负有食品安全监督管理职责的国家机关工作人员，滥用职权或者玩忽职守，导致发生重大食品安全事故或者造成其他严重后果的，处五年以下有期徒刑或者拘役；造成特别严重后果的，处五年以上十年以下有期徒刑。徇私舞弊犯前款罪的，从重处罚。"上述三个罪名基本上囊括了食品安全领域中的生产、销售与监管这三个主要环节，是我国惩治食品安全犯罪的核心与典型罪名。此外，危害食品安全的行为还可能构成以危险方法危害公共安全罪，生产、销售伪劣产品罪，非法经营罪，滥用职权罪，玩忽职守罪等犯罪，这些罪名共同构筑了我国食品安全犯罪的外围空间。

---

① 参见金泽刚：《危害食品安全犯罪的刑法规制》，《2012 年湖北省刑法学术年会论文集》。

（三）小结

通过对中俄两国惩治食品安全犯罪相关立法的简要述评，我们不难看出，两国在以下几个方面存在相似之处。首先，两国对于食品的定义有较大的重合之处，如均包括食品原料与成品。此外，两国对于食品安全的理解没有本质上的冲突，这就给我们提供了可资参照、比较的基本平台。其次，两国关于危害食品安全犯罪的刑事立法均经历了一个演变发展的过程。在俄罗斯，生产、保管、运送或者销售不符合安全要求的商品、完成不符合安全要求的工作或者提供不符合安全要求的服务罪在 1997 年刑法正式生效后，先后多次对该条文进行修订，甚至有的内容在 1999 年被增设后，随即在 2003 年修订时被废止，变动的频率与幅度较大。可以说，该国现行刑法的相关条文与最初的条文相比在此有较为显著的演变发展。无独有偶，我国关于食品安全犯罪规制的三个核心罪名同样经历了修改完善的过程，《刑法修正案（八）》的相关内容调整即是最好的体现。这一共同特征表明，中俄两国都对危害食品安全犯罪给予了高度的重视，并结合社会的发展程度与该类犯罪的演变特点，及时对刑法的相关规定进行了切实有效地调整，使之在总体上日臻完善，以充分保障国民的健康安全。再次，就生产、销售不符合安全标准这一类型的食品犯罪而言，两国刑法都不要求危害结果的实际发生，而是通过行为犯或危险犯的立法模式，实现刑法介入的早期化。俄罗斯刑法最初将该行为规定为结果犯，即必须“过失造成人员健康损害的”才能构成犯罪，但随后修正为行为犯并延续至今。而在我国刑法中，生产、销售不符合安全标准的食品罪为具体危险犯，生产、销售有毒、有害食品罪则表现为行为犯。这一特点表明，出于危害食品安全犯罪严重的社会危害性及行为与危害结果之间因果关系认定中的复杂性等因素的考虑，立法者将犯罪结果排除出犯罪的构成要件要素，从而实现了法益保护与危险控制的早期化，以最大程度地避免更为严重的，甚至无可挽回的实害结果的发生。最后，两国在具体的犯罪构成与法律后果等方面也存在类似之处。如生产、销售不符合安全标准的食品罪的主观方面必须为故意，过失不能构成该罪；两国刑法对这一行为均设置了不同的量刑档次与量刑情节，便于实践中的灵活操作，以更好地实现罪责刑相适应。

当然，中俄两国在这一问题的规定上也存在诸多区别。如在关于危害食品安全犯罪的刑法条文的设计上，俄罗斯并无针对食品安全的专门条款，而是将其置于商品、服务与工作这一大的框架内加以讨论，核心条文也仅有一条。与之相对，我国刑法则明确、清晰地规定了关于危害食品安全犯罪的三个核心罪名，“法条设计缜密详备、性质明确、适用方便”。① 除此之外，二者还在犯罪客体、犯罪行为、犯罪主体、刑罚设置等方面存在较为明显的差别。下面，笔者就主要从这些差异出发，深入讨论俄罗斯关于危害食品安全犯罪的相关规定对我国的参考与借鉴意义。

二、俄罗斯关于危害食品安全犯罪对我国的借鉴

（一）食品概念的扩张

根据我国《食品安全法》的相关规定，“食品”主要体现为“成品”与“原料”这两种形式，其中，前者无需进行再加工即可直接食用；而后者则一般作为加工对象进行生产和销售，既可以提供给食品的生产经营者，也可以直接为消费者加以利用。与这一概念相比，俄罗斯《食品质量和安全法》中“食品”概念的范围明显更为广泛，包括产品、瓶装饮用水、酒精（包括啤酒）、软性饮料、口香糖和食品原料、食品添加剂和生物活性添加剂，几乎囊括了一切旨在或者可以合理期待供人摄取的物质和产品。这种较为宽泛、全面的定义方式能够较大范围地将有可能作为食品的物品加以严格管理，从而更加有效保护公民健康与生命安全。由于俄罗斯刑法是将食品安全犯罪作为商品安全犯罪的内在组成部分而加以规定的，故能够非常全面地打击与惩治危害食品安全的行为。只要是不

① 吴占英：《中俄刑法典有关危害食品安全犯罪的规定之对比》，《2012 年湖北省刑法学术年会论文集》。

符合相应的安全要求，且能够供人饮食的物品以及作为该物品组成部分的掺入物，都可以成为刑法第 238 条的规制对象。而我国刑法则不然，由于《食品安全法》对“食品”这一概念的界定略显狭窄，难免导致人们产生出“半成品是否属于食品”、“可供食用的农产品是否属于食品”等困惑，而这些疑问则直接影响到危害食品安全犯罪的具体认定。虽然我们认为，由于不同法律具备不同的调整范围、规范目的与任务，即使是同一概念，在不同的部门法中也完全可能具有不同的含义；因此，危害食品安全犯罪中的“食品”概念并没有必要完全依照《食品安全法》中的定义加以认定。但是，这一观点在学术界尚未达成共识，还值得进一步的讨论，因此，仍然有学者对我国刑法中的“食品”概念作出与行政规范中完全相同的理解，并据此指责刑法规定的疏漏。而在实践中，不少法官在审理相关刑事案件中也不假思索地完全照搬《食品安全法》中的定义，这也难免会不当地扩张或限缩了危害食品安全犯罪的成立范围，不利于法益保护与人权保障。即使对于普通百姓而言，由于其大多并不能熟练掌握扩张解释、目的解释等法律解释的技巧，也可能将行政法与刑法中的“食品”概念等而视之，从而不利于其守法观念的培养，甚至会不当地对罪刑法定原则或刑法的效力产生疑问。基于这些原因，笔者建议我国《食品安全法》参考、借鉴俄罗斯《食品质量和安全法》中的相关规定，进一步扩大“食品”概念的内涵与外延，从而为合理解释刑法中的“食品”概念奠定良好的基础；或是及时出台关于食品安全犯罪的司法解释，将现今“食品”认定中存在的一些模糊问题明确化、具体化。而在法律尚未进行修正的当前，我们则应当在罪刑法定原则的框架下，根据危害食品安全犯罪的保护法益与相关刑法条文的体系与目的，在参照《食品安全法》规定的基础上对刑法中的“食品”概念作出独立、科学的解释。

下面试以食品添加剂的法律定性问题为例详加说明。近年来，食品添加剂的问题在俄罗斯受到越来越广泛的重视——“对于营养价值和食品安全有直接关系的是近年来已被广泛引入使用在食品生产和食品服务中的食品添加剂问题。"① 根据相关定义，食品添加剂通常并不作为独立的食品或食品成分而被利用，而是由于技术原因在生产、储存和运输食物的不同阶段进行的添加，以提高或便于在生产过程或个人操作中防止食物各种类型损坏的能力，保存食品的外观和结构，或有意地改变食品的外观特征。俄罗斯《食品质量和安全法》第一条的规定，实际上主张广义的"食品"概念，其中包含食品添加剂在内，而且从食品安全的角度出发，该法第17条明确规定：保证食用产品、材料、制品在生产过程中的质量和安全，为了确保食品、材料、制品的质量和安全，制造商须制定并落实标准文件要求的国家标准的质量系统。食品生产过程中使用的食品添加剂和生物添加剂不应有害人的生命和健康；食品生产过程中使用的食品添加剂和生物添加剂不应有害人的生命和健康。"食品添加剂被允许使用的唯一条件是，即使长时间使用它们，也不会威胁人类健康。"② 因此，生产、保管、销售或运输不符合安全要求的食品添加剂的行为，在本质上也属于危害食品安全的犯罪行为，应当受到刑法第238条的规制。

我国《食品安全法》则不然，其明确区分了食品与食品添加剂，并将其作为并列的两种对象加以规制。这就无形中给我们提出了一个难题：生产、销售不符合安全标准的食品添加剂的行为，应当如何定性？在食品添加剂中掺入有毒、有害的非食品原料的行为又该如何认定？对于其中情节严重的行为，能否为刑法所规制？当前，我国实践中发生的大量食品安全事件都往往与食品添加剂的非法使用存在密切关系，但学者们对食品添加剂的示范行为的关注热点主要集中在其使用环节，即超范围、超剂量使用食品添加剂这两种表现形式，如曾经沸沸扬扬的"苏丹红案"、"染色馒头案"

① Виктор МихайловичПОСТЫКА-кандидат технических наук《Стандарты и качество》, 2004（12）.

② Виктор МихайловичПОСТЫКА-кандидат технических наук《Стандарты и качество》, 2004（12）.

等。① 而对于食品添加剂的生产与销售环节着墨不多。笔者认为，作为实现食品功能的重要组成部分，食品添加剂最终会随着食品的摄入而进入人体，从而直接影响到食用者的身体健康乃至生命安全。从法益保护这一应然的角度出发，食品添加剂对人体的影响与食品并不存在本质区别，理应在刑法中得到相同程度的保护。而根据《食品安全法》的相关规定，食品安全标准也应当包括“食品添加剂的品种、使用范围与用量”，并综合该法第 84 条、第 85 条、第 86 条以及第 98 条的相关规定，亦可以推知在食品安全领域内，食品添加剂与食品具有相似的地位与特征，被侵犯的表现与类型也十分类似。② 此外，根据一些学者的观点与判例所体现的态度，在食品添加剂生产过程中使用无毒、无害的非食用物质的，如果行为人的销售金额达到 5 万元以上，可以生产伪劣产品罪论处；倘若是有毒、有害的非食品原料的，则应当构成生产有毒、有害食品罪。③ 因此，将食品添加剂纳入危害食品安全犯罪所规制的对象之中，从而将生产、销售不符合相应标准的食品添加剂且情节严重的行为作为犯罪处理具有较为充分的理论依据。但不容忽视的是，罪刑法定原则是现代刑法理论的基石，其派生出的明确性原则要求对刑法中用语的解释不能超出其文义的基本范围，亦不能超越国民的预测可能性。倘若逾越了这一形式界限的话，即使该解释具有实质上的正当性，也应当被认为无效。而将“食品添加剂”解释为“食品”的做法，则不能不引发对违反罪刑法定原则的忧虑，存在

---

① 参见冉翚：《食品添加剂领域失范行为的刑事限制研究》，《社会科学研究》2012 年第 2 期。

② 参见陈烨：《食品安全犯罪的对象研究》，《西南政法大学学报》2012 年第 4 期。

③ 参见王玉珏：《〈刑法〉第 144 条中“有毒有害非食品原料”的合理定位》，《法学》2008 年第 11 期。冉翚：《食品添加剂领域失范行为的刑事限制研究》，《社会科学研究》2012 年第 2 期。罗桦：《如何认定在食品添加剂中掺入苏丹红一号的行为》，《人民司法》2009 年第 6 期。广东省广州市中级人民法院（2006）穗中法刑二初字第 69 号判决书；广东省高级人民法院（2006）粤高法刑二终字第 638 号判决书。

类推解释的嫌疑——姑且不论普通民众的看法，即使在相关行政规范中，二者都是被作为不同的事物加以规制的，可见彼此之间并不存在包容关系。因此，要想从源头上解决这一矛盾，必须对《食品安全法》的规定进行相应的修改，如借鉴俄罗斯《食品质量和安全法》的规定，将食品添加剂纳入“食品”这一概念的范围内（可以将“食品”分为广义与狭义两个层次的概念），从而避免可能出现的混淆或质疑。

（二）犯罪归属的调整

在俄罗斯刑法典中，生产、保管、运送或者销售不符合安全要求的商品、完成不符合安全要求的工作或者提供不符合安全要求的服务罪被规定于第八编“危害公共安全与社会秩序”之“危害居民健康和公共道德的犯罪”的章节之中，其保护的客体显然是公民健康。① 而返观我国刑法典，除了最新增设的食品监管渎职罪被规定在第九章渎职罪中之外，其余两个罪名均排列于分则第三章“破坏社会主义市场经济秩序罪”的第一节“生产、销售伪劣商品罪”之中。关于二者侵犯的犯罪客体，通说认为主要是国家对食品安全的管理制度（国家食品安全监督管理秩序），此外也包括不特定或多数人的生命、健康。② 当然，根据这两个罪名所处的体系位置，不难看出食品安全管理制度乃是其主要客体。近年来，也有不少学者对食品安全犯罪在我国刑法分则中的体系顺序提出质疑，认为其主要客体为公共健康，相应地应当将这些犯罪从侵犯经济秩序犯罪调整为危害公共安全类犯罪。如有学者认为，随着时代的发展，我国目前已经迈入风险社会，这种全新的社会模式给我们带来

① 参见斯库拉托夫、列别捷夫主编，黄道秀译：《俄罗斯联邦刑法典释义》（下册），中国政法大学出版社 2000 年版，第 653 页。

② 参见高铭暄、马克昌主编：《刑法学》，北京大学出版社、高等教育出版社 2010 年版，第 419 页。马克昌主编：《刑法》（第三版），高等教育出版社 2012 年版，第 365 ~ 366 页。王作富主编：《刑法分则实务研究》，中国方正出版社 2007 年版，第 274 页，第 279 页。谢望原、赫兴旺主编：《刑法分论》，中国人民大学出版社 2011 年版，第 75 页。

了新的挑战，而危害食品安全类犯罪在具有逐利性、破坏竞争秩序的同时，也已经完全超出了最初意义上的“伪劣商品”的范畴，理应被时代赋予新的特征与内涵。① 还有学者从食品安全犯罪的严重危害性出发，主张“食品安全这种最基础的公共安全，不仅直接影响着不特定多数人的生命、健康，而且还影响着子孙后代乃至民族的兴衰，所以它应当受到比经济秩序犯罪更有力的保护。”而当前将其作为经济犯罪的做法显然低估了其所具备的严重的社会危害性，无法有效地打击食品安全犯罪。② 那么，我们是否需要参照俄罗斯刑法典的相关规定，将生产、销售不符合安全标准的食品罪与生产、销售有毒、有害食品罪纳入分则第二章，作为危害公共安全犯罪的组成内容呢？

从表面上看，这一问题属于罪名的排列顺序之争，但在本质上却涉及对犯罪客体的认定。当前我国刑法理论界，苏俄刑法学与传统通说所倡导的“犯罪客体”与德日刑法学所论述的“法益”概念在大体上具有相同的含义。根据俄罗斯刑法学的通说，犯罪客体是刑事法律所保护的、实施犯罪的人所侵害的、由于犯罪行为的结果受到或可能受到重大损害的具有社会意义的价值、利益与财富。③ 而所谓法益，简而言之，即为法所保护的利益，主要包括生命、健康、自由、尊严等个人法益与由其凝结而成的非个人法益。从犯罪的本质是侵犯利益或价值这一角度来说，犯罪客体与法益几乎可以作为同位语来使用，只是分别处于不同的语境之内。中俄通说均认为，犯罪客体对于刑事立法的编纂具有原则性的意义，是刑法规范分类和系统化，以及刑法典编、章划分的最合乎逻辑和具有

---

① 参见孙运梁、宁鲜鲜：《风险社会下食品安全的刑法规制》，《刑法与宪法之协调发展》，中国人民公安大学出版社 2012 年版。

② 参见房清侠：《食品安全刑法保护的缺陷与完善》，《河南财经政法大学学报》2012 年第 2 期。

③ 参见库兹涅佐娃、佳日科娃主编，黄道秀译：《俄罗斯刑法教程（总论）》(上卷)，中国法制出版社 2002 年版，第 205 页。

实践意义的标准。① 尽管有部分学者主张，我们在判断某一罪名的法益时，往往是由果溯因般地根据其所处的章节与位置来加以判断——而在这种情况下，立法者的最初选择就会起到决定性的作用，使得这种界定并无太大的意义。但通说仍然认为，法益作为犯罪分类标准的机能不可低估，能否对其进行精确的界定将会对法条的保护目的与行为的处罚范围产生决定性的影响。② 因此，我们不能局限于实定法的规定，而应当从该犯罪的本质出发，先确定其所欲侵害的犯罪客体（法益），再排列其在刑法典中的具体位置，甚至在必要的时候对现行立法进行补正解释。因此，确定上述两个罪名所具体侵犯的犯罪客体，亦即其不法行为所直接指向的某种具体利益，成为我们的首要任务。

尽管根据通说的观点，食品安全犯罪所侵害的主要客体是国家对食品安全的监管秩序，但我们认为，“那些仅是纯抽象的概念，例如‘国家’、‘国家利益’、‘社会’、‘社会制度’及‘禁忌’则当然地不得直接当作保护的客体”③。因此，国家的管理秩序本身并不能被视为犯罪的直接客体——刑法之所以保护国家对某种物品或某一行业的管制，其实质就在于如果不施加这一管制的话，就会侵犯国家、社会或者公民个人的利益。如果只是抽象地确定具体犯罪的客体，我们对犯罪的认识显然还仅停留在表面上，对实际问题的解决不具有任何意义。因此，我们必须对“国家的金融管理秩序”、“国家对枪支的管理秩序”、“国家对食品安全的管理秩序”等抽象概念进行进一步具体化，明确其立法意图保护的利益或价值。

有学者认为，就食品安全犯罪而言，其最终侵害的法益为国家、社会与市场主体的经济利益。这也正是立法者之所以将其规定

① 参见库兹涅佐娃、佳日科娃主编，黄道秀译：《俄罗斯刑法教程（总论）》（上卷），中国法制出版社 2002 年版，第 208 页。参见马克昌主编：《刑法》（第三版），高等教育出版社 2012 年版，第 47~48 页。

② 参见张明楷：《法益初论》，中国政法大学出版社 2000 年版，第 237 页。

③ 陈志龙：《法益与刑事立法》，作者发行，1990 年版，第 58 页。

于这一章节的原因所在。① 我们并不否认市场经济利益属于这些犯罪所侵害的客体，但其绝非系主要客体。与刑法分则第三章的多数犯罪不同，从分类上来看，食品安全犯罪不是法定犯罪，发生在市场经济领域、受到国家行政管控也并非其根本特征；而系自然犯，即使在任何时期，生产、销售不符合安全标准食品的行为都会受到国民的广泛唾弃。与规定在本节内、作为行为对象的其他多数假冒伪劣商品不同，不符合质量标准的食品所带来的危害绝非消费者由于质量瑕疵而蒙受财产损失这么简单。作为生活的必需品而非普通商品，不符合安全标准的食品对公众的健康甚至生命都能产生严重的影响。从公众的角度来看，其对自身健康受到损害的担忧，远远大于对金钱损失的顾虑。恶性食品安全犯罪在社会上引发的群体性恐慌，丝毫不亚于其他任何危害公共安全的罪行。因此，除了经济利益之外，食品安全犯罪势必还侵犯了更为严重的客体，这从立法者对其设定较高的法定刑就可见一斑。正如《食品安全法》第一条就开宗明义指出的那样："为保证食品安全，保障公众身体健康和生命安全，制定本法"。毫无疑问，国家之所以对这一行业加以行政监督与管理，根本目的显然是为了保护公众的生命与健康——这才是真正值得通过刑法加以保护的核心利益。由于食品与我们生活的紧密联系，兼之生产、销售的对象基本上是社会上不特定或者多数人，故生产、销售不符合安全标准的食品罪与生产、销售有毒、有害食品罪所保护的主要客体乃是由个人生命、健康等权利凝结而成的有机集合——社会公众的生命、健康不受威胁的状态，从本质而言无疑属于公共安全这一类客体的范畴。当然，根据刑法的相关规定，成立这两个犯罪并不需要在事实上造成消费者伤害、死亡的结果，而只需对公众的生命健康产生威胁即可——差异则体现为具体危险和抽象危险的不同。

此外，从发展的角度来看，"具有社会意义的价值和利益的体

① 参见张明楷：《刑法学》（第四版），法律出版社 2012 年版，第 644 页。

系和相互关系不是一成不变的，它们随着历史条件的变化而变化”①。因此，刑法保护的价值体系中的重点也会发生变化，一个犯罪所侵犯的客体完全可能随着时代的发展而演变。通过观察我国危害食品犯罪的历史沿革，不难发现在对1979年刑法进行修订的过程中，生产、销售有毒、有害食品罪原本规定在“危害公共安全罪”一章中的，但随着1993年全国人大常委会《关于惩治生产、销售伪劣商品犯罪的决定》的颁行，立法机关的工作人员才将该罪法条的起草研拟转向了对该决定的修改与调整上，最终将其作为“破坏社会主义市场经济秩序罪”的组成部分，并延续至今。② 而生产、销售不符合安全标准的食品罪与生产、销售有毒、有害食品罪乃是普通法与特别法的关系，成立后者的行为，必然符合前者的犯罪构成，故二者所侵犯的客体在本质上理应保持基本一致。在《关于惩治生产、销售伪劣商品犯罪的决定》的颁行乃至1997年刑法制定时，我国正面临着计划经济向市场经济的重大转型，食品安全问题还远远没有现在这样严重与猖獗。基于维护经济秩序与社会稳定的需要，将危害食品安全犯罪的主要客体设定为经济秩序无可厚非。而时至今日，经过近20年的发展变化，人们的物质生活水平已经得到了显著的提高，民政对食品的要求从“温饱”、“卫生”提高到“安全”的高度——正如俄罗斯学者评价该国现状时所指出的那样：“消费者对于营养的要求越来越高，他不仅要吃得好，也会避免任何对健康的风险。”③ 而食品的安全质量保障已经取代了国家对经济秩序的管控，成为这类犯罪所破坏的主要社会关系。因此，在当前的时代背景下，对危害食品安全犯罪的保护客体进行适当的调整既是可能的，也是必要的。

在明确了食品安全犯罪所保护的主要客体之后，我们又应当如

---

① 库兹涅佐娃、佳日科娃主编，黄道秀译：《俄罗斯刑法教程（总论）》（上卷），中国法制出版社2002年版，第205页。

② 参见高铭暄：《中华人民共和国刑法的孕育诞生和发展完善》，北京大学出版社2012年版，第347页。

③ Калашникова Т. А. Рубрика: Актуальное интервью. Журнал《Стандарты и качество》10. 04. 2007.

何对现行刑法进行相应的调整呢？与俄罗斯刑法典的规定类似，我国刑法在目录与内容中都明确地“按编、章的划分提供了类客体的概念”①，甚至有的具体到节，即种客体。这就在无形中框定了法律适用者探寻、解释犯罪客体的空间——在立法存在缺陷或落后于时代发展的情况下，易造成犯罪成立范围的不当扩张或限缩，食品安全类犯罪就属于典型情况。结合我国 1997 年刑法历次修订的情况来看，调整某一条文在法典中所处章节的做法尚未出现；即使这一提议被立法者所采纳，恐怕也要伴随着刑法典的全面修订才能得到落实，其间需要经历漫长的过程。因此在当前的情况下，我们需要坚持食品安全犯罪在本质上是危害不特定或多数人的健康或生命的行为这一前提，积极、充分发挥补正解释的作用，对食品安全犯罪进行更为严厉的打击，将那些仅在形式上符合犯罪构成，却在实质上并无危害公众生命健康之可能的不法行为排除出食品安全犯罪的范围，从而更好地实现罪责刑相适应。

（三）刑法规制范围的重构

通过对中俄食品安全犯罪规制之比较，不难看出两国在相关犯罪的规定方面的表现存在较大差异。我国刑法主要对不符合安全标准的食品生产、销售行为加以规制，而俄罗斯刑法涉及的范围则更为广泛，还包括保管、运送、提供证明文件等方面。② 当然，并不能据此认为我国刑法不惩处非法种植、储存、运输及其他为不符合

① 库兹涅佐娃、佳日科娃主编，黄道秀译：《俄罗斯刑法教程（总论）》（上卷），中国法制出版社 2002 年版，第 211 页。

② 根据《俄罗斯联邦食品质量和安全法》第 20 条规定：保证食用产品、材料、制品销售质量和安全。1. 公民（包括个人企业）和法人销售食用产品、材料、制品必须遵守标准文件要求；2. 除俄联邦贸易行政机构同国家卫生检疫部门确定名单中的个别种类食品外，未经分装和包装的食品不得零售；3. 只有进行卫生兽医检测并获得俄联邦国家兽医机构向售货员发放符合兽医规定和标准证明后，才能在食品市场销售非工业生产的食品；4. 销售过程中发生损害食用产品、材料、制品质量的情况时，进行销售的公民（包括个人企业）和法人应撤除该类食品，保证将其从消费者召回，将质量不合格和有威胁的食用产品、材料、制品进行检测，进行回收或销毁。

安全标准的食品生产、销售提供便利的行为。如根据相关司法解释规定，使用盐酸克伦特罗等禁止在饲料和动物饮用水中使用的药品或者含有该类药品的饲料养殖供人食用的动物的，成立生产、销售有毒、有害食品罪；知道或者应当知道他人实施生产、销售伪劣商品犯罪，而为其提供贷款、资金、账号、发票、证明、许可证件，或者提供生产、经营场所或者运输、仓储、保管、邮寄等便利条件等的，以生产、销售伪劣商品犯罪的共犯论处。也有学者认为，既然这些问题在当前能够通过共犯与停止形态的理论加以解决，也就没有必要对刑法进行修改。① 但笔者认为，当前这一做法存在诸多弊端，建议参照俄罗斯刑法的相关规定，将非法储存、运输不符合安全标准的食品等行为亦直接纳入刑法的规制范围，理由主要有以下几方面：

首先，当前的处理方法易造成罪责刑不相适应。例如，我国刑法并未对持有不符合安全标准的食品等行为进行规制，对其最多只能按照相应犯罪的预备形式加以认定，从而使之得到从宽处理——司法实践中，犯罪预备行为很少受到处罚，这就容易出现司法架空立法的怪象，同时也与罪刑法定原则相违背，影响社会公众对刑法信赖观念的形成。再如，即使明知他人实施食品安全类犯罪而为其提供帮助的，在当前也只能以共犯论处，但如果按照总则关于共同犯罪的规定处罚，势必导致刑罚畸轻的现象。笔者认为，食品安全犯罪属于严重犯罪，种植、生产、储存、运输、销售等环节紧密联系、缺一不可，均是为了出卖牟利这一最终目的服务的，很难认为只有生产、销售行为的社会危害性才达到了值得直接动用刑法加以评价的高度。因此，我们需要对种植、储存、运输不符合安全标准的食品等行为的危害性质进行全面评价和科学界定。如果对这些行为仅以相关犯罪的预备形态或共犯形态处罚，无疑低估了其在食品安全犯罪链条中的地位与作用，不足以对这类犯罪起到严厉打击与震慑作用。那么，应当如果解决这一问题呢？笔者认为有两种途

① 参见金泽刚：《危害食品安全犯罪的刑法规制》，《2012 年湖北省刑法学术年会论文集》。

径，一是参考俄罗斯刑法的相关规定，直接在食品安全犯罪的法条中增加相关行为类型，如有学者建议的那样，将《刑法》第一百四十三条、第一百四十四条的“生产、销售”修改为“生产、经营”，如此一来不仅可以将食用农产品的种植、养殖纳入刑法规制的范围，还有效地保护了运输、贮存等食品流通环节，① 不失为一种合理的解决方法。事实上，俄罗斯刑法对该罪的设立也经过了一个修正与完善的过程。在 1997 年生效的《俄罗斯联邦刑法典》中，第 238 条最初也仅仅对“生产、销售”不符合安全要求的商品的行为进行处罚。而随着社会的发展，该罪名在司法实践中暴露的问题日益增多，为了有效保障公民健康，维护食品安全，1999 年生效的《俄罗斯联邦第 157 号法律》对该条进行了大幅度、全方位的修改和补充规定，增加了保管与运输不符合安全要求的商品这两种行为表现，从而对该罪的调控范围进行了较大程度的完善。② 这一经验值得我们借鉴。第二种办法则是通过增设新的罪名，对非法储存、运输等行为进行规制。在我国刑法中，也不乏将一些具备严重社会危害性的犯罪预备行为、帮助行为规定为独立罪名，使之实行化的例证。通过这一立法途径，就可以不按照共同犯罪的原理对其加以处理，而是依据基本的犯罪构成的相关理论，独立地进行定罪量刑。③

其次，方便因果关系的认定。随着科技的发展，食品的生产、流通环节日益复杂，多种因素的介入也导致了危害行为与危险状态（危害结果）之间因果关系的复杂性。此外，食品安全的风险制造者也不一定是传统意义上的生产或销售者，让其承担他人行为所带来的后果显失公平。在这一前提下，对因果关系的认定应当格外谨慎。但是，“现有的食品安全刑法规制只截获了整个产业链条中的

---

① 参见舒洪水：《关于我国食品安全犯罪刑法规制的思考》，《河南财经政法大学学报》2012 年第 2 期。

② 参见赵微：《俄罗斯联邦刑法》，法律出版社 2003 年版，第 385 页。

③ 参见张明楷：《刑法分则的解释原理》，中国人民大学出版社 2004 年版，第 50 页。

部分环节，不当地割裂了各个环节之间的逻辑联系，人为阻断了食品安全危害结果与真正风险制造者的危害行为之间的因果关系，只能对问题食品的生产、销售者进行刑事归责”①。例如，食品在制造出来时尚且通过了相关检验，完全符合国家的食品安全标准，但却在运输途中由于保管不善发生了变质，而销售者又由于疏忽，怠于进行全面检查而直接推向市场，从而引发严重后果的，如何进行合理归责成为难题。如果将制造、流转过程中的重要环节直接纳入食品安全犯罪的监管行为范围，就能有效地区分各个环节的作用或影响，便于准确认定因果关系，合理区分罪责。

再次，有利于提早控制安全隐患，符合风险预防理念。不论是否承认我国业已进入了风险社会，食品安全的高风险都是客观存在的。问题食品一旦被销售出去，对社会公众生命健康的潜在威胁甚至损害结果都是非常严重、难以逆转的。这也是笔者主张将食品安全犯罪视为严重侵犯民生的犯罪，并对其加以严惩的重要原因。在这种情况下，如果刑法能够提前介入，将关注的目光延伸到食品产业的源头，或扩展到销售之前的关键环节，就能够及时惩治制造风险的危害行为，通过将风险消灭于萌芽状态的做法来确保后续各个环节的顺利与安全，以防止、消除食品安全的风险或将其降低至最低水平。正如俄罗斯学者所指出的，“食品安全——这牵扯到每一步，种植、加工、销售、服务，及购买之前，如果不能够坚信买入或卖出的每一步，我们都游离在食源性疾病的风险的边缘”②。因此，“以刑事立法之力，拓展食品产业的行为链条，借刑罚执行之威，全面规制产业链条各环节，既符合科技风险管理全程多元的基本政策，也是刑法在风险社会背景下严密刑事法网以有效应对食品科技风险所作的理性选择”③。

---

① 刘志伟、刘炯：《危害食品安全立法的修订及再完善》，《刑法与宪法之协调发展》，中国人民公安大学出版社 2012 年版。

② Виктор Михайлович ПОСТЫКА-кандидат технических наук：Журнал《Стандарты и качество》，2004（12）.

③ 刘志伟、刘炯：《危害食品安全立法的修订及再完善》，《刑法与宪法之协调发展》，中国人民公安大学出版社 2012 年版。

最后，这一修改与《食品安全法》所倡导的“从农田到餐桌”的全面保护理念也是极其相符的。毫无疑问，法治发达国家不单要求各个领域都有法可依，还需要保持整体法秩序的一致性，即不同部门法之间应当尽量避免矛盾存在，实现协调统一。作为我国食品安全领域的基础法律，《食品安全法》对食品行业的生产、加工、流通乃至餐饮服务中所需要遵循的质量安全管理都进行了较为详细的规制。“《食品安全法》改变了仅注重监管食品生产、销售环节的现状，并实现对食品安全的全程监管，将围绕食品安全进行的专门活动分为生产行为与经营行为，并且将食用农产品也纳入了食品的范围”①。而作为其后盾的刑法，如果对相关危害行为涉足过少的话，无疑将难以实现对法益进行平等、全面的保护，也无法充分发挥保障法的作用。因此，将违反《食品安全法》规定、情节严重的行为直接纳入刑法的评价对象，有利于刑法与相关领域行政规范的协调，更好地构建与维护我国的食品安全制度。

(四) 资格刑的增设

俄罗斯刑法典第 47 条规定了“剥夺担任一定职务或从事某种活动的权利”这一资格刑。② 该刑罚禁止行为人担任国家公职或在地方自治机关中任职，或者从事某种职业活动或其他活动。这种刑罚不但可以对犯罪人造成心灵上的打击，带来精神上的痛苦，而且限制了其从事某种工作的权利，从而直接影响到他的经济来源与收入，惩罚程度不可估量，在某些情况下可能非常巨大。即使该罪犯在受到刑事判决时并未从事某种工作，但今后在前科消灭或撤销之前，都无权从事该工作。③ 除了分则中的明文规定之外，其作为主刑适用时的期限为 1 年以上 5 年以下，作为附加刑时则为 6 个月以

① 刘伟：《风险社会语境下我国危害食品安全犯罪刑事立法的转型》，《中国刑事法杂志》2011 年第 11 期。

② 根据《俄罗斯联邦食品质量和安全法》第 26 条规定了违反本联邦法的责任：从事食品、材料和制品生产和运转活动，或者提供食品、材料和制品零售和公共食品领域服务的法人，个体经营者，违反本联邦法，按照俄罗斯联邦法律负有行政、刑事和民事责任。

③ 参见赵微：《俄罗斯联邦刑法》，法律出版社 2003 年版，第 219~221 页。

上3年以下。与中国刑法中关于附加剥夺政治权利有些类似，即使其刑法典分则中的某一罪刑条款，如上述第238条并未规定这一刑罚，但只要法官根据犯罪的性质、社会危害程度以及犯罪人的身份，认为行为人不应当再享有担任一定职务或从事某种活动的资格时，可以将该刑罚附加适用。因此在俄罗斯，对于非法生产、销售不符合安全要求食品的犯罪人而言，完全可以在对其适用主刑的同时禁止其在一定时期内再从事食品行业，从而有效地达成特殊预防的目的。但在我国，却缺乏这类资格刑的相关规定——剥夺政治权利的内容难以全面涵盖行业准入；新增的禁止令制度则只针对被判处管制或适用缓刑的犯罪分子，适用范围过窄——这不能不说是一个遗憾。对于非法从事食品生产、销售的行为人来说，有不少都是再犯、累犯，即使先前被给予过严厉的刑事处罚，却并未因此而丧失从事食品行业的资格，由于禁不住暴利的诱惑，仍然在食品的生产、销售过程中违反安全标准，导致隐患或事故的再次发生。如果能够对其施以禁止其在某一时期从事食品行业的资格刑的话，势必将这些行为人清除出食品生产、销售这一专业性较强的领域，通过剥夺其再犯能力来有效减少相关犯罪的发生，维护食品安全。

当然，从我国《食品安全法》中关于行政处罚的设定，也能够起到剥夺行为人从业资格的效果。例如对于违反该法情节严重的单位，可以吊销其许可证；被吊销食品生产、流通或者餐饮服务许可证的单位，其直接负责的主管人员自处罚决定作出之日起五年内不得从事食品生产经营管理工作；违反该法规定，受到刑事处罚或者开除处分的食品检验机构人员，自刑罚执行完毕或者处分决定作出之日起十年内不得从事食品检验工作，等等。或许有人会认为，既然相关行政法律规范中已经进行了上述规定，那么就足以对违法犯罪者起到禁止食品行业准入的效果，因此，刑法也就没有必要再增设相关的资格刑，否则是对立法资源的浪费。但笔者认为，从社会否定评价的程度和适用方法的强制性上看，行政处罚毕竟与刑事处罚存在较大的差异，不存在相互代替的关系。首先，刑罚除了惩罚的功效之外，还会通过刑法的明文规定使社会公众得以知晓，并通过对犯罪行为的否定性评价和对犯罪人的责难起到一般预防与特殊预防的效果。作为最严厉的制裁手段，其对于普通公民的心理威慑无疑是巨大的，也使得潜在犯罪人在实施不法行为时，不得不衡量其可能获得的利益与将会面临的惩罚之大小，从而在事前起到一般预防的功能："通过剥夺犯罪人的从业资格，使得未犯罪的人更加珍惜自己现今所具备的资格，不去从事违法犯罪活动，从而减少犯罪的发生。"① 而与刑罚相比，行政处罚的作用要逊色得多，除了事前的威慑力有限之外，对行为人的否定性评价也不够充分，难以实现罪责刑的相适应。其次，对以行政违反为前提的犯罪行为而言，能否同时适用刑罚与行政处罚，在学理上仍是一个值得讨论的问题，竞合论与并罚论的支持者都为数不少，并未达成共识。在司法实践中，基于刑事处罚优先于行政处罚的思想，食品安全监管部门在发现行为人可能涉嫌犯罪的情况下，往往不先对其进行行政处罚，而是移送至公安机关处理；至于公安机关自行侦破的案件，更是直接通过刑事司法程序审理。这样一来，就导致行为人在受到相应的刑事处罚之后，可能会由于行政程序与刑事程序衔接的不力而逃避行业准入禁止这一行政处罚的适用，从而在刑事处罚执行完毕后仍然可以堂而皇之地继续从事食品的生产、销售行为。如果在刑法中增设这一资格刑，就可以有效地填补由于实际操作而造成的处罚漏洞，

因此，建议我国借鉴俄罗斯刑法的相关规定，在刑法典总则中增设剥夺从事某种职业或活动的权利这一附加刑，主要适用于食品、药品、金融、交通等需要特殊资质方许可从事且密切关乎国计民生的职业，以最大程度剥夺行为人的再犯能力。具体到食品安全领域，应赋予法官结合案情的具体内容与危害后果、行为人的主观恶性与人身危险性等因素，剥夺行为人在一定时间内准入相关食品行业的权力。当然，在判断条件的斟酌与期限的把握上，应当注重

---

① 龙洋、丁冉：《食品安全的刑法保护》，《刑法与宪法之协调发展》，中国人民公安大学出版社 2012 年版。

和相应行政规范保持协调。

（五）犯罪预防机制的完善

刑法是防卫社会的最后一道防线，是其他部门法的保障法；而且，仅依靠刑法的严惩也并不足以对犯罪起到根本性的遏制作用。因此，司法者在适用刑法时应当恪守“最后手段性”的要求，体现出谦抑、克制的精神，只有在不得已时方能使用刑法加以规制；而在此之前，则应充分发挥其他法律的调控作用，尽可能地将犯罪扼杀在萌芽之中。危害食品安全犯罪亦不例外，对其进行的预防与治理措施应当从当前社会发展的宏观趋势出发，综合运用各种社会资源和调整手段加以应对，而仅将刑法作为保障食品安全的最后手段。在实践中，充分发挥行政规范的指导效应与相关部门的监督作用，无疑是预防危害食品安全犯罪的有效方法。就这一点而言，俄罗斯的相关立法与措施也值得我们借鉴。

在食品安全立法方面，《俄罗斯联邦食品质量和安全法》国家杜马 1999 年 12 月 1 日通过，俄罗斯联邦委员会 1999 年 12 月 23 日批准，随后进行了多次修订完善，现行适用的是 2011 年 7 月 19 日 N248-联邦法构建了食品生产关系链的基本法律框架，是俄罗斯食品安全领域法律体系的基础，主要用于调整、保障食品品质与食品对人体健康安全方面的关系。该法共分六章、三十条，详细阐述了俄罗斯在保障食品质量和安全方面的有关规定与要求，明确了生产单位在食品开发、生产、储存、运输和销售等方面应遵循的原则，规定了外国食品进入俄罗斯市场的条件，申明了俄罗斯联邦和各联邦主体在保障食品质量和安全方面的职权。此外，俄罗斯政府还通过和修订了一系列与该法相配套的法律、法规、条例和规章制度，如《俄罗斯联邦商品市场竞争和限制垄断性经营法》、《俄罗斯联邦消费者权益保护法》、《俄罗斯联邦商品和服务认证法》、《俄罗斯联邦酒精及酒类产品的生产与流通调控法》、《俄罗斯联邦食品安全和食用价值的卫生要求》及《俄罗斯联邦技术调节法》等，以加强对食品安全的保障。可以说，迄今为止，俄罗斯已经建立了比较完善的食品安全法律法规体系，食品安全被看做国家安全最重要的组成部分。① 返观我国，食品安全监管体制的建设起步较晚，直到2009年才正式通过《食品安全法》，而相关的配套法律规范与制度也远未达到完善的程度。这种情况既容易使国家对食品安全调控与监管存在真空地带，不利于对危害食品安全的违法犯罪行为加以预防；也会导致刑法与行政法在程序或实体的衔接上出现问题，进而对相关犯罪的惩治不力。因此，进一步完善我国关于食品安全的相关立法无疑将对有效预防与打击危害食品安全的行为产生深远、积极的影响。

在食品安全的监管机构方面，俄罗斯食品安全监管工作原先一直由国家卫生防疫部门、兽医部门、质检部门及消费者权益保护机构共同负责。但由于职能分散、重复建设与相互推诿，导致行政效率低下，无法切实有效地履行相应的职责。为了克服这一弊端，集中行政资源对食品的质量与安全进行监管，俄罗斯于2004年成立了消费者权益保护和公益监督局，集中负责俄罗斯境内食品贸易、食品质量监督及消费者权益保护工作，并在各联邦主体设有分局，负责当地的食品安全检查和监管工作。② 在我国，食品安全的监管主体则为数众多，分工也不甚明确。虽然根据《食品安全法》的规定，由国务院设立统一的食品安全委员会，以统筹指导全国的食品安全工作，但在具体工作的分配上，理论界则存在“7部门说”、“13部门说”与“5部门说”等学说的对立。③ 在增设权力方面，各政府部门无不希望能够分一杯羹，纷纷认为自己有权作为食品安全的监管主体，从而造成公权力的交叉重叠与行政资源的严重浪费；而且出于严重的依赖思想，总是寄希望于其他部门积极地履行责任，又容易导致不作为的情形发生。但在行使职权乃至承担责任

---

① 参见高空：《俄罗斯食品安全法与食品市场整治》，《俄罗斯中亚东欧市场》2009年第7期。

② 参见高空：《俄罗斯食品安全法与食品市场整治》，《俄罗斯中亚东欧市场》2009年第7期。

③ 参见孟庆华：《食品监管渎职罪若干构成要件的理解与适用》，《山东警察学院学报》2012年第1期；贾宇：《食品监管渎职罪的认定及适用》，《河南财经政法大学学报》2012年第2期。

方面，各部门间却又相互推诿退让，造成了食品安全监督管理的疏漏与空白，一旦发生事故，也会导致查因难、取证难、追责难的尴尬局面。因此，我们应当合理借鉴俄罗斯的相关经验，在食品安全监管领域内对监管责任进行明确细化，完善具体分工与责任追究办法，从而充分发挥行政行为对危害食品安全违法行为的调控机能，从源头上扼杀其转型为犯罪行为的可能。

三、结　　语

“他山之石，可以攻玉。”通过对俄罗斯针对危害食品安全犯罪相关法律规制的评述，笔者认为，该国以下几方面的经验值得我国借鉴：第一，扩大《食品安全法》中“食品”概念的范围，从而更好地与刑法中危害食品安全犯罪的认定形成良性互动，避免实践中所产生的困扰。第二，将生产、销售不符合食品安全标准的食品罪与生产、销售有毒、有害食品罪的法益确定为公共安全，以完整、充分地评价这类犯罪的严重社会危害性，切实保护国民的身体健康与生命安全。第三，将种植、储存、运输等与生产、销售不符合安全标准的食品密切相关的危害行为纳入刑法的规制范围，以实现对法益的全面、及时保护和风险控制的早期化。第四，通过增设相应的资格刑以限制或剥夺行为人的再犯能力。第五，采取完善食品安全的相关法律制度与监管机构等措施，以有效地实现对危害食品安全犯罪行为的预防。

经济、社会、文化权利的宪法保障机制

——以司法保障为重心的探讨

武汉大学法学院　秦前红　涂云新

一、问题的提出

联合国教科文组织前法律顾问卡雷尔·瓦萨克（Karel Vasak）提出三代人权理论（Three Generation of Human Rights），其中经济、社会、文化权利（Economic，Social and Cultural Rights）被认为是“第二代人权”。① 追溯到国际人权法的发展，人权的理念和实践已经深深塑造和影响了现代法治社会的价值定位和制度构建，② 1945年《联合国宪章》和1948年《世界人权宣言》首次在国际法体系

① “代际人权理论”由捷克法学家卡雷尔·瓦萨科（Karel Vasak）于1979年在法国斯特拉斯堡（Strasbourg）的国际人权研究所（International Institute of Human Rights）提出，他指出“第一代人权”是以“自由权和政治参与权”为重心的，这些权利主要是指诸如言论自由权、选举权、宗教自由权等公民权利和政治权利。“第二代人权”是以平等权、社会权为重心的，这些权利主要指经济、社会、文化权利。“第三代人权”超越了公民、政治权利和经济、社会、文化权利，它可以指那些诸如发展权、自决权等国际法上正在逐渐形成的权利，它可以是一种集体人权。K. Vasak，Human Rights：A Thirty-Year Struggle：the Sustained Efforts to give Force of law to the Universal Declaration of Human Rights，UNESCO Courier30：11，1977.

② Antonio Cassese，International Law，2nd ed，Oxford University Press，2005，p. 375；Paul Sieghart，The International Law of Human Rights，Oxford University Press，1984，Preface.

中确认了人权及基本自由的理念。①《联合国宪章》第1条开宗明义规定“增进并激励对于全体人类之人权及基本自由之尊重”为联合国宗旨之一。②不仅如此，人权还得到了各国宪法的确认并成为现代宪政的核心价值和终极目标。纵观国际社会关于人权的辩论，海外学术界关于经济、社会、文化权利与公民权利、政治权利的辩论始终主导了国际人权话语体系的发展，其争锋的焦点之一便是：经济、社会、文化权利是不是一种可以得到司法保障的权利？③

毫无疑问，经济、社会、文化权利是人权法和基本权利研究领域最为重要的组成部分之一。《经济、社会及文化权利国际公约》④作为最重要的国际人权文书之一，与《世界人权宣言》和《公民权利和政治权利国际公约》⑤一起，并称为“国际人权宪章”。⑥

---

① Universal Declaration of Human Rights (UDHR), G. A. res. 217A (III), U. N. Doc A/810 at 71 (1948).

② Art. 1 (3), Charter of the United Nations, June 26, 1945, 59 Stat. 1031, T. S. 993, 3 Bevans 1153, entered into force Oct. 24, 1945.

③ During 1950s there were hot debates on the inclusion of Economic, Social and Cultural Rights in Human Rights Charter. See further: Office of the High Commissioner for Human Rights in Cooperation with the International Bar Association, Human Rights in the Administration of Justice: A Manual on Human Rights for Judges, Prosecutors and Lawyers, Chapter 14, United Nations, New York & Geneva, 2003.

④ International Covenant on Economic, Social and Cultural Rights (ICESCR), G. A. Res. 2200 A (XXI), 21 U. N. GAOR Supp. (No. 16) at 49, U. N. Doc. A/6316 (1966), 993 U. N. T. S. 3, entered into force Jan. 3, 1976. 截至2004年11月26日，即经济、社会和文化权利委员会第三十三届会议闭幕之日，已有151个国家批准或加入《经济、社会、文化权利国际公约》，公约是大会在1966年12月16日第2200A（XXI）号决议中通过的，于1966年12月19日在纽约开放供签署和批准。根据《公约》第二十七条的规定，《公约》于1976年1月3日生效。参见：http: //www. un. org/chinese/hr/issue/tcesc. htm，联合国人权事务中文官方网站。

⑤ International Covenant on Civil and Political Rights (ICCPR), G. A. res. 2200A (XXI), 21 U. N. GAOR Supp. (No. 16) at 52, U. N. Doc. A/6316 (1966), 999 U. N. T. S. 171, entered into force Mar. 23, 1976.

⑥ International Bill of Human Rights.

《经济、社会及文化权利国际公约》于 1966 年 12 月 16 日由第 21 届联合国大会通过，1976 年 1 月 3 日生效。《经济、社会及文化权利国际公约》第一次以法律形式对经济、社会及文化权利加以确认，突破了以往片面强调公民和政治权利的传统人权观的局限。该公约一方面是源于发展中国家谋求新的国际经济秩序的诉求，另一方面也反映了国际社会成员国宪政发展的基本要求。

经济、社会、文化权利在宪法和国际法两个层面的凸显却可以追溯到 20 世纪以来一种全新的社会发展模式的兴起——社会福利国家（Wohlfahrtsstaat，Welfare State，Folkhemmet）。作为一种新兴的社会管理和国家治理的理念和模式，社会福利国家从很大程度上改变了传统的“夜警国家”（Night Watchman State）基于经典自由主义理念的国家治理模式。与传统基于自由主义的“夜警国家”相比，社会福利国家更加强调国家和政府积极地为公民提供一种最低生活保障的服务和社会福利以满足那些最需要关注和帮助的个人和群体的生存和发展的需求，向社会的全体成员普遍地提供一种最低生活保障的服务。在各国的宪政体制安排上，德国在 1919 年的“魏玛宪法”中规定了广泛的经济、社会、文化权利，具体反映在该宪法第二编第二章“共同生活”与第五章“经济生活”的相关条款之中。随后，这一趋势也反映在了印度、日本、加拿大、爱尔兰、南非、芬兰、智利、哥伦比亚等国家的宪政体制的安排中。从宪法学基本理论的角度上看，经济、社会、文化权利进入宪法并在整个公法制度中运行就会产生两个比较根本的理论问题：

第一，经济、社会、文化权利是国家人权法和各国宪法所规定的人人得享有的一种基本权利。根据“无救济就无权利”的法理，第二代人权理论下的经济、社会、文化权利必须得到有效的保障和救济，随着社会福利国家（Social Welfare State）的兴起，各国不但承担着他们在《经济、社会、文化权利国际公约》下的国家义务，而且也趋向于构建一种稳定的保障机制来使得经济、社会、文化权利从“纸面权利”（Paper Rights）变成一种实证化的权利（Positive Rights）。在这种法理发展的趋势下，国家应该如何根据法治的原则为那些“社会弱势群体”提供一种基本的物质生活保障呢？

第二，由于经济、社会、文化权利本身的属性和特质，对这种新型的“积极权利”(Positive Rights)，如何使之在一国基于社会福利模式的宪政体制的框架内“进入”到法院并进行可度量、可执行的司法裁判？诸如社会保障权、教育权、健康权、工作权、适当生活水准权这类“积极权利”相比传统的政治自由和权利本身的边界以及法院判决的可操作性和可执行性都十分难以把握和定量。然而另一方面，经济、社会、文化权利的保障在世界各国哪怕是那些发达国家都关系到每个公民日常生活的方方面面，根据联合国人权机构的统计，没有任何一个国家在经济、社会权利的保障上是没有瑕疵和缺漏的。① 对发展中国家而言，经济、社会、文化权利的司法保障制度显得尤为重要。

针对第一个理论问题，基于现代法治国家的权力分立体制(Separation of Power)，经济、社会、文化权利的保障机制主要有以下三种（见表1）：

表1　**经济、社会、文化权利的保障机制概览**

机构	立法机关	司法机关	行政机关
权力	制定经济、社会、文化权利保障所需的相关立法	裁判相关案件，提供司法救济	给付行政(Lebensleistung)
功能	立法院的政治辩论	法官的司法裁量、司法解释	行政政策之倾斜
机制	立法保障机制	司法保障机制	行政保障机制

通过这种整理，我们可以看到经济、社会、文化权利的保障主要通过三种机制来实现——立法保障机制、司法保障机制和行政保障机制。笔者认为这三种保障机制显示出它们与一个国家的宪政体

① 经济、社会、文化权利委员会（UN Committee on Economic, Social and Cultural Rights, CESCR）在关于奥地利履行公约的评论中指出：奥地利在声明它已经完全履行公约义务方面是错误的，发达国家仍然负有达致更大目标的义务。参见：CESCR CO on Austria (1988), para. 3.

制、宪政传统存在不可分割的联系。由于司法被认为是正义的最后一道防线，而通过司法机关的法律适用、司法解释来完成经济、社会、文化权利的保障是各个国家能够找到共性的地方，正是基于这种问题意识，本文试图在当今具有代表性法系的司法实践中，结合中国这样一个法治后发性国家的基本国情对经济、社会权利的司法救济途径做一番尝试性的探讨，在理论上攻克经济、社会权利在我国宪法体制下的司法保障问题。笔者相信这种理论探讨和尝试会对中国的人权保障理论有所裨益，尤其是在制度上扫除国际人权公约在中国的履行和执行的法律障碍，同时这也可以推动转型时期中国法律制度的健全和发展。

二、文献概览

北欧学者艾德（Asbjørn Eide）所著《经济、社会和文化权利》是这个领域具有较大影响力的学术著作，在这本著作中以艾德为代表的学者从人民自决权、工作权、社会保障权、家庭、母亲和儿童受保护的权利、适足生活水准权、受教育权、文化权等各个方面阐释了经济、社会和文化权利的人权法内涵。该著作也被翻译成汉语，极大地影响着中国学者对这一问题的认识。在英美法系中，美国学者史蒂芬·霍尔姆斯、凯斯·桑斯坦著有《权利的成本——为什么自由依赖于税收》，英国学者莫里斯·罗奇著有《重新思考公民身份：现代社会中的福利、意识形态和变迁》一书，从公民身份理论的角度探讨经济、社会和文化权利的保障。现在就职于英国诺丁汉大学的奥菲·诺兰（Aoife Nolan）长期致力于经济、社会和文化权利研究，她的《儿童的经济社会权利、民主及法院》(Children's Socio-Economic Rights, Democracy and the Courts）一书是研究儿童的经济社会权利保护方面最富有成效的研究成果，该书主要探讨了爱尔兰和英国在保障经济、社会和文化权利的司法实践中面临的问题。伦敦大学学院的杰夫金（Jeff King）教授 2012 年出版的《裁判社会权》(Judging Social Rights）一书主要从宪法与行政法学的角度探讨了普通法系国家社会权保障的一些难点和重点问题。在大陆法系中，日本学者大贺须明著有《生存权论》是比较有代表性的著作。美国的韦尔曼（Wellman）教授便认为经济、社会权利是一种需要国家积极保障的权利，例如社会保障权中的福利权（welfare rights）是一种与公共福利制度（主要为社会保障制度）相关联的权利，是一种接受福利利益或援助的权利。关于它的定义是宽泛而动态的，可以伴随一国公共福利制度的发展而不断丰富或变更其内涵。值得注意的是，经济、社会、文化权利保障机制研究近年来还朝着国家财政结构和财政体制方面前进，因为经济、社会、文化权利的保障往往需要现代法治国家调整该国的财政收支，确保公民最低生活水准的保障。在这方面最具有代表性的研究成果是奥菲·诺兰（Aoife Nolan）、罗瑞·奥康纳（Rory O'Connel）与兰德·哈维（L and Colin Harvey）于2013年编著的《人权和公共财政：预算和经济、社会、文化权利的保障》(Human rights and Public Finance：Budgets and the Promotion of Economic and Social Rights)。此外，英国奥菲·诺兰教授、加拿大学者布鲁斯·波特（Bruce Porter）和北欧学者马尔凯姆·兰福德（Malcolm Langford）所撰写的论文《社会和经济权利可司法性》在经济、社会、文化权利的司法保障方面也具有较大的国际影响力。尤其是北欧学者马尔凯姆·兰福德（Malcolm Langford）于2008年出版的《社会权的法理》一书在国际上引起了很大的反响，他在此书中搜集了全世界各个法域2000多个案例，这可谓是在经济、社会、文化权利研究材料中首屈一指。南非学者桑德拉·利本伯格（Sandra Liebenberg）所撰写的《经济、社会、文化权利国际公约及其在南非的实施》一书是非洲在这一领域具有代表性的成果。在这个领域值得一提的学者还有Kitty Arambulo，P. Alston，Herry J. Steiner等南非教授，他们都在经济、社会、文化权利的研究方面做出了开创性的贡献。

一般而言，社会转型时期会伴随着相应的法律变革，这种转型社会的法律重构在公法上的体现更为明显。相关的研究也验证了这点，即转型时期对社会权等权利的确认与关注。如英国学者T. H. 马歇尔考察了在国家职能及相应制度转变的过程中社会权的建构问题，他敏锐地捕捉到了战后英国社会的边际性却是质的变化，为20世纪下半叶欧洲福利国家体制的建立奠定了社会权利为基础的理论框架。

然而，经济、社会权利可司法性的命题并非在学界获得了一致的赞同。南非学者马瑞斯·皮特斯（Marius Pieterse）① 认为，社会权由于如下理由不能很好地通过司法得以保障：首先是因为它的正当性，因为社会权是"敏感的选择"，它应当留待政治手段解决，而非法律抑或商谈手段；其次，由于涉及分权、民主框架，通过司法来保障社会权似乎带有某种反民主的倾向。②

三、案例分析

（一）南非宪法法院

1. 索伯拉马尼案③

【案情】

上诉人是一个41岁的失业男性，他是一个患有心肌缺氧和脑血栓的糖尿病患者。1996年他的肾脏功能也出了问题，更加糟糕的是他的身体状况已不可恢复，他正处于慢性肾脏病晚期。然而，他的生命可以通过一种常规肾脏透析延缓下去。索伯拉马尼尝试通过位于夸祖鲁-纳塔尔省德班市的阿廷顿医院来获得肾脏透析治疗。但是，这家医院只能对非常有限的患者提供这种治疗。肾脏中心只有20台透析机

---

① Marius Pieterse holds the degrees B. L. C., LL. B., and LL. M. from the University of Pretoria, South Africa. He is an Associate Professor in the School of Law at the University of the Witwatersrand, Johannesburg, South Africa.

② Marius Pieterse, Possibilities and Pitfalls in the Domestic Enforcement of Social Rights: Contemplating the South African Experience, Human Rights Quarterly26. 4 (2004), pp. 882-905.

③ 索伯拉马尼诉卫生部长案，Soobramoney v Minister of Health (Kwazulu-Natal) (CCT32/97) [1997] ZACC 17; 1998 (1) SA 765 (CC); 1997 (12) BCLR 1696 (27 November 1997) (hereinafter as Soobramoney case).

器可以使用并且这些机器本身运行状况也不佳。每一个治疗都需要花4个小时和附加另外2个小时的时间对机器进行提前清洗。①

医院拒绝了索伯拉马尼的治疗请求，理由是：(1) 医院的医疗资源是有限和紧缺的；(2) 根据医院的救助指南，只有对那些未患有“其他严重疾病”② 的患者才可以提供这种治疗；(3) 只有那些十分紧急的肾病患者才可以享受此项救助。而索伯拉马尼除患有肾病外还患有医院救助指南所列举的其他疾病，而且他的肾病是慢性的而非急性的。

索伯拉马尼认为根据1996年南非宪法阿廷顿医院无权拒绝对他的治疗，于是他于1997年7月向高等法院德班分院提出紧急申请，要求法院发布一个命令，使阿廷顿医院接受对他的治疗。③高等法院驳回了索伯拉马尼的请求后④，索伯拉马尼上诉至南非宪法法院。

☞ 相关法律

1996年《南非共和国宪法》第27条：

关于医疗卫生、食物、水和社会保障

(1) 任何人都有权获得。

(a) 医疗卫生服务，包括生殖医疗保健。

(b) 充分的食物和水。

(c) 社会保障，包括适当的社会救济，若他们不能养活自身

---

① Soobramoney v Minister of Health (Kwazulu-Natal) (CCT32/97) [1997] ZACC 17; 1998 (1) SA 765 (CC); 1997 (12) BCLR 1696 (27 November 1997), para. 1.

② 医院救助指南所列举的“其他严重疾病”包括心肌梗塞、脑血栓、慢性肺病等。Soobramoney v Minister of Health (Kwazulu-Natal) (CCT32/97) [1997] ZACC 17; 1998 (1) SA 765 (CC); 1997 (12) BCLR 1696 (27 November 1997), para. 4.

③ Soobramoney v Minister of Health (Kwazulu-Natal) (CCT32/97) [1997] ZACC 17; 1998 (1) SA 765 (CC); 1997 (12) BCLR 1696 (27 November 1997), para. 5.

④ Thiagraj Soobramoney v Minister of Health: Province of KwaZulu-Natal D&CLD 5846/97, 21 August 1997, unreported.

及抚养其家属。

（2）国家必须在其可利用的资源范围内采取合理的立法和其他措施以逐渐达到上述每一项权利的实现。

（3）任何人都不得被拒绝进行紧急医疗救治。

宪法第 11 条：

任何人都有生命权。

☞ **法律问题点**

（1）1996 年南非宪法中关于经济、社会、文化权利的相关规范的阐释方法和这些规范的效力应该如何确定？

（2）在“可获得资源范围内”如何审查国家是否“承允尽其资源能力所及”？进一步说，法院可否审查国家是否尽到其“逐渐达致”实现公民经济、社会、文化权利的义务？

（3）法院得否审查国家财政预算及其预算资金使用的合理性？或者更进一步说，法院得否审查医疗当局资源安排的优先顺序的合理性？

（4）如何解决公民丧失经济、社会、文化权利保障时候“生命权”亦遭侵犯的问题？

☞ **判决要旨**

（1）我们国家的宪法是每一个公民基本权利的最高保障，借由此基本权利，基本权利条款实际上是这个国家对它全体人民的一个承诺。这些承诺构成任何基本权利遭到违法时公民得向国家请求的基础。然而值得注意的是，基本权利保障并不解决这个国家和社会的所有问题，它只是解决那些在法律层面的问题。①本院一贯坚持对我们国家的宪法持目的解释的方法，② 任何一个条款的解释又不得孤立地局限在那个条款之中，所以对宪法规范的系统解释是必

① Soobramoney v Minister of Health（Kwazulu-Natal）（CCT32/97）[1997] ZACC 17；1998（1）SA 765（CC）；1997（12）BCLR 1696（27 November 1997），para. 42，43.

② S v Makwanyane and Another [1995] ZACC 3；1995（3）SA 391（CC）；1995（4）BCLR 665（CC）at para 9.

要的。正如印度最高法院所持有的观点，在一个福利国家中政府的首要职责便是保障人民的福祉。① 本案中，上诉人的宪法权利被侵犯，而国家的职责便是这个宪法问题的核心。②

（2）对于“可获得资源范围内”国家是否“承允尽其资源能力所及”的问题，在这一点上法院是有充分的资格进行审查的，因为我们国家的宪法第 26 条第 2 款和第 27 条第 2 款都提及“可获得资源范围内”的字眼，而本法院作为南非宪法的阐释者，当然有资格去审查国家是否尽到其“逐渐达致”实现公民经济、社会、文化权利的义务。本院认为此案的法律依据在于宪法第 27 条第 1 款和第 2 款的问题。

（3）夸祖鲁-纳塔尔省的行政部门不得不对现有可获得资源范围内的医疗资源和医疗资金以及这些医疗资金的使用情况做出决定。这些选择既涉及在政治层面上决定医疗预算的问题，也涉及在操作层面上确定医疗资源安排的优先顺序问题。在处理这种政治机关和医疗当局根据诚信善意原则做出理性决定问题的方面，法院并不是最佳机构去干预这个过程。③ 正如英格兰法院在 R v Cambridge Health Authority 一案的判决所认为的“让法院来决定怎样运用稀缺的医疗资源是不可行的，这也不是法院应该做的事情。”④基于本案事实，宪法第 27 条第 1 款并未被违反。

（4）关于“生命权”的内涵，本院认为印度最高法院曾经作出过有启发性的阐释。“生命权”在保障公民基本物质生活条件方

---

① Paschim Banga Khet Mazdoor Samity and others v State of West Bengal and another,（1996）AIR SC 2426-2429.

② 南非宪法第 39 条规定了“权利法案”阐释的方法，其中包括：必须基于人权保障来阐释，必须考虑国际法，必须考虑域外法。

③ Soobramoney v Minister of Health（Kwazulu-Natal）（CCT32/97）［1997］ZACC 17；1998（1）SA 765（CC）；1997（12）BCLR 1696（27 November 1997），para. 29.

④ R v Cambridge Health Authority，ex parte B，［1995］EWCA Civ 49；［1995］2 All ER 129（CA）at 137d-f.

面也课以国家以一种积极的义务。① 但是本院认为，这里的宪法问题并不是我们国家的宪法第 11 条的问题，也不是宪法第 27 条第 3 款的问题。最终本院认为，上诉人的请求不能够被支持，被告并没有违反它根据南非宪法第 27 条所应该承担的义务。

☞ 案件分析

索伯拉马尼案是南非 1996 年宪法实施以来第一个涉及经济、社会、文化权利保障的案件。在该案中，南非法院直面经济、社会、文化权利的效力问题并且基于南非宪法肯定了基本权利的法律效力和直接效力②。索伯拉马尼案中南非宪法法院集中处理的问题是宪法第 27 条第 1 款和第 2 款规范的理解和适用的问题，最终南非宪法法院得出法院有资格去审查国家是否尽到其“逐渐达致”实现公民经济、社会、文化权利的义务。但是根据本案的事实，法院不能去干预政治机构和医疗当局根据善意和诚信原则做出医疗资源分配的理性决策。

南非宪法法院的推理即强调了国家在保障公民经济、社会、文化权利方面不可推卸的国家义务，又考虑了南非特殊的资源有限性的国情。法院最终的结论似乎是基于一种“功利主义”的考量，强调了这个国家资源的有限性和法院不得参与合理的善意的政治决策决策过程。虽然法院在否定上诉人请求的时候也是相当谨慎的，似乎法院的主导思想有着用“功利主义”去抵制“个人权利保障”的倾向。这也为以后的法院判决提供了一个很大的发展空间，即如何在“功利主义”和“绝对伦理”之间找到适当的平衡。

---

① Basing itself on the right to life the Supreme Court of India has made orders requiring the state to provide medical treatment to those needing it, to provide legal aid to those who cannot afford it themselves, and to provide access between isolated areas and more developed areas. See generally in this regard VD Mahajan, Constitutional Law of India 7th Ed, Eastern Book Company, Lucknow 1991, pp. 230-234; BL Hansaria, Right to Life and Liberty under the Constitution: A Critical Analysis of Article 21, NM Tripathi Private Ltd, Bombay, 1993, pp. 24-40.

② 南非宪法授权宪法法院就权利法案中任何权利的违反都可以提供适当的司法救济。

2. 格鲁特布姆案

【案情】

格鲁特布姆案是一个泛称，它包括南非开普地区的高级法院的一审和南非宪法法院的上诉审两个阶段。本案情介绍是重点根据上诉审事实的叙述而得来，同时照顾到一审案件中地方法院的案情陈述。①

伊琳娜·格鲁特布姆（Irene Grootboom）和其他被告人住在西开普省开普敦市奥斯顿堡区（Oostenberg）中克莱芳登（Kraaifontein）一个叫做沃拉斯丁（Wallacedene）的地方，这个地方人们通常叫做“新荒地”(New Rust)。这些被告人包括390个成人和510个儿童。有充分证据表明这个地方生活的这些被告人生活条件极其简陋。他们没有水电力，供应也相当不足。格鲁特布姆和她的丈夫、家人生活在一个不到20平方米的窝棚。1998年12月，根据1998年的《防止非法驱逐和非法占用土地法案》，库斯河地方法庭（Kuilsriver Magistrate Court）根据“新荒地”的所有人和被告人达成的协议命令所有的一审原告在1999年5月15日②之前迁离“新荒地”，若到期未迁离，所有居住者的财物将被警察处理。一审原告未能全部搬离，他们的财物被强行地全部拆迁，并且原来的“新荒地”已经被其他人占据。这样所有的一审原告就成了真正意义上的“无家可归者”，由于不可能回到原先的棚户区，他们不得不在沃拉斯丁的一个运动场上暂时逗留。③1999年5月31日一审原告在开普敦高等法院提交了一个紧急的申请并表明他们不满于奥斯顿堡区政府的做法。1999年6月4日，Josman

---

① 南非宪法法院在上诉审中以脚注的方式提及了开普敦高等法院的案情陈述。参见 Government of the Republic of South Africa and Others v Grootboom and Others（CCT11/00）［2000］ZACC 19；2001（1）SA 46；2000（11）BCLR 1169；（4 October 2000），para. 4，footnote 3.

② 此时南非正处于冬季。

③ Grootboom v Oostenberg Municipality and Others 2000（3）BCLR 277（C）. Government of the Republic of South Africa and Others v Grootboom and Others（CCT11/00）［2000］ZACC 19；2001（1）SA 46；2000（11）BCLR 1169；（4 October 2000）paras. 4，5，6，7，8，9，10.

AJ法官发布决定，要求沃拉斯丁迅速为申请人提供临时遮蔽。随之，一审原告在开普敦地区法院将奥斯顿堡区政府、开普都会委员会、西开普敦的省长、西开普敦、国家房屋委员会、南非共和国政府告上了开普敦高等法院。开普敦高等法院1999年12月17日作出判决①：(1) 一审原告基于宪法第26条的请求予以驳回。(2) 一审原告基于宪法第28条的请求予以支持，原告中的所有儿童均有权得到政府提供的适当的住所，这些儿童的父母有权陪同他们的孩子，国家相关的机关有义务为这些孩子和孩子的家长提供适当的住处。(3) 五个被告有义务在判决作出的三个月内向本院提供一个执行判决第 (2) 项的报告。(4) 一审原告得于被告提交报告的一个月后向本院提供一个评论。(5) 被告得于原告提交评论之后的两个星期向本院提交他们对评论的回应。(6) 本院未指定诉讼费的缴纳。(7) 本案推迟到上诉报告、评论、反馈程序完成之后另行开庭审理。(8) 1999年6月4日Josman AJ法官发布的决定直至本案终结前仍然有效。被告不服判决结果将这个案子上诉至南非宪法法院，四个上诉人分别为南非国家政府、西开普省省长、开普都会委员会、奥斯顿堡区政府，被告为伊琳娜·格鲁特布姆和其他人。

☞ 相关法律

1996年《南非共和国宪法》第26条：

(1) 每个人都有权获得足够的住房。

(2) 国家必须在其可利用资源的范围内采取合理的立法和其他措施，以逐步推进这项权利的实现。

(3) 在法院没有综合所有相关的情况作出判令之前，任何人都不得毁坏他人的住宅，任何法律都不得允许任意将人们从其住宅中驱逐。

宪法第27条②

宪法第28条第1款：

---

① Grootboom v Oostenberg Municipality and Others 2000 (3) BCLR 277 (C).

② 关于医疗卫生、食物、水和社会保障。

（b）每个儿童都有权获得家庭或父母的照顾，或在脱离家庭环境时有权得到其他恰当的照顾。

（c）有权享有基本的营养、住处、医疗保健服务和社会服务。

第 28 条第 2 款：

涉及儿童的每一件事务之中，儿童权利的最大保障是首要的。

第 28 条第 3 款：

本条所指的“儿童”系指年龄在 18 周岁以下的个人。

宪法第 38 条①

1997 年住房法案②

1999 年西开普省住房发展法案③

1995 年发展促进法案④

1998 年住房消费者保护措施法案⑤

1998 年防止非法驱逐和非法占用土地法案⑥

1966 年经济、社会、文化权利的国际公约第 2、11 条

1990 年经济、社会、文化权利委员会一般性评论第 3 号

☞ **法律问题点**

（1）南非宪法所规定的经济、社会、文化权利是否具有可司法性？

（2）南非宪法第 26 条的宪法解释和国家根据这一基本权利条款承担何种义务？

（3）“最低核心义务”是否可以适用？它是否对国家课以了一种“最低核心”范围内的“即刻实现”的义务？

（4）法院如何审查国家是否根据“可获得资源范围内”承允

---

① 宪法授权宪法法院就权利法案中任何权利的违反都可以提供适当的司法救济。

② Housing Act, 107 of 1997.

③ The West Cape Housing Development Act, 6 of 1999.

④ The Development Facilitation Act, 67 of 1995.

⑤ The Housing Consumers Protection Measures Act, 95 of 1998.

⑥ The Prevention of Illegal Eviction from and Unlawful Occupation of Land Act, 19 of 1998.

尽其资源能力所及“逐渐达致”实现公民经济、社会、文化权利的义务？如何判断国家是否“逐渐达致”经济、社会、文化权利？

（5）南非政府的住房政策是否符合“合理性标准”？

（6）如何理解和阐释儿童根据宪法第 28 条第 1 款（c）项之下所应该保障的儿童基本权利？南非政府是否违背了根据权利法案保障儿童权利的义务？

（7）是否任何公民得根据权利法案中的经济、社会、文化规范向国家提出直接的“权利主张”？

☞ **判决要旨**

（1）本院支持上诉人的部分请求。

（2）开普敦高等法院的判决应该被置于一边，以下的判决得代替之：

（a）宪法第 26 条第 2 款要求国家在其可利用的资源范围内通过综合的、协调的政策或者措施逐渐实现公民的适足住房权。

（b）政府的住房政策或者措施必须把那些处于最不利地位的弱势群体包括进来，政府得向那些没有土地、没有住所（无屋顶的窝棚）的那些处于不可忍受境地的公民提供救济。

（c）在本案中，开普都会委员会并没有履行其 b 段中所提及的义务，它没有向那些处于不堪忍受境地的公民提供任何救济。

（3）本院未指定诉讼费用的缴纳。

☞ **案件分析**

（1）经济、社会、文化权利是否具有可司法性的问题已经成为法理和政治争论的一个焦点。在南非，经济、社会、文化权利是否具有可司法性的问题已经由我们国家的宪法的文本和本院在“宪法文本鉴定案”中予以肯定回答。所以这里的宪法问题不再是“经济、社会、文化权利是否具有可司法性”而是“如何在一个给定的案件中去切实保障和实施经济、社会、文化权利”。①

① Government of the Republic of South Africa and Others v Grootboom and Others (CCT11/00) [2000] ZACC 19; 2001 (1) SA 46; 2000 (11) BCLR 1169; (4 October 2000), para. 20.

（2）本院在宪法解释中得根据宪法第39条之解释方法进行，同时本院已经在一系列的判决中确认了下述宪法解释方法：必须根据宪法规范的文本含义进行符合宪法条文的解释；必须把宪法第二章的权利法案作为一个整体来看待，故解释基本权利规范的时候必须遵照系统解释的方法；必须根据宪法的社会和历史语境进行合目的的解释。①我们国家的宪法既包括了公民权利、政治权利也包括了经济、社会、文化权利，这些权利的保障和实现必须被一体化地看待。② 宪法第26条规定的"适足住房权"，第26条第1款规定了该权利的外延，第2款规定了国家的积极保障义务，第3款规定而来国家的消极不侵犯义务。③ 对于那些已有住房的公民，国家的义务主要是第3款规定的"禁止任意性的强制拆迁"，对于那些没有住房的公民，国家的主要义务是为他们提供适当的住房保障。④国家根据第26条承担的义务取决于具体的语境，省与省不同，市与市不同。⑤

（3）"最低核心义务"系联合国经济、社会、文化权利委员会在1990年第3号一般性评论第10段所明确提出。参与诉讼的"法

① Government of the Republic of South Africa and Others v Grootboom and Others (CCT11/00) [2000] ZACC 19; 2001 (1) SA 46; 2000 (11) BCLR 1169; (4 October 2000), para. 22.

② Government of the Republic of South Africa and Others v Grootboom and Others (CCT11/00) [2000] ZACC 19; 2001 (1) SA 46; 2000 (11) BCLR 1169; (4 October 2000), para. 20.

③ Government of the Republic of South Africa and Others v Grootboom and Others (CCT11/00) [2000] ZACC 19; 2001 (1) SA 46; 2000 (11) BCLR 1169; (4 October 2000), para. 34.

④ Government of the Republic of South Africa and Others v Grootboom and Others (CCT11/00) [2000] ZACC 19; 2001 (1) SA 46; 2000 (11) BCLR 1169; (4 October 2000), para. 36.

⑤ Government of the Republic of South Africa and Others v Grootboom and Others (CCT11/00) [2000] ZACC 19; 2001 (1) SA 46; 2000 (11) BCLR 1169; (4 October 2000), para. 37.

庭之友"(amicus curiae) 依赖本意见引起本院的重视。① 按照宪法第 39 条，本院在司法决策中应该考虑国际法。然而，问题是"最低核心义务"要求法院承担起什么是最低核心义务的解释责任，包括采集足够的关于经济、社会、文化权利实施的信息。经济、社会、文化委员会在其一般性评论中表明他们多年来收集了大量的信息来呼吁各国履行"最低核心义务"，但是本院没有与之相当的信息来决定南非政府的"最低核心义务"是什么，尤其是在住房权这个具体权利上。②

（4）法院可以审查国家是否根据"可获得资源范围内"承允尽其资源能力所及"逐渐达致"实现公民经济、社会、文化权利的义务。"逐渐达致"并不是一个"不去达致"的借口和托词。"逐渐达致"指的是权利的可到性是一个渐进的实现并且障碍不断被清除的过程，它意味着法律、行政、操作、财政等方面的障碍，可能在一定的时间内被减少或者清除。③ 本院判断国家是否"逐渐达致"经济、社会、文化权利采取的是"合理性标准"④ ——这些合理性标准包括国家采取的措施是否是全面协调的；政策是否均衡和灵活以致达到它的短期、中期和长期目标；政策是否一直在促进而不是减少权利的实现；政策是否涉及社会的重要部分；政策是

① Government of the Republic of South Africa and Others v Grootboom and Others (CCT11/00) [2000] ZACC 19; 2001 (1) SA 46; 2000 (11) BCLR 1169; (4 October 2000), para. 29.

② Government of the Republic of South Africa and Others v Grootboom and Others (CCT11/00) [2000] ZACC 19; 2001 (1) SA 46; 2000 (11) BCLR 1169; (4 October 2000), para. 32, 33.

③ Government of the Republic of South Africa and Others v Grootboom and Others (CCT11/00) [2000] ZACC 19; 2001 (1) SA 46; 2000 (11) BCLR 1169; (4 October 2000), para. 45.

④ Government of the Republic of South Africa and Others v Grootboom and Others (CCT11/00) [2000] ZACC 19; 2001 (1) SA 46; 2000 (11) BCLR 1169; (4 October 2000), para. 41.

否考虑了那些处于最不利地位的弱势群体。①

（5）南非政府的住房政策不符合“合理性标准”。南非政府采取的住房政策只是关注了中期和长期的住房需求，在这个范围内可以说是合理的，但是它没有关照那些“处于最不利地位的弱势群体”的“极度需要”的住房需求。从这个角度看，政府并没有在其资源可利用范围内，帮助和保障那些开普敦市区没有土地、没有住房且生活极其贫困的公民。故南非的住房政策违反了宪法第 26 条第 2 款之规定。②

（6）在理解宪法第 28 条第 1 款（c）项之下所应该保障的儿童基本权利时，本院是把（b）款和（c）款做了系统解释。（c）项首要的是对儿童的父母和家人施加了保障的义务，国家的保障义务只是父母或者家人保障义务的一个“替代”选择。在（c）项的语境下，本案中国家并没有义务向这些儿童提供住房和遮蔽，故在一审中，开普敦高等法院在这一点上的判决是错误的。③ 但是这并不意味着，国家对于儿童不负担任何责任，相反，国家应该在法律上和政策上保障儿童在第 28 条之下的任何权利不受侵犯，并且在儿童失去父母和家人的保护之时，国家的保障责任随之而到。④

（7）公民在法律上和事实上都没有根据权利法案中的经济、社会、文化规范向国家提出直接的“权利主张”的请求权基础。因为不论是宪法第 26 条还是宪法第 28 条都没有明示说某某公民可

---

① Government of the Republic of South Africa and Others v Grootboom and Others（CCT11/00）［2000］ZACC 19；2001（1）SA 46；2000（11）BCLR 1169；（4 October 2000），paras. 43，44.

② Government of the Republic of South Africa and Others v Grootboom and Others（CCT11/00）［2000］ZACC 19；2001（1）SA 46；2000（11）BCLR 1169；（4 October 2000），para. 66.

③ Government of the Republic of South Africa and Others v Grootboom and Others（CCT11/00）［2000］ZACC 19；2001（1）SA 46；2000（11）BCLR 1169；（4 October 2000），para. 79.

④ Government of the Republic of South Africa and Others v Grootboom and Others（CCT11/00）［2000］ZACC 19；2001（1）SA 46；2000（11）BCLR 1169；（4 October 2000），para. 78.

以基于自己的特殊需求而向国家请求分配给他/她一套住房。①

(二) 美国联邦最高法院

1. 哥德堡诉凯利案

【案情】②

上诉人约翰·凯利 (John Kelly) 和其他一些人是纽约市的居民，他们是联邦政府和纽约州专门针对孩子、儿童的救济项目福利津贴的受领人。根据一些相关信息，纽约市认为这些人已经不符合这个福利津贴的受领条件，在未经过通知和听证程序之前便终止了对凯利等人的津贴发放。

凯利认为纽约市的这种取消其受领资格的行为违反了美国宪法第十四修正案中的正当法律程序原则。哥德堡 (Goldberg) 代表纽约市政府参与了诉讼。一审当中，纽约州和纽约市又引入了听证和通知程序，然而凯利认为其权利仍然没有得到保障，最终案件一直上诉至联邦最高法院。

☞ **相关法律**

美国联邦宪法第十四修正案

N. Y. Social Welfare Law § § 157-165 (1966)

Social Services Law § § 157-166

☞ **法律问题点**

(1) 福利津贴是不是一种法定的权利或者资格，还是一种“特权”?

(2) 行政机关对福利津贴的终止决定是否适用于“正当法律程序”?

(3) 听证程序如何才能不侵害当事人的程序性权利?

---

① Government of the Republic of South Africa and Others v Grootboom and Others (CCT11/00) [2000] ZACC 19; 2001 (1) SA 46; 2000 (11) BCLR 1169; (4 October 2000), para. 95.

② Goldberg v. Kelly, 397 U. S. 254 (1970).

☞ 判决要旨

（1）福利津贴是以一种事关公民生活的成文法上的资格，具有这种资格的公民有权得到这种物质帮助，虽然关于这种津贴是权利还是特权的争论不能够完全回应宪法的挑战，但是政府的剥夺行为仍然可能侵犯当事人程序上的一些权利。①

（2）适格受领人的利益与政府的利益存在冲突，受领人获得必要的食物、住房、医疗等服务的利益不能够被错误地剥夺，而且这种利益显然是高于政府避免任何财政或行政负担的利益。②

（3）事前听证为保障福利受领人之必要且正当程序。③

（a）这种听证不必是类似于司法或者准司法的，但是受领人必须给予足够的被告知的时间和机会。④

（b）在事前听证中，并非要求一定要有律师，但是受领人要求如此，则必须允许。⑤

（c）行政决策人不必完全给予受领人一个正式的基于法律和可实施的裁决意见，但是行政机关必须陈述其决定的原因和依据。⑥

（d）行政决策人必须是公正的，包括必要回避制度。⑦

☞ 案件分析

此案被认为是在自由价值占绝对主导地位的美国一个非常重要的关于福利权的转折。在经济、社会、文化权利的探讨中，尤其是

① Goldberg v. Kelly, 397 U. S. 261-263 (1970) 联邦最高法院在判决书第八个脚注中专门对这个“资格”(entitlement) 作了解释，其中引用了 Reich 教授新财产论的观点。Reich, Individual Rights and Social Welfare: The Emerging Legal Issues, 74 Yale L. J. 1245, 1255 (1965). See also Reich, The New Property, 73 Yale L. J. 733 (1964).

② Goldberg v. Kelly, 397 U. S. 264-266 (1970).

③ Goldberg v. Kelly, 397 U. S. 264, 266-271 (1970).

④ Goldberg v. Kelly, 397 U. S. 256-270 (1970).

⑤ Goldberg v. Kelly, 397 U. S. 270 (1970).

⑥ Goldberg v. Kelly, 397 U. S. 271 (1970).

⑦ Goldberg v. Kelly, 397 U. S. 271 (1970).

在涉及国家利益的时候，这个案例的引用率也是极高的。细观本案，其实第一个法律问题是比较关键的。联邦最高法院虽然表明它不能也不愿意去探讨“福利救济到底是一种权利还是一种救济”这样的问题，但是最高法院的大法官们（尤其是布伦南大法官代表的多数派）显然受到了“新财产权”法哲学思潮的影响，这个影响表现在判决书第八个脚注之中。新财产权理论在当时首要的倡导者是哈佛大学的瑞奇教授（Reich），他在《新财产权》一书中阐明了自己对于救济金、养老金等带有福利性质“受益客体”的理论，他通过大量的论证认为这种“利益”可以转化为个人的一种权利，其本质是一种新型的财产权。

在处理完了第一个法律问题之后，最高法院开始处理当事人核心的诉讼争议点：福利津贴的终止或取消是否得适用于正当法律程序？最高法院的回答是肯定的。最终凯利等人胜诉了。但是整个当事人福利权利的保护是通过一个所谓的“程序性权利”来实现的。这也就推导出我对这个案子的一个重要结论：美国在当时对经济、社会、文化权利的保护是通过传统的公民权利和政治权利来实现的①。

2. 布朗诉教育委员会案②

【案情】

布朗案（I）③ 1951 年在堪萨斯州首府托皮卡的美国堪萨斯地区法院发生了一场集团诉讼（class action）。在托皮卡的“全美黑人进步

---

① 《经济、社会、文化国际公约》当时已经签署，但未生效。美国直到本文写作时还没有成为该公约正式的缔约国。

② 布朗案（I）Brown v. Board of Education of Topeka，347 U.S. 483（1954），布朗案（II）Brown v. Board of Education of Topeka，349 U.S. 294（1955）. 张千帆教授翻译为“校区隔离第一案”和“校区隔离第二案”。参见张千帆：《宪法经典判例导读》，高等教育出版社 2008 年版，第 174~176 页。注意：本文引用全部参照这些案例的原版英文材料，系主要通过美国法律汇编（US Law Report）来收集。

③ Brown v. Board of Education of Topeka，347 U.S. 483（1954）.

协会”(NAACP) 的建议和组织下，原告为托皮卡的13位父母，代表他们的20个孩子，这个集团诉讼原告中使用了布朗先生的名字。这场集团诉讼的被告为堪萨斯托皮卡的教育委员会。该委员会根据1879年的堪萨斯法律一直实行着区分白人和黑人小学的政策。原告所要挑战的正是教育委员会基于肤色和种族的“校区隔离政策”。最后该案一直上诉至最高法院，最高法院正好遇到了类似的其他四个案子 Briggs v. Elliott (从南卡罗来纳州上诉)、Davis v. County School Board of Prince Edward County (从弗吉尼亚州上诉)、Gebhart v. Belton (从达拉威尔州上诉) 和 Bolling v. Sharpe (从华盛顿特区上诉)，这四个案子也都是由“全美黑人进步协会”(NAACP) 所推动的。①联邦最高法院最终决定合并审理此案。

布朗案 (II)② 1954年美国联邦最高法院做出判决并使得“平等保护”适用于联邦政府。在“取消隔离”的判决下达之后，美国各地的反应不一，其中来自州政府和社会的压力十分巨大。鉴于困难，最高法院于1955年又下达了布朗案 (II) 的决定，根据这个决定，各个州和地方的行政部门可以根据当地的实情，逐步采取合理的措施来取消隔离政策。之后，法院还发明了“校车系统”来解决跨区学生的困难。

☞ **相关法律**

美国宪法第十四修正案

权利法案（美国宪法第五修正案）

28 U.S.C. § 1253.

Revised Rules of The Supreme Court of United States, Rule 42, (effective July 1, 1954).

☞ **法律问题点**

简而言之，法院要求回答的问题是：校区隔离是否合宪？精确地讲，这里的宪法问题是：尽管物质条件和其他“有体”的

---

① Brown v. Board of Education of Topeka, 347 U.S. 487, footnote 1. (1954).

② Brown v. Board of Education of Topeka, 349 U.S. 294 (1955).

(tangible) 因素全是等同的，把儿童仅仅按照他们的种族进行区分，然后使其进入不同类别的公立学校的“校区隔离”是否具有合宪性？

☞ 判决要旨

(1) 对于公共教育而言，美国宪法第十四修正案的历史意义并未终止和完结。①

(2) 这个案件中的法律问题并不能在第十四修正案通过的当时的历史条件下被决定，而是应该在公共教育对于当代美国全体国民中完全发展的语境下去理解。②

(3) 当一个州致力于为公共学校提供教育的机会之时，此种机会必须在平等的基础上对所有人开放。③

(4) 即使物质条件和其他“有体”的因素完全等同，仅仅基于种族进行校区隔离的做法实际上剥夺了少数群体的儿童平等的受教育的机会。④

(5) 在 Plessy v. Ferguson 案⑤（车厢隔离案）中“隔离但平等”的原则在公共教育领域无立锥之地。⑥

☞ 案件分析

布朗 (I) 案实际上是在解决受教育权的问题，公民的受教育权是经济、社会、文化权利的重要组成部分。美国联邦最高法院在本案的审理当中始终围绕的问题是：基于种族的“校区隔离”是否违反宪法第十四修正案中的平等保护条款。法院不得不回应1896年的“车厢隔离案”中，布朗法官 (J. Brown) 所发展的“隔离但平等”的原则。在布朗案中，沃伦大法官在审查“校区隔离”政策的时候始终抓住的关键问题是：“即使有体的因素完全等同，这是否意味着那些无体的因素也自然而然达致平等了呢？”这实际

① Brown v. Board of Education of Topeka, 347 U. S. 489 (1954).

② Brown v. Board of Education of Topeka, 347 U. S. 492-493 (1954).

③ Brown v. Board of Education of Topeka, 347 U. S. 493 (1954).

④ Brown v. Board of Education of Topeka, 347 U. S. 493-494 (1954).

⑤ Plessy v. Ferguson, 163 U. S. 537 (1896).

⑥ Brown v. Board of Education of Topeka, 347 U. S. 495 (1954).

上是对“隔离政策”进行深度的剖析和最为严格的审查。最终“沃伦法院”得出“校区隔离”违宪的结论。在这里，“沃伦法院”采用的审查实际上可以表述为：对待种族问题一定要“严格审查”(strict scrutiny)。对于此案本文初始的结论是：美国联邦最高法院是通过保障传统的公民权利的方式来保障新兴的经济、社会、文化权利。

布朗案（II）则更加发人深省，沃伦法院迫于现实政治和社会舆论的压力下达决定让各个地区政府自行逐步取消“隔离”，其决定的理由是十分现实的：不同校区的基本情况不同，学校才是解释和衡量这些问题的主体，学校本身在取消“隔离”上的态度和能力并不相同。

这里的问题从经济、社会、文化权利的角度看就是本文所提出的那些阻碍经济、社会、文化权利“即刻实现”的因素。这样看来，似乎“沃伦法院”在布朗（I）案中的决定是错误的，至少是草率的。然而，“沃伦法院”竟然发明了“校车系统”(school bus system）来缓解执行的难题，在清除执行阻碍的时候美国竟然用军队来辅助。这种做法无疑是把“司法能动主义”在自由传统深厚的美国发挥到“无出其右”的境界。反思这个现象，其实从另一个角度看也比较容易解释，那就是当司法保障经济、社会、文化权利的时候，政府部门有绝对的义务去为权利的实现和司法的执行提供一些必要的协助。

（三）日本最高法院

1. 朝日诉讼

【案情】①

原告朝日茂患有严重的肺结核住在国立冈山的疗养院。根据当时的社会救助法，他正享受每月600日元的日常开支救助金。1956年7月宫崎市社会福利办事处（日语为“福祉事務所”)找到了和被告在

① 判例S42.05.24　大法廷・判決　昭和39（行ツ）14　生活保護法による保護に関する不服の申立に対する裁決取消請求（民集第21巻5号1043頁)。

“二战”中长期失去联系的哥哥并要求原告的哥哥每月支付他 1500 日元。在得到原告哥哥的同意后，福利办事处以原告能够支付之前国家承认的每月 600 日元救助费为由变更了对原告的保障条件，即从原告哥哥每日给他的 1500 日元中，按照生活补助标准每月给原告 600 日元，其余 900 日元作为每月医疗费由福利办事处代收。

对于福利办事处的变更决定，朝日茂认为 600 日元根本不能满足其日用所需，另外疗养院的伙食也不能保障充足的健康，因此，他希望从他哥哥每月寄来的 1500 日元中留下 1000 日元自己使用，其余 500 日元作为自己的医疗费，并要求行政部门取消之前的变更决定，但被驳回。原告继续申诉，也没有得到支持。于是，朝日茂于 1957 年以国家（具体机关为“厚生大臣”）为被告向东京地方法院提起诉讼，宣称自己之前的申诉应该得到支持并认为每月 600 日元的过低救助标准不符合《日本国宪法》第 25 条的规定。

☞ 相关法律

《日本国宪法》第 25 条：

全体国民都享有最低限度的健康与文化生活的权利。

国家应于生活的一切方面努力提高和增进社会福利、社会保障以及公共卫生。

《生活保护法》第 59 条。

☞ 法律问题点

（1）宪法第 25 条所规定之生存权可否成为公民要求国家予以直接保障的请求权基础？宪法第 25 条之规定是公民的主观权利，还是宪法中的方针政策规定？国民生存权的保障是否需要具体法律上的权利予以保障？

（2）由司法机关判决并保障“健康上、文化上最低限度的生活”是否适当？行政机关行政行为受到司法审查的限度如何确立？

☞ 判决要旨

第一审：东京地方法院一审判决支持原告并认为每月 600 日元

的救助金是非法的。①

控诉审：东京地方法院二审认为《生活保护法》是宪法第 25 条的具体化，生存权系抽象规定，其具体内容还需由厚生大臣予以定夺。由此，二审判决驳回了原告的诉讼请求②。

上告审：最高法院在审理原告的上诉案件过程中，原告去世，诉讼终止。但是最高法院仍在裁定中作出一定的意见：宪法第 25 条确实课以国家保障国民健康的义务，这是宪法对所有国民赋予的权利但不是针对具体的个人，保障“健康上、文化上最低限度的生活”是行政机关的任务，法院并非最佳裁决机关③。

☞ 案件分析

日本最高法院在此案中的判决具有决定性的作用。第一，最高法院肯定了宪法第 25 条规定的生存权并认为生存权具有基本权利的性质。第二，最高法院认为宪法第 25 条生存权规范是课以国家保障“健康上、文化上最低限度的生活”为根据。第三，最高法院认为宪法第 25 条生存权规范是一种抽象的、概括的权利，其内容随着经济、社会的变迁而有所变动，这一规范赋予了所有国民基本权利但并不能适用于某一个具体的个人。第四，宪法第 25 条生存权规范是一个方针性的规定，即日本最高法院采用的是“方针规定说”，认为经济、社会、文化权利的宪法规范本质上是一种方针规定，并不产生主观权利。第五，对于在何种程度和标准上保障国民宪法第 25 条规定的“健康上、文化上最低限度的生活”，行政机关比司法机关更适合做出判断，除非行政机关依据具体法律如《生活保障法》的自由裁量显然未达到宪法第 25 条规定之目的。

① 東京地方裁判所昭和 35 年 10 月 19 日判決行集 11 卷 10 号 2921 頁。

② 東京高等裁判所昭和 38 年 11 月 4 日判決行集 14 卷 11 号 1963 頁。

③ 判例 S42. 05. 24 大法廷・判決 昭和 39（行ツ）14 生活保護法による保護に関する不服の申立に対する裁決取消請求（民集第 21 卷 5 号 1043 頁）。

2. 堀木诉讼

【案情】①

1970 年，原告堀木氏是一个双目失明的女性，依照当时的《国民年金法》，她可以受领残疾人福利保障金。因为她离婚后一个人独立抚养子女，所以依照《儿童抚养津贴法》，原告请求认定她可以领取儿童抚养津贴。但是由于原告已经在受领残疾人福利保障金，依照《儿童抚养津贴法》第 4 条第 3 项第 3 款的禁止性规定，如果已经领取了其他社会保障金，则公民丧失受领本法规定的儿童抚养津贴的资格。基于法律规定，堀木氏的请求和诉讼主张被驳回。原告认为《儿童抚养津贴法》第 4 条第 3 项第 3 款的禁止性规定与日本国宪法第 14 条、第 25 条、第 13 条的规定冲突而无效，向法院请求给予其儿童抚养津贴的受领资格。

☞ 相关法律

《日本国宪法》② 第 13 条：

全体国民作为个人受到尊重。国民对于生命、自由以及追求幸福的权利，只要不违反公共福利，需在立法及其他国政上予以最大尊重。

宪法第 14 条：

全体国民在法律之下平等。不因人种、信仰、性别、社会身份以及门第而在政治、经济以及社会的关系中有所差别。

宪法第 25 条：

全体国民都享有最低限度的健康与文化生活的权利。

国家应于生活的一切方面努力提高和增进社会福利、社会保障以及公共卫生。

---

① 判例 S57.07.07 大法廷・判決 昭和 51（行ツ）30 行政処分取消等（民集第 36 巻 7 号 1235 頁）。

② 日本国宪法原本，国立公文书馆，The Constitution of Japan，English Full Text from the Japanese Cabinet.

《国民年金法》

《儿童抚养津贴法》第4条第3项第3款

☞ **法律问题点**

（1）宪法第25条所规定之生存权可否成为公民要求国家予以直接保障的规范效力？宪法第25条之规定是否对立法者课以了具体的义务？

（2）是否存在《儿童抚养津贴法》与宪法第25条矛盾冲突的情形？如果二者冲突，是否应该认为立法者颁布的具体法律违宪？

（3）司法机关在保障国民经济、社会、文化权利时候的职能是什么？司法机关审查立法机关行为的标准是什么？

☞ **判决要旨**

第一审：神户地方法院判决：《儿童抚养津贴法》第4条第3项第3款违反了宪法第14条第1款而定，应属于违宪无效。①

控诉审：宪法第25条具体法律关于赋予国民福利和社会保障的规定属于立法裁量事项。宪法第25条为国家促进公民福祉的方针和宣示，并不具有裁判机能。宪法第25条第1款和第2款保障基准不同，只有当国家依照第2款采取措施仍不能维持国民最低生活标准时，国家始得履行宪法第25条第1款所规定的“健康及文化之最低限度生活”这样的绝对义务基准。儿童抚养津贴与残疾保障金均属于宪法第25条第2款所设定的防贫措施，故《儿童抚养津贴法》第4条第3款第3项的禁止性规定并不存在违反宪法第25条第1款规定的问题，而且也没有违背宪法第25条。②

上告审：宪法第25条是国家权力的方针（纲领）性规定，并非赋予公民具体的权利。除明显滥用时，立法者有广泛的裁量余地，《儿童抚养津贴法》并未违反宪法第25条之规定。③

---

① 神戸地方裁判所昭和47年9月20日判決判時678号19頁。

② 大阪高等裁判所昭和50年11月10日判決行集26卷10=11号1268頁。

③ 最高裁判所昭和57年7月7日大法廷判決最高裁判所民事判例集36卷7号1235頁。

☞ 案件分析

日本最高法院在此案中的判决沿袭了它在朝日诉讼和“违反食粮管理法案”判决中的法理。针对诉讼中的第一个法律问题，法院认为，宪法第 25 条为国家设立了一定的目的，即所谓的福利国家的理念，但是它并非课以国家具体义务措施的规定而是国家努力的方针性宣示规定。最高法院采纳了上告审当中大阪高等法院关于宪法第 25 条第 1 款和第 2 款分离的观点，认为只有当立法者判断或者裁量明显不当时才构成司法审查的对象。此案中不存在《儿童抚养津贴法》与宪法第 25 条矛盾冲突的情形，故不存在《儿童抚养津贴法》是否违宪的问题。此案中日本最高法院实际上对于立法机构的立法行为采取的是一种宽松的审查标准。

(四) 中国法院实践

1. 邓秀霞案

【案情】①

2002 年 7 月，原告在北京老马家牛肉面餐饮有限责任公司（以下简称老马家餐饮公司）做试用工期间，双方均未签订劳动合同。该餐饮公司也未给原告办理劳动保险。2002 年 7 月 15 日原告邓秀霞在老马家餐饮公司做早点，突然发生爆炸，将原告烧伤，经北京积水潭医院诊断为：“面部、后背、左前臂、右上肢、双足背、双小腿热烧伤 26%。”2002 年 10 月间，原告向被告口头提出工伤认定申请。2002 年 10 月 15 日，被告对原告作出工伤认定。2002 年 11 月 25 日，原告的评残结果为七级，重新评残后仍为七级。② 2003 年 8 月，被告为原告核定应享受一次性伤残补助金 18092 元。后原告要求与老马家餐饮公司解除劳动关系，并由单位支付一次性就业补助金 30153 元，并申请海淀区劳动争议仲裁委员会进行仲裁。因双方存在争议，海淀区劳动争议仲裁委员会裁定就业补助金待遇核定后另案处理。为此，原告认

---

① 北京市海淀区人民法院（2003）海行初字第 269 号。

② （海）劳工伤认（2002226）号工伤认定结论通知书，（2002）鉴定第伤 336 号职工劳动鉴定表，（2003）鉴定第伤 146 号职工劳动鉴定表。

为被告未履行对原告核定一次性就业补助金的法定职责，于2003年11月12日向法院提起行政诉讼。

☞ 相关法律

《中华人民共和国劳动法》① 第70条：

国家发展社会保险事业，建立社会保险制度，设立社会保险基金，使劳动者在年老、患病、工伤、失业、生育等情况下获得帮助和补偿。

《中华人民共和国劳动法》第73条：

劳动者在下列情形下，依法享受社会保险待遇：

（一）退休；

（二）患病、负伤；

（三）因工伤残或者患职业病；

（四）失业；

（五）生育。

劳动者死亡后，其遗属依法享受遗属津贴。

劳动者享受社会保险待遇的条件和标准由法律、法规规定。

劳动者享受的社会保险金必须按时足额支付。

《工伤保险条例》②

☞ 法律问题点

（1）劳动法第70条规定：国家发展社会保险事业，建立社会保险制度，设立社会保险基金，使劳动者在年老、患病、工伤、失

① 这里指的是“1994年劳动法”《中华人民共和国劳动法》已由中华人民共和国第八届全国人民代表大会常务委员会第八次会议于1994年7月5日通过，自1995年1月1日起施行。本法规已被《全国人民代表大会常务委员会关于修改部分法律的决定》(发布日期：2009年8月27日，实施日期：2009年8月27日）修改。

② 《工伤保险条例》已于2003年4月16日国务院第5次常务会议讨论通过，自2004年1月1日起施行。本法规已被：国务院关于修改《工伤保险条例》的决定（2010）（发布日期：2010年12月20日，实施日期：2011年1月1日）修订。

业、生育等情况下获得帮助和补偿。该规定的法律效力如何?

(2) 海淀区劳动和社会保障局根据劳动法第70条和第73条之规定应当承当何种法律责任?

(3) 海淀区劳动和社会保障局依法核准一次性伤残就业补偿金标准的法定职责其程序如何?该程序的合法性依据是什么?地方性法规可否作为海淀区劳动和社会保障局依法核准一次性伤残就业补偿金标准的法定职责的依据?

(4) 一次性伤残就业补偿金标准适格的申请人在提出具体权利请求时是否得依法履行法律程序?该法律程序应该如何确定?

☞ 判决要旨

北京市海淀区人民法院依照最高人民法院《关于执行〈中华人民共和国行政诉讼法〉若干问题的解释》第56条第(一)项的规定,判决如下:驳回原告邓秀霞的诉讼请求。①

☞ 案件分析

(1) 法院判决理由是2002年11月间,原告在向被告申请核定一次性伤残补偿金标准时只提交了工伤认定结论通知书、职工劳动鉴定表,未提交老马家餐饮公司已解除事实劳动关系的证明,被告尚无法依照上述法规的规定启动对原告一次性伤残就业补偿金标准的核定程序。据此,原告认为被告不履行法定职责的理由不能成立,本院不予支持。②

---

① 北京市海淀区人民法院(2003)海行初字第269号。

② 2000年4月1日起施行的京劳社工发(2000)47号《北京市企业劳动者工伤保险待遇给付办法》第三条第二款规定:"区、县劳动和社会保障局按属地管理的原则,负责辖区内企业职工及其工伤保险待遇审核、管理日常工作。"第八条规定:"企业或工伤职工到劳动和社会保障行政部门核准伤残抚恤金、护理费、一次性伤残补助金标准时,应当提交下列证明:(1)《企业职工工伤待遇审批表》;(2)《企业职工工伤认定申请表》;(3)《工伤证》;(4)《劳动鉴定表》;(5)工伤职工本人负伤前十二个月的平均工资收入(以本人缴纳养老保险费的工资收入为准)证明。核准一次性伤残就业补偿金标准的,除提交上述证明外,必须提交工伤职工本人要求自谋职业的申请书和企业同意终止劳动关系的证明。"

（2）劳动法第 70 条规定：国家发展社会保险事业，建立社会保险制度，设立社会保险基金，使劳动者在年老、患病、工伤、失业、生育等情况下获得帮助和补偿。法院在判决书中将该规定列为判决的法律依据之一。从宪法学的角度看，它是《中华人民共和国宪法》第 45 条的具体化。承认劳动法第 70 条之法律效力实际上也就是承认了宪法第 45 条的法律约束力。

（3）海淀区劳动和社会保障局根据劳动法第 70 条和第 73 条之规定应当承担为符合第 73 条规定的适格的伤残就业补偿金请求人提供物质帮助的义务。2003 年 8 月，被告为原告核定应享受一次性伤残补助金 18092 元。这表明海淀区劳动和社会保障局履行了其根据劳动法规定的积极义务。

（4）社会保障部门在依法核准一次性伤残就业补偿金和给予请求人物质帮助的时候必须严格依照法定程序。在本案中，海淀区劳动和社会保障局依据的法律程序来源于《北京市企业劳动者工伤保险待遇给付办法》。由法院判决可以看出，地方性法规可以作为地方社会保障部门在履行其社会保障职责时的程序性依据。

（5）社会保障的适格的申请人在提出具体权利请求时必须依法律程序而为之。这些程序性要求包括请求人向社会保障机关提供证明其符合领取社会保障金的材料和证据。本案中，原告没有提交其本人要求自谋职业的申请书和企业同意终止劳动关系的证明，基于此，法院驳回了原告的诉讼请求。

（6）公民在其经济、社会、文化权利遭到侵犯时可以依据现行法律法规向人民法院提起诉讼，人民法院得根据原告的诉由决定是否对可能遭受的权利侵犯提供司法救济。这个案例中，原告虽然败诉并服从法院的判决，但是人民法院在保障公民经济、社会、文化权利的方面实际上是发挥了积极作用的。

2. 王泽隆案①

【案情】②

王泽隆于1951年参军，1958年转业到青海省劳改工作管理局，1971年5月因工致残，双目失明，不能继续工作。经本人申请，组织批准退休回四川省合江县原籍生活，并由合江县民政局接收管理。1979年4月，青海省劳改工作管理局向合江县民政局发来青劳政字〔79〕64号《关于给王泽隆同志提高退休费比例及给予护理费的通知》，通知根据国务院〔78〕104号文件规定，确定王泽隆自1978年6月起享受因工残废护理费每月30元。合江县民政局即开始向王泽隆发放因工致残护理费。后经调整，王泽隆的护理费至1999年1月提高到每月100元。1999年11月25日，合江县人事局、民政局、财政局联合发文合民优〔1999〕32号《关于退休干部王泽隆同志增发护理费的通知》，通知载明："王泽隆同志因工致残（未评定伤残等级），经合江县人民医院鉴定符合1级残废标准，按因公一等革命伤残人员护理费每人每月204元发给。从1999年元月执行，其经费仍由原渠道解决。"2000年起，王泽隆要求合江县民政局按人退发〔1993〕1号文件规定提高护理费并按人退发〔1993〕3号文件"各地调整护理费标准的时候，统一为每年的七月份。对符合规定条件的因公致残人员，根据省、自治区、直辖市人事厅（局）的通知，从调整当月按新的标准发给护理费。社会平均工资出现负增长时，护理费标准不作调整"的规定对其护理费标准每年进行调整，合江县民政局认为王泽隆未按规定评定伤残等级，不符合享受一级伤残人员护理费的条件而不予办理，王泽隆不服，向合江县人民法院提起诉讼。

---

① 全称为"王泽隆请求合江县民政局发放抚恤金案"，最高人民法院中国应用法学研究所：《人民法院案例选·2004年行政·国家赔偿专辑总第50辑》，人民法院出版社2004年版，第376~379页。关于该案的介绍和评述，参见秦前红、涂云新：《经济、社会、文化权利的保障路径及其选择——在立法裁量与司法救济之间》，载《交大法学》2013年第1期。

② 四川省泸州市中级人民法院（2003）泸民终字4月23日判决书。

☞ 相关法律

《中华人民共和国行政诉讼法》① 第54条。

《中华人民共和国行政诉讼法》第61条。

《人事部、财政部、国家统计局关于国家机关、事业单位因公致残人员护理费问题的补充通知》②

《人事部、财政部关于调整国家机关、事业单位因公致残人员护理费标准的通知》③

☞ 法律问题点

（1）因公致残的劳动者是否可以请求劳动社会保障部门为其提供因公致残人员抚恤金？

（2）四川省合江县民政局是不是为王泽隆发放因公致残抚恤金的适当行政主体？

（3）未按规定评定伤残等级的因工致残人员是否应当享受伤残护理费的提高标准？

（4）四川省合江县民政局是否有积极义务为王泽隆办理《革命伤残人员证》？

☞ 判决要旨

原告王泽隆因公致残，所在单位出具伤残证明，按干部管理权限，县人事部门出文认可。根据人退发〔1993〕1号和人退发〔1993〕3号通知之规定，符合其享受护理费的对象。尽管被上诉人自受伤至今未按法定程序评定伤残等级，但其责任在被告，如果被告有证据能够证明原告不属于革命伤残人员，应作出明确的处理。故原告王泽隆现符合人退发〔1993〕1号通知所规定的享受护理费的对象。被告应当对原告的护理费标准在每年规定的时间内进行调整。被告以原告不属于革命伤残人员，没有按规定评定的伤残等级，不能享受人退发〔1993〕1号提高护理费标准的理由不能成

① 《中华人民共和国行政诉讼法》已由中华人民共和国第七届全国人民代表大会第二次会议于1989年4月4日通过，自1990年10月1日起施行。

② 人退发〔1993〕3号。

③ 人退发〔1993〕1号。

立。原告属异地安置的退休干部，由被告接管并一直对其管理，原告是本案的适格主体。①

☞ 案件分析

本案是因为行政机关没有依法发放抚恤金而引起的行政争议。其争议的主要问题是：原告是否应当享受伤残护理费的提高标准。根据我国行政诉讼法第 11 条第 6 款的规定，“认为行政机关没有依法发给抚恤金的”属于人民法院的受案范围。此条规定以法律的形式明确了行政机关没有发放抚恤金的行政争议是可以由司法提供救济的。

（1）因公致残的劳动者是可以请求劳动社会保障部门为其提供抚恤金以保障这类劳动者的经济、社会、文化权利。《中华人民共和国宪法》第 45 条第 2 款规定：“国家和社会保障残废军人的生活，抚恤烈士家属，优待军人家属。”这是残疾军人受到宪法保障的“获得物质帮助权”，而《军人抚恤条例》② 是宪法第 45 条所保障的经济、社会、文化权利的细化和具体化。

（2）四川省合江县民政局是为王泽隆发放因公致残抚恤金的适当行政主体，因为原告王泽隆已经被批准返回四川省合江县原籍生活。四川省合江县民政局作为王泽隆原籍所在地的社会保障机关应该承担王泽隆的抚恤金发放责任。

（3）可以享受宪法第 45 条第 2 款和《军人抚恤条例》所规定的抚恤金的主体为以下几种人员：一是因革命战争致残人员；二是现役军人中因病致残人员；三是因公致残人员；四是因见义勇为致残人员。王泽隆于 1951 年参军，1958 年转业到青海省劳改工作管理局。原告符合上述的主体条件，故王泽隆享有抚恤金的请求权，而四川省合江县民政局是该请求权的相对人，负有发放抚恤金的义务和职责。

---

① 四川省泸州市中级人民法院（2003）泸民终字 4 月 23 日判决书。

② 1988 年《军人抚恤优待条例》于 1988 年 6 月 28 日国务院第十一次常务会议通过，自 1988 年 8 月 1 日起施行。1988 年法规已被 2004 年《军人抚恤优待条例》(发布日期：2004 年 8 月 1 日，实施日期：2004 年 10 月 1 日）废止。

（4）原告王泽隆本身属于法定的优抚对象，他没有取得《革命伤残人员证》不是因为原告自身不符合条件，而是因为四川省合江县民政局的行政不作为导致原告没有取得《革命伤残人员证》。四川省合江县民政局应该负有积极义务为王泽隆办理《革命伤残人员证》，这样才能保障王泽隆的"获得物质帮助权"。由四川省泸州市中级人民法院的判决可知，四川省合江县民政局负有为王泽隆办理《革命伤残人员证》的积极义务。

（5）公民在其经济、社会、文化权利没有得到国家行政机关的保障时，这种权利的未保障状态实际上是由于国家行政机关的消极不作为所致。公民既然享有法律上的经济、社会、文化权利的请求权，那么人民法院得根据原告的诉由决定是否对可能遭受的权利侵犯提供司法救济。法院在审查行政机关的法定义务时实际上是采取的严格审查的标准，在本案中，法院在针对特殊的优抚主体上，重点放在了经济、社会、文化权利的相对人即国家行政机关的法定职责之上，尤其是国家机关履行登记和办理证件的职责，这其实是国家机关承担的积极义务，对这种积极义务的违犯无疑是侵犯了公民的经济、社会、文化权利的。

四、类型化研究

通过对经济、社会、文化权利司法保障模式的研究，哈佛大学马克·图示纳特（Mark Tushnet）教授认为，世界范围内已经或者正在形成三种对这类基本权利的保障类型，第一种类型的国家将经济、社会、文化权利当做一种不具可司法性或者仅具有宣告性权利（nonjusticiable or declaratory rights）来对待；第二种类型的国家将经济、社会、文化权利当做一种弱实体权利（weak substantive rights）来救济，第三种类型的国家将经济、社会、文化权利当做一种强实体权利（strong substantive rights）进行保护。①根据本文对

① Mark Tushnet, Social Welfare Rights and the Forms of Judicial Review, 82 TEX. L. REV. 2003, pp. 1898-1908.

南非宪法法院、美国联邦最高法院、日本最高法院和中国法院的比较研究，我们可以将经济、社会、文化权利的司法保障模式进行一个初步的类型化，如表 2：

表 2　**经济、社会、文化权利司法保障之类型**

经济、社会、文化权利	宣告性权利	弱实体权利	强实体权利
是否具裁判规范性	否（于经济、社会、文化权利物质给付请求权层面）	有（有经济、社会、文化权利相关立法时）	是
得否提起不作为违宪确认诉讼	否	否	是
得否直接依宪法请求物质给付	否	否	论者主张不一
代表性国家	日本、中国	美国	南非

经济、社会、文化权利作为一种强实体权利的司法保障机制当属以南非为代表的国家。在格鲁特布姆案中，南非宪法法院首先就否认了经济、社会、文化权利作为一种弱实体权利的法理，正如法院所秉持的判决所显示的，争议问题永远不是“经济、社会、文化权利是否一种值得保障的权利”，真正的问题在于“如何保障经济、社会、文化权利更好地得到实现”。虽然在索伯拉马尼案中，上诉人在南非宪法法院败诉了，但即使在这个败诉的涉及经济、社会、文化权利宪法保护的案件中，法院也明晰了经济、社会、文化权利必须得到保障的法理。南非的实践表明，经济、社会、文化权利是一种强实体权利，任何公民都可以将这种权利作为一种具有可司法性、可以请求国家给付的规范，当政府的政策、措施没有考虑那些最贫困群体的最迫切的需求的时候，适格当事人可以在法院针对政府提起不作为的违宪确认诉讼。世界范围内的观察家和评论家

对于格鲁特布姆案中当事人“得否直接依宪法请求物质给付”这一个问题有着非常不同的理解，最为宽松的理解认为，南非宪法法院并没有给格鲁特布姆等当事人任何明确的物质给付救济，任何夸大南非宪法法院历史功绩的评论都是对判决书的一种误读；最为激进的解释则显示，南非宪法法院事实上是通过对政府住房保障政策的违宪宣告来间接地为格鲁特布姆等当事人提供了庇护场所和最基本的物质需要。笔者认为论者应该结合南非宪法法院 2008 年的“Occupiers of 51 Olivia Road, Berea Township and 197 Main Street Johannesburg v City of Johannesburg and Others”① 一案中的法理发展来历史地看待南非宪法法院的实践，在 2008 年的“Occupiers case”中，南非宪法法院实际上改变了格鲁特布姆案中的强势的司法保障路径，从而支持了更加具有民主正当性的“商谈”径路——法院指示政府必须与经济、社会、文化权利未得到保障的当事人商谈。(The administration must develop processes for engagement with citizens affected.)，对比南非宪法法院在 2000 年和 2008 年的判决，我们也可以看到南非宪法法院在格鲁特布姆案中事实上确实强势地介入到了资源的分配。

美国联邦最高法院的司法实践表明，经济、社会、文化权利仅仅是作为一种弱实体权利来被法院对待的。显然无论是哥德堡诉凯利案还是布朗诉教育委员会案中，经济、社会、文化权利被法院认为是一种裁判规范，即使没有相关的具体化的立法，法院也可以推翻或者部分推翻历史上的“先例”来裁定相关的案件。但是当公民的经济、社会、文化权利没有得到保障的时候，相关当事人是否可以由此而提出对政府的违宪确认诉讼甚至直接请求政府的物质给付呢？美国联邦最高法院倾向于否定性的回答，除非这种诉求是基于政府明显的程序性错误。图示纳特（Tushnet）和桑斯坦

① Occupiers of 51 Olivia Road, Berea Township and 197 Main Street Johannesburg v City of Johannesburg and Others (24/07) [2008] ZACC 1; 2008 (3) SA 208 (CC); 2008 (5) BCLR 475 (CC) (19 February 2008).

(Sunstein) 等教授就认为法院不应该介入到经济、社会、文化权利保障所赖以实现的"资源分配漩涡"之中，法院更不应该以此而减弱自己的民主正当性。①

日本最高法院的实践则表明日本是将经济、社会、文化权利的宪法规范（例如日本宪法第 25 条）当做一种方针政策规定，亦即经济、社会、文化权利条款并不能作为法院裁判之规范，也不能作为公民提起物质给付的请求权基础。正如日本最高法院在"堀木诉讼"中认为，宪法第 25 条为国家设立了一定的目的，也就是所谓的福利国家的理念，它并非课以国家具体义务措施的规定而是国家努力的方针性宣示规定。至于中国法院的实践，我们可以看到，无论是邓秀霞案还是王泽隆案都并非严格意义上的"宪法案例"，《中华人民共和国宪法》第 42 条至第 47 条都明确规定了公民应该享有的经济、社会、文化权利，法院在这两个案件中都适用了具体的法律和行政法规，因而可以恰当地认为，在中国，经济、社会、文化权利的相关宪法条款尚不具有裁判规范性，公民也不能够依据这些宪法规范提起针对国家的"违宪确认诉讼"，更进一步而言，公民也不能根据这些宪法规范向国家提起物质给付请求。但是不可否认的是，无论在日本还是中国，国家都承认了经济、社会、文化权利是一种基本的宪法性权利，只不过对这些权利的保障是通过"基本权利之具体化"来实现的，司法保障还处于一个相当边缘化的地位。

根据美国佛罗里达州立大学 David Landau 对美国、拉丁美洲、非洲等国家司法实践的实证研究，不同类型的经济、社会、文化权利的司法保障径路其实会产生不同的司法保障之实际效果。其研究结果见表 3：

① Mark Tushnet, Weak Courts, Strong Rights: Judicial Review and Social Welfare Rights in Comparative Constitutional Law 227, 264 (2008); Cass Sunstein, Designing Democracy: What Constitutions Do 221 (2001).

表3　　经济、社会、文化权利司法保障之效果①

进　路	正当性/制度能力	变更实践之效果	可能受益者	国家实践
个体化保障 (Individualized enforcement)	低	几乎不能改变现行权利保障现状	中上收入群体	巴西、哥伦比亚
禁止性禁令 (Negative injunctions)	中等	司法审查、推翻立法	中上收入群体	匈牙利、哥伦比亚
弱形式保障 (Weak-form enforcement)	介于低和高之间	无变化	无受益者	美国
结构化保障 (Structural enforcement)	高	能够改变现行权利保障现状	中低收入群体	南　非、印度

资料来源：David Landau (2012)

经济、社会、文化权利司法保障不仅牵涉司法机构本身的制度能力（Institutional Capacity）、民主正当性（Democratic Legitimacy）方面的问题，还会涉及一个所谓的保障实效的问题。在个体化保障中，由于法院直接介入到经济、社会、文化权利所赖以存在的财政资源，侵入到了议会“立法裁量”的领域，此种权利保障进路的民主正当性较低，而且对于社会弱势群体的权利保障实效并不理想。在通过禁止性禁令（Negative injunctions）保障经济、社会、文化权利的国家，法院通过违宪审查权的行使来使得相关的立法变得无效。在那些将经济、社会、文化权利视为弱实体权利的国家，由于法院的保障范围仍然在程序性的事项，司法判决对于经济、社会、文化权利的保障实效并不明显。经济、社会、文化权利保障进路中最为奏效的方式便是所谓的结构化保障（Structural enforcement），在这种进路之下，司法机关与立法机关、行政机关形成了一种良性互动的对话关系，法院并没有直接介入到那些棘手的社会资源重新

① D. Landau, The Reality of Social Rights Enforcement, 53 Harv. Int'l. L. J. 189, 2012.

分配和整合的具体事项上，相反，法院通过个案推动立法机关和行政机关与权利请求人进行“商谈”，然后行政机关根据法院的指示向当事人提供权利救济。通过以上对经济、社会、文化权利司法保障的类型化研究，我们可以看到法院在经济、社会、文化权利保障方面其实面临着很多的选择，司法既可以强势地介入到涉及经济、社会、文化权利保障的个案（例如南非的格鲁特布姆案）中；司法也可以等待具体化的立法成熟后在介入到人权的救济之中（例如中国的邓秀霞案和王泽隆案，日本的“堀木诉讼”和“朝日诉讼”）；在具体化立法还不够成熟的时候，司法也可以借助程序性权利的保护来捍卫人权（例如美国的哥德堡诉凯利案）。

五、结　　论

从国际人权法和比较宪法的视角来看，经济、社会、文化权利无论在大陆法系国家还是在英美法系国家都构成了基本权利体系不可或缺的组成部分。经济、社会、文化权利救济制度的完善在很大程度上牵引着现代宪法对基本权利保障范围和保障程度的拓展和深入。一方面，司法作为一个国家正义的最后一道防线必须回应公民的权利保障诉求，从这个意义上讲，通过司法来保障经济、社会、文化权利是所有现代法治国家共同所面对的问题。另一方面，经济、社会、文化权利的司法保障虽然尤为重要，但是其具体的司法保障机制还与一个国家的司法体制、宪政制度安排密切相关。

以南非为代表的国家倾向于将经济、社会、文化权利视为一种法律上有效的、可予以执行的请求权，而将该种权利的义务客体定位为国家针对公民基本权利诉求必须予以保障的义务。通过格鲁特布姆案等影响深远的案件，南非宪法法院在经济、社会、文化权利司法保障方面树立了一个世界范围内的典范，经济、社会、文化权利不但是司法机关在保护弱势群体方面裁判的规范依据，公民也可以以行政机关为对象提出政府不作为时候的违宪确认诉讼。南非宪法法院还发展出了更为有效地保障公民经济、社会、文化权利的机制——由法院根据个案的案情指示行政机关和权利请求人进行商谈，最终由行政机关按照法院的制定相应的行政政策、提供相应的物质给付来满足权利请求人的诉求。以美国为代表的国家主要是通过“正当法律程序”的手段来保障公民应该享有的经济、社会、文化权利。通过哥德堡诉凯利案、布朗诉教育委员会案等代表性的案件，美国联邦最高法院事实上将经济、社会、文化权利视为了一种图示纳特教授所谓的“弱实体权利”，公民原则上不能够根据其所享有的经济、社会、文化权利提出对政府不作为情况下的违宪确认诉讼和物质给付请求，只有当政府部门在社会福利的分配中违反了“正当法律程序”的时候，法院才可以明确地提供对相关当事人的救济。在以日本代表的国家，宪法中的经济、社会、文化权利条款并非是一种裁判规范，也不能被视为一种具有请求权的基础规范。在具体个案中，法院原则上不能够作出政府不作为时的违宪确认诉讼，公民也不能够请求国家提供物质给付。在这一点上，中国深受日本等大陆法系国家基本权利保障理论的影响，经济、社会、文化权利的相关宪法规范在很大程度上被当做一种“方针政策”条款，在这个意义上讲，经济、社会、文化权利的司法保障虽然不如南非、美国等国那样直接和明显，但是它也具备了一种“客观法秩序”的塑造功能，这意味着经济、社会、文化权利的规范意旨受到国家宪法的保障，国家职能的展开便是为了维护经济、社会、文化权利所塑造的“客观法秩序”——政府必须对社会弱势群体提供基本的生活和物质关照。

新自然法学派研究综述

武汉大学法学院　罗国强

自然法思想是西方法学思想的基本理念。自然法思想在西方社会的流变，经历了一个从初生到繁荣，从衰落与复兴的过程。自然法思想是西方法学观的根基，无论今天的西方法学如何发展与创新，本质上都不能摆脱自然法思想的影响。19 世纪实在法大行其道，并不意味着自然法被否弃，而是由于很多人认为“自然法与实在法合而为一”① 了。20 世纪至今，新自然法学派的复兴，也表明自然法仍然在指导与评价着实在法，实在法只有在更高的抽象理性范畴的指导之下，才能够实现符合社会规律的良性发展。新自然法学派是当代一个重要的理论学派。为此，本文拟对新自然法学派的源头、背景和观点作一综述。

一、新自然法学派的源头

作为当代的主要法律流派之一，新自然法学派主要发源于古代的朴素自然法思想以及近代的经典自然法学派。

自然法是最古老的法哲学范畴。早在古希腊，人们就认为连宙斯也要服从的“运命”、“必然”、与“定数”这些冥冥的存在。根据米利都斯学派的哲学，构成实际的基本元素都有扩大自己领土

① 参见达维德著，漆竹生译：《当代主要法律体系》，上海译文出版社 1984 年版，第 97 页。

的倾向，然而总有一种必然性或自然律永远地校正着这种平衡。① 该学派的代表赫拉克利特斯（Heraclitus）提出“逻各斯”(Logos) 一词，他认为万物都是根据逻各斯而产生的，但民众对这一范畴往往却是无知的。② 李家善先生指出，这个“逻各斯”是指事物的客观规律，也就是古希腊的朴素唯物主义所揭示的自然法。③

柏拉图的《理想国》将正义原则（自然法）与工具性的法分开，正义原则是基本法，不是统治的工具而是统治的原则；④ 柏拉图认为，正义作为国家的基本法，就意味着一个人应当做他的能力所达致的生活地位中的工作。在他所畅想的共和国中，统治者、军人以及生产阶层三大等级都要固守自己的天职（分别是统治的职责、辅助统治的职责以及生产的职责），恪尽职守而不干涉任何他人的事务，正所谓“各守本分、各司其职，就是正义”。柏拉图进而阐述说，就法律诉讼而言，正义就是指人应得到并关注那些理应属于他的东西，即“各得其所”。⑤ 在《法律篇》中，柏拉图指出，人定法是根据神的旨意制定的，包括统治者在内的人类都要服从神的权威。⑥

与柏拉图认为正义先于善并通过善实现不同，亚里士多德坚称，正义是从属于善的，达致善的本质乃是政治组织的主要目标。他把正义分为分配正义（distributive justice）与矫正正义(corrective justice)，其中分配正义的主要意思就是“为各人所得的

① 参见罗素著，何兆武等译：《西方哲学史》（上卷），商务印书馆 1963 年版，第 33 页，第 52~53 页。

② See Michael Gagarin and Paul Woodruff, Early Greek political thought from Homer to the sophists, Cambridge University Press, 1995, p. 151.

③ 参见李家善：《国际法学史新论》，法律出版社 1987 年版，第 47 页。

④ See Plato, Republic and Other Works, Jowett translated, Anchor Books, 1973, p. 137.

⑤ See The Republic of Plato, Cornford translated, Oxford University Press, 1945, pp. 120-128.

⑥ See The Law of Plato, Pangl translated, The University of Chicago Press, 1980, 624a-625d.

归于各人”。① 亚里士多德反对柏拉图式的僵化的“各守本分”的正义，在他看来，正义就是要求任何人不能一直居于统治地位，其他人处于被统治地位，而是所有人都有机会做统治者。② 尽管亚里士多德与柏拉图在自然法的内部结构上有不同观点，但这不影响他对自然法的外延与特性的精辟阐发，“自然的正义在任何地方都具有相同的效力，并且不依赖于接受。法律的正义是指那种制定时可采取不同形式，一旦制定后便具有决定意义的正义。”③ 亚里士多德明确地将政治正义划分为自然正义（自然法）与法律正义（实在法），并提出自然法的永恒性、普遍性与不变性，堪称自然法理论的创始人之一。④

稍后的斯多葛学派对自然法理论作了更为系统而明确的阐述。这一哲学派别崇尚自然与理性，认为“普遍的规律”也就是“正当的理性”，是渗透于万物之中的，是与宇宙最高的首脑同一的。其代表人物克吕西波斯（Khrusippos）在《论主要的善》中宣称：“主要的善就是以一种顺从自然的方式生活。”在他们看来，整个人类都是在自然法的指导之下理性生活的，尽管有的人并不情愿如此，只有当个人意志与自然相符的时候才能相互协调。⑤ 斯多葛学派将自然法作为其哲学体系的中心，他们认为自然是弥漫整个宇宙、等同于神的支配原则，自然法同理性是一回事，自然法这种理性乃是法律与正义的基础，自然法具有普遍性、适用于世界上各个角落。⑥

---

① See Aristotle, Nicomachean Ethics, Penguin Books, 1976, pp. 171-188.

② See Aristotle, The Politics, Penguin Books, 1981, p. 226.

③ See Aristotle, Nicomachean Ethics, Thomson translated, Penguin Books, 1976, p. 189.

④ 参见张乃根：《西方法哲学史纲》（增补本），中国政法大学出版社 2002 年版，第 48 页。

⑤ See Bertrand Russell, History of Western Philosophy, London; New York: Routledge, 2004, p. 243.

⑥ 参见何勤华：《西方法学史》（第二版），中国政法大学出版社 2000 年版，第 23~25 页。

古罗马人推崇斯多葛学派，西塞罗更是很好地继承了这一学派的精髓。西塞罗认为，理性是人区别于动物的本质属性，自然法是唯一正确的理性，是永恒不变和普遍适用的；人定法因具体环境的不同而不同，但是必须符合自然法。① 他还在《关于最高的善和最大的恶》(De Finibus Bonorum et Malorum) 中提出，理性是衡量正义与不正义的标准，按照理性给予每个人以应得的东西，这就是正义的态度。②

罗马帝国的法学家们承认自然法的基础地位，《学说汇纂》开门见山地说："法源于正义"，"法是关于善和公平的艺术"。③ 在《法学阶梯》里，自然法、万民法、市民法被认为是罗马私法的三重起源，但值得注意的是，这里面的"自然法"被界定为适用于生物界的自然法则，④ 反倒是万民法被界定成理性为所有人规定的规则。⑤ 可见这一时期，自然法被部分学者推演为调整整个生物界的客观规律，实际上超出了的"法"(调整人类社会关系的规范)的范畴，未超出的部分由万民法继承。这可以算得上是历史上首次自然法被普遍性地误解，而与其他概念存在重合与错位的情况，但这并非是唯一的一次。

步入中世纪，基督教全面影响了社会关系，自然法理论也受到教义的侵蚀。奥古斯丁在《上帝之城》中提出，国家必须服从教会，世俗法律必须服从上帝的永恒法，从而用永恒法取代了自然

① See Cicero, On the Commonwealth, Macmillan Publishing Company, 1976, pp. 197-216.

② See Cicero, On Moral Ends, Cambridge University Press, 2001, pp. 117-125.

③ The other two origins are jus civile and jus gentium. See The Digest of Justinian, translated by Charles Henry Monro, Cambridge University Press, 1904, p. 1.

④ See The Institutes of Justinian, J. B. Moyle translated, Oxford: Clarendon Press, 1913, p. 3.

⑤ See The Institute of Gaius, translated and noted by Francis de Zulueta, Oxford: Clarendon Press, 1946, p. 3.

法，用上帝取代了斯多葛学派的“理性”。① 托马斯·阿奎那在其《神学大全·论法》中，融合了奥古斯丁的神学法律思想和亚里士多德的自然法思想，提出了经典的神学自然法学。阿奎那在自然法之上又加入了所谓“永恒法”，他认为永恒法是唯一正确的理性，但是这种理性不是人类的理性而是上帝的理性，其他的法都来源于永恒法。这实际上是抽空了自然法的内核并令其披上宗教外衣，也正是如此，阿奎那对自然法的定义就不得不很晦涩：“在理性动物中，对永恒法的参与，就称为自然法。”阿奎那认为从某种意义上讲，自然法是一种习惯，因为人们始终坚持遵守这些规则；他还宣布，自然法的内容可以随着时间的发展而增加或减损（但涉及基本原则的内容不得减损），从而有所变化。② 在阿奎那的“托马斯主义”中，自然法的理念得到了存续，绝对的自然法观被否定以保证自然法始终符合永恒法，人的理性得到了一定程度的肯定，实在法被要求服从自然法并最终服从永恒法。可见，“托马斯主义”的这件宗教外衣虽然总的来讲限制了自然法思想的进一步发展，但同时也具有保护和延续自然法思想的积极作用。

至中世纪后期，封建的神权不再适应逐渐兴起的资本主义生产方式，社会变革暗流涌动，被束缚在神法之中的自然法逐渐向人的理性回归。到了 16 世纪，一些自然国际法学的先驱纷纷阐述他们的主张，他们虽然不敢断然宣告自然法与神法的决裂，但其论述为这一天的到来创造了理论条件。

维多利亚在《晚近发现的印第安人》中宣称，万国法（即国际法）是自然理性在所有国家之间建立的法，自然法是万国法的渊源，是各国在彼此关系中行动的准绳；人定的实在法只有在符合

① See Augustine, The City of God against the Pagans, Cambridge University Press, 1998, pp. 938-942.

② See St. Thomas Aquinas, Summa Theologia, Cambridge University Press, 2006, Vol. 28, pp. 23, 77, 93.

自然法的时候才是正义的。① 苏亚利兹在《法律及神作为立法者》中指出，自然法不依赖于神的意志，它既不是戒律，也不是上位者意志的体现，而是体现应然状态的法律规范；民族间关系首先受神圣来源的自然法支配，而辅以万民法，万民法是由自然法发展起来的实在法，是自然法与市民法之间的中介；自然法揭示善恶、赋予人们扬善抑恶的义务，这体现了神的本性之不可分割的两方面，即对善恶的合理判断以及神描述正当行为的意志；抑恶是消极的自然法规则，扬善是积极的自然法规则。② 苏亚利兹把国际法分为自然法的国际部分和国际意义的万民法两部分，而且其所阐述的自然法观已经具有摆脱神法束缚的因素，这为后来的格老秀斯对自然法与国际法进行实质性的变革创造了条件，只是囿于时代的局限，苏亚利兹尚未与宣扬神法至上的托马斯主义完全决裂。

文艺复兴运动后，古典自然法学派逐渐兴起。在实在法学实力相对孱弱的近代，自然法学居于主导地位，并对西方法学的发展起了至关重要的作用。这一时期，自然法既是实在法的基本素材，又是实在法的指导原则与评价标准，部分自然法还被直接适用于社会关系以填补实在法的空白。以国际法为例，在国际法发展的近代阶段，自然国际法占据主导地位，实在国际法在自然国际法的影响下逐步发展。那些作为实在国际法体系基础的关于国际法主体、领土法、外交法、条约法、海洋法、战争法的习惯与条约，很多都取材自罗马万民法。比如，关于国家承认与继承的习惯法就是来自罗马法的人法。又如，国际法上关于领土的习惯法（包括领土性质、领土范围、领土取得及救济方式）都是借鉴罗马财产法而得来的。此外，在实在国际法缺乏的情况下，部分自然国际法被直接适用于

① See Franciscus de Victoria, De Indis et de Ivre Belli Relectiones, Ernest Nys edited, John Pawley Bate translated, Washionton, DC: Carnegie Institution of Washsionton, 1917: 151. Notion: “Victoria” is more commonly referred to as “Vitoria”.

② See Francisco Suarez, Selections from Three Works, Oxford: Clarendon Press, 1944, pp. 189-190, 199-200, 223-232.

国际关系，当时的国际仲裁法庭就不乏直接适用一般法律原则来判案的先例。①

格老秀斯在其开山巨著《战争与和平法》中明确地将自然法从神学中解放出来，他宣称，即便上帝不存在或者不关心人类事务，自然法也能存在；自然法是不可改变的，在这个意义上，上帝也不能改变它。格老秀斯认为，自然法是正当理性的命令，它既调整人类意志之外的事物也调整由人类有意识的行为所导致的后果，国际法分为自然国际法与意志（实在）国际法。② 经过被誉为“国际法之父”和“自然法之父”的格老秀斯的创造性整理与阐述，自然法理论就此重新焕发了生机。

霍布斯尽管多次声称自然法并非真正的法律——除非其属于圣经中的训诫，但他承认自然法是永恒不变的真理，认为自然法是在理性基础上签订的和平的合适条款。他在其代表作《利维坦》中指出，自然权利是每个人所享有的运用自身能力、按照自己的意愿来维持自身本性的那种自由，而自然法是人们为了自保而注意到的某些限制其自然自由或权利的戒律。③ 在其较早时候出版的《论公民》中，霍布斯论证道，所谓正确理性，就是在人类自然状态下，一个人自己的关于其损人利己行为的真实思维活动；自然法就是正确理性为了尽可能长久地保持人的生命和肢体所发出的关于应做什么、不应做什么的指令，只有努力保持理性思维的人才能发现自然法；自然法是永恒的、不可改变的，其所禁止的永远不会合法，其所要求的也永远不会不合法；自然法与道德律是一回事。尤为值得一提的是，他从“自我保存与安全”这一基本的理性指令出发，

① 参见罗国强：《国际法本体论》，法律出版社 2008 年版，第 55 页。

② See Hugo Grotius, De Jure Belli Ac Pacis Libri Tres, Francis W. Kelsey Translated, Oxford: Clarendon Press, 1925, pp. 39-40. 对格老秀斯《战争与和平法》更全面的介绍，参见罗国强：《从〈战争与和平法〉看“和平崛起”的国际法基础》，《比较法研究》2005 年第 6 期，第 95~97 页。

③ See Thomas Hobbes, Levianthan, Collier Books, 1962, pp. 102-132.

列举了 19 条自然法戒律，开始了探索自然法基本框架的初步尝试。①

普芬道夫一方面不同意格老秀斯将自然法与神法从内容到形式层面完全而彻底地剥离的做法，因其认为理性的命令若要具有法律拘束力，至少在形式上必须以一个上位者（上帝）的存在为前提；② 另一方面则承继了西塞罗的主张，认为自然法是基于人类的社会属性，即纯粹的理性，自然法是普遍的、基本的法。③ 他界定说，自然法是关于社会性的法，是教人如何做才能成为人类社会的一名有用成员的规范；由此，最具根本性的自然法就是，每个人都应竭尽全力培养并维持社会性。④ 普芬道夫还指出，自然法与人类的自然和社会属性是如此的和谐以至于人类缺了它就不会有良好而和平的社会组织结构，自然法基于自身对全体人类的持续的功效而具有一种天然的利益和效用，自然法能够经由人类所特有的、作为

① 这 19 条自然法戒律包括：（1）能寻求和平则和平，不能寻求和平则自卫并寻求援助；（2）信守协议；（3）若有人基于你的诚信给予你某项利益，毋失信于人；（4）每个人都应虑及他人；（5）若有人致歉并要求宽恕，则在得到对未来的保证的情况下，应宽恕其过去；（6）惩戒应只考虑未来的善而不考虑过去的恶；（7）每个人都不应侮辱他人；（8）每个人都应被视为与任何其他人是平等的；（9）己所欲，施于人；（10）赋予他人权利时应公平对待双方；（11）不可分物应尽可能共同使用，每个人应各取所需；（12）不可分且不可共用的物，应轮流或抽签决定其使用；（13）不可分或不可共有的物归先占者所有；（14）和平解决争端的调解人应享有豁免权；（15）当事方有权益争议的，应将其提交第三方仲裁；（16）人不应在自己的案件中充当法官或仲裁人；（17）对争端当事方的其中一方获胜有物质或精神利益期待的人不应担任案件的仲裁人；（18）在案情缺乏明确证据时，仲裁人或法官可依据对双方公平的证言，自主决定如何裁判；（19）仲裁人应保持独立性。See Thomas Hobbes, On the Citizen, Cambridge University Press, 1998, pp. 33-57.

② See Samuel Pufendorf, De Jure Naturae et Gentium, Oxford: Clarendon Press, 1934, Vol. 2, p. 215.

③ See Samuel Pufendorf, Elementorum Jurisprudentiae Universalis, Oxford: Clarendon Press, 1931, Vol. 2, p. 208.

④ See Samuel Pufendorf, On the Duty of Man and Citizen According to Natural Law, Cambridge University Press, 1991, p. 35.

人类普遍特性来考虑的思想天赋而被发现和理解；理性本身并不等于自然法，而仅仅是指通过其正确运用借以发现自然法的手段；自然法是真正的法律而不仅仅是一种道德指南，只要还存在着法，自然法就不应被终结，自然法不依赖于国家间的合意，主权者必须服从自然法。①

莱布尼茨认为，自然法就是保障或者促进自然社会关系（包括夫妻关系、亲子关系、主仆关系、家庭关系、市民关系、教会关系等）的规则。自然法上的权利分为三个等级，第一等级是交换正义中的严格权利（即不伤害他人），第二等级是分配正义中的公平（即对所有人行善，狭义上可称之为仁慈），第三等级是普遍正义中的虔诚（即恭顺诚实）。由此，自然法的渊源也就得到了体现。而国际法的基础与自然法一样，也是这些原则。②

洛克相信，自然法是一种理性的要求，是适用于所有人的永恒规则，但是他反对每个人都可以成为自然法执行者的说法，主张建立社会契约（实在法）来执行自然法。③ 由此，他着手论证了一套自己的自然法体系：首先，自然法就是道德法，即通过自然之光所揭示的天命；其次，自然法并非先验地存在于人类思想中，也不是来自于传统，更不是由人类的共同意志所决定的；再次，理性是指在一项明确而固定的逻辑顺序之下，从已知推向未知、举一反三的思维推理能力，人类需要运用理性、通过思维活动，来获取关于自然法的知识；复次，人类受到自然法的拘束，并且这种拘束力是普遍而永恒的；最后，个人的利益并非自然法的基础。④

孟德斯鸠认为，法就是规范地球上所有人民的人类理性，自然

① See Samuel Pufendorf, De Jure Naturae et Gentium, Oxford: Clarendon Press, 1934, Vol. 1: 112, Vol. 2, pp. 179, 219.

② See Leibniz, Political Writings, Patrick Riley translated and edited, Cambridge University Press, 1972, pp. 77-79, 171-175.

③ See John Locke, Two Treatises of Government, Peter Laslett edited, Cambridge University Press, 1988, pp. 270-277.

④ See Locke, Political Essays, Mark Goldie edited, Cambridge University Press, 1997, pp. 79-133.

法是调整人类自然关系（即人类社会形成之前的关系）、源于人类自然本性的规范；自然法优于其他一切法；自然法是永恒的，实在法不能违反自然法。从社会契约论的视角出发，孟德斯鸠总结出了四项自然法规则：和平、寻求发展、请求慰藉、渴望社会生活。①

伏尔泰把自然法看作人定法的基础和根据，认为自然法就蕴含在人类自身的利益和理性之中。他指出，一个社会要存在下去，就必须有一些规律，正如每种游戏必须有一定规则一样；无论在什么地方，都存在着一些自然法则，它们是社会的永恒联系和根本法律。面对着各国人定法的缺陷和社会秩序（尤其是国际秩序）的混乱，伏尔泰畅想了一套独立于所有人定法之外的自然法：各享其成；各敬父母；各自无权控制邻人的生活。②

威尔逊坚信一种源于上帝的自然法的存在，他认为，人定法要得到最终承认，必须依凭永恒的自然法，他强调人人都有免遭政府侵犯的自然权利，必须引入制衡以维护法治。③ 他的观点虽带有明显的托马斯主义痕迹，但其强调人权、法治的主张在 18 世纪末至 19 世纪中叶的美国得到了普遍认同。

作为稍后的德国哲理法学派的代表人物，康德与黑格尔都承认某种高于或先于实在法的法的存在。康德倾向于将自然法等同于道德律，但是他所说的道德不是建立在经验人性基础之上的规范，而是一种建立在理性命令基础上的“绝对规范”（the categorical imperative），这种理性就存在于他所称的先验的、应然的“本体的”（noumenal）世界之中。康德指出，理性就是一种使生灵超越其自然本能的能力，是其在运用自身各种能力的过程中所遵循的规

---

① See Montesquieu, The Spirit of the Laws, Cambridge University Press, 1989, pp. 6-8.

② See Voltaire, Political Writings, David Williams edited and translated, Cambridge University Press, 1994, pp. 16, 107.

③ See Robert Green McCloskey edited, The Works of James Wilson, Cambridge: Belknap Press of Harvard University Press, 1967, Vol. 1, pp. 7-88.

则和意图。① 康德虽然称自然法为道德，但是他所说的道德律实为一种理性法。

值得一提的是，黑格尔在《法哲学原理》中提出了“抽象法”(abstract right) 概念，他认为，抽象法是自在的法，是人们自然享有的普遍权利，实在法是被国家以法律形式加以确认的法律权利；实在法必须反映和符合抽象法，抽象法可以通过国家的介入转化为实在法。他进而指出，尽管自然法与实在法是不同的，但不应夸大这种区别，相反，两者之间的关系就像《法学阶梯》(即法学基本原理) 和《学说汇纂》(即法学全书) 一样。② 黑格尔不仅指出了自然法的抽象性，而且重视自然法与实在法之间的联系，他的论证为自然法与实在法之间的转化搭建了桥梁。

可见，在古希腊和古罗马时代，自然法一开始就具有等同于规律或者神的权威，这种权威被归结为理性。自然法被认为是实在法的基础，具有永恒性、普遍性与不变性。在中世纪，自然法被作为神法的一部分保留了下来，但到了中世纪后期，自然法理论又出现向人的理性回归的迹象。在近代，尽管托马斯主义残存着一些影响，然而自然法基本上又重新被归结为人类的理性或规律，自然法维持了其一贯的高于实在法、普遍适用、永恒不变的特性。尽管一开始古典自然法学派倾向于认为自然法很大一部分由特殊而具体的规则构成（这显然是受了罗马法的影响），但经过黑格尔的论证之后，自然法的抽象性及其与实在法之间的可转化性逐渐被认识到，自然法的基本框架开始被研究。

---

① See Immanuel Kant, Fundamental Principles of the Metaphysic of Morals, New York: Liberal Arts Press, 1949, pp. 38-64.; The Metaphysical Elements of Justice, Indianapolis: Hackett Publishing Company, 1965, pp. 39-44.

② See Hegel, Elements of the Philosophy of Right, Wood edited, Nisbet translated, Cambridge University Press, 1991, p. 29. 括号内的说明为笔者所加。从该书的题目以及内容来看，黑格尔基本上是将 right 一词作为“法”来使用的。

二、新自然法学派的复兴背景

现代资本主义社会市场经济的发展，客观上需要更多、更完善的制定法，适应于这种需要，实在法无论是在国内社会还是在国际社会、无论是在量上还是质上，都出现了井喷式的发展。由此，实在法学进入了一个飞速发展的时期，并取代自然法学占据了学术的主流地位。而与之相伴随的，就是自然法学的衰落。

尽管实在法学占主流是社会发展到现代阶段的必然，但即便是如此，完全弃自然法于不顾的、片面的实在法本体思维仍然是错误的和有害的。实际上，尽管这一时期自然法不再被直接适用于社会关系（至少在国内法中是如此），但即便这样，自然法仍然保持着对实在法的指导、评价作用，自然法规则仍然在被转化为实在法。以国际法为例，到了国际法发展的现代阶段，实在国际法逐渐繁盛，占据了主导地位。在极端实在法主义的影响下，自然国际法一度不再被直接适用于国际关系，已经被上升为条约法的，适用于外层空间、南极、国际海底区域的“不得据为己有”原则、“公共利益”原则以及“人类的共同继承遗产”原则，都是由万民法中的“共有物”等概念以及罗马财产法发展而来。虽然被直接适用于国际关系的情况大大减少了，但是出于实在国际法的结构性缺陷，自然国际法时常被用来解释实在国际法，部分自然国际法也仍然有可能被直接适用于国际关系。比如，“马尔顿条款”(Martens clause)规定，即使缺乏相应的国际协定，平民和战斗人员仍然受来源于既定习惯、人道原则和公众良心要求的国际法原则的保护和支配，显然，这里的“国际法原则”并非实在国际法。无论如何，20世纪实在国际法的迅猛发展，是离不开自然国际法的影响与支持的。①

20世纪初，曾经一度只能残存在苏格兰、意大利和一些天主

① 参见罗国强：《论自然法的否定之否定与国际法的构成》，载《法学评论》2007年第4期，第43页。

教人员的著作中的自然法思想开始被激活。① 韦伯、庞德、科勒等法社会学者都对自然法哲学持同情的态度。新康德主义的倡导人施塔姆勒试图根据先验的推论创立一种现代的自然法哲学，他没有提出具体的自然法制度，而是提出了一种检验实在法律规则正义与否的宽泛标准，这套标准被称之为一种“内容多变的自然法”。② 正如劳特派特在其负责修订的《奥本海国际法》中所指出的，无论严格的实在法主义在国际法的历史上有过什么优点，它不能再被认为与现行的国际法相符合了。③ 于是，到了 20 世纪 20 年代，自然法学说在实现了一次否定之否定之后，几乎在所有国家中重新出现了。④

而在二次大战中，法西斯势力对世界人民造成的巨大灾难，更是唤醒了人们对极端实在法主义的迷信状态：假如我们的法律没有正义的标准，不分善和恶，那么，许多邪恶的势力就可以利用法律作为残害人民的工具，我们也无法追究这些势力的法律责任。在这种背景之下，自然法学说得以迅速复兴。⑤

在忽视自然法所造成的残酷现实的震撼和警醒之下，到 20 世纪下半叶，古老的自然法学全面而迅速地复苏，新自然法学派正式登上历史舞台。

---

① See Roscoe Pound, The Revival of Natural Law, Notre Dame Lawyer, Vol. 17, 1942: 287; Charles Grove Haines, The Revival of Natural Law Concept, New York: Russell & Russell Inc., 1965, pp. 237-302.

② See Rudof Stammler, Wirtschaft und Recht nach der Materialistischen Geschichtsauffassung, 2nd, Leipzig, 1906, p. 165.

③ 参见劳特派特著，王铁崖、陈体强译：《奥本海国际法》(第八版)(上卷，第 1 分册)，商务印书馆 1981 年版，第 84 页。

④ See Nussbaum, A Concise History of the Law of Nations, New York: Macmillan, 1954, p. 276.

⑤ 参见何勤华：《西方法学史》(第二版)，中国政法大学出版社 2000 年版，第 451 页。

三、新自然法学的倡导者及其主要观点

富勒批评实在法学忽视了法律的正义，他指出，真正的法律制度必须符合一定的内在道德（程序自然法）和外在道德（实体自然法），程序自然法保证法律的形式合法性，实体自然法则为法律制度确定目标。他还为程序自然法列出了八项标准，并声称，满足了这些标准，就可以“使法律成为可能的道德”。这八项标准包括：（1）必须制定一些能指导特定行为的一般性规则；（2）这些一般性规则必须予以公布，至少应当对其所适用的人公布；（3）大多数情况下这些规则都不溯及既往；（4）这些规则应当明确易懂；（5）这些规则之间不存在矛盾；（6）这些规则不应当要求不可能实现的事情；（7）这些规则不应当过于频繁地更改；（8）所颁布的规则与其实际执行之间具有一致性。① 此外，他反对将自然法看做一种预先制定的永恒不变的规则。②

达班从人性中推论出了自然法，他认为，自然法是某种为人性所规定的最低限度的伦理要求，自然法支配实在法；与自然法相矛盾的法律不配称之为法律，与道德相矛盾的东西不能包含在公共利益之中。③

霍尔坚称，合理性与道德性是法律的实质，实在法如果完全不具备道德的内容，就不具有法律的性质。为了强调和推崇民主，他主张对传统的自然法理论作出修正，并倡导一种“民主的自然法”（democratic natural law）。④

---

① See Lon L. Fuller, The Morality of Law, revised edition, Yale University Press, 1969, pp. 38-91.

② See Lon L. Fuller, American Legal Philosophy at Mid-Century, Journal of Legal Education, Vol. 6, 1954, p. 470.

③ See Jean Dabin, General Theory of Law, The Legal Philosophies of Lask, Radbruch and Dabin, Cambridge: Harvard University Press, 1950, pp. 419-456.

④ See Jerome Hall, Living Law of Democratic Society, Indianapolis: Bobbs-Merrill, 1949, pp. 85-139.

菲尼斯主张恢复亚里士多德式的以“善”为中心的自然法学。他相信，自然法建立在一个不证自明的、人们无须诉诸理性争论和逻辑论证就能够接受的命题之上——人类基本倾向的目标是一种更为普遍的善的形式。他指出，理性将那些方法论上的要求适用于基本的人类的善之上，由此就生成了一套普遍的道德标准。他认为实在法派生于自然法，自然法可以解释实在法的责任效力。菲尼斯将自然法分为前道德的自然法（基本的善）与道德的自然法（实践理性），并提出了前道德的自然法的七项形式与道德的自然法的九项要求。他把自然法原则概括为：作为有待追求和实现的善的一组基本实践原则；一组实践理性；一组一般道德标准。①

马里旦指出，对人类而言，自然法就是道德法，因为人随意地而非必然地遵守或不遵守它。在其本体论方面，自然法是关于人类行为的理想秩序；另一方面，自然法是体现在人类社会最普遍最久远遗产中的不成文的知识。他坚信，实在法与国际法依赖于某种广泛与抽象的永恒法与自然法规则，它们是自然法的延伸；而自然法之所以是法，仅因为它是对永恒法的参与。不难发现，马里旦是倾向于复活托马斯主义的，而他这样做的目的，乃是为了强调与维护建立在人类本性之上的“自然的人权”。②

菲德罗斯肯定了自然法在国际法中的存在。他认为，自然国际法是一种关于人类本质的法律理念，自然国际法构成和调整着实在国际法；自然国际法不是不变的，也不是完全的，而是含有价值的。他的观点得到了兴德勒尔、赫特等人的赞同，后者都主张，国际法需要必不可少的价值标准或精神基础。③

新自然法学的思路在国际法领域得到了延续。特森提出，国际法应当是“在道德上合法的”（morally legitimate），道德分析是国际

① See John Finnis, Natural Law and Natural Rights, Oxford: Clarendon Press, 1980, pp. 67-70, 85-86, 103-126.

② See Jacques Maritain, Man and the State, University of Chicago Press, 1951, pp. 87-101.

③ 参见菲德罗斯等著，李浩培译：《国际法》，商务印书馆 1981 年版，第 18~33 页。

法不可分割的一部分。① 布彻南则主张避开关于“国际法是什么”的古老争论，而在“国际法应该怎样”这个问题上将实在国际法主义与关于国际法的道德理论结合起来。他认为，实在主义是关于法律是什么的理论，与法律应该怎样无关，即便假设法律实在主义是正确的，也不意味着关于国际法的道德理论是令人误入歧途的。相反，在他看来，一种关于国际法的道德理论，不仅可以批评现状，而且可以为国际法步入一个更好的状态提供指导。当然，布彻南提出关于国际法的道德理论，最根本的目的还是为了“维护人权”。②

四、新自然法学的同情者及其主要观点

二战以来，在自然法复兴思潮的影响下，很多学者（包括一些实在法学者）开始同情或接纳自然法哲学。

罗尔斯受到柏拉图的影响，倾向于自然法哲学。在其名著《正义论》中，罗尔斯提出，正义是社会制度的基础，正义原则不是政治和法律的原则，而是人们在完全平等的状况下共同选择的基本道德原则。正义是人们所选择的一系列普遍原则的第一个，在正义原则的基础上，人们再选择其他原则以构建宪政制度和其他政治法律制度。罗尔斯把正义原则分为对制度的正义原则与对个人的正义原则，前者首先指每个人都有平等的权利与自由，其次指即便存在社会经济的不平等，但可以合理地期望这对每个人都有利且地位与官职对所有人开放，后者主要指公正原则与自然责任原则。罗尔斯声称，实质正义是指制度本身的正义，形式正义是指对制度的服从，形式正义归根结底是为实质正义服务的。概括说来，罗尔斯阐述了一套甚为精细的正义理论，并提出了诸多与正义有关的范畴，

① See Fernando R. Tesón, A Philosophy of International Law, Westview Press, 1998, p. 2, p. 26.

② See Allen Buchanan, Justice, Legitimacy, and Self-determination, Oxford University Press, 2004, pp. 15-29.

比如“公平的正义观”、“作为正义主体的制度”、“形式正义”、“作为规则的正义”、“程序正义”、“国际社会的正义”等等。① 罗尔斯在《正义论》中虽然没有专门述及自然法，但他肯定法治必须遵守一定的正义准则，实际上是接受了自然法高于实在法的命题。

值得一提的是，以前曾经是极端的实在法学者的拉德布鲁赫，在亲眼见证了极端实在法主义被纳粹德国利用所造成的巨大危害之后，接受了自然法的思想。他起初坚持一种极端的“价值相对主义”(derwerttheoretische relativismus)，认为实在法可以任意选择价值，如此一来，即使是不公正的实在法也是为法的稳定价值服务的。而二战后，拉德布鲁赫采取了“温和的价值相对主义”态度。他指出，人们不能认为凭借不同时代和各民族形形色色的法律观的提示，完全凭经验就可以驳倒自然法的要求。他承认，为了使法律名副其实，法律就必须满足某些绝对的要求，而完全不正义的法律必须让位于正义；正义是一个不可能从其他价值中推导出来的绝对价值；除了正义，法律的理念不可能是其他理念；法律源于正义就如同源于它的母亲一样。② 作为著名学者，拉德布鲁赫的这次转向，宣告了绝对实在法主义的失败，震动了西方法学界，并大大促进了新自然法学的发展。

科因以“最高法律原则”的名义对自然法作了新的论证，他认为，最高法律原则建立在所有正确的法律的基础——道德价值之上，这些价值客观存在着，并能够为人类理性所认识。③ 类似地，

---

① See John Rawls, A Theory of Justice, Harvard University Press, revised edition, 1999, pp. 3-15, pp. 47-77, pp. 206-210.

② See Gustav Radbruch, Grundzüge der Rechtsphilosophic, Auflage, 1965, p. 29; Gustav Radbruch, Legal Philosophy, Radbruch and Dabin edited, The Legal Philosophy of Lask, Cambridge, 1950, pp. 90-111.

③ See Helmut Coing, Die obersten Grundsätze des Rechts. Versuch zu einer Neubegründung des Naturrechts, 1947, pp. 28-54.

考夫曼也赞成一个“内容可变更的自然法”概念。①

作为法社会学派代表之一的塞尔茨尼克，也旗帜鲜明地主张将自然法观引入法社会学。他认为，服从实在法并不意味着要放弃理性的评价，法律的存在不可能离开各种价值的实现，而自然法就是一整套可以评判实在法的价值观。他还强调说，自然法是可变的，自然法的理想只有在历史发展过程中实现。②

韦基奥从人的普遍本性中去推导自然法，他认为，自然法是一套关于最高真理的理性的体系，是据以评价实在法、衡量其内在正义的标准。③

五、简　　评

新自然法学派依然坚持了自然法的外部特征，即高于实在法以及对实在法的指导性和评价性。他们注意到了自然法与实在法的互动，并且普遍重视探讨自然法体系的具体框架。他们擅长将现实中的各种问题与自然法联系起来，并通过各种不同的视角来讨论这些与自然法有关的问题，从而为自然法思想体系在具体层面的丰富作出了巨大贡献。但同时，出于现实的提倡民主、维护人权、崇尚法治，并让人更容易理解与认同其主张的需要，④ 他们竭力减少自然法的抽象性，肢解了自然法理念的内核。自然法不再被归结为晦涩

① See A. Kaufmann, Die Naturrechtsrenaissance der ersten Nachkriegsjahre-und was daraus geworden ist, FS St. Gagnér, 1991, S. 105 ff.

② See Philip Selznick, Sociology and Natural Law, Cohen and Cohen's Reading in Jurisprudence and Legal Philosophy, Little, Brown and Company, 1979, pp. 640-654.

③ See Del Vecchio, Philosophy of Law, Washington: The Catholic University of America Press, 1953, p. 45.

④ 诚然，这是完全可以理解的，正如博登海默指出的，为我们所知晓的许多绝对的法律哲学都表明，法律思想家都试图激励他们同时代的人去关注他们各自时代所存在的某些尖锐且迫切需要解决的问题。参见博登海默著，邓正来译：《法理学：法律哲学与法律方法》，中国政法大学出版社 2004 年版，第 223 页。

难懂的理性或规律，而被世俗化为人们耳熟能详的道德，而且，各学者对道德的不同方面有不同偏好，比如有的强调人权有的则强调民主等。他们论述的“实在法与自然法”的关系实际上是法与道德的关系。

至于很多同情新自然法学派的学者，他们基本上延续了新自然法学派的思路，即强调自然法在主观上的必要性、强调价值取向的重要性。他们认为自然法是可变的，这是对古典自然法学的扬弃；他们强调自然法对实在法的评价作用，这是对极端实在法学的扬弃。他们大多认为自然法是一种与基本道德紧密相关的价值或含有价值的理念，很多人甚至断言价值就是道德作用于法律的必然产物。

法律与发展研究在21世纪的新进展

——论联合国法律赋能理论框架

武汉大学法学院　张万洪　程　骞

20世纪50年代以来，随着发展问题的深入与复杂化，多种学科纷纷将视点聚焦在发展问题上。在此背景之下，“法律与发展”研究在法学界也应运而生。法律与发展的学术研究与实践是由发展政策和发展研究直接促成的，法律与发展研究可以被视为是发展研究向法律领域的渗透或是法律研究向发展领域的延伸。正是在这种法律和发展在理论与实践两个层面上的双向互动与彼此影响之下，逐渐产生了崭新研究领域的法律与发展研究运动。

进入21世纪，法律与发展研究发展到了新的高度，逐渐发展出了“法律赋能”的理论。虽然在法律赋能①（legal empowerment）的具体含义上存在不同理解，但总体而言，都是强调通过法律，使弱势群体得以保护自身权益，获得发展。这一理论为法律和发展研究与实践提供了全新的视角，很快得到国际社会的回应，深远地影响了国际社会尤其是联合国的理念与实践。联合国开发计划署、世界银行、亚洲发展银行等机构纷纷在各自的发展项目中引入这一理念。2005年，丹麦、英国、加拿大等10国在联合国开发计划署和

① empowerment在中文文献中一般被译为“赋权”、“赋能”、“培力”、“赋权充能”、“激发权能”等，legal empowerment的联合国官方译法为“法律赋权”，但亦被译为“法律赋能”。本文采用“法律赋能”的译法，文中所涉或所引相关联合国机构及其文件的官方译文（译名）中的“法律赋权”亦径改用“法律赋能”。

联合国欧洲经济委员会合作，呼吁建立首个专注于非正式经济与贫困关系的国际行动。2008 年，联合国发布报告《让法律为每个人服务》，正式引入法律赋能的概念，将法律赋能视为不仅解放穷人，而且为整个社会提供繁荣和保障的重要路径。这一框架颇具特色，代表了开展法律赋能的一种重要路径，同时因其受到联合国系统的推广而具有极大的影响力：联合国通过一系列文件，敦促各国政府、各国际机构、各基金会，乃至各公司企业，要在各项活动中贯彻法律赋能原则。联合国宣称有效的法律结构和执行机制，是所有经济制度运转，权利和义务实现，土地、资本、才能等生产要素创造财富的前提条件，也是有效解决纠纷，实现公平正义的前提。紧随联合国的号召，世界各国政府与民间社会也纷纷开始了不同的法律赋能实践，系统地研究法律赋能及其实现途径也成了国际理论界争相研究、探讨的课题。

然而，由于这一框架的提出颇为仓促，法律赋能委员会并未对它和它背后的理论逻辑进行充分、精细的阐释与论证，使得这一野心勃勃的宏伟蓝图更像是对法律、政治、经济方面的略显空洞的原则的罗列和各个领域的国际政治家们观点和立场的妥协产物。因此，在对这一框架的理解上也就难免存在歧见，在具体的执行中也难免出现偏差。

本文拟通过对法律赋能委员会相关文本和法律赋能最新理论进行梳理和分析，对联合国法律赋能理论框架的基本构成与逻辑理路进行阐释和解读，来把握海外学术界发展的脉搏和潮流，向国内读者译介国际法律与发展领域发展的前沿成果，并对其存在的问题和未尽之处提出改进和补充建议。

一、法律赋能的概念与要素

法律赋能的核心在于以法律服务和法律制度安排提高弱势群体的权能（power）。这种权能包括知识、能力和信心上的内容，能够为弱势群体争取基本权利的实现、物质条件的保障与公共决策的参与。① 法律赋能注意到权能的获得与增长在个人发展中的意义，以及法律和社会、经济发展间的联系，从而将法律作为主要工具，通过提高弱势群体的权能，使之摆脱贫困，获得发展。一般而言，法律赋能的特点包括加强弱势群体的权能，关注地方正式和非正式法律制度，以社区为导向，注重社区组织化的作用，强调公民社会和政府之间的互动与合作等。②

法律赋能委员会提出了一个简单的定义，即法律赋能“是一个系统改革的进程，穷人和被排斥者依此可以利用法律、法制和法律服务来保护、推进他们作为公民和经济行为人的权利。……是使穷人受到保护并运用法律来推动其在国家和市场中的权利和权益的过程。它包括穷人实现其全部权利、通过公众支持、自身努力以及支持者和更广泛的网络来获取机会”③。法律赋能委员会并未对这一定义展开阐释，但笔者认为，这一框架存在四个核心要素，即穷人（弱势群体）、法律、权利、机会，而对四个要素的理解实为认识联合国法律赋能框架的起点。

（一）穷人（弱势群体）

穷人（弱势群体）乃是法律赋能的对象和重要主体。一般而言，法律赋能的对象被理解为弱势群体，即包括穷人和因性别、种族（民族）或其他个体属性而受到歧视和排斥的群体。在法律赋

① 参见 Asian Development Bank, “Legal Empowerment: Advancing Good Governance and Poverty Reduction”, in Law and Policy Reform at the Asian Development Bank in 2001, Manila: Asian Development Bank, 2001.

② 参见 Stephen Golub, “Beyond Rule of Law Orthodoxy: The Legal Empowerment Alternative”, New York: Working Papers No. 41. Carnegie Endowment for International Peace, 2003. 该文还归纳了法律赋能其他一些基本特征。

③ 贫穷人口法律赋权委员会：《让法律为每一个人服务（第一卷）》，《贫穷人口法律赋能委员会报告》，第3页，第26页。

能的话语体系中，可以被概括为“权能缺乏者”、“无权者”。① 贫困、歧视和排斥使得这一部分群体在法律、社会、政治和经济的权力结构中处于无力的地位。知识和能力上的缺乏使得他们难以充分行使权力，经济（物质）、政治、文化和社会关系资源的匮乏使得他们难以寻求救济、参与公共决策和法律变革。事实上，由于没有足够的资源支持他们公平地参与国家正式法律制度的运行，他们无法享受法律现代化的成果，甚至在遽然精细化、复杂化和制度化的司法程序（在发展中国家，它们多为通过法律移植而建立起来的）中茫然无措，难以应对。挫折和不公所带来的“习得性无助感”②又进一步使得他们丧失了通过正式法律制度行使和伸张权利的信心和动力。这一困境不仅阻碍着弱势群体的发展，也损害了国家和社会整体的进步和正义的获致。为了解决这一问题，法律赋能从弱势群体的权能入手，通过增加他们的知识、能力、信心和资源，改善他们在权力结构中的地位，实现对上述困境的突破。正是因为法律赋能专门针对的是弱势群体，它所采用的工具、路径，所涉及的议程、所包含的内容以及所要达致的目标，都要紧扣贫弱势群体的需求和特点来设计。

另外，联合国将穷人（弱势群体）视做法律赋能的“共同策划者和推进者”③。这一主张意味着，必须明确法律赋能的主体不能将弱势群体排除在外，从法律赋能各项议程和议题的设定，到各项议程的具体开展，到最后对结果的监控与评估，都必须有弱势群体的参与，都必须体现他们的意见。事实上，弱势群体本身应该是法律赋能的启动者与主导者之一。法律赋能的精义当是使弱势群体

① 参见 Asian Development Bank，“Legal Empowerment：Advancing Good Governance and Poverty Reduction”，in Law and Policy Reform at the Asian Development Bank in 2001，Manila：Asian Development Bank，2001.

② 参见 Asian Development Bank，“Legal Empowerment：Advancing Good Governance and Poverty Reduction”，in Law and Policy Reform at the Asian Development Bank in 2001，Manila：Asian Development Bank，2001.

③ 贫穷人口法律赋权委员会：《让法律为每一个人服务（第一卷）》，《贫穷人口法律赋能委员会报告》，第9页。

化被动为主动，化消极为积极，不仅具备掌控自身生活的能力与资源，也有掌控自身生活和参与影响自己生活的公共决策的自主意识、意愿与信心。

需要注意的是，无论是“对穷人法律赋能委员会”的名称，还是联合国相关报告、文本中的描述，其所强调的法律赋能对象都是“穷人”(有时候也提及“被排斥者”)。原因可能在于联合国将法律赋能置于更广阔的发展项目的目标之下，而强调其作为减贫工具方面的价值。但穷人并不能够完全代表“弱势群体”之全体，经济上的贫困是造成弱势和无权的重要原因，但非全部原因，经济上的贫困也是弱势和无权的一种表现，但也并非唯一的表现。固然绝大部分的弱势群体就是“穷人”，但若强调“穷人”而非“弱势群体”是法律赋能的对象的话，则可能使得法律赋能在开展的过程中过多地关注弱势群体经济上匮乏的特点，而忽视其他方面的特点、需求和困难。

（二）法律

法律是法律赋能的基本工具。法律赋能区别于其他形式赋能的关键在于，它是以法律为导向的，整个过程或直接或间接地运用法律，其目的在于使弱势群体得以利用法律来保护和促进自己的权利与利益，进而获取发展的机会。将法律作为发展和减贫工具得益于新法律与发展理论的启发，这一点，以及法律、法律赋能和发展之间的关系将在下文详述。此处笔者要强调的是，作为法律赋能基本工具的“法律”当注意两个层面。

第一，作为一种制度性的工具，法律赋能中的“法律”不仅包括制定法，而且包括立法、执法和司法的整个法律过程（legal process），即弱势群体能够通过立法使权利得到确认和声张，能够利用执法帮助权利得到行使和实现，能够利用司法使权利得到保护和救济。同时，法律赋能中的“法律”不仅包括国家正式的法律制度（尤其是与弱势群体直接相关的、社区层面的法律），还包括非正式的法律制度，如习惯法、地方权威等，而且尤其重视利用谈判、调解、仲裁等法庭之外的争端解决机制来实现正义。其原因如上所述，对现代化的正式的法律制度的利用需要相当的经济条件、知识储备和能力来支撑，而弱势群体则缺乏足够的资源来进行这一“消费”。① 相反，在习惯法等地方性的非正式的法律制度中，弱势群体的地方性资源（包括知识）可以得到更加有效的利用，从而使其权能获得一定的增长；而谈判、调解等替代性争端解决机制相比正式司法程序也更加简单、快捷、经济，而易于接近。最后，法律赋能中的“法律”绝不仅是指纸面上的“死法”，而更加重视可以实际运用的“活法”。法律赋能固然有促进法律制度改善之处（联合国的法律赋能框架尤其如此），但将纸面上的法律规定落实到实际生活之中，使已有的法律规定具有良好的执行力则更是当务之急。在需要推进法律赋能的广大发展中国家，法律执行力的虚弱成为一个普遍的困难，法律在实际运行中受到权力结构和关系的影响而出现“选择性执法”等问题，不仅损害法律权威，也使得弱势群体在法律面前被进一步“去权”。因此，使法律具有实效，是法律赋能尤其要着力的一点。

第二，作为一种结构性的力量，法律职业共同体在法律赋能中发挥着重要的作用。一方面，法律职业共同体不仅要扮演提供法律服务和输送正义的“专业人士”，还要扮演改善法律服务和促进正义的“社会活动家”角色。从事法律与发展研究的理论家和实践家注意到，对法官、律师进行的专业教育，将有利于促进法律的改革和消弭纸面上与现实中法律之间的差距，因为当他们认识到法律在发展中的功能时，将可能成为推动改革的“社会活动家”。② 在法律赋能的进程中，为弱势群体提供公正审判的法官和法律援助的律师固然不可或缺，通过公益诉讼、结构性法律援助等途径挑战不

① 朱苏力在《送法下乡：中国基层司法制度研究》一书中也曾论及法律现代化对中国农民带来的困扰，其所论“地方性知识”对笔者的思考亦有所启发。具体可见苏力：《送法下乡：中国基层司法制度研究》，中国政法大学出版社2000年版。

② Burg, Elliot M：“Law and Development：A Review of the Literature and a Critique of ‘Scholars in Self-Estrangement’”, in American Journal of Comparative Law 25：492-530. World Bank：“Law and Development Movement”, http://siteresources.worldbank.org/INTLAWJUSTINST/Resources/LawandDevelopmentMovement.pdf.

公制度、促进社会和法律改革的公益法律人、社会活动家更是至关重要。另一方面，法律职业共同体在这一过程中需要协同行动，律师、法官、法学教授固然是法律赋能的中流砥柱，不具备完整法律执业资格的社区赤脚律师、法律诊所学生、法律非政府组织同样扮演着重要角色，在一系列的法律赋能活动中，赤脚律师和法律诊所学生甚至成为项目所倚靠的主体力量。

（三）权利

权利是法律赋能的立足点与切入点。其一，在法律赋能的各个环节，权利都是其赖以开展的根本所在。后面将论及的法律赋能的条件（身份与话语权）和支柱（获得司法正义的权利、财产权、劳动权和商业权）莫不是立足于权利或本身就是权利的一种。因为权利代表着法律认可其具有主张合理利益之自由与资格，代表着从制度上承认和保障其人身和财产相关之利益。事实上，权利本身也构成权能之一种，它是弱势群体在权能结构和关系中争取利益、伸张正义可资利用的宝贵资源。承认和保障弱势群体的权利，也是国家通过法律体系对弱势群体进行赋能的一种方式。其二，就法律赋能的过程来说，法律赋能的开端在于贫困人群唤醒自身的权利意识，其次习得行使权利的能力，继而推动既有权利的保护与新型权利的认可。因此，法律赋能的每一步、每一方面都离不开权利。虽然法律赋能中的“能”是权能（power），但其整个理论框架却是在权利（right）这块基石上构建起来并得以发展的。

（四）机会

机会是法律赋能最终要创造和提供的。联合国将法律赋能的终极目标界定为拓宽对所有人的保护范围和机遇。① 法律赋能的目的在于改善弱势群体的生活，使其摆脱贫困，而关键就在于通过保障他们的权利，为其提供与权利相关的机会、利益，并为这些机会和利益提供保护，最终为他们提供一个稳定的、公平的，实现自我发展、整体发展的制度环境和社会环境。关于这一点，有三个方面值

① 参见贫穷人口法律赋权委员会：《让法律为每一个人服务（第一卷）》，《贫穷人口法律赋能委员会报告》，第27页。

得注意：

第一，机会是一种预期中的利益，给弱势群体以平等的机会，就是保障他们获得发展的利益。换句话说，是给他们创造各种获得发展的可能和路径。机会的存在使弱势群体确信社会阶层是流动的而非死水一潭，使他们知道境遇可以得到改善，他们并未被现代化的发展所抛弃和牺牲，本身也是在心理状态上的一种赋能。

第二，虽然“机会公平”常被理解为“形式公平”，但法律赋能所要创造的机会绝不仅是一种形式上的公平，相反，它的意涵是多层次、多面向的。形式（比如身份）的公平固然重要，但法律赋能不应止步于此。通过消除弱势群体所面临的形式上的不公与环境上的限制，使其可以平等地共享发展的成果，从而缩小社会实质性的不平等也很重要。机会所代表的发展上之“可能”固然重要，法律赋能尤应重视通过赋能使弱势群体有能力、有资源使这些“可能”成为可以实际获益的“现实”。

第三，机会不仅是一种利益，它也是一种自由。与“平等”一样，“自由”也是法律赋能的重要价值取向。通过法律赋能，弱势群体在知识、能力和资源上得到增强，他们得以更好地行使、扩大积极自由之处自不待言。其实随着弱势群体权能的增加，他们也能为自己的权利铸就更加坚实的壁垒，从而为其消极自由提供更有利的保护和救济。因此，无怪乎世界银行也认为，“在最宽泛的意义上讲，赋能是进行选择和采取行动的自由的扩张”①。

二、法律赋能的原因

法律赋能自其被联合国开发计划署提起之初就同减贫的议题密切相关。丹麦等十国最先是为了解决非正式经济与贫困的问题而提出、倡导这一理念的。而就在考察这二者关系的过程中，学者与政治家们发现，无论是基于什么样的原因，也无论其具体表现如何，在众多国家之中，贫困人口饱受法律的排斥。而有四大问题则在各

① 参见 www.worldbank.org/poverty/empowerment/whatis/index.htm.

国普遍存在："第一，穷人如果被排除于运作良好的司法体制之外就根本无法获得法律赋能。第二，世界上大多数穷人缺乏有效的财产权，而且他们的财产所固有的经济实力尚待开发。第三，穷人(尤其是妇女和儿童）经常因雇主在正规法律体制之外经营而遭受不安全的工作环境。第四，穷人因其财产和企业不被法律认可而无法获得经济机会，他们无法获得信贷、投资，无法进入本地和全球市场。"① 法律赋能委员会进一步认为，导致这些人群贫困的原因并非是资产的匮乏或就业的困难，而是由于他们无法享受法律提供的保护和权利而导致其资产和工作处于不安全且不受保护的状态，从而无法产生预期的效益。而且，由于穷人的权利未得到认可或者得不到保护，也导致他们容易受到当局者滥用职权或者社会强势群体的侵害。② 这是联合国提出法律赋能框架的主要背景。

我们可以从以下几个方面来阐述贫困、权利与法治之间的关系。首先，弱势群体因为经济的贫困、知识与能力的匮乏等各方面的限制导致其固有的权利得不到有效行使；其次，弱势群体由于无力行使其政治权利而导致缺少制度中的发声力量，而导致部分权利得不到法律制度的认可；再次，由于缺少法律的保护，弱势群体的权利与利益难以得到救济，也因而容易受到侵害；最后，由于上述这些原因，弱势群体难以享受法律的权利和与之连带的自由与发展机会，从而难以改善生活，脱离贫困，甚至在贫困的泥淖之中愈陷愈深，由此形成一个怪圈，导致弱势群体面临权利状况、生活环境恶化与发展机会匮乏彼此纠缠的死结。可以说，贫困的境遇既是权能缺失的表现，也是权能缺失的结果。

因此，如果不解决弱势群体的权能问题，就难以从根本上解决贫困问题。相反，向弱势群体赋能，构成了解决贫困问题的重要路

① 贫穷人口法律赋权委员会：《让法律为每一个人服务（第一卷)》，《贫穷人口法律赋能委员会报告》，序言。

② 贫穷人口法律赋权委员会：《让法律为每一个人服务（第一卷)》，《贫穷人口法律赋能委员会报告》，第1页，第2页。

径。世界银行便将赋能视作战胜贫困的一项武器。① 正是认识到这一点，联合国方将法律赋能引入作为其实现减少极端贫困人口（千年发展目标之一）的新的工具。

要明白的是，虽然法律赋能主要指向的是贫穷人群，但其受益者绝不止于此。事实上，包括政府和企业在内的整个社会都将因为法律赋能的推进而获益。法律赋能委员会从经济、政治到社会发展，从地区、国家到国际层面列举了法律赋能所能产生的好处，比如由于非正规经济得到承认，税收基础扩大，市场更具活力，政府财政和国民收入亦将增加，反过来又能有更多的资源开展财政活动；随着法治的建设，弱势群体的利益得到保障，生活水平改善，将有利于促进社会的稳定和安全；弱势群体参与公共决策的积极性提高，改革会更加顺畅，实现善治的可能性得到提升；由于法律赋能被联合国作为一项全球性的议程在众多国家广为推进，在全球化背景之下，其还有助于减少难民迁徙、饥荒等引起的压力，从而增进整个人类社会的福祉。②

三、法律赋能的定位

根据上述对联合国法律赋能框架提出的背景及其推动法律赋能之原因的分析，结合法律赋能委员会的相关文献，我们可以从以下两个方面来理解联合国对其所提之法律赋能框架的定位。

（一）作为发展战略的法律赋能

从法律赋能的主要推广机构联合国开发计划署的身份以及法律赋能提出的背景与因由即可知道，法律赋能的使命乃是在于促进社会的发展。而之所以将法律赋能和发展结合起来，除了上文所论述的法律赋能在减贫中至关重要的作用之外，还因为市场和经济政策

① 参见 World Bank：World Development Report 2000/2001，New York：Oxford University Press，2000，p. 7.

② 参见贫穷人口法律赋权委员会：《让法律为每一个人服务（第一卷）》，《贫穷人口法律赋能委员会报告》，第 4~5 页，第 11 页。

无法解决所有的发展问题，法律制度在促进经济增长和社会发展的过程中也起着关键的作用。完善的物权法能建立合理的产权制度，良好的合同法能降低交易的风险，公平的税法和社会保障法能保障公平的资源再分配……法律与经济学、法律与发展领域有相当的研究成果表明法律可以作为促进市场繁荣、增进社会福利的工具与动力。①

基于法律和法律赋能的上述功能，联合国将其法律赋能框架作为一项发展战略。其虽然以法律为切入点，但视角却比法律要宽广，其目的不是仅在于建设法治或实现权利而已，而是要从根本上实现社会的整体发展。这就意味着：第一，法律赋能不能局限于法律的视阈、方法与路径，它是一个法律、经济、政治、社会乃至文化的综合命题，其不仅需要完善的法治，还需要良好的经济与精巧的政治。② 这也是为什么法律赋能委员会中既有法律人，又有政治家，还有经济学家，因为只有这些跨领域、跨学科的专业人员共同努力，才能为法律赋能的框架设定基本议程。第二，就国家和政府而言，法律赋能的举措在很大程度上是以政策而非以法律的形式出现的。正是因为法律赋能是一项发展战略，就意味着其多项议程乃是在因应具体环境和时下需要而设计的，因之亦难免需要根据时势便宜更改。因此，在很多情况下，政策比法律更适合用以指导和推进法律赋能的开展。在联合国的这一框架中，法律人需清楚自己的专业定位，明确自己在法律赋能中的角色，不应试图主宰法律赋能进程中的一切，而要充分和政治家、经济学家协力配合，方不致进退失矩。

（二）作为政治改革进程的法律赋能

法律赋能的成果必须阶段性地以制度的方式予以确认和巩固。

① 参见 World Bank："Law and Development Movement"，http：//siteresources.worldbank.org/INTLAWJUSTINST/Resources/LawandDevelopmentMovement.pdf；李玉虎：《新法律与发展研究现状及其趋势》，《学术界》2011年11月。

② 参见武汉大学公益与发展法律研究中心：《中国农村法律援助与赋能的问题与可能》，《武汉大学公益与发展法律研究中心报告》，第18页。

尤其是，在法律赋能的策划者和推动者中，国家是极为重要的一个主体，承担着极大的责任。法律赋能不仅意味着弱势群体获得权利意识和运用权利的能力，也在于国家确认其权利，对其权利提供更好的保护，以使法治保护和惠及所有的社会群体。因此，法律赋能必然要求也包含体制改革的议程。正如法律赋能委员会在其报告中指出的，法律赋能和制度变革之间是彼此促进的，法律赋能可以从根本上改变弱势群体作为公民和其所在国家之间的关系：弱势群体在权利得以充分享有、身份得到法律承认、话语权得到扩大后，其对法律制度和社会政策的影响也会增加；有他们亲身参与的改革又能反过来增强他们作为公民、劳动者、资产持有者和经营者的权利意识和主体地位，为他们提供更多的机会和途径来伸张正义、融入社会、分享经济发展的成果。① 而且，法律赋能绝不只能局限于通过落实穷人经社文权利而使其脱贫致富问题，其另一个重要的方面乃是要落实他们的公民权利和政治权利，要使得穷人更多地、更好地、更有效地参与到政治决策之中，使得他们不仅能有能力利用既有制度，还有能力建立新的制度；不仅能行使已然的法定权利，还能争取更多的应然权利。

四、法律赋能的条件与支柱

在联合国的框架中，法律赋能有两个关键条件，分别是身份和话语权。法律赋能委员会认为，弱势群体需要有获得官方认可的"身份（证明），与其作为公民、资产所有人、劳动者、经营人在公民社会及经济社会中相对应"②。因此，国家必须承认和保护所有公民（尤其是弱势群体）的公民身份和法律地位，进而是其作为资产所有者、劳动者、经营者的身份和法律地位。这是弱势群体

① 参见贫穷人口法律赋权委员会：《让法律为每一个人服务（第一卷）》，《贫穷人口法律赋能委员会报告》，第 27 页。

② 贫穷人口法律赋权委员会：《让法律为每一个人服务（第一卷）》，《贫穷人口法律赋能委员会报告》，第 26 页。

享有、行使相关权利的资格条件。只有获得公民身份和法律地位，弱势群体才能有效行使公民权利和政治权利（尤其是民主权利和获得司法救济的权利），只有作为资产所有者、劳动者、经营者的身份和法律地位获得承认和保护，弱势群体才能享受财产权、劳动权、商业权，而这些权利对于法律赋能恰恰尤为重要，构成联合国法律赋能框架的支柱。一方面，法律赋能委员会指出，“没有穷人的话语权，法律赋能过程将不复存在。重要的是，话语权一方面建立在信息和教育的基础上，另一方面取决于机构和代表权”①。这一点不难理解，因为无论是作为发展路径还是作为政治改革的法律赋能，弱势群体都是法律赋能的重要主体之一，如果弱势群体没有话语权，那么其将无法参与到法律赋能的设计、开展和评估过程中。那么法律赋能无疑会难免偏离弱势群体的需求。而要保障和增强弱势群体的话语权，一方面要通过教育和信息的提供，使得弱势群体具有参与法律赋能的意识、知识、信息和能力，另一方面还要通过制度和组织的建设（革新），使弱势群体具有组织资源和制度渠道以凝聚和表达意见，而且使自己的意见得到执行。

法律赋能委员会认为，获得诉诸公正司法和法治的权利、财产权、劳动权和商业权构成法律赋能的四大支柱；并且这四大支柱相辅相成，通过其彼此协同的作用，法律赋能方能实现。②

公正司法和法治是法律赋能的首要支柱，因为它是其他权利的保障。法律赋能的路径特色乃是在于通过权利和法律使弱势群体获得发展的机会，而正如法谚所言，“无救济即无权利”，如果弱势群体的权利得不到公正司法的保护，那么即使法典中写有再多权利也无济于事，法律赋能也不能得到实效。在实现弱势群体获得诉诸公正司法和法治的权利方面，法律赋能委员会的措施可以概括为：（1）确保所有人（包括穷人）能够享有合法身份，从法律主体资

① 贫穷人口法律赋权委员会：《让法律为每一个人服务（第一卷）》，《贫穷人口法律赋能委员会报告》，第26页。

② 参见贫穷人口法律赋权委员会：《让法律为每一个人服务（第一卷）》，《贫穷人口法律赋能委员会报告》，第5页。

格上保证弱势群体享有平等地位；（2）废除或修改歧视弱势群体的法律法规，从法律规则上保证弱势群体享有平等权利；（3）认可弱势群体惯常使用的非正式法律程序，发展替代性纠纷解决机制，从法律程序和纠纷解决机制上保障弱势群体得以平等参与；（4）支持为弱势群体提供服务的律师和赤脚律师，从法律服务上保障弱势群体获得平等支持；（5）鼓励法庭对弱势群体的利益给予适当的考虑，从司法裁判的价值选择和利益衡平上给予弱势群体的特别保护。需要注意的是，对公正司法的理解不应只局限于其在纠纷解决方面的功能与价值，更应重视的是，它要为弱势群体提供申诉苦怨，公平、便捷、经济、有效地解决苦怨，提供救济、达致正义的机会、路径与平台。①

财产权是法律赋能的另一支柱。一直以来财产权就是和生命权、自由权并列的最基本的人权，因为它为人类提供了身份、尊严和自由的保证。而且它还代表着生活方式和改变生活的机会，比如土地等自然资源之于土著居民。若财产权得不到保护，弱势群体就难以利用其仅有的资产脱离贫困，其在发展过程中所获得的资产也难处于安全、稳定的状态，甚至可能被侵夺于旦夕之间。良好的财产制度如此重要，因为它既能使弱势群体受到正规经济的接纳，又能获得社会阶层的向上流动。② 概而言之，这一制度要使穷人的财产受到官方承认和平等对待，受到妥善保护而不被任意侵夺，得以自由流通而参与市场。具体而言，联合国在这一领域的法律赋能措施可以概括为：（1）发展包容性、非歧视性的经济制度，承认弱势群体对财产的持有以及非正规经济，从产权持有和市场主体资格上保障弱势群体的平等地位；（2）建立平等的市场秩序，确保弱势群体享有平等的财产权利，执行公平的标准，从产权标准和市场

① 参见 Matthew Stephens：“The Commission on Legal Empowerment of the Poor：An Opportunity Missed”，in Hague Journal on the Rule of Law，2009，1（1）：132-155. 该文指出，联合国开发计划署的“获得司法正义”项目框架超越了纠纷解决路径。

② 参见贫穷人口法律赋权委员会：《让法律为每一个人服务（第一卷）》，《贫穷人口法律赋能委员会报告》，第 6~7 页，第 34 页。

交易规则上保障弱势群体的平等权利；（3）建立方便、可及、有效的市场，利用市场的力量为弱势群体谋求发展的机会；（4）通过社会政策调整和财产制度改革增加弱势群体获得财产增加财产的机会。

法律赋能的第三个支柱是劳动权。一方面劳动和人力资本堪称贫困的弱势群体最重要的资产，另一方面大量的弱势群体是通过在非正规经济进行不安全、低酬劳的工作而维持生计的，他们劳动关系不明确，处于劳资关系中的弱势和劳动法保护的盲点，难以享受国家与雇主本应提供的社会与劳动保障，而又容易受到剥削和压榨，所以劳动权对于弱势群体来说至关重要。① 为了解决这些问题，法律赋能委员会的举措包括：（1）保障和促进结社自由，使弱势群体能够利用组织资源争取和保障自身的劳动权利；（2）改进工作条例，加强对弱势群体的劳动保护，营造良好、安全的工作条件；（3）保护非正规经济中劳动者的劳动权利，为弱势群体设立基本劳动权利的底线；（4）发展包容性经济，为弱势群体创造更多的就业机会；（5）通过社会政策建立完善的医疗、健康和养老保险体系，使弱势群体享受充分的社会保障；（6）消除劳动领域的歧视（其在《让法律为每一个人服务》中特指的是性别歧视，以强调妇女在这一问题上的重要地位），保护弱势群体在劳动领域的平等地位和公平环境。

商业权是法律赋能的最后一个支柱。法律赋能委员会所提出的商业权并非一项新的人权，而毋宁是与个体和群体参与经济活动及市场交易相关的权利总称。其源于政治和公民权利，以及经济和社会权利。考虑发展中国家的非正规经济占其国民经济主体，而大多数贫穷的企业经营者进行着非正规经营，因此商业权主要关注点在于消除穷人所面临的经济机遇上的不必要的障碍与限制，对其商业投资、经营和收益相关的权利与利益予以平等保护。商业权在消除贫穷和经济发展方面发挥重要的作用，因为在发展中国家，非正规

① 参见贫穷人口法律赋权委员会：《让法律为每一个人服务（第一卷）》，《贫穷人口法律赋能委员会报告》，第7~8页，第36~37页。

经济的成败常常对经济、社会的发展具有重要影响。具体而言，在此领域进行法律赋能的举措主要包括：（1）确保基本商业权利；（2）扩大“法人”的定义；（3）加强经济治理；（4）促进综合金融服务；（5）促进大型与小型企业之间的联系。①

目前关于这四个支柱已经存在着一些疑问与批评，较突出的有三个方面：其一，将财产权、劳动权和商业权作为法律赋能支柱的理由何在？其二，大量的实例表明，在与财产、经济相关的制度改革中必然存在输赢，此种利益矛盾如何调和？而且联合国所鼓吹的财产权与经济正式化的举措还会反而损害弱势群体的利益。其三，框架中的诸多举措都涉及资源的分配，很多主张比如全纳性的社会保障甚至在经济最发达的美国都无法实现，这些主张恐沦为口号。②

关于第一个问题，我们需要回到联合国提出法律赋能框架的原因及其定位上。法律赋能的目的在于减少贫困、促进发展、改善弱势群体的境遇。而促进经济增长、改善生计最重要的法律就是关于界定产权、促进资本增加、发展人力资本的财产法、合同法、公司法、劳动法等法律部门，③ 最重要的权利类型也正是财产权、劳动权与商业权。因此，将这三项权利作为法律赋能支柱的提法是契合弱势群体的实际需要的。在法律与发展领域的其他实践中也有类似的例证，世界银行的“司法正义为穷人”项目也采取与农会、工会合作的路径，也反映了这一思路。④

关于第二个问题，与财产和经济相关的改革涉及大量的经济利

---

① 贫穷人口法律赋权委员会：《让法律为每一个人服务（第一卷）》，《贫穷人口法律赋能委员会报告》，第 8~9 页，第 33 页。

② 参见 Matthew Stephens：“The Commission on Legal Empowerment of the Poor：An Opportunity Missed”，in Hague Journal on the Rule of Law，2009，1（1）：132-155.

③ 参见 Randall Peerenboom：China's March toward Rule of Law，Cambridge：Cambridge University Press，2002.

④ 参见 Matthew Stephens：“The Commission on Legal Empowerment of the Poor：An Opportunity Missed”，in Hague Journal on the Rule of Law，2009，1（1）：132-155.

益问题，从短期和直接结果来看也许可能不可避免地会产生输家和赢家。但利益选择是任何一种财产、经济制度都无法回避的问题，现在的制度本来就已经使弱势群体成为长期的“输家”了，如果不做出改变，也不过只是延续了既存的不公制度。法律赋能所带来的制度改变，或许是一种尝试，如果能形成一个更加公平的制度，则从远景看来，能够促进社会各个阶层的共赢。至于某些改革（比如权利和经济正式化）会使部分弱势群体蒙受损失的问题，①已有学者指出，如果不能推进正式化，则真正的繁荣也无法实现，所有的人都将在贫困的泥沼中挣扎。② 在正式化过程中遭受损失的群体，政府应该采取相应的措施进行平衡与保护。

关于第三个问题，法律赋能的确需要大量的资源投入。事实上不仅是财产权、劳动权、商业权中所涉劳动和社会保障方面需要大量的资源投入和财政支持，司法公正和法治方面在传统中被认为是消极权利的诸多主张同样有资源投入的需要，司法机构的设立、法律援助的开展莫不如是。这里其实凸显了联合国法律赋能框架最大的问题，即过于强调自上而下、以国家为中心推进的路径。事实上，在众多需要开展法律赋能的发展中国家，政府并没有充足的资源独立推进这些工作，公民社会是必须依靠和借重的力量。只有将公民社会，将弱势群体社区的资源充分调动起来，法律赋能的全面、有效推进才有可能实现。

五、法律赋能的基础

法律赋能委员会并没有提到“法律赋能的基础”这一问题，但这一问题却具有相当的重要性。可以说，对这一问题的认识对法

---

① 参见 Matthew Stephens：“The Commission on Legal Empowerment of the Poor：An Opportunity Missed”，in Hague Journal on the Rule of Law，2009，1（1）：132-155.

② 参见 Matthew Stephens：“The Commission on Legal Empowerment of the Poor：An Opportunity Missed”，in Hague Journal on the Rule of Law，2009，1（1）：132-155.

律赋能推进路径、策略的选择都有着重要的影响。结合法律赋能委员会的相关文件和这一领域其他实践者、研究者的经验，笔者认为，人权、民主和公民社会实为法律赋能赖以开展和推广的三大基础。

（一）人权

正如法律赋能委员会报告所指出的："法律赋能植根于国际人权法的文字和精神，尤其如《世界人权宣言》第一条所宣告的：'人生而自由，在尊严和权利上一律平等。'……国际社会有责任支持法律赋能，法律赋能既体现了这些基本原则，也是实现千年发展目标的核心战略。"① 在法律赋能的四大支柱中，无论是获得公正司法的权利还是财产权、劳动权都是为国际社会广为认可的基本人权，而商业权也是源于上述基本人权。法律赋能得以开展的条件——身份和话语权莫不基于公民与政治权利和经社文权利的实现，而法律赋能所要实现的目标也包括贫穷人群人权状况的改善和人权体系的革新。除了纯粹法律和权利相关的活动外，其所涉及的其他发展活动诸如社区组织、群体形成、生计改善等也都是实现人权的手段。因此，法律赋能可以被理解为一个以人权为基础的发展策略。②

（二）民主

民主是法律赋能的内在要求，法律赋能委员会对这一问题有颇多论述。首先，民主是弱势群体基本权利的题中之意。法律赋能的过程是激发弱势群体权能的过程，所以如果其本身没有权利，则法律赋能只能是空中楼阁。而这些权利当然必须包括（被）选举权、言论自由权等民主权利。其次，民主是法律赋能的程序要求与制度保障。法律赋能不仅要求将弱势群体作为赋能议程的主体之一，而且要使弱势群体跻身于整个国家政治、经济、社会和文化议程的主

① 参见贫穷人口法律赋权委员会：《让法律为每一个人服务（第一卷）》，《贫穷人口法律赋能委员会报告》，第 4 页，第 20 页。

② 参见 Stephen Golub，"Beyond Rule of Law Orthodoxy：The Legal Empowerment Alternative"，New York：Working Papers No. 41. Carnegie Endowment for International Peace，2003.

体行列之中。借用身心障碍者权利领域的著名口号“没有我们的参与，不要做关于我们的决定（Nothing about us without us）”，关于法律赋能的议程以及发展的问题，必须有弱势群体的亲身参与才能决定，而不是仅由法律人与政治家径行决定。在地方一级，弱势群体的声音相对来说可以得到较好的反应，因此发展基层民主对于法律赋能尤为重要。自下而上的民主与法律赋能是气质相同的，彼此也是相互促进的。当法律赋能得到推行时，社会也能因自由的信息交流、充分的公共讨论而促进民主；相反，当民主获得发展时，法律赋能、个人及其社区也会获得蓬勃的发展。①

（三）公民社会

法律赋能虽然在很大程度上需要被国家纳入官方的议程，但在“治理”理念日益兴盛的今天，公民社会也成为其赖以推进的一大基础。尤其是因为最需要法律赋能的地方往往是国家尚未实现良治甚至存在治理陷阱的地区，通过公民社会尤其是跨国公民社会的力量来直接进行法律赋能，以及促使和帮助该国政府进行法律赋能就尤为重要。事实上，世界上有大量的法律赋能、法律服务项目是由非政府组织以及和非政府组织一样运作的法学院项目（例如法律诊所）开展的。而且，公民社会组织还往往比国家机构和官员表现出更大的奉献精神、灵活性和创造性。② 最为重要的是，当国家怠于推进甚至阻挠法律赋能进程时，当国家本身损害弱势群体的权利和利益时，公民社会构成了帮助弱势群体保护自己、平衡国家权力、要求国家作为的重要力量③。另一方面，各种公民社会组织可以成为勾连弱势群体和政治机构之间的桥梁和帮助弱势群体发声的扩音器，各种独立、中立的专业团体也可以为法律赋能的进程提供

---

① 参见贫穷人口法律赋权委员会：《让法律为每一个人服务（第一卷）》，《贫穷人口法律赋能委员会报告》，第4页，第20页。

② 参见Stephen Golub，“Beyond Rule of Law Orthodoxy：The Legal Empowerment Alternative”，New York：Working Papers No. 41. Carnegie Endowment for International Peace，2003.

③ 参见弗朗西斯·福山著，曹义编译：《社会资本、公民社会与发展》，《马克思主义与现实（双月刊）》2003年第2期。

各种创新意见与独立监督。法律赋能委员会也认为各种专业协会“在各自的社区和网络内收集与传播信息方面发挥着作用。可以为法律赋权和利用司法改革提供政治支持，并为必要的法律援助和其他服务筹集资金”。① 最后，培育本地公民社会，尤其是社区组织的发展，本身也是实现法律赋能的一种途径。弱势群体在参与公民社会的过程中，将具备更多的组织、活动以及自治的能力。已有大量的事实证明了上述关于公民社会和法律赋能之间关系的论断。在亚洲七国开展的一项研究中，拥有更加开放的公民社会环境的孟加拉、巴基斯坦、菲律宾和泰国的法律赋能相比其他三国也较为成功。②

六、结　语

法律赋能是一个新兴理念，它在保障弱势群体的权利，实现社会的共同发展上具有巨大的潜力，为我们达成“善治”的目标提供了新的思维。也正因此，人们对于法律赋能的理解不一，实践各异。联合国法律赋能框架的意义在于，其为我们推进法律赋能提供了一种可行的方案，更为将法律赋能纳入国际社会和国家议程提供了路线图。当然，这一框架仍存在着明显的局限。一方面，它仍然体现着以国家为中心的自上而下的路径，而过多地关注法律制度和政府机构，这种模式和几十年前法律与发展运动所推崇的主流模式仍然如出一辙，而未充分吸收新法律与发展运动以来的反思与经验，因此也很有可能遭遇挫折。事实上，以社区为导向的自下而上的路径非常值得研究。根植于基层的需求，依靠公民社会的力量，引入政府的参与，也许更能解决惠及弱势群体的法律仅存于纸面流

① 贫穷人口法律赋权委员会：《让法律为每一个人服务（第一卷）》，《贫穷人口法律赋能委员会报告》，第10页。

② Asian Development Bank, “Legal Empowerment: Advancing Good Governance and Poverty Reduction”, in Law and Policy Reform at the Asian Development Bank in 2001, Manila: Asian Development Bank, 2001.

于形式而得不到实施的问题。① 另一方面，这一框架所提出的建议仍然颇显空洞而不切实际，既缺少对这些主张的详细的分析，也缺少关于具体实现方法的策略考量。② 在推进法律赋能的过程中，要重视从社区、地方到国家层面的实证研究，寻找关于法律赋能影响的确切证据，研究法律赋能推行的实际环境和背景，才能将法律赋能落到实处。如果解决了这些问题，笔者相信，法律赋能框架是有可能为全球数以亿计尚未收到法治保护，尚未平等享受发展成果的弱势群体带去福音和希望的。我们需要进一步关注、研究这一理论框架。

中国作为发展中国家，关注法律与发展研究，尤其是这一领域最新的理论与实践成果“法律赋能”，对于促进中国自身的科学发展，解决中国在发展中可能遇到的挑战与问题具有重大的意义。

首先，与正统的自上而下的法治推动路径相比，法律赋能更强调自下而上的方式。法律赋能强调结合一国基层地区在政治、经济、文化、制度上的实际情况，通过穷人可负担的方式，协调利益相关方，广泛动员同盟，建立创新机制等选择实施策略。研究这一路径将有助于为我们理解如何调动基层力量，整合社会资源，促进我国广大基层农村的发展。

其次，作为发展策略的法律赋能能够切实地为穷人提供保障（Security）和机遇（Opportunity），让他们充分发挥才能，摆脱贫穷，促进经济增长，实现正义（Justice）与发展（Development）的统一。研究法律赋能将为改善我国贫困人口的生活水平与权利状况、促进欠发达地区的整体发展提供理论指导，丰富我国以人为本的科学发展理论。

再次，法律赋能支持国家的有效性与合法性，因此也支持国家

---

① 参见 Stephen Golub，“Beyond Rule of Law Orthodoxy：The Legal Empowerment Alternative”，New York：Working Papers No. 41. Carnegie Endowment for International Peace，2003.

② 参见 Julio Faundez：“Empowering Workers in the Informal Economy”，in Hague Journal on the Rule of Law，2009，1（1）：156-172.

官员和各级代表的有效性与合法性，倡导赋予穷人法律权利的领导人将获得民众广泛、深远的支持。追踪法律赋能的理论发展将有助于促进我国政府的施政能力建设，从法学视角为建设责任型、法治型、服务型政府提供理论借鉴。

最后，法律赋能作为理解权利的一种全新视角，对于弱势群体有着特别的意义。比如，法律赋能促进性别平等，消除因为性别因素造成的贫穷和权利侵害。又如，通过法律赋能保护穷人的土地权和资源权既可抗击贫穷又可防止环境退化。对法律赋能的研究将有助于改善我国弱势群体的权利状况，增强我国在国际人权对话上的话语权与理论资源。

从“科学”到“哲学”：西方行政学价值研究的新发展

武汉大学政治与公共管理学院　丁　煌　张雅勤

公共行政学是一门在民主政治生态环境下成长起来的应用性学科，旨在研究如何在公平、正义的价值取向下进行公共资源的社会分配。这规定了公共行政学理应将人民主权、公民权利、人性尊严、社会公正、公共利益、社会责任等价值作为学科发展中一以贯之的基本理念和价值追求。然而，长期以来，西方公共行政学的研究受到“管理主义”研究路径的深刻影响，公共行政被看做纯事务性的技术领域，公共行政学也因之成为了一门纯粹的技术性科学。相应地，在西方行政学价值研究领域，也出现了工具理性“一统天下”的局面。其中，“价值中立”成为公共行政系统的核心价值和特征，这无疑与公共行政的“公共性”背道而驰，并最终使得行政学研究失去了其特定的对象性，也就失去了自身研究的独特性与存在价值，从而不得不陷入所谓认同危机。在这种情形下，从20世纪60年代末开始，西方行政学价值研究中，开始显现出“价值理性”回归的症候。而20世纪90年代兴起的行政哲学，更是进一步彰显了行政学价值研究由“科学视角”向“哲学视角”转换的发展趋势。本文通过对西方行政学价值研究发展脉络的历史梳理，对这一研究领域的发展新动向进行描述，并对未来发展趋势进行前瞻性的分析与探寻。

一、西方行政学价值研究的“科学”传统

公共行政学是一种专门研究政府的公共行政活动及其规律的科学，从公共行政的本质来看，它的公共属性以及从属于公共利益实现的需要，都必然要反映到公共行政学这门学科中来。或者说，公共行政学的基本任务就在于把握公共行政的公共性，发现公共行政的公共性价值并在公共行政模式的建构中确立和把握公共性的价值方向。可见，公共行政学研究尤其是行政价值研究，是应该在“价值理性”的基础上来开展对行政模式的建构和行政机制的探析的。然而，如果具体地考察西方公共行政学的发展历史，我们看到的却是行政学领域里“逻辑实证主义”的风行，“经济”与“效率”成为公共行政所秉持和追寻的最高法制，而关于人类幸福、福利和美好生活等价值理念却少有人问津，使得对行政学实质价值的追问沦落为一种不合时宜的举动，有的时候甚至显得非常尴尬。全钟燮就此总结说：“现有公共行政强调将行政管理的重要性置于公共行政的公共性之上。”①

为什么作为公共行政学的题中应有之义的公共性价值会在现实中被学者们所冷落？这不能是单用“休谟难题”就可以解释清楚的。事实上，行政学对公共性的忽视甚至漠视是有着深层原因的，那就是，公共行政学自从诞生之日起就蕴涵着一种“逻辑困境”。一般认为，具有自我意识的公共行政学发轫于19世纪末的美国。当时的美国的情况是，欧洲工业革命带来的社会化大生产和科学技术进步都被完整地搬到了美国来，渗透到了社会生活的方方面面，导致工具理性、科学和技术发展的有力融合，成为现代技术理性的标识。在这种进步主义观念的深刻影响下，技术理性把社会和政治发展导向了一条康庄大道，使得专业人员包括管理者、社会科学家和工业心理学家都相信这样一种世界观：“人类的冲突和激情适合

---

① 全钟燮著，孙柏瑛译：《公共行政的社会建构：解释与批判》，北京大学出版社2008年版，第25~26页。

于以机械办法来解决。”① 以威尔逊为代表的早期公共行政学者，一方面，传承了西方社会以自由民主为特质的政治传统，坚定地“视推进民主为己任，以表明民主能在现代社会条件下得以维系”②；另一方面，又深受这种以“技术理性”为核心的现代性思潮的影响，所以“热心于建立一些使他们能够应对日益城市化和技术化的具体机制，从而发现自身的价值”③。

威尔逊的《行政学研究》就明显地体现了这种思想的融合与碰撞：首先，威尔逊认为，在美国共和主义和宪政民主的空气之中诞生的行政学，必须关注民主、公平和自由等规范性价值，“它与政治智慧所派生的经久不衰的原理以及政治进步所具有的永恒真理直接相关”④；其次，威尔逊所阐述的“政治与行政二分”理论所反映的是一种宏大的技术理性叙事，是被称作为“进步主义观念”的技术理性转化而成的一种制度安排，所要实现的是去建立起一种“去政治化”的行政体系，从而使“干净的”行政从弊端丛生的“政党分肥制”中摆脱出来。恰恰是在这一点上，公共行政学自一开始就包含了一种“与生俱来的内在逻辑悖论”⑤。反映在公共行政这一概念上，它既应是“公共的”，又应是“行政的”。作为“公共的”事物，所突出的是一种价值理性；而作为“行政”，又必须显示其技术理性的特征。在工业社会“民主”与“科学”的二重语境中，这种逻辑悖论在“公共行政”一词中得到了完整的诠释。所以，威尔逊在提出“政治—行政二分原则”的时候，其实是将“民主化的政治”与“技术化的行政”割裂了开来，期望在民主政治系统之外建立起一个专门性的技术理性系统。在此意义

---

① 怀特、亚当斯著，刘亚平等译：《公共行政研究：对理论与实践的反思》，清华大学出版社2005年版，第3页。

② 登哈特著，项龙等译：《公共组织理论》，华夏出版社2002年版，第46页。

③ 登哈特著，项龙等译：《公共组织理论》，华夏出版社2002年版，第46页。

④ 伍德罗·威尔逊著：《行政学研究》，《国外公共行政理论精选》，中央党校出版社1991年版，第5页。

⑤ 颜昌武、刘亚平：《公共行政学的逻辑困境及其化解》，《武汉大学学报（哲学社会科学版）》2007年第6期。

上，虽然行政获得了“公共”的称号，即名之为“公共行政”，但是，公共性实质上被拉下了价值理性的神坛，成为技术理性的不偏不倚的代名词。正是由于这个原因，公共行政学的发展走上了片面的技术主义之路。

沿着威尔逊所确立的路线，加之科学管理运动的推动，公共行政学 20 世纪 30 年代进入发展的黄金时代，迎来了所谓的“正统论”时期。古立克和厄威克的《行政科学论文集》所彰显的 POSDCORB（Planning，Organising，Staffing，Directing，Coordinating，Reporting，Budgeting）原则就是正统时期行政学思想的经典体现。可见，在公共行政作为一个专门的研究对象之后的很长一个时期中，所谓公共行政学其实是服膺于技术理性与专业主义的，只是在“物理世界”的意义上取得的辉煌成就，而它本身应当具有的那种对“公共性”价值的追求，却受到了忽视。尽管这一时期也有关于公共利益的探讨，但它并没有对公共行政学的主流产生实质性的影响。然而，20 世纪 40 年代开始，在一群被视为“异端”的年轻学者的交相批评下，POSDCORB 作为一个曾经被普遍认可的“正统学说”迅速褪色。而且，这种“异端”思潮不断地积累能量，到了 20 世纪中叶，演化成一场激烈的论辩，这就是公共行政学史上的两位巨匠——赫伯特·西蒙与德怀特·沃尔多围绕公共行政学的学科定位、研究方法和价值取向展开的激烈的争论。在这场争论中，他们从两个不同的方向开辟出了行政学其后的发展路径：西蒙主张引入逻辑实证主义，重建一门更加精致、更有效率的行政科学；沃尔多则提倡将民主等规范价值引入公共行政之中，强调公共行政学就是一种政治理论。从其后的半个多世纪公共行政学走向看，西蒙观点由于更合乎传统公共行政学的主流路线而得到了更多的人的响应。

其实，把逻辑实证主义引入公共行政研究之中之所以能够得到更多的人的响应，是当时社会的现代性要求所使然。按照吉登斯的说法，现代社会呈现出工业化、市场化、战争工业化和惩戒系统化的特征，与之相伴随的是自然科学对社会生活领域的强势入侵，以及由此形成的“科学主义”思潮在现代学术研究中的主导地位。

实证主义一个重要的特质是在于把关于科学的原则同等地应用于社会科学，并提供了社会科学的包括经验主义、客观主义、价值分离、工具主义和技术主义等一些基本哲学理念。从西蒙的文本来看，逻辑实证主义的引入至少在三个方面对公共行政研究造成了影响。其一，价值中立的立场。在“事实”与“价值”相分离的情况下，公共行政学不对其研究对象做价值判断，“事实元素构成了行政科学的真正的实质”①。其二，科学统一的观念。认为行政科学与自然科学拥有相同的方法论，任何科学理论的推理都必须依据在逻辑上严密而且在经验上具有可检验性。其三，效率至上的取向。西蒙认为，公共行政要取得合法性，就必须将行政科学的价值取向设定在效率之上，而效率至上一个价值中立的概念，是一个衡量社会表现的客观公正的手段。总之，逻辑实证主义使公共行政学从根本上放逐了价值与伦理问题，“和任何科学一样，行政科学只关心事实陈述”②。在秉持这种研究方法的行政学者眼中，沃尔多等人的“民主宪政的行政学”思想充满价值判断，不能对事实作出客观衡量。所以，他们将这一思想斥之为思想家们的一种随意性的和情感化的主观陈述。

应当看到，西蒙通过引入逻辑实证主义确实构建起了一门精致的“行政科学”，这使行政学从正统论的“行政谚语”研究方法中走了出来，但是，却没有解决行政学这门学科所蕴涵的“内在逻辑悖论”，在某种意义上，反而进一步冷落了价值理性，导致这一学科面临更严重的发展困境。应当说，这个时期的行政学者已经意识到了行政学的“内在逻辑悖论”，西—沃论战实际上是对这一困境的求解。但是，这之后的公共行政学发展却沿着传统的路径走上一个极端，而且，也使行政学的研究路径出现了分裂：许多人追随西蒙的脚步，力图在实证主义方法下重建一门价值中立的“行政

① Simon，H. Administrative Behavior：A Study of Decision-Making Processes in Administrative Organizations（Fourth Edition）. NY：The Free Press，1997：356.

② Simon，H. Administrative Behavior：A Study of Decision-Making Processes in Administrative Organizations（Fourth Edition）. NY：The Free Press，1997：356.

科学”；另一部分人则成为其反对者——沃尔多的忠实信徒，力图在公共行政研究中设立规范价值的地位。前者形成了以行为科学学派为代表的管理主义阵营；而后者则形成了以新公共行政学派为代表的宪政主义阵营。前者强调经济与效率，指向技术理性；后者则关注社会公正、平等、民主、回应性等，注重价值理性。从美国行政学说发展历史上看，前一种进路成为了压倒性的理论趋向，而后一种进路则仅仅是在主流进路发展至某个时期时出现的一种理论纠偏与反动。尤其是 20 世纪 80 年代初，一场名之为“新公共管理运动”的理论追求和政府改革，更是将管理主义的胜利推向了巅峰。新公共管理运动把传统公共行政的管理主义思想加以极端化，特别是作为其基础的公共选择理论和新制度主义经济学，再次强调了管理主义的“理性人”的行为假设，提出摒弃官僚制而进一步把管理主义精神发挥到极致。尽管新公共管理运动在提高政府的运作效率和建构政府与公民的新型关系中显现出一定成效。究其根本，这场运动在学术上并没有解决“宪政主义”与“管理主义”的争论，反而是在“管理主义”上越走越远，将公共行政理解为不计任何价值关怀的行动。正如胡德所指出的，“新公共管理是一种没有实质内涵的夸大伎俩，它实际上并没有改变任何东西，顶多是一个新的瓶子，但里面的观念却是旧的”①。

概言之，当今处于主流地位的西方行政学理论所显现出来的是“管理主义”特征，造成了学者们对行政价值的技术化认识，进一步强化了“技术理性”在行政价值研究中的霸权地位。具体地说，表现在以下三个方面：

第一，在方法论的意义上模糊了公共部门和私人企业的界限。在公共行政领域，“公共性”是用以定义行政的重要概念，也是区别于私人部门的重要标准。正是公共性的概念，使公私部门的界限变得清晰。然而，管理主义的一个重要假设却是“公共部门的管

① Hood. a public management for all reasons. Public Administration 1991. 69.

理与私营企业的管理在基本程序和追求的目标上都惊人的相似”①。德怀特·沃尔多早在1948年就批判过这种公私通则忽略了公共行政的根本，歪曲了民主理念的“公共”本质。在新公共管理盛行的时候，却没有人注意到这一点。

第二，在目的论的意义上把效率视为公共行政的终极目标。固然，公共组织在资源配置上强调效率是无可厚非的，可是，效率并不是公共行政唯一的价值追求和终极目标，而且，效率必须建立在一定的价值导向的基础上才是有积极意义的。片面的工具理性往往使人们过度关注达成既定目标的手段，在减少行政成本上斤斤计较，从而忽视了目的本身，也就必然会走上行政活动误入“技术乌托邦”的歧途，使公共行政的基础性价值取向（诸如民主、平等、公正等）被市场的价值取向（诸如收益、效益、竞争等）所取代。

第三，在过程论的意义上对政府的公共责任造成一系列冲击。新公共管理在用企业家精神改造政府的过程中，要求行政人员像企业家那样对待其行政事务，突出强调的是一种“市场导向”的理念，错误地把企业的“顾客导向”原理运用到了公民与政府的关系中。在这种理念的指导下，行政人员所应具有的面向全体公众的“公共责任”不可避免地沦为一种面向少数富有人的“职业道德”，从而造成了“公共性”流失的局面。对于这一点，沃尔多不无感叹地说：“以往人们总是以为良好的政府就是道德的人的结果，而现在观点则相反：道德是无关紧要的。只有机构的合理安排、个人熟练的业务才是至关重要的。机关组织不再依靠难以控制的、不可估计的道德品质，只要有业务上的专家就行了。这就像一台机器，不论开机器的人品质如何，机器运转良好才是目的。”②

技术理性视野中的公共行政学其实是自然科学的思维在公共行政领域的反映，它追求精确和可度量性，拒斥对公共行政进行价值

① Michael Hunt. Ethnics and leadership in public service. New York: Ash gate Publishing Ltd, 1998, 152.

② Waldo, D. The Administrative State. New York: Holmes & Meier, 1984. 23.

判断和分析，这导致了一系列严重问题。比如说，追求公共行政运行的专业化导致了日益庞大的官僚制机构，而且因位定人、对事不对人的公共行政运行模式也导致了非人格化与人性之间的冲突与矛盾；“对上不对下”的负责制原则使得公共行政的运行愈益无法满足社会公众多样化的需求。总之，人们对物欲的极度膨胀完全取代了对精神的追求，社会犯罪伴随着环境恶化、生态危机等日益严重，这一切都表明基于“科学”立场的对公共行政的价值企求，忽略了整个社会人文精神的倡导与弘扬，其负面效应是不言而喻的。笔者认为要从根本上改善目前的这种状况，必须实现对公共行政价值研究的由科学范式加以突破。

二、走向“哲学”路径的西方行政学价值研究

在公共行政学沿着技术理性路线行走了几十年后，人们愕然发现，这一学科的“内在逻辑悖论”已经外显为各种各样的危机。有学者将公共行政（学）所面临的危机概括为四种，“合法性危机”、“研究品质危机”、“学科认同危机”与“信任危机”，认为前三者属于公共行政的“学术危机”，而后者属于公共行政的“实践危机”。① 事实上，无论是公共行政学的“学术危机”还是所谓的“实践危机”，都可以看做由于技术理性逻辑下的“实证主义”和“管理主义”对公共性价值的损伤而导致的恶果，也显示了以公共行政价值为核心的公共行政基础理论的研究的薄弱状况。当然，在公共行政学的发展史中，秉持“宪政主义”思想的行政学家们一直在为求解行政学的难题而捍卫和促进学科的价值追求转型。从 20 世纪中期沃尔多对西蒙的批驳，到新公共行政学派、黑堡学派对传统行政价值的反思，再到行政伦理学从个人道德与价值观层面对行政价值实现路径的探讨，都在一定程度上起到推动行政价值研究的范式转型的作用。进入到 20 世纪 90 年代以后，行政哲学作为一股新的学术力量在西方行政学界开始兴起，进一步地对公

---

① 江明修：《公共行政学》，台湾五南图书出版公司 1997 年版，第 13~23 页。

共行政的“技术内核”进行质疑与批判，努力呼唤公共行政的精神与价值，从而推动了行政价值研究从“科学路径”向“哲学路径”的转型。

1. 新公共行政学派

自20世纪60年代末70年代初兴起的新公共行政学派对无论是传统行政理论还是新古典行政理论都进行了猛烈的抨击。他们认为，这些理论不仅存在着基本理论上的严重缺陷，而且忽视了社会弱势群体的利益与价值要求，并实际上追求不平等的政府体制的永久化。因此，新公共行政学派呼吁行政研究应该“切合实际，追求社会公正，建立起行政管理人员新的道德规范”①，认为“公共组织的目的在于为那些处于组织内部与外部的人们减轻经济、社会和心理上的痛苦，并改善生活机会”②。而另一方面，由于具有日益扩张的行政裁量权，“而今的行政人员的负责任的行为，已不是根据既定的东西来进行行政活动，而应该根据预期的东西来进行行政活动”③，从而具有“政治性特征”。从这些基本假设出发，新公共行政学将负责任的行政人员界定为让自己的价值观引导自己行动的人，而他们的决策活动是一种具有改革性质的行政事务，并且应该以社会平等或公正为方向。为此，“新公共行政学寻求变革那些从体制上阻碍社会公正实现的政策与机构，需要实现行政人员基本教育哲学的重新定位”④，其最终目的是要做到“以委托人为导向”。可见，“新公共行政学”是建立在对行政学原有思维模式和价值取向的反叛的基础上的，其研究重心在公共行政学的“公共部分”，倡导公共服务的平等性、行政官员的政治响应性、民主行

① Keith M. Henderson. the Study of Public Administration. Boston：University press of American. Inc. 1983. 42.

② Keith M. Henderson. the Study of Public Administration. Boston：University press of American. Inc. 1983. 42.

③ F. E. Rourke. Bureauctaticpower in National Politic. Boston：little Brown, 1972. 324.

④ Frank Marini, Toward a New public Administration. Scranton：Chandler. 1971. 312.

政、社区自治等基本价值，强调将“社会公平”引入政府目的和运作机制之中，即“要推动政治权力以及经济福利转向社会中那些缺乏政治积极资源支持，处于劣势境地的人们”①。尽管由于新公共行政学自身的一些原因——如缺乏概念的连贯性，没有明确限定的宪法基础等——它没有成为行政学研究的主导范式，然而正是由于它对社会公平与正义的追求，对公共行政“公共性”的关注，公共行政学自此开始步入行政价值研究的自觉构建阶段。

2. 黑堡学派

虽然新公共行政学派在其理论观点中涉及了“民主行政”这一概念，但是其理论重心并不在于提出具体的民主行政主张，而是要扭转过去行政学过于重视“效率”和忽视社会回应的局面，但是其提出的参与观念、伦理意识、价值多元化、重视回应与沟通等主张则为民主行政模式的建立打造了理论根基。不过，明确地从行政价值转型的视角来对民主行政进行制度设计的是黑堡学派。1982年，以威斯利、沃尔夫、古德塞尔为代表的黑堡学派，在享誉盛名的《黑堡宣言》(全称为《公共行政与治理：转变美国的政治对话》)一文中以制度为基础提出了“重建民主行政”的理论主张。他们明确指出，社会、经济问题凸显出的政府低效问题并非完全由官僚体系造成，而是因为政治体系本身就存在不可治理的问题。因此，现在迫切需要建构一个全新的行政体系，使其能在民主政治的环境下重新找到定位与合法性，确保公共利益的最大程度的实现。② 1990年，威斯利将《宣言》及其多年来对其回应与批评的文章收录起来，专门出版《重建公共行政》一书。1996年，他又和沃尔夫出版了第二本书《重建民主行政：现代困境与后现代挑战》。从价值取向来看，黑堡学派其实是对新公共行政学理论追求的一种发扬，威斯利也因此将《黑堡宣言》成为“黑堡观点”以

① 丁煌：《寻求公平与效率的协调与统一》，《中国行政管理》1998年第12期。

② 加里·万斯莱等：《公共行政与治理过程：转变美国的政治对话》，《中国行政管理》2002年第2期。

便与“明德布鲁克观点”相对应。不过，正如他们所认为的自己是“制度主义”为基础的，黑堡学派更多地从结构层面或制度路径来改变政府预期角色与行为。

3. 新公共服务理论

20世纪80年代开始，当新公共管理运动在西方主要资本主义国家中进行得如火如荼时，秉持“宪政主义”思想的行政学家们围绕着理论支持、实践状况、引发问题、未来趋势等方面对这种“新泰勒主义”提出了质疑与批判，并从哲学和伦理学、制度平台、操作策略以及功能验证等各个层次和方面对公共行政学进行了全方位的探讨，由此引发了更大范围内对人类社会治理模式的思考。从当代理论界来看，“新公共服务”理论的产生和兴起就是宪政主义学派努力的明证。针对新公共管理的“政府应掌舵而非划桨”的观点，美国公共行政学家登哈特夫妇提出的“新公共服务”理论认为：政府的职能是服务而非“掌舵”。政府其实只能做一个操作者而不是操纵者，应该成为在公民身后的一个正义且兼备回应性的公共组织，以提供更好的公共服务。①“新公共服务”理论对新公共管理的反思和批判重点可以概括如下：第一，管理的基点不应是管理者内部一厢情愿确定的，仅仅反映管理者的要求和意图，也不是新公共管理所称的对“掌舵”观念的反应，而应是对民主政治的回应。第二，新公共服务的理论核心在于治理体系中公民地位的变化，公民不再是边缘化或者客体化的，而应该居于中心位置，公民、公民权和公共利益是公共服务的首要关注点。第三，新公共服务作为一种标准模式的建构，不只是对管理主义的一种扬弃，而且是对新公共管理的一种替代性模式。它代表着走向一种全新的公共行政模式的方向，标志着政府改革中一个新的时代的开始。

4. 行政伦理学派

从20世纪50年代开始，人们对行政伦理学的兴趣就与日俱增。约翰·罗尔就对此评价说，“目前人们对（行政）伦理与价值

① 登哈特著，项龙等译：《公共组织理论》，华夏出版社2002年版，第69页。

是如此感兴趣，实际上，任何想对这个主题说点什么的人都将毫不费力地找到听众。公共的与私营的管理培训机构都急切地表明他们正在为这一主题做了些什么”①。在这种情形下，行政伦理学研究活跃起来。在这一学科的发展过程中，学者们不仅逐渐意识到行政伦理在公共行政中的作用，而且自觉地把伦理问题纳入公共行政的价值研究，从而使行政与伦理、事实与价值的二元对立格局逐渐消解。20 世纪 80 年代开始，新公共管理对人性认识的偏颇和“企业家精神”口号的提出，致使更多的学者开始深入思考政府组织与行政人员的伦理道德在治理过程中的重要作用。1989 年，美国公共行政学会（ASPA）在华盛顿召开了第一次“全国政府伦理学大会”，700 余名学者与行政人员与会。1991 年在犹他州帕克城召开的第一届“政府伦理研究大会”重点讨论了公共伦理学的研究现状。而 1995 年又在佛罗里达州坦帕公共行政学院召开的“全国伦理学与价值观研讨会”更是被视为行政伦理学研究发展的又一个“主要里程碑”。至于第二届“明诺布鲁克会议”上，社会公正问题已不再是会议的主题，价值观和伦理学已经被视为公共行政的核心，这证明，经过近半个世纪的发展，行政伦理学派得到了长足的发展，并且学术影响力与日俱增。近年来，行政伦理学的代表作有：库柏的《行政伦理学——实现行政责任的途径》及其主编的《行政伦理学手册》，登哈特的《公共事务中的伦理学：解决公共组织中的道德困境》，路易斯的《公务中的道德挑战》等。其中大部分都形成了行政伦理学的综合体系，并尝试采用大量技术的手段，为鼓励道德的决策和行政机关中的道德行为提出了可行的、创造性的建议。至此，伦理价值作为公共行政领域认同的普遍信念，成为评价行政行为的重要依据。公共行政领域从最初排斥伦理价值，到接受伦理规范作为行政活动的“内部控制”机制，实现了“事实”与“价值”的融合趋势。

---

① John A. Rohr. Ethics For Bureaucrat：An Essay on Law and Values. New York and Basel：Marcel Dekker，INC. 1989. 23.

5. 行政哲学研究

从产生来看，行政哲学可以看做哲学与公共行政学在当代渗透和交融的产物。伴随着人类社会认识水平的提高和时代发展的需要，哲学的发展也逐步深化：由本体论到认识论，再到历史观，进而到价值论。相应地，在人文社会科学领域，价值问题的研究日益受到重视，逐渐超出了哲学的界限而向其他学科包括公共行政学进行渗透。公共行政价值的哲学催生了公共行政哲学，而公共行政哲学对“行政价值”的阐释又渐成体系，从而推动行政价值论向行政哲学范式的转换。在西方，第一次明确提出“行政哲学”（administrative philosophy）的是克里斯托弗·胡德和米歇尔·杰克逊①。20世纪末，美国学者乔恩·S. 朱安（Jong S. Jun）（也被译为“全种燮”）出版了《行政哲学》一书，标志着行政哲学进入到一个系统化建构的阶段。在书中，朱安认为行政哲学将会对许多习惯性、非反思性、常规性和漫无目的性的管理活动提出挑战；而且它的意义深远，因为它对趋于改善人类的活动和建设民主的共同体提供了一个视角。他特别指出，行政哲学必须要以公共利益为出发点和根本依归，任何行政哲学如不着力于促进公共利益，那它就不值得追寻②。随后，朱安又相继出版了《公共行政实践》、《公共行政的社会建构：解释与批判》、《反思公共行政理论》等著作，从社会现实的层面对公共行政的价值转型和模式重建进行了阐述。

行政哲学的兴起和发展，开辟了一个关于公共行政的哲学认知新模式，极大地丰富和提升了关于公共行政学的理论品质，推动了公共行政价值研究从“行政科学”时代走出来，进入到“行政哲学”时期。事实上，无论是在自然科学领域还是在社会科学领域，“科学”与“哲学”的关系都是不可分割的。“任何想要排除哲学或将‘形而上学’逐出科学的园地，不仅是不可能的妄想，恐怕

---

① Hood, C. and Jackson, M. Administration Argument. Aldershot, Hants, England, Brookfield, Vt. USA: Pub. Co, 1991. 12-15.

② Jong S. Jun. Philosophy of Administration. Seoul: Daeyoungmoonhwa Internarional. 1994.

还要反过来使自己理论建构‘崩盘’”①。对于公共行政学这样一门极其关注现实、解决现实问题的学科而言，需要的是在更深入、更宏观的理论层面上去探讨系统性的解决现实问题的方案。行政哲学是在行政学理论发展的过程中提出的，是对行政学理论的具体观点、内容和方法的超越。因此，它在对现实问题的关注过程中，是站在各种理论综合统一的高度来观照现实，以前瞻性的视角去审视现实和以系统化的思维去思考解决现实问题的出路，因而从价值关照上，着眼于获得更美好的生活，能在更高的层面认识和理解公共利益，从而有助于我们进一步地理解各种价值问题。然而遗憾的是，在现代实证科学强大的话语霸权之下，行政哲学的研究仍然显得相对软弱无力。因此，我们要想从根本上实现公共行政学价值研究注入价值理性，就需要针对公共行政中基本的、宏观的、实质性价值层面的问题开展更多的哲学论争和对话。

三、哲学视野下行政价值的研究趋势展望

综上所述，自 20 世纪 60 年代新公共行政学的兴起开始，价值理性视野下的行政价值研究才真正走入行政学术界的视域范围。但是，在对行政价值的概念理解、研究角度与方法等方面，不同学者基于各自理论背景与不同研究视角而各不相同，故而该领域尚未形成完整的概念框架，更谈不上较为一致的理论体系。总体来说，西方行政学界所持有的基本上是一种主体价值观，把行政价值等同于行政价值要求、价值观乃至于终极价值目标体系，这就意味着他们对价值问题的认知基本上还处于一种混乱状态，对行政价值问题的认知与研究基本上还处于起步阶段。这也正是作为行政学基础理论的行政价值研究存在根本性缺陷的主要原因。尽管如此，价值问题日益成为行政学者们所无法回避的课题，这就使得行政价值研究在理论与实践上都有进一步深入的必要。在这一背景下，20 世纪 90

① 吴琼恩：《行政学的范围与方法》（第二版），台湾五南图书出版公司 2005 年版，序言部分。

年代以来，以“行政价值”为核心议题的行政哲学开始兴起，并且对“行政价值”的阐释又逐渐形成了理论体系，从而推动公共行政价值研究开始向哲学体系构建的道路上迈进。基于此，可以预见，行政哲学关怀下的西方行政学价值研究，在未来会越来越凸显出这样几个趋势：

1. 对行政价值逻辑生成的更具体探究

恰如生物学上遗传机理一样，行政活动中所包含的价值问题必然与过往的人类社会治理活动有着某种程度的关联，也必然是早在行政起源时就已经有了某些“基因植入”，逐步演化并延续至今。然而，遗憾的是，在行政学的发展史上，学者们很少关注这种历史传承，也很少深入到行政发展的内在逻辑中去对价值作出描述性诠释，往往热衷于从不同视角对其进行诸多规范性界定。之所以出现这种学术研究倾向，原因在于：其一，相对于法学、社会学、政治学等社会学科而言，行政学发展较晚，其研究还没有达到解决诸如价值哲学的深度；其二，就各国行政发展的趋势而言，一个不争的事实是，当前层出不穷、纷繁芜杂的公共问题使得学者无暇顾及行政的元问题，因为价值起源的问题相对于当前的行政实践较为遥远，大量的现实问题并不能从此类研究中直接获益。学界对行政价值的逻辑生成和演进脉络尤其是其发展逻辑的研究不足，对于公共行政价值研究不能不说是一项缺憾。对公共行政价值的研究并不是学者们的突发奇想和凭空捏造，公共行政价值的生成基础在于人类社会对以国家为载体的公共行政的理性需要。基于公共权力、维护公共利益的公共行政之价值要义在于立足于以人为本，既要处理好人与自然的关系，又要处理好人与人（社会）的关系。因此，结合人类社会日新月异、丰富多彩的公共行政实践活动来对行政价值的生成历史进行追溯，探寻其萌芽、演进的逻辑及其发展趋势，对于为未来政府治理模式的构建所绘制蓝图的公共行政学而言，是一项极具理论价值和实践意义的工作。

2. 对行政价值范畴体系的更合理构建

古希腊哲学家亚里士多德在《大伦理学》中曾明确提出把价值划分为目的价值和手段价值并强调两者的不同。此后，把价值划分为目的价值和手段价值成为一种主流观念，尽管后来也有学者对价值的领域作了其他的划分。美国社会学家洛奇赤曾提出终极价值（terminal value）与工具价值（instrumental value）的界分，并对此进行了阐释。借鉴上述对价值的分类，从分层次、系统化和整体性的角度考量，公共行政价值作为一个理论范畴，在内涵上也可分为两个层次：一是工具性价值，它包括效率、公平和秩序；二是目的性价值，它包括可持续发展和人性完善两个方面。① 作为公共行政之诉求的工具性价值与目的性价值虽居于不同的位阶但它们互为支持、互补协调，共同构成了公共行政价值的范畴体系。然而，尽管公共行政价值研究方兴未艾，但是当代公共行政学行政学显现的是“管理主义”的主导路径，秉持的是将“工具性价值”置于“目的性价值”之上的逻辑实证主义研究取向，出现了两种价值不均衡的格局。公共行政的目的性价值是一个能涵盖工具性价值目标，反映公共行政终极性价值追求的范畴体系。但是，公共行政研究的工具主义思维倾向排斥了目的性价值，让一切对行政终极价值的反思显得不合时宜，这对行政学的发展显然是极其不利的。因此，就未来行政学价值的研究方法而言，需要“在方法上一定要脚踏规范方法和实证方法两只船”②，纠正把“价值”与“事实”相分离的逻辑实证主义研究取向，从而在方法论的意义上实现价值主导，让工具性的考量从属于正确的价值原则，从而实现公共行政的工具性价值与目的性价值之间的和谐共生。

3. 对行政价值评价机制的更科学设计

公共行政的出现是人类进入工业社会以后，现代性与公共权力领域交融的产物，是社会发展的理性需要。因此，从实质上看，公共行政价值首先应该体现在公共行政体系对社会公众的需要的满足。那么，如何评定这种满足程度，成为构建行政价值评价体系与机制成为必须。当今社会对科学发展观的倡导、对正确政绩观的呼

---

① 张富：《公共行政的价值向度》，中央编译出版社 2007 年版，第 61 页。

② 任剑涛：《试论政治学的规范研究与实证研究的关系》，《政治学研究》2008 年第 3 期。

吁、对绿色 GDP 的渴望等无不反映了公共行政价值评价之重要。但是，从价值哲学的意义上而言，价值评价的真理性和合理性问题一直是备受争议的。从公共行政实践来看，公共行政价值评价标准体系是一个极其复杂的过程，其中充斥着行政价值主体需要的多元与一元、兼顾和急需、绝对性和相对性的矛盾关系。要解决这些矛盾，构建更科学的公共行政价值评价机制，就要求行政价值的理论与实践中，注意做到价值评价的真理性和合理性的统一。科学的公共行政价值评价必须既要坚持公共行政价值主体需要的尺度，又要坚持公共行政价值客体属性的尺度，在公共行政实践的基础上，坚持合目的性与合规律性的有机统一，把对公共行政的效率、经济与合理性等指标的强调，放入人民主权、公民权利、人性尊严、社会公正、公共利益、社会责任等价值指标的框架之中。只有这样，才能做到在对公共行政价值评价的问题上达成共识，统一思想，从而凝聚人心，维护社会稳定；同时又能避免思想理论上的专制状态，形成充分反映民情、体现民意、集中民智的社会环境，调动各方面的积极因素，促进社会发展。所以说，行政价值评价将被纳入未来的公共行政价值研究之中，效率与理想不会作为其唯一价值和终极目标，而是需要更加关注“人类幸福”、“美好生活”等根本问题，从社会本位的角度构建价值评价体系。

4. 对行政价值异化现象的更深入考察

公共行政价值异化表述的是关于公共行政价值的实然状态与应然状态的差距，反映的是人们对于公共行政价值理想境况的期待背后的隐忧。总体上而言，它是一种理论的抽象，为我们勾勒了一幅远非完美状态下的混沌的公共行政价值图景。长期以来，对于价值异化问题，公共行政学是在经济学中“经济人”假设上加以考察的。自西蒙将实证主义方法论引入到行政学领域，再加上后来新公共管理对公共选择理论的极度推崇，概念成了公共行政领域影响力最大的理论预设。实际上，现实生活中的人永远要比“经济人”复杂得多，因为人既具有个体属性也具有公共性属性。作为个体性的人，其生存、利益、旨趣、偏好等等构成了人的行为的动力，决定了人一旦有机会，就会追求个体利益的最大化。然而，从公共性的视角来看，人同样具有社会性属性，它使人可以超越个体自身，会在群体生活中表现出责任感、荣誉感乃至忘我与牺牲的精神。因此，“经济人”的假定不仅在公共行政学的研究上，而且在行政管理实践中，都会产生十分消极的影响。因为，它将形成一种误导，使行政人员在心理上无意识地将“经济人假设”作为一种“自我实现的预言”(self-fulfilling prophecy)，从而成为一个名副其实的“理性的魔鬼”(康德语)。所以，在公共行政学的理论发展中，不仅需要重视强制性制度的设计与完善以防止人作恶，也同样需要建构伦理制度来培养根植于人心的信念去引领人向善。因此，在未来的行政学价值研究中，需要在人性假设上抛弃理性“经济人”的预设，把行政人员当做具有公共行政精神的职业群体看待，从而在理论上努力寻求能够保证行政人员拥有公共行政精神的伦理制度方案，让其在制度的约束下始终如一地为促进公共利益而开展行政活动。

5. 对行政价值实现机理的更系统研究

从实质上看，行政价值的研究是对行政模式的一种形而上的构建，它是对一种行政模式的价值出发点和根本旨归的基础性规划。如前所述，当今的公共行政学是在工业社会发展起来的，是在充满悖论的现代性宏大叙事背景下诞生的，是以工业文明的一项伟大成就的形式出现的。现代性的一个悖论就在于将技术理性意识形态化，这反映在公共行政的理论与实践中则是将民主政治与理性官僚相割裂。正如柴尔德所指出的，“发达的民主政治之伦理，就如我们所想象的，与我们所定义的官僚制度之伦理几乎是正好相反的”①。尽管曾有一部分学者企图通过行政模式的完善与改进去实现对公共行政中“公共”与“行政”的矛盾的突破，比如对“民主行政”、“协同治理”等模式的理论探讨和实践设计，就属于这种追求。但是，我们看到，虽然这些努力对行政管理实践产生了一定的影响，却没有从根本上解决公共行政中民主与效率之间的矛

① Child, J. Participation. Organization and Social Cohesion [J]. Human Relations, 1976 (29).

盾，也没有彻底改变政府依靠技术主义去谋求解决社会矛盾的思路。所以，企图在现代性语境中寻求跳出上述两难困境的方案，无疑是一种奢望。无怪乎时至今日，公共行政仍然在“民主政治”与“理性官僚”这一两难困境中艰难生存。当前，在后工业浪潮的冲击下，人类社会的迅速分化以及贫富悬殊的日益扩大，致使各种矛盾不断地积累，并把整个社会引入到风险状态之中。在这种情况下，社会更需要一种基于新型的行政模式基础上的行政学思想和理论来指引政府走出工业社会管理行政模式的桎梏，需要在突破现代性社会中“科学主义传统”实现整个社会治理模式的改造和重建。这种“新型的行政模式”，就是当代秉持宪政主义理论的学者们所倡导的“服务行政”的概念。作为一种由多元社会治理主体构成、以合作关系为纽带和以提供公共服务为目标的行政模式，服务行政相对于传统的官僚制的根本差异就在于它超越了工具理性，在公共行政的体系中引入了道德价值理性，并且在公共性的关照下实现了二者的统一。这种新型行政模式体现在政府形态上就是服务型政府。因此，立足于后工业社会对服务型政府进行自觉的理论探索和实践规划，是公共行政学价值研究者所承担起的重要学术任务。

如果说公共行政的发展史是人类解决公共问题、改善社会福祉的实践历程，那么，百余年西方公共行政学的演变则可以看做人类不断探索公共资源有效分配、寻求社会发展终极价值的灵魂之旅。在这个心灵漫旅之中，面对人类关于公共事务的治理之道充斥的纷争与冲突，需要有坚定的精神和明晰的价值，才能不被世事的纷繁芜杂所迷惑，才可能有力地肩负起关照政府、思索政府改造的重任。而“公共性”正展现了公共行政学的“灵魂之基”，是引导这一学科的发展航线的“灯塔”。尽管在工具理性的支配下公共性价值对行政学发展的重要意义尚未彰显，但是，我们可以看到，在西方已经有不少倡导广泛运用纯粹科学来改进公共行政学科的人，而且，开始有越来越多的人反省工具主义给公共行政乃至人类生活所带来的问题，并理解和接受了规范价值的至关重要性，比如赫伯特·西蒙于 1997 年在美国公共行政学会的第 58 届年会上发表题为

《为什么是公共行政》的重要演讲，就严词批评了当下行政学界过度迷信管理主义和经济主义的现状，并重申了民主宪政价值在行政研究中的重要地位①。这也许已经为我们预示了未来西方行政学价值研究的发展趋向。

① Simon，H. Why Public Administration? Journal of Public Administration Research and Theory，1998，8（1）.

西方经济外交理论研究现状及其对中国的启示*

武汉大学政治与公共管理学院　张晓通

经济外交自古有之。春秋战国，苏秦为实现“合纵”之策，带领“革车百乘”，载着“锦绣千纯，白璧百双，黄金万镒”游说五国，最终结盟六国，“合纵”制秦。在古希腊，雅典对斯巴达的盟友麦加拉实施贸易禁运，该案例被载入《伯罗奔尼撒战争史》而流传千古①。近代，很多欧洲国家派驻海外的领事首先是商人，受着国家主权的保护拓展商业利益②。二战后，经济与外交的联系更加紧密。欧洲一体化就是经济外交的最佳实践。欧委会的首任主席、联邦德国的瓦·哈尔斯坦曾明确地把共同体比作是三级火箭，他说：“第一级是关税同盟，第二级是经济联盟，第三级是政治联盟。”他强调：“政治的目的与经济的目的处于同等优先地位。我们不是做买卖的，我们是搞政治的。”③ 由此可见，欧洲经济一体

* 中国驻特立尼达和多巴哥大使馆商务处刘鹰一秘、中国社会科学院博士研究生赵柯为本文写作提出了修改建议，在此表示感谢，文中错漏由笔者负责。

① Thucydides, The History of the Peloponnesian War, translated by Richard Crawley New York: Modern Library, 1951, pp. 78-83; cited in Brendan Taylor, American Sanctions in the Asia-Pacific (London: Routledge, 2009), p. 14.

② Spanish Ministry of Foreign Affairs, "Economic Diplomacy as a Strategy in International Relations", Miradas Al Exterior, January-March 2011, p. 8.

③ 转引自李世安、刘丽云等：《欧洲一体化史》(第二版)，河北人民出版社2006年版，第88页。

化有其政治与安全目的。在经济全球化的今天，美国次贷危机和欧洲债务危机引发新一轮大国权势转移，经济外交正日益成为各国对外政策的重要组成部分。

新形势下，越来越多的国家制订了经济外交战略，并从理念和机构设置上做出了相应调整：2011 年 10 月，时任美国国务卿的希拉里·克林顿提出“经济治国术”（economic statecraft）理念①，美国经济外交在继构建全球贸易体系的“关贸总协定”倡议、援助欧洲的“马歇尔计划”后又进入了一个以亚太为重点目标的新时期；2012 年 10 月 9 日，中国外交部成立国际经济司；2013 年 3 月 1 日，法国外交部成立企业与国际经济司，专门开展经济外交活动。

但与经济外交如火如荼的实践形成对比的是，经济外交的理论研究相对滞后，在概念和分析工具方面存在一定的混乱。客观地讲，由于传统国际政治和外交学研究将经贸活动视为低级政治，经济外交理论研究一直没有获得足够重视。在近十几年时间里，随着经济全球化的快速发展和新兴经济体群体性崛起，美欧等西方国家开始加强对经济外交理论的研究。在国际关系学、经济学、国际政治经济学、外交和谈判理论的基础上，西方学术界对经济外交的理论研究取得一定进展，提出了一些新的理论研究思路和分析框架，值得我们学习借鉴。在成为世界第二大经济体，经济实力迅速上升的背景下，中国在许多具体问题的处理上却出现了实力上升、处境变差的悖论。如何借鉴西方经济外交理论研究成果，吸取西方经济外交实践的经验教训，指导中国经济外交实践，成为时代赋予中国外交研究的历史重任。

本文将总结过去十年西方经济外交理论研究成果，内容分成四部分，分别是：（1）厘清经济外交的概念；（2）梳理经济外交的研究议程；（3）总结研究方法；（4）阐述西方经济外交理论发展对中国经济外交理论和实践的启示。

---

① H. Clinton, “Economic Statecraft”, Speech at New York Economic Club, New York, 14 October 2011.

一、厘清概念——“什么是经济外交”

目前，西方学界对于“经济外交”的内涵与外延尚未达成一致，分歧主要表现在两个方面：一是对经济外交的定义存在不同理解；二是除“经济外交”这一概念外，出现了一些类似和易混淆的概念。

（一）经济外交的定义

之所以出现多种定义，分歧的关键在于如何理解“经济外交”中的“经济”二字。目前有三种理解：一是将“经济”理解为经济领域、经济议题。贝里奇和詹姆斯将“经济外交”定义为“关注经济政策问题的外交”，包括派遣代表团出席世界贸易组织等国际组织机构进行国际经贸谈判。他们认为，“经济外交”虽然不同于外交使团开展的“商务外交”，但也包含了类似的工作，如关注和报告驻在国的经济政策和发展状况，以及就如何施加影响提出建议。① 贝恩和伍尔考克将经济外交定义为“国际经济领域的决策过程”②，虽然强调将经济外交视为一种决策过程，但他们也承认，他们对经济外交的定义与上述贝里奇和詹姆斯给出的定义非常接近③，强调“经济外交”中的“经济”二字指的是国际经济领域。

第二种理解是将“经济”理解为手段、工具。贝里奇和詹姆斯给经济外交的后一种定义就是“使用经济资源开展的外交工作，包括援助、制裁等方式，目的在于实现某项外交政策目标，有时也

---

① Geoff R. Berridge (with Alan James), Dictionary of Diplomacy (Basingstoke: Palgrave-Macmillan, 2nd edition, 2003), p. 91.

② Bayne and Woolcock, The New Economic Diplomacy: Decision-making and Negotiation in International Economic Relations (Surrey: Ashgate, 3rd edition, 2011), p. 1.

③ Bayne and Woolcock, The New Economic Diplomacy: Decision-making and Negotiation in International Economic Relations (Hampshire: Ashgate, 2nd edition, 2007), p. 2, footnote 2.

被称为“经济治国术（economic statecraft）。①”这一界定显然更强调经济外交作为一种执行手段，至于执行的是外交政策还是经济政策，就显得不那么重要了②。

第三种理解是将“经济”理解为目的。西班牙外交部有关经济外交的一份政策报告中给出的经济外交定义是，国家利用其政治影响力来推进其在国际市场上的利益③。

荷兰国际关系研究所（Clingendael）的研究人员 Okano-Heijmans 对上述定义进行了折中与综合，将“经济外交”定义为：在国际谈判中通过政治手段实现国家经济繁荣，或者为加强国家政治稳定使用经济手段④。

（二）与“经济外交”近似的概念

在反映经济与政治、外交、安全互动关系的过程中，出现了大量与经济外交近似的概念，这些概念与经济外交有重合，也有区别。一方面促进了经济外交研究内容的丰富与发展，但同时也引发了一些概念上的混淆，给经济外交研究的深入造成了一定的障碍。其中影响力较大的近似概念包括国际政治经济学、经济治国术和商务外交。

1. 国际政治经济学

对于国际政治经济学（IPE）与经济外交的关系，西方学者之间也存在一定分歧。贝恩与伍尔考克认为，经济外交是 IPE 的组成部分。但他们同时指出，经济外交研究特别强调研究谈判过程，而

---

① Geoff R. Berridge（with Alan James），Dictionary of Diplomacy（Basingstoke：Palgrave-Macmillan，2nd edition，2003），p. 91.

② 赵可金：《经济外交的兴起：内涵、机制与趋势》，《教学与研究》2011 年第 1 期，第 57 页。

③ Spanish Ministry of Foreign Affairs，“Economic Diplomacy as a Strategy in International Relations”，Miradas Al Exterior，January-March 2011，p. 8.

④ M. Okano-Heijmans，‘Conceptualizing Economic Diplomacy：The Crossroads of International Relations，Economics，IPE and Diplomatic Studies’，The Hague Journal of Diplomacy，Vol. 6，Nos. 1-2，2011，pp. 7-35.

其余的 IPE 研究议程更多关注权力或利益的结构①。Okano-Heijmans 则不认同经济外交从属于 IPE，认为这两者是国际关系学下并立的两大概念领域。这主要是因为，两者的认识论完全不同。以 WTO 为例，IPE 研究关心的是世界贸易体系内部机制的运作方式，而经济外交关注的是政府为什么以及如何就关税削减达成协议，以及谈判与国家整体外交实践的从属关系②。

2. 经济治国术（Economic Statecraft）

应当说，在中文中还没有找到十分贴切的“economic statecraft”的翻译。“经济治国术”只是诸多中文翻译中较为接近的一个，但并不完全准确。Michael Mastanduno 将“statecraft”定义为“中央权威机构使用工具为对外政策目标服务”，“statecraft 运用的工具可以分为三大类：外交、军事和经济”，“economic statecraft 指的是使用经济工具和（经济）关系实现对外政策目标”③。美国国务院从美国整体对外战略和自身职能设置出发，提出“21st Century Statecraft”④，其中的“statecraft”包括外交、发展伙伴关系、国际互联网自由以及美国国务院内部加强机构建设和培训等。由此可见，美国学者和政策制定者在论及“statecraft”时指的是运用工具为对外政策服务，政策指向是对外，而中文语境中的“治国术”更多的是对内。

美国学者大卫·鲍德温将“经济治国术”定义为“政府利用

① Stephen Woolcock, “Theoretical Analysis of Economic Diplomacy”, in Bayne and Woolcock, The New Economic Diplomacy (2007 edition), p. 25.

② M. Okano-Heijmans, “Conceptualizing Economic Diplomacy: The Crossroads of International Relations, Economics, IPE and Diplomatic Studies”, The Hague Journal of Diplomacy, Vol. 6, Nos. 1-2, 2011, p. 29.

③ Mastanduno, M. “Economic Statecraft” in Steve Smith, Amelia Hadfiled and Tim Dunne, eds., “Foreign Policy: Theories, Actors, Cases”, second edition, Oxford University Press, 2012, p. 204.

④ US Department of State, “21st Century Statecraft: The ‘Internet’ in Foreign Policy”, http://www.state.gov/statecraft/overview/index.htm.

经济资源获取影响力的尝试”①。由此可见，鲍德温的定义是将经济作为一种手段和工具。美国前国务卿希拉里从美国外交政策角度出发，阐释“经济治国术”由两部分组成，一部分是利用武力和使用全球经济工具来加强美国外交和海外存在；二是通过外交和海外存在来促进美国国内经济增长。② 希拉里的这一定义是将经济作为手段和目的的综合性定义，与 Okano-Heijmans 对“经济外交”的定义接近。由此可以看出，经济外交和经济治国术的概念在有些时候可以通用。但 Okano-Heijmans 则通过比较大量相关论述，指出了“经济外交”和“经济治国术”之间的差别。她认为，“经济治国术”涉及的政策工具主要指的是经济制裁和经济禁运等强制性手段，而经济外交除了强制性手段外，还包括运用优惠贸易安排等非强制性的政策工具③④，如自由贸易区协定、经济伙伴协定等。另外，经济治国术主要关注国家做出的行为，而经济外交除了涉及国家行为体外，还关注私营部门和其他非政府行为体⑤。

3. 商务外交

Okano-Heijmans 将商务外交、贸易外交和金融外交都视为经济

---

① David A. Baldwin, Economic Statecraft (Princeton NY: Princeton University Press, 1985), pp. 13-14.

② H. Clinton, “Economic Statecraft”, speech at New York Economic Club, New York, 14 October 2011.

③ M. Okano-Heijmans, “Conceptualizing Economic Diplomacy: The Crossroads of International Relations, Economics, IPE and Diplomatic Studies”, The Hague Journal of Diplomacy, Vol. 6, Nos. 1-2, 2011, p. 15, footnote 25 .

④ 有必要指出，也有美国学者将运用优惠贸易安排等非强制性的政策工具纳入了“economic statecraft”定义中，如 Mastanduno 认为，“economic statecraft 既可能是负面的，包括威胁或使用经济制裁等其他形式的经济强制或惩罚，也可能是正面的，包括将经济关系作为激励或奖赏”，详见 Mastanduno, M. “Economic Statecraft” in Steve Smith, Amelia Hadfiled and Tim Dunne, eds. , “Foreign Policy: Theories, Actors, Cases”, second edition, Oxford University Press, 2012, pp. 204-205.

⑤ M. Okano-Heijmans, pp. 15-16.

外交的组成部分（见下表①）。印度前高级外交官 Kishan Rana 也认为“经济外交”的外延要大于“商务外交”，商务外交可以看做经济外交的组成部分②。而我国学者张丽娟基于对美国商务外交的深入研究，认为“商务外交属于国际政治经济学领域研究的范畴”③。

商务外交	贸易外交	金融外交	奖励	制裁
贸易促进	双边：自贸区、经济伙伴协定多边：WTO	货币互换协议、汇率政策	双边援助：无偿赠款、贷款、债务减免	禁运（出口、针对对方全国）、抵制（进口、个人入境）
投资促进	反倾销关税	买卖政府债券、冻结资产	人道主义救助	终止援助
商务推广	出口或进口许可证	推迟支付到期债务	技术转让	控制资本流动
旅游推广	进出口配额、贸易与投资壁垒		同意加入国际组织	上黑名单
提倡企业社会责任				

根据张丽娟的研究，最早提出商务外交概念的国家是美国，而在美国最早提出商务外交概念的是美国的商务部④。美国商务部把

① M. Okano-Heijmans, p. 20.

② Kishan S. Rana, “Serving the Private Sector: India’s Experience in Context” in Bayne and Woolcock, The New Economic Diplomacy: Decision-making and Negotiation in International Economic Relations (Surrey: Ashgate, 3rd edition, 2011), p. 94.

③ 张丽娟：《商务外交：美国实现贸易政治战略转变的途径》，《世界经济与政治》2006 年第 5 期，第 31 页。

④ David J. Rothkopf, “Beyond Manic Mercantilism”, in Raymond J. Albright, Robb in S. Johnson, David J. Rothkopf and Christopher B. Johnstone, U. S. Commercial Diplomacy, p. 49.

"商务外交"作为其实施贸易政策的杠杆之一，与政治、外交和军事杠杆相提并论①。在美国，商务外交有两种解释。一种是由曾在美国贸易谈判代表办公室工作多年的吉赞·费可特库提提出，认为"商务外交"是一种致力于影响外国政府制定和调整其与全球贸易和投资有关的法律和规章制度的决策外交，其目的是对能够主导全球贸易和投资的外国政府的政策和管理决策施加影响②。该定义与大卫·鲍德温对"经济治国术"的定义有一定相似，强调对外施加影响。另一种理解是美国对外关系委员会的定义，认为商务外交是"美国为了实现其国际利益与世界其他国家或实体进行的扩大或减少商务合作的任何行动"③。

二、研究议程——"经济外交研究什么"

Okano-Heijmans 从建立经济外交的分析框架出发，提出经济外交研究的四个维度：背景（context）、工具（tools）、场所（theatre）和进程（process）④。这四个维度结合在一起，就构成了全面认识一国经济外交行为的分析框架。

——背景。这里指的是经济外交开展的综合环境，包括国际格局、国家、个人等不同分析层次的基本状态、国内与国际两个层面之间的互动与相互影响，以及政治与经济之间的相互影响。对背景

---

① 张丽娟：《商务外交：美国实现贸易政治战略转变的途径》，《世界经济与政治》2006 年第 5 期，第 32 页。

② Geza Feketekuty，"Professionalizing Training on Commercial Diplomacy and Building an Institutional Training Capacity in Disadvantaged Countries"，http：//www.commercialdiplomacy.org；参见吉赞·费可特库提著，张丽娟编译：《商务外交：总论# 实务》，经济科学出版社 2003 年版，第 5 页。

③ Raymond J. Albright，Robb in S. Johnson，David J. Rothkopf and Christopher B. Johnstone，U.S. Commercial Diplomacy，New York：Council of Foreign Relations Press，1998，p. 61.

④ M. Okano-Heijmans，'Conceptualizing Economic Diplomacy：The Crossroads of International Relations，Economics，IPE and Diplomatic Studies'，The Hague Journal of Diplomacy，Vol. 6，Nos. 1-2，2011，pp. 20-23.

的研究是国际关系学学者较为擅长的领域。

——工具。这里指的是政府在开展经济外交时使用什么样的政策工具以及是否取得了既定效果。经济学、国际政治经济学和外交学研究都关注经济外交实施的政策工具。

——场所。指的是经济外交谈判的场所，如国际组织、相关机制等。贝恩和伍尔考克提开展经济外交的四个层次：双边、区域、诸边和多边①。

(1) 双边主义。双边主义构成了经济外交的主要方面，包括双边非正式磋商或双边贸易和投资条约。双边经济外交形式最为简单，通常也最易向国内利益团体解释。但双边外交中强势一方处于优势地位，双方容易形成对抗。双边协定可以带动区域和多边协定，且双边主义的制度设计对于区域和多边规则的形成和制定至关重要。

(2) 区域主义。区域层面在经济外交中的重要性一直存有争议，其实施效率总是遭人怀疑。区域经济协定尽管常常受到政治因素的影响，但还是提供了一种更加迅捷的市场开放方式。对于一个国家来说，如果它所处的环境和周围国家的发展水平和政策偏好相似，那么实行自由化就比较符合该国的国家利益。就商业利益而言，一个更大的地区性市场是不错的选择，一国也可以将地区性市场视为进入国际竞争市场的垫脚石。区域协议通常包括具有法律约束力的约定和争端解决机制。他们也有可能像欧盟或者像集合程度较低的一些地区国家一样，让渡一部分主权，以此扩大在国际谈判中的影响力或者是与全球市场的其他力量相博弈。

(3) 诸边主义。虽然经济外交中的诸边主义层次关注程度没有区域主义和多边主义高，但一些诸边组织，如经合组织(OECD)，八国峰会(G8)和二十国集团(G20)峰会及英联邦等，在经济外交中还是发挥了重要作用。一方面，其为一国政府提

① Bayne and Woolcock, The New Economic Diplomacy: Decision-making and Negotiation in International Economic Relations (Surrey: Ashgate, 3rd edition, 2011), pp. 8-9.

供了协调国内与对外目标的平台。另一方面，诸边机制使得立场相似的国家能够加强联系与协调，在范围更大的多边环境中，这种联系还会进一步加强。OECD 内的政策协调为关贸总协定和其后的 WTO 中的服务业和农业协定谈判做好了铺垫。

（4）多边主义。虽然多边经济外交实现了让所有国家参与的可能，但往往以牺牲效率为代价。虽然多边经济外交提供了制定规则的空间，并且 20 世纪 90 年代后在贸易和环境等领域取得不少的进展，但却让一些多边机制陷入了争论当中。非政府组织指责他们透明度太低，缺乏民主；发展中国家抱怨他们在多边体制中处于劣势；即使发达国家也觉得将这些国际规则与国内的政策实现融合越来越困难。因此，虽然多边经济外交的好处很多，但是代价也很重。在国际贸易和气候变化中，现有的机制已经面临陷入了僵局。

经济外交的多层性意味着政府可以有多种方式从不同层次的交流中获益。政府会根据不同的政策问题选择不同的层面来决策。比如，为了进入邻国市场而推动贸易区域化；为协调出口信贷政策，推动特定问题多边化；对于环境问题，则通过让尽可能多的国家参与来实现全球环境问题的多边化。不同的国家对于同样的问题可能会在不同的层面来处理。例如，欧盟倾向于一个多边投资机制，而美国则倾向首先采用诸边方式（如 OECD），然后再走双边渠道。因为政府可以在不同的层面上进行选择，这使得政府可以采取“forum shopping”的方式，追求在前景最好和最符合自身利益的层面来推动谈判。诸边层面的自愿合作协议在区域层面可能就变为强制性机制。而区域协定也可以为多边条约提供模板，或者为更多的国家建立日常标准，如在食品安全方面，设立模型。总而言之，一个层面上的协定会对其他层面上的政策制定产生影响，新的谈判也可以参照之前的模式或先例进行。

——进程。这里指的是在不同谈判模式和不同环境下经济外交谈判是如何开展和进行的。对象包括峰会、区域、双边或多边的经济、货币机制，研究采用了什么样的谈判策略，为的是什么样的战略目的以及各方的动机和利益。贝恩和伍尔考克详细论述了经济外交决策和谈判的五个阶段，即筹备、内部酝酿、议程设定、对外谈判、国内批准及实施①。

这四个维度密切联系、相互影响。政策制定者根据国家所处的内部和外部环境来判定国家利益，以此为基础选择使用什么样的经济外交政策工具和谈判场合。对于经济外交所处环境的判断将直接影响到政策制定者的判断以及他们以什么方式推进国家利益的实现。此外，从中长期来看，使用什么样的政策工具以及在什么场合开展谈判，也会逐渐影响谈判者对环境的判断。简言之，经济外交要想有效实施，需要考虑上述四个维度。

上述研究议程也离不开对行为体（actors）的研究。对此，西方经济外交研究者们予以了较多的关注。贝恩和伍尔考克认为，从事经济外交的主体是政府，但不局限于外交部。任何有经济职能的政府部门、议员、独立的公共机构、次中央政府机构都可以从事经济外交活动②。此外，许多非国家行为体也参与（engage）其中③。Okano-Heijmans 则强调了国内的政客、经济利益集团（包括跨国公司）对经济外交政策制定影响力最大。要真正理解一国的经济外交，就需要深入了解推动一国政府经济外交政策制定的思想理念的发展变化、行为体的身份认同、国内政客、经济利益集团以及这些行为体之间的力量平衡情况④。

综上所述，经济外交研究议程将围绕上述五个方面展开，即行为体、背景、工具、场所与进程。

---

① Bayne and Woolcock, The New Economic Diplomacy: Decision-making and Negotiation in International Economic Relations (Surrey: Ashgate, 3rd edition, 2011), p. 8.

② Bayne and Woolcock, The New Economic Diplomacy: Decision-making and Negotiation in International Economic Relations (Surrey: Ashgate, 3rd edition, 2011), p. 3.

③ Bayne and Woolcock, The New Economic Diplomacy: Decision-making and Negotiation in International Economic Relations (Surrey: Ashgate, 3rd edition, 2011), p. 4.

④ M. Okano-Heijmans, "Conceptualizing Economic Diplomacy: The Crossroads of International Relations, Economics, IPE and Diplomatic Studies", The Hague Journal of Diplomacy, Vol. 6, Nos. 1-2, 2011, p. 22.

三、经济外交理论与研究方法

西方理论界普遍认为，没有单一的经济外交理论。传统的国际关系理论由于太过简化，无法深入一国内部，解释经济外交活动中不同行为体参与决策的动机、行为与进程，而且传统国关理论通常假定谈判人员对各方面因素都了如指掌，完全理性。目前，西方学界对经济外交的研究存在两种思路。一种是“各自为战”，即社会科学中涉及经济外交的学科从自身学科的视角分别研究经济外交。这些学科包括国际关系、国际政治经济学、经济学、外交学研究以及谈判理论视角。另一种是贝恩和伍尔考克倡导的跨学科研究（inter-disciplinary），旨在解释经济外交的对内决策和对外谈判进程，从各个学科中找出能够解释上述进程的重要变量，然后通过一定的研究路径进行合成。换言之，他们倡导设立一个理论工具箱（theoretical toolkit），解释和预测经济外交行为和结果。理论工具箱中的理论或分析框架主要来源于国际关系学、国际政治经济学、经济学、外交学和谈判理论。现将上述两种思路归纳如下：

（一）各学科单独研究

来自于国际关系、国际政治经济学、经济学、外交学和谈判理论等多个学科的学者从不同角度研究经济外交，各理论都将经济外交视为重要的研究和分析对象。

1. 国际关系学

主要研究的是权力关系，而非经济外交政策和过程，重点思考经济如何为政治服务。主要关注高级政治及与国家安全相关的议题，认为国家最重要的利益是国内和（或）国际局势的稳定。经常混用“经济治国术”和“经济外交”。国际关系学在经济外交领域的著述主要有两大类：一类旨在加强对国际经济关系与外交政策和军事战略之间互动关系的理解；第二类是经济外交国别研究以及对具体经济外交表现形式的研究，包括对外发展援助、制裁、规范性贸易政策等①。

2. 经济学

主要研究的是以经济条件定义的国家利益，政府如何在经济或金融领域直接或故意干预市场，经济外交工具是否划算（cost-efficient），能否增进国家经济福利等。经常使用“经济外交”、“商务外交”或“贸易外交”这样的称谓，基本不用“经济治国术”这样的术语。经济学对经济外交的研究大致体现在三个方面。一是研究国际贸易当中特定经济外交活动的效果，运用经济和计量经济学模型（如贸易引力模型）、社会福利函数、双边贸易模型、弹性和市场份额或这几种模型的组合，目的是开展经济外交政策工具的成本—收益分析。这方面的文章著述包括：海外使领馆在贸易促进中的作用②、国事访问对出口的作用③等。二是运用宏观经济和微观数据对普遍性的经济外交问题做出诠释，如贸易与冲突、贸易与合作之间的关系④。三是从商业或企业角度研究经济外交，主

① David Arase (ed.), Japanese Aid in the New Millennium (London: Routledge, 2005); Clara Portela, European Union Sanctions and Foreign Policy: When and Why do They Work? (Abingdon: Routledge, 2010); Jan Orbie (ed.), Europe's Global Role: External Policies of the European Union (Aldershot: Ashgate, 2008); Kim Jae Cheol, 'The Political Economy of Chinese Investment in North Korea', Asian Survey, Vol. 46, No. 6, November/December 2006, pp. 898-916; Diane B. Kunz, Butter and Guns: America's Cold War Economic Diplomacy (New York: Free Press, 1997); Jalal Alamgir, 'Myanmar's Foreign Trade and Its Political Consequences', Asian Survey, Vol. 46, No. 6, 2008, pp. 977-996.

② Andrew K. Rose, 'The Foreign Service and Foreign Trade: Embassies as Export Promotion', the World Economy, Vol. 30, No. 1, 2005, pp. 22-38.

③ Volker Nitsch, State Visits and International Trade, CESifo Working Paper No. 1582 (Munich: CESifo Group, 2005).

④ Solomon W. Polachek, 'Conflict and Trade: An Economics Approach to Political International Interactions', Peace Economics, Pace Science and Public Policy, Vol. 5, No. 2, Spring 1999; Solomon W. Polachek, 'Why Democracies Cooperate More and Fight Less: The Relationship Between International Trade and Cooperation', Review of International Economics, Vol. 5, No. 3, 1997, pp. 295-309.

要从商业角度关注跨国企业面临的复杂的政治环境。这类研究关注所谓“商业外交管理”(business diplomacy management)①、制造业企业在出口领域的专长以及政府出口促进工作与私营部门实际需求差距等问题②。

3. 国际政治经济学

主要研究政治力量是如何塑造经济活动的外部结构和体系，以及经济活动又如何反向作用于政治结构和政治活动结果的。与其他理论不同，国际政治经济学特别强调政治与经济的互动以及他们对经济外交活动的外部环境的塑造，关注经济手段（工具）如何帮助实现国家外交政策目标，政治外交手段（工具）如何帮助实现经济目标，以及政治经济如何塑造经济外交活动的内外环境(context)。国际政治经济学对经济外交的研究可以分为两大类：一类是介于国际关系学与经济学之间，有时又被细分为“贸易外交”和“商务外交”。前者主要研究贸易自由化与国内利益之间的矛盾与博弈，如对日本对外经济政策、贸易外交及东亚区域主义的研究③。后者主要研究商务外交，包括政府实施的贸易融资、贸易便

① Raymond Saner, Lichia Yiu, and Mikael Sondergaard, ‘Business Diplomacy Management: A Core Competency for Global Companies’, Academy of Management Executive, Vol. 14, No. 1, 2000, pp. 80-92.

② Masaaki Kotabe and Michael R. Czinkota, ‘State Government Promotion of Manufacturing Exports: A Gap Analysis’, Journal of International Business Studies, Vol. 23, No. 4, 1992, pp. 637-658.

③ Mireya Slis and Shujiro Urata, ‘Japan's New Foreign Economic Policy: A Shift Towards a Strategic and Activist Model?’, Asian Economic Policy, Vol. 2, No. 2, December 2007, pp. 227-245; Peter Drysdale, ‘Japan's Trade Diplomacy: Yesterday, Today, Tomorrow’, Pacific Economic Paper, No. 178, Australia-Japan Research Centre, 1989; Saaida M. Pekkanen, Mireya Solis and Saori N. Katada, ‘Trading Gains for Control: International Trade Forums and Japanese Economic Diplomacy’, International Studies Quarterly, Vol. 51, December 2007, pp. 945-970; and John Ravenhill, ‘The “New East Asian Regionalism”: A Political Domino Effect’, Review of International Political Economy, Vol. 17, No. 2, pp. 178-208.

利化、贸易推广、采购团等①。第二类是介于国际关系学与外交学之间，主要研究国家与公司之间外交、公司与公司之间的外交以及商务外交②。

4. 外交学和国际谈判

这类研究关注经济外交的程序、过程和角色。包括为国际经济谈判建立模型③。经济外交的主体是政府，但也有许多非国家行为体参与。对这些行为体的研究有：对国际商会的研究④、英国外交中的商业问题研究⑤、从外交官视角看印度的经济外交⑥等。

（二）跨学科研究

贝恩和伍尔考克倡导跨学科研究，第一步是从各学科中挑选出解释经济外交行为至关重要的几大变量和行为方式，具体包括国际关系学和国际政治经济学理论的“相对经济实力”（relative economic power）、“国际组织与机制”（international organizations and regimes）、“市场”；谈判理论中的“利益与讨价还价”（bargaining）、“国内决策与制度”；以及建构主义中的“理念与劝说”（Ideas and

---

① John Stremlau，'Clinton's Dollar Diplomacy'，Foreign Policy，No. 97，winter 1995，pp. 18-35；and Jeffey Garten，Robert Zoellick and James Shinn，Riding the Tigers：American Commercial Diplomacy in Asia（New York：Council on Foreign Relations，1998）.

② Susan Strange，'States，Firms and Diplomacy'，International Affairs，Vol. 68，No. 1，January 1992，pp. 1-15；David J. Rothkopf，'Beyond Manic Mercantilism'，in R. J. Albright et al.，US Commercial Diplomacy，background papers from the Study Group on American Commercial Diplomacy in Asia（New York：Council on Foreign Relations，1998）；and Kopp，Commercial Diplomacy and the National Interest.

③ John S. Odell，Negotiating the World Economy（Ithaca NY：Cornell University Press，2000）.

④ Dominique Kelly，The International Chamber of Commerce as a Diplomatic Actor（Leicester：Centre for the Study of Diplomacy，University of Leicester，July 2000）.

⑤ Donna Lee，'The Growing Influence of Business in UK Diplomacy'，International Studies Perspective，Vol. 5，No. 1，2004.

⑥ Kishan S. Rana，Bilateral Diplomacy（New Delhi：Manas Publications，2002）.

persuasion）。他们运用上述这些经济外交的变量和行为方式提出三条分析路径：

1. 理性分析路径

其基本假定是民族国家是实施经济外交的单一行为主体，有着相对固定的偏好，通过谈判实现效用最大化。这里的"单一"指的是每一个国家有单一的谈判代表，有清晰的目标（偏好），而偏好则是一国内不同利益的汇总。谈判（bargaining）目的是要实现"帕累托改进"，即一项政策能够给至少一方带来收益，同时不会对另一方造成损害，也就是说，要实现"双赢"，避免一方赢，另一方输的情况发生。而要实现双赢的谈判战略包括：挂钩战略（linkage），又称为"价值创造战略"（value-creation strategy）。挂钩又可以分为"正向"和"反向"挂钩等①。所谓"正向挂钩"，就是"投桃报李"；所谓"反向挂钩"就是"以牙还牙"、"以眼还眼"，一个著名的例子就是"相互确保摧毁"。

2. 建构主义分析路径

在有限理性背景下，谈判多少含有一定主观因素。在这种情况下，谈判过程中就有相互做工作的空间和余地（劝说）。Risse 研究的是讨论和对话如何从中长期逐步改变利益和认同②。谈判者通过劝说他们的谈判对象，让对方接受某些规范的价值，如接受自由贸易理念等。

3. 双层博弈分析路径

普特南用"双层博弈"（Two-level game）比喻，来形容政策制定者必须同时面对国内和国际两张棋局进行决策。国内谈判能否取得进展对国际谈判的成功至关重要，而国外压力也能够推动国内改革进程的推进，或推动国内各方利益协调。

---

① Bayne and Woolcock, The New Economic Diplomacy: Decision-making and Negotiation in International Economic Relations (Surrey: Ashgate, 3rd edition, 2011), pp. 31-32.

② Risse, T. "Let's Argue!: Communicative Action in World Politics". International Organization, 54(1), 1-39.

四、对中国经济外交研究的启示

目前，中国已经成为世界第二大经济体。经济实力是中国大国地位的重要基础，也是中国实施外交战略的主要依靠力量。但在中国外交实践中，还存在实力与期望值之间的落差，甚至出现实力上升、处境变差的悖论。如何有效利用经济实力为中共十八大提出的外交战略新思维服务，已经成为高层和相关部门着力思考的重大理论和现实问题。与此同时，中国经济社会发展的任务还很重，发展利益与主权、安全利益一样并列为中国最重要的国家利益。如何运用国家的政治、外交、军事实力实现国家的经济、发展利益，同样是摆在我们面前的紧迫课题。因此，中国经济外交研究的核心问题应该是：（1）经济实力能否以及如何转化为政治实力与外交影响力？（2）政治实力与外交影响力能否以及如何转化为经济收益？简言之，政治与经济的相互转化是中国当前阶段开展经济外交研究的核心命题。当前西方经济外交的理论研究成果对我们回答上述命题提供了很好的启示与借鉴。

综上所述，未来一段时期中国经济外交研究的重点如下：

（一）解释实力无法得到有效运用的原因

实力运用过程中的国内损耗和实力资源跨部门流动受阻（经济实力与政治、军事实力之间相互转化困难）是造成中国实力上升与处境变差悖论的根源①。不同部门间出发点和目标不统一、利益群体的出现和民众声音的渐强也许是社会发展过程中不可避免的现象，但这也为在新时期开展经济外交增添了新的难度。在旧有体制调整亟待推进之际，上述现象的出现导致实力资源在国内环节的损耗愈发明显。当前，西方经济外交理论研究成果表明，从事经济外交的主体呈多元化趋势。从事经济外交的主体除外交部外，还有其他的中央和次中央地方政府、议会和独立的公共机构，还包括经

① 张晓通、王宏禹、赵柯：《论中国经济实力的运用问题》，《东北亚论坛》2013 年第 1 期。

济利益集团（包括跨国公司）等。这就要求我们关注中国经济外交政策制定和决策过程中的行为主体与参与主体，分析他们的思想理念的发展变化、身份认同以及彼此之间的力量平衡状况。对多元化的经济外交行为主体开展研究，要求我们改变传统的以中央政府为研究中心的外交学和谈判学研究方法，拓展思路，与时俱进。

实力资源跨领域流动，就如同奔腾的江河之水，有时会遇到闸门大坝，影响实力的发挥。造成经济资源向政治与安全领域流动困难的原因很多，如国内不同目标之间的竞争。这个问题的核心是国家利益的排序问题。是不是经济利益一定要服从政治与安全利益？如果是，经济实力资源就应该无条件地牺牲以换取政治与安全利益。例如在利比亚撤侨问题上，中国为确保中国工程人员的人身安全，及时将其撤回国内，从而蒙受了一定的经济损失。这是一个政治考虑优于经济考虑的案例。在这个案例中，国家动用（和牺牲）了经济资源，最终服务于国家政治、安全目的（人员安全）。但欧洲一位研究人员则从中国经济外交实践中得出了相反的结论。他发现，“实践中，中国为实现单纯政治目的而对其经济影响力加以利用的情况，还是非常少见；且即使中国有打算这样做，结果也常常不遂人愿。在大部分场合，中国的表现更像是个不愿出钱的出纳员：比起利用其经济实力换取地缘政治上的优势，中国显然对其出资能否实现相应的回报，更加在意”①。从上述两个对立的结论中我们可以发现一个深层次的问题——政治与经济目标孰先孰后、总体外交与经济外交是什么关系，也就是我们通常所说的“以政促经”还是“以经促政”。只有在明确了目标的先后顺序之后，才能确定经济实力资源与其他领域实力资源如何配合。在毛泽东、周恩来时期，经济资源主要服务于国家反帝、反殖民斗争的整体外交目标。而在邓小平及其后时期，当和平与发展成为时代主旋律，经济全球化成为世界经济的主要特征，经济利益在国家整体利益格局中的位置前移，经济目标与外交目标孰先孰后的问题越来越难以回

① Guy de Jonquieres. What power shift to China? ECIPE Policy Briefs, No. 04/2012.

答。事实上，中国当前的重点依然是经济发展。在多大程度上，中国会以经济利益换取政治安全目标的实现还有待进一步商榷和观察。结合当前西方经济外交研究的最新成果，我们发现，经济外交研究离不开对国家面临的国情和世情的总体研判，也就是上文谈及的经济外交的一项核心研究议程——“背景”(context) 研究。只有准确把握“背景”，才能确定经济外交服务的国家利益、其所使用的政策手段和谈判场所。此外，从中长期看，经济外交的政策手段与谈判场所的选择也可能逐渐改变国家对自身所面临环境（即“背景”)的判断。如中国加入 WTO、金砖国家组织、二十国集团，可能会逐步接受这些组织的规则、机制，从过去单纯强调双边主义，到今后逐步采取多边主义、区域主义、诸边主义与双边主义并重的理念和谈判场所选择。这也要求中国的谈判人员对各种谈判场所的机制、规则与决策程序了如指掌，灵活转换。与此同时，在机制选择的过程中，强调劝说与学习的建构主义的研究方法将有较强的解释力。

此外，我们发现实力资源不仅在经济和安全领域之间流动困难，即使同在经济领域，也存在不同议题领域之间流动困难的现象。金融领域的实力资源就不一定能流入到贸易领域。在救助欧洲问题上，拿中国的外汇储备去救助欧洲（利用中国的金融实力)，推动欧洲以承认中国市场经济地位这一贸易问题“投桃报李”，难度非常大。原因之一就是欧盟内部负责金融的和负责贸易政策的不是同一个部门，且欧盟内部各部门协调难度很大。换言之，即使管金融的机构因为中国援助欧洲获得了激励，这一激励也很难转赠给管理贸易的那个部门，因为欧盟的体制和决策程序决定了此渠道不通。这一案例反映的是不同议题领域不仅权力分配不同，而且权限分配、制度安排也存在不同。贝恩与伍尔考克强调对“国内决策与机制”进行考察。这启示我们在研究中国经济外交行为与效果时，必须了解谈判对象国的国内决策进程和政府机制。

（二）制定实力运用的战略、策略与评估机制

针对上述实力无法有效运用的原因，我们可以从四个方面提高实力运用的效果：

1. 明确国家利益

之所以出现经济实力转化过程中的国内损耗，关键是在实施经济外交的国内进程中有关各方无法达成共识。不同政府部门、不同利益群体和民众当中多元利益和不同声音的出现，使国家利益越来越难以界定，模糊了经济外交努力的大方向。有鉴于此，应考虑成立国家利益委员会，研究中国在进一步融入世界过程中的国家利益问题，对其进行细化分类，指出什么是根本利益、重要利益和次要利益，定期出台《中国国家利益报告》，供国家领导人和政府部门决策时参考。在明确国家利益的过程中，要有开放的渠道供不同部门、利益团体和民众反映相关利益诉求，也只有这样，才有助于国内各方达成共识，明确国家利益，对外谈判时才能统筹资源、攻守有度。

2. 运用战略

明确国家利益和目标之后，就应该运用各种实力资源及其组合达成这些目标，这就是战略制定。从实力资源转化为影响力和具体效果，中间需要战略、策略和手段。除了美国人倡导的“大战略”和“巧实力”这些宏观性战略之外，其实还有许多具体的战略，或者说是策略可用。例如“联系战略”，将议题 A 和议题 B 联系起来考虑，进行利益置换。中方可以考虑与主要贸易逆差国开展经济合作，扩大进口，通过共同努力逐步解决贸易不平衡问题。但这些国家应尽快承认中国完全市场经济地位，放松高新技术产品对中国出口管制，方便中国企业前往投资，为双边贸易平衡发展创造条件。这就可以理解为一种联系战略。中国也可以考虑采用各方在 WTO 内部的谈判模式，即将多项议题组织起来，进行“一揽子谈判”(single undertaking)，实施“大交换”(grand bargain)。这样有助于实现利益总体平衡，对跨国谈判过程中国内利益受损的部门和团体进行补偿，从而有利于国内达成一致，并提高谈判的效率。

在战略实施过程中，我们应该注意吸收借鉴建构主义者的思路，提出自己的价值规范，占据道德制高点，重视做人的工作(劝说)。中共十八大报告中提出了“奉行互利共赢的开放战略”、“建立新型大国关系”、“努力使自身发展更好惠及周边”、“以更加积极的姿态参与国际事务”等一系列新思想、新观点、新论断，如果能够贯彻落实，讲求方式方法，将成为中国软实力的重要源泉，可以转化为巨大的政治影响力和经济收益。

3. 塑造环境

借鉴国际政治经济学对经济外交的研究路径，重视对经济外交外部环境和结构的塑造。一方面是进一步加强国家实力，提升中国在国际经济格局中的地位。当中国贸易和经济总量成为世界第一时，中国经济外交所面临的外部环境可能从量变到质变，世界经贸格局将出现重大调整，这就要求中国以全新的思维考虑其经济外交战略和策略。另一方面是塑造国际制度环境。在国际经济、贸易规则制定方面发挥领导作用。这就要求中国根据自身利益，通过不同层面的条约、协定和对话机制，推进中国主导、互利共赢的规则、制度。

4. 设立评估机制

借鉴西方经济学对经济外交的研究成果，引入经济学分析模型，评估经济外交对增进国家经济福利、促进我国发展利益的实施效果，以此提高我经济外交实施的水平和质量。前期可以评估某项具体经济外交政策或某次具体经济外交活动的实施效果与“性价比”。后期可以设立一套经济外交评估体系，对包括中国在内的世界主要经济体的经济外交进行测评，并逐步将经济外交的评估对象从中央政府拓展到中央政府、人大、政协以及企业和商协会。

据经合组织预测，中国经济总量有可能在2016年成为全球第一。在此背景下，我们需要进一步加强对经济外交理论和实践的研究。在梳理西方经济外交理论研究成果的基础上，认真总结中国经济外交实践和理论发展情况，尽早提出中国经济外交未来研究纲领，同时加强与西方经济外交理论与实务界的交流借鉴，切实为国家有效开展经济外交实践提供扎实的理论基础和可行的政策建议。

参考文献

[1] Spanish Ministry of Foreign Affairs, “Economic Diplomacy as a

Strategy in International Relations", Miradas Al Exterior, January-March 2011.

[2] H. Clinton, "Economic Statecraft", speech at New York Economic Club, New York, 14 October 2011.

[3] Geoff R. Berridge (with Alan James), Dictionary of Diplomacy (Basingstoke: Palgrave-Macmillan, 2nd edition, 2003).

[4] Bayne and Woolcock, The New Economic Diplomacy: Decision-making and Negotiation in International Economic Relations (Hampshire: Ashgate, 2rd edition, 2007).

[5] Bayne and Woolcock, The New Economic Diplomacy: Decision-making and Negotiation in International Economic Relations (Surrey: Ashgate, 3rd edition, 2011).

[6] 赵可金:《经济外交的兴起：内涵、机制与趋势》,《教学与研究》2011 年第 1 期。

[7] M. Okano-Heijmans, "Conceptualizing Economic Diplomacy: The Crossroads of International Relations, Economics, IPE and Diplomatic Studies", The Hague Journal of Diplomacy, Vol. 6, Nos. 1-2, 2011.

[8] Mastanduno, M. "Economic Statecraft" in Steve Smith, Amelia Hadfiled and Tim Dunne, eds., "Foreign Policy: Theories, Actors, Cases", second edition, Oxford University Press, 2012.

[9] US Department of State, "21st Century Statecraft: The 'Internet' in Foreign Policy", http: //www. state. gov/statecraft/overview/index. htm.

[10] David A. Baldwin, Economic Statecraft (Princeton NY: Princeton University Press, 1985), pp. 13-14.

[11] H. Clinton, "Economic Statecraft", speech at New York Economic Club, New York, 14 October 2011.

[12] Kishan S. Rana, "Serving the Private Sector: India's Experience in Context" in Bayne and Woolcock, The New Economic Diplomacy: Decision-making and Negotiation in International Economic Re-

lations (Surrey: Ashgate, 3rd edition, 2011).
[13] 张丽娟:《商务外交:美国实现贸易政治战略转变的途径》,《世界经济与政治》2006年第5期。
[14] David J. Rothkopf, "Beyond Manic Mercantilism", in Raymond J. Albright, Robb in S. Johnson, David J. Rothkopf and Christopher B. Johnstone, U. S. Commercial Diplomacy.
[15] Raymond J. Albright, Robb in S. Johnson, David J. Rothkopf and Christopher B. Johnstone, U.S. Commercial Diplomacy, New York: Council of Foreign Relations Press, 1998.
[16] Andrew K. Rose, "The Foreign Service and Foreign Trade: Embassies as Export Promotion", the World Economy, Vol. 30, No. 1, 2005, pp. 22-38.
[17] Volker Nitsch, State Visits and International Trade, CESifo Working Paper No. 1582 (Munich: CESifo Group, 2005).
[18] Raymond Saner, Lichia Yiu, and Mikael Sondergaard, "Business Diplomacy Management: A Core Competency for Global Companies", Academy of Management Executive, Vol. 14, No. 1, 2000, pp. 80-92.
[19] Masaaki Kotabe and Michael R. Czinkota, "State Government Promotion of Manufacturing Exports: A Gap Analysis", Journal of International Business Studies, Vol. 23, No. 4, 1992, pp. 637-658.
[20] Susan Strange, "States, Firms and Diplomacy", International Affairs, Vol. 68, No. 1, January 1992, pp. 1-15.
[21] John S. Odell, Negotiating the World Economy (Ithaca NY: Cornell University Press, 2000).
[22] Dominique Kelly, The International Chamber of Commerce as a Diplomatic Actor (Leicester: Centre for the Study of Diplomacy, University of Leicester, July 2000).
[23] Donna Lee, "The Growing Influence of Business in UK Diplomacy", International Studies Perspective, Vol. 5, No. 1, 2004.

[24] Risse, T. 'Let's Argue!: Communicative Action in World Politics'. International Organization, 54(1), 1-39.
[25] 张晓通、王宏禹、赵柯:《论中国经济实力的运用问题》,《东北亚论坛》2013 年第 1 期。
[26] Guy de Jonquieres. What power shift to China? [J] ECIPE Policy Briefs, No. 04/2012.

国外群体智能研究综述

武汉大学发展研究院　刘　钒　周　璇

群体智能是大量具有简单智能的个体在相互组织与协作过程中涌现出来的一种整体性智能。群体智能广泛存在于微生物系统、动物世界、人类社会和计算机网络之中。群体智能及其衍生出来的“群体的力量”和“群体的创造”，已经被越来越多的现实案例所证实。20世纪90年代以来，群体智能作为计算机人工智能与经济、社会、生物等学科交叉的热点前沿领域，受到学术界越来越多的关注。群体智能理论及方法的发展，对于人类认识复杂组织的构成、运行、管理和演化具有重要的支撑作用。

一、群体智能的概念

人类对群体性智慧现象的研究灵感直接来源于大自然生物系统。Howard Bloom（2000）描绘了从35亿年前单细胞生物到人类起源的时代，一直到现在，群体智能现象的演化。Bloom的研究证明了自生命起源开始，多物种的群体性智能已经开始工作。① 例如，编队迁徙的鸟群、结队巡游的鱼群、协同工作的蚁群、聚集而生的细菌菌落，等等，这些生物群体在觅食生存、逃避天敌等方面获得了单独个体难以实现的群体优势，完成了复杂的、有一定目的

① Howard Bloom，Global Brain：The Evolution of Mass Mind from the Big Bang to the 21st Century，2000.

或功能的活动。它们的个体，在各自社会系统中不可能意识到自己的行为目的，系统也不存在一个中心控制者来协调大量独立自主的个体，但整个系统却呈现出协调、有序的状态。这种社会性昆虫及群居动物群体行为的奇特现象使人类深受启发，群体智能问题开始受到关注，并逐渐发展为一门新兴的研究领域。

“群体智能”在英文文献中有“Collective Intelligence”和“Swarm Intelligence”两种相近含义的表述。Collective 强调一种“非单独”的状态，个体表现为趋同的、整齐划一的、类似的行为。Collective Intelligence 更多地被用来描述社会经济系统中人类群体展示出来的集体性智慧。Swarm 则强调集体内个体不同动作的协作，意即个体要整合在一起形成有机整体。Swarm Intelligence 直接来源于对自然生态系统，特别是社会性昆虫系统所具有智能性的观察与表达。在某些文献中，“Wisdom in a Crowd”或“Wisdom of Crowds”也被用来描述群体智能，主要强调的是“智慧性与智能性”。不管群体智能的英文如何表达，经过二十多年的研究，学术界已基本形成了一个大体相同的概念范畴。比较而言，Collective Intelligence 和 Wisdom of Crowds 更多地出现在社会网络、企业管理、金融等社会科学领域，Swarm Intelligence 更多地出现在人工智能、自动控制、仿生等自然科学与工程技术领域。本文重点关注社会科学领域的群体智能研究，所述文献多以 Collective Intelligence 为关键词。

Douglas Hofstadter（1979），Pete Russell（1983），Francis Heylighen（1995）等许多理论家都曾尝试对群体智能进行定义。维基百科认为：“群体智能是从许多个体的合作与竞争中涌现出来的一种共享的或者群体的智能。它是同一系统水平中个体智力彼此交互影响下的产物，体现了个人智力在群体中的作用。群体智能不是简单的个体智力的总和。”① 群体智能研究的先驱之一 George Pór（1994）认为，群体智能是“通过分化与整合、竞争与协作的创新机制，使人类社会朝更高的秩序复杂性以及和谐方向演化的能

---

① http：//en. wikipedia. org/wiki/Collective_intelligence.

力”。① 后来，George Pór（2003）进一步解释道：“群体智能系统是一个由个人学习和集体学习组成的动态的、有活力的生态系统。”② Howard Bloom（2000）将群体智能视为一种“集体性智商”，是“集体在创造、创新和发明上共同合作的一种能力”。③ Newmen Johnson（2004）认为群体智能是一种“共生智能”，具有整合互联网和人类解决问题的独特功能，以建立一种整体大于部分之和的能力。④ Tom Atlee（2005）把群体智能视为人类社会背景下提升“群体智商（Group IQ）”的途径，认为群体智能可以被用来克服集体决策失误和个人认知偏差，使团体在获得强化的智能表现过程中实现合作成为可能。⑤ Weiss（2005）认为，群体智能已成为一种规范，这种交流方式正在逐渐演化，并将影响当前和未来几代人的心态。Thomas W. Malone（2006）认为，“由个体组成的群体共同完成的事情会更智能”。⑥ 而在 Don Tapscott 和 Anthony D. Williams（2006）看来，群体智能就是大规模协作。⑦ Ioanna Lykourentzou 等（2011）指出群体智能基于大型团体的合作理念，使互相协作的个体产生高阶智能、解决方案和创新，“群体智能可以作为单个实体来运用”。他们进一步认为，任何足够多的人聚集构成一个充分大的群体，采取不同的个人行动分享共同的目标，借

① George Pór. Blog of Collective Intelligence，1994.

② George Pór. The Quest for Collective Intelligence. http：//www.visionnest.com/cbw/quest.htmal，Nov. 11th，2003.

③ Howard Bloom，Global Brain：The Evolution of Mass Mind from the Big Bang to the 21st Century，2001.

④ Newmen. L. Johnson，http：//collectivescience.com/.

⑤ Tom Atlee. Defining “Collective Intelligence”，in Nasreen Taher（ed），Collective Intelligence：An Introduction，Hyderabad：ICFAI University Press，India，2005.

⑥ Thomas W. Malone，What is Collective Intelligence and what will we do about it?，Edited transcript of remarks at the official launch of the MIT Center for Collective Intelligence October 13，2006.

⑦ Don Tapscott，Anthony D. Williams，Wikinomics：How Mass Collaboration Changes Everything，Portfolio Trade，2006.

助某些技术手段可以促使群体的行动实现更高层次的智能和效益，由此可构成一个群体智能系统。①

总之，群体智能作为一个学术领域，是从群体和社会的角度研究在分布式环境中，大量自主个体在没有中央控制者的情况下呈现出协调有序状态的机理，以及在这种机理运作下如何使自主个体产生发散、汇聚和创造能力的过程，并最终使集体对事物理解能力得到升华。

二、群体智能研究的历史与现状

群体智能的研究起源于昆虫学家 William Morton Wheeler 的观测。早在 1911 年，Wheeler 就发现独立的个体可以异常紧密地合作，甚至像一个单一有机体一样。Wheeler 从蚂蚁的协作过程中看到这种现象，蚂蚁们表现得好像一个生物体内的细胞，并且具有集体思维。他称之为“超级生物体”，即聚集的蚁群看起来形成了一个超级有机体。② Émile Durkheim（1912）将社会确定为人类逻辑思维的唯一来源，认为由于社会在时间和空间上超越了个体，因此社会形成了一种更高级的智能。③

在学术界正式确定“群体智能”概念之前，还曾出现过 Vladimir Vernadsky 的“智慧圈”概念、H. G. Wells 的“世界大脑”概念、Erik Sveiby 提出的“知识组织”概念、Scholar Senge 提出的“组织智能”概念等。基于对智慧圈的理解，Peter Russell，Elisabet Sahtouris 和 Barbara Marx Hubbard 等都认为群体智能能够像“地球的信息大脑皮层”般进行超然和快速的进化。与此同时，另一部分学者应用和发展了群体意识（group mind）的若干概念。

① Ioanna Lykourentzou，CRP Henri Tudor，Luxembourg，Luxembou. Collective Intelligence Systems：Classification and Modeling. Journal of Emerging Technologies in Web Intelligence，Auguest 2011.

② http：//en. wikipedia. org/wiki/Collective_intelligence.

③ Émile Durkheim，The Elementary Forms of Religious Life，1912.

Thomas Hobbes 从柏拉图的泛心论（panpsychism）衍生出群体意识的概念。Durkheim 则是“群体意识”最忠实的拥护者，对其进行了深入辩护。Teilhard de Chardin 详尽阐述了群体意识的哲学内涵。①

随着群体智能研究内容不断深入，其研究领域也日益扩大，既包括对人类群体智能的概念性描述及其理论研究，也包括群体智能对社会团体可能面临具体问题的影响研究。Pierre Lévy（1994）详细介绍和描述了社会性群体智能。② 此后，Pierre Lévy 与 De Kerckhove 共同从大众传播的视角探讨了群体智能的建构，提出了知识空间理论。他们认为，集中网络技术及通信技术的能力来提高社区知识库，可以使人类既方便又快速地进行互动、分享与合作。据此，他们成功预言了维基百科的出现、维基经济学的兴起和分布式知识共享系统的产生。③ Howard Bloom（1994）通过引用 Eshel Ben-Jacob 的创新性工作，说明了细菌群体的作用可以看成是某种群体性智慧，并把细胞凋亡、分布并行处理、群体选择以及超有机体等概念融合到一起，提出了一个关于群体智能如何工作的理论。④ 经过进一步研究，Howard Bloom（2001）借助计算机科学领域的复杂适应性系统和遗传算法理论等来解释群体智能，以竞争的细菌菌落和竞争的人类社会为例，阐释了群体智能的形成。⑤ 万维网的发明者 Tim Berners-Lee（2005）认为，群体智能得以在网络时

① David Skrbina. Participation, Organization, and Mind: Toward a Participatory Worldview, Doctoral Thesis, Centre for Action Research in Professional Practice, School of Management, University of Bath: England, 2001.

② Pierre Lévy, Collective Intelligence: Mankind's Emerging World in Cyberspace, Cambridge Mass: Perseus Books, 1997.

③ Terry Flew. New Media: an introduction. Melbourne: Oxford University Press. 2008.

④ Howard Bloom, The Lucifer Principle: A Scientific Expedition Into the Forces of History, 1995.

⑤ Howard Bloom, Global Brain: The Evolution of Mass Mind From the Big Bang To the 21st Century, Wiley: 2001.

代大规模地形成，其动力正是信息与通信的全面数字化、网络化。① 新媒体理论家 Henry Jenkins（2006）认为，群体智能的产生可以归因于媒体融合与文化共享，它不仅仅是所有文化在信息数量上的贡献，同时也是信息质量上的飞跃。② Patel 和 Balakrishnan（2009）提出了一种新颖的个性化推介方式——群体智能在推荐系统的运用方法，用来综合用户群体的总体意见以及观测用户行为的常见模式。③ Web2.0 的产生和发展，激发了研究者对于网络群体智能研究的热情。Kapetanios（2010）讨论了基于群体智能概念的社会网络。④ Chai（2010）等人对开源社区出现的群体智能现象给予了重点关注，研究了这种社区中隐含在个人参与中的动机和动力。⑤ Vivacqua 和 Borges（2010）探讨了群体智能在应急响应领域的应用前景。⑥ Vasco Furtado，Leonardo Ayres（2010）等将群体智能运用到犯罪调查领域，提出了基于群体智能的维基犯罪系统

---

① Aaron Weiss. The Power of Collective Intelligence. Collective Intelligence September 2005.

② Jenkins, H. Fans, Bloggers and Gamers: Exploring Participatory Culture. New York: New York University Press, 2006.

③ A. B. Patel, A., "Generic framework for recommendation system using collective intelligence", Internet Technology and Secured Transactions, 2009. ICITST 2009. International Conference for, London, UK, 2009.

④ Guihua Nie, Shangying Xu, and Xiwen Zhang, Research on the Platform of Enterprise Co-evolution Based on the Collective Intelligence, ICAIC 2011, Part III, CCIS 226, 2011.

⑤ S.K. Chai, J. Salerno, P. Mabry, E. Stiles and X. Cui. Workings of Collective Intelligence within Open Source Communities in Advances in Social Computing, Springer Berlin Heidelberg, 2010.

⑥ A. S. B. Vivacqua, Marcos R. S., Collective intelligence for the design of emergency response, Computer Supported Cooperative Work in Design, 14th International Conference on, Shanghai, China, 14-16 April 2010.

（WikiCrimes），用于调查和登记犯罪事件。① Liang（2010）等人提出群体智能方法可大量用于工程需求领域，他们提出通过协同标记、本体开发和最终集体决策的方法为庞大而复杂的工程系统进行需求分析。② Ioanna Lykourentzou（2011）则从协同系统考察到竞争系统，提出了一系列能够促进更有效率的设计群体智能系统、使群体和个人获得效益最大化的建模方法。③ 麻省理工学院群体智能研究中心（MIT Center for Collective Intelligence）集中了大量优秀专家，开展关于群体智能的深层次研究，目的在于更好地理解群体智能，并且尽可能在社会和经济领域创造与运用它。他们的研究主要集中在探索“人和计算机组成的混合群体表现出来的智能”，即人机混合体能够为解决智能问题释放多大的潜能，以及“优秀的新型交流工具将怎样改变人们共同的工作方式”等。④

当前，国外学术界对群体智能的研究，主要集中在两个方面：一是围绕系统论与控制论的基本理论范畴，设计制定合适的规则，使大量相对简单且呈分布式状态的个体，通过局部交互涌现出智能性群体行为；二是在合理解释群体智能现象的基础上，通过对控制参数进行优化，有意识、有目的地促使群体智能在现实生活中发挥更大的应用效果。总体上看，群体智能研究可以被认为是一个属于社会学、经济学、计算机科学、大众传媒学与行为学的交叉学科——研究从夸克层次到细菌、植物、动物以及人类社会等各个层次群体行为的领域。

---

① V. Furtado, L. Ayres, M. d. Oliveira, E. Vasconcelos, C. Caminha, et al., Collective intelligence in law enforcement-The WikiCrimes system, Information Science, 2010.

② P. Liang, P. Avgeriou, K. He and L. Xu. From collective knowledge to intelligence: pre-requirements analysis of large and complex systems. Proceedings of the 1st Workshop on Web 2. 0 for Software Engineering, Cape Town, South Africa, 2010.

③ Ioanna Lykourentzou, CRP Henri Tudor, Luxembourg, Luxembou. Collective Intelligence Systems: Classification and Modeling. Journal of Emerging Technologies in Web Intelligence, Auguest 2011.

④ http://cci. mit. edu/people/index. html.

三、群体智能的特点

社会性昆虫及群居动物群体普遍存在“集体协作行为”。存在集体协作行为就成为群体智能的显著特点。到目前为止，学术界还没有关于集体协作行为的非常精准的定义，也没有一个比较全面客观的评价标准来衡量一个行为是否具有协作性。从协作方式与协调性的表现形式来看，协作可分为有意识协作和无意识协作两种类型。有意识协作是指多个个体通过信息交互，包括信息交换、意图交流等来协调各自的行为，共同完成某一任务或实现共同的目标。无意识的协作则是由于大量个体的局部交互、自组织作用所创造出的某种协调有序行为。群体智能正是创造性地运用和发展了集体协作行为，才形成了整体上更高级的智慧表现。

James Surowiecki（2008）认为，要使群体智能现象能够发生或者产生效用需要满足四个条件：观点的多样性、独立性、分散化和集中化。多样性要求群体尽可能多地拥有个体的各种信息；独立性要求群体中的个体不受其他人的影响而拥有独立的信息和行为；分散化强调个体的分布式特性，以及能够依照局部认知来判断整体行为；集中化是指存在一种使个体判断转变为集体决策的机制。如果一个团体满足上述条件，那么作出的判断就可能是精确的和具有智慧的。①

Don Tapscott 和 Anthony D. Williams 认为，要使群体智能这种大规模集体协作产生效用，需要遵循四个原则：开放性、对等性、共享性和全球性。

在通信技术还不发达的时代，人与人之间、组织与组织之间都不大愿意交流思想和智力成果，而是选择自我激励。因为这些智力资源直接提供了竞争优势。然而，现在的人们已经开始放松对智力资源的控制，因为这样做可以获得更多的利益。例如在商品生产

---

① James Surowiecki. The Wisdom of Crowds：Learning from Administrators' Predictions of Citizen Perceptions，2007.

中，企业通过合作分享他人的想法，将使商品得到显著改善并受到更多的市场欢迎。

对等性是横向组织的一种形式，它使得通过群体智能创造信息技术和物质产品成为可能。对等性的典型案例是开源操作系统LINUX。LINUX用户可以无偿得到系统源代码，可以无偿地获得大量应用程序，可以任意地修改和补充系统功能，并且可以无约束地继续传播。① 在这种形式的集体智慧中，参与者的动机不尽相同，但是取得的效果却是为了同一种产品或服务的改善。对等性之所以成功，是因为它制造并充分利用了自组织形式。对于某些任务来说，对等性比等级制度工作得更有效率。

共享性往往会被视为违反知识产权分配的一项规则。对于是否允许存在违反知识产权分配的规则是有争议的。现实中越来越多的组织已经开始分享它们认为可以共享的部分知识产权，同时在某种程度上保持对核心部分的控制。这是因为越来越多的商业组织开始意识到，一味限制其所拥有的知识产权共享，将会导致自身失去可能的发展机会，而分享一些则使得他们能够更快地推出产品进而迅速占领市场。

网络信息技术的进步极大促进了全球性交互行为的进行。电子商务可以让个人在几乎没有经费支出的情况下开展全球业务。互联网使得全球一体化的组织将不受地域限制地保持全球范围内的联系，使它们能够获得新的市场、理念和技术。② 这就是全球性对于群体智能的重要性。

总之，只要满足“个体需要有能力对很随意的条件作出反应”这一严格要求，并且在这个条件下没有严格限制个体自身行动，也没有来自“法律”或者“客户”方面的中央命令，则这种组织可被视为群体智能组织。

---

① Thomas W. Malone, Robert Laubacher and Chrysanthos Dellarocas. The Collective Intelligence Genome, 2010.

② Tapscott, D., & Williams, A. D. Wikinomics: How Mass Collaboration Changes Everything, USA: Penguin Group, 2008.

四、群体智能的应用领域

由于群体智能“可以接收各种形式的合作以达成一个共同的目标，有利于社会、政党、团体集合大量的人来参与决策，通过大型团体的个人合作与竞争寻求最好的问题解决方式”,① 因此，群体智能的应用领域非常广泛。

James Surowiecki（2008）认为，群体智能包括三大典型应用功能：认知、合作与协作。认知功能是对一些已有或会有解决方案的问题进行准确预测；合作功能用以解决不同智能主体共同完成同一任务时的相互信任问题；协作功能则用来协调团体内部不同个体的行为。认知功能多用于商业市场判断；合作功能体现在开源软件、电子商务等领域；协作功能的代表是社交网络、在线社区等，如图 1所示。本文通过文献分析，讨论几种典型的群体智能应用领域或案例。

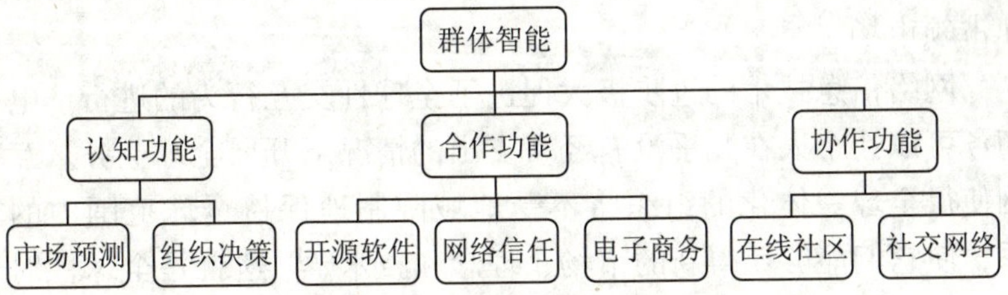

图 1　群体智能的功能举例

（一）虚拟学习社区

Rose Luckin 等学者（2005，2006，2007）提出了 Learner Generated Context（LGC）概念。在 LGC 中，用户通过整合资源创

① Ioanna Lykourentzou, CRP Henri Tudor, Luxembourg, Luxembou. Collective Intelligence Systems: Classificationand Modeling. Journal of Emerging Technologies in Web Intelligence, Auguest 2011.

造一个满足他们需求的学习环境，即用户在共同配置、共同创造和共同设计中创建一个特定的属于自己的学习环境与空间。①②③ 从这个意义上讲，学习者产生的背景相当于一个特设社区，它可以在一个信任的网络中促进集体行为的协调。

LGC 的最好例证是基于互联网产生的维基百科（Wikipedia）：一群协作的用户在一个共享的智能空间中共用知识。由于当今互联网比以往任何时候都具有全球易用性，能够让更多人发表自己的看法，因此可以认为，维基百科是一种完全表现出群体智能的媒体，它是一个几乎可以在任何时候由任何人改变的虚拟学习社区。④

需要说明的是，基于群体智能的虚拟学习社区容易与网络社区中的知识共享混淆。事实上，前者是广泛提供给所有社区成员的知识，后者则是被全体社区成员所了解的信息。⑤ 基于群体智能的虚拟学习社区在功能上与人脑类似：个人参与形成群体智能社区的神经元，社区智能网络则被看做包含媒体、人类和知识的“超级网络”。社区中的成员使用超级网络发展各自的认知过程并传输给其他成员。

---

① Luckin，R.，du Boulay，B.，Smith，H.，Underwood，J.，Fitzpatrick，G.，Holmberg，J.，Kerawalla，L.，Tunley，H.，Brewster，D. and Pearce，D.，Using Mobile Technology to Create Flexible Learning Contexts，Journal of Interactive Media in Education，2005.

② Luckin，R.，Understanding Learning Contexts as Ecologies of Resources：From the Zone of Proximal Development to Learner Generated Contexts. Paper presented at the Proceedings of World Conference on Elearning in Corporate，Government，Healthcare，and Higher Education，2006.

③ Luckin，R.，Shurville，S. and Browne，T.，Initiating elearning by stealth，participation and consultation in a late majority institution. Organisational Transformation and Social Change，2007.

④ Terry Flew. New Media：an introduction. Melbourne：Oxford University Press，2008.

⑤ Jenkins，H. Fans，Bloggers and Gamers：Exploring Participatory Culture. New York：New York University Press，2006.

（二）开放式网络

近年来，快速兴起的谷歌搜索、Threadless 公司等都是利用群体智能形成的典型开放式网络。它们日益受到全世界用户的喜爱和拥护，充分证明了大型松散组织中的团队可以依靠群体智能有效地开展同一项工作。在基于群体智能构建的开放式网络中，用户往往并不知道也不需要知道和谁在一起工作。

谷歌搜索采用尽可能多的网上用户的判断：当用户创造网页搜索链接时，谷歌搜索算法利用全网络的智慧、巧妙的算法和尖端的推介技术提供令人满意的智能回答。Threadless 公司则利用多达 50 万人的开放式网络群体智能来设计和选择 T 恤产品。任何人都可以设计一件 T 恤，提交设计方案参加每周的竞赛，然后由网络用户评选出最喜欢的设计。公司从整体中选择票数最高的设计方案进行生产，赚取利润并付给赢家一定报酬。

开放式网络群体智能既满足了人类的多样化需要，充分调动了大众的力量，又能以极小代价甚至无代价完成低成本、高质量和高速度的工作。尽管不同群体智能系统的智能表征、用户类型、构建目的等可能大相径庭，然而它们的共同特点也很明显，即以解决问题为出发点、需要适量的用户参与、不同用户采取不同的参与方式、共享相似的团队目标等。①

（三）数字媒体

伴随互联网技术的飞速发展而兴起的新媒体，与群体智能的联系非常密切。新媒体能够通过数据库和互联网来实现海量信息的存储与检索，这就要求媒体信息能够毫无困难地共享。因此，通过与新媒体的互动，知识很容易在信息源之间传递，进而形成某种形式的群体性智慧②。交互式新媒体的使用，极大促进了在线互动的发

---

① Ioanna Lykourentzou, CRP Henri Tudor, Luxembourg, Luxembou. Collective Intelligence Systems: Classification and Modeling. Journal of Emerging Technologies in Web Intelligence, Auguest 2011.

② Terry Flew. New Media: an introduction. Melbourne, Oxford University Press, 2008.

展以及用户间的知识传播。与此观点相悖的是，有人认为群体智能只能从巨大而非正规的人际互动网络中涌现。Dan Gillmor 描述了博客（Blog）、简讯系统（SMS）和简易供稿（RSS）等形成群体智能系统的机理。他特别指出，群体智能的出现，使信息发布这一最大问题得以解决，使得普通大众能够提供新闻线索，从而加速信息传播，是新闻媒体历史上的重要转折。

（四）市场预测

由于互联网快速传递大量信息的能力，使运用群体智能来预测市场动向、价格走势和股票交易变得可行，其前提是群体智能理念得到更全面的应用。群体智能证明了 Eugene Fama 的效率市场假说①，尽管他并没有明确使用群体智能的概念。事实上，许多大型跨国公司都已开始着手用一定的方法来预测未来事件和市场走势。利用群体智能的特性尽可能即时地统计股票市场信息成为成熟的技巧。因此，专业的或业余的股票分析师都能够通过发表自己的观点参与创建一个关于某只股票或者整体股市走势的意见，且任何投资者的观点可以被同等地加权。以此为基础，指数基金成为流行的投资工具，即把有效使用市场的群体智能力量作为一个投资策略，而不再单纯依赖专业基金经理的个人判断。

（五）网络游戏

群体智能在网络游戏中表现得更为明显。一些大型在线游戏如《模拟人生》、《光环》和《第二人生》等，都被设计为更加非线性的模式，并且需要依靠群体智能使其得到更大的扩展。Terry Flew（2005）在讨论网络游戏环境中的“交互性（即用户和游戏开发者之间所进行的互动对话）”时指出，群体智能的概念在大型多人在线游戏中主要发挥类似“协会或部落”的作用，通过“协会和部落”的持续合作即可实现游戏的目标。② John Banks 研

---

① Fama, E. F., Efficient Capital Markets: A Review of Theory and Empirical Work, Journal of Finance, 1990.

② Terry Flew. New Media: an introduction. Melbourne, Oxford University Press, 2008.

究了网络爱好者社区在游戏《模拟人生》中的贡献。他认为，这款游戏商业上的成功是依靠“一个充满活力且生机勃勃的网上爱好者社区的形成与增长，它积极地推销产品，同时也为游戏软件的扩展提供内容及添加物”。2004 年由网络交互式小说《我爱蜜蜂》发展起来的《光环Ⅱ》，也是群体智能在网游领域的典型应用。它要求玩家搜集、集合、分析数以万计不同的宇宙光环故事块，通过重构和分析这种不连续的故事块，参与者可以合作写出游戏的续集，享受构建大型协同知识网络的乐趣。①

更进一步，在虚拟现实网络游戏（ARG，Alternate Reality Game）的讨论中，Gosney 扩展了视频游戏中的群体智能问题，将这个类型描述为一种“有意模糊游戏内外角色之间差异的跨媒体游戏”。② 此类游戏好似从虚拟空间中延伸出来进入玩家的现实生活一样。攻克这类游戏需要众多玩家集体的、合作的努力。因此，集体协作行为对于 ARG 来说就显得至关重要。

（六）企业管理

经济全球化使得国际分工与合作日益复杂多元化。现代企业在国际市场很难依靠个体力量解决所有问题并获得持续发展，它们需要群体智能来集合所有成员的智慧寻求发展。③ 已经有学者从群体智能的角度考虑企业管理中的合作与组织的演化。Guihua Nie（2009）等人认为，群体智能反映了企业的核心竞争力，也是企业获得基本动力的来源。Ioanna Lykourentzou（2011）提出了企业维基（CorpWiki）的概念：企业合作的自律性和自组织性以及他们提高对企业知识质量的贡献和引导。企业维基旨在通过自动调节机

---

① Jane McGonigal. Why I Love Bees：A Case Study in Collective Intelligence Gaming. Massachusetts Institute of Technology. 2008.

② Gosney，J. W，Beyond Reality：A Guide to Alternate Reality Gaming，Thomson Course Technology，Boston，2005.

③ Guihua Nie，Shangying Xu，and Xiwen Zhang. Research on the Platform of Enterprise Co-evolution Based on the Collective Intelligence，Springer-Verlag Berlin Heidelberg，2011.

制，创造群集高质量内容为目的，来查找合适的同行评价和完善内容。①

群体智能可以接收各种形式的合作，以达成一个共同的目标。这将有利于他们的团体通过群体合作或竞争，找到最好的问题解决方式。② 许多企业已利用 Web2.0 等技术来创建基于群体智能的企业协同平台。韩国的 Nyamsuren 和 Choi（2010）提出了一个简化的抽象上层本体的 Web2.0 应用，将群体智能和本体论结合，便于使用信息集成策略构建企业协同平台。作为一个网络多功能平台，群体智能企业系统平台遵循电子生态系统原则，用户可在平台上搜索、出版、共享信息资源。另外，平台支持一体化过程，满足程序整合、流程改进、自适应和自组织的需要。③

（七）组织决策

大众外包、社交网络、协同软件等的出现，使群体智能用于影响团体决策，进而使组织或群体减少决策偏差成为可能，尤其可以阻止自利性偏差和信念固执。差异性能够有效反对模式困扰和消极的机制影响。运用群体智能影响决策的关键是扩大参与范围、增加信息集聚和实现自我组织。④

扩大参与范围的意义在于提高参与决策的人员数量。当收集决策意见时，组织甚至需要那些本不被包括在内的人或团队参与。软件业中的开放源代码程序设计是通过提高数量影响群体智能的例证。组织可以从海量资源中通过增加信息集聚以获得某种平均，体现为整体等于部分之和；团队成员的相互影响能够作用到整个团队

---

① Epaminondas Kapetanios. Guest editorial: Special issue on collective intelligence. Information Sciences, 2010.

② Ioanna Lykourentzou, CRP Henri Tudor, Luxembourg, Luxembou. Collective Intelligence Systems: Classificationand Modeling. Journal of Emerging Technologies in Web Intelligence, Auguest 2011.

③ Guihua Nie, Shangying Xu, and Xiwen Zhang. Research on the Platform of Enterprise Co-evolution Based on the Collective Intelligence, Springer-Verlag Berlin Heidelberg, 2011.

④ Aaron Weiss. The Power of Collective Intelligence. September, 2005.

决策，体现为整体大于部分之和，关键在于掌握正确的平衡。例如，维基百科、情报百科、掘客等都是通过自我组织及成员间相互作用，创造了更多价值的例子。当然，群集智能影响组织决策也存在风险，如果相互影响的机制设置不合理，则会表现为整体小于部分之和。团体迷失就是一个自我组织的负面案例。

五、群体智能的系统建构及度量

群体智能的大量研究工作除了致力于解决具体应用问题外，还包括对建立群体智能系统模型（CI System）的尝试。通过 CI 系统建模，使群体智能相关者更易于识别系统是否能成为 CI 系统。在 CI 系统中，群体和个人用户会采用适当技术手段提高团队的群体智能，以找到最大利益。Rodriguez 借用神经科学的成果提出了一种群体智能建模策略。人类大脑发现新问题时的解决方法是：从低水平的皮层里保存的已见过的经验和解决方案中，归纳类似事件到抽象的高级皮质。因此，当人类大脑需要解决一个问题时，它使用了更高层次的皮质执行一个模式匹配程序，处于低水平的超级皮质个体提供解决方法，将更通用的解决方案提供给高级皮质。群体智能建模可以采用类似思路。MIT 群体智能研究中心的学者搜集了将群体智能应用于网络的 250 个案例，研究发现一系列模块在不同的系统中以不同的方式结合和调整，这些系统在目的和方法上显示了极大的差异性。为了理解群体智能系统的构造方式，他们采用生物学类比方法，称这些模块为群体智能系统的“基因”，作为群体智能系统构建的核心元素。系统基因组方法讨论了 16 种主要基因，通过基因组的选择，可以准确构造 CI 系统来完成工作。为了定义这些模块，他们用了 4 个问题：什么工作正在被完成（What）？谁正在完成这项工作（Who）？为什么要完成这项工作（Why）？这项工作应该怎样完成（How）？他们定义每个基因作为相应关键问题的回答。“什么工作正在被完成（What）”的答案可以分解为两个基因：创造（Creat）和决定（Decide）。“谁正在完成这项工作（Who）”的答案组成基因是：特定的人或团体（Hierarchy）、大众（Crowd）。“为什么要完成这项工作（Why）”的组成基因是：钱（Money）、爱（Love）和荣誉（Glory）。“这项工作应该怎样完成（How）”的组成基因是：群体（Collection）、合作（Collaboration）、群体决策（Group Decision）、投票（Voting）、舆论（Consensus）、平均（Averaging）、预测市场（Prediction Markets）、个人决定（Individual decisions）、市场（Markets）和社交网络（Social Network）。① 通过结合和调整这些模块基因，不仅可以利用群体智能，还可以根据组织的需要来引导群体智能。

影响群体智能的因素包括群体的大小、群体组成的多样性、任务的性质等，而智能效果则取决于团队如何在一起工作。上述研究证明了群体智能存在于合作良好的团队中，群体智能超出团队单个成员的认知能力，合作的效果与团队中成员的“社会敏感度”相关。Tomas W. Malone 认为，社会敏感度与团队成员是否很好地察觉到他人的情感有关，“由一人控制的团队比交互轮流式均匀分布的团队整体智能要低一些”。

群体智能是由分散的、自组织的、自然的或人为的集体行为产生。George Pór（2000）和 Tom Atlee（2005）的研究表明，群体智能从根本上说仍体现为一种智力，因此“群体智能涉及关注的焦点和度量的标准问题，即能够提供对集体行为的适当评判”。② Jose Fadul 采用“群体智能商数（或称合作商数）”作为度量群体智能的计量标准。他进一步指出群体智能从某种意义上同“人体智商（IQ）”一样能够被测量，从而有可能通过确定由参加集体的每个新个体所增加的智能来度量群体智能，进而规避群体思维的误差行为。③ Phillip Brown 和 Hugh Lauder（2000）从“智商主义（IQism）”中认识到测定群体智能的重要性。

---

① Thomas W. Malone, Robert Laubacher and Chrysanthos Dellarocas. The Collective Intelligence Genome, 2010.

② Thresholds, http://www.angelesarrien.com/thresholds.htm, Nov. 10th, 2003.

③ Fadul, Jose. Collective Learning: Applying Distributed Cognition for Collective Intelligence. International Journal of Learning. Melbourne. 2009.

从现有文献看，仅有波兰学者 Tadeusz Szuba（2001）为度量群体智能提供了一个正式的模型和方法。它呈现出一个无意识、随机、并行、分布式的计算过程，并依照社会结构在数理逻辑下运行。① 在该模型中，Tadeusz Szuba 将生命和信息建模为抽象的、附有数理逻辑表达式的信息因子。因为它们与环境之间的相互作用，使得它们能够随机移位，在抽象计算空间的相互作用下产生了多线程的推理过程。由此，Tadeusz Szuba 用了一个非图灵的计算模型，赋予群体智能以简单的正式定义，即社会结构的属性，并且对从细菌菌落到人类社会在内的广泛生物个体都有效。作为一个特别的计算过程，群体智能为一些社会现象提供了一种简单解释。该模型提出了“IQs（智商联合体）”的定义，即“在 N 元推理的时间和域范围内的概率函数，它反映了社会结构的推理活动”。虽然 IQs 似乎是难以计算的，但是在计算过程方面，上述社会结构建模给出了近似的解答。模型的应用包括通过 IQs 的最大化对企业进行优化，或者在预防细菌的抗药性分析方面等。② 总体上看，群集智能的度量还是本领域的学术难点之一。

六、对群体智能的评价

随着对群体智能研究的日益深入和扩大化，越来越多的学者不仅接受了群体智能的各种现象，而且开始逐渐重视群体智能的理论研究和应用研究。Tom Atlee（2005）认为，尽管人类在收集和分析数据方面具有先天优势，但是却不可避免地受到文化、教育及社会意识形态的深刻影响。一个人在分析问题时，特别趋向基于自我保护的原因来作出决定。此外，人类没有办法作出在创新和现实之间保持平衡的选择。因此，如果没有群体智能，人类可能只是基于

① Szuba T.，Computational Collective Intelligence，Wiley NY，2001.

② Szuba T.，Computational Collective Intelligence，Wiley NY，2001.

他们自私的需求而驱使自己走向灭亡。① Phillip Brown 和 Hugh Lauder（2000）认为，智能是人类进化过程产生的一个特殊成就，如果条件允许，智能只会发展而不会衰亡。例如，在人类社会发展早期，社会底层群体在汇总和集中他们的智能时，受到上层统治者的严格限制，这是因为统治者担心群体智能会引发不可收拾的后果。如果群体智能没有这种能力，人类社会也将不会有群体智能得以出现的人类组织结构。② 这充分表明，人类先民已经意识到群体智能的力量非常强大。Tapscott 和 Williams（2008）说明群体智能在商业上的益处也是同样重要。例如，如果仍旧是当前的技术改变速度，没有任何公司能够充分保持竞争所需的创新。而那些优秀的公司正在利用大规模协作的力量，大量使用那些他们所不能雇佣的人的能力。③ George Pór（2005）进一步指出，当群论和人工智能有一些东西可以提供的时候，群体智能应当主要被看成一个人类事业，其思维模式、分享意愿以及对分布式智能的价值对于集体共同的利益而言是最重要的。重视群集智能的人会对自身能力有足够的信心，并真正意识到整体确实要比各个部分的总和表现得更为优秀。要使群体智能的效果最大化，一个组织必须对其自由个体提出的潜在有用建议给予认真考虑和充分接纳。他们认为普遍采用的集中式民主决策（即集体审议）对群体智能效果的发挥十分不利。因为，集中式民主决策要么是选择较少的个体来限制建议的数量，要么是由于没有充分地、完全地落实建议而使那些有价值的建议被过滤掉。以 James Surowiecki 为代表的一批专家是群体智能的忠实拥护者。他们认为运用了群体智能，任何事情都会变好，甚至认为

① Tom Atlee. Reflections on the evolution of choice and collective intelligence, Retrieved August 26, 2008.

② Brown, Philip; Lauder, Hugh. "Collective intelligence". In S. Baron, J. Field & T Schuller. Social Capital: Critical Perspectives. New York: Oxford University Press, 2000.

③ Tapscott, D., & Williams, A. D., Wikinomics: How Mass Collaboration Changes Everything, USA: Penguin Group, 2008.

只要群体去做任何事情，都会将事情做好。①

当然，并非所有人都对群体智能持肯定态度。国外有一些研究者批评人工智能，怀疑群体智能，对于集体和分散的概念有偏见。新部落主义者在道德范围内严厉批评群体智能，甚至怀疑它是否可以被称为智能系统。比尔·乔伊想避免任何形式的自治型人工智能，更强调群体智能的严格性。John Zerzan，Carol Moore 和 Starhawk 等人倾向于相信生态和集体的才智，以及在做本体论的区分时共识过程的作用，即他们认为群体智能不存在，任何形式的字面意义上的“智力”仅仅是“聪明”而已。还有批评者指出，错误的认识和不好的想法，乃至误解在人类社会普遍存在，因此组织决策过程必须依赖专家的参与，只有专家在特定情况下才不容易遭受随机的或误导的建议。当一些人看到维基百科的成功后，指出其方式不够完美。基于此，他们提出任何事情没有集中控制都不可能成功的观点。

群体智能是一个新兴研究领域，我们需要辩证地看待，过于极端的观点都是不正确的。众多关于群体智能的研究，将人类和机器智能结合，为群体智能提出了一个科学可靠的理论架构，以指导群体智能系统的实践应用。随着计算机技术、网络技术、通信技术的飞速发展，可以预见群体智能的内涵与外延将进一步扩大，群体智能领域将获得更广阔的发展。

参考文献

[1] http://en. wikipedia. org/wiki/Collective_ intelligence/.

[2] Newmen. L. Johnson, http://collectivescience. com/.

[3] Tom Atlee. Defining “Collective Intelligence”, in Nasreen Taher (ed), Collective Intelligence: An Introduction, Hyderabad: ICFAI

① Thomas W. Malone, What is collective intelligence and what will we do about it?, Edited transcript of remarks at the official launch of the MIT Center for Collective Intelligence October 13, 2006.

University Press, India, 2005.

[4] Jenkins, H. Fans, Bloggers and Gamers: Exploring Participatory Culture. New York: New York University Press. 2006.

[5] George Pór. Blog of Collective Intelligence, 1994.

[6] George Pór. The Quest for Collective Intelligence. http://www.vision-nest.com/cbw/quest.htmal, Nov. 11th, 2003.

[7] Howard Bloom, Global Brain: The Evolution of Mass Mind From the Big Bang To the 21st Century, Wiley: 2001.

[8] Thomas W. Malone, What is collective intelligence and what will we do about it?, Edited transcript of remarks at the official launch of the MIT Center for Collective Intelligence October 13, 2006.

[9] Thresholds, http://www.angelesarrien.com/thresholds.htm. Nov. 10th, 2003.

[10] Terry Flew. New Media: an introduction. Melbourne: Oxford University Press. 2008.

[11] Don Tapscott, Anthony D. Williams, Wikinomics: How Mass Collaboration Changes Everything, Portfolio Trade, 2006.

[12] Ioanna Lykourentzou, CRP Henri Tudor, Luxembourg, Luxembou. Collective Intelligence Systems: Classification and Modeling. Journal of Emerging Technologies in Web Intelligence, Vol. 3, No. 3, Auguest 2011.

[13] Collective Intelligence in Computer-Based Collaboration, http://www.cs.unc.edu/~jbs/research/ci/. Nov. 15th, 2003.

[14] Guihua Nie, Shangying Xu, and Xiwen Zhang, Research on the Platform of Enterprise Co-evolution Based on the Collective Intelligence, ICAIC 2011, Part III, CCIS 226, pp. 73-81, 2011.

[15] Howard Bloom, Global Brain: The Evolution of Mass Mind from the Big Bang to the 21st Century, 2000.

[16] http://en.wikipedia.org/wiki/Collective_intelligence/.

[17] Émile Durkheim, The Elementary Forms of Religious Life, 1912.

[18] Pierre Lévy, Collective Intelligence: Mankind's Emerging World in

Cyberspace, Cambridge, Mass: Perseus Books, 1997.

[19] Howard Bloom, The Lucifer Principle: A Scientific Expedition Into the Forces of History, 1995.

[20] Aaron Weiss. The Power of Collective Intelligence. Collective Intelligence September 2005.

[21] David Skrbina. Participation, Organization, and Mind: Toward a Participatory Worldview, ch. 8, Doctoral Thesis, Centre for Action Research in Professional Practice, School of Management, University of Bath: England, 2001.

[22] Robert David Steele, The new craft of intelligence: Achieving a symmetric advantage in the face of nontraditional threats, 2002.

[23] http: //cci. mit. edu/people/index. html/.

[24] S. K. Chai, J. Salerno, P. Mabry, E. Stiles and X. Cui. Workings of Collective Intelligence within Open Source Communities. in Advances in Social Computing, Vol. 6007, Springer Berlin / Heidelberg, pp. 282-289, 2010.

[25] A. S. B. Vivacqua, Marcos R. S., "Collective intelligence for the design of emergency response", Computer Supported Cooperative Work in Design (CSCWD), 2010 14th International Conference on, Shanghai, China, pp. 623-628, 14-16 April, 2010.

[26] V. Furtado, L. Ayres, M. d. Oliveira, E. Vasconcelos, C. Caminha, et al., "Collective intelligence in law enforcement-The WikiCrimes system", Inf. Sci., Vol. 180, 2010.

[27] A. B. Patel, A., "Generic framework for recommendation system using collective intelligence", Internet Technology and Secured Transactions, 2009. ICITST 2009. International Conference for, London, UK, pp. 1-6, 2009.

[28] P. Liang, P. Avgeriou, K. He and L. Xu, "From collective knowledge to intelligence: pre-requirements analysis of large and complex systems", Proceedings of the 1st Workshop on Web 2.0 for Software Engineering, CapeTown, South Africa, 2010.

[29] James Surowiecki. The Wisdom of Crowds: Learning from Administrators' Predictions of Citizen Perceptions, p. 279, 2007.

[30] Thomas W. Malone, Robert Laubacher and Chrysanthos Dellarocas: The Collective Intelligence Genome, 2010.

[31] Tapscott, D., & Williams, A. D. Wikinomics: How Mass Collaboration Changes Everything, USA: Penguin Group, 2008.

[32] Jane McGonigal. Why I Love Bees: A Case Study in Collective Intelligence Gaming. Massachusetts Institute of Technology, 2008.

[33] Luckin, R., du Boulay, B., Smith, H., Underwood, J., Fitzpatrick, G., Holmberg, J., Kerawalla, L., Tunley, H., Brewster, D. and Pearce, D., "Using Mobile Technology to Create Flexible Learning Contexts". Journal of Interactive Media in Education, 2005.

[34] Luckin, R. (2006), Understanding Learning Contexts as Ecologies of Resources: From the Zone of Proximal Development to Learner Generated Contexts. Paper presented at the Proceedings of World Conference on Elearning in Corporate, Government, Healthcare, and Higher Education, 2006.

[35] Luckin, R., Shurville, S. and Browne, T., "Initiating elearning by stealth, participation and consultation in a late majority institution". Organisational Transformation and Social Change, 3, 4, 317-332, 2007.

[36] Ioanna Lykourentzou, CRP Henri Tudor, Luxembourg, Luxembou. Collective Intelligence Systems: Classification and Modeling. Journal of Emerging Technologies in Web Intelligence, Vol. 3, No. 3, Auguest 2011.

[37] Fama, E. F., Efficient Capital Markets: A Review of Theory and Empirical Work, Journal of Finance, Vol. 25, No. 2, pp. 383-417.

[38] Gosney, J. W, Beyond Reality: A Guide to Alternate Reality Gaming, Thomson Course Technology, Boston, 2005.

[39] Fadul, Jose. Collective Learning: Applying Distributed Cognition

for Collective Intelligence. International Journal of Learning. Melbourne. 2009, 16 (4): 211-220.

[40] Szuba T., Computational Collective Intelligence, 420 pages, Wiley NY, 2001.

[41] Brown, Philip; Lauder, Hugh. "Collective intelligence". In S. Baron, J. Field & T Schuller. Social Capital: Critical Perspectives. New York: Oxford University Press, 2000.

[42] Hofstadter, Douglas (1979). Gödel, Escher, Bach: an Eternal Golden Braid. New York: Basic Books.

[43] Leiner, Barry, Cerf, Vinton, Clark, David, Kahn, Robert, Kleinrock, Leonard, Lynch, Daniel, Postel, Jon, Roberts, Larry and Wolff, Stephen. 2003. A Brief History of the Internet. Version 3. 32 (accessed 3 September 2008).

[44] Rheingold, Howard. Smart Mobs: The Next Social Revolution. Basic Books, 2002.

[45] Epaminondas Kapetanios. Guest editorial: Special issue on collective intelligence. Information Sciences 180, 2010.

责任编辑：陈　帆　责任校对：汪欣怡　版式设计：马　佳　封面设计：涂　驰

Annual Report of Overseas Humanities and Social Sciences, 2014

ISBN 978-7-307-14877-2

9 787307 148772 >

定价:118.00元